ECONOMICS & MANAGEMENT

高等学校经济管理类主干课程教材

会计与财务系列

Law of Tax

税 法

（第3版）

主 编 蔡 昌
副主编 张 源 李梦娟 张秀莲

中国人民大学出版社
· 北京 ·

前　言

税收是一个古老的财政范畴，它随着国家的出现而出现，随着社会进步和经济发展而不断发展变化。21世纪，我国经济的腾飞和世界经济一体化的趋势，使得税收在市场经济中更加凸显其调控功能。税收在社会经济中的地位越来越高，与人们的生活也越来越密切，没有哪个组织和个人能够远离税收，更不可能忽略税收的存在。税收已经成为社会各界广为关注的重要领域之一。

当今中国社会正处于转型期，税制改革如火如荼：2008年“两法”合并，内外资企业首次适用同一部企业所得税法律；2012—2016年，营改增历经改革试点到全面推开；2016年国家颁布环境保护税法；2017年以来，减税降费战略部署在全国推开，增值税制度不断调整，简并优化增值税税率；2018年国税与地税合并，修订个人所得税法；2019年增值税税率再次下调，税收征管改革迫在眉睫；2020年自新冠肺炎疫情爆发以来，减税降费成为我国税制改革的重头戏，契税法、城市维护建设税法、印花税法于2020年、2021年相继出台，增值税、消费税、土地增值税立法的征求意见稿已经公布，等待立法工作走向深入……这一切变革，都需要我们更多地关注税法，理解税法，科学运用税法，服务于我国社会主义市场经济实践。税收是一把双刃剑，利益与风险同在。政府谈税，企业谈税，个人谈税，谈的角度各不相同。但我们面临一个共同的需求——解读税法，即透视税收背后的利益与风险，解读税制变迁的历程，把握税法的导向与细节。基于以上背景，本书深入系统探讨税法原理与操作实务，力求全面反映我国税法的基本概貌和发展动态。

本书在编写过程中参阅了国内外多部相关著作与教材，同时也吸收了近年来关于税制改革的最新成果，内容深入浅出，涵盖了增值税、消费税、关税、企业所得税、个人所得税、土地增值税、环境保护税等现行征收的18个税种。本书主要有以下特色：

(1) 系统地吸收最新税制改革的内容。书中涉及的所有税种的相关法规截至2021年10月，增值税、资源税、环境保护税、个人所得税等章节均为最新内容，充分体现了时效性。

(2) 注重理论联系实际。本书除了讲述税法理论，还设计了典型例题和部分案例，突出应纳税额的计算和纳税申报，培养读者的税务实务操作能力。

(3) 正文中设置“知识链接”，涉及易混淆知识点的比较、税法重点难点提示以及税法衍生问题的讨论等。

(4) 每章均设计复习与思考，方便大家在学习相关章节后进行课后练习，巩固所学知识。

（5）同步制作与主教材配套的教学资源，主要包括教学大纲、教学课件、习题答案等。

本书由蔡昌担任主编，张源、李梦娟、张秀莲担任副主编。全书由蔡昌、李梦娟负责总纂定稿，初稿编写分工如下：第1、2章由蔡昌撰写，第3章由李梦娟、寇恩惠撰写，第4、7、9章由张源、朱旖璐、韩思成、杨梓、岑宛妮、田润心、傅俊伊等撰写，第5章由李梦娟、蔡一炜撰写，第6章由张秀莲撰写，第8章由王怡璞撰写，第10章由毕明琛撰写，第11章由王程祥撰写，第12章由姚垚撰写，第13、15章由高皓洁撰写，第14章由张峻宁撰写，第16、17章由单滢羽撰写，第18章由李晨希撰写，第19章由李蓓蕾撰写。本书第3版由蔡昌主持修订，张源、韩思成、朱旖璐、傅俊伊、岑宛妮、杨梓、田润心等参加了个别章节的主要修订工作。

本书适用于会计、财务、税务、财政、资产评估、金融、国际贸易等财经专业本科生教学，也可作为财务会计、税收学专业研究生以及MBA，EMBA，MPAcc，MT学员的学习用书，对于从事财务会计、税收科研工作者以及企事业单位财务工作者也有一定的参考价值。限于时间和编者水平，书中疏漏之处在所难免，欢迎读者批评指正，以便再版时进行修改和完善。

编者

目　录

第1章

税法基础

学习目标

1. 理解和掌握税收的含义、特征、作用及意义。
2. 了解税收产生与发展的历史过程。
3. 理解和掌握税法的含义、地位及作用。
4. 掌握税收立法的原则、程序及实施。
5. 了解我国现行税法体系。
6. 掌握税收法定原则的含义。

案例导入

建安九年，曹操颁布租调制。明令规定：田租（税）按亩征收，每亩土地每年纳租谷四升；户调按户征收，每户纳绢二匹、绵二斤。同时还规定，各地要严加检查，不许豪强地主漏缴田租、户调。

租调制的实施，使战乱后的社会经济得到恢复和发展，并为后来隋唐时期实行租庸调制奠定了基础。曹操强调依法办事，严格贯彻租调制。他带头守法，“以己率下，每岁发调”，向国家缴纳赋税，还大力支持地方官员依法征税，打击违法的豪强地主，并重用严于执法的官员。曹洪自恃是曹操的堂弟，居功自傲，公然支持他在长社县的宾客拒不缴纳田租、户调，阻止租调制的实行。长社县县令杨沛依法办事，断然把那些违法不缴税的宾客“收而治之”。曹洪闻讯后，急忙找曹操请求惩处杨沛。杨沛毫不畏惧，并依法诛杀了抗税不缴的宾客。曹操听说此事后，反而表扬了杨沛，还重用杨沛为京兆尹。

由此可见，税收意识早在古代已建立起来。税收是一个国家的保证和根本，正确认识税法规则，对于每个人都是必要的。

根据上述案例，请评价曹操在税制建设方面的历史贡献。

1.1 税收的概念

税收的历史与国家的历史一样久远，税收是政府取得财政收入最佳也最有效的形式。数千年前的古希腊、古罗马和古埃及就已存在税收。中国五千年的文明史，从来都是和税收紧密联系在一起的。

“税”字的左边是禾木旁，右边是一个“兑”字。从“税”字的构成来看，税最早是和农业联系在一起的，“税”的探源性解释为：税取之于民，民以禾为兑。从历史的发展来看，我国最早出现的税种确实是农业税。从夏代开始就有“任土作贡”，即按土地的好坏分等级征税。《孟子》中有这样的记载：“夏后氏五十而贡，殷人七十而助，周人百亩而彻，其实皆什一也。”这里的“贡”“助”“彻”都属于一种比较原始的土地税征收形式。“五十”“七十”“百亩”均是计算征税土地的数量单位，而“其实皆什一也”则是指征收率为1/10的定率税。

商朝的井田制在历史上非常有名。《孟子》载：“方里而井，井九百亩，其中为公田。八家皆私百亩，同养公田，公事毕，然后敢治私事。”这段话讲的就是井田制的基本模式，即在一块方形的土地上按照“井”字形状把土地平分为九份，中间的一份是公田，其余八份是私田。公田由耕种私田的农户共同耕种。井田制九份土地中只有中间一份土地的收入用来缴税，所以当时农业税的税率相当于1/9，这在古代也是相当高的。

纳税是民众不可逃避的责任。唐代诗人杜荀鹤关于赋税的名句“任是深山更深处，也应无计避征徭”流传至今。税收的英文名称为“tax revenue”，来自拉丁文“taxo”，是必须忍受、负担的意思。英美等国很早就有“世界上除了死亡和纳税以外，没有什么是必然的”之类的名言。可以说，税收是与人类的文明史相伴随的，在一定程度上没有税收就不可能创造出今天辉煌的人类文明。

1.1.1 税收内涵的多层面理解

税收是国家凭借其政治权力，强制、无偿地征收货币或实物以取得财政收入的一种工具。税收从本质上说是一种政府理财行为。马克思说：“国家存在的经济体现就是捐税。”① “捐税体现着表现在经济上的国家存在，官吏和僧侣、士兵和女舞蹈家、教师和警察、希腊式的博物馆和哥特式的尖塔、王室费用和官阶表，这一切童话般的存在物于胚胎时期就已安睡在一个共同的种子——捐税之中了。”② 列宁说：“所谓税赋，就是国家不付任何报酬而向居民取得东西。”③ 随着时代的发展，税收在国家政治、经济生活中起着越来越重要的作用。

从公共产品理论角度分析，税收是公共产品的价格。布坎南认为，税收是个人为

① 马克思，恩格斯．马克思恩格斯全集：第4卷．北京：人民出版社，1995：342.
② 马克思，恩格斯．马克思恩格斯全集：第1卷．北京：人民出版社，1995：181.
③ 列宁．列宁全集：第32卷．北京：人民出版社，1984：275.

支付由政府通过集体筹资所提供的商品与劳务的价格。应该说，税收是公共产品的价格。我们之所以能享受政府提供的公共产品，是因为我们作为纳税人缴纳了税款，政府才能提供公共产品。所以，税收本质上是政府与纳税人之间的一种利益交换关系。

从法学角度分析，税收又是以法的形式存在的。“法律上的税的概念是指，作为法律上的权利与义务主体的纳税者（公民），以自己的纳付是用于宪法规定的其享有各项权利为前提，并在此范围内，依照遵从宪法制定的税法为依据，承担的物质性给付义务。”①

1.1.2 税法

税法由众多法律法规组成，这些法律法规相互联系，构成完整的体系。税法体系有狭义和广义之分。狭义的税法体系指在宪法的框架内制定的、对税款征收与税收管理进行规范的税收实体法和程序法的总称。广义的税法体系包括宪法的涉税条款、税收基本法、税收实体法和程序法、税收行政法规与规章，以及与税收有密切关系的其他法律五个层次。这里重点对广义的税法体系的前三个层次进行介绍。

1. 宪法的涉税条款

宪法是一国的根本法律，对该国的社会制度、国家制度、国家机构、公民的基本权利和义务进行规定，在该国的法律体系中具有最高的权威和最大的效力。只有在宪法中加入涉税条款，才能从根本上规范国家征税权，并进一步对税收基本制度、税收立法权、税权分配进行规范，从而防止国家征税权的过度膨胀，在国家征税权和公民财产权之间实现平衡。

在现代法治国家中，宪法的涉税条款主要包括三方面内容：第一，确认税收法定原则，规定税收征纳双方的规范必须依据立法机关的法律；第二，明确各级立法机关的税权划分，主要是中央与地方各级立法机关之间税收立法权的划分；第三，以禁止性条款防止行政权力的扩张和滥用，保证重要税收的立法权由立法机关行使。

2. 税收基本法

税收基本法也称税法通则，是对各类税收中的共性问题进行规范的法律，对各单行税收实体法和税收程序法起统领、约束、指导、协调作用。除宪法的涉税条款之外，税收基本法在税法体系中具有最高法律地位和法律效力，其他所有税收法律法规均不得与其相抵触。并非所有国家都在税法体系中设置税收基本法，目前我国就没有设置税收基本法。

世界各国的税法体系主要有三种模式：综合法典模式、通则化模式和分散模式。在这三种模式中，分散模式是指不对税收的共性问题制定统一适用的法律，而是将所有税收法律问题都采取单行法律法规的形式，分散在各个税法文件中进行规范。只有综合法典模式和通则化模式要求对税收的共性问题以统一适用的法律进行规范，尤其是通则化模式。综合法典模式将所有税收法律法规编纂成一部法典，既包括适用于所有税收活动中的一些共性问题的总则规范，也包括税收实体法规范和税收程序法规范。

① 刘剑文，熊伟. 税法基础理论. 北京：北京大学出版社，2004：13—15.

其典型代表是美国，美国将所有税收法律法规编纂成一部法典。美国除税权划分、立法程序、开征的税种及其限制等通过宪法与修正案中的涉税条款进行规定之外，联邦一级税收的共性问题与个性问题均通过《国内收入法典》进行规定。日本是通则化模式的典型代表。日本以《国税通则法》对基本税收关系进行规范，以《所得税法》《法人税法》《继承税法》《消费税法》等单行法规对个别法律的征管程序、救济程序等进行单独规定。

3. 税收实体法和程序法

税收实体法和程序法，是对专门税收事项进行规范的法律，二者的区别在于功能不同。税收实体法是规定各税种的征收对象、征收范围、税目、税率、纳税地点等课税要素的法律，如《中华人民共和国企业所得税法》（简称《企业所得税法》）、《中华人民共和国环境保护税法》（简称《环境保护税法》）等。税收程序法是为保证税收实体法的实施，对税务管理进行规范的法律，如《中华人民共和国税收征收管理法》（简称《税收征收管理法》）等。

1.2 税法框架

税法框架由法律、法规和规章等组成，是一个统一的税收法律体系。

1.2.1 我国的税收法律级次

我国现行税法的法律级次如下：

（1）全国人民代表大会及其常务委员会制定的税收法律，如《企业所得税法》、《中华人民共和国个人所得税法》（简称《个人所得税法》）、《中华人民共和国车船税法》（简称《车船税法》）、《环境保护税法》、《税收征收管理法》等。

（2）全国人民代表大会或其常务委员会授权立法制定的税收法规，如国务院经授权立法所制定的《中华人民共和国增值税暂行条例》（简称《增值税暂行条例》）、《中华人民共和国消费税暂行条例》（简称《消费税暂行条例》）、《中华人民共和国土地增值税暂行条例》（简称《土地增值税暂行条例》）等。

（3）国务院制定的税收行政法规，如国务院制定并颁布的《中华人民共和国税收征收管理法实施细则》（简称《税收征收管理法实施细则》）、《中华人民共和国企业所得税法实施条例》（简称《企业所得税法实施条例》）等。

（4）地方人民代表大会及其常务委员会制定的税收地方性法规。

（5）国务院税务主管部门制定的税收部门规章，如财政部颁布的《中华人民共和国增值税暂行条例实施细则》（简称《增值税暂行条例实施细则》）、国家税务总局颁布的《税务代理试行办法》等。

（6）地方政府制定的税收地方规章，如国务院发布实施的城市维护建设税、房产税等地方性税种的暂行条例，以及省、自治区、直辖市人民政府根据条例制定的各种实施细则。

1.2.2　我国的税法体系

我国自 1994 年开始进行市场化的税制改革以来，基本形成了以货劳税、所得税为主体的税法体系。现行税收实体法体系中共有 18 个税种，分别由税务机关和海关负责征收。

（1）由税务机关负责征收的税种有：增值税、消费税、资源税、企业所得税、个人所得税、土地增值税、城镇土地使用税、房产税、城市维护建设税、车船税、车辆购置税、印花税、耕地占用税、环境保护税、契税、烟叶税 16 种。

（2）由海关负责征收的税种有：关税、船舶吨税 2 种。

除税收实体法外，我国对税收征收管理适用的法律制度，是按照税收管理机关的不同而分别规定的：由税务机关负责征收的 16 种税的征收管理，按照全国人民代表大会及其常务委员会发布实施的《税收征收管理法》执行；由海关负责征收的 2 种税的征收管理，按照《中华人民共和国海关法》（简称《海关法》）及《中华人民共和国进出口关税条例》（简称《进出口关税条例》）等有关规定执行。

自 1994 年税制改革以来，我国已基本形成结构合理、颇具规模的税法体系（见图 1－1）。

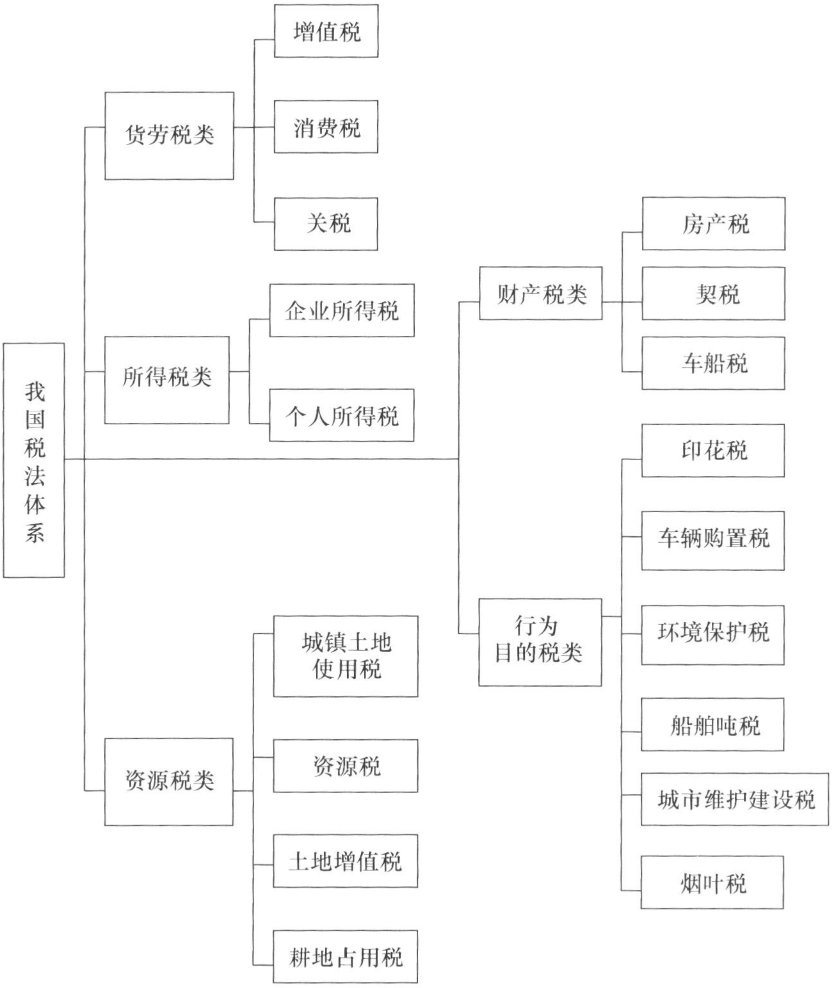

图 1－1　我国税法体系

我国现行税法体系中的税种在中央和地方之间的划分情况如表 1-1 所示。

表 1-1 各税种在中央和地方之间的划分

税类	税种	中央税	地方税	中央地方共享税	备注
货劳税	增值税			√	中央 50%，地方 50%
	消费税	√			收入 100%归中央政府管理和支配
	关税	√			由海关负责征管，收入归中央政府
所得税	企业所得税			√	中央 60%，地方 40%
	个人所得税			√	中央 60%，地方 40%
资源税	资源税			√	海洋石油资源税划归中央政府（目前暂停征收），其他归地方政府
	城镇土地使用税		√		收入归地方政府管理和支配
	耕地占用税		√		收入归地方政府管理和支配
	土地增值税		√		收入归地方政府管理和支配
财产税	房产税		√		收入归地方政府管理和支配
	契税		√		收入归地方政府管理和支配
	车船税		√		收入归地方政府管理和支配
行为目的税	印花税			√	证券交易印花税收入自 2016 年 1 月 1 日起归中央政府，其他印花税收入归地方政府
	城市维护建设税			√	中国铁路总公司、各银行总行、各保险总公司集中缴纳的部分归中央政府，其余部分归地方政府
	车辆购置税	√			收入归中央政府管理和支配
	环境保护税		√		收入归地方政府管理和支配
	烟叶税		√		收入归地方政府管理和支配
	船舶吨税	√			由海关代为征收，收入归中央政府

注：营改增后，在政策过渡期间，增值税在中央与地方之间的分享比例由 75∶25 调整为 50∶50。

1.3 税法原则

税法原则由税法基本原则和税法适用原则组成，是税收法律制度建立的基础。

1.3.1 税法基本原则

税法基本原则包括税收法定原则、税收公平原则、税收效率原则和实质课税原则。其中，税收法定原则是税法基本原则的核心。

1. 税收法定原则

税收法定原则是税收领域最为重要的基本原则或称最高法律原则。该原则的基本含义可以表述为：税法主体及其权利和义务必须由法律加以确定，税法的各类构成要素皆必须且只能由法律予以明确规定；没有法律依据，任何主体不得征税，国民也不得被要求缴纳税款。其实质在于对国家的权力加以限制，即要求国家征税权的行使须得到全国人民通过其代表机关以制定有关法律而表示同意，一切税收的课征须以国家立法机关制定颁布的法律为根据。

税收法定原则是民主原则和法治原则等现代宪法原则在税法上的体现，对于保障人权、维护国家利益和社会公益可谓举足轻重，不可或缺。只有按照税收法定原则建立起来的税法和税法体系，经过代表全民意志的立法机关立法，才能保证贯彻税收公平原则和实质征税原则。

税收法定原则起始于英国，是近代资产阶级法治主义思想和实践在税收领域的体现。1215 年的英国《大宪章》已初显税收法定主义的萌芽，当时的《大宪章》规定：一切盾金或援助金，如不基于朕之王国的一般评议会的决定，则在朕之王国内不允许课税。这一规定正是“无论何种负担均需得到被课征者的同意”这一原则的体现。此后，1628 年的《权利请愿书》进一步将其表述为：没有议会的一致同意，任何人不得被迫给予或出让礼品、贷款、捐助、税金或类似的负担。1689 年的《权利法案》第四条规定：凡未经国会准许，借口国王特权，为国王而征收，或供国王使用而征收金钱，超出国会准许之时限或方式者，皆为非法。自此，课税的立法权为议会专属，即确定税收由议会控制；而在议会之中，则由下议院作为社会的名义代表来控制税收，因此，“没有代表则无税”，如无以国民议会制定的法律为依据，则不得课税。至此，才正式确定了税收法定原则。

随着资产阶级革命的全球推进，税收法定原则逐渐扩展，很多国家都将其作为一项宪法原则而加以采纳。1787 年，美国赋予联邦国会国家租税的征税权，规定：一切征税议案应首先在众议院提出，但参议院须以处理其他议案的方式，表示赞同或提出修正案。在法国，《法兰西共和国宪法》第三十四条规定：征税必须以法律规定。1789 年，法国的《人权和公民权利宣言》以宪法的形式赋予人民及其代表征税权。此外，日本宪法规定：课征新税或变更现行的税收，必须依法律或依法律确定的条件。比利时宪法规定：一切租税都依照法律征收，除法律明确规定的情况外，不得向公民征收国税、省税和市镇税以外的一切杂税。

税收法定原则可以概括为三个，即课税要素法定原则、课税要素明确原则和课税程序合法原则。

（1）课税要素法定原则，要求课税要素必须且只能由议会在法律中加以规定，无法律规定，政府无权向私人征税。课税要素法定原则与刑法上的罪刑法定原则的法理是一致的，凡涉及可能不利于国民或加重其负担的规范，均应严格由代表民意的议会来制定，而不应由政府决定。

（2）课税要素明确原则，是指在税法体系中，凡构成课税要素和税收征收程序的法律规定，必须尽量明确而不出现歧义、不出现矛盾，在基本内容上不出现漏空，以保证执法机关能够准确地执行税法。

（3）课税程序合法原则。税务机关作为税收债权人及国家的代表，在课税要素充分满足的条件下，应以法律所赋予的一切必要手段，依法确定有效地履行其职责。

2. 税收公平原则

一般认为，税收公平原则包括税收横向公平和纵向公平，即税收负担必须根据纳税人的负担能力分配：负担能力相等，税负相同；负担能力不等，税负不同。税收公平原则源于法律上的平等性原则。

3. 税收效率原则

税收效率包括经济效率和行政效率。

4. 实质课税原则

实质课税原则是指应根据客观事实确定是否符合课税要件，并根据纳税人的真实负担能力决定纳税人的税负，而不能仅考虑相关外观和形式。

1.3.2 税法适用原则

税法适用原则是在税法的解释、税收的征纳等具体适用税法的过程中应遵循的准则。税法适用原则主要有法律优位原则，新法优于旧法原则，法律不溯及既往原则，特别法优于普通法原则，实体从旧、程序从新原则，程序优于实体原则。

1. 法律优位原则

法律的效力高于行政立法的效力，效力低的税法与效力高的税法发生冲突时，效力低的税法无效。

2. 新法优于旧法原则

新法、旧法对同一事项有不同规定时，新法的效力优于旧法。

3. 法律不溯及既往原则

一部新法实施后，对新法实施之前人们的行为不得适用新法，而只能沿用旧法，主要目的是维护税法的稳定性和可预测性。

4. 特别法优于普通法原则

对同一事项两部法律分别订有一般和特别规定时，特别规定的效力高于一般规定的效力，即居于特别法地位级别较低的税法，其效力可以高于作为普通法的级别较高的税法（法律优位原则的例外）。

5. 实体从旧、程序从新原则

实体性税法不具备向前的溯及力（纳税义务的确定从旧），程序性税法在特定条件下具备一定的溯及力（税款征收程序从新）。

6. 程序优于实体原则

在诉讼发生时，税收程序法优于税收实体法适用，主要目的是确保国家课税权的实现，不因争议的发生而影响税款的及时、足额入库。

1.4 税收法理

税收与税法密不可分。没有完善的税收法律制度，就不可能有完善的现代税收制度。对税收的规范，不仅要求制定并执行税法，而且要求在制定税法时对征纳各方的权利义务进行准确定位，在税法执行时对征纳各方是否正确行使权利义务进行有效监督，在税收规范被征纳各方违反时进行妥善处置。因此，对税收的研究，需要深入到法律范畴。

1.4.1　税收权力

1. 税收立法权

税收立法是整个税收活动的起点。税收立法一般是指有关立法的国家机关依照其职权范围通过一定程序制定（包括修改和废止）税收法律规范的活动，包括对税收法律、法规、规章和规范性文件的制定、修改、解释或废止。从权力的构成来看，税收立法权又可进一步划分为税法制定权、审议权、表决权、批准权和公布权。对税收立法权的讨论一般围绕两个问题展开：一是税收立法权由哪些国家机关行使；二是税收立法权如何在各级国家机关中划分。

依据税收法定原则，税收立法权理应由国家权力机关行使，但在现实中，国家权力机关也会通过一定的授权将部分税收立法权交由国家行政机关行使。为此，行政机关也具有一定的税收立法权，可以制定某些税收行政法规、规章和规范性文件。国家权力机关和行政部门制定的税法在税收法律层次上有区别，国家权力机关制定的税法在效力上要高于行政机关制定的税法。行政机关具有立法权，往往会造成行政机关权力的过度膨胀。因此，税收法定原则需要规范税收立法主体，对行政机关的立法权进行约束与控制。

税收立法权需要在中央和地方之间进行合理划分。由于各国政府集权程度不同，税收立法权在中央和地方之间的划分也有差别。实行彻底分级财政管理体制的国家，一级政府一级预算，各级政府的财政相对独立，地方政府拥有相对独立的立法权。实行中央集权的国家，即使实行分级财政管理体制，税收立法权也多集中于中央，地方只拥有极少的立法权。中央和地方税收立法权的划分应该遵循宪政原则，坚持中央统一领导下的适度放权，既要维护国家法制的完整统一，又要调动中央、地方双方的积极性。

实践中，税收立法权宜划归中央的税种有：（1）与宏观经济稳定密切相关的税种；（2）与公平收入分配密切相关的税种；（3）与资源流动性密切相关的税种；（4）辖区间税基分布不均匀的税种和容易导致辖区间税负输出的税种。

赋予地方税收立法权，应坚持以下基本原则：（1）地方税收立法要以宪法和有关税收法律、法规为依据，不得与中央立法相抵触；（2）地方自行决定开征的地方税，不得侵蚀中央税和共享税的税基，影响中央收入；（3）地方税收立法必须符合国家经济目标，不得破坏全国统一的市场；（4）税收立法权只能授予享有地方性法规、规章制定权的特定机关，具体指省、自治区、直辖市和省、自治区政府所在地的市及经国务院批准的较大的市的人大和人民政府，未经中央许可，税收立法权不能层层下放。

2. 税收征收管理权

税收征收管理权是指依据税收法律对税收进行征收并对税务工作进行管理的权力，包括税收征收权与税收管理权。税收征收权涵盖税收的开征、停征以及减税、免税、退税、补税；税收管理权涵盖对税务登记、账簿管理和纳税申报等的管理。税收征收管理权属于税务机关。对税收征收管理权的讨论，一般围绕着税收征收管理权在相关国家机关之间的划分和配置展开。

税收征收管理权的划分坚持经济效率与行政效率两个基本原则。税收的经济效率原则是指税收的征收应尽量减少对资源有效配置的干扰，不扭曲市场机制的正常运行。税收的行政效率原则是指为使社会资源得到更加有效的配置，应当以最小的税收成本取得最大的税收收入。

我国已进行国家税务局和地方税务局两套税收征管机构的合并，不再涉及不同级别政府税收征收管理权的划分问题。但从税收的经济效率原则出发，税收征收管理权划分的问题仍然存在，主要是税务机关与其他机关之间的征收管理权划分，以及各地区税务机关在征收管理权上重叠、缺失时的协调。我国税务机关和海关在国内税收，进出口环节的关税、增值税、消费税上也存在税收征收管理权的划分问题。

3. 税收收入归属权

税收收入归属权也称税收分配权或税收收益权，指各级国家机关依据法律规定占有、使用税收收入的权力。从严格意义上说，税收收入归属权是财政预算问题，是税收征收管理权的一项附随性的权力，因税收征收管理权的实现而产生。对税收收入归属权的讨论，通常围绕着税收收入在各级政府之间的划分展开。

在分税制下，税收收入的归属按照税种划分，一般是：中央税收入归属中央政府；地方税收入归属地方政府；共享税收入由中央政府和地方政府按一定比例分享。由于中央和地方的财政支出责任和事权的调整，中央和地方税收归属也在不断调整，主要表现为不同税种和共享税的收入分享比例在中央和地方之间的调整。此外，由于政府之间的税收返还和转移支付，税收收入归属也与不同层级政府之间存在的转移支付制度有关。

在没有实行分税制的国家，税收收入归属权的划分总是与财政管理体制的某种财政收入分成方式相联系，包括总额分成、超收分成等。

4. 税收司法权

税收司法权是指国家指定的国家司法机关依照宪法和相关法律规定，按照法定程序对有关税务刑事诉讼案件和税务行政诉讼案件进行审判，并通过执行判决、裁定和其他司法活动维护税收秩序的权力。按照所涵盖的司法活动范围，税收司法权有狭义与广义之分。狭义的税收司法权仅包括审判权，即指定司法机构依据相关法律和行政法规审判税收案件的权力。广义的税收司法权包括从侦查权、审判权到执行权的一系列权力，即指定国家机关依据相关法律、行政法规对税收案件进行侦查、检察、审判并执行，以保证税收法律得以正确贯彻的全部权力。对税收司法权的讨论，通常围绕着税收司法权的有效实施展开。

税收司法权可能由不同的司法机关在司法程序中的不同阶段分别行使，这就形成了司法掣肘，加上各司法机关之间的信息不对称，可能造成一些税务机关对某些涉税案件应该移送而不移送的问题，严重影响税收司法权的有效实施。行政机关的行政权也可能对税收司法权的实施造成干扰。当税收司法机关的人事、行政、经费均依赖于行政机关时，税收司法机关难以做到司法的独立性。此外，由于税收司法权在不同司法机关之间的分割，具有专业税务知识的税务机关行使税收司法权的权力常被弱化，严重的涉税犯罪常被移至不具备专业税务知识的公安机关，这也降低了税收司法权的效力。

1.4.2　税权特性与效力原理

1. 税权特性原理

（1）国家行使的税权介于经济权力与行政权力之间。从内容上看，税收关系属于经济关系，税权属于经济权力范畴；从形式上看，在税法规定的权利义务关系中，必然有一方是国家，并且国家总是以享有征税权的身份出现。如果不存在国家，那么无论是自然人之间、法人之间，还是自然人与法人之间都不会发生税法所规定的税收权利和义务，所以税权又属于行政权力范畴。总的来看，税权的定位应介于经济权力与行政权力之间，主要运用行政权力调整税收关系。

（2）征纳双方的税收权利具有不对等性。征纳双方不是按照协商、等价、有偿等原则建立税收关系，而是有着不同的权利和义务，各自具有不同的应该实施行为和禁止实施行为。

2. 税权效力原理

税权效力是指税法的适用范围包括其法律强制力所能达到的纳税人范围、地域范围和时间范围。

税法适用的纳税人范围与税收管辖权问题密切相关。国家的政治权力只能扩展到本国公民或在本国地域的外国公民，因此，纳税人只能在本国公民及在本国发生经济行为的外国公民中选择。一般而言，税收管辖权采用三个原则：一是以纳税人的应税行为是否发生在本国地域内作为征税标准的属地原则；二是以纳税人是否具有本国国籍为征税标准的属人原则；三是兼顾属地和属人原则的折中原则。

税法适用的地域范围取决于立法主体的管辖范围。一般而言，税法适用的地域范围与税法立法主体的管辖范围相一致：中央税法适用于全国，地方税法仅适用于所在地区。

税法适用的时间范围指税法生效时间、失效时间和对既往行为的溯及力。其中，生效时间通常在公布时间之后或与公布时间相一致；失效时间取决于税法存在的客观条件能否满足、新税法是否出现、税法是否与上位法相抵触；溯及力则因实体法和程序法不同而有所区别，实体法通常采取从旧兼从轻原则，禁止其具有溯及力，而程序法通常采取从新原则。

本章小结

1. 税收是国家凭借其政治权力，强制、无偿地征收货币或实物以取得财政收入的一种工具。税收具有强制性、无偿性和固定性的特征。

2. 税收的产生取决于相互制约的两个条件：一是前提条件——国家的产生和存在；二是经济条件——私有制的存在及发展。

3. 税法是国家制定的用以调整国家和纳税人之间征纳活动的权利与义务关系的法律规范的总称。它是国家依法征税、纳税人依法纳税的行为规范。税法与宪法、民法、刑法等密切相关，与税收、税制是辩证统一、互为因果的关系。

4. 税法有狭义和广义之分。狭义的税法是指在宪法的框架内制定、对税款征收与税收管理进行规范的税收实体法、程序法的总称。广义的税法包括宪法的涉税条款、税收基本法、税收程序法和实体法、税收行政法规与规章，以及与税收有密切关系的其他法律五个层次。

5. 税收法律关系是国家与纳税人之间在税收分配及其管理活动中，以国家强制力保护实施的、具有经济内容的权利与义务的关系。其主体是指参与税收法律关系并享有权利和承担义务的人；客体是指税收法律关系主体的权利和义务共同指向的对象；内容是指税收法律关系主体所享有的权利和所承担的义务。

6. 税收立法是指国家立法机关或其授权机关根据一定的立法程序，制定税收法律规范的一系列活动，包括制定、修改和废止税收法律等环节。

7. 税法基本原则，主要包括税收法定原则、税法公平原则、税收效率原则和实质课税原则。

8. 税收法定原则可概括为：课税要素法定原则、课税要素明确原则和课税程序合法原则。

9. 税法适用原则，主要包括法律优位原则，新法优于旧法原则，法律不溯及既往原则，特别法优于普通法原则，实体从旧、程序从新原则，程序优于实体原则。

10. 税收权力有税收立法权、税收征收管理权、税收收入归属权、税收司法权。

复习与思考

一、单项选择题

1. 税法的本质是（　　）。

A. 正确处理国家与纳税人之间因税收而产生的税收法律关系和社会关系

B. 为纳税人和征税单位履行义务给出规范

C. 保证征税机关的权利

D. 一种分配关系

2. 关于税收与税法的概念，下列说法不正确的是（　　）。

A. 税收的本质是一种分配关系，是国家取得财政收入的一种重要工具

B. 国家征税的依据是财产权，它有别于按生产要素进行的分配

C. 国家课征税款的目的是满足社会公共需要

D. 优化与国家治理体系相适应的税收制度和税法体系是建设中国特色社会主义财政制度的重要内容

3. 关于税法与其他法律的关系，下列说法不正确的是（　　）。

A. 税法具有经济分配的性质，而一般行政法不具有这种性质
B. 纳税人违反了税法，并不一定是刑事犯罪
C. 税法是国家法律的组成部分，是依据宪法的原则制定的
D. 当涉及税收征纳关系的问题时，一般援引民法条款

4. 从税收法律关系的构成来看，（　　）是税收法律关系中最实质的东西，也是税法的灵魂。
A. 税收法律关系的主体
B. 税收法律关系的客体
C. 税收法律关系的内容
D. 税收法律关系中的征税机关

5. 关于税法与其他法律的关系，下列说法错误的是（　　）。
A. 税法在性质上属于公法，但具有一些私法的属性
B. 税法具有行政法的一般特性
C. 涉及税收征纳关系的问题，如果符合民法中的规定，可以按照民法的规定进行处理
D.《宪法》规定，中华人民共和国公民有依照法律纳税的义务

6. 下列各项中，属于税法基本原则的核心的是（　　）。
A. 税收法定原则　B. 税收公平原则
C. 税收效率原则　D. 实质课税原则

7. 一部新法实施后，对新法实施之前人们的行为不得适用新法，而只能沿用旧法，这体现了税法适用原则中的（　　）。
A. 实体从旧、程序从新原则　B. 特别法优于普通法原则
C. 新法优于旧法原则　D. 法律不溯及既往原则

二、多项选择题

1. 税法具有（　　）的特点。
A. 权利性法规　B. 综合性法规
C. 义务性法规　D. 分类性法规

2. 下列各项中，属于税收法律关系主体的有（　　）。
A. 税务机关　B. 海关
C. 履行纳税义务的无国籍人　D. 履行纳税义务的外国企业

3. 下列各项中，属于税法适用原则的有（　　）。
A. 实体从新、程序从旧原则　B. 特别法优于普通法原则
C. 新法优于旧法原则　D. 实体优于程序原则

4. 下列各项中，属于我国税收立法程序主要包括的阶段的有（　　）。
A. 提议阶段　B. 通过和公布阶段
C. 审议阶段　D. 废止阶段

5. 下列各项中，属于国家税务总局主要职能的有（　　）。
A. 开展税收领域的国际交流与合作
B. 组织实施对大型企业的纳税服务和税源管理

C. 办理进出口商品的税收及出口退税业务

D. 具体起草税收法律法规草案及实施细则并提出税收政策建议

三、简答题

1. 税收的内涵是什么?
2. 税法的本质是什么?
3. 简述我国税法体系的构成。
4. 税法基本原则分为税收法定原则和税法适用原则，这些原则分别是什么?
5. 税收权力包括哪些内容?

第2章

税收基本原理

学习目标

1. 理解和掌握税收法律关系，熟悉税法构成要素。
2. 掌握税收管辖权及税收管理体制。

案例导入

美国布里斯顿圣约翰教堂的牧师丹伦，在1992年的一天突然收到一张英国税务局寄来的缴税通知单：征收圣父、圣子、圣灵的3份人头税，共计521英镑。丹伦接到税单之后哭笑不得，更不明白税务局为什么把三位一体的上帝拆开来征收3份人头税。丹伦说，幸好税务局还体谅圣父、圣子、圣灵没钱，特准“他们”分期付款。丹伦认为，若真要征收人头税，应由坎特伯雷大主教负责缴纳，否则便只有派税官去上帝那里收税，他相信上帝早已在等候税官了。税务局的官员则解释，他们之所以向上帝征收3份人头税，是因为有人代上帝填报税单，指圣父、圣子、圣灵是布里斯顿的“居民”，因为他们是无处不在的，所以税务局要按照规定征税。

税收在我们生活中无处不在，身为一名合格的纳税人，必须充分了解税收知识。本章将会详细介绍税收的基本原理。

2.1 税制要素

税制要素是指构成税收范畴的基本因素，也是税收制度内容的具体表现。税法要通过税制要素进行规范，税制要素也贯穿于税收征纳行为的始终。税制要素是进行税收理论分析和税收设计的基本工具。

税制要素包括纳税人、征税对象、税率、纳税环节、纳税期限、纳税地点、税收优惠、法律责任等。其中，纳税人、征税对象、税率是最基本的税制要素，简称“税制三要素”。实际上，一个国家的税收法律主要根据税收主权来制定，这涉及税收管辖权的问题。从某种意义上讲，税收管辖权是税收制度确定的前提条件。

2.1.1 税收管辖权

税收管辖权是指主权国家根据其法律所拥有和行使的征税权力，是国际法公认的国家基本权利。主权国家有权按照各自政治、经济和社会制度，选择最适合本国权益的原则确定和行使其税收管辖权，规定纳税人、征税对象及应征税额，外国无权干涉。

1. 地域管辖权

地域管辖权是主权国家按照领土原则（又称属地原则）所确立的税收管辖权。在实行地域管辖权的国家，以收益、所得来源地或财产存在地为征税标志。地域管辖权又可分为两种情况：一是对本国居民，只就其本国范围内的收益、所得和财产纳税，即使在国外有收益、所得和财产，也没有纳税义务；二是对于本国非居民（外国居民），其在该国领土范围内的收益、所得和财产必须承担纳税义务。

2. 居民管辖权

居民管辖权是主权国家按照属人原则所确立的税收管辖权。在实行居民管辖权的国家，对属于本国居民的一切收益、所得和财产征税，而不必考虑是否在本国居住。换言之，一个国家征税的范围可以跨越国境，只要是本国居民取得的所得，不论是境内所得还是境外所得，国家均享有征税的权力。

3. 双重管辖权

所谓双重管辖权是指一国政府同时运用地域管辖权和居民管辖权。对本国居民，运用居民管辖权，对其境内境外的收益、所得和财产征税；对本国非居民（外国居民），则运用地域管辖权，对其在该国境内取得的收益、所得和财产征税。

从世界范围看，大部分国家（或地区）都会行使两种或者两种以上的税收管辖权。世界上主要国家（或地区）的税收管辖权状况如表2-1所示。

表2-1 各国（或地区）税收管辖权

管辖权类型	特点	国家（或地区）
同时采用地域管辖权和居民管辖权	既对本国非居民来源于本国或本地区境内的所得征税，又对本国居民的世界范围内的所得征税。这是世界上大多数国家的做法	澳大利亚、孟加拉国、斐济、印度、印度尼西亚、日本、韩国、马来西亚、新西兰、中国、丹麦、德国、希腊、芬兰、荷兰、挪威、西班牙、瑞典、瑞士、英国、法国、加拿大、哥伦比亚、萨尔瓦多、洪都拉斯等
单一采用地域管辖权	只对来源于本国或本地区境内的所得征税，往往带来一国或一地区财权利益的损失，通常是一国或一地区政府为了吸引外资与技术人才采取的，而此类国家或地区也因此具有“避税地”特征	文莱、新加坡、中国香港等

续表

管辖权类型	特点	国家（或地区）
同时采用地域、居民、公民管辖权	国家征税权增大，既对来源于本土的所得征税，又对居民的境外所得征税，同时还对长期旅居海外的本国公民的所得征税，有力地保障了国家的财权利益	美国、墨西哥等

2.1.2 纳税人

纳税人又称纳税主体，是指税法上规定的直接负有纳税义务的单位和个人。任何税种，首先要确定纳税人，以解决国家对谁征税的问题。不同税种的纳税人不尽相同，同一纳税人可能要承担多个税种的纳税义务。纳税人必须依法纳税并服从政府税务管理，如有违反，税务机关有权予以处罚；涉及犯罪的，移交司法机关处理。

纳税人可以分为法人和自然人两类。法人依法负有纳税义务，我国的法人主要指企业法人。我国税法中的纳税自然人具体指我国公民、居住在我国的外国人和无国籍人，以及属于自然人范围的企业，如个体企业、私营独资企业、农村经营承包户、个人合伙企业和其他不属于法人性质的企业等。

纳税人中还有代扣代缴义务人和代收代缴义务人两类特殊的纳税人。

代扣代缴义务人，又称扣缴义务人，是指按照税法的规定，不承担纳税义务，但在纳税人支付收入、结算货款、收取费用时，有义务代扣代缴其应纳税款的单位和个人。设置代扣代缴义务人的目的是加强税收的源泉控制，简化征税手续，减少税收流失。扣缴义务人直接负有税款的扣缴义务，应当按照税法规定代扣税款，并在规定期限内按期足额缴库。扣缴义务人履行代扣代缴义务时，可以从税务机关获得一定的手续费。如果不履行代扣代缴义务，则要承担一定的责任，遭受惩罚。

代收代缴义务人是指按照法律规定，在向纳税人收取商品、劳务或服务收入时，代收代缴其应纳税款的单位和个人。代收代缴义务人的设置与我国税款征收的委托代征方式有关。委托代征是一种税款征收的辅助形式，是指税务机关根据《税收征收管理法实施细则》中有利于税收管控和方便纳税的要求，按照双方自愿、简便征收、强化管理、依法委托的原则，委托有关单位和人员代征零星、分散和异地缴纳的税收行为。

2.1.3 征税对象

征税对象，也称课税对象，是指税收法律关系中征纳双方权利义务所指向的物或行为，它规定了每种税的征税界限。征税对象是一种税区别于另一种税的主要标志。征税对象可以从质和量两个方面进行划分，其质的具体化是征税范围和税目，量的具体化是计税依据和计税单位。

1. 征税范围

征税范围，亦称课税范围，是指税法规定的征税对象的具体内容或范围，规定着征税的界限。凡是列入征税范围的，都应征税。征税范围常通过税目加以体现，税目是征税对象的具体化。例如《消费税暂行条例》中对征税范围以列举税目方式做出了具体规定。

2. 计税依据

计税依据是指根据税法规定所确定的用以计算应纳税额的依据，即据以计算应纳税额的基数。

计税依据反映课税对象的量的规定，主要解决课税对象的税款计算问题，反映课税对象的应计税金额或者数量。课税对象的量主要有实物数量和价值两种形式。在从量计征的税种中，计税依据是课税对象的数量、容积、体积等；在从价计征的税种中，计税依据是课税对象的价值。

2.1.4 税率

税率是指应纳税额与征税对象数额（量）之间的法定比例，是计算应纳税额和税收负担的尺度，体现征税的深度，是税收制度的中心环节，是税制中最活跃、最有力的因素。税率的高低，直接关系到国家财政收入和纳税人的负担，同时也反映着国家经济政策的要求。在征税对象既定的前提下，税率形式的选择和税率档次的设计，决定着税收规模和纳税人的税负水平。税率一般分为比例税率、累进税率和定额税率。比例税率又可以分为单一比例税率、差别比例税率、幅度比例税率等多种形式。

2.1.5 纳税环节

纳税环节是指税法规定的征税对象在从生产到消费的流转过程中应当缴纳税款的环节。商品从生产到消费要经过许多流转环节，如工业品一般要经过工业生产、商业批发、商业零售等环节，许多税种往往只选择其中的某个环节纳税。按照纳税环节的多少，可将税收课征制度划分为一次课征制和多次课征制两类。其中，一次课征制是指一种税收在各流通环节只征收一次税，而多次课征制是指一种税收在各流通环节选择两个或两个以上的环节征税。例如，增值税就是多环节纳税，在生产、批发、零售过程中只要产生增值额就要缴纳增值税。

2.1.6 纳税期限

纳税期限是指税法规定的纳税人申报缴纳税款的期限。纳税期限是衡量征纳双方是否按时行使征税权力和履行纳税义务的尺度，也是税收强制性、固定性在时间上的体现。

从我国现行各税种看，纳税期限分为按期纳税，按年纳税、分期预缴以及按次纳税三种。

（1）按期纳税。一般根据纳税义务发生时间按日纳税，如增值税、消费税。

（2）按年纳税、分期预缴。企业所得税按年计征，分期预缴，年度结束后汇算清缴。

（3）按次纳税。按照纳税行为发生的次数纳税，如车辆购置税、耕地占用税等。

与纳税期限相关的概念有缴库期限和纳税计算期。缴库期限，也称入库期限，是指纳税人每期应纳税款缴入国库的间隔时间，它是纳税期限的一个延伸期限，也指税款计算期满后缴纳税款的法定期限。纳税计算期是指税法规定的纳税人计算应纳税额的间隔期，如增值税以一个月为计算期的，应该在期满后 15 日内将税款报缴入库。

2.1.7 纳税地点

纳税地点是指纳税人缴纳税款的具体地点。纳税地点一般为纳税人的住所地，也有规定在营业地、财产所在地或特定行为发生地的。纳税地点的确定既要方便纳税人履行纳税义务，也要便于税务机关进行管理。

2.1.8 税收优惠

税收优惠是指税法对某些特定的纳税人或征税对象给予免除或部分免除纳税义务的规定。税收优惠有狭义和广义之分。狭义的税收优惠主要是指减税和免税。广义的税收优惠是指各种减轻或者免除纳税人税收负担的规定，包括减税、免税、优惠税率、加速折旧、亏损抵补、税收抵免等多种形式。税收优惠是政府最常用的税收政策手段，以达到对特殊行业、特殊地区、特殊纳税人的照顾，从而实现政府的经济政策目标。按税收优惠的具体形式分，主要有税基式优惠、税率式优惠、税额式优惠、时间式优惠等。

1. 税基式优惠

税基式优惠是通过减少计税依据来减轻纳税人的税收负担。我国税法中规定的起征点和免征额就是典型的税基式减免。

（1）起征点是税法规定的对课税对象开始征税的最低收入数额界限。达不到起征点的不征税，达到和超过起征点的要全额征税。

（2）免征额是对征收对象的全部数额中免于征税的数额。免征额又称费用扣除额，即在确定计税依据时，税法允许从全部收入中扣除一定的费用限额。规定免征额是为了照顾纳税人的生活、教育等的最基本需要。

2. 税率式优惠

税率式优惠是以降低税率的方式减轻或者免除纳税人的税收负担，其常见的手段有优惠税率、低税率、零税率等，如我国企业所得税对于符合条件的高新技术企业和在自贸区等特殊区域内的企业，给予 15%的企业所得税税率优惠。

3. 税额式优惠

税额式优惠是指减少或者免除应纳税额，以减轻纳税人负担，如我国对于小微企业，除了适用比较低的企业所得税税率外，还直接减少或者免除其应纳税额，以减轻其企业所得税税收负担。

4. 时间式优惠

时间式优惠主要通过延缓纳税期限以减轻税收负担，如延期纳税、加速折旧等政策，实际上是让渡给纳税人时间价值，让纳税人间接获得税收优惠。

2.1.9 法律责任

法律责任是指对纳税人发生违反税法行为时所做的处罚，它是维护国家税法严肃性的必要措施，也是税收强制性的具体体现。纳税人的法律责任，分为一般违章行为、欠税、逃避缴纳税款、骗税、抗税五类。其中：

（1）欠税是指纳税人未按税法规定的期限纳税而发生的拖欠税款的行为。

（2）逃避缴纳税款是指纳税人采取伪造、变造、隐匿、擅自销毁账簿、记账凭证，在账簿上多列支出或者不列、少列收入，经税务机关通知申报而拒不申报，或者进行虚假纳税申报，不缴或者少缴应纳税款的行为。2009年3月，《中华人民共和国刑法修正案（七）》对“偷税罪”重新进行规定，将其改称为“逃避缴纳税款罪”。

（3）骗税是指纳税人以假报出口或者其他欺骗手段，骗取国家出口退税款的行为。

（4）抗税是指纳税人以暴力、威胁方法拒不缴纳税款的行为。

纳税人一旦违反税法规定，会给国家造成一定的损失，必须予以纠正，及时补缴税款，并视情节轻重进行严肃处理。法律责任一般有加收滞纳金、罚款、通知银行扣款、吊销营业执照、移送司法机关追究刑事责任等。

2.2 税收管理体制

税收管理体制主要解决税制结构模式选择和税收管理权配置问题。

2.2.1 税制结构模式选择

税制结构就是一个国家的税收体系中税种的构成，以及各个税种在税收制度中的地位。税制结构模式选择是通过税种结构的合理安排，使各个税种之间相互配合、相互协调、相互补充，形成主次分明、协调一致的税制结构体系。税制结构模式选择的核心是按照公平和效率原则，选择合适的税源和主体税种。主体税种的选择既要满足筹集财政收入的需要，又要减少对经济不必要的干预和扭曲，促进资源的合理配置，更好地实现财政职能和政府职能。根据本国的国情确定合理的税制结构，是税制优化要解决的重要问题。

实行复合税制是世界各国的普遍选择。从主体税种的选择上看，税制结构一般有三种模式。

1. 以货劳税为主体的税制结构模式

该税制结构模式以货劳税（商品和劳务税）为主体，又称以间接税为主的税制结构模式。该模式又可进一步分为以一般商品税为主体和以选择性商品税为主体两种形式。以一般商品税为主体是指对全部商品和劳务在生产、批发、零售和服务的各环节普遍课税，具有普遍征收、收入稳定、调节相对中性的特点。一般商品税既可对销售收入的全额征税，也可仅对增值额征税。而以选择性商品税为主体的税制结构模式是指对部分商品和劳务在生产、批发、零售和服务的各环节选择性课税，具有个别征收、特定调节的特点。

2. 以所得税为主体的税制结构模式

该税制结构模式是指在整个税制体系中以所得税作为主体税，在税收收入中占有最大的比重，并起主导作用。该模式又可进一步分为以个人所得税为主体、以企业所得税为主体、以社会保险税为主体三种形式。以个人所得税为主体一般是在经济发达的国家，由于个人收入水平高、差异大，需要运用个人所得税来筹集财政收入，调节收入差距。以企业所得税为主体多存在于从间接税制向直接税制转变的过程中。而在福利国家，由于社会保险的支出比重较大，以个人工资作为税基，由个人、企业共同承担社会保险税的税负，社会保险税往往成为福利国家的主体税种。

3. 双主体税制结构模式

双主体税制结构模式是指以货劳税和所得税作为主体税种的税制结构。双主体税制结构模式只是一种过渡模式，随着经济社会的发展，往往会演变成以所得税为主体的税制结构模式。双主体税制结构模式多存在于发展中国家，在筹集财政收入和调节经济的任务较重时采用。一个国家的税制采用何种结构模式，既与该国的经济发展水平和发展需要有关，也与该国的政策目标和社会历史传统有关。在选定税制结构模式后，政府还需要对税源、税率等基本要素做出合理的安排。

2.2.2 税收管理权配置

税收管理权是政府重要的权力之一。由于现代政府实行分级管理体制，相应地要求税收管理权也要在不同级别政府之间进行合理划分。税收管理权是一组权力，主要包括税收立法权、税收征收管理权和税收收入归属权等。税收管理权配置是指税收管理权在中央政府和地方政府之间以及各级地方政府之间的制度安排。

从税收管理权的类型看，税收管理权基本可以分为集权型和分权型两种。两者最大的区别是中央政府和地方政府拥有的税收立法权不同。

在集权型税收管理体制中，中央政府拥有绝对的税收立法权，税收收入也绝大部分由中央政府征收管理，地方政府只拥有少量的征收管理权。在分权型税收管理体制中，中央政府和地方政府都拥有相对独立的税收立法权和独立的主体税种，有相对独立、稳定的税收收入来源。

一个国家的税收管理体制是选择集权型还是分权型，与这个国家的经济运行管理体制以及历史传统相联系，税收管理体制也会随着整个国家的经济管理体制的变化不断调整和变化。一般而言，实行市场经济体制的国家一般会选择分权型的税收管理体制，而实行计划经济体制的国家会倾向于选择集权型的税收管理体制。

我国实行的分税制就是一种相对分权的税收管理体制。分税制是国家在各级政府明确划分事权和支出责任的基础上，按照事权与财权相统一的原则，结合税种的特征，划分中央政府和地方政府的税收收入，并辅之以规范的转移支付制度的预算管理模式。

在分税制管理体制下，国家根据一定的规则将不同税种划分为中央税、地方税和中央地方共享税等，并设立相应的征管机构进行征收管理。中央税的税收收入归中央政府支配，地方税的税收收入归地方政府支配，中央地方共享税的税收收入则根据已确定的规则在中央政府和地方政府之间进行分享。

分税制成为市场经济体制国家普遍采用的税收管理模式。在市场经济体制下，由于公共产品和服务具有层次性，分税制的实施便于中央政府和地方政府更好地满足不同层次的公共需要，提高公共产品配置的效率和质量。

分税制的实施既能保证地方政府财力具有一定的自主性，也便于中央政府实行宏观经济调控。我国在分税制税收收入划分方面，中央政府在财力分配中占主体地位，便于国家集中财力解决重大的社会经济问题，利用税收政策进行宏观调控，以保持总供给与总需求的基本平衡。地方政府也拥有一定的财力支配权，便于地方政府积极性的发挥，也便于地方政府对辖区内的经济进行局部调节。

分税制的实质是税收立法权、司法权和征收管理权在中央政府和地方政府之间的分配。正确划分立法权是实行分税制的首要前提。如果不能对税收立法权进行合理划分，地方政府也就失去了独立进行税收立法的资格和地位，分税制也就失去了真实的内容而转变为中央政府和地方政府之间的收入分成办法和税收分级管理办法。但税收管理权是实行集权还是实行分权，取决于一个国家的政治历史、经济体制以及遵循的经济理论。政府的职能范围和公共选择是决定税种划分和税收立法权的基本因素。

本章小结

1. 税制要素包括纳税人、征税对象、税率、纳税环节、纳税期限、纳税地点、税收优惠、法律责任等。其中，纳税人、征税对象、税率是最基本的税制要素，简称“税制三要素”，而税率是税制三要素中最主要的要素，是税收制度的中心环节。

2. 税收管理体制主要解决税制结构模式选择和税收管理权配置问题。从主体税种的选择上看，税制结构一般有以下三种模式：以货劳税为主体的税制结构模式、以所得税为主体的税制结构模式和双主体税制结构模式。

复习与思考

一、单项选择题

1. 下列关于征税对象、税目、税基的说法中，不正确的是（　　）。

A. 征税对象又称课税对象，决定着某一种税的基本征税范围，也决定了各个不同税种的名称

B. 税基又称计税依据，是据以计算征税对象应纳税款的直接数量依据，它解决对征税对象课税的计算问题，是对课税对象的量的规定

C. 税目是在税法中对征税对象分类规定的具体的征税项目，反映具体的征税范围，是对课税对象质的界定

D. 企业所得税设置了税目

2. 下列关于税法要素的说法中，不正确的是（　　）。

A. 税率是计算税额的尺度

B. 税率是衡量税负轻重与否的重要标志

C. 征税对象是对税率的征收程度

D. 征税对象是区别一种税与另一种税的重要标志

3. 下列关于我国税收立法权划分层次的表述中，不正确的是（　　）。

A. 经全国人大及其常委会授权，国务院有制定税法实施细则的权力

B. 地区性地方税收的立法权属于县级及其以上立法机关

C. 海南省、民族自治地区按照全国人大授权立法规定，可以制定有关税收的地方性法规

D. 经国务院授权，国家税务主管部门有税收条例的解释权和制定税收条例实施细则的权力

4. 下列各项中，不属于国家税务总局系统负责征收管理的税种的是（　　）。

A. 车辆购置税　　B. 关税

C. 资源税　　D. 耕地占用税

5. 下列税收收入中，不属于中央政府固定收入的是（　　）。

A. 车辆购置税　　B. 消费税

C. 增值税　　D. 关税

6. 下列各项中，不属于纳税人、扣缴义务人权利的是（　　）。

A. 纳税人、扣缴义务人对税务机关所做出的决定享有陈述权、申辩权

B. 纳税人依法享有申请减税、免税、退税的权利

C. 纳税人、扣缴义务人有权控告和检举税务人员的违法违纪行为

D. 要求税务机关为纳税人、扣缴义务人的税收违法行为保密

7. 下列各项中，不属于涉税专业服务机构的是（　　）。

A. 律师事务所　　B. 代理记账机构

C. 税务代理公司　　D. 小额贷款公司

8. 下列各项中，属于国际重复征税的根本原因的是（　　）。

A. 国际税收协定的不完善　　B. 各国行使的税收管辖权的重叠

C. 纳税人所得或收益的国际化　　D. 各国所得税制的普遍化

二、多项选择题

1. 下列各项中，有权制定税收部门规章的税务主管机关有（　　）。

A. 财政部　　B. 海关总署

C. 国务院办公厅　　D. 国家税务总局

2. 下列各项中，属于财产税类的有（　　）。

A. 城镇土地使用税　　B. 耕地占用税

C. 车船税　　D. 房产税

3. 下列各项中，属于海关系统负责征收和管理的有（　　）。

A. 关税　　B. 船舶吨税

C. 出口环节的增值税　　　　D. 进口环节的消费税

4. 下列各项中，属于涉税专业服务机构涉税业务内容的有（　　）。

A. 税收策划　　　　B. 纳税申报代理

C. 专业税务顾问　　　　D. 帮助纳税人逃避缴纳税款

5. 由于在国际税收领域，各国行使征税权力所采取的原则不尽相同，因此各自所确立的税收管辖权范围和内容也有所不同。目前世界上的税收管辖权大致可以分为（　　）。

A. 居民管辖权　　　　B. 国家管辖权

C. 公民管辖权　　　　D. 地域管辖权

三、简答题

1. 税制要素有哪些？请列举出来。

2. 税收管辖权是依据什么来划分的？

四、论述题

著名政治家本杰明·富兰克林说过：世界上除了死亡和纳税以外，没有什么是必然的。你是如何理解税法在我国经济社会中的作用及其存在意义的？评价一下我国现行的税法体系。

第3章

增值税

学习目标

1. 掌握增值税的基本法律知识，熟悉增值税的概念、类型和作用。

2. 掌握增值税应纳税额的计算方法，能准确计算增值税一般纳税人的进项税额、销项税额和当期应纳税额以及小规模纳税人的应纳税额。

3. 了解并掌握增值税扣税凭证、专用发票的使用和管理。

4. 了解增值税的退税政策，掌握“免、抵、退”的增值税计算方法。

案例导入

北京市某增值税一般纳税人于2021年6月购买位于浙江省杭州市的商铺一套，用于出租。每月租金收入为220万元。税法规定，自2016年5月1日起，对于纳税人机构和不动产机构不在同一个地区的，其租金收入要在不动产所在地的税务机关预缴增值税。由于纳税人机构所在地在北京市，不动产在浙江省杭州市，不动产所在地与机构所在地不在同一地区，请问该纳税人应如何向不动产所在地税务局预缴税款①?

如果纳税人选择一般计税方法，则需预缴的税款为：

$$220\div(1+9\%)\times3\%=6.06(\text{万元})$$

如果纳税人选择简易计税方法，则需预缴的税款为：

$$220\div(1+5\%)\times5\%=10.48(\text{万元})$$

---

① 根据营改增相关政策，增值税纳税人异地出租不动产需要在不动产所在地税务机关预缴增值税。(1) 一般纳税人异地出租不动产，适用一般计税方法计税的，应按照3%的预征率向不动产所在地主管税务机关预缴税款，向机构所在地主管税务机关申报纳税。(2) 小规模纳税人异地出租不动产（不含住房），按照5%的征收率计算应纳税额；个体工商户出租住房，按照5%的征收率减按1.5%计算应纳税额，向不动产所在地主管税务机关预缴税款，向机构所在地主管税务机关申报纳税。

3.1 增值税概述

增值税是我国重要的流转税，也是我国第一大税种，在我国税收总收入中占有较高的比重。增值税和企业的经营活动息息相关，现代增值税的税收中性原则①对于促进社会分工也起着重要的作用。

3.1.1 增值税的概念

增值税是以单位或者个人在生产经营活动中取得的增值额为课税对象而征收的一种税。我国增值税是指对在我国境内销售货物或者提供加工、修理修配劳务，销售服务、无形资产或者不动产以及从事进口货物的单位和个人，就其取得的增值额征收的流转税。

3.1.2 对增值额的理解

要理解增值税，首先要明确什么是增值额。增值额可以从三个方面进行理解。

1. 理论上的增值额

从理论上讲，增值额是单位或个人在生产经营过程中新创造的价值，即货物或劳务价值中的 $V+M$ 部分。②

2. 现实中的增值额

现实中的增值额可以从以下两个方面理解：

（1）从单个生产经营单位看，增值额是其商品销售额扣除规定的非增值项目后的余额，该余额相当于该经营单位活劳动创造的价值。增值额一般包括工资、利润、利息、租金、股息等。

增值额＝销售货物或者提供劳务的收入额－外购的货物价值总额

（2）从商品生产过程看，增值额相当于该商品从生产到流通各个经营环节的增值额之和，即该商品进入最终消费的销售总值。例如，某项货物最终销售价格为150元，此价格由三个生产经营环节共同创造，那么，该货物在三个环节中创造的增值额之和就是该货物的全部销售额。该货物每一环节的增值额与销售额之间的关系如表3－1所示。

表3－1 货物在各环节的增值额与销售额关系表 单位：元

项目	制造环节	批发环节	零售环节	合计
增值额	80	30	40	150
销售额	80	110	150	340

① 税收中性原则，是指政府课税不干扰资源的有效配置，不对纳税人有效的经济决策产生干扰，不再承担除税款之外的其他损失。

② 马克思在《资本论》中指出，商品价值＝不变资本（C）＋可变资本（V）＋剩余价值（M）。$V+M$，即劳动力价值与剩余价值之和。

3. 税法上的增值额

据以征税的增值额是一种法定增值额。法定增值额一般指货物或者劳务的销售额扣除法定外购项目金额后的余额。

各国的国情、政策要求不同，在增值税制度中所规定的扣除范围或者扣除项目有所差异，造成了法定增值额和理论增值额的差异。各国在规定扣除范围时，对外购固定资产的处理办法不同，因此，法定增值额可以等于理论增值额，也可以大于或小于理论增值额。

一般而言，各国都会允许将外购的原材料、辅料、动力、燃料、零部件等流动资产的价值予以扣除，但在对外购的机器、设备、厂房等固定资产的处理上有所不同。有的国家允许从应税商品总价值中将固定资产价款一次性全部扣除，有的国家只允许扣除固定资产的折旧部分，还有的国家不允许对固定资产价款进行任何扣除。

3.1.3　增值税的类型

根据法定扣除项目的范围不同，可以将增值税划分为三种类型。

1. 生产型增值税

生产型增值税是指计算法定增值额时，不扣除任何外购固定资产的价款，只允许扣除原材料、辅料、动力、燃料、零部件等劳动对象的价值。这种增值税由于不允许扣除固定资产的价值，所以其法定增值额等于当期工资、奖金、利润、利息、租金、股息等理论增值额与折旧额之和。从整个国民经济角度来讲，这一课税基础在统计口径上相当于国民生产总值，因此称为生产型增值税。

生产型增值税的法定增值额比理论增值额大，因此对固定资产耗费形成的价值存在重复征税。但由于不允许扣除固定资产的价值，所以税基最大，有利于筹集财政收入，不过不利于投资，尤其会对资本有机构成高的和固定资产更新快的行业的发展产生抑制效应。

2. 收入型增值税

收入型增值税是指计算法定增值额时，允许扣除中间产品的价款的一种增值税。其所扣除的项目除原材料、辅料、动力、燃料、零部件等劳动对象的价值外，还包括当期折旧的固定资产价值。该类型增值税的法定增值额相当于国民收入，因此称为收入型增值税。

收入型增值税的法定增值额和理论增值额一致，是一种标准的增值税，可以避免对固定资产价值的重复征税问题。但由于固定资产的价值扣除是以折旧额体现，而利用扣税法计算增值税时难以获得相关凭证，在推广应用方面存在一定困难，所以当前世界上只有阿根廷、摩洛哥等极少数国家实行收入型增值税制度。

3. 消费型增值税

消费型增值税是指在计算法定增值额时，允许将当期购进固定资产的价值一次性全部扣除。换言之，该类型增值税的法定增值额为纳税人当期的销售收入总额扣除外购的全部生产资料（流动资产与固定资产）价款后的余额。从整个国民经济来看，该类型增值税相当于对生产资料不征税，仅对消费品的价值征税，所以称为消费型增值税。

消费型增值税对于扩大固定资产投资具有较强的激励效应。固定资产的特点是价值量大，其价值通常要在较长的使用周期内以折旧的方式逐步转移到产品价值中去。消费型增值税允许固定资产价值在计算增值额时扣除，客观上起到了鼓励固定资产投资和加速设备更新的作用，也可以彻底解决重复征税问题，有利于技术进步。当前大部分实行增值税的国家采用的都是消费型增值税。但消费型增值税的法定增值额小于理论增值额，短期内对财政收入有一定负面影响。

3.1.4 增值税的计税原理

增值税是一种流转税，其计税依据是商品、劳务、服务在流通过程中产生的增值额。从原理上讲，增值税的核心是如何确认商品、劳务、服务的增值额。增值税的计税办法分为直接计算法和间接计算法。

1. 直接计算法

直接计算法，是指首先计算出应税货物、劳务、服务的增值额，然后用增值额乘以适用税率求出应纳税额。直接计算法又可分为加法和减法。

（1）加法，是把企业在计算期内实现的各项增值项目一一相加，求出全部增值额，再依照适用的增值税税率计算增值税。增值项目一般包含工资、奖金、租金、利息、利润以及其他增值项目。

这种方法是一种理论上计算增值税的方法，实际应用的可能性很小。因为增值额本身是一个相对模糊的概念，很难准确计算，如企业接受的捐赠、各种罚没收入是否属于增值额，有时就难以确定。另外，企业实行的财务会计制度不同，确定增值项目和非增值项目的标准也可能不相同。

（2）减法，也称扣额法，是指企业在计算期内将应税项目（货物、劳务、服务等）的销售额减去规定的外购项目（应税项目生产流通过程中投入的原材料、辅料、动力、燃料、中间产品等）价值后的余额作为增值额，再依据适用的税率计算增值税的方法。当增值税采用同一档税率时，这种方法和间接计算法实际上是一样的。但如果增值税采用多档税率，则会存在差异。

2. 间接计算法

间接计算法，也称扣税法，不直接通过计算增值额计算增值税，而是先根据应税项目的销售额计算出整体税负，然后从整体税负中扣除外购项目的已纳税款。由于这种方法是以外购项目的实际已纳税额为依据，所以又称购进扣税法。这种方法简便易行，既适用于单一税率，也适用于多档税率。因此，扣税法成为实行增值税的国家广泛采用的方法。其计算公式为：

$$\text{应纳增值税}=\sum(\text{应税项目销售额}\times\text{增值税税率})-\sum\text{法定扣除项目已纳税额}$$

3.1.5 增值税的特点

1. 不重复征税，具有税收中性

增值税在计税原理上只以商品、劳务、服务在流转过程中产生的增值额为征税对象，有增值额征税，没有增值额不征税，可以避免对同一对象重复课征。同一货物、劳务、服务在生产、流通环节的税负大致相同，因而增值税对生产经营活动和消费行为产生的影响很小，具有中性特征。

要保证增值税税收中性，需要简化其税率档次，实行无差别课征。如果不同货物、劳务、服务的税率不同，则还是会产生税收的额外负担。而在简化税率档次、实行无差别征税的情况下，增值税对经济活动的干扰大为减弱，不至于扭曲市场机制对资源配置的基础性调节作用。

2. 多环节连续课征，促进分工细化

增值税是采用环环课征方式，经过一次流转产生了增值额就征收一次增值税，征税金额与流转环节的多少无关，只与流转中产生的增值额大小有关。这种征税方式有利于社会分工细化和专业化，提高社会资源的利用率，克服社会生产活动的小而全问题。这种多环节课征的征税方式也有助于及时筹集财政收入，保障财政收入的平稳。

3. 实行价外税，税负具有转嫁性

增值税是一种价外税，也就是说增值税税款在商品、劳务、服务成交价值之外，由卖方向买方收取且由买方负担。

增值税实行价外税也表明增值税属于典型的间接税。增值税税款通常通过商品或者劳务的流转向下一环节或者消费者进行转移，最终增值税税款由不能再进行转嫁的消费者负担。企业等纳税人虽然名义上缴纳了税款，但实际上真正负担税款的是商品或者劳务的最终消费者。

4. 实行税款抵扣制度，有利于企业之间互相监督

增值税在征税时采用税款抵扣模式，可依据购进的扣除项目发票上注明的已纳增值税税款进行进项抵扣。因此，上游企业的销项税额成为下游企业的进项税额，下游企业为了减轻自身的税收负担，会主动向销售方索要合法的销售凭证用于进项抵扣，实现了对上游企业的监督。利用销售方开具的增值税专用发票上注明的价款和增值税税款进行抵扣，也大大减轻了纳税人计算进项税额的工作量，并使进项税额的抵扣更为准确。

5. 征税范围广，税源充裕

增值税的征税对象是商品生产、流通过程中或提供劳务、服务时实现的增值额。当前，只要人们从事生产经营活动，不管是商品生产、商品流通，还是提供劳务、销售服务，只要实现了价值增值，都要相应依法缴纳增值税。因此，增值税成为普遍征收的一种流转税，其税基充裕、稳定，是我国第一大税种。

知识链接

营改增对不同行业的影响

全面营改增之初，针对不同行业，国家分别规定了不同的增值税税率和税务处理模式，各行业受到营改增的影响程度也不尽相同。全面营改增涉及的重点行业——建筑业、房地产业、金融业、生活服务业税负有所变化。营改增也对传统的制造业、商贸业等造成了一定的影响和冲击。

1. 传统制造业与商贸业

对在分税制之初就已经实行增值税制度的制造业（涵盖销售货物、加工修理修配劳务）、商贸业来说，营改增是一个利好。原因在于营改增后实行增值税的行业有所增加，制造业与商贸业的进项税额抵扣范围进一步扩大。新增的三大税目——“销售服务”“销售不动产”“销售无形资产”纳入增值税征收范围后，企业购买服务、不动产和无形资产，只要取得增值税专用发票都可获得进项税额抵扣，呈现明显的减税效应。增值税征税范围的扩大和增值税的转型有利于降低制造业、商贸业的税负水平。

2. 建筑业

建筑业在全面营改增初期允许老项目和“甲供工程”“清包工”项目采用简易计税方法，其税负不会出现大的波动，甚至因为价税分离而导致其应纳税额减少，过渡期比较舒缓、平稳。但是营改增过渡期之后，建筑业获取的能进行抵扣的进项税额明显不足，新项目的税负率会相对提高。所以，建筑业在营改增之后税负会有一定增加。随着经营模式及管理行为的调整，其税负波动也会经历一个震荡调整期。

建筑业营业税原来适用的税率仅为3%，而营改增后建筑业新项目适用的税率为9%，如果不能获取足够的可抵扣进项税额，建筑业的税负会显著增加。建筑业中由于砂、石料、土等就地取材的建筑材料很难取得进项税额，加上建筑业的人工费用呈逐年增长之势，而工资薪金、职工福利费等不能抵扣进项税额，无形中加大了不能抵扣进项税额的支出比重。

此外，还有两个因素也显著影响建筑业的税负率：一是上下游企业之间的博弈。建筑业的税负水平不仅取决于计算销项税额的税率大小，也取决于可以抵扣的进项税额的多寡。为获得足够的进项税额进行抵扣，建筑行业“甲供工程”“清包工”项目明显增多，虽然可以选择简易计税方法，但是无形中削减了建筑业的利润空间。二是以往建筑业内部存在大量挂靠模式，如果继续采取挂靠模式，税率的提高不仅抬高了被挂靠方的税负水平，而且会给挂靠模式的多方当事人带来虚开增值税专用发票的风险，所以建筑业挂靠模式可能会因营改增而消失。强化增值税征管的“打假”活动也会使建筑业趋于规范运作，其经营成本和增值税税负都会呈现增长态势。

综上所述，建筑业税负短期内会有增长趋势，市场上具有竞争力的企业可以通过提高工程款的方式向房地产业转嫁税负，但在竞争越来越激烈的行业背景下，一般的企业要想减轻增值税税负，必须加强采购预算和成本规划工作，做好进项税额抵扣管理。

3. 房地产业

全面营改增给房地产业带来利好政策。房地产业确认项目的销售额时，允许以全部价款和价外费用之和扣除土地出让金后的余额作为销售额。改革之初，虽然销售不动产的税率为9%，但计算税基（销售额）时允许减除土地成本，这导致其销售额的实际税负率降低，缓解了房地产业的税负压力。譬如，当土地成本占到全部价款和价外费用之和的40%时，销售不动产的实际税负率下降为5.4%(9%×(1－

40%)），相当于比原来的销售不动产5%的营业税税率高出0.4个百分点，但此时还未抵扣进项税额。若满足可抵扣的进项税额≥(全部价款+价外费用－土地成本)×0.4%，则房地产业最终的增值税税负率会低于营业税税制下5%的税负率。实际上，房地产业购入的所有货物、服务、无形资产、不动产等相关取得扣税凭证的合法的进项税额都允许抵扣，房地产业因此会出现显著的减税效应。

房地产业老项目可以选择采用简易计税方法计税，缓解政策变动引发的税务风险。但营改增后融资成本不允许抵扣进项税额，这导致房地产企业进项税额抵扣不足，而且营改增后，房地产业税负叠加，出现了不合理的税负结构，即增值税、土地增值税、企业所得税的税基存在很大程度的交叉和重合。

4. 金融业

金融业营改增后一般纳税人采用一般计税方法，允许采用税款抵扣制。但贷款方向金融机构支付的贷款利息支出不得计算抵扣增值税，这一政策未能彻底打通金融业和实体经济之间的税款抵扣。年末累计交易金融商品转让价差不得结转抵减下一年度应税收入，会稍微加大金融业增值税税负。

营改增后，银行业税负有所上升，净利润水平有所降低。证券业税负影响不大，净利润影响有限。证券公司增值税征收范围包括手续费收入、资产交易收入及利息收入，税率为6%，由于应税收入范畴大致相同，故影响不大。保险业营改增对寿险公司净利润影响微弱，寿险公司免税政策由营业税平移至增值税。营改增对财险公司有一定的影响，其净利润有所下降。保险成本以赔款支出和人力成本为主，但按现行营改增规则，这部分成本是无法抵扣的，导致比营业税增加的一个点的税负无法转嫁给客户，只能由保险公司承担；保险行业内基本实现了集团化集中管理，由总部统一管理的再保险业务和物资采购等，由于与现行的税收管理制度存在矛盾，无法顺利地将可抵扣的成本反映在最终的成本中心，导致总部的进项税额倒挂而分支公司无票可抵，间接引起税负增加。

5. 生活服务业

由于生活服务业所涉及的进项税额不会太多，营改增后增值税实际税负率不会比6%低很多，可能会在5%左右徘徊。

生活服务业涉及多个领域，比如餐饮、酒店，还有日常生活服务等具体业务，它们之间因为进项税额抵扣情况不同而存在一定程度的税负率差异。

一些生活服务类公司不含税销售额在500万元以下的，属于小规模纳税人，适用简易计税方法，征收率为3%，其总体税负普遍下降。

对于酒店业来说，其供货商都是有一般纳税人资质的，能提供增值税专用发票。酒店的材料采购、设备采购、服务采购、不动产购置和租赁、办公支出等都可以进行进项抵扣，总体来看，税负方面应会有所下降。

对于餐饮业来说，很多企业属于小规模纳税人，其从5%的营业税直接转换为3%的增值税，所以餐饮业小规模纳税人的减税效果是最为直接的。大多数餐饮企业都设立在商业区，其租金成本结构、人工成本结构、推销渠道都会有很大的不同，因此税负也会有很大不同。

3.2 增值税的纳税人

3.2.1 纳税人的一般规定

根据《增值税暂行条例》的规定，在中华人民共和国境内销售货物或者加工、修理修配劳务（以下简称劳务），销售服务、无形资产、不动产以及进口货物的单位和个人，为增值税的纳税人。

单位是指一切从事销售或进口货物，提供应税劳务，销售应税服务、无形资产或不动产的单位，包括企业、行政单位、事业单位、军事单位、社会团体及其他单位。

个人是指从事销售或进口货物，提供应税劳务，销售应税服务、无形资产或不动产的个人，包括个体工商户和其他个人。

对于销售货物、提供加工修理修配劳务或者进口货物的行为，单位租赁或者承包给其他单位或者个人经营的，以承租人或者承包人为纳税人。

对于销售服务、无形资产或者不动产的行为，单位以承包、承租、挂靠方式经营的，承包人、承租人、挂靠人（以下统称承包人）以发包人、出租人、被挂靠人（以下统称发包人）名义对外经营并由发包人承担相关法律责任的，以该发包人为纳税人；否则，以承包人为纳税人。资管产品运营过程中发生的增值税应税行为，以资管产品管理人为增值税纳税人。

对报关进口的货物，以进口货物的收货人或办理报关手续的单位和个人为进口货物的纳税人。对代理进口货物，以海关开具的完税凭证上的纳税人为增值税纳税人。

需要注意的是，由于受税收管理权的限制，销售货物、劳务、服务，销售或者租赁不动产，发生的上述应税行为都是在境内。

境外的单位或者个人在境内提供加工修理修配劳务，在境内未设有经营机构的，以其境内代理人为增值税扣缴义务人；在境内没有代理人的，以购买方为增值税扣缴义务人。

境外单位或者个人在境内销售服务、无形资产或者不动产，在境内未设有经营机构的，以购买方为增值税扣缴义务人。

财政部和国家税务总局另有规定的除外。

3.2.2 纳税人的分类

我国根据纳税人经营规模大小和会计核算是否健全，将增值税纳税人划分为一般纳税人和小规模纳税人两类，并对不同类别的纳税人实行不同的管理办法。其中，企业经营规模的大小一般以年应税销售额为依据。由于增值税属于价外税，这里的销售额是不含增值税的销售额；如果纳税人的销售额是含增值税的销售额，需要转换成不含增值税的销售额进行衡量。

1. 一般纳税人

一般纳税人，是指年销售额达到规定标准、会计核算健全的纳税人。所谓年销售额，是指纳税人在连续不超过 12 个月的经营期内累计应征增值税销售额，包括减免税销售额以及按规定允许从销售额中差额扣除的部分。经营期是指在纳税人存续期内的连续经营期间，含未取得销售收入的月份。

根据《财政部 税务总局关于统一增值税小规模纳税人标准的通知》（财税〔2018〕33 号）和《国家税务总局关于一般纳税人登记管理若干事项的公告》（国家税务总局公告 2018 年第 6 号）的相关规定，我国一般纳税人的年应征增值税销售额在 500 万元以上（不含）的，不再区分不同的行业。但对于年应税销售额达不到相应规模的企业，如果会计核算健全，能够准确提供税务资料的，可以向主管税务机关申请办理一般纳税人资格登记，成为一般纳税人。

2. 小规模纳税人

小规模纳税人，是指年销售额在规定标准以下，并且会计核算不健全，不能按规定报送有关税务资料的增值税纳税人。为完善增值税制度，进一步支持中小微企业发展，我国统一了增值税小规模纳税人的标准。根据《财政部 税务总局关于统一增值税小规模纳税人标准的通知》（财税〔2018〕33 号）规定，增值税小规模纳税人标准为年应征增值税销售额 500 万元及以下。

我国 2017 年 11 月审议通过的《增值税一般纳税人登记管理办法》（国家税务总局令第 43 号）对一般纳税人登记管理进行了规范。根据该办法，年应税销售额超过财政部、国家税务总局规定的小规模纳税人登记标准，应当向主管税务机关办理一般纳税人登记。但下列情况除外：

（1）选择按小规模纳税人纳税的非企业性单位，如行政单位、事业单位、军事单位、社会团体等。

（2）年应税销售额超过规定标准但不经常发生应税行为的单位和个体工商户。

（3）年应税销售额超过规定标准的其他个人。

纳税人应税销售额超过财政部、国家税务总局规定的标准，且符合政策规定，选择按照小规模纳税人纳税的，应当向主管税务机关提交书面说明。但是个体工商户以外的其他个人应税销售额超过标准的，不需要提交证明。纳税人登记为一般纳税人后，不得转为小规模纳税人，国家税务总局另有规定的除外。

例 3－1

以下各项中，应计入增值税一般纳税人认定标准的“年应税销售额”的有（　　）。

A. 免税销售额　　　　B. 稽查查补销售额

C. 纳税评估调整销售额　　　　D. 税务机关代开发票销售额

【答案】 ABCD

【解析】 根据规定，一般纳税人认定标准的年应税销售额，是指纳税人在连续不超过 12 个月的经营期内累计应征增值税销售额，包括纳税申报销售额、稽查查补销售额、纳税评估调整销售额、税务机关代开发票销售额和免税销售额。

3.2.3 不同纳税人的管理办法

我国不同类型的纳税人实行不同的税收管理办法。小规模纳税人实行按征收率计算的简易计税方法。

根据《国家税务总局关于增值税发票管理等有关事项的公告》（国家税务总局公告 2019 年第 33 号）的相关规定，自 2020 年 2 月 1 日起，增值税小规模纳税人自行开具增值税专用发票的范围由 8 个试点行业扩大至所有行业。所有增值税小规模纳税人（其他个人除外）均可以自愿使用增值税发票管理系统自行开具增值税专用发票。选择自行开具增值税专用发票的小规模纳税人，税务机关不再为其代开增值税专用发票。增值税小规模纳税人应当就开具增值税专用发票的销售额，按照 3%或 5%的征收率，计算增值税应纳税额，并在规定的纳税申报期内向主管税务机关申报缴纳。

符合增值税一般纳税人条件的纳税人要向主管税务机关办理资格登记成为一般纳税人。经过税务机关审核登记的一般纳税人，可按照规定领用增值税专用发票，实行凭增值税专用发票进行抵扣的计征方法，并按照《增值税暂行条例》计算缴纳增值税。

对纳税人实行分类管理，有利于税务机关加强重点税源管理，简化小型企业的计算缴纳程序，有利于维护发票的正确使用和安全管理，降低征管成本，提高税收征管效率。

3.3 增值税的征税范围

3.3.1 增值税征税范围的一般规定

当前，我国在商品的生产、流通、进口、劳务提供、服务销售等领域已经普遍征收增值税。从产业角度看，增值税已经覆盖第一产业、第二产业和第三产业的生产经营活动。2017 年修订的《增值税暂行条例》规定，增值税的征税范围，包括在我国境内销售货物，提供应税劳务，销售服务、无形资产、不动产及进口货物。

1. 销售货物

这里所称的货物是增值税相关法规中的特定概念，指有形动产，包括电力、热力、气体在内。销售货物，是指有偿转让货物的所有权，能从购买方取得货币、货物或其他经济利益。境内销售货物，是指所销售货物的起运地或所在地在我国境内，受我国税收管辖权管辖。

2. 提供加工、修理修配劳务

提供加工、修理修配劳务是指在我国税收行政管理的境内的业务活动。加工，是指委托加工货物，由委托方提供原料或者主要材料，受托方按照委托方的要求制造货物并收取加工费的业务。修理修配，是指受托方对损伤或者丧失功能的货物进行修复，使其恢复原状和功能的业务。

特别提示

这里的“提供加工、修理修配劳务”都是指有偿提供加工、修理修配劳务。单位或个体经营者聘用的员工为本单位服务或受雇为雇主提供加工、修理修配劳务不属于增值税的征收范围。

3. 销售服务、无形资产或者不动产

销售服务、无形资产或者不动产，是指有偿提供服务、有偿转让无形资产或者不动产。所谓有偿，是指取得货币、货物或者其他经济利益。属于下列非经营活动的情形除外：(1) 行政单位收取的同时满足以下条件的政府性基金或者行政事业性收费：由国务院或者财政部批准设立的政府性基金，由国务院或者省级人民政府及其财政、价格主管部门批准设立的行政事业性收费；收取时开具省级以上（含省级）财政部门监（印）制的财政票据；所收款项全额上缴财政。(2) 单位或者个体工商户聘用的员工为本单位或者雇主提供取得工资的服务。(3) 单位或者个体工商户为聘用的员工提供的服务。(4) 财政部和国家税务总局规定的其他情形。

根据我国税收管辖权，销售服务、无形资产或者不动产要求在境内。境内销售服务、无形资产或不动产是指：(1) 服务（租赁不动产除外）或者无形资产（自然资源使用权除外）的销售方或者购买方在境内。(2) 所销售或者租赁的不动产在境内。(3) 所销售自然资源使用权的自然资源在境内。

下列情形不属于在境内销售服务或者无形资产：(1) 境外单位或者个人向境内单位或者个人销售完全在境外发生的服务。(2) 境外单位或者个人向境内单位或者个人销售完全在境外使用的无形资产。(3) 境外单位或者个人向境内单位或者个人出租完全在境外使用的有形动产。

(1) 销售服务，是指提供交通运输服务、邮政服务、电信服务、建筑服务、金融服务、现代服务、生活服务等。

1) 交通运输服务，是指利用运输工具将货物或者旅客送达目的地，使其空间位置得到转移的业务活动，包括陆路运输服务、水路运输服务、航空运输服务和管道运输服务。

陆路运输服务，是指通过陆路（地上或者地下）运送货物或者旅客的运输业务活动，包括铁路运输、公路运输、缆车运输、索道运输、地铁运输、城市轻轨运输等。出租车公司向使用本公司自有出租车的出租车司机收取的管理费用，按陆路运输服务缴纳增值税。

水路运输服务，是指通过江、河、湖、川等天然、人工水道或者海洋航道运送货物或者旅客的运输业务活动。水路运输的程租、期租业务，属于水路运输服务。程租业务，是指运输企业为租船人完成某一特定航次的运输任务并收取租赁费的业务。期租业务，是指运输企业将配备有操作人员的船舶承租给他人使用一定期限，承租期内听候承租方调遣，不论是否经营，均按天向承租方收取租赁费，发生的固定费用均由船东负担的业务。

航空运输服务，是指通过空中航线运送货物或者旅客的运输业务活动。航空运输的湿租业务，属于航空运输服务。湿租业务，是指航空运输企业将配备有机组人员的飞机承租给他人使用一定期限，承租期内听候承租方调遣，不论是否经营，均按一定标准向承租方收取租赁费，发生的固定费用均由承租方承担的业务。需要注意的是，航天运输服务，按照航空运输服务缴纳增值税。航天运输服务，是指利用火箭等载体将卫星、空间探测器等空间飞行器发射到空间轨道的业务活动。

管道运输服务，是指通过管道设施输送气体、液体、固体物质的运输业务活动。

2）邮政服务，是指中国邮政集团公司及其所属邮政企业提供邮件寄递、邮政汇兑和机要通信等邮政基本服务的业务活动，包括邮政普遍服务、邮政特殊服务和其他邮政服务。

邮政普遍服务，是指函件、包裹等邮件寄递，以及邮票发行、报刊发行和邮政汇兑等业务活动。邮政特殊服务，是指义务兵平常信函、机要通信、盲人读物和革命烈士遗物的寄递等业务活动。其他邮政服务，是指邮册等邮品销售、邮政代理等业务活动。

3）电信服务，是指利用有线、无线的电磁系统或者光电系统等各种通信网络资源，提供语音通话服务，传送、发射、接收或者应用图像、短信等电子数据和信息的业务活动，包括基础电信服务和增值电信服务。基础电信服务，是指利用固网、移动网、卫星、互联网，提供语音通话服务的业务活动，以及出租或者出售带宽、波长等网络元素的业务活动。增值电信服务，是指利用固网、移动网、卫星、互联网、有线电视网络，提供短信和彩信服务、电子数据和信息的传输及应用服务、互联网接入服务等业务活动。需要注意的是，卫星电视信号落地转接服务，按照增值电信服务缴纳增值税。

4）建筑服务，是指各类建筑物、构筑物及其附属设施的建造、修缮、装饰，线路、管道、设备、设施等的安装，以及其他工程作业的业务活动，包括工程服务、安装服务、修缮服务、装饰服务和其他建筑服务。物业服务企业为业主提供的装修服务，按照建筑服务缴纳增值税。纳税人将建筑施工设备出租给他人使用并配备操作人员的，按照建筑服务缴纳增值税。

工程服务，是指新建、改建各种建筑物、构筑物的工程作业，包括与建筑物相连的各种设备或者支柱、操作平台的安装或者装设工程作业，以及各种窑炉和金属结构工程作业。安装服务，是指生产设备、动力设备、起重设备、运输设备、传动设备、医疗实验设备以及其他各种设备、设施的装配、安置工程作业，包括与被安装设备相连的工作台、梯子、栏杆的装设工程作业，以及被安装设备的绝缘、防腐、保温、油漆等工程作业。修缮服务，是指对建筑物、构筑物进行修补、加固、养护、改善，使之恢复原来的使用价值或者延长其使用期限的工程作业。装饰服务，是指对建筑物、构筑物进行修饰装修，使之美观或者具有特定用途的工程作业。其他建筑服务，是指上述工程作业之外的各种工程作业服务。

5）金融服务，是指经营金融保险的业务活动，包括贷款服务、直接收费金融服务、保险服务和金融商品转让。

贷款服务，是指将资金贷与他人使用而取得利息收入的业务活动。各种占用、拆借资金取得的收入，以及融资性售后回租、押汇、罚息、票据贴现、转贷等业务取得的利息及利息性质的收入和以货币资金投资取得的固定利润和保底利润，按照贷款服务缴纳增值税。其中融资性售后回租，是指承租方以融资为目的，将资产出售给从事融资性售后回租业务的企业后，从事融资性售后回租业务的企业将该资产出租给承租方的业务活动。

直接收费金融服务，是指为货币资金融通及其他金融业务提供相关服务并且收取费用的业务活动，包括提供货币兑换、账户管理、电子银行、信用卡、信用证、财务担保、资产管理、信托管理、基金管理、金融交易场所（平台）管理、资金结算、资金清算、金融支付等服务。

保险服务，是指投保人根据合同约定，向保险人支付保险费，保险人对于合同约定的可能发生的事故因其发生所造成的财产损失承担赔偿保险金责任，或者当被保险人死亡、伤残、疾病及达到合同约定的年龄、期限等条件时承担给付保险金责任的商业保险行为，包括人身保险服务和财产保险服务。

金融商品转让，是指转让外汇、有价证券、非货物期货和其他金融商品所有权的业务活动。其他金融商品转让包括基金、信托、理财产品等各类资产管理产品和各种金融衍生品的转让。金融商品转让不得开具增值税专用发票。

6）现代服务，是指围绕制造业、文化产业、现代物流产业等提供技术性、知识性服务的业务活动，包括研发和技术服务、信息技术服务、文化创意服务、物流辅助服务、租赁服务、鉴证咨询服务、广播影视服务、商务辅助服务和其他现代服务。

研发和技术服务，包括研发服务、技术转让服务、技术咨询服务、合同能源管理服务、工程勘察勘探服务。

信息技术服务，是指利用计算机、通信网络等技术对信息进行生产、收集、处理、加工、存储、运输、检索和利用，并提供信息服务的业务活动，包括软件服务、电路设计及测试服务、信息系统服务、业务流程管理服务和信息系统增值服务。

文化创意服务，包括设计服务、知识产权服务、广告服务和会议展览服务。宾馆、旅馆、旅社、度假村和其他经营性住宿场所提供会议场地及配套服务的活动，按照会议展览服务缴纳增值税。

物流辅助服务，包括航空服务、港口码头服务、货运客运场站服务、打捞救助服务、装卸搬运服务、仓储服务和收派服务。

租赁服务，包括融资租赁服务和经营租赁服务。

鉴证咨询服务，包括认证服务、鉴证服务和咨询服务。翻译服务和市场调查服务按照咨询服务缴纳增值税。

广播影视服务，包括广播影视节目（作品）的制作服务、发行服务和播映（含放映）服务。

商务辅助服务，包括企业管理服务、经纪代理服务、人力资源服务、安全保护服务。

其他现代服务，是指除研发和技术服务、信息技术服务、文化创意服务、物流辅助服务、租赁服务、鉴证咨询服务、广播影视服务和商务辅助服务以外的现代服务。

7）生活服务，是指为满足城乡居民日常生活需求提供的各类服务活动，包括文化体育服务、教育医疗服务、旅游娱乐服务、餐饮住宿服务、居民日常服务和其他生活服务。

文化体育服务，包括文化服务和体育服务。文化服务，是指为满足社会公众文化生活需求提供的各种服务。体育服务，是指组织举办体育比赛、体育表演、体育活动，以及提供体育训练、体育指导、体育管理的业务活动。

教育医疗服务，包括教育服务和医疗服务。教育服务，是指提供学历教育服务、非学历教育服务、教育辅助服务的业务活动。医疗服务，是指提供医学检查、诊断、治疗、康复、预防、保健、接生、计划生育、防疫服务等方面的服务，以及与这些服务有关的提供药品、医用材料器具、救护车、病房住宿和伙食的业务。

旅游娱乐服务，包括旅游服务和娱乐服务。旅游服务，是指根据旅游者的要求，组织安排交通、游览、住宿、餐饮、购物、文娱、商务等服务的业务活动。娱乐服务，是指为娱乐活动同时提供场所和服务的业务。

餐饮住宿服务，包括餐饮服务和住宿服务。餐饮服务，是指通过同时提供饮食和饮食场所的方式为消费者提供饮食消费服务的业务活动。住宿服务，是指提供住宿场所及配套服务等的活动。

居民日常服务，是指主要为满足居民个人及其家庭日常生活需求提供的服务，包括市容市政管理、家政、婚庆、养老、殡葬、照料和护理、救助救济、美容美发、按摩、桑拿、氧吧、足疗、沐浴、洗染、摄影扩印等服务。

其他生活服务，是指除文化体育服务、教育医疗服务、旅游娱乐服务、餐饮住宿服务和居民日常服务之外的生活服务。

（2）销售无形资产，是指有偿转让无形资产所有权或者使用权的业务活动。无形资产，是指不具实物形态，但能带来经济利益的资产，包括技术、商标、著作权、商誉、自然资源使用权和其他权益性无形资产。技术包括专利技术和非专利技术。自然资源使用权，包括土地使用权、海域使用权、探矿权、采矿权、取水权和其他自然资源使用权。其他权益性无形资产，包括基础设施资产经营权、公共事业特许权、配额、经营权（包括特许经营权、连锁经营权、其他经营权）、经销权、分销权、代理权、会员权、席位权、网络游戏虚拟道具、域名、名称权、肖像权、冠名权、转会费等。

（3）销售不动产，是指有偿转让不动产所有权的业务活动。不动产，是指不能移动或者移动后会引起性质、形状改变的财产，包括建筑物、构筑物等。建筑物，包括住宅、商业营业用房、办公楼等可供居住、工作或者进行其他活动的建造物。构筑物，包括道路、桥梁、隧道、水坝等建造物。

转让建筑物有限产权或者永久使用权的，转让在建建筑物或者构筑物所有权的，以及在转让建筑物或者构筑物时一并转让其所占土地的使用权的，按照销售不动产缴纳增值税。

4. 进口货物

进口货物，是指将货物从外国境内移送至我国境内的行为。税法规定，凡进入我国海关境内的货物，应于进口报关时向海关缴纳进口环节增值税。

确定一项货物是否属于进口货物，关键要看其是否办理了报关进口手续。通常情况下，境外货物要输入我国境内，必须向我国海关申报进口，并办理相应的报关手续。我国现行税法规定，凡经报海关进入我国国境或关境的货物，包括国外生产制造和我国已出口又转内销的货物、进口者自行采购的货物、国外捐赠的货物、进口者用于贸易行为的货物以及自用或用于其他方面的货物，都属于增值税的征收范围（免税的除外），其进口方必须向海关缴纳增值税。

3.3.2 属于增值税征税范围的特殊项目

（1）货物期货（包括商品期货和贵金属期货），应当征收增值税，在期货的实物交割环节纳税。

（2）银行销售金银的业务，应当征收增值税。

（3）典当业的死当物品销售业务和寄售业代委托人销售寄售物品的业务，均应征收增值税。

（4）电力公司向发电企业收取的过网费，应当征收增值税。

3.3.3 属于增值税征税范围的特殊行为

1. 视同销售货物

单位或个体经营者的下列行为，视同销售货物，征收增值税：

（1）将货物交付其他单位或者个人代销。

（2）销售代销货物。

（3）设有两个以上机构并实行统一核算的纳税人，将货物从一个机构移送至其他机构用于销售，但相关机构设在同一县（市）的除外。所谓销售，是受货机构发生以下情形之一的经营行为：1）向购货方开具增值税发票；2）向购货方收取货款。受货机构货物移送行为有上述情形之一的，应当向所在地税务机关缴纳增值税；未发生上述情形的，则应由总机构统一缴纳增值税。如果受货机构只就部分货物向购买方开具增值税发票或收取货款，则应当分不同情况计算并分别向总机构所在地或分支机构所在地税务机关缴纳增值税。

（4）将自产、委托加工的货物用于非应税项目。

（5）将自产、委托加工或购买的货物作为投资，提供给其他单位或个体经营者。

（6）将自产、委托加工或购买的货物用于分配给股东或投资者。

（7）将自产、委托加工的货物用于集体福利或个人消费。

（8）将自产、委托加工或购买的货物无偿赠送他人。

（9）营改增试点规定的视同销售服务、无形资产或者不动产。

1）单位、个体工商户向其他单位或者个人无偿提供应税服务，但用于公益事业或者以社会公众为对象的除外。

2）单位、个体工商户向其他单位或者个人无偿转让无形资产或者不动产，但用于公益事业或者以社会公众为对象的除外。

（10）国务院规定的其他情形。

把视同销售行为纳入征税范围有两个目的：一是防止通过这些行为逃避纳税，造成税基被侵蚀，税款流失；二是避免税款抵扣链条的中断，导致各环节间税负的不均衡，形成重复征税。

例3-2

下列业务不属于增值税视同销售业务的是（　　）。

A. 单位以自建的房产抵偿建筑材料款

B. 单位无偿为关联企业提供建筑服务

C. 单位无偿为公益事业提供建筑服务

D. 单位无偿向其他企业提供建筑服务

【答案】 C

【解析】 单位或者个体工商户向其他单位或者个人无偿提供服务，但用于公益事业或者以社会公众为对象的除外。因此选项C不属于增值税视同销售业务。

2. 混合销售行为

混合销售行为是指一项销售行为既涉及货物又涉及服务。混合销售强调的是在同一项销售行为中存在两类经营项目的混合，销售货款及服务价款是同时从一个购买方取得的。混合销售行为纳税的主要原则是按"经营主业"划分，分别按照"销售货物"或"销售服务"征收增值税。

从事货物的生产、批发、零售的单位和个体工商户的混合销售行为，按照销售货物缴纳增值税；其他单位和个人，按照销售服务缴纳增值税。从事货物的生产、批发或者零售的单位和个体工商户，包括以从事货物的生产、批发或者零售为主，兼营销售服务的单位和个体工商户。

例3-3

下列经营行为中，属于增值税混合销售行为的是（　　）。

A. 4S店销售汽车及内饰用品　　B. 商场销售空调并提供安装服务

C. 餐厅提供餐饮及音乐舞蹈表演　　D. 酒店提供住宿及机场接送服务

【答案】 B

【解析】 一项销售行为如果既涉及货物又涉及服务，则属于混合销售行为。

3. 兼营行为

兼营是指纳税人的经营范围中包含销售货物、劳务、服务等。兼营强调的是在同一纳税人的经营活动中存在两类经营项目，但这两类经营项目不是在同一项销售行为中发生的。兼营的纳税原则是分别核算，分别按照适用税率征收增值税；对兼营行为不分别核算的，从高适用税率征收增值税。

按照规定，纳税人销售货物、加工修理修配劳务、服务、无形资产或者不动产适用不同税率或者征收率的，应当分别核算适用不同税率或者征收率的销售额；未分别核算销售额的，按照以下方法适用税率或者征收率：

（1）兼有不同税率的销售货物、加工修理修配劳务、服务、无形资产或者不动产，从高适用税率。

（2）兼有不同征收率的销售货物、加工修理修配劳务、服务、无形资产或者不动产，从高适用征收率。

（3）兼有不同税率和征收率的销售货物、加工修理修配劳务、服务、无形资产或者不动产，从高适用税率。

纳税人兼营免税、减税项目的，应当分别核算免税、减税项目的销售额；未分别核算的，不得免税、减税。

4. 代购货物

代购货物，凡同时具备下列条件，代购环节货物本身不征增值税，仅按手续费收入计算缴纳增值税：

（1）受托方不垫付资金。

（2）销售方将增值税发票开具给委托方，由受托方将发票转交给委托方。

（3）受托方按照销售方实际收取的销售额和增值税税额与委托方结算款项，并另外收取手续费。

如果不符合以上情形，则要按照货物价值计算缴纳增值税。

3.4 增值税的税率、征收率和抵扣率

3.4.1 确定增值税税率的一般原则

从各国增值税的实践看，为保证税收中性和税收抵扣制度的便利实施，增值税应尽可能减少税率档次，不宜采用多档税率。税率档次过多，会产生诸多弊端。

1. 多档税率会使增值税计算复杂

采用多档税率会使增值税的计算征收变得相当困难和复杂。在计算销项税额时，纳税人必须将应税项目按其适用税率分别计算。进项抵扣时，也应该分别确认抵扣范围和进项税额。这不仅给纳税人的会计核算和应税收入的确认、应纳增值税的计算增加了工作量，也给税务机关税收征管、稽查等带来更多的工作量，增加征纳双方的管理成本。

2. 多档税率会损害增值税的中性原则

增值税具有税收中性，主要体现为筹集财政收入、普遍征收、公平税负的作用，不应该赋予增值税更多的税收调节作用。在税收实践中，世界多国都在普遍征收增值税的基础上，再通过设计选择性征收的税种（如消费税等）与之相配合实现经济调节的目的。为此，多数实行增值税的国家，其增值税税率设计的档次较少，一般以两档至三档为宜。

（1）基本税率。根据生产力发展水平、财政收入需要、消费者承受能力等因素确定，适用于绝大多数货物、应税劳务。

（2）低税率。一般适用于基本生活用品、劳务、服务等。设计低税率主要是保障消费者的基本生活需要，或者对于特殊的应税行为或项目的消费予以鼓励。低税率所适用的应税项目、服务等一般实行单独列举方式，适用的范围不宜过大。

（3）高税率。主要适用于奢侈品、非生活必需品或劳务等应税项目。采用高税率是为了实现增值税经济调控作用，对特殊的应税项目进行消费限制，增加财政收入。

各国对适用高税率的货物、劳务和服务等也采用单独列举方式，采用高税率的征税范围也不宜过大。

（4）零税率。所谓零税率，是指商品不含增值税。一般来说，实行零税率的多是出口货物，其主要目的是降低出口货物的成本，提高出口商品和服务的国际竞争力。

3.4.2 我国增值税税率

为简化税制，降低纳税人的增值税税负，营改增改革后，我国多次调整增值税的税率结构。根据2017年11月修订的《增值税暂行条例》、《财政部 税务总局关于调整增值税税率的通知》（财税〔2018〕32号）和《财政部 税务总局 海关总署关于深化增值税改革有关政策的公告》（财政部 税务总局 海关总署公告2019年第39号）等有关规定，自2019年4月1日起，我国增值税税率调整为：13%，9%，6%和0四档。

1. 基本税率

纳税人销售货物、劳务、有形动产租赁服务或者进口货物，除有特殊规定外，一般适用13%的增值税税率。

2. 低税率

低税率主要有9%和6%两档。

（1）9%的税率。纳税人销售交通运输、邮政、基础电信、建筑、不动产租赁服务，销售不动产，转让土地使用权，销售或者进口下列货物，税率为9%。

1）粮食等农产品、食用植物油、食用盐；

2）自来水、暖气、冷气、热水、煤气、石油液化气、天然气、二甲醚、沼气、居民用煤炭制品；

3）图书、报纸、杂志、音像制品、电子出版物；

4）饲料、化肥、农药、农机、农膜；

5）国务院规定的其他货物。

（2）6%的税率。6%的增值税税率主要适用于营改增行业中部分现代服务业（租赁服务除外），增值电信服务、金融服务、生活服务、销售无形资产（转让土地使用权除外）等。

3. 零税率

零税率适用于出口货物和符合条件的服务、无形资产。

（1）出口货物实行零税率是对出口货物的一种税收优惠，这意味着不仅在货物报关出口销售时不征税，还要将该出口货物在报关出口以前各经营环节所承担的增值税予以全部退还。

（2）中华人民共和国境内（以下称境内）的单位和个人销售的下列服务或者无形资产，适用增值税零税率：

1）国际运输服务，是指在境内载运旅客或者货物出境，在境外载运旅客或者货物入境，在境外载运旅客或者货物。

2）航天运输服务。

3）向境外单位提供的完全在境外消费的下列服务：①研发服务；②合同能源管理

服务；③设计服务；④广播影视节目（作品）的制作和发行服务；⑤软件服务；⑥电路设计及测试服务；⑦信息系统服务；⑧业务流程管理服务；⑨离岸服务外包业务，包括信息技术外包服务（ITO）、技术性业务流程外包服务（BPO）、技术性知识流程外包服务（KPO），其所涉及的具体业务活动，按照《销售服务、无形资产、不动产注释》相对应的业务活动执行；⑩转让技术。完全在境外消费，是指服务的实际接受方在境外，且与境内的货物和不动产无关；无形资产完全在境外使用，且与境内的货物和不动产无关；财政部和国家税务总局规定的其他情形。

4）财政部和国家税务总局规定的其他服务。

3.4.3 我国增值税征收率

我国小规模纳税人和一般纳税人的特殊征税对象，采用简易计税方法。

1. 小规模纳税人的征收率

（1）小规模纳税人征收率的一般规定。小规模纳税人实行简易计税方法，按照其销售额与规定的征收率计算缴纳增值税，不准抵扣进项税额。

根据我国2017年11月修订的《增值税暂行条例》，小规模纳税人增值税征收率为3%，国务院另有规定的除外。

（2）小规模纳税人征收率的其他规定。根据课税对象的不同，小规模纳税人还适用其他征收率。

1）销售自己使用过的固定资产，按3%的征收率减按2%征收增值税。

2）销售旧货，按3%的征收率减按2%征收增值税。

3）销售不动产（不含个体工商户购买的住房和其他个人销售不动产），按照5%的征收率征收增值税。

4）房地产开发企业销售、出租自行开发的房地产老项目，按5%的征收率征收增值税。

5）出租不动产（不含个人出租住房），按5%的征收率征收增值税。

6）转让营改增前取得的土地使用权；特定的不动产融资租赁；选择差额纳税的劳务派遣、安全保护服务，按5%的征收率征收增值税。

7）自2021年4月1日至2021年12月31日，湖北省增值税小规模纳税人适用3%征收率的应税销售收入，减按1%征收率征收增值税；适用3%预征率的预缴增值税项目，减按1%预征率预缴增值税。

2. 一般纳税人的征收率

对于一般纳税人生产销售的特定货物，按照确定的征收率和简易计税方法征收增值税，并视不同情况采取不同的征收管理办法。

（1）一般纳税人销售自产的下列货物，适用3%的征收率。

1）县级及县级以下小型水力发电单位生产的电力。小型水力发电单位，是指各类投资主体建设的装机容量为5万千瓦（含）以下的小型水力发电单位。

2）建筑用和生产建筑材料所用的砂、土、石料。

3）以自己采掘的砂、土、石料或其他矿物连续生产的砖、瓦、石灰（不含黏土实心砖、瓦）。

4）用微生物、微生物代谢产物、动物毒素、人或动物的血液或组织制成的生物制品。

5）自来水。

6）商品混凝土（仅限于以水泥为原料生产的水泥混凝土）。

7）生产销售和批发、零售抗癌药品，按照3%的征收率；对进口抗癌药品，减按3%征收进口环节增值税。

（2）一般纳税人销售下列货物，适用3%的征收率。

1）寄售商店代销寄售物品。

2）典当业销售死当物品。

3）经国务院或其授权机关批准认定的免税商店零售免税货物。

（3）一般纳税人销售下列货物，依3%的征收率减按2%征收。

1）一般纳税人销售旧货，按简易计税方法依3%的征收率减按2%征收增值税，不得抵扣进项税额。

2）一般纳税人销售自己使用过的固定资产，区分不同情况征收增值税。一般纳税人销售自己使用过的2009年1月1日或纳入营改增试点之日后购进或自制的固定资产，按照适用税率征收增值税。销售自己使用过的2008年12月31日或纳入营改增试点之日前购进或自制的固定资产，依3%的征收率减按2%征收增值税，并且不得开具增值税专用发票；或者依照3%的征收率缴纳增值税，可开具增值税专用发票。

（4）一般纳税人发生的特定应税服务，可以选择简易计税方法按3%的征收率计税。一般纳税人一经选择简易计税方法，36个月内不得变更。

1）公共交通运输服务，包括轮客渡、公交客运、地铁、城市轻轨、出租车、长途客运、班车。

2）经认定的动漫企业为开发动漫产品提供的动漫脚本编撰、形象设计、背景设计、动画设计、分镜、动画制作、摄制、横线、上色、画面合成、配音、配乐、音效合成、剪辑、字幕制作、压缩转码服务，以及在境内转让动漫版权。

3）电影放映服务、仓储服务、装卸搬运服务、收派服务和文化体育服务。

4）以纳入营改增试点之日前取得的有形动产为标的物提供的经营租赁服务。

5）在纳入营改增试点之日前签订的尚未执行完毕的有形动产租赁合同。

6）以清包工方式提供的建筑服务。清包工方式，是指施工方不采购建筑工程所需的材料或只采购辅助材料，并收取人工费、管理费或者其他费用的建筑服务。

7）为甲供工程提供的建筑服务。甲供工程，是指全部或部分设备、材料、动力由工程为建筑工程老项目发包方提供的建筑服务。建筑工程老项目是指合同注明的开工日期在2016年4月30日前的建筑工程项目。

（5）一般纳税人销售或出租不动产，适用5%的征收率。一般纳税人发生下列特定应税行为，可以选择简易计税方法计税，但一经选择，36个月内不得变更。纳税人在不动产所在地按照5%预缴税款后，向机构所在地主管税务机关进行纳税申报。

1）销售其2016年4月30日前取得或自建的不动产。

2）房地产开发企业销售自行开发的房地产老项目。

3）出租其 2016 年 4 月 30 日前取得的不动产。公路经营企业中的一般纳税人收取营改增试点前开工的高速公路的车辆通行费，可依照 5%的征收率减按 3%征收。

（6）一般纳税人提供人力资源外包服务，适用 5%的征收率。

例 3－4

增值税一般纳税人销售自产的下列货物，可选择按照简易计税方法依照 3%的征收率计算缴纳增值税的有（ ）。

A. 用购买的石料生产的石灰

B. 用动物毒素制成的生物制品

C. 以水泥为原料生产的水泥混凝土

D. 县级以下小型水力发电站生产的电力

【答案】BCD

【解析】根据增值税法的相关规定，选项 A 不是用自己采掘的石料生产的石灰，所以是错误的。

例 3－5

增值税一般纳税人发生的下列业务中，可以选择按照简易计税方法计算缴纳增值税的有（ ）。

A. 销售 2016 年 4 月 30 日前购进的不动产

B. 增值电信服务

C. 公共交通服务

D. 装卸搬运服务

【答案】ACD

【解析】选项 B 只能采用一般计税方法。

例 3－6

增值税一般纳税人发生的下列业务中，可以选择适用简易计税方法的有（ ）。

A. 提供装卸搬运服务

B. 提供文化体育服务

C. 提供公共交通运输服务

D. 提供税务咨询服务

【答案】ABC

3. 有关征收率的其他规定

（1）其他个人销售其取得（不含自建）的不动产（不含其购买的住房），按照 5%的征收率征税。

（2）个人出租其取得的不动产（不含住房），按照 5%的征收率征税，向不动产所在地主管税务机关申报纳税。

（3）个人出租住房，按照 5%的征收率减按 1.5%征税，向不动产所在地主管税务机关申报纳税。

（4）根据《财政部 税务总局关于资管产品增值税有关问题的通知》（财税〔2017〕56 号）的规定，自 2018 年 1 月 1 日起，资管产品管理人运营资管产品过程中发生的增值税应税行为，暂适用简易计税方法，按照3%的征收率缴纳增值税①。管理人应分别核算资管产品运营业务和其他业务的销售额和增值税应纳税额；未分别核算的，资管产品运营业务不得适用3%的征收率。

（5）根据《财政部 税务总局关于建筑服务等营改增试点政策的通知》（财税〔2017〕58号）的规定，纳税人提供建筑服务取得预收款，需以取得的预收款扣除支付的分包款后的余额，在建筑服务发生地预缴增值税。适用一般计税方法计税项目的预征率为2%，适用简易计税方法计税项目的预征率为3%。

（6）自2018年5月1日起，增值税一般纳税人生产销售和批发、零售抗癌药品，可选择按简易计税方法按照3%的征收率计算缴纳增值税。上述纳税人选择简易计税方法计算缴纳增值税后，36个月内不得变更。自2018年5月1日起，对进口抗癌药品，减按3%征收进口环节增值税。纳税人应单独核算抗癌药品的销售额；未单独核算的，不得适用简易计税方法。

（7）提供物业管理服务的纳税人，向服务接受方收取的自来水水费，以扣除其对外支付的自来水水费后的余额为销售额，按照简易计税方法按照3%的征收率计算缴纳增值税。

3.4.4 我国增值税扣除率

企业从非增值税纳税人处购进免税农产品，由于不能得到增值税专用发票，为了不增加企业的增值税税负，税法规定可按抵扣率计算抵扣进项税额。根据我国增值税税率简并的相关政策及最新税率的变动，我国纳税人购进的免税农产品的增值税扣除率调整为9%。

（1）纳税人购进农产品，取得一般纳税人开具的增值税专用发票或海关进口增值税专用缴款书的，以增值税专用发票或海关进口增值税专用缴款书上注明的增值税税额为进项税额；从按照简易计税方法依照3%的征收率计算缴纳增值税的小规模纳税人处取得增值税专用发票的，以增值税专用发票上注明的金额和9%的扣除率计算进项税额；取得（开具）农产品销售发票或收购发票的，以农产品销售发票或收购发票上注明的农产品买价和9%的扣除率计算进项税额。

（2）继续推进农产品增值税进项税额核定扣除试点，纳税人购进农产品进项税额已实行核定扣除的，其扣除率调整为9%。

$$\begin{array}{c}\text{当期允许抵扣农产品}\\\text{增值税进项税额}\end{array}=\frac{\text{当期销售农产品数量}}{1-\text{损耗率}}\times\text{农产品平均购买单价}\times\frac{9\%}{1+9\%}$$

（3）纳税人购进农产品，既用于生产销售或委托受托加工13%税率的货物，又用于生产销售其他货物服务的，应当分别核算用于生产销售或委托受托加工13%税率的

① 资管产品管理人，包括银行、信托公司、公募基金管理公司及其子公司、证券公司及其子公司、期货公司及其子公司、私募基金管理人、保险资产管理公司、专业保险资产管理机构、养老保险公司。资管产品，包括银行理财产品、资金信托（包括集合资金信托、单一资金信托）、财产权信托、公开募集证券投资基金、特定客户资产管理计划、集合资产管理计划、定向资产管理计划、私募投资基金、债权投资计划、股权投资计划、股债结合型投资计划、资产支持计划、组合类保险资产管理产品、养老保障管理产品。

货物和其他货物服务的农产品进项税额；根据《财政部 税务总局 海关总署关于深化增值税改革有关政策的公告》的规定，纳税人购进用于生产或者委托加工13%增值税税率货物的农产品，按照10%的扣除率计算进项税额。未分别核算的，统一以增值税专用发票或海关进口增值税专用缴款书上注明的增值税税额为进项税额，或以农产品收购发票或销售发票上注明的农产品买价和9%的扣除率计算进项税额。

3.5 增值税的税收优惠

为体现或实施特定的优惠政策，政府可以直接通过减税、免税对某些纳税人或征税对象给予相应的鼓励或照顾。

由于增值税实行多环节多次征收的办法，一般纳税人实行税款抵扣办法计算应纳增值税时，如果在商品流转中的某个环节减征或免征了税款，其下一个环节就会因税款抵扣额的减少而需要多缴税款。因此，增值税的优惠政策主要采取最终产品免税的办法。

增值税优惠政策由国务院统一制定，我国现行的增值税优惠主要有减免、即征即退、先征后退等。

3.5.1 《增值税暂行条例》中减免税的规定

我国现行《增值税暂行条例》规定的免征增值税项目有：

（1）农业生产者销售的自产农产品；

（2）避孕药品和用具；

（3）古旧图书；

（4）直接用于科学研究、科学试验和教学的进口仪器、设备；

（5）外国政府、国际组织无偿援助的进口物资和设备；

（6）由残疾人的组织直接进口供残疾人专用的物品；

（7）销售的自己使用过的物品。

除以上项目外，增值税的免税、减税项目由国务院规定，任何地区、部门均不得规定免税、减税项目。

纳税人兼营免税、减税项目的，应当分别核算免税、减税项目的销售额；未分别核算销售额的，不得免税、减税。

纳税人销售货物或者应税劳务适用免税规定的，可以放弃免税，依照《增值税暂行条例》的规定缴纳增值税。放弃免税后，36个月内不得再申请免税。

3.5.2 其他减免税的规定

1. 对纳税人销售自产货物的减免

对纳税人销售下列自产货物实行免征增值税政策：

（1）再生水；

（2）以废旧轮胎为全部生产原料生产的胶粉；

（3）翻新轮胎；

（4）生产原料中掺兑废渣比例不低于30%的特定建材商品。

2. 对特殊行业或者业务的减免

（1）对污水处理劳务免征增值税。

（2）医疗卫生的增值税免税政策。

1）对非营利性医疗机构自产自用的制剂，免征增值税。非营利性医疗机构的药房分离为独立的药品零售企业的，应按规定征收各项税收。

2）为支持营利性医疗机构的发展，对营利性医疗机构取得的收入，直接用于改善医疗卫生条件的，自其取得执业登记之日起，3年内对其自产自用的制剂免征增值税。

3）关于疾病控制机构和妇幼保健机构等卫生机构按照国家规定的价格取得的卫生服务收入（含疫苗接种和调拨、销售收入），免征各项税收。不是按照国家规定的价格取得的卫生服务收入不得享受这项政策。

4）血站供应给医疗机构的临床用血免征增值税。血站是指根据《中华人民共和国献血法》的规定，由国务院或省级人民政府卫生行政部门批准的，从事采集、提供临床用血、不以营利为目的的公益性组织。属于增值税一般纳税人的单采血浆站销售非临床用人体血液，可以按照简易计税办法依照3%的征收率计算应纳增值税，但不得对外开具增值税专用发票；也可以按照销项税额抵扣进项税额的办法依增值税适用税率计算应纳增值税。

5）疾病控制机构和妇幼保健机构等的服务收入按国家规定价格取得的卫生服务收入免征增值税。

6）自2021年1月1日至2030年12月31日，对卫生健康委委托进口的抗艾滋病病毒药物，免征进口关税和进口环节增值税。享受免税政策的抗艾滋病病毒药物名录及委托进口单位由卫生健康委确定，并送财政部、海关总署、国家税务总局。

（3）供热企业的增值税免税政策。供热企业向居民个人供热而取得的采暖费收入免征增值税。向居民供热而取得的采暖费收入，包括供热企业直接向居民收取的、通过其他单位向居民收取的和由单位代居民缴纳的采暖费。

（4）蔬菜流通环节的增值税免税政策。自2012年1月1日起，免征蔬菜流通环节增值税。对从事蔬菜批发、零售的纳税人销售的蔬菜免征增值税。纳税人既销售蔬菜又销售其他增值税应税货物的，应分别核算蔬菜和其他增值税应税货物的销售额；未分别核算的，不得享受蔬菜流通环节的增值税免税政策。

（5）制种行业的增值税免税政策。制种企业在下列生产经营模式下生产种子，属于农业生产者销售自产农产品，免征增值税。

1）制种企业利用自有土地或承租土地，雇用农户或雇工进行种子繁育，再经烘干、脱粒、风筛等深加工后销售种子。

2）制种企业提供亲本种子委托农户繁育并从农户手中收回，再经烘干、脱粒、风筛等深加工后销售种子。

（6）粮食和食用油销售的增值税免税政策。

1）承担粮食收储任务的国有粮食购销企业销售的粮食免征增值税。

2）其他粮食企业经营军队用粮、救灾救济粮、水库移民口粮免征增值税。

3）政府储备食用植物油的销售免征增值税。其他销售食用油的业务一律征收增值税。

（7）饲料的增值税免税政策。免征增值税的饲料产品的范围包括：单一大宗饲料；混合饲料；配合饲料；复合预混料；浓缩饲料。宠物饲料不属于免征增值税的饲料。

（8）特殊的修理修配劳务的增值税免征政策。

1）铁路系统内部的修理业务。自 2001 年 1 月 1 日起，对铁路系统内部单位为本系统修理货车的业务免征增值税。铁路系统内部单位包括中国中车所属企业。

2）相关的飞机维修业务。对承揽国内、国外航空公司飞机维修业务的企业所从事的国外航空公司飞机维修业务，实行免征本环节增值税应纳税额、直接退还相应增值税进项税额的办法。

（9）根据《财政部 税务总局关于建筑服务等营改增试点政策的通知》（财税〔2017〕58 号）的规定，纳税人采用转包、出租、互换、转让、入股等方式将承包地流转给农业生产者用于农业生产的，免征增值税。

（10）小规模纳税人的增值税减免。

1）按照《财政部 税务总局关于明确增值税小规模纳税人免征增值税政策的公告》（财政部 税务总局公告 2021 年第 11 号）的规定，自 2021 年 4 月 1 日至 2022 年 12 月 31 日，小规模纳税人发生增值税应税销售行为，合计月销售额未超过 15 万元（以 1 个季度为 1 个纳税期的，季度销售额未超过 45 万元）的，免征增值税。

小规模纳税人发生增值税应税销售行为，合计月销售额超过 15 万元，但扣除本期发生的销售不动产的销售额后未超过 15 万元的，其销售货物、劳务、服务、无形资产取得的销售额免征增值税。

2）适用增值税差额征税政策的小规模纳税人，以差额后的销售额确定是否可以享受免征增值税政策。

3）按固定期限纳税的小规模纳税人可以选择以 1 个月或 1 个季度为纳税期限，一经选择，一个会计年度内不得变更。

4）《增值税暂行条例实施细则》第九条所称的其他个人，采取一次性收取租金形式出租不动产取得的租金收入，可在对应的租赁期内平均分摊，分摊后的月租金收入未超过 10 万元的，免征增值税。

（11）鼓励企业科技创新的增值税减免。根据《财政部 税务总局 科技部 教育部关于科技企业孵化器大学科技园和众创空间税收政策的通知》（财税〔2018〕120 号）的规定，自 2019 年 1 月 1 日至 2021 年 12 月 31 日，国家级、省级科技企业孵化器、大学科技园等对其向在孵对象提供孵化服务取得的收入，免征增值税。该孵化服务取得的收入应该单独核算。孵化服务是指为在孵对象提供的经纪代理、经营租赁、研发和技术、信息技术、鉴证咨询服务。

（12）2023 年 12 月 31 日前，对金融机构向小型企业、微型企业及个体工商户发放小额贷款取得的利息收入，免征增值税。上述小额贷款，是指单户授信小于 100 万元（含本数）的农户、小型企业、微型企业或个体工商户贷款；没有授信额度的，是指单户贷款合同金额且贷款余额在 100 万元（含本数）以下的贷款。

（13）动漫软件出口免征增值税。

（14）根据《财政部 税务总局关于全国社会保障基金有关投资业务税收政策的通知》（财税〔2018〕94号）的规定，对社保基金会、社保基金投资管理人在运用社保基金投资过程中，提供贷款服务取得的全部利息及利息性质的收入和金融商品转让收入，免征增值税。

（15）根据《国家税务总局关于上海国际能源交易中心原油期货保税交割业务增值税管理问题的公告》（国家税务总局公告2017年第29号）的规定，上海国际能源交易中心股份有限公司（上海国际能源交易中心）原油期货保税交割业务，自2017年7月28日起，免征增值税。

（16）有关中外合作办学取得的收入免征增值税。根据《国家税务总局关于明确中外合作办学等若干增值税征管问题的公告》（国家税务总局公告2018年第42号）的规定，境外教育机构与境内从事学历教育的学校开展中外合作办学，提供学历教育服务取得的收入免征增值税。

中外合作办学，是指中外教育机构按照《中华人民共和国中外合作办学条例》（国务院令第372号）的有关规定，合作举办的以中国公民为主要招生对象的教育教学活动。

上述“学历教育”“从事学历教育的学校”“提供学历教育服务取得的收入”的范围，按照《营业税改征增值税试点过渡政策的规定》（财税〔2016〕36号附件3）第一条第（八）项的有关规定执行。

（17）跨境电子商务零售进口的增值税政策。自2019年1月1日起，跨境电商零售进口商品单次交易限值在5 000元、年度交易限值在26 000元内的，免征进口环节增值税。

（18）农业机耕、排灌、病虫害防治、植物保护、农牧保险以及相关技术培训业务，家禽、牲畜、水生动物的配种和疾病防治免征增值税。动物诊疗机构提供的动物疾病预防、诊断、治疗和动物绝育手术等动物诊疗服务，免税；但是动物诊疗机构销售动物食品和用品，提供动物清洁、美容、代理看护等服务，应按照现行规定缴纳增值税。

（19）纳税人取得的财政补贴收入，与其销售货物、劳务、服务、无形资产、不动产的收入或者数量直接挂钩的，应按规定计算缴纳增值税。纳税人取得的其他情形的财政补贴收入，不属于增值税应税收入，不征收增值税。

（20）符合条件的扶贫捐赠免征增值税处理。自2019年1月1日至2025年12月31日，对单位或者个体工商户将自产、委托加工或购买的货物通过公益性社会组织、县级及以上人民政府及其组成部门和直属机构，或直接无偿捐赠给目标脱贫地区的单位和个人，免征增值税。在政策执行期限内，目标脱贫地区实现脱贫的，可继续适用上述政策。

（21）社区养老托育家政服务收入免征增值税。自2019年6月1日起执行至2025年12月31日，提供社区养老、托育、家政服务取得的收入，免征增值税。

（22）广播影视的免征增值税处理。自2019年1月1日至2023年12月31日，对电影主管部门（包括中央、省、地市及县级）按照各自职能权限批准从事电影制片、发行、放映的电影集团公司（含成员企业）、电影制片厂及其他电影企业取得的销售电影拷贝（含数字拷贝）收入、转让电影版权（包括转让和许可使用）收入、电影发行收入以及在农村取得的电影放映收入，免征增值税。对广播电视运营服务企业收取的有线数字电视基本收视维护费和农村有线电视基本收视费，免征增值税。

（23）海南离岛免税店销售离岛免税商品可免征增值税。

（24）海南自由贸易港的原辅料零部件，适用原辅料“零关税”政策，应当用于航空器、船舶的维修（含相关零部件维修），满足下列条件之一的，免征进口环节增值税：

1）用于维修从境外进入境内并复运出境的航空器、船舶（含相关零部件）。

2）用于维修以海南为主营运基地的航空企业所运营的航空器（含相关零部件）。

3）用于维修在海南注册登记具有独立法人资格的船运公司所运营的以海南省内港口为船籍港的船舶（含相关零部件）。

（25）承建新型显示器件重大项目的企业自2021年1月1日至2030年12月31日期间进口新设备，除《国内投资项目不予免税的进口商品目录》、《外商投资项目不予免税的进口商品目录》和《进口不予免税的重大技术装备和产品目录》所列商品外，对未缴纳的税款提供海关认可的税款担保，准予在首台设备进口之后的6年（连续72个月）期限内分期缴纳进口环节增值税，6年内每年（连续12个月）依次缴纳进口环节增值税总额的0%，20%，20%，20%，20%，20%，自首台设备进口之日起已经缴纳的税款不予退还。在分期纳税期间，海关对准予分期缴纳的税款不予征收滞纳金。

（26）“十四五”期间，对中国—东盟博览会（简称东盟博览会）、中国—东北亚博览会（简称东北亚博览会）、中国—俄罗斯博览会（简称中俄博览会）、中国—阿拉伯国家博览会（简称中阿博览会）、中国—南亚博览会暨中国昆明进出口商品交易会（简称南亚博览会）、中国（青海）藏毯国际展览会（简称藏毯展览会）、中国—亚欧博览会（简称亚欧博览会）、中国—蒙古国博览会（简称中蒙博览会）、中国—非洲经贸博览会（简称中非博览会），在展期内销售的免税额度内的进口展品免征进口关税和进口环节增值税。享受税收优惠的展品不包括国家禁止进口商品、濒危动植物及其产品、烟、酒、汽车以及列入《进口不予免税的重大技术装备和产品目录》的商品。对享受政策的展期内销售进口展品，海关不再按特定减免税货物进行后续监管。

（27）自2021年1月1日至2025年12月31日，对公众开放的科技馆、自然博物馆、天文馆（站、台）、气象台（站）、地震台（站），以及高校和科研机构所属对外开放的科普基地，进口以下商品免征进口环节增值税：

1）为从境外购买自用科普影视作品播映权而进口的拷贝、工作带、硬盘，以及以其他形式进口自用的承载科普影视作品的拷贝、工作带、硬盘。

2）国内不能生产或性能不能满足需求的自用科普仪器设备、科普展品、科普专用软件等科普用品。

（28）自2021年1月1日至2025年12月31日，对具备研究和培育繁殖条件的动植物科研院所、动物园、植物园、专业动植物保护单位、养殖场、种植园进口的用于科研、育种、繁殖的野生动植物种源，以及军队、公安、安全部门（含缉私警察）进口的军警用工作犬、工作犬精液及胚胎，免征进口环节增值税。

（29）“十四五”期间支持科技创新进口的税收政策（2021年1月1日至2025年12月31日）。

1）对科学研究机构、技术开发机构、学校、党校（行政学院）、图书馆进口国内不能生产或性能不能满足需求的科学研究、科技开发和教学用品，免征进口关税和进口环节增值税。

2）对出版物进口单位为科研院所、学校、党校（行政学院）、图书馆进口用于科研、教学的图书、资料等，免征进口环节增值税。

3）经海关审核同意，科学研究机构、技术开发机构、学校、党校（行政学院）、图书馆可将免税进口的科学研究、科技开发和教学用品用于其他单位的科学研究、科技开发和教学活动。

对纳入国家网络管理平台统一管理、符合本通知规定的免税进口科研仪器设备，符合科技部会同海关总署制定的纳入国家网络管理平台免税进口科研仪器设备开放共享管理有关规定的，可以用于其他单位的科学研究、科技开发和教学活动。

经海关审核同意，科学研究机构、技术开发机构、学校以科学研究或教学为目的，可将免税进口的医疗检测、分析仪器及其附件、配套设备用于其附属、所属医院的临床活动，或用于开展临床实验所需依托的其分立前附属、所属医院的临床活动。其中，大中型医疗检测、分析仪器，限每所医院每3年每种1台。

（30）自2021年1月1日至2025年12月31日，对符合《进口种子种源免征增值税商品清单》的进口种子种源免征进口环节增值税。第一批印发的《进口种子种源免征增值税商品清单》自2021年1月1日起实施，至该清单印发之日后30日内已征应免税款，准予退还。申请退税的进口单位，应当事先取得主管税务机关出具的《“十四五”期间种子种源进口税收政策项下进口商品已征进口环节增值税未抵扣情况表》，向海关申请办理退还已征进口环节增值税手续。以后批次印发的清单，自印发之日后第20日起实施。对本政策项下进口的种子种源，海关不再按特定减免税货物进行后续监管。

（31）全岛封关运作前，对消博会展期内销售的规定上限以内的进口展品免征进口环节增值税。每个展商享受税收优惠政策的展品销售上限按附件规定执行。享受税收优惠政策的展品不包括国家禁止进口商品、濒危动植物及其产品、烟、酒和汽车。对展期内销售的超出附件规定数量或金额上限的展品，以及展期内未销售且在展期结束后又不退运出境的展品，按照国家有关规定照章征税。

（32）2019年6月1日至2022年12月31日期间，国际奥委会及其相关实体、国际残奥委会及其相关实体因从事与北京冬奥会相关的工作而在中国境内发生的《国际奥委会及其相关实体采购货物或服务的指定清单》内的货物或服务采购支出，对应的增值税税额可由退税实体凭发票及北京2022年冬奥会和冬残奥会组织委员会开具的证明文件，按照发票上注明的税额，向国家税务总局指定的部门申请退还。退税实体包括：

1）餐饮服务、住宿服务。

2）广告服务。

3）电力。

4）通信服务。

5）不动产经营租赁服务。

6）办公室建造、装修、修缮服务。

7）办公室设备及相关修理修配劳务、有形动产经营租赁服务。

8）奥林匹克转播服务公司和持权转播商购买或接受的与转播活动相关的货物和服务，包括五项：

①赛事转播设施建设、装卸所需的货物和服务。

②转播设备（包括摄像机、线缆和转播车辆等）。

③用于转播、通讯设备和车辆的租赁服务和相关修理修配劳务。

④与转播有关的咨询、运输和安保服务。

⑤其他涉及赛事转播的相关货物和服务。

3.5.3 即征即退的规定

1. 一般纳税人符合条件的资源综合利用产品和劳务

具体条件包括：

（1）销售综合利用产品和劳务，不属于国家发展改革委规定的禁止类、限制类项目。

（2）销售综合利用产品和劳务，不属于生态环境部名录中的“高污染、高环境风险”产品或者重污染工艺。

（3）综合利用的资源，属于国家环境保护部门列明的危险废物的，应当取得省级及以上环境保护部门颁发的许可证，且许可经营范围包括该危险废物的利用。

（4）纳税信用等级不属于税务机关评定的 C 级或 D 级。

2. 修理修配劳务

自 2000 年 1 月 1 日起，对飞机维修劳务增值税实际税负超过 6%的部分即征即退。

3. 软件产品

（1）增值税一般纳税人销售其自行开发生产的软件产品，按 13%的税率征收增值税后，对其增值税实际税负超过 3%的部分实行即征即退政策。

$$即征即退税额=当期软件产品增值税应纳税额-当期软件产品销售额\times 3\%$$

（2）增值税一般纳税人将进口软件产品进行本地化改造后对外销售，其销售的软件产品可享受上述（1）规定的增值税即征即退政策。本地化改造是指对进口软件产品进行重新设计、改进、转换等，但单纯对进口软件产品进行汉字化处理不包括在内。

3.5.4 先征后退的规定

（1）自 2021 年 1 月 1 日起至 2023 年 12 月 31 日，执行下列增值税先征后退政策：

1）对下列出版物在出版环节执行增值税 100%先征后退的政策：

①中国共产党和各民主党派的各级组织的机关报纸和机关期刊，各级人大、政协、政府、工会、共青团、妇联、残联、科协的机关报纸和机关期刊，新华社的机关报纸

和机关期刊，军事部门的机关报纸和机关期刊。（上述各级组织不含其所属部门，机关报纸和机关期刊增值税先征后退范围掌握在一个单位一份报纸和一份期刊以内。）

②专为少年儿童出版发行的报纸和期刊，中小学的学生教科书。

③专为老年人出版发行的报纸和期刊。

④少数民族文字出版物。

⑤盲文图书和盲文期刊。

⑥经批准在内蒙古、广西、西藏、宁夏、新疆五个自治区内注册的出版单位出版的出版物。

⑦列入《财政部 税务总局公告关于延续宣传文化增值税优惠政策的公告》（财政部 税务总局公告2021年第10号）附件1中的图书、报纸和期刊。

2）对下列出版物在出版环节执行增值税50%先征后退的政策：

①各类图书、期刊、音像制品、电子出版物，但适用在出版环节执行增值税100%先征后退的政策的出版物除外。

②国际时政类、外宣类、经济类、工业产业类、农业类、文化艺术类、法制公安类、科技类、教育类、新闻出版类、信息技术类以及其他行业专业报纸。

3）对下列印刷、制作业务执行增值税100%先征后退的政策：

①对少数民族文字出版物的印刷或制作业务。

②列入《财政部 税务总局关于延续宣传文化增值税优惠政策的通知》（财税〔2018〕53号）附件3中的新疆维吾尔自治区印刷企业的印刷业务。

（2）自2021年1月1日起至2023年12月31日，免征图书批发、零售环节增值税。

（3）自2021年1月1日起至2023年12月31日，对科普单位的门票收入，以及县级及以上党政部门和科协开展科普活动的门票收入免征增值税。

（4）关于天然气进口环节增值税先征后返规定。

自2021年1月1日至2025年12月31日，对经国家发展改革委核（批）准建设的跨境天然气管道和进口液化天然气接收储运装置项目，以及经省级政府核准的进口液化天然气接收储运装置扩建项目进口的天然气（包括管道天然气和液化天然气，下同），按一定比例返还进口环节增值税。

1）属于2014年底前签订且经国家发展改革委确定的长贸气合同项下的进口天然气，进口环节增值税按70%的比例予以返还。

2）对其他天然气，在进口价格高于参考基准值的情况下，进口环节增值税按该项目进口价格和参考基准值的倒挂比例予以返还。倒挂比例的计算公式为：倒挂比例=(进口价格－参考基准值)/进口价格×100%，相关计算以一个季度为一周期。

3.5.5 营改增后的优惠政策

1. 免征增值税的项目

（1）托儿所、幼儿园提供的保育和教育服务。

（2）养老机构提供的养老服务。

（3）残疾人福利机构提供的育养服务。

（4）婚姻介绍服务。

（5）殡葬服务。

（6）残疾人员本人为社会提供的服务。

（7）医疗机构提供的医疗服务。

（8）从事学历教育的学校提供的教育服务。

（9）学生勤工俭学提供的服务。

（10）农业机耕、排灌、病虫害防治、植物保护、农牧保险以及相关技术培训业务，家禽、牲畜、水生动物的配种和疾病防治。

（11）纪念馆、博物馆、文化馆、文物保护单位管理机构、美术馆、展览馆、书画院、图书馆在自己的场所提供文化体育服务取得的第一道门票收入。

（12）寺院、宫观、清真寺和教堂举办文化、宗教活动的门票收入。

（13）行政单位之外的其他单位收取的符合《营业税改征增值税试点实施办法》第十条规定条件的政府性基金和行政事业性收费。

（14）个人转让著作权。

（15）个人销售自建自用住房。

（16）我国台湾航运公司、航空公司从事海峡两岸海上直航、空中直航业务在大陆取得的运输收入。

（17）纳税人提供的直接或者间接国际货物运输代理服务。1）纳税人提供直接或者间接国际货物运输代理服务，向委托方收取的全部国际货物运输代理服务收入，以及向国际运输承运人支付的国际运输费用，必须通过金融机构进行结算。2）纳税人为我国大陆与香港、澳门、台湾地区之间的货物运输提供的货物运输代理服务参照国际货物运输代理服务有关规定执行。3）委托方索取发票的，纳税人应当就国际货物运输代理服务收入向委托方全额开具增值税普通发票。

（18）符合一定条件的利息收入。1）国家助学贷款。2）国债、地方政府债。3）中国人民银行对金融机构的贷款、原住房公积金管理中心用住房公积金在指定的委托银行发放的个人住房贷款。4）外汇管理部门在从事国家外汇储备经营过程中，委托金融机构发放的外汇贷款。5）统借统还业务中，企业集团或企业集团中的核心企业以及集团所属财务公司按不高于支付给金融机构的借款利率水平或者支付的债券票面利率水平，向企业集团或者集团内下属单位收取的利息。

（19）被撤销金融机构以货物、不动产、无形资产、有价证券、票据等财产清偿债务。

（20）保险公司开办的一年期以上人身保险产品取得的保费收入。

（21）符合一定条件的金融商品转让收入。1）合格境外投资者（QFII）委托境内公司在我国从事证券买卖业务。2）香港市场投资者（包括单位和个人）通过沪港通买卖上海证券交易所上市A股。3）香港市场投资者（包括单位和个人）通过深港通买卖深圳证券交易所上市A股。4）对香港市场投资者（包括单位和个人）通过基金互认买卖内地基金份额。5）内地个人投资者通过深港通买卖香港联交所上市股票。6）证券投资基金（封闭式证券投资基金，开放式证券投资基金）管理人运用基金买卖股票、债券。7）个人从事金融商品转让业务。

（22）金融同业往来利息收入。1）金融机构与中国人民银行所发生的资金往来业务，包括中国人民银行对一般金融机构贷款，以及中国人民银行对商业银行的再贴现等。2）银行联行往来业务。同一银行系统内部不同行、处之间所发生的资金账务往来业务。3）金融机构间的资金往来业务，是指经中国人民银行批准、进入全国银行间同业拆借市场的金融机构之间通过全国统一的同业拆借网络进行的短期（一年（含）以下）无担保资金融通行为。4）金融机构之间开展的转贴现业务。金融机构是指银行（包括中国人民银行、商业银行、政策性银行）、信用合作社、证券公司、金融租赁公司、证券基金管理公司、财务公司、信托投资公司、证券投资基金保险公司，以及其他经中国人民银行、银保监会、证监会批准成立且经营金融保险业务的机构等。

（23）符合一定条件的担保机构从事中小企业信用担保或者再担保业务取得的收入（不含信用评级、咨询、培训等收入）3年内免征增值税。1）已取得监管部门颁发的融资性担保机构经营许可证，依法登记注册为企（事）业法人，实收资本超过2 000万元。2）平均年担保费率不超过银行同期贷款基准利率的50%。平均年担保费率=本期担保费收入÷(期初担保余额+本期增加担保金额)×100%。3)连续合规经营2年以上，资金主要用于担保业务，具备健全的内部管理制度和为中小企业提供担保的能力，经营业绩突出，对受保项目具有完善的事前评估、事中监控、事后追偿与处置机制。4）为中小企业提供的累计担保贷款额占其两年累计担保业务总额的80%以上，单笔800万元以下的累计担保贷款额占其累计担保业务总额的50%以上。5）对单个受保企业提供的担保余额不超过担保机构实收资本总额的10%，且平均单笔担保责任金额最多不超过3 000万元。6）担保责任余额不低于其净资产的3倍，且代偿率不超过2%。

（24）国家商品储备管理单位及其直属企业承担商品储备任务，从中央或者地方财政取得的利息补贴收入和价差补贴收入。

（25）纳税人提供技术转让、技术开发和与之相关的技术咨询、技术服务。

（26）符合一定条件的合同能源管理服务。1）节能服务公司实施合同能源管理项目相关技术，应当符合国家质量监督检验检疫总局和国家标准化管理委员会发布的《合同能源管理技术通则》（GB/T 24915—2010）规定的技术要求。2）节能服务公司与用能企业签订节能效益分享型合同，其合同格式和内容符合《中华人民共和国合同法》和《合同能源管理技术通则》等规定。

（27）政府举办的从事学历教育的高等、中等和初等学校（不含下属单位），举办进修班、培训班取得的全部归该学校所有的收入。政府举办的职业学校设立的主要为在校学生提供实习场所并由学校出资自办、由学校负责经营管理、经营收入归学校所有的企业，从事《销售服务、无形资产、不动产注释》中"现代服务"（不含融资租赁服务、广告服务和其他现代服务）、"生活服务"（不含文化体育服务、其他生活服务和桑拿、氧吧）业务活动取得的收入。

（28）家政服务企业由员工制家政服务员提供家政服务取得的收入。家政服务企业是指在企业经营执照的规定经营范围内包括家政服务内容的企业。

（29）福利彩票、体育彩票的发行收入。

（30）军队空余房产租赁收入。

（31）为了配合国家住房制度改革，企业、行政事业单位按房改成本价、标准价出售住房取得的收入。

（32）将土地使用权转让给农业生产者用于农业生产。

（33）涉及家庭财产分割的个人无偿转让不动产、土地使用权。

（34）土地所有者出让土地使用权和土地使用者将土地使用权归还给土地所有者。

（35）县级以上地方人民政府或自然资源行政主管部门出让、转让或收回自然资源使用权（不含土地使用权）。

（36）为安置随军家属就业而新开办的企业（随军家属必须占企业总人数的60%（含）以上并有军（含）以上政治和后勤机关出具的证明）和从事个体经营的随军家属（必须有师以上政治机关出具的可以表明其身份的证明），自办理税务登记事项之日起，其提供的应税服务3年内免征增值税。

（37）从事个体经营的军队转业干部和为安置自主择业的军队转业干部就业而新开办的企业（军队转业干部占企业总人数60%（含）以上），自办理税务登记事项之日起，其提供的应税服务3年内免征增值税。自主择业的军队转业干部必须持有师以上部队颁发的转业证件。

（38）再保险服务。1）境内保险公司向境外保险公司提供的完全在境外消费的再保险服务，免征增值税。2）试点纳税人提供再保险服务（境内保险公司向境外保险公司提供的再保险服务除外），实行与原保险服务一致的增值税政策。再保险合同对应多个原保险合同的，所有原保险合同均适用免征增值税政策时，该再保险合同适用免征增值税政策。否则，该再保险合同应按规定缴纳增值税。

（39）各党派、共青团、工会、妇联、中科协、青联、台联、侨联收取党费、团费、会费，以及政府间国际组织收取会费，属于非经营活动，不征收增值税。

（40）青藏铁路公司提供的铁路运输服务免征增值税。

（41）中国邮政集团公司及其所属邮政企业提供的邮政普遍服务和邮政特殊服务，免征增值税。

（42）自2016年1月1日起，中国邮政集团公司及其所属邮政企业为金融机构代办保险业务取得的代理收入，在“营改增”试点期间免征增值税。

（43）中国信达资产管理股份有限公司、中国华融资产管理股份有限公司、中国长城资产管理公司和中国东方资产管理公司及各自经批准分设于各地的分支机构（以下称资产公司），在收购、承接和处置剩余政策性剥离不良资产和改制银行剥离不良资产过程中开展的以下业务，免征增值税：1）接受相关国有银行的不良债权，借款方以货物、不动产、无形资产、有价证券和票据等抵充贷款本息的，资产公司销售、转让该货物、不动产、无形资产、有价证券、票据以及利用该货物、不动产从事的融资租赁业务。2）接受相关国有银行的不良债权取得的利息。3）资产公司所属的投资咨询类公司，为本公司收购、承接、处置不良资产而提供的资产、项目评估和审计服务。

（44）全国社会保障基金理事会、全国社会保障基金投资管理人运用全国社会保障基金买卖证券投资基金、股票、债券取得的金融商品转让收入，免征增值税。

（45）对下列国际航运保险业务免征增值税：1）注册在上海、天津的保险企业从事国际航运保险业务。2）注册在深圳的保险企业向注册在前海深港现代服务业合作区的企业提供国际航运保险业务。3）注册在平潭的保险企业向注册在平潭的企业提供国际航运保险业务。

（46）对社保基金会、社保基金投资管理人在运用社保基金投资过程中，提供贷款服务取得的全部利息及利息性质的收入和金融商品转让收入，免征增值税。

（47）境外教育机构与境内从事学历教育的学校开展中外合作办学，提供学历教育服务取得的收入免征增值税。

（48）自2019年1月1日起至2021年12月31日，对国家级、省级科技企业孵化器、大学科技园和国家备案众创空间向在孵对象提供孵化服务取得的收入，免征增值税。

（49）纳税人取得的财政补贴收入，与其销售货物、劳务、服务、无形资产、不动产的收入或者数量直接挂钩的，应按规定计算缴纳增值税。纳税人取得的其他情形的财政补贴收入，不属于增值税应税收入，不征收增值税。

（50）自2019年2月1日至2023年12月31日，对企业集团内单位（含企业集团）之间的资金无偿借贷行为，免征增值税。

2．增值税的即征即退

（1）一般纳税人提供管道运输服务，对其增值税实际税负超过3%的部分实行增值税即征即退政策。

（2）经中国人民银行、银保监会或者商务部批准从事融资租赁业务的营改增试点纳税人中的一般纳税人，提供有形动产融资租赁服务和有形动产融资性售后回租服务，对其增值税实际税负超过3%的部分实行增值税即征即退政策。

增值税实际税负，是指纳税人当期提供应税服务实际缴纳的增值税税额占纳税人当期提供应税服务取得的全部价款和价外费用的比例。

（3）纳税人享受安置残疾人增值税即征即退优惠政策。1）纳税人，是指安置残疾人的单位和个体工商户。2）纳税人本期应退增值税税额按以下公式计算：本期应退增值税税额＝本期所含月份每月应退增值税税额之和月应退增值税税额＝纳税人本月安置残疾人员人数×本月月最低工资标准的4倍。

（4）增值税的退还。1）纳税人本期已缴增值税税额小于本期应退税额不足退还的，可在本年度内以前纳税期已缴增值税税额扣除已退增值税税额的余额中退还，仍不足退还的可结转本年度内以后纳税期退还。2）年度已缴增值税税额小于或等于年度应退税额的，退税额为年度已缴增值税税额；年度已缴增值税税额大于年度应退税额的，退税额为年度应退税额。年度已缴增值税税额不足退还的，不得结转以后年度退还。3）安置残疾人单位既符合促进残疾人就业增值税优惠政策条件，又符合其他增值税优惠政策条件的，可同时享受多项增值税优惠政策，但年度申请退还增值税总额不得超过本年度内应纳增值税总额。

3．扣减增值税的规定

（1）退役士兵创业就业。

1）自主就业退役士兵从事个体经营的，自办理个体工商户登记当月起，在3年（36个月，下同）内按每户每年12 000元为限额依次扣减其当年实际应缴纳的增值税、城市维护建设税、教育费附加、地方教育附加和个人所得税。限额标准最高可上浮20%，各省、自治区、直辖市人民政府可根据本地区实际情况在此幅度内确定具体限额标准。

纳税人年度应缴纳税款小于上述扣减限额的，减免税额以其实际缴纳的税款为限；大于上述扣减限额的，以上述扣减限额为限。纳税人的实际经营期不足1年的，应当按月换算其减免税限额。换算公式为：减免税限额＝年度减免税限额÷12×实际经营月数。城市维护建设税、教育费附加、地方教育附加的计税依据是享受本项税收优惠政策前的增值税应纳税额。

2）企业招用自主就业退役士兵，与其签订1年以上期限劳动合同并依法缴纳社会保险费的，自签订劳动合同并缴纳社会保险当月起，在3年内按实际招用人数予以定额依次扣减增值税、城市维护建设税、教育费附加、地方教育附加和企业所得税优惠。定额标准为每人每年6 000元，最高可上浮50%，各省、自治区、直辖市人民政府可根据本地区实际情况在此幅度内确定具体定额标准。

企业按招用人数和签订的劳动合同时间核算企业减免税总额，在核算减免税总额内每月依次扣减增值税、城市维护建设税、教育费附加和地方教育附加。企业实际应缴纳的增值税、城市维护建设税、教育费附加和地方教育附加小于核算减免税总额的，以实际应缴纳的增值税、城市维护建设税、教育费附加和地方教育附加为限；实际应缴纳的增值税、城市维护建设税、教育费附加和地方教育附加大于核算减免税总额的，以核算减免税总额为限。

纳税年度终了时，如果企业实际减免的增值税、城市维护建设税、教育费附加和地方教育附加小于核算减免税总额，企业在企业所得税汇算清缴时以差额部分扣减企业所得税。当年扣减不完的，不再结转以后年度扣减。

自主就业退役士兵在企业工作不满1年的，应当按月换算减免税限额。计算公式为：企业核算减免税总额＝$\sum$每名自主就业退役士兵本年度在本单位工作月份÷12×具体定额标准。

城市维护建设税、教育费附加、地方教育附加的计税依据是享受本项税收优惠政策前的增值税应纳税额。

（2）重点群体创业。自2019年1月1日至2025年12月31日，企业招用建档立卡贫困人口，以及在人力资源社会保障部门公共就业服务机构登记失业半年以上且持《就业创业证》或《就业失业登记证》（注明“企业吸纳税收政策”）的人员，与其签订1年以上期限劳动合同并依法缴纳社会保险费的，自签订劳动合同并缴纳社会保险当月起，在3年内按实际招用人数予以定额依次扣减增值税、城市维护建设税、教育费附加、地方教育附加和企业所得税优惠。定额标准为每人每年6 000元，最高可上浮30%，各省、自治区、直辖市人民政府可根据本地区实际情况在此幅度内确定具体定额标准。城市维护建设税、教育费附加、地方教育附加的计税依据是享受本项税收优惠政策前的增值税应纳税额。

按上述标准计算的税收扣减额应在企业当年实际应缴纳的增值税、城市维护建设税、教育费附加、地方教育附加和企业所得税税额中扣减，当年扣减不完的，不得结转下年使用。

（3）单价不超过500万元固定资产一次性税前扣除，延期到2023年12月31日。

4. 其他减免规定

（1）金融企业发放贷款后，自结息日起90天内发生的应收未收利息按现行规定缴纳增值税；自结息日起90天后发生的应收未收利息暂不缴纳增值税，待实际收到利息时按规定缴纳增值税。

（2）个人将购买不足2年的住房对外销售的，按照5%的征收率全额缴纳增值税；个人将购买2年以上（含2年）的住房对外销售的，免征增值税（北京市、上海市、广州市和深圳市除外）。

北京市、上海市、广州市和深圳市个人将购买2年以上（含2年）的非普通住房对外销售的，以销售收入减去购买住房价款后的差额按照5%的征收率缴纳增值税；购买2年以上（含2年）的普通住房对外销售的，免征增值税。

《国家税务总局关于明确二手车经销等若干增值税征管问题的公告》（国家税务总局公告2020年第9号）、《财政部 国家税务总局关于二手车经销有关增值税政策的公告》（财政部 税务总局公告2020年第17号）规定，自2020年5月1日至2023年12月31日，从事二手车经销的纳税人销售其收购的二手车，由原按照简易计税方法依3%的征收率减按2%征收增值税，改为减按0.5%征收增值税，并按下列公式计算销售额：销售额＝含税销售额÷(1＋0.5%)。

二手车，是指从办理完注册登记手续至达到国家强制报废标准之前进行交易并转移所有权的车辆，具体范围按照国务院商务主管部门出台的二手车流通管理办法执行。纳税人应当开具二手车销售统一发票。购买方索取增值税专用发票的，应当再开具征收率为0.5%的增值税专用发票。

一般纳税人在办理增值税纳税申报时，减按0.5%的征收率征收增值税的销售额，应当填写在《增值税及附加税费申报表附列资料（一）》（本期销售情况明细）“二、简易计税方法计税”中“3%征收率的货物及加工修理修配劳务”相应栏次；对应减征的增值税应纳税额，按销售额的2.5%计算填写在《增值税及附加税费申报表（一般纳税人适用）》“应纳税额减征额”及《增值税减免税申报明细表》减税项目相应栏次。

小规模纳税人在办理增值税纳税申报时，减按0.5%的征收率征收增值税的销售额，应当填写在《增值税及附加税费申报表（小规模纳税人适用）》“应征增值税不含税销售额（3%征收率）”相应栏次；对应减征的增值税应纳税额，按销售额的2.5%计算填写在《增值税及附加税费申报表（小规模纳税人适用）》“本期应纳税额减征额”及《增值税减免税申报明细表》减税项目相应栏次。

例3-7

下列金融业务中，免征增值税的有（　　）。

A. 金融机构间的转贴现业务

B. 商业银行提供国家助学贷款业务

C. 人民银行对金融机构提供贷款业务

D. 融资租赁公司从事的融资性售后回租业务

【答案】 ABC

【解析】 选项D，按照贷款服务缴纳增值税。

3.5.6　增值税的起征点

1. 纳税人为个人的起征点

纳税人销售额未达到国务院、税务主管部门规定的起征点，免征增值税；达到起征点的，全额计征增值税。

起征点税收优惠主要适用于个人，包括小规模纳税人的个体工商户和其他个人，不包括认定为一般纳税人的个体工商户。

增值税起征点的幅度规定如下：

（1）按期纳税的，为月销售额 5 000～20 000 元（含本数）；2021 年 12 月 31 日之前，对月销售额未超过 3 万元的小规模纳税人，免征增值税。

（2）按次纳税的，为每次（日）销售额 300～500 元（含本数）。

2. 小规模纳税人的起征点

对增值税小规模纳税人中月销售额未达到一定金额的企业和非企业性单位，免征增值税。起征点的调整由财政部和国家税务总局规定。省、自治区、直辖市财政厅（局）和国家税务局应在规定的幅度内，根据实际情况确定本地区适用的起征点，并报财政部、国家税务总局备案。2021 年 4 月 1 日至 2021 年 12 月 31 日，小微企业、个体工商户等规模纳税人合计月销售额未超过 15 万元的（季度未超过 45 万元的），免征增值税。

3.6　增值税发票及管理

增值税发票分为增值税专用发票（简称专用发票）、增值税普通发票、增值税电子普通发票（简称电子发票）等不同类型。

（1）我国现行增值税征收主要实行的是凭增值税专用发票等合法凭证注明税款进行扣税的办法。目前，能够作为增值税进项税额扣除凭证的主要是增值税专用发票、机动车销售统一发票、海关专用缴款书等。由于增值税专用发票具有特殊的进项税额抵扣作用，为了对纳税人进行监督制约，促进纳税人合法依规使用发票，我国制定了严格的增值税专用发票管理制度。

专用发票是增值税一般纳税人销售货物或者提供应税劳务、销售应税服务、无形资产、不动产开具的发票，是购买方支付增值税税额并可按照增值税有关规定据以抵扣增值税进项税额的合法凭证。

我国现行增值税专用发票具体包括以下两种：

1）增值税专用发票。增值税纳税人销售货物、劳务或者发生应税行为，可以开具增值税专用发票。

2）机动车销售统一发票。增值税纳税人从事机动车零售业务，可以开具机动车销售统一发票。

一般纳税人应通过增值税防伪税控系统使用专用发票。使用，包括领购、开具、缴销、认证纸质专用发票及其相应的数据电文。防伪税控系统，是指经国务院同意推行的、使用专用设备和通用设备、运用数字密码和电子存储技术管理专用发票的计算机管理系统。专用设备，是指金税卡、IC卡、读卡器、金税盘、报税盘和其他设备。

（1）增值税普通发票可以开给一般纳税人，也可以开给小规模纳税人，无论开给谁都不能抵扣进项税额，只能作为会计核算和记账的凭证。

（2）增值税电子普通发票，是指通过增值税发票系统升级版开具、上传，通过电子发票服务平台查询、下载的电子增值税普通发票。区别于传统纸质发票，电子发票是在原有加密防伪措施上，使用数字证书进行电子签章后供购买方下载使用。电子发票的法律效力、基本用途、基本使用规定等与税务机关监制的增值税普通发票相同。电子发票开具后形成电子数据，实时上传到税务机关。使用电子发票，可以降低开票企业的经营成本，提高企业的运营效率。对开票企业而言，电子发票的管理、查询、作废等更简便易行。对于受票方而言，也方便保管使用，有效防范假票。

3.6.1 增值税专用发票的领购

1. 增值税专用发票的领购使用对象

现行制度规定，增值税专用发票一般限于增值税一般纳税人领购使用。需要开具增值税专用发票的纳税人，进行一般纳税人登记，经税务机关审批增值税专用发票最高开票限额后，领用增值税专用发票。增值税小规模纳税人自行开具增值税专用发票的，可以不办理增值税一般纳税人登记手续，经税务机关审批增值税专用发票最高开票限额后，领用增值税专用发票。

非自行开具增值税专用发票的小规模纳税人销售货物或提供应税劳务时，可由税务机关代开增值税专用发票，但必须按规定的征收率填列税金。代开增值税专用发票，是指主管税务机关为所辖范围内的增值税纳税人①代开专用发票，其他单位和个人不得代开。代开专用发票统一使用增值税防伪税控代开票系统开具。非防伪税控代开票系统开具的代开专用发票不得作为增值税进项税额抵扣凭证。

2. 不得领购增值税专用发票的规定

一般纳税人有以下情形的，不得领购增值税专用发票，如已领购使用的，税务机关应收缴其结存的增值税专用发票。

（1）会计核算不健全，不能向税务机关准确提供增值税销项税额、进项税额、应纳税额数据及其他有关增值税税务资料的。

（2）有《税收征收管理法》规定的税收违法行为，拒不接受税务机关处理的。

（3）有下列行为、经税务机关责令限期改正而未改正的：虚开增值税专用发票；私自印制增值税专用发票；向税务机关以外的单位和个人买取增值税专用发票；借用他人增值税专用发票；未按规定开具增值税专用发票；未按规定保管增值税专用发票和专用设备；未按规定申请办理防伪税控系统变更发行；未按规定接受税务机关检查。

---

① 指已办理税务登记的小规模纳税人，包括个体经营者以及国家税务总局确定的其他可予代开增值税专用发票的纳税人。

（4）销售的货物全部属于免税项目的。

另外，国家税务总局还规定，纳税人当月购买增值税专用发票而未申报纳税的，税务机关不得向其发售增值税专用发票。

3.6.2 增值税专用发票的开具使用

1. 增值税专用发票的内容

增值税专用发票由基本联次或者基本联次附加其他联次构成，基本联次为三联：发票联、抵扣联和记账联。发票联，作为购买方核算采购成本和增值税进项税额的记账凭证；抵扣联，作为购买方报送主管税务机关认证和留存备查的凭证；记账联，作为销售方核算销售收入和增值税销项税额的记账凭证。其他联次用途，由一般纳税人自行确定。

2. 增值税专用发票限额管理

增值税专用发票（增值税防伪税控系统）实行最高开票限额管理。最高开票限额，是指单份增值税专用发票或货物运输业增值税专用发票开具的销售额合计数不得达到的上限额度。最高开票限额由一般纳税人申请，区县税务机关依法审批。一般纳税人申请最高开票限额时，需填报《增值税专用发票最高开票限额申请单》。主管税务机关受理纳税人申请以后，根据需要进行实地查验。

自2014年5月1日起，一般纳税人申请领用增值税专用发票最高开票限额不超过10万元的，主管税务机关不需要事前进行实地查验。税务机关应根据纳税人实际生产经营和销售情况进行审批，保证纳税人生产经营的正常需要。

3. 增值税专用发票开具范围

（1）需要开具增值税专用发票的情形。

1）一般纳税人增值税专用发票的开具。一般纳税人销售货物或应税劳务、应税服务，必须向购买方或接受方开具增值税专用发票，并且在增值税专用发票上分别注明销售额和销项税额。

2）小规模纳税人增值税专用发票的开具。根据《国家税务总局关于实施第二批便民办税缴费新举措的通知》（税总函〔2019〕243号）的规定，全面推行小规模纳税人自行开具增值税专用发票。国家税务总局进一步扩大小规模纳税人自行开具增值税专用发票的范围，小规模纳税人（其他个人除外）发生增值税应税行为、需要开具增值税专用发票的，可以自愿使用增值税发票管理系统自行开具。

例3-8

商业企业一般纳税人零售下列货物，可以开具增值税专用发票的是（ ）。

A. 烟酒　　B. 食品　　C. 化妆品　　D. 办公用品

【答案】 D

【解析】 商业企业一般纳税人零售的烟、酒、食品、化妆品不得开具增值税专用发票，只能开具普通发票。办公用品会直接用于生产经营，可以开具增值税专用发票。

4. 增值税专用发票的开具要求

增值税专用发票必须按下列要求开具：

（1）项目齐全，与实际交易相符。

（2）字迹清楚，不得压线、错格。

（3）发票联和抵扣联加盖发票专用章。

（4）按照增值税纳税义务的发生时间开具。

对不符合上述要求的增值税专用发票，购买方有权拒收。

一般纳税人销售货物、提供应税劳务可以汇总开具增值税专用发票。汇总开具增值税专用发票的，同时使用防伪税控系统开具《销售货物或者提供应税劳务清单》，并加盖发票专用章或财务专用章。

5. 增值税专用发票进项税额的抵扣

自2020年3月1日起，对增值税一般纳税人取得2017年1月1日及以后开具的增值税专用发票、海关进口增值税专用缴款书、机动车销售统一发票、收费公路通行费增值税电子普通发票，取消认证确认、稽核比对、申报抵扣的期限。增值税一般纳税人在《增值税及附加税费申报表（一般纳税人适用）》中第17栏“应抵扣税额合计”填写纳税人本期应抵扣进项税额的合计数。按表中所列公式计算填写。

6. 增值税专用发票的作废处理

增值税专用发票的作废处理有即时作废和符合条件作废两种。即时作废，是指开具时发现有误的；符合条件作废，是指一般纳税人在开具增值税专用发票当月，发生销货退回、开票有误等情形，收到退回的发票联、抵扣联符合作废条件的。符合作废条件需要同时具有下列情形：

（1）收到退回的发票联、抵扣联时间未超过销售方开票当月。

（2）销售方未抄税并且未记账。

（3）购买方未认证或者认证结果为“纳税人识别号认证不符”“专用发票代码、号码认证不符”。

作废增值税专用发票须在防伪税控系统中将相应的数据电文按“作废”处理，在纸质增值税专用发票（含未打印的增值税专用发票）各联次上注明“作废”字样，全联次留存。

7. 红字增值税专用发票的开具

增值税一般纳税人开具增值税专用发票后，发生销货退回、开票有误等情形但不符合作废条件，或者因销货部分退回及发生销售折让的，应按规定开具红字增值税专用发票。纳税人销售货物并向购买方开具增值税专用发票后，由于购买方在一定时期内累计购买货物达到一定数量，或者由于市场价格下降等原因，销售方给予购买方相应的价格优惠或补偿等折扣、折让行为，销售方也可按规定开具红字增值税专用发票。

知识链接

红字增值税专用发票开具的不同处理方法

增值税一般纳税人开具增值税专用发票后，发生销货退回、开票有误、应税服务中止等情形但不符合发票作废条件，或者因销货部分退回及发生销售折让，需要开具红字专用发票的，按以下方法处理：

(1) 购买方取得专用发票已用于申报抵扣的，购买方可在增值税发票管理新系统（以下简称“新系统”）中填开并上传《开具红字增值税专用发票信息表》（以下简称《信息表》），在填开《信息表》时不填写相对应的蓝字专用发票信息，应暂依《信息表》所列增值税税额从当期进项税额中转出，待取得销售方开具的红字专用发票后，与《信息表》一并作为记账凭证。

购买方取得专用发票未用于申报抵扣但发票联或抵扣联无法退回的，购买方填开《信息表》时应填写相对应的蓝字专用发票信息。

销售方开具专用发票尚未交付购买方，以及购买方未用于申报抵扣并将发票联及抵扣联退回的，销售方可在新系统中填开并上传《信息表》。销售方填开《信息表》时应填写相对应的蓝字专用发票信息。

(2) 主管税务机关通过网络接收纳税人上传的《信息表》，系统自动校验通过后，生成带有“红字发票信息表编号”的《信息表》，并将信息同步至纳税人端系统中。

(3) 销售方凭税务机关系统校验通过的《信息表》开具红字专用发票，在新系统中以销项负数开具。红字专用发票应与《信息表》一一对应。

(4) 纳税人也可凭《信息表》电子信息或纸质资料到税务机关对《信息表》内容进行系统校验。

8. 纳税人善意取得虚开的增值税专用发票处理

(1) 纳税人善意取得虚开的增值税专用发票，如能重新取得合法、有效的专用发票，准许其抵扣进项税额；如不能重新取得合法、有效的专用发票，不准其抵扣进项税款或追缴其已抵扣的进项税额。

(2) 购买方与销售方存在真实的交易，销售方使用的是其所在省（自治区、直辖市和计划单列市）的专用发票，专用发票注明的销售方名称、印章、货物数量、金额及税额等全部内容与实际相符，且没有证据表明购买方知道销售方提供的专用发票是以非法手段获得的，对购买方不以偷税或者骗取出口退税论处，但应按有关规定不予抵扣进项税额或者不予出口退税；购买方已经抵扣的进项税额或者取得的出口退税，应依法追缴。

(3) 购买方能够重新从销售方取得防伪税控系统开出的合法、有效专用发票的，或者取得手工开出的合法、有效专用发票且取得了销售方所在地税务机关已经或者正在依法对销售方虚开专用发票行为进行查处证明的，购买方所在地税务机关应依法准予抵扣进项税额或者出口退税。

虚开的增值税专用发票不论是善意取得还是恶意取得，都属于不合规发票，不得抵扣进项税额。如果纳税人属于恶意取得，则按逃避缴纳税款罪或骗税罪论处。

例3-9

下列关于对购买方善意取得虚开增值税专用发票处理的说法中，正确的有（　　）。

A. 善意取得的虚开增值税专用发票可以作为进项税额抵扣凭证

B. 不允许重新取得合法有效的增值税专用发票抵扣进项税额

C. 已抵扣的进项税额或者取得的出口退税额，应当依法追缴

D. 不以逃避缴纳税款罪或者骗税罪论处

【答案】 CD

【解析】 选项A，纳税人善意取得虚开的增值税专用发票，不准其抵扣进项税额或追缴其已抵扣的进项税额。选项B，如能重新取得合法、有效的增值税专用发票，准许其抵扣进项税额。

3.7 增值税应纳税额的计算

增值税的计税方法，主要包括一般计税方法和简易计税方法。我国对一般纳税人采用一般计税方法，对小规模纳税人采用简易计税方法。

3.7.1 一般计税方法下应纳增值税的计算

一般计税方法的基本原理是，根据购进扣税法计算当期应纳增值税。购进扣税法是指，先按照当期销售额和适用税率计算出销项税额，然后一般纳税人凭借增值税专用发票和其他合法扣税凭证注明的增值税税款作为进项税额进行抵扣。

一般计税方法下应纳增值税税额，是指当期销项税额抵扣当期进项税额后的余额。其计算公式为：

$$当期应纳增值税=当期销项税额-当期进项税额$$

当期销项税额小于当期进项税额不足抵扣时，其不足部分可以结转下期继续抵扣。

1. 销项税额的计算

销项税额，是指纳税人销售货物，提供加工、修理修配劳务，销售服务、无形资产或者不动产，按照销售额和对应的增值税税率计算并收取的增值税税额。销项税额的计算体现了增值税的价外税特点。销项税额确定的难点和关键在于确定销售额。由于增值税是价外税，这里的销售额是不含增值税的销售额。销项税额的计算公式为：

$$销项税额=不含税销售额\times增值税税率$$

如果销售额含有增值税，则要把含有增值税的销售额转变为不含增值税的销售额。其换算公式为：

$$不含税销售额=\frac{含税销售额}{1+增值税税率}$$

（1）销售额的一般规定。销售额，是指纳税人销售货物或者应税劳务、应税服务向购买方收取的全部价款和价外费用，不包括收取的销项税额。确认销售额的前提是发生了应税行为，未发生应税行为而取得的收入不作为销售额，无须缴纳增值税。具体来说，应税销售额包括：

1）销售行为获得的全部价款。即销售货物或提供应税劳务取自购买方的全部价款。增值税是价外税，全部价款不包含向购买方收取的销项税额。

2）向购买方收取的各种价外费用。具体包括手续费、补贴、基金、集资费、返还利润、奖励费、违约金、延期付款利息、滞纳金、赔偿金、包装费、包装物租金、储备费、优质费、运输装卸费、代收款项、代垫款项及其他各种性质的价外收费。上述价外费用无论其会计制度如何核算，都应并入销售额计税。但上述价外费用不包括以下费用：

①受托加工应征消费税的货物，由受托方向委托方代收代缴的消费税。这是因为代收代缴消费税只是受托方履行法定义务的一种行为，此项税额虽然构成委托加工货物售价的一部分，但它同受托方的加工业务及其收取的应税加工费没有内在关联。

②同时符合以下两个条件的代垫运费：承运部门的运费发票开具给购买方；由纳税人将该项发票转交给购买方。在这种情况下，纳税人仅仅是为购买方代办运输业务，并未从中收取额外费用。

③同时符合以下条件代为收取的政府性基金或者行政事业性收费：由国务院或者财政部批准设立的政府性基金，由国务院或者省级人民政府及其财政、价格主管部门批准设立的行政事业性收费；收取时开具省级以上（含省级）财政部门监（印）制的财政票据；所收款项全额上缴财政。

④销售货物的同时代办保险等而向购买方收取的保险费，以及向购买方收取的代购买方缴纳的车辆购置税、车辆牌照费。

⑤消费税税额。由于消费税属于价内税，因此，凡征收消费税的货物在计征增值税税额时，其应税销售额包括消费税税额。

税法规定，纳税人销售货物和提供应税劳务时向购买方收取的各种价外费用均要并入应税销售额计算征税，目的是防止纳税人以各种名目的收费减少应税销售额逃避纳税。同时应注意，根据国家税务总局的规定，纳税人向购买方收取的价外费用和包装物押金，应视为含增值税收入，在并入销售额征税时，应将其换算为不含增值税收入，再并入销售额征税。

还需要注意的是，增值税要以人民币计算。如果纳税人按照外币结算销售额，应当折算成人民币，折合率可以选择销售额发生的当天或者当月 1 日的人民币汇率中间价。纳税人应当事先确定采用何种折合率，确定后 12 个月内不得变更。

知识链接

自 2018 年 1 月 1 日起，航空运输销售代理企业提供境外航段机票代理服务，以取得的全部价款和价外费用，扣除向客户收取并支付给其他单位或者个人的境外航段机票结算款和相关费用后的余额为销售额。

（2）视同销售行为销售额的确定。视同销售行为是增值税相关法律规定的特殊销售行为。由于视同销售行为一般不以资金形式反映出来，因此会出现视同销售而无销售额的情况。另外，纳税人销售货物或提供应税劳务的价格明显偏低且无正当理由，主管税务机关有权按照下列顺序核定其应税销售额：

1）按纳税人最近时期同类货物、劳务、服务、无形资产或者不动产的平均销售价格确定。

2）按其他纳税人最近时期同类货物、劳务、服务、无形资产或者不动产的平均销售价格确定。

3）用以上两种方法均不能确定其销售额的，可按组成计税价格确定销售额。其计算公式为：

组成计税价格＝成本×(1＋成本利润率)

属于应征消费税的货物，其组成计税价格应加计消费税税额。其计算公式为：

组成计税价格＝成本×(1＋成本利润率)＋消费税税额
＝成本×(1＋成本利润率)÷(1－消费税税率)

式中，成本分为两种情况：属于销售自产货物的为实际生产成本；属于销售外购货物的为实际采购成本。成本利润率为10%，但属于应从价定率征收消费税货物的，成本利润率为《消费税若干具体问题的规定》中规定的成本利润率。在营改增后，有关应税的劳务、服务、无形资产、不动产的成本利润率由国家税务总局确定。

（3）特殊销售方式销售额的确定。

1）折扣、折让方式销售。

①折扣方式销售。折扣销售，又称商业折扣，是指销售方在销售货物，提供应税劳务，销售服务、无形资产或者不动产时，因购买方需求量大等原因，而给予的价格方面的优惠。

按照现行税法规定，纳税人采取折扣方式销售货物的，如果销售额和折扣额在同一张发票上分别注明，可以按折扣后的销售额征收增值税。销售额和折扣额在同一张发票上分别注明，是指销售额和折扣额在同一张发票“金额”栏分别注明。未在同一张发票“金额”栏注明折扣额，而仅在发票“备注”栏注明折扣额的，折扣额不得从销售额中减除。如果将折扣额另开发票，不论其在财务上如何处理，均不得从销售额中减除。

②销售折扣方式销售。销售折扣，又称现金折扣，通常是为了鼓励购买方及时偿还货款而给予的折扣优待，发生在销货之后。销售折扣不得从销售额中减除。这种方式实质上是销售方的一种融资行为，不是和销售行为同时发生的。

③销售折让方式销售。销售折让通常是指由于货物的品种或质量等原因引起销售额的减少，即销售方给予购买方未予退货状况下的价格折让。销售折让可以通过开具红字增值税专用发票从销售额中减除；未按规定开具红字增值税专用发票的，不得扣减销项税额或销售额。

2）以旧换新方式销售。以旧换新方式销售，是指纳税人在销售过程中，折价收回同类旧货物，并以折价款的部分冲减货物价款的一种销售方式。

税法规定，纳税人采取以旧换新方式销售货物的（金银首饰除外），应按新货物的同期销售价格确定销售额，不得扣减旧货物的收购价格。对有偿收回的旧货物，不得抵扣进项税额。金银首饰以旧换新业务，可以按照销售方实际收取的不含增值税的全部价款征收增值税。

3）还本销售方式销售。还本销售，指销售方将货物出售之后，按约定的时间，一次或分次将购货款的部分或全部退还给购买方，退还的货款即为还本支出。

还本销售实质上是以提供货物换取还本不付息的融资行为。税法规定，纳税人采取还本销售方式销售货物的，不得从销售额中减除还本支出。

4）以物易物方式销售。以物易物是一种较为特殊的购销活动，是指购销双方不是以货币结算，而是以同等价款的货物相互结算，实现货物购销的一种方式。

以物易物虽然没有涉及货币收支，但本质上也是一种购销行为。税法规定，以物易物双方都应作购销处理，以各自发出的货物核算销售额并计算销项税额，以各自收到的货物核算购货额及进项税额。

以物易物方式销售，如果未相互开具增值税专用发票，也应计算销项税额，但没有进项税额。如果双方相互开具了增值税专用发票，双方既要计算销项税额，也可进行进项税额抵扣。

5）直销企业增值税销售额的确定。直销企业的经营模式主要有两种：一是直销员按照批发价向直销企业购买货物，再按照零售价向消费者销售货物；二是直销员仅起到中介作用，直销企业按照零售价向直销员介绍的消费者销售货物，并另外向直销员支付报酬。

根据直销企业的经营模式，直销企业增值税销售额的确定分为以下两种情况：

①直销企业先将货物销售给直销员，直销员再将货物销售给消费者的，直销企业增值税的销售额为其向直销员收取的全部价款和价外费用。直销员将货物销售给消费者时，应按照现行规定缴纳增值税。

②直销企业通过直销员向消费者销售货物，直接向消费者收取货款，直销企业增值税的销售额为其向消费者收取的全部价款和价外费用。

6）包装物租金、押金的计税问题。包装物是指纳税人包装本单位货物的各种物品。对于包装物的租金和押金实行不同的处理办法。为了促使购买方尽早退回包装物以便周转使用，一般情况下，销售方向购买方收取包装物押金，购买方在规定期间内返回包装物，销售方再将收取的包装物押金返还。

①包装物租金作为价外费用，计入销售额计算销项税额。

②根据税法规定，纳税人为销售货物而出租出借包装物收取的押金，单独记账、时间在1年内又未过期的，不并入销售额征税；对逾期未收回不再退还的包装物押金，应按所包装货物的适用税率计算纳税。这里需要注意两个问题：一是逾期的界定，逾期是以1年（12个月）为期限；二是押金属于含税收入，应先将其换算为不含税销售额再并入销售额征税。对销售除啤酒、黄酒以外的其他酒类产品收取的包装物押金，无论是否返还以及会计上如何核算，均应并入当期销售额征税。

（4）销售服务销售额的确定。根据《营业税改征增值税试点有关事项的规定》，销售服务的销售额按照以下规定确认：

1）贷款服务，以提供贷款服务取得的全部利息及利息性质的收入为销售额。

2）直接收费金融服务，以提供直接收费金融服务收取的手续费、佣金、酬金、管理费、服务费、经手费、开户费、过户费、结算费、转托管费等各类费用为销售额。

3）金融商品转让，按照卖出价扣除买入价后的余额为销售额。转让金融商品出现的正负差，按盈亏相抵后的余额为销售额；若相抵后出现负差，可结转下一纳税期与下期转让金融商品销售额相抵，但年末时仍出现负差的，不得转入下一会计年度。金融商品的买入价，可以选择按照加权平均法或者移动加权平均法进行核算，选择后36个月内不得变更。金融商品转让，不得开具增值税专用发票。

4）经纪代理服务，以取得的全部价款和价外费用，扣除向委托方收取并代为支付的政府性基金或者行政事业性收费后的余额为销售额。向委托方收取的政府性基金或者行政事业性收费，不得开具增值税专用发票。

5）融资租赁和融资性售后回租业务。

①经中国人民银行、银保监会或者商务部批准从事融资租赁业务的营改增试点纳税人，提供融资租赁服务，以取得的全部价款和价外费用，扣除支付的借款利息（包括外汇借款和人民币借款利息）、发行债券利息和车辆购置税后的余额为销售额。

②经中国人民银行、银保监会或者商务部批准从事融资租赁业务的营改增试点纳税人，提供融资性售后回租服务，以取得的全部价款和价外费用（不含本金），扣除对外支付的借款利息（包括外汇借款和人民币借款利息）、发行债券利息后的余额为销售额。

③继续按照有形动产融资租赁服务缴纳增值税的营改增试点纳税人，经中国人民银行、银保监会或者商务部批准从事融资租赁业务的，根据2016年4月30日前签订的有形动产融资性售后回租合同，在合同到期前提供的有形动产融资性售后回租服务，可以选择以下方法之一计算销售额。

a. 向承租方收取的全部价款和价外费用，扣除向承租方收取的价款本金，以及对外支付的借款利息（包括外汇借款和人民币借款利息）、发行债券利息后的余额为销售额。其中，可以扣除的本金是书面合同约定的当期应当收取的本金；如果无书面合同或者书面合同没有约定的，为当期实际收取的本金。

营改增试点纳税人提供有形动产融资性售后回租服务，向承租方收取的有形动产价款本金，不得开具增值税专用发票，可以开具增值税普通发票。

b. 以向承租方收取的全部价款和价外费用，扣除支付的借款利息（包括外汇借款和人民币借款利息）、发行债券利息后的余额为销售额。

6）航空运输企业的销售额，不包括代收的机场建设费和代售其他航空运输企业客票而代收转付的价款。

7）营改增试点纳税人中的一般纳税人提供客运场站服务，以其取得的全部价款和价外费用，扣除支付给承运方运费后的余额为销售额。

8）营改增试点纳税人提供旅游服务，可以选择以取得的全部价款和价外费用，扣除向旅游服务购买方收取并支付给其他单位或者个人的住宿费、餐饮费、交通费、签证费、门票费和支付给其他接团旅游企业的旅游费用后的余额为销售额。选择上述办法计算销售额的营改增试点纳税人，向旅游服务购买方收取并支付的上述费用不得开具增值税专用发票，可以开具增值税普通发票。

9）提供建筑服务适用简易计税方法的，以取得的全部价款和价外费用扣除支付的分包款后的余额为销售额。

10）房地产开发企业中的一般纳税人销售其开发的房地产项目（选择简易计税方法的房地产老项目除外），以取得的全部价款和价外费用，扣除受让土地时向政府部门支付的土地价款后的余额为销售额。房地产老项目，是指《建筑工程施工许可证》注明的合同开工日期在2016年4月30日前的房地产项目。

11）销售2016年4月30日前取得（不含自建）的不动产选择简易计税方法的，以取得的全部价款和价外费用减去该项不动产购置原价或者取得不动产时的作价后的余额为销售额。自建的不动产，以取得的全部价款和价外费用为销售额。

上述第4）至11）项的规定中从全部价款和价外费用中扣除的价款，应当取得符合法律、行政法规和国家税务总局规定的有效凭证，否则不得扣除。有效凭证包括发票、境外签收单据、完税凭证、财政票据和国家税务总局规定的其他凭证。纳税人取得的凭证不属于增值税扣税凭证的，其进项税额不得从销项税额中抵扣。

12）自2018年1月1日起，金融机构开展贴现、转贴现业务，以其实际持有票据期间取得的利息收入作为贷款服务销售额计算缴纳增值税。此前贴现机构已就贴现利息收入全额缴纳增值税的票据，转贴现机构贴现利息收入继续免征增值税。

13）根据《财政部 税务总局关于租入固定资产进项税额抵扣等增值税政策的通知》（财税〔2017〕90号）的规定，转让2017年12月31日前取得的股票（不包括限售股）、债券、基金、非货物期货，可以选择按照实际买入价计算销售额，或者以2017年最后一个交易日的股票收盘价（2017年最后一个交易日处于停牌期间的股票，为停牌前最后一个交易日收盘价）、债券估值（中债金融估值中心有限公司或中证指数有限公司提供的债券估值）、基金份额净值、非货物期货结算价格作为买入价计算销售额。

（5）按差额确定销售额。

1）金融商品转让，按照卖出价扣除买入价后的余额为销售额。

2）经纪代理服务，以取得的全部价款和价外费用，扣除向委托方收取并代为支付的政府性基金或者行政事业性收费后的余额为销售额。向委托方收取的政府性基金或者行政事业性收费，不得开具增值税专用发票。

3）融资租赁和融资性售后回租业务。

4）航空运输企业的销售额，不包括代收的机场建设费和代售其他航空运输企业客票而代收转付的价款。

5）一般纳税人提供客运场站服务，以其取得的全部价款和价外费用，扣除支付给承运方运费后的余额为销售额。

6）纳税人提供旅游服务，可以选择以取得的全部价款和价外费用，扣除向旅游服务购买方收取并支付给其他单位或者个人的住宿费、餐饮费、交通费、签证费、门票费和支付给其他接团旅游企业的旅游费用后的余额为销售额。

例3-10

企业收取的下列款项中，应作为价外费用并入销售额计算增值税销项税额的是（　　）。

A. 商业企业向供货方收取的返还收入

B. 生产企业销售货物时收取的包装物租金

C. 受托加工应征消费税的消费品所代收代缴的消费税

D. 汽车销售公司销售汽车并向购买方收取的代购买方缴纳的车辆牌照费

【答案】B

【解析】选项A的返还收入是需要缴纳增值税的，但并不是在销项税中处理，而是冲减进项税额。选项C和D不属于价外费用，不缴纳增值税。

例3-11

对下列增值税应税行为计算销项税额时，按照全额确定销售额的是（　　）。

A. 贷款服务　　B. 金融商品转让

C. 一般纳税人提供客运场站服务　　D. 经纪代理服务

【答案】A

【解析】选项A贷款服务，以提供贷款服务取得的全部利息及利息性质的收入为销售额。

例3-12

甲服装厂为增值税一般纳税人，2021年1月销售给乙企业300套服装，不含税价格为700元/套。由于乙企业购买数量较多，甲服装厂给予乙企业7折的优惠，并按原价开具了增值税专用发票，折扣额在同一张发票的“备注”栏注明。甲服装厂当月的销项税额为（　　）元。

A. 19 110　　B. 27 300　　C. 28 210　　D. 36 400

【答案】B

【解析】

销项税额＝700×300×13％＝27 300(元)

例3-13

某工艺品厂为增值税一般纳税人，2021年1月2日销售给甲企业200套工艺品，每套不含税价格为600元。由于部分工艺品存在瑕疵，该工艺品厂给予甲企业15％的销售折让，已开具红字专用发票。为了鼓励甲企业及时付款，该工艺品厂提出“2/20，n/30”的付款条件，甲企业于当月15日付款。该工艺品厂此项业务的销项税额为（　　）元。

A. 12 994.8　　B. 13 260　　C. 15 288　　D. 15 600

【答案】B

【解析】销售折让是指由于货物的品种或质量等原因引起销售额的减少，即销售方给予购买方未予退货状况下的价格折让，销售折让可以从销售额中减除。销售折扣是为了鼓励购买方及时偿还货款而协议许诺给予购买方的折扣优待，销售折扣不得从销售额中减除。

销项税额＝600×200×(1－15％)×13％＝13 260(元)

例3-14

某商场为增值税一般纳税人，2021年春节期间采取以旧换新方式销售电冰箱10台，实际取得含税收入50 000元，旧冰箱作价8 760元。此项业务应申报的增值税销项税额为（　　）元。

A. 6 500　　B. 5 752.21　　C. 6 760　　D. 7 638.8

【答案】C

【解析】税法规定“以旧换新”业务应按照新货物的售价计税，不得抵减旧货物的价格。

增值税销项税额=(50 000+8 760)÷(1+13%)×13%=6 760(元)

例3-15

某啤酒厂为增值税一般纳税人，2021年1月销售啤酒取得不含税销售额800万元，已开具增值税专用发票，收取包装物押金226万元；本月逾期未退还包装物押金56.5万元。2021年1月该啤酒厂增值税销项税额为（　　）万元。

A. 88.89　　B. 104　　C. 110.5　　D. 130

【答案】C

【解析】啤酒包装物押金逾期才计入货物销售额中征税。

销项税额=[800+56.5÷(1+13%)]×13%=110.5(万元)

2. 进项税额的计算

进项税额是纳税人购进货物，加工、修理修配劳务，服务，无形资产或者不动产，支付或者负担的增值税税额。

进项税额和销项税额是两个相互对应的概念。在购销业务中，对于销售方而言，在收回货款的同时，收回销项税额；对于购买方而言，在支付货款的同时，支付进项税额。也就是说，销售方收取的销项税额就是购买方支付的进项税额。

任何增值税一般纳税人，经营过程中都会同时以卖方和买方的身份存在，因此，每个增值税一般纳税人都会有销项税额和进项税额。增值税一般纳税人应纳增值税的大小取决于两个因素：当期的销项税额和进项税额。但并不是所有的进项税额都可以随意扣除，税法对进项税额扣除的范围做了严格规定。

（1）准予抵扣的进项税额。一般纳税人购进货物、加工修理修配劳务、服务、无形资产或者不动产所支付的进项税额，准予从销项税额中抵扣。可以抵扣的进项税额应该取得合法有效的增值税扣税凭证，一般有两种情形：

1）以票抵扣，是利用合法的增值税扣税凭证进行进项税额抵扣。增值税扣税凭证，是指增值税专用发票（含机动车销售统一发票，下同）、海关进口增值税专用缴款书、农产品收购发票、农产品销售发票和完税凭证。

①从销售方取得的增值税专用发票上注明的增值税税额。

②从海关取得的海关进口增值税专用缴款书上注明的增值税税额。

③从境外单位或者个人购进服务、无形资产或者不动产，自税务机关或者扣缴义务人取得的解缴税款的完税凭证上注明的增值税税额。

④不动产进项税额抵扣。自2019年4月1日起，增值税一般纳税人购进不动产或者不动产在建工程的当期一次性抵扣进项税额。此前按照规定尚未抵扣完毕的待抵扣

进项税额，可自2019年4月税款所属期起从销项税额中抵扣。

自2019年4月1日起，对原有不动产进行修缮改造，增加不动产原值超过50%的，购进的材料、设备、中央空调等进项税额当期一次性抵扣。纳税人之前尚未抵扣完毕的待抵扣进项税额，可从销项税额中抵扣。

取得的不动产，包括以直接购买、接受捐赠、接受投资入股、自建以及抵债等各种形式取得的不动产，不包括房地产开发企业自行开发的房地产项目融资租入的不动产以及在施工现场修建的临时建筑物、构筑物。

按照《营业税改征增值税试点实施办法》第二十七条第（一）项的规定，不得抵扣且未抵扣进项税额的固定资产、无形资产、不动产发生用途改变，用于允许抵扣进项税额的应税项目，可在用途改变的次月按照下列公式计算可以抵扣的进项税额：

$$可以抵扣的进项税额=\frac{固定资产、无形资产、不动产净值}{1+适用税率}\times适用税率$$

⑤提供保险服务的纳税人进项税额抵扣。提供保险服务的纳税人以实物赔付方式承担机动车辆保险责任的，自行向车辆修理劳务提供方购进的车辆修理劳务，其进项税额可以按规定从保险公司销项税额中抵扣。纳税人提供的其他财产保险服务，比照上述规定执行。

2）计算抵扣。购进农产品，除取得增值税专用发票或者海关进口增值税专用缴款书外，按照农产品收购发票或者增值税普通发票上注明的农产品买价和相应的扣除率计算进项税额。根据《财政部 税务总局关于调整增值税税率的通知》（财税〔2018〕32号）和《财政部 税务总局 海关总署关于深化增值税改革有关政策的公告》的规定，自2019年4月1日起，纳税人购进农产品，扣除率调整为9%；纳税人购进用于生产销售或委托加工13%税率货物的农产品，按照10%的扣除率计算进项税额。其中，买价是指纳税人购进农产品在农产品收购发票或者增值税普通发票上注明的价款和按规定缴纳的烟叶税。其计算公式为：

$$进项税额=买价\times扣除率$$

（2）纳税人购进国内旅客运输服务的进项税额的抵扣。根据《财政部 税务总局 海关总署关于深化增值税改革有关政策的公告》的规定，纳税人购进国内旅客运输服务，其进项税额允许从销项税额中抵扣。纳税人未取得增值税专用发票的，暂按照以下规定确定进项税额：

1）取得增值税电子普通发票的，为发票上注明的税额。

2）取得注明旅客身份信息的航空运输电子客票行程单的，为按照下列公式计算的进项税额：

$$航空旅客运输进项税额=(票价+燃油附加费)\div(1+9\%)\times9\%$$

3）取得注明旅客身份信息的铁路车票的，为按照下列公式计算的进项税额：

$$铁路旅客运输进项税额=票面金额\div(1+9\%)\times9\%$$

4）取得注明旅客身份信息的公路、水路等其他客票的，为按照下列公式计算的进项税额：

$$\text{公路、水路等其他旅客运输进项税额}=\text{票面金额}\div(1+3\%)\times 3\%$$

知识链接

车票、机票抵扣增值税的八个提醒

（1）纳税人购进国内旅客运输服务，才可以计算抵扣增值税。

（2）票据取得日期为2019年4月1日后的才可以抵扣增值税。

（3）对于专门用于福利、招待、免税项目活动的出差客票不得计算抵扣增值税。

（4）车票取得增值税电子普通发票的，用发票上注明的税额来抵扣增值税。

（5）对于取得未注明旅客身份信息的出租车票、公交车票等，不得计算抵扣增值税。

（6）取得注明旅客身份信息的航空运输电子客票行程单的，按照9%的税率计算进项税额；航空运输电子客票行程单可抵扣的计税金额是票价和燃油附加费之和。

（7）车票抵扣不是按车票的全额，而是先换算为不含税金额，再乘以适用的增值税税率。

（8）车票计算抵扣的增值税应填写在《增值税及附加税费申报表附列资料（二）》的第10行。

（3）一般纳税人进项税额的加计抵减。自2019年4月1日至2021年12月31日，允许生产性服务业纳税人按照当期可抵扣进项税额加计10%，抵减增值税应纳税额；自2019年10月1日至2021年12月31日，允许生活性服务业纳税人按照当期可抵扣进项税额加计15%，抵减应纳税额。

1）生产、生活性服务业纳税人，是指提供邮政服务、电信服务、现代服务、生活服务（以下称“四项服务”）取得的销售额占全部销售额的比重超过50%的纳税人。“四项服务”的具体范围按照《销售服务、无形资产、不动产注释》执行。

对于2019年3月31日前设立的生产性服务业纳税人，自2018年4月至2019年3月期间的销售额（经营期不满12个月的，按照实际经营期的销售额）符合上述规定条件的，自2019年4月1日起适用加计抵减政策；2019年4月1日后设立的生产性服务业纳税人，自设立之日起3个月的销售额符合上述规定条件的，自登记为一般纳税人之日起适用加计抵减政策。

对于2019年9月30日前设立的生活性服务业纳税人，自2018年10月至2019年9月期间的销售额（经营期不满12个月的，按照实际经营期的销售额）符合上述规定条件的，自2019年10月1日起适用加计抵减15%；2019年10月1日后设立的生活性服务业纳税人，自设立之日起3个月的销售额符合上述规定条件的，自登记为一般纳税人之日起适用加计抵减15%。

上述纳税人确定适用加计抵减政策后，当年内不再调整，以后年度是否适用，根据上年度销售额计算确定。

2）纳税人应按照当期可抵扣进项税额加计抵减百分比计提当期加计抵减额。按照现行规定不得从销项税额中抵扣的进项税额，不得计提加计抵减额；已计提加计抵减额的进项税额，按规定作进项税额转出的，应在进项税额转出当期，相应调减加计抵减额。计算公式如下：

当期计提加计抵减额＝当期可抵扣进项税额×加计抵减百分比

当期可抵减加计抵减额＝上期末加计抵减额余额＋当期计提加计抵减额－当期调减加计抵减额

（4）自2021年4月1日起，同时符合以下条件的先进制造业纳税人，可以自2021年5月及以后纳税申报期向主管税务机关申请退还增量留抵税额：

1）增量留抵税额大于零。

2）纳税信用等级为A级或者B级。

3）申请退税前36个月未发生骗取留抵退税、出口退税或虚开增值税专用发票情形。

4）申请退税前36个月未因偷税被税务机关处罚两次及以上。

5）自2019年4月1日起未享受即征即退、先征后返（退）政策。

①先进制造业纳税人，是指按照《国民经济行业分类》，生产并销售“非金属矿物制品”“通用设备”“专用设备”“计算机、通信和其他电子设备”“医药”“化学纤维”“铁路、船舶、航空航天和其他运输设备”“电气机械和器材”“仪器仪表”销售额占全部销售额的比重超过50%的纳税人。

上述销售额比重根据纳税人申请退税前连续12个月的销售额计算确定；申请退税前经营期不满12个月但满3个月的，按照实际经营期的销售额计算确定。

②增量留抵税额，是指与2019年3月31日相比新增加的期末留抵税额。

③先进制造业纳税人当期允许退还的增量留抵税额，按照以下公式计算：

允许退还的增量留抵税额＝增量留抵税额×进项构成比例

进项构成比例，为2019年4月至申请退税前一税款所属期内已抵扣的增值税专用发票（含税控机动车销售统一发票）、海关进口增值税专用缴款书、解缴税款完税凭证注明的增值税额占同期全部已抵扣进项税额的比重。

④先进制造业纳税人按照税法规定取得增值税留抵退税款的，不得再申请享受增值税即征即退、先征后返（退）政策。

⑤先进制造业纳税人申请退还增量留抵税额的其他规定，按照《财政部 税务总局 海关总署关于深化增值税改革有关政策的公告》和《财政部 税务总局关于明确部分先进制造业增值税期末留抵退税政策的公告》（财政部 税务总局公告2019年第84号）执行。

（5）不得抵扣的进项税额。下列项目的进项税额不得从销项税额中扣除：

1）用于简易计税方法的计税项目、免征增值税项目、集体福利或者个人消费的购进货物、加工修理修配劳务、服务、无形资产和不动产。其中，涉及的固定资产、无形资产、不动产，仅指专用于上述目的的固定资产、无形资产（不包括其他权益性无形资产）、不动产。

2）非正常损失的购进货物，以及相关的加工修理修配劳务和交通运输服务。

3）非正常损失的在产品、产成品所耗用的购进货物（不包括固定资产）、加工修理修配劳务和交通运输服务。

4）非正常损失的不动产，以及该不动产所耗用的购进货物、设计服务和建筑服务。

5）非正常损失的不动产在建工程所耗用的购进货物、设计服务和建筑服务。纳税人新建、改建、扩建、修缮、装饰不动产，均属于不动产在建工程。

6）购进的贷款服务、餐饮服务、居民日常服务和娱乐服务。

7）接受贷款服务向贷款方支付的与该笔贷款直接相关的投融资顾问费、手续费、咨询费等费用的进项税额。

8）提供保险服务的纳税人以现金赔付方式承担机动车辆保险责任的，将应付给被保险人的赔金直接支付给车辆修理劳务提供方，不属于保险公司购进车辆维修劳务，其进项税额不得从保险公司销项税额中抵扣。

9）财政部和国家税务总局规定的其他情形。

上述第4）、5）项所称货物，是指构成不动产实体的材料和设备，包括建筑装饰材料和给排水、采暖、卫生、通风、照明、通讯、煤气、消防、中央空调、电梯、电气、智能化楼宇设备及配套设施。不动产、无形资产的具体范围，按照《销售服务、无形资产、不动产注释》执行。固定资产，是指使用期限超过12个月的机器、机械、运输工具以及其他与生产经营有关的设备、工具、器具等有形动产。非正常损失，是指因管理不善造成货物被盗、丢失、霉烂变质，以及因违反法律法规造成货物或者不动产被依法没收、销毁、拆除的情形。

另外，适用一般计税方法的纳税人，兼营简易计税方法计税项目、免征增值税项目而无法划分不得抵扣的进项税额的，按照下列公式计算不得抵扣的进项税额：

$$\text{不得抵扣的进项税额}=\text{当期无法划分的全部进项税额}\times\frac{\text{当期简易计税方法计税项目销售额}+\text{免征增值税项目销售额}}{\text{当期全部销售额}}$$

主管税务机关可以按照上述公式依据年度数据对不得抵扣的进项税额进行清算。纳税人取得的增值税扣税凭证不符合法律、行政法规或者国家税务总局有关规定的，其进项税额不得从销项税额中抵扣。

纳税人凭完税凭证抵扣进项税额的，应当具备书面合同、付款证明和境外单位的对账单或者发票。资料不全的，其进项税额不得从销项税额中抵扣。

（6）扣减进项税额。

1）已抵扣进项税额的购进货物（不含固定资产）、劳务、服务，发生不得抵扣进项税额的情形（简易计税方法计税项目、免征增值税项目除外）时，应当将该进项税额从当期进项税额中扣减；无法确定该进项税额的，按照当期实际成本计算应扣减的进项税额。

2）已抵扣进项税额的固定资产、无形资产或者不动产，发生不得抵扣进项税额的情形时，按照下列公式计算不得抵扣的进项税额：

$$\text{不得抵扣的进项税额}=\text{固定资产、无形资产或不动产净值}\times\text{适用税率}$$

3）因销售折让、中止或者退回而退还给购买方的增值税税额，应当从当期销项税额中扣减；因销售折让、中止或者退回而收回的增值税税额，应当从当期进项税额中扣减。如果不按规定扣减，造成进项税额虚增，不纳或者少纳增值税的，属于偷税行为，按照逃避缴纳税款罪予以处罚。

4）已经抵扣进项税额的购进货物中途改变用途的，如用于职工福利或者个人消费，购进货物发生非正常损失，在建品或者产成品发生非正常损失，根据税法规定，应当从购进货物或者劳务的当期进项税额中扣减。

（7）进项税额不足抵扣的处理。纳税人在计算应纳税额时，当期销项税额小于当期进项税额不足抵扣的部分，可以结转下期继续抵扣。

原增值税一般纳税人兼有应税服务的，截止到本地区营改增试点实施之日前的增值税期末留抵税额，不得从应税服务的销项税额中抵扣。

（8）租入固定资产的进项税额的抵扣。自2018年1月1日起，纳税人租入固定资产、不动产，既用于一般计税方法计税项目，又用于简易计税方法计税项目、免征增值税项目、集体福利或者个人消费的，其进项税额准予从销项税额中全额抵扣。

（9）留抵退税政策。留抵税额，是纳税人已缴纳但未抵扣完的进项税额。随着营改增的全面推开，进项抵扣范围不断扩大，纳税人的留抵税额呈现总量越来越大、涉及纳税人越来越多的显著特点。《财政部 税务总局 海关总署关于深化增值税改革有关政策的公告》中对留抵退税做出了详细规定。

1）退税条件。如果纳税人同时满足下列五项条件，则可以申请增量留抵退税：

条件1：自2019年4月税款所属期起，连续六个月（按季纳税的，连续两个季度）增量留抵税额大于零，且第六个月增量留抵税额不低于50万元。

条件2：纳税信用等级为A级或者B级。

条件3：申请退税前36个月内未发生骗取留抵退税、出口退税或虚开增值税专用发票情形的。

条件4：申请退税前36个月未因偷税被税务机关处罚两次及以上的。

条件5：自2019年4月1日起未享受即征即退、先征后返（退）政策的。

根据《财政部 税务总局关于支持新型冠状病毒感染的肺炎疫情防控有关税收政策的公告》（财政部 税务总局公告2020年第8号）、《国家税务总局关于支持新型冠状病毒感染的肺炎疫情防控有关税收征收管理事项的公告》（国家税务总局公告2020年第4号）、《财政部 税务总局关于支持疫情防控保供等税费政策实施期限的公告》（财政部税务总局公告2020年第28号）以及《财政部 税务总局关于延续实施应对疫情部分税费优惠政策的公告》（财政部 税务总局公告2021年第7号）的规定，自2020年1月1日至2021年3月31日，疫情防控重点保障物资生产企业可以按月向主管税务机关申请全额退还增值税增量留抵税额。增量留抵税额，是指与2019年12月底相比新增加的期末留抵税额。企业名单由省级及省级以上发展改革部门、工业和信息化部门确定。疫情防控重点保障物资生产企业适用增值税增量留抵退税政策的，应当在增值税纳税申报期内，完成本期增值税纳税申报后，向主管税务机关申请退还增量留抵税额。

2）退税额计算。退税额的计算公式为：

允许退还的增量留抵税额＝增量留抵税额×进项构成比例×60%

在增量留抵税额的基础上，首先，需要考虑进项税额的构成比例，是以2019年4月1日起至申请退税前一税款所属期内已抵扣的增值税专用发票（含税控机动车销售统一发票）、海关进口增值税专用缴款书和解缴税款完税凭证注明的增值税税额占同期全部已抵扣进项税额的比重来计算。然后，在此基础上叠加60%的退还比例。

3）退税程序。

①申请退税的时间：纳税人满足退税条件后，应在纳税申报期内，向主管税务机关申请退还留抵税额。

②留抵退税和出口退税的衔接：当纳税人既有内销业务又有出口业务时，出口退税和留抵退税制度需要进行有效衔接。具体来说，对于适用免抵退税办法的生产企业，办理退税的顺序是：先办理出口业务的免抵退税，待免抵退税完成后，还有期末留抵税额且符合留抵退税条件的，可以再申请办理留抵退税。如果是适用免退税办法的外贸企业，由于其进项税额要求内销和出口分别核算，出口退税退的是出口货物的进项税额。因此，应将这类纳税人的出口和内销业务分开处理，其出口业务对应的所有进项税额均不得用于留抵退税；内销业务的留抵税额如果符合留抵退税条件，可就其内销业务按规定申请留抵退税。

③退税后续操作：纳税人取得退税款后，应及时调减留抵税额，否则，会造成重复退税。在完成退税后，如果纳税人要再次申请留抵退税，连续6个月计算区间是不能与上一次申请退税的计算区间重复的。

例3-16

某企业2021年3月底存量留抵增值税为50万元，4—9月的留抵税额分别为60万元，55万元，80万元，70万元，90万元和100万元，4—9月全部用增值税专用发票抵扣进项税额。请分析该企业本年10月的留抵退税情况。

【解析】该企业连续6个月都有增量留抵税额，且9月增量留抵税额为50万元。如果该企业也同时满足其他四项退税条件，则在10月纳税申报期时可向主管税务机关申请退还留抵税额30万元（50×100%×60%）。

如果该企业10月收到了30万元退税款，则该企业10月的留抵税额就应从100万元调减为70万元（100－30）。此后，该企业可将10月份作为起始月，再往后连续计算6个月来看增量留抵税额的情况，如果再次满足退税条件，可继续按规定申请留抵退税。

下面分别通过例题介绍一般纳税人计算应纳增值税的具体方法。

例3-17

A运输公司为增值税一般纳税人，2021年6月取得收入100万元（不含税），其中客运收入60万元，货物运输收入40万元；支付B运输公司联合运输费15万元，取得增值税专用发票。请计算A运输公司2021年6月应纳的增值税。

【解析】客运收入和货物运输收入均属于运输业收入，适用9%的增值税税率。A

运输公司6月取得的不含税收入为100万元，则

$$销项税额=100\times9\%=9(万元)$$
$$进项税额=15\times9\%=1.35(万元)$$
$$应纳增值税=9-1.35=7.65(万元)$$

例3-18

某电信集团分公司为增值税一般纳税人。2021年6月，该分公司利用固网、移动网、卫星、互联网、有线电视网络，提供短信服务，取得价税合计收入318万元；提供彩信服务，取得价税合计收入212万元；提供电子数据和信息的传输及应用服务，取得价税合计收入424万元；提供互联网接入服务，取得价税合计收入636万元；提供卫星电视信号落地转接服务，取得价税合计收入742万元。同时，该分公司在提供电信服务时，还附带赠送用户识别卡、电信终端等货物或者电信服务，给客户提供增值电信服务价税合计106万元。已知该分公司当月认证增值税专用发票的进项税额为38万元，且符合进项税额抵扣规定。请问该分公司2021年6月应如何申报缴纳增值税?

【解析】电信业提供增值电信服务，适用6%的增值税税率；如果在提供电信服务时，附带赠送用户识别卡、电信终端等货物或者电信服务的，应将其取得的全部价款和价外费用分别核算，按各自适用的税率计算缴纳增值税。

$$\begin{aligned}应纳增值税&=(318+212+424+636+742+106)\div(1+6\%)\times6\%-38\\&=100(万元)\end{aligned}$$

例3-19

HY建筑安装公司成立于2010年8月，具备住房城乡建设部核准的房屋建筑工程总承包二级资质。建筑业营改增后，HY公司被认定为增值税一般纳税人。

2020年10月1日，HY公司承建甲房地产开发公司的X住宅小区项目并签订了合同。合同约定工程总价款为5亿元。2020年年底经测算，项目完工比约为30%，HY公司从甲公司收到1.7亿元账款（不含增值税），并开具增值税专用发票给甲公司。X住宅小区项目2019年发生项目成本1.4亿元，其中人工费用4 500万元、材料费用8 000万元、机械使用费用800万元、其他直接费用400万元、间接费用300万元。

（1）人工费用4 500万元中，直接列支成本的工人工资为80万元，未能提供增值税专用发票，不能抵扣进项税额；与具有分包资质的企业签订合同，能提供增值税专用发票的劳务费的累计结算工程款为3 600万元；剩余的820万元是与个人签订的劳务分包合同，不能提供增值税专用发票。

（2）材料费用8 000万元中，地材砂石料1 200万元都是与当地个人签订的合同，不能提供增值税专用发票；五金材料、劳保用品、安全防护用品、周转材料等1 800万元从小规模纳税人处购得，只能提供增值税普通发票；购买钢材等材料取得可抵扣的增值税专用发票金额5 000万元。

（3）机械使用费用800万元中，分包出去的费用300万元不能提供增值税专用发票；剩余500万元为全部外租机械，可以提供增值税专用发票。

（4）其他直接费用400万元中，只有施工电费120万元取得了增值税专用发票。

(5) 间接费用 300 万元，包括职工工资、办公费、差旅费、五险一金等，均取得增值税普通发票。

根据以上资料，请计算 HY 公司就 X 住宅小区项目应纳的增值税。

【解析】 (1) 按照建筑业增值税纳税义务发生时间的规定，HY 公司应就收到的 1.7 亿元计算销项税额：

销项税额＝17 000×9%＝1 530(万元)

(2) 人工费用中，可以扣除的进项税额为：

进项税额＝3 600×9%＝324(万元)

其他费用由于不能获得增值税专用发票，也就不能抵扣进项税额。

(3) 材料费用中，可以扣除的进项税额为：

进项税额＝5 000×13%＝650(万元)

从个人和小规模纳税人处购得的材料没有可以抵扣的进项税额。

(4) 机械使用费用中，可以抵扣的进项税额为：

进项税额＝500×13%＝65(万元)

分包出去的费用 300 万元因不能提供增值税专用发票，也不可以抵扣进项税额。

(5) 其他直接费用中，可以抵扣的进项税额为：

进项税额＝120×13%＝15.6(万元)

(6) 间接费用中没有可以抵扣的进项税额。

所以，就 X 住宅小区项目，HY 公司 2020 年应该缴纳的增值税为：

应纳增值税＝1 530－324－650－65－15.6＝475.4(万元)

例 3－20

某银行一级分行 A 为增值税一般纳税人，从事“存金通”“传世之宝”品牌金的自销业务。A 分行所在省规定，实物黄金交易业务的增值税预征率为零。A 分行 2021 年 6 月的增值税业务事项如下：

(1) 取得贷款利息收入 3 500 万元、中间业务收入 1 000 万元。

(2) 取得金融商品买卖收入：全部 6 家辖属分行买卖正差之和为 200 万元。

(3) 购入一批贵金属作为职工抽奖的奖品，增值税专用发票注明价款 15 万元、增值税 1.95 万元。

(4) A 分行及辖内各支行取得“存金通”“传世之宝”品牌金的销售收入（不含增值税）共计 500 万元，不包括客户提金时支付的差价 6 万元（不含增值税）。A 分行从总行清算中心取得相应增值税专用发票 60 张，进项税额共计 56 万元。

(5) 从某电脑生产厂商处取得的作为抵债资产的一批未使用过的笔记本电脑进行拍卖，获得含税价款 30 万元；取得该抵债资产时，生产厂商向 A 分行开具了增值税专用发票，该发票通过认证并于当月进行了抵扣。

(6) 处置部分使用过的固定资产，取得含税收入 7.21 万元（原值为 14 万元）。该固定资产购于2008年4月30日，购入时取得的增值税专用发票未进行抵扣。

（7）购入一批机械设备，增值税专用发票注明价款100万元、增值税13万元；买入一栋大楼，取得增值税专用发票注明价款2 000万元、增值税180万元。

请计算A分行2021年6月应纳的增值税。

【解析】（1）贷款利息收入、中间业务收入征收增值税，则

$$\begin{aligned}\text{当期销项税额}&=3\,500\div(1+6\%)\times6\%+1\,000\div(1+6\%)\times6\%\\&=254.72(\text{万元})\end{aligned}$$

（2）金融商品买卖收入按买卖差价征收增值税，则

$$\text{当期销项税额}=200\div(1+6\%)\times6\%=11.32(\text{万元})$$

（3）将外购的贵金属产品发放给员工用于个人消费，取得的增值税专用发票不得抵扣进项税额。

（4）销售实物贵金属应征收增值税，则

$$\text{当期销项税额}=(500+6)\times13\%=65.78(\text{万元})$$

$$\text{当期进项税额}=56(\text{万元})$$

（5）处置未使用过的抵债电脑应征收增值税，则

$$\text{当期销项税额}=30\div(1+13\%)\times13\%=3.45(\text{万元})$$

（6）处置自己使用过的固定资产：一般纳税人销售自己使用过的、不得抵扣且未抵扣进项税额的固定资产，按简易计税方法依照3%的征收率减按2%征收增值税，则

$$\text{当期销项税额}=7.21\div(1+3\%)\times2\%=0.14(\text{万元})$$

（7）购入机器设备，其进项税额可以全额抵扣。

$$\text{当期进项税额}=100\times13\%=13(\text{万元})$$

购入一栋大楼，其进项税额允许购入时一次性抵扣，则

$$\text{当期进项税额}=180(\text{万元})$$

由此可知，A分行2021年6月应纳增值税为：

$$\begin{aligned}\text{应纳增值税}&=\sum\text{当期销项税额}-\sum\text{当期进项税额}\\&=(254.72+11.32+65.78+3.45+0.14)-(56+13+180)\\&=86.41(\text{万元})\end{aligned}$$

例3-21

某企业2021年3月底留抵税额为10万元，4—9月留抵税额分别为20万元、30万元、30万元、40万元、45万元、65万元，同时符合留抵退税要求的其他四项条件。2021年4—9月已抵扣进项税额95万元，其中增值税专用发票、海关进口增值税专用缴款书和解缴税款完税凭证三种票据对应的进项税额为90万元，农产品收购发票

对应的进项税额为5万元。请计算该企业2021年9月的留抵税额。

【解析】该企业符合留抵退税的相关条件，10月纳税申报期内可以向主管税务机关申请退还增量留抵税额。

增量留抵税额＝65－10＝55(万元)

进项构成比例＝90/95×100%＝94.74%

允许退还的增量留抵税额＝增量留抵税额×进项构成比例×60%

＝55×94.74%×60%＝31.26(万元)

企业可以在10月纳税申报期内向主管税务机关申请退还留抵税额31.26万元。

企业退税后9月留抵税额＝65－31.26＝33.74(万元)

3. 销项税额和进项税额的时间性限定

要准确计算应纳增值税税额，还需要界定当期的进项税额和销项税额中的“当期”。“当期”是按照税法规定准确计算应纳增值税税额的重要条件，它决定了计算应纳增值税税额的期限。只有在计算应纳税额的期限中发生的当期销项税额和当期进项税额，才是法定的计算应纳增值税税额的依据。基于这一原因，税法对销项税额和进项税额做出了时间性限定。

(1) 销项税额的时间界定。增值税纳税人在销售货物、应税服务、应税劳务等之后，要准确确定当期销项税额发生的时间。总的原则是，销项税额的确定时间不得滞后。具体来说，销项税额的确定时间按照税法规定的纳税义务发生时间确定：1）销售货物或者应税劳务的，为收讫销售款或者取得索取销售款凭据的当天；2）进口货物的，为报关进口的当天。

(2) 进项税额抵扣时限的界定。能够进项抵扣的增值税合法凭证理应先经过税务机关认证。增值税专用发票认证是指通过增值税防伪税控系统对增值税专用发票所包含的数据进行识别、确认。纳税人通过增值税防伪税控系统开具发票时，系统会自动将发票上的开票日期、发票号码、发票代码、购买方纳税人识别号、销售方纳税人识别号、金额、税额等要素，经过加密形成防伪电子密文打印在发票上。认证时，税务机关利用扫描仪采集发票上的密文和明文图像，或由纳税人自行采集发票电子信息传送至税务机关，通过认证系统对密文解密还原，再与发票明文进行比对，比对一致则通过认证。发票认证是税务机关进行纳税申报管理、出口退税审核、发票稽核比对、异常发票核查以及税务稽查的重要依据，在推行“以票控税”、加强税收征收管理中发挥着重要作用。

根据《增值税关于取消增值税扣税凭证认证确认期限等增值税征管问题的公告》(国家税务总局公告2019年第45号)，一般纳税人取得的2017年1月1日及以后开具的增值税专用发票、海关进口增值税专用缴款书、机动车销售统一发票、收费公路通行费增值税电子普通发票，不再需要在360日内认证确认，已经超期的，也可以自2020年3月1日后，通过本省（自治区、直辖市和计划单列市）增值税发票综合服务平台进行用途确认。增值税一般纳税人取得的2016年12月31日及以前开具的增值税专用发票、海关进口增值税专用缴款书、机动车销售统一发票，超过认证确认等期限，但符合相关条件的，仍可按照《国家税务总局关于逾期增值税扣税凭证抵扣问题的公告》（国家税务总局公告2011年第50号，国家税务总局公告2017年第36号、2018年第31号修改）、《国家税务总局关于未按期申报抵扣增值税扣税凭证有关问题的公告》（国家税务总局公告2011年第78号，国家税务总局公告2018年第31号修改）规定，继续抵扣其进项税额。

3）自2018年4月1日起，对纳税信用A，B，M，C级增值税一般纳税人取消增值税发票认证。

该纳税信用等级范围内的增值税一般纳税人取得销售方使用增值税发票系统升级版开具的增值税发票（包括增值税专用发票、货物运输业增值税专用发票、机动车销售统一发票，下同），可以不再进行扫描认证，通过增值税发票税控开票软件登录本省增值税发票查询平台，查询、选择用于申报抵扣或者出口退税的增值税发票信息。

增值税发票查询平台的登录地址由各省税务局确定并公布。纳税人取得增值税发票，通过增值税发票查询平台未查询到对应发票信息的，仍可进行扫描认证。

4）扣税凭证丢失后的进项税额的抵扣。

①同时丢失增值税专用发票发票联和抵扣联的处理。一般纳税人丢失已开具的增值税专用发票的发票联和抵扣联，丢失前已认证相符的，购买方凭销售方提供的相应增值税专用发票记账联复印件及销售方所在地主管税务机关出具的《丢失增值税专用发票已报税证明单》，经购买方主管税务机关审核同意后，可作为增值税进项税额的抵扣凭证；丢失前未认证的，购买方凭销售方提供的相应增值税专用发票记账联复印件到主管税务机关进行认证，认证相符的凭增值税专用发票记账联复印件及销售方所在地主管税务机关出具的《丢失增值税专用发票已报税证明单》，经购买方主管税务机关审核同意后，可作为增值税进项税额的抵扣凭证。

②丢失增值税专用发票抵扣联的处理。一般纳税人丢失已开具的增值税专用发票抵扣联，丢失前已认证相符的，可使用增值税专用发票发票联复印件留存备查；丢失前未认证的，可使用增值税专用发票发票联到主管税务机关认证，增值税专用发票发票联复印件留存备查。

③丢失海关缴款书的处理。增值税一般纳税人丢失海关缴款书的，应在规定期限内，凭报关地海关出具的相关已完税证明，向主管税务机关提出抵扣申请。主管税务机关受理申请后，应当进行审核，并将纳税人提供的海关缴款书电子数据纳入稽核系统进行比对。稽核比对无误后，方可允许进行进项税额抵扣。

5）未按期申报抵扣增值税进项税额的处理。增值税一般纳税人增值税扣税凭证因客观原因未按期申报抵扣增值税进项税额的，经税务机关审核，可以申请办理抵扣手续。

增值税一般纳税人取得的增值税扣税凭证已认证或已采集上报信息但未按照规定期限申报抵扣的，实行纳税辅导期管理的增值税一般纳税人以及实行海关进口增值税专用缴款书“先比对后抵扣”管理办法的增值税一般纳税人，取得的增值税扣税凭证稽核比对结果相符但未按规定期限申报抵扣的，如属于发生真实交易且符合《关于未按期申报抵扣增值税扣税凭证有关问题的公告》第二条规定的客观原因，经主管税务机关审核，允许纳税人继续申报抵扣其进项税额。

其中，增值税扣税凭证，包括增值税专用发票（含货物运输业增值税专用发票）、海关进口增值税专用缴款书。客观原因包括：

①因自然灾害、社会突发事件等不可抗力原因造成增值税扣税凭证未按期申报抵扣。

②有关司法、行政机关在办理业务或者检查中，扣押、封存纳税人账簿资料，导致纳税未能按期办理申报抵扣手续。

③税务机关信息系统、网络故障，导致纳税人未能及时取得认证结果通知书或稽核结果通知书，未能及时办理申报抵扣手续。

④由于企业办税人员伤亡、突发危重疾病或者擅自离职，未能办理交接手续，导致未能按期申报抵扣。

⑤国家税务总局规定的其他情形。

3.7.2 简易计税方法下应纳增值税的计算

简易计税方法既适用于小规模纳税人，也适用于一般纳税人按简易计税方法计征的特定应税行为。

根据《增值税暂行条例》和营改增的规定，按简易计税方法计算应纳增值税税额，即按销售额和规定的征收率计算应纳增值税税额，不得抵扣进项税额。其应纳税额的计算公式为：

应纳增值税＝销售额×征收率

式中，销售额与增值税一般纳税人计算应纳增值税的销售额规定内容一致，是销售货物或提供应税劳务向购买方收取的全部价款和价外费用，但不包括按征收率收取的增值税税额。征收率则根据纳税人或者应税行为的不同，分别为3%，2%和5%。相关情况见本章“3.4.3 我国增值税征收率”。

1. 含税销售额的换算

按照税法规定，小规模纳税人销售货物、劳务或者应税服务，自行开具的发票是增值税普通发票，发票上列示的是含税销售额。由于纳税人采用销售额和应纳增值税税额合并定价方法，因此在计税时需要将其换算为不含税销售额。其换算公式为：

不含税销售额＝含税销售额÷(1＋征收率)

纳税人提供的适用简易计税方法计税的应税服务，因服务中止或者折让而退还给接受方的销售额，应当从当期销售额中扣减。扣减当期销售额后仍有余额造成多缴的增值税税款，可以从以后的应纳增值税税额中扣减。

2. 主管税务机关为小规模纳税人代开发票应纳增值税的计算

小规模纳税人销售货物、应税服务，可以申请由主管税务机关代开增值税专用发票。在增值税专用发票“单价”栏和“金额”栏，分别填写不含增值税的单价和销售额。其应纳增值税的计算公式为：

应纳增值税＝不含税销售额×征收率

3. 小规模纳税人购进税控收款机的进项税额抵扣

自2004年12月1日起，增值税小规模纳税人购置税控收款机的，经主管税务机关审核批准后，可凭购进税控收款机取得的增值税专用发票，按照发票上注明的增值税税额，抵免当期应纳增值税；也可以按照购进税控收款机取得的增值税普通发票上注明的价款，依照下列公式计算可抵免的税额。

$$可抵免的增值税税额=\frac{购置税控收款机价款}{1+13\%}\times 13\%$$

$$应纳增值税=当期销售额(不含税)\times 征收率-可抵免的增值税税额$$

4. 小规模纳税人销售自己使用过的固定资产应纳增值税的计算

小规模纳税人（除其他个人外）销售自己使用过的固定资产，减按2%的征收率征收增值税。其计算公式为：

$$不含税销售额=\frac{含税销售额}{1+3\%}$$

$$应纳增值税=销售额\times 2\%$$

5. 适用简易计税方法征收计算应纳增值税的其他情形

简易计税方法在我国增值税管理方面的适用范围较广，并规定了不同情形下的征收率。除了营改增之前小规模纳税人以及适用简易计税方法管理的一般纳税人之外，营改增之后，在公共交通运输服务、建筑服务、销售不动产、不动产的经营租赁服务等诸多领域，都存在按照简易计税方法计算缴纳增值税的情形。

例3-22

某建筑企业是增值税小规模纳税人，主营建筑工程施工业务。2021年该建筑企业承包了一项工程，工程总造价为300万元（含增值税）。该建筑企业将该工程总造价的1/3外包，支付分包款100万元（含增值税）。2021年该建筑企业还购买了一台建筑施工用固定资产，价格为50万元，并取得了增值税专用发票。2021年年末工程完工并完成结算。请计算该建筑企业2021年应纳的增值税。

【解析】该建筑企业为小规模纳税人，应以取得的全部价款和价外费用扣除支付的分包款后的余额为销售额计算缴纳增值税。作为小规模纳税人，即使取得了增值税专用发票，也不能从应纳增值税税额中抵扣。因此，该建筑企业2021年应纳的增值税为：

$$应纳增值税=(300-100)\div(1+3\%)\times 3\%=5.83(万元)$$

例3-23

某汽修厂为增值税小规模纳税人，2021年8月取得修理含税收入60 000元；处置使用过的举升机一台，取得含税收入5 000元。汽修厂8月份应纳增值税（　　）元。

A. 1 747.57　　B. 1 844.66　　C. 1 893.20　　D. 1 980.58

【答案】B

【解析】小规模纳税人销售自己使用过的固定资产减按2%的征收率征收增值税。

应纳增值税=60 000÷(1+3%)×3%+5 000÷(1+3%)×2%
=18 44.66(元)

3.7.3 进口货物应纳增值税的计算

无论是一般纳税人还是小规模纳税人，申报进口货物一般都应缴纳增值税，需按照组成计税价格和规定的税率计算增值税税额。进口货物适用的税率一般是13%和9%。需要注意的是，小规模纳税人进口货物时使用税率而不是征收率计算增值税。

进口货物应纳增值税的计算公式为：

应纳增值税=组成计税价格×税率

式中，组成计税价格有以下两种情况：

（1）进口货物只征收增值税的，其组成计税价格为：

组成计税价格=关税完税价格+关税
=关税完税价格×(1+关税税率)

（2）进口货物同时征收消费税的，其组成计税价格为：

组成计税价格=关税完税价格+关税+消费税
=关税完税价格×(1+关税税率)÷(1-消费税税率)

式中，关税完税价格按照《海关法》和《进出口关税条例》的规定确定。一般贸易项下的进口货物的关税完税价格是以海关审定的成交价为基础的到岸价格确定。成交价是指一般贸易项下进口货物的买方为购买该货物向卖方实际支付或者应当支付的价格。到岸价格，是指货价加上货物运抵我国关境输入地点起卸前的包装费、运费、保险费和其他劳务费等费用构成的一种价格。特殊贸易项下进口的货物，由于进口时没有成交价为依据，可以根据《进出口关税条例》规定的完税价格确定办法确定。

例3-24

某进出口公司（增值税一般纳税人）2021年6月报关进口数码相机60 000台，每台的关税完税价格为3 000元，进口关税税率为60%。已缴纳进口关税和海关代征的增值税，并取得完税凭证。当月以每台不含增值税售价5 600元全部售出（数码相机不需缴纳消费税）。请计算该公司当月进口环节和销售环节应纳的增值税。

【解析】(1) 进口环节应纳增值税税额的计算。

组成计税价格=关税完税价格+关税
=3 000×60 000+3 000×60 000×60%
=288 000 000(元)

应纳增值税=组成计税价格×适用税率
=288 000 000×13%=37 440 000(元)

(2) 国内销售环节应纳增值税税额的计算。

应纳增值税＝当期销项税额－当期进项税额

＝5 600×60 000×13%－37 440 000＝6 240 000(元)

3.7.4 扣缴义务人应扣缴增值税的计算

境外单位或者个人在境内销售服务、无形资产或者不动产，在境内未设有经营机构的，扣缴义务人按照下列公式计算应扣缴增值税税额：

$$应扣缴增值税=\frac{购买方支付的价款}{1+税率}\times 税率$$

例 3-25

境外公司为某纳税人提供咨询服务，合同价款为106万元。该境外公司未在境内设立经营机构，因此应以服务购买方为增值税扣缴义务人。请计算购买方应当扣缴的增值税。

【解析】

应扣缴增值税＝106÷(1＋6%)×6%＝6(万元)

例 3-26

甲进出口公司代理乙工业企业进口设备，同时委托丙货运代理人办理托运手续，海关进口增值税专用缴款书上的缴款单位是甲进出口公司。该进口设备的增值税纳税人是（　　）。

A. 甲进出口公司　　B. 乙工业企业　　C. 丙货运代理人　　D. 国外销售商

【答案】 A

3.8 增值税出口货物、劳务退（免）税的计算

出口货物、劳务退（免）税，是指在国际贸易中，对报关出口的货物或者劳务退还在国内各生产环节和流转环节按照税法规定已经缴纳的增值税，或者免征应缴纳的增值税。

按照WTO规定，免除出口产品的国内税，或退还不超过该产品已缴纳的国内税，将不视为补贴而被限制采用或被征收反倾销税。根据这一规定，许多国家采取了对出口货物在国内生产、流通各个环节实际缴纳的全部税款予以退还的措施，使出口货物以不含税的成本进入国际市场，从而增强产品的国际竞争力。为促进出口贸易发展，提高我国出口商品、劳务在国际市场上的竞争力，我国也实行出口货物、劳务的退税和免税政策。《增值税暂行条例》第二条第三款规定，纳税人出口货物，税率为零。

我国出口货物、劳务的退税政策有三种形式：出口免税并退税、出口免税、出口不免税也不退税。

3.8.1　出口货物、劳务增值税免税并退税

1. 出口货物、劳务免税并退税政策

该政策是指对货物、劳务在出口销售环节不征收增值税，对货物、劳务在出口前实际承担的税收负担，按规定的出口退税率计算后予以退还。

2. 出口货物、劳务免税并退税政策的适用范围

（1）出口企业出口货物（含自营出口和委托出口）。出口企业是指依法办理工商登记、税务登记、对外贸易经营者备案登记，自营或委托出口货物的单位或个体工商户，以及依法办理工商登记、税务登记但未办理对外贸易经营者备案登记，委托出口货物的生产企业。

出口货物，是指向海关报关后实际离境并销售给境外单位或者个人的货物，包括自营出口货物和委托出口货物两类。

（2）出口企业或者其他单位视同出口货物。

1）出口企业对外援助、对外承包、境外投资的出口货物。

2）出口企业经海关报关进入国家批准的出口加工区、保税物流园区、保税港区、综合保税区、珠港澳跨境工业区、中哈霍尔果斯国际边境合作中心（中方配套区域）、保税物流园区等特殊区域并销售给特殊区域内单位或者境外单位、个人的货物。

3）免税品经营企业销售的货物。主要包括三类：一是中国免税品（集团）有限责任公司向海关报关运入海关监管仓库，专供经国家批准设立的统一经营、统一组织进货、统一制定零售价格、统一管理的免税店销售的货物。二是国家批准的除中国免税品（集团）有限责任公司以外的免税品经营企业，向海关报关运入海关监管仓库，专供其所属的首都机场口岸海关隔离区内的免税店销售的货物。三是国家批准的除中国免税品（集团）有限责任公司以外的免税品经营企业所属的上海虹桥、浦东机场海关隔离区内的免税店销售的货物。

4）出口企业或其他单位销售给用于国际金融组织或外国政府贷款国际招标建设项目的机电产品。

5）生产企业向海上石油天然气开采企业销售自产的海洋工程结构物。

6）出口企业或其他单位销售给国际运输企业用于国际运输工具上的货物。该货物包括适用于外轮供应公司、远洋运输供应公司销售给外轮、远洋国轮的货物，国内航空供应公司销售给国内和国外航空公司国际航班的航空食品。

7）出口企业或其他单位销售给特殊区域内生产企业生产耗用且不向海关报关而输入特殊区域的水（包括蒸汽）、电力、燃气。

（3）出口企业对外提供的加工修理修配劳务。对外提供加工、修理修配劳务，是指对进境复出口货物或者从事国际运输的运输工具进行的加工修理修配劳务。

（4）根据《财政部 税务总局关于支持新型冠状病毒感染的肺炎疫情防控有关税收政策的公告》《国家税务总局关于支持新型冠状病毒感染的肺炎疫情防控有关税收征收管理事项的公告》《财政部 税务总局关于支持疫情防控保供等税费政策实施期限的公

告》以及《财政部 税务总局关于延续实施应对疫情部分税费优惠政策的公告》的规定，自 2020 年 1 月 1 日至 2021 年 3 月 31 日，对纳税人运输疫情防控重点保障物资，提供公共交通运输服务、生活服务，以及为居民提供必需生活物资快递收派服务取得的收入，免征增值税。

（5）根据《财政部 税务总局关于电影等行业税费支持政策的公告》（财政部 税务总局公告 2020 年第 25 号）、《财政部 税务总局关于延续实施应对疫情部分税费优惠政策的公告》的规定，自 2020 年 1 月 1 日至 2021 年 12 月 31 日，对纳税人提供电影放映服务取得的收入免征增值税。

3. 出口货物、劳务增值税退（免）税的退税率

（1）退税率的一般规定。出口货物、劳务的增值税退税率，是出口货物、劳务的实际退税额与退税计税依据的比例。退税率是出口退税的中心环节。出口退税率的高低，体现着国家在一定时期的财政、价格和对外贸易政策，也体现着出口货物的实际税负水平和在国际市场上的竞争力。

根据财政部和国家税务总局的一般规定，出口退税率为其适用的税率。但我国出口退税率会根据国家的贸易政策每年进行适当调整。

根据《财政部 税务总局关于调整增值税税率的通知》（财税〔2018〕32 号）的规定，原适用 17%税率且出口退税率为 17%的出口货物，出口退税率调整至 16%；原适用 11%税率且出口退税率为 11%的出口货物、跨境应税行为，出口退税率调整至 10%。根据《财政部 税务总局 海关总署关于深化增值税改革有关政策的公告》的规定，自 2019 年 4 月 1 日起，原适用 16%税率且出口退税率为 16%的出口货物劳务，出口退税率调整为 13%；原适用 10%税率且出口退税率为 10%的出口货物、跨境应税行为，出口退税率调整为 9%。具体如表 3-2 所示。

表 3-2 适用“免退”办法

出口货物、劳务跨境应税行为	出口日期	开票日期	发票信息	退税率
原税率为 16%且退税率为 16%的	≤2019.6.30	≤2019.3.31	16%	16%
		≥2019.4.1	16%	16%
			13%	13%
	≥2019.7.1	≤2019.3.31	16%	13%
		≥2019.4.1	16%	13%
			13%	13%
原税率为 16%且退税率为 13%的	—			13%
原税率为 16%且退税率为 10%的				10%
原税率为 16%且退税率为 6%的				6%

续表

出口货物、劳务跨境应税行为	出口日期	开票日期	发票信息	退税率
原税率为10%且退税率为10%的	≤2019.6.30	≤2019.3.31	10%	10%
		≥2019.4.1	10%	10%
			9%	9%
	≥2019.7.1	≤2019.3.31	10%	9%
		≥2019.4.1	10%	9%
			9%	9%
原税率为10%且退税率为6%的	—			6%

（2）退税率的特殊规定。

1）外贸企业购进按简易计税方法征税的出口货物、从小规模纳税人购进的出口货物，其退税率分别为简易计税方法实际执行的征收率、小规模纳税人征收率。上述出口货物取得增值税专用发票的，退税率按照增值税专用发票上的税率和出口货物退税率孰低的原则确定。

2）出口企业委托加工修理修配劳务，其加工修理修配费用的退税率，为出口货物的退税率。

3）中标机电产品、出口企业向海关报关进入特殊区域销售给特殊区域内生产企业生产耗用的列名原材料、输入特殊区域的水电气，其退税率为适用税率。如果国家调整列名原材料的退税率，应当自调整之日起按调整后的退税率执行。

4）海洋工程结构物退税率的适用范围根据《财政部 国家税务总局关于出口货物劳务增值税和消费税政策的通知》（财政部 国家税务总局〔2012〕39号）附件3确定。

适用不同退税率的货物，应分开报关、核算并申报退（免）税；未分开报关、核算或划分不清的，从低适用退税率。

4. 出口货物、劳务增值税退（免）税的计算

（1）出口货物、劳务免抵退税的计算。“免”，即免税，指对生产企业出口的自产货物和视同自产货物，免征本企业生产、销售环节增值税；“抵”，即抵税，指生产企业出口自产货物和视同自产货物所耗用的原材料、零部件、燃料、动力等所含应予退还的进项税额，抵顶内销货物的应纳税额；“退”，即退税，指生产企业的自产货物和视同自产货物在当月内应抵顶的进项税额大于应纳税额时，对未抵顶完的税额部分予以退税。

生产企业自营或者委托外贸企业代理出口自产货物，除另有规定外，增值税一律实行“免、抵、退”办法。其计算方法和步骤如下：

1）当期应纳税额的计算。

$$\text{当期应纳税额}=\text{当期内销货物的销项税额}-\left(\text{当期进项税额}-\text{当期免抵退税不得免征和抵扣税额}\right)-\text{上期留抵税额}$$

$$\text{当期免抵退税不得免征和抵扣税额}=\text{当期出口货物离岸价}\times\text{外汇人民币折合率}\times\left(\text{当期出口货物征税率}-\text{出口货物退税率}\right)$$

$$-\text{当期免抵退税不得免征和抵扣税额抵减额}$$

$$\text{当期免抵退税不得免征和抵扣税额抵减额}=\text{当期免税购进原材料价格}\times(\text{出口货物征税率}-\text{出口货物退税率})$$

免税购进原材料包括从国内购进免税原材料和进料加工免税进口料件，其中进料加工免税进口料件的价格为组成计税价格。其计算公式为：

$$\text{进料加工免税进口料件的组成计税价格}=\text{货物到岸价}+\text{海关实征关税}+\text{海关实征消费税}$$

如果当期没有免税购进原材料，前述公式中的“当期免抵退税不得免征和抵扣税额抵减额”不用计算。

如果当期应纳税额计算结果为正数，说明从内销货物销项税额中抵扣后仍有余额，该余额为企业当期应纳增值税税额，无退税额。如果当期应纳税额计算结果为负数，则当期期末留抵税额等于当期应纳税额绝对数，则有应退税额。

2）当期免抵退税额的计算。

$$\text{当期免抵退税额}=\text{出口货物离岸价}\times\text{外汇人民币折合率}\times\text{出口货物退税率}-\text{免抵退税额抵减额}$$

$$\text{免抵退税额抵减额}=\text{免税购进原材料价格}\times\text{出口货物退税率}$$

式中，出口货物离岸价以出口发票计算的离岸价为准。出口发票不能如实反映实际离岸价的，企业必须按照实际离岸价向主管税务机关进行申报。主管税务机关有权依照《税收征收管理法》《增值税暂行条例》等有关规定对出口货物离岸价予以核定。

如果当期没有免税购进原材料，则免抵退税额抵减额不用计算。

3）当期应退税额和免抵税额的计算。

①如当期应纳税额≥0，则

当期应退税额＝0

②如当期应纳税额＜0，且当期期末留抵税额＜当期免抵退税额，则

当期应退税额＝当期期末留抵税额

当期免抵税额＝当期免抵退税额－当期应退税额

③如当期应纳税额＜0，且当期期末留抵税额≥当期免抵退税额，则

当期应退税额＝当期免抵退税额

当期免抵税额＝0

（2）出口货物免退税的计算。“免退”，也称“先免后退”，指出口货物在出口环节免征增值税（销项税额），货物出口后，由收购货物出口的企业向其主管出口退税的税务机关申请办理出口货物退税。

免退税办法主要适用于有进出口经营权的外贸企业直接出口或委托其他外贸企业代理出口的货物，以及其他特准退税的企业出口的货物。

出口货物免退税主要有三种情形：

1）对有进出口经营权的外贸企业收购货物直接出口或委托其他外贸企业代理出口货物，应按照购进货物所取得的增值税专用发票上注明的计税金额和该货物适用的退税率计算退税。其计算公式为：

应退税额＝出口货物不含增值税的购进金额×出口退税率

＝出口货物的进项税额－出口货物不予退税的税额

出口货物不予退税的税额＝出口货物不含增值税的购进金额×（增值税法定税率－退税率）

2）外贸企业委托生产企业加工收回后出口的货物，按照购进国内原辅材料的增值税专用发票的进项税额和相应的退税率计算原辅材料的退税额。支付的加工费的退税率，根据受托方开具的加工费的增值税专用发票的退税率确定。其计算公式为：

应退税额＝购进国内原辅材料的进项税额×相应退税率＋加工费×相应退税率

例3－27

2021年6月，甲外贸公司（具有进出口经营权）从某日用化妆品公司购进出口用护发用品1 000箱，取得的增值税专用发票注明价款200万元、税额26万元，货款已用银行存款支付。当月该批产品已全部出口，售价为每箱180美元（当日汇率为1美元＝6.8元人民币），申请退税的单证齐全。该护发用品增值税退税率为9%。请计算甲公司应退的增值税税额和增值税进项税额转出额。

【解析】

应退增值税＝2 000 000×9%＝180 000（元）

增值税进项税额转出额＝260 000－180 000＝80 000（元）

3）外贸企业从小规模纳税人购进并持增值税普通发票的货物出口，不得退税。但对于出口抽纱、工艺品、香料、山货、松香、五倍子等12类货物，考虑其占我国出口比重较大及其生产、采购的特殊因素，凭税务机关代开的增值税专用发票予以退税。其计算公式为：

应退税额＝税务机关代开的增值税专用发票注明金额×退税率

例3－28

某自营出口的生产企业为增值税一般纳税人，出口货物的征税率为13%，退税率为9%，2021年6月购进原材料一批，取得的增值税专用发票注明金额500万元、税额85万元。6月内销货物取得不含税销售额150万元，出口货物取得的销售额折合人民币200万元，5月增值税抵税额为10万元，该企业当期“免、抵、退”税不得免征和抵扣的税额为（　　）万元。

A. 8　　B. 20　　C. 26　　D. 6

【答案】A

【解析】

$$\text{不得免征和抵扣税额}=\frac{\text{出口货物}}{\text{离岸价}}\times\frac{\text{外汇人民币}}{\text{折合率}}\times\left(\frac{\text{出口货物}}{\text{征税率}}-\frac{\text{出口货物}}{\text{退税率}}\right)$$
$$=200\times(13\%-9\%)=8(\text{万元})$$

例 3-29

某生产企业为增值税一般纳税人，2021 年 6 月外购原材料取得防伪税控机开具的增值税专用发票，注明进项税额 137.7 万元并通过主管税务机关认证。当月内销货物取得不含税销售额 150 万元，外销货物取得收入 115 万美元（美元与人民币的比价为 1∶8），该企业适用的增值税税率为 13%，出口退税率为 9%。该企业 6 月应退增值税为（　　）万元。

A. 81.4　　B. 100.9　　C. 119.6　　D. 137.7

【答案】A

【解析】

$$\text{当期应纳增值税}=150\times13\%-[137.7-115\times8\times(13\%-9\%)]=-81.4(\text{万元})$$

$$\text{当期免抵退税}=115\times8\times9\%=82.8(\text{万元})$$

由于 82.8 万元>81.4 万元，因此 6 月应退增值税为 81.4 万元。

例 3-30

某服装厂为增值税一般纳税人，适用的增值税税率为 17%，退税率为 16%。11 月外购棉布一批，取得的增值税专用发票注明价款 200 万元、增值税 34 万元，货已入库。当月进口料件一批，海关核定的保税进口料件价格为 25 万美元，已按购进法向税务机关办理了《生产企业进料加工贸易免税证明》。当月出口服装的离岸价格为 75 万美元，内销服装不含税销售额为 80 万元。该服装厂上期期末留抵税额为 5 万元。假设美元对人民币汇率为 1∶6.4，服装厂进料加工复出口符合相关规定。该服装厂当期应退增值税为（　　）万元。

A. 0　　B. 22.2　　C. 29　　D. 72.8

【答案】B

【解析】

$$\text{当期免抵退税不得免征和抵扣税额}=(75-25)\times6.4\times(17\%-16\%)=3.2(\text{万元})$$

$$\text{当期应纳税额}=80\times17\%-(34-3.2)-5=-22.2(\text{万元})$$

$$\text{免抵退税额}=(75-25)\times6.4\times16\%=51.2(\text{万元})$$

因此，当期应退增值税为 22.2 万元。

例 3-31

某交通运输企业为增值税一般纳税人，具备提供国际运输服务的条件和资质。2021 年 1 月该企业承接境内运输业务，收取运费价税合计 436 万元；当月购进柴油并取得增值税专用发票，注明价款400万元、税款52万元；当月购进两辆货车用于货物运输，取得增值税专用发票，注明价款60万元、税款7.8万元；当月对外承接将货物由境内载运出境的业务，收取价款70万美元（美元对人民币汇率为1：7）。该运输企业当月应退增值税为（ ）万元。

A. 0　　B. 10.5　　C. 23.8　　D. 44.1

【答案】C

【解析】

零税率应税服务免抵退税额＝70×7×9%＝44.1(万元)

当月增值税应纳税额＝436÷(1＋9%)×9%－52－7.8＝－23.8(万元)

由于期末留抵税额23.8万元＜44.1万元，所以当期应退增值税为23.8万元。

3.8.2 出口货物增值税免税不退税

1. 出口货物免税不退税政策

该政策是指出口环节免征增值税。适用该政策的货物因为在前一道生产、销售环节或者进口环节是免税的，其价格本身不含增值税，因此也无须退还增值税。

2. 出口货物免税不退税政策的适用范围

（1）属于生产企业的小规模纳税人自营出口或委托外贸企业代理出口的自产货物。

（2）外贸企业从小规模纳税人购进并持增值税普通发票的货物出口。

（3）外贸企业直接购进国家规定的免税货物（包括免税农产品）出口。

（4）按照《财政部 税务总局 商务部 海关总署关于跨境电子商务综合试验区零售出口货物税收政策的通知》（财税〔2018〕103号）的规定，自2018年10月1日起，跨境电子商务综合试验区零售出口货物实行出口免征增值税政策。

（5）其他免税货物或者项目。

3.8.3 出口货物增值税不免税也不退税

1. 出口货物不免税也不退税政策

出口不免税是指对国家限制或禁止出口的某些货物，出口环节视同内销环节，照常征收增值税。出口不退税是指不退还货物出口前所负担的增值税。

2. 出口货物不免税也不退税政策的适用范围

（1）国家计划外出口的原油。

（2）援外出口货物。

（3）天然牛黄、麝香、铜及铜基合金（出口电解铜按13%的退税率退还增值税）、白银等。

3.8.4 驻华使（领）馆在华购买货物、服务的退税

自2017年10月1日起，外国驻华使领馆及其成员在中国购买货物、服务实行增值税的退税政策如下：

（1）使（领）馆馆员个人购买货物、服务，除车辆和房租外，每人每年申报退税销售金额（含税价格）超过18万元人民币的部分，不适用增值税退税政策。

（2）使（领）馆及其馆员购买电力、燃气、汽油、柴油，增值税退税额为发票上注明的税额；发票上未注明税额的，增值税应退税额按不含税销售额和相关产品增值税适用税率计算，其计算公式为：

$$增值税应退税额=\frac{发票金额(含增值税)}{1+增值税适用税率}\times增值税适用税率$$

（3）购买货物单张发票销售金额（含税价格）不足800元人民币（自来水、电、燃气、暖气、汽油、柴油除外），购买服务单张发票销售金额（含税价格）不足300元人民币的，不适用增值税退税政策。

3.9 增值税出口服务或者无形资产退（免）税的计算

3.9.1 出口服务或者无形资产增值税退（免）税政策

出口服务或者无形资产退（免）税分为出口免税、出口免税并退税两种情况。出口免税是指出口适用增值税免税政策；出口免税并退税是指适用增值税零税率政策。

1. 适用增值税免税的范围

单位和个人提供的下列应税服务或者无形资产免征增值税：

（1）境外消费的无形服务。1）工程项目在境外的建筑服务；2）工程项目在境外的工程监理服务；3）工程、矿产资源在境外的工程勘察勘探服务；4）会议展览地点在境外的会议展览服务；5）储存地点在境外的仓储服务；6）标的物在境外使用的有形动产租赁服务；7）在境外提供的广播影视节目（作品）的播映服务；8）在境外提供的文化体育服务、教育医疗服务、旅游服务。

（2）为出口货物提供的邮政服务、收派服务、保险服务。

（3）向境外单位提供的完全在境外消费的下列服务和无形资产。1）电信服务；2）知识产权服务；3）物流辅助服务（仓储服务、收派服务除外）；4）鉴证咨询服务；5）专业技术服务；6）商务辅助服务；7）广告投放地在境外的广告服务；8）无形资产。

（4）以无运输工具承运方式提供的国际运输服务。

（5）为境外单位之间的货币资金融通及其他金融业务提供的直接收费金融服务，且该服务与境内的货物、无形资产和不动产无关。

（6）财政部和国家税务总局规定的其他服务。

按照国家有关规定应取得相关资质的国际运输服务项目，纳税人取得相关资质的，适用增值税零税率政策；未取得的，适用增值税免税政策。

2. 适用增值税零税率的范围

自2016年5月1日起，我国境内单位和个人销售的下列服务或者无形资产，适用增值税零税率：

（1）国际运输服务。1）在境内载运旅客或者货物出境；2）在境外载运旅客或者货物入境；3）在境外载运旅客或者货物。

（2）航天运输服务。

（3）向境外单位提供的完全在境外消费的下列服务：1）研发服务；2）合同能源管理服务；3）设计服务；4）广播影视节目（作品）的制作和发行服务；5）软件服务；6）电路设计及测试服务信息系统服务；7）业务流程管理服务；8）离岸服务外包业务，包括信息技术外包服务（ITO）、技术性业务流程外包服务（BPO）、技术性知识流程外包服务（KPO），其所涉及的具体业务活动，按照《销售服务、无形资产、不动产注释》相对应的业务活动执行；9）转让技术。

完全在境外消费，是指服务的实际接受方在境外，且与境内的货物和不动产无关。

（4）财政部和国家税务总局规定的其他服务。

3. 出口服务或者无形资产的增值税退（免）税的退税率

出口服务或者无形资产的退税率是境内提供服务或者无形资产的增值税税率，即6%，9%，13%三档。有形动产租赁服务的退税率是13%；交通运输业、邮政业服务的退税率是9%；现代服务业（有形动产租赁服务除外）的退税率是6%。

3.9.2 出口服务或者无形资产增值税免抵退税的计算方法

免抵退税办法，是指零税率应税服务、无形资产提供者提供零税率应税服务和无形资产，免征增值税，相应的进项税额抵减应纳增值税税额（不包括适用增值税即征即退、先征后退政策的应纳增值税税额），未抵减完的部分予以退还。具体计算步骤如下：

1. 计算零税率应税服务（含无形资产）当期免抵退税额

$$\text{当期零税率应税服务免抵退税额}=\text{当期零税率应税服务免抵退税计税价格}\times\text{外汇人民币折合价}\times\text{零税率应税服务退税率}$$

式中，零税率应税服务免抵退税计税价格，是指提供零税率应税服务取得的全部价款扣除支付给非营改增试点纳税人价款后的余额。

2. 计算当期应退税额和当期免抵税额

（1）当期期末留抵税额≤当期免抵退税额时：

当期应退税额＝当期期末留抵税额

当期免抵税额＝当期免抵退税额－当期应退税额

（2）当期期末留抵税额＞当期免抵退税额时：

当期应退税额＝当期免抵退税额

当期免抵税额＝0

当期期末留抵税额为当期《增值税及附加税费申报表（一般纳税人适用）》中的“期末留抵税额”。

零税率应税服务提供者如同时有货物出口的，可结合现行出口货物免抵退税公式一并计算免抵退税额。

例3-32

国内某大型航空公司主要经营国内和经批准的境外航空客、货、邮、行李运输业务及延伸服务，注册地点在上海市浦东区，被上海市税务局认定为增值税一般纳税人。2021年7月经营情况如下：国内运输收入24 000万元，国际运输业务收入15 000万元，航空地面服务收入9 000万元，油料支出飞机维修等可抵扣的进项税额为4 000万元。请计算其7月应纳增值税。

【解析】

当期应纳增值税＝24 000×9%＋9 000×6%－4 000＝－1 300(万元)

即期末留抵额为1 300万元。

免抵退税额＝15 000×9%＝1 350(万元)

当期应退税额＝1 300(万元)

当期免抵税额＝1 350－1 300＝50(万元)

3.9.3 出口服务或者无形资产增值税免退税的计算方法

外贸企业外购服务或者无形资产出口免退税。

境内的单位和个人提供适用增值税零税率的服务或者无形资产，如果属于适用增值税一般计税方法的，外贸企业外购服务或者无形资产出口实行免退税办法。外贸企业外购服务或者无形资产出口时，免征增值税，其对应的外购服务或者无形资产的进项税额予以退还。外贸企业外购服务或者无形资产出口退税的计算公式为：

$$\text{外贸企业外购服务或者无形资产出口应退税额}=\text{外贸企业外购服务或者无形资产出口免退税依据}\times\text{零税率服务或者无形资产增值税退税率}$$

3.10 境外旅客购物离境退税的计算

3.10.1 离境退税的政策

离境退税政策，是指境外旅客在离境口岸离境时，对其在退税商店购买的退税物品退还增值税的政策。境外旅客，是指在中华人民共和国境内连续居住不超过183天的外国人和港澳台同胞；离境口岸，是指实施离境退税政策的地区正式对外开放并设有退税代理机构的口岸，包括航空口岸、水运口岸和陆地口岸；退税物品，是指由境外旅客本人在退税商店购买且符合退税条件的个人物品，但不包括下列物品：

(1)《中华人民共和国禁止、限制进出境物品表》所列的禁止、限制出境物品。

(2) 退税商店销售的适用增值税免税政策的物品。

(3) 财政部、海关总署、国家税务总局规定的其他物品。

3.10.2 境外旅客申请退税的条件

境外旅客申请退税，应当同时符合以下条件：

（1）同一境外旅客同一日在同一退税商店购买的退税物品金额达到500元人民币。

（2）退税物品尚未启用或消费。

（3）离境日距退税物品购买日不超过90天。

（4）所购退税物品由境外旅客本人随身携带或随行托运出境。

3.10.3 离境退税的退税率

适用13%增值税税率的境外旅客购物离境退税物品，退税率为11%；适用9%增值税税率的境外旅客购物离境退税物品，退税率为8%。应退增值税的计算公式如下：

应退增值税＝退税物品销售发票金额(含增值税)×退税率

3.10.4 离境退税的具体流程

（1）退税物品购买。境外旅客在退税商店购买退税物品后，需要申请退税的，应当向退税商店索取境外旅客购物离境退税申请单和销售发票。

（2）海关验核确认。境外旅客在离境口岸离境时，应当主动持退税物品、境外旅客购物离境退税申请单、退税物品销售发票向海关申报并接受海关监管。海关验核无误后，在境外旅客购物离境退税申请单上签章。

（3）代理机构退税。无论是本地购物本地离境还是本地购物异地离境，离境退税均由设在办理境外旅客离境手续的离境口岸隔离区内的退税代理机构统一办理。境外旅客凭护照等本人有效身份证件、海关验核签章的境外旅客购物离境退税申请单、退税物品销售发票向退税代理机构申请办理增值税退税。

退税代理机构对相关信息审核无误后，为境外旅客办理增值税退税，并先行垫付退税资金。退税代理机构可在增值税退税款中扣减必要的退税手续费。

（4）税务部门结算。退税代理机构应定期向省级（省、自治区、直辖市、计划单列市）税务部门申请办理增值税退税结算。省级税务部门对退税代理机构提交的材料审核无误后，按规定向退税代理机构退付其垫付的增值税退税款，并将退付情况通报省级财政部门。

3.10.5 离境退税的方式

退税币种为人民币，退税方式包括现金退税和银行转账退税两种方式。退税额未超过10 000元的，可自行选择退税方式；退税额超过10 000元的，以银行转账方式退税。

3.10.6 离境退税代理机构

省级税务部门会同财政、海关等相关部门按照公平、公开、公正的原则选择退税代理机构，充分发挥市场作用，引入竞争机制，提高退税代理机构提供服务的水平。退税代理机构的具体条件，由国家税务总局商财政部和海关总署制定。未选择退税代理机构的，由税务部门直接办理增值税退税。

符合条件的商店报经省级税务部门备案即可成为退税商店。退税商店的具体条件由国家税务总局商财政部制定。离境旅客购物所退增值税税款，由中央与实际办理退税地按现行出口退税负担机制共同负担。

3.11 粤港澳大湾区的相关增值税政策

3.11.1 相关政策概述

自2020年10月1日至2023年12月31日，对注册在广州市的保险企业向注册在南沙自贸片区的企业提供国际航运保险业务取得的收入，免征增值税。

自2020年10月1日起，对符合条件的出口企业从启运地口岸（以下称启运港）启运报关出口，由符合条件的运输企业承运，从水路转关直航，自广州南沙保税港区、深圳前海保税港区（以下称离境港）离境的集装箱货物，实行启运港退税政策。

表3-3 适用启运港退税政策的启运港

所在城市	港口名称
广州市	滘心港、旧港、乌冲港、嘉利港、集司港、东江口港、新沙港
深圳市	盐田港、大铲湾港
佛山市	九江中外运港、勒流港、北滘港、佛山新港、三水港、南海国际货柜港、高明珠江货运港、容奇港、顺德新港
肇庆市	高要港、肇庆新港、四会港、肇庆三榕港、云浮新港、肇庆港
惠州市	惠州港
东莞市	虎门港
中山市	中山港、中山外运港、小榄港、中山神湾港
珠海市	珠海洪湾港、西域港、高栏港、珠海斗门港
江门港	江门高沙港、江门外海港、天马港

3.11.2 适用政策的运输企业及运输工具

运输企业为在海关的信用等级为一般信用企业或认证企业，并且纳税信用级别为B级及以上的航运企业。运输工具为配备导航定位、全程视频监控设备并且符合海关对承运海关监管货物运输工具要求的船舶。国家税务总局定期向海关总署传送纳税信用等级为B级及以上的企业名单。企业纳税信用等级发生变化的，定期传送变化企业名单。海关总署根据上述纳税信用等级等信息确认符合条件的运输企业和运输工具。

3.11.3 适用政策的出口企业

出口企业的出口退（免）税分类管理类别为一类或二类，并且在海关的信用等级为一般信用企业或认证企业。

海关总署定期向国家税务总局传送一般信用企业或认证企业名单。企业信用等级发生变化的，定期传送变化企业名单。国家税务总局根据上述名单等信息确认符合条件的出口企业。

3.11.4 相关办理流程

（1）启运地海关依出口企业申请，对从启运港启运的符合条件的货物办理放行手续后，生成启运港出口货物报关单电子信息。

（2）海关总署按日将启运港出口货物报关单电子信息（加启运港退税标识）通过电子口岸传输给国家税务总局。

（3）出口企业凭启运港出口货物报关单电子信息及相关材料到主管退税的税务机关申请办理退税。出口企业首次申请办理退税前，应向主管出口退税的税务机关进行启运港退税备案。

（4）主管出口退税的税务机关，根据企业出口退（免）税分类管理类别信息、国家税务总局清分的企业海关信用等级信息和启运港出口货物报关单信息，为出口企业办理退税。出口企业在申请退税时，上述信息显示其不符合启运港退税条件的，主管税务机关根据国家税务总局清分的结关核销的报关单数据（加启运港退税标识）办理退税。

（5）启运港启运的出口货物自离境港实际离境后，海关总署按日将正常结关核销的报关单数据（加启运港退税标识）传送给国家税务总局，国家税务总局按日将已退税的报关单数据（加启运港退税标识）反馈给海关总署。

（6）货物如未运抵离境港不再出口，启运地海关应撤销出口货物报关单，并由海关总署向国家税务总局提供相关电子数据。上述不再出口货物如已办理出口退税手续，出口企业应补缴税款，并向启运地海关提供税务机关出具的货物已补税证明。

对已办理出口退税手续但自启运日起超过 2 个月仍未办理结关核销手续的货物，除因不可抗力或属于上述情形且出口企业已补缴税款外，视为未实际出口，税务机关应追缴已退税款，不再适用启运港退税政策。

（7）主管出口退税的税务机关，根据国家税务总局清分的正常结关核销的报关单数据，核销或调整已退税额。

3.12 增值税的纳税申报

3.12.1 增值税的纳税义务发生时间

增值税的纳税义务发生时间，是指增值税纳税人、扣缴义务人发生应税、扣缴税款行为应承担纳税义务、扣缴义务的时间。

1. 纳税义务发生时间的基本规定

纳税义务发生时间一经确定，纳税人必须按此时间计算应纳税款。

我国增值税纳税义务发生时间依据权责发生制或者现金收付制原则确定，目的是与财务制度相衔接，确保及时获取税收收入。《增值税暂行条例》明确规定了增值税纳税义务发生时间分两个方面：销售货物或者应税劳务，为收讫销售款或者取得索取销售款凭据的当天；先开具发票的，为开具发票的当天。进口货物，为报关进口的当天。

2. 销售货物或者提供应税劳务纳税义务发生时间的具体规定

（1）采取直接收款方式销售货物，不论货物是否发出，均为收到销售款或者取得索取销售款凭据的当天。

（2）采取托收承付和委托银行收款方式销售货物，为发出货物并办妥托收手续的当天。

（3）采取赊销和分期收款方式销售货物，为书面合同约定的收款日期的当天，无书面合同或者书面合同没有约定收款日期的，为货物发出的当天。

（4）采取预收货款方式销售货物，为货物发出的当天，但生产销售工期超过12个月的大型机械设备、船舶、飞机等货物，为收到预收款或者书面合同约定的收款日期的当天。

（5）委托其他纳税人代销货物，为收到代销单位的代销清单或者收到全部或部分货款的当天。未收到代销清单及货款的，为发出代销货物满180天的当天。

（6）销售应税劳务，为提供劳务同时收讫销售款或者取得索取销售款项凭据的当天。

（7）纳税人发生视同销售货物行为，为货物移送的当天。

3. 营改增行业增值税纳税义务、扣缴义务发生时间

（1）纳税人发生应税行为并收讫销售款项或者取得索取销售款项凭据的当天；先开具发票的，为开具发票的当天。

收讫销售款项，是指纳税人销售服务、无形资产、不动产过程中或者完成后收到款项。取得索取销售凭证的当天，是指书面合同确定的付款日期；未签订书面合同或者书面合同未确定付款日期的，为服务、无形资产转让完成的当天或者不动产权属变更的当天。

（2）纳税人提供建筑服务、租赁服务采取预收款方式的，其纳税义务发生时间为收到预收款的当天。

（3）纳税人从事金融商品转让的，为金融商品所有权转移的当天。

（4）纳税人发生视同销售服务、无形资产或者不动产情形的，其纳税义务发生时间为服务、无形资产转让完成的当天或者不动产权属变更的当天。

（5）增值税扣缴义务发生时间为纳税人增值税纳税义务发生的当天。

例3-33

税法规定的增值税纳税义务发生时间有（　　）。

A. 以预收款方式销售货物的，为收到货款的当天

B. 委托他人代销货物的，为货物发出的当天

C. 采用赊销方式销售货物，有合同约定的，为合同约定的收款日期的当天

D. 纳税人发生视同销售货物行为的，为货物移送的当天

【答案】CD

例3-34

某配件厂为增值税一般纳税人，2021年3月采用分期收款方式销售配件，合同约定不含税销售额为150万元，当月应收取60%的货款。由于购货方资金周转困难，本月实际收到货款50万元，配件厂按照实际收款额开具了增值税专用发票。当月厂房装修，购进中央空调，取得的增值税专用发票注明价款10万元。当月该配件厂应纳增值税为（　　）万元。

A. 11.7　　B. 2.6　　C. 10.4　　D. 18.2

【答案】C

【解析】采用分期收款方式销售货物，增值税纳税义务发生时间为书面合同约定的收款日期的当天。因此，

$$应纳增值税=150\times 60\%\times 13\%-10\times 13\%=10.4(万元)$$

3.12.2 增值税的纳税期限

纳税期限是指纳税人发生纳税义务后向国家缴纳税款的时间限度。规定纳税期限既有利于国家税收收入的均衡稳定，也有利于纳税人的资金调度和经费核算。

我国增值税的纳税期限由税务主管机关依据不同的应税业务和应纳税额的数额大小等因素具体确定。增值税的纳税期限分别为1日、3日、5日、10日、15日、1个月或者1个季度。纳税人的具体纳税期限，由主管税务机关根据纳税人应纳税额的大小分别核定。以1个季度为纳税期限的规定适用于小规模纳税人、银行、财务公司、信托投资公司、信用社，以及财政部和国家税务总局规定的其他纳税人。不能按照固定期限纳税的，可以按次纳税。

纳税人以1个月或者1个季度为一个纳税期的，自期满之日起15日内申报纳税；以1日、3日、5日、10日或者15日为一个纳税期的，自期满之日起5日内预缴税款，于次月1日起15日内申报纳税并结清上月应纳税款。纳税人进口货物，应自海关填发税款缴纳书之日起15日内缴纳税款。

扣缴义务人解缴税款的期限，依照上述规定执行。

例3-35

下列增值税纳税人中，以1个月为纳税期限的是（　　）。

A. 商业银行　　B. 财务公司

C. 信托投资公司　　D. 保险公司

【答案】D

【解析】选项ABC以1个季度为纳税期限。

3.12.3 增值税的纳税地点

增值税的纳税地点是指纳税人申报缴纳增值税的具体地点。纳税地点确定不仅关系到征纳双方是否便利，也关系到地区之间的税收利益分配。增值税的纳税地点一般遵循属地原则，即在纳税人经营机构所在地申报纳税。

1. 固定业户的纳税地点

（1）固定业户应当向其机构所在地或者住所所在地主管税务机关申报纳税。总机构和分支机构不在同一县（市）的，应当分别向各自所在地主管税务机关申报纳税；但经国务院财政、税务主管部门或者其授权的财政、税务机关批准，可以由总机构汇总向总机构所在地主管税务机关申报纳税。

（2）固定业户到外县（市）销售货物或者提供应税劳务的，应当向其机构所在地主管税务机关申请开具《外出经营活动税收管理证明》，向其机构所在地主管税务机关申报纳税。未开具证明的，应当向销售地或者劳务发生地主管税务机关申报纳税；未向销售地或者劳务发生地主管税务机关申报纳税的，由其机构所在地主管税务机关补征税款。

（3）固定业户（增值税一般纳税人）临时到外省、市销售货物的，必须向经营地税务机关出示《外出经营活动税收管理证明》回原地纳税，需要向购买方开具专用发票的，也回原地补开。

2. 非固定业户的纳税地点

非固定业户销售货物或者提供应税劳务和应税行为，应当向销售地或者劳务和应税行为发生地主管税务机关申报纳税。未向销售地或者劳务和应税行为发生地主管税务机关申报纳税的，由其机构所在地或居住地主管税务机关补征税款。

3. 纳税地点的其他规定

（1）其他个人提供建筑服务，销售或者租赁不动产，转让自然资源使用权，应向建筑服务发生地、不动产所在地、自然资源所在地主管税务机关申报纳税。

（2）纳税人跨县（市）提供建筑服务，在建筑服务发生地预缴税款后，向机构所在地主管税务机关进行纳税申报。

（3）纳税人销售不动产，在不动产所在地预缴税款后，向机构所在地主管税务机关进行纳税申报。

（4）纳税人租赁不动产，在不动产所在地预缴税款后，向机构所在地主管税务机关进行纳税申报。一般纳税人跨省（自治区、直辖市或者计划单列市）提供建筑服务或者销售、出租取得的与机构所在地不在同一省（自治区、直辖市或者计划单列市）的不动产，在机构所在地申报纳税时，计算的应纳税额小于已预缴税额，且差额较大的，由国家税务总局通知建筑服务发生地或者不动产所在地省级税务机关，在一定时期内暂停预缴增值税。

（5）进口货物增值税纳税地点。进口货物应当由进口人或其代理人向报关地海关申报纳税。

（6）扣缴义务人的纳税地点。扣缴义务人应当向其机构所在地或者居住地的主管税务机关申报缴纳其扣缴的税款。

3.12.4　一般纳税人的纳税申报

为深入贯彻党的十九届五中全会和中央经济工作会议精神，落实党中央、国务院关于深化“放管服”改革、优化营商环境的部署，贯彻落实中办、国办印发的《关于进一步深化税收征管改革的意见》，按照《国家税务总局关于开展 2021 年“我为纳税人缴费人办实事暨便民办税春风行动”的意见》（税总发〔2021〕14 号）要求，国家税务总局发布《关于简并税费申报有关事项的公告》，决定全面推行财产和行为税合并申报。自 2021 年 8 月 1 日起，增值税、消费税分别与城市维护建设税、教育费附加、地方教育附加申报表整合，启用《增值税及附加税费申报表（一般纳税人适用）》《增值税及附加税费申报表（小规模纳税人适用）》《增值税及附加税费预缴表》及其附列资料和《消费税及附加税费申报表》。

1. 一般纳税人的纳税申报

中华人民共和国境内增值税纳税人均应按照规定进行增值税纳税申报。电子信息采集系统中一般纳税人申报资料一般包括必报资料、其他必报资料、备查资料等。

（1）必报资料。包括《增值税及附加税费申报表（一般纳税人适用）》（见表 3－4）和《增值税及附加税费预缴表》及其附列资料。

表 3－4　增值税及附加税费申报表

（一般纳税人适用）

根据国家税收法律法规及增值税相关规定制定本表。纳税人不论有无销售额，均应按税务机关核定的纳税期限填写本表，并向当地税务机关申报。

税款所属时间：自　年　月　日至　年　月　日　填表日期：年　月　日 金额单位：元（列至角分）

纳税人识别号（统一社会信用代码）：□□□□□□□□□□□□□□□□□□□□ 所属行业：

<table>
<tr><td colspan="2">纳税人名称：</td><td>法定代表人姓名</td><td></td><td>注册地址</td><td></td><td>生产经营地址</td><td></td></tr>
<tr><td>开户银行及账号</td><td colspan="2"></td><td>登记注册类型</td><td colspan="2"></td><td>电话号码</td><td></td></tr>
<tr><td colspan="2" rowspan="2">项目</td><td rowspan="2">栏次</td><td colspan="2">一般项目</td><td colspan="2">即征即退项目</td></tr>
<tr><td>本月数</td><td>本年累计</td><td>本月数</td><td>本年累计</td></tr>
<tr><td rowspan="10">销售额</td><td>（一）按适用税率计税销售额</td><td>1</td><td></td><td></td><td></td><td></td></tr>
<tr><td>其中：应税货物销售额</td><td>2</td><td></td><td></td><td></td><td></td></tr>
<tr><td>应税劳务销售额</td><td>3</td><td></td><td></td><td></td><td></td></tr>
<tr><td>纳税检查调整的销售额</td><td>4</td><td></td><td></td><td></td><td></td></tr>
<tr><td>（二）按简易办法计税销售额</td><td>5</td><td></td><td></td><td></td><td></td></tr>
<tr><td>其中：纳税检查调整的销售额</td><td>6</td><td></td><td></td><td></td><td></td></tr>
<tr><td>（三）免、抵、退办法出口销售额</td><td>7</td><td></td><td></td><td>—</td><td>—</td></tr>
<tr><td>（四）免税销售额</td><td>8</td><td></td><td></td><td>—</td><td>—</td></tr>
<tr><td>其中：免税货物销售额</td><td>9</td><td></td><td></td><td>—</td><td>—</td></tr>
<tr><td>免税劳务销售额</td><td>10</td><td></td><td></td><td>—</td><td>—</td></tr>
</table>

税款计算	销项税额	11				
	进项税额	12				
	上期留抵税额	13			—	
	进项税额转出	14				
	免、抵、退应退税额	15		—		—
	按适用税率计算的纳税检查应补缴税额	16		—		—
	应抵扣税额合计	17=12+13−14−15+16		—		—
	实际抵扣税额	18（如17＜11，则为17，否则为11）				
	应纳税额	19=11−18				
	期末留抵税额	20=17−18				—
	简易计税办法计算的应纳税额	21				
	按简易计税办法计算的纳税检查应补缴税额	22			—	—
	应纳税额减征额	23				
	应纳税额合计	24=19+21−23				
税款缴纳	期初未缴税额（多缴为负数）	25				
	实收出口开具专用缴款书退税额	26		—	—	
	本期已缴税额	27=28+29+30+31				
	①分次预缴税额	28		—		—
	②出口开具专用缴款书预缴税额	29		—	—	—
	③本期缴纳上期应纳税额	30				
	④本期缴纳欠缴税额	31				
	期末未缴税额（多缴为负数）	32=24+25+26−27				
	其中：欠缴税额（≥0）	33=25+26−27		—		—
	本期应补（退）税额	34=24−28−29		—		—
	即征即退实际退税额	35	—	—		
	期初未缴查补税额	36			—	—
	本期入库查补税额	37			—	—
	期末未缴查补税额	38=16+22+36−37			—	—
附加税费	城市维护建设税本期应补（退）税额	39			—	—
	教育费附加本期应补（退）费额	40			—	—
	地方教育附加本期应补（退）费额	41			—	—

声明：此表是根据国家税收法律法规及相关规定填写的，本人（单位）对填报内容（及附带资料）的真实性、可靠性、完整性负责。

纳税人（签章）： 年 月 日

经办人： 经办人身份证号： 代理机构签章： 代理机构统一社会信用代码：	受理人： 受理税务机关（章）： 受理日期： 年 月 日

（2）其他必报资料。

1）海关完税凭证抵扣清单。

2）代开发票抵扣清单。

3）主管税务机关规定的其他必报资料。

（3）备查资料。

1）已开具增值税普通发票存根联。

2）符合抵扣条件并且在本期申报抵扣的增值税专用发票抵扣联。

3）海关进口货物完税凭证、购进农产品增值税普通发票存根联原件及复印件。

4）收购发票。

5）代扣代缴税款凭证存根联。

知识链接

增值税纳税申报表的调整变化

新启用的《增值税及附加税费申报表（一般纳税人适用）》及其附列资料，主要变化有三个方面：

（1）在原《增值税纳税申报表（一般纳税人适用）》主表增加第39栏至第41栏“附加税费”栏次，并将表名调整为《增值税及附加税费申报表（一般纳税人适用）》。

（2）将原《增值税纳税申报表附列资料（二）》（本期进项税额明细）第23栏“其他应作进项税额转出的情形”拆分为第23a栏“异常凭证转出进项税额”和第23b栏“其他应作进项税额转出的情形”，并将表名调整为《增值税及附加税费申报表附列资料（二）》（本期进项税额明细）。其中第23a栏专门用于填报异常增值税扣税凭证转出情况，第23b栏填报原第23栏内容。见表3-5。

表3-5 《增值税及附加税费申报表附列资料（二）》部分

二、进项税额转出额		
项目	栏次	税额
本期进项税额转出额	13=14至23之和	
其中：免税项目用	14	
集体福利、个人消费	15	
非正常损失	16	
简易计税方法征税项目用	17	
免抵退税办法不得抵扣的进项税额	18	
纳税检查调减进项税额	19	
红字专用发票信息表注明的进项税额	20	
上期留抵税额抵减欠税	21	
上期留抵税额退税	22	
异常凭证转出进项税额	23a	
其他应作进项税额转出的情形	23b	

（3）增加《增值税及附加税费申报表附列资料（五）》（附加税费情况表）。

涉及增值税纳税申报内容的变化主要是，纳税人在办理纳税申报时，需要将按照规定本期应当作异常增值税扣税凭证转出处理的进项税额，填写在《增值税及附加税费申报表附列资料（二）》（本期进项税额明细）第23a栏“异常凭证转出进项税额”。对于前期已经作过异常增值税扣税凭证转出处理，解除异常凭证或经税务机关核实允许继续抵扣的，且纳税人重新确认用于抵扣的进项税额，在本栏次填入负数。

3.12.5 小规模纳税人的纳税申报

小规模纳税人无论当季有无销售额，均应填报《增值税及附加税费申报表（小规模纳税人适用）》（见表3-6），于次月15日前报主管税务机关。

表3-6 增值税及附加税费申报表

（小规模纳税人适用）

纳税人识别号（统一社会信用代码）：□□□□□□□□□□□□□□□□□□□□

纳税人名称： 金额单位：元（列至角分）

税款所属期： 年 月 日至 年 月 日 填表日期： 年 月 日

	项目	栏次	本期数		本年累计	
			货物及劳务	服务、不动产和无形资产	货物及劳务	服务、不动产和无形资产
一、计税依据	（一）应征增值税不含税销售额（3%征收率）	1				
	增值税专用发票不含税销售额	2				
	其他增值税发票不含税销售额	3				
	（二）应征增值税不含税销售额（5%征收率）	4	—		—	
	增值税专用发票不含税销售额	5	—		—	
	其他增值税发票不含税销售额	6	—		—	
	（三）销售使用过的固定资产不含税销售额	7（7≥8）		—		—
	其中：其他增值税发票不含税销售额	8		—		—
	（四）免税销售额	9＝10＋11＋12				
	其中：小微企业免税销售额	10				
	未达起征点销售额	11				
	其他免税销售额	12				
	（五）出口免税销售额	13（13≥14）				
	其中：其他增值税发票不含税销售额	14				

二、税款计算	本期应纳税额	15				
	本期应纳税额减征额	16				
	本期免税额	17				
	其中：小微企业免税额	18				
	未达起征点免税额	19				
	应纳税额合计	20=15-16				
	本期预缴税额	21			—	—
	本期应补（退）税额	22=20-21			—	—
三、附加税费	城市维护建设税本期应补（退）税额	23				
	教育费附加本期应补（退）费额	24				
	地方教育附加本期应补（退）费额	25				

声明：此表是根据国家税收法律法规及相关规定填写的，本人（单位）对填报内容（及附带资料）的真实性、可靠性、完整性负责。

纳税人（签章）： 年 月 日

经办人： 经办人身份证号： 代理机构签章： 代理机构统一社会信用代码：	受理人： 受理税务机关（章）： 受理日期： 年 月 日

本章小结

1. 增值税是对在我国境内销售货物或者提供加工、修理修配劳务，销售服务、无形资产或者不动产以及从事进口货物的单位和个人，就其取得的增值额征收的流转税。

2. 增值税有三种类型：一是生产型增值税；二是收入型增值税；三是消费型增值税。

3. 我国对不同类型的增值税纳税人实行不同的税收管理办法。小规模纳税人实行按征收率计算的简易计税方法，可根据征免税政策和购买方要求，自行选择开具3%或1%征收率以及征收率栏标注为“免税”的发票；开具增值税专用发票的，需要就该笔业务按照发票上对应的征收率申报缴纳增值税；未开具专用发票且符合减免增值税优惠政策条件的，可以享受相应减免税政策。

符合增值税一般纳税人条件的纳税人要向主管税务机关办理资格登记成为一般纳税人。经过税务机关审核登记的一般纳税人，可按照规定领用增值税专用发票，实行凭增值税专用发票扣税的计征方法，并按照《增值税暂行条例》和营改增政策计算缴纳增值税。

4. 增值税的征税范围包括在我国境内销售货物，提供加工、修理修配劳务和销售服务、无形资产、不动产及进口货物，覆盖第一产业、第二产业和第三产业。

5. 我国增值税税率进一步简并并下调，自2019年4月1日起，我国增值税实行13%，9%，6%，0四档税率。

6. 销项税额是指纳税人销售货物，提供加工、修理修配劳务，销售服务、无形资产或者不动产，按照销售额和对应的增值税税率计算并收取的增值税税额。销项税额的计算体现了增值税的价外税特点。

7. 进项税额是纳税人购进货物，加工、修理修配劳务，服务，无形资产或者不动产，支付或者负担的增值税税额。

8. 生产企业自营或者委托外贸企业代理出口自产货物，除另有规定外，增值税一律实行“免、抵、退”办法。“免”，即免税，指对生产企业出口的自产货物和视同自产货物，免征本企业生产销售环节增值税。“抵”，即抵税，指生产企业出口自产货物和视同自产货物所耗用的原材料、零部件、燃料、动力等所含应予退还的进项税额抵顶内销货物的应纳税额。“退”，即退税，指生产企业出口自产货物和视同自产货物在当月内应抵顶的进项税额大于应纳税额时，对未抵顶完的税额部分予以退税。

9. 我国增值税纳税义务发生时间依据权责发生制或者现金收付制原则确定，目的是与财务制度相衔接，确保及时获取税收收入。《增值税暂行条例》明确规定了增值税纳税义务发生时间有两个：销售货物或者应税劳务，为收讫销售款或者取得索取销售款凭据的当天；先开具发票的，为开具发票的当天。进口货物，为报关进口的当天。

复习与思考

一、单项选择题

1. 出租车公司向使用本公司自有出租车的司机收取管理费用，应缴纳增值税，该业务属于增值税征税范围中的（　　）。

A. 物流辅助服务　　B. 交通运输服务

C. 居民日常服务　　D. 商务辅助服务

2. 企业发生的下列行为中，需要计算缴纳增值税的是（　　）。

A. 取得存款利息　　B. 获得保险赔偿

C. 取得中央财政补贴　　D. 收取包装物租金

3. 下列经营行为中，属于增值税混合销售行为的是（　　）。

A. 商场销售相机及储存卡

B. 商场销售办公设备并提供送货服务

C. 疗养中心提供住宿并举办健康讲座

D. 健身房提供健身场所并销售减肥药

4. 下列承包经营的情形中，应以发包人为增值税纳税人的是（　　）。

A. 以承包人名义对外经营，由承包人承担法律责任的

B. 以发包人名义对外经营，由发包人承担法律责任的

C. 以发包人名义对外经营，由承包人承担法律责任的

D. 以承包人名义对外经营，由发包人承担法律责任的

5. 境内单位和个人发生的下列跨境应税行为中，适用增值税零税率的是（　　）。

A. 向境外单位转让的完全在境外使用的技术

B. 向境外单位提供的完全在境外消费的电信服务

C. 在境外提供的广播影视节目播映服务

D. 无运输工具承运业务的经营者提供的国际运输服务

6. 某商场（增值税一般纳税人）与其供货企业达成协议，按销售量挂钩进行平销返利。5月向供货方购进商品取得增值税专用发票，注明价款120万元、税额15.6万元，并通过主管税务机关认证，当月按平价全部销售，月末供货方向该商场支付返利4.8万元。下列该项业务的处理符合有关规定的是（　　）。

A. 商场应按120万元计算确定销项税额

B. 商场应按124.8万元计算确定销项税额

C. 商场当月应抵扣的进项税额为20.4万元

D. 商场当月应抵扣的进项税额为15.6万元

7. 某副食品商店为增值税小规模纳税人，8月销售副食品取得含税销售额66 950元，销售自己使用过的固定资产取得含税销售额17 098元。该商店应缴纳的增值税为（　　）元。

A. 2 282　　B. 2 291.96　　C. 2 448　　D. 2 477.88

8. 某自营出口的生产企业为增值税一般纳税人，出口货物的征税率为13%，退税率为11%。6月购进原材料一批，取得的增值税专用发票注明金额500万元、税额65万元。6月内销货物取得不含税销售额150万元，出口货物取得销售额折合人民币200万元，5月增值税抵税额为10万元，该企业当期“免、抵、退”税不得免征和抵扣税额为（　　）万元。

A. 4　　B. 20　　C. 26　　D. 6

9. 下列各项中，符合增值税纳税人放弃免税权有关规定的是（　　）。

A. 纳税人可以根据不同的销售对象选择部分货物放弃免税权

B. 纳税人应以书面形式提出放弃免税申请，报主管税务机关审批

C. 纳税人自税务机关受理其放弃免税声明的当月起12个月内不得再申请免税

D. 符合条件但尚未认定为增值税一般纳税人的纳税人放弃免税权，应当认定为增值税一般纳税人

10. 根据《增值税暂行条例》及其实施细则的规定，采取预收货款方式销售货物的，增值税纳税义务发生时间为（　　）。

A. 销售方收到第一笔货款的当天

B. 销售方收到剩余货款的当天

C. 销售方发出货物的当天

D. 购买方收到货物的当天

二、多项选择题

1. 金融企业提供金融服务取得的下列收入中，按“贷款服务”缴纳增值税的有（　　）。

A. 以货币资金投资收取的保底利润
B. 融资性售后回租业务取得的利息收入
C. 买入返售金融商品利息收入
D. 金融商品持有期间取得的非保本收益
2. 下列属于增值税现代服务业征税范围的有（　　）。
A. 出租车公司收取司机管理费用业务
B. 航空运输干租业务
C. 房地产评估业务
D. 广告代理业务
3. 下列行为中，视同销售货物缴纳增值税的有（　　）。
A. 将购进的货物用于集体福利　　B. 将购进的货物用于个人消费
C. 将购进的货物用于赠送客户　　D. 将购进的货物用于对外投资
4. 增值税一般纳税人发生的下列业务中，可以选择适用简易计税方法的有（　　）。
A. 提供装卸搬运服务　　B. 提供文化体育服务
C. 提供公共交通运输服务　　D. 提供税务咨询服务
5. 增值税一般纳税人销售自产的下列货物中，可选择按照简易计税方法计算缴纳增值税的有（　　）。
A. 生产建筑材料所用的沙土
B. 以水泥为原材料生产的水泥混凝土
C. 用微生物制成的生物制品
D. 县级以下小型火力发电单位生产的电力
6. 增值税一般纳税人由于客观原因造成增值税扣税凭证逾期的，经主管税务机关审核，允许继续抵扣进项税额，其客观原因包括（　　）。
A. 社会突发事件
B. 自然灾害
C. 纳税人开户银行信息系统、网络故障
D. 有关司法机关在办理业务或检查中，扣押、封存纳税人账簿资料
7. 下列各项中，免征增值税的有（　　）。
A. 林场销售树苗
B. 张某销售自家轿车
C. 电力公司向发电企业收取过网费
D. 残疾人组织直接进口供残疾人专用的物品
8. 下列选项中，免征增值税的有（　　）。
A. 个人出售购买2年以上住房
B. 个人转让金融商品
C. 医疗机构提供的医疗服务
D. 残疾人企业为社会提供的应税服务

三、计算题

1. 某金融公司为一般纳税人，2021年第四季度转让债券卖出价为100 000元（含

税，下同），该债券是 2018 年 9 月购入的，买入价为 60 000 元，2020 年 1 月取得利息 6 000 元，缴纳了增值税。该公司 2021 年第四季度之前转让金融商品亏损 15 000 元。

要求：请计算该公司转让金融商品应确认的销项税额。

2. 某市一家电生产企业为增值税一般纳税人，2021 年 10 月份将自产家电 10 台奖励给劳动模范，成本价为 20 万元，市场销售价格为 23 万元（不含税）。企业核算时按成本价格直接冲减了库存商品。

要求：请计算该业务应确认的销项税额。

3. 2021 年 8 月，某设备生产企业销售设备 300 万元（不含税），考虑到与购买方的长期合作，给予了 5%的价格优惠（在同一张发票金额栏上分别注明）；由于购买方及时付款，给予了 2%的销售折扣，实收 279.3 万元。

要求：请计算该生产企业应确认的销项税额。

4. 位于某市区的一家百货商场为增值税一般纳税人。2021 年 8 月零售金银首饰取得含税销售额 10.53 万元，其中包括以旧换新首饰的含税销售额 5.85 万元。在以旧换新业务中，旧首饰作价的含税金额为 3.51 万元，百货商场实际收取的含税金额为 2.34 万元。

要求：请计算该百货商场应确认的销项税额。

5. 某酒厂为一般纳税人，本月向一小规模纳税人销售白酒，开具的增值税普通发票注明金额为 93 600 元；同时收取单独核算的包装物押金 2 000 元（尚未逾期）。

要求：请计算此业务酒厂应确认的销项税额。

6. 某商场为增值税一般纳税人，2021 年 12 月将本月采购入库的一批食品的 60%赠送给受灾地区，购入时取得的增值税专用发票注明价款 30 万元、增值税 3.9 万元。

要求：请计算商场应确认的销项税额和进项税额。

7. 某乳品加工企业 2021 年 8 月销售 10 000 吨巴氏杀菌乳，取得不含税收入 4 800 万元，原乳单耗数量为 1.055，原乳平均购买单价为 4 200 元/吨。

要求：请以投入产出法计算其可抵扣的进项税额及应纳的增值税。

8. 某制药厂（增值税一般纳税人）2021 年 8 月销售抗生素药品取得含税收入 113 万元，销售免税药品 50 万元，当月购入生产用原材料一批，取得的增值税专用发票上注明税款 6.4 万元，抗生素药品与免税药品无法划分耗料情况。

要求：请计算该制药厂当月应纳的增值税。

9. 某百货商场为增值税一般纳税人，2021 年 9 月从国有农场购进免税农产品，取得的销售发票上注明价款 100 000 元；运输农产品支付运费 10 000 元，并取得一般纳税人开具的增值税专用发票，该批农产品的 60%用于职工餐厅，40%用于对外销售。

要求：请计算商场可以抵扣的进项税额。

10. 某船运公司为增值税一般纳税人，2021 年 6 月购进船舶配件取得的增值税专用发票注明价款 360 万元、税额 46.8 万元；开具增值税普通发票取得的含税收入包括国内运输收入 1 287.6 万元、期租业务收入 255.3 万元、打捞收入 116.6 万元。

要求：请计算该公司 6 月应纳的增值税。

11. 某公司 2021 年 7 月 30 日转让其 2015 年 9 月 1 日购买的写字楼一层，取得转让收入 2 500 万元（含税）。购买时的价格为 1 200 万元，保留有合法有效发票。（选择简易计税方法。）

要求：请计算该公司应纳的增值税。

12. 某小规模纳税人仅经营某项应税服务（3%）。2021年5月发生一笔销售额为1 000元的业务并就此缴纳了增值税；6月该业务由于合理原因发生退款。假设该企业6月应税服务销售额为600元，7月为5 000元（销售额均为不含税销售额）。

要求：请计算该企业7月应纳的增值税。

四、案例分析题

1. 某商场为增值税一般纳税人，6个月前收取一餐厅啤酒包装物押金10 000元，月初到期，餐厅未返还包装物，按照销售时的约定，这部分押金即归商场所有，商场的账务处理为：

借：其他应付款——押金	10 000	
贷：其他业务收入		10 000

要求：针对上述业务判断商场账务处理和相关税务处理是否正确。如果不正确，列出正确的处理方式。

2. 2021年10月，某饮料生产企业收到代销公司代销5吨饮料的代销清单及货款158.2万元（饮料每吨成本价20万元，与代销公司不含税结算价28万元）。企业的账务处理为：

借：银行存款——代销饮料款	1 582 000	
贷：预收账款——代销饮料款		1 582 000

要求：请说明纳税人的处理是否正确。如不正确，请给出正确的会计处理。

五、综合题

1. 位于甲省某市区的一家建筑企业为增值税一般纳税人，在乙省某市区提供写字楼和桥梁建造业务，2021年10月具体经营业务如下：

（1）该建筑企业对写字楼建造业务选择一般计税方法，按照工程进度及合同约定，本月取得含税金额5 000万元并给业主开具了增值税专用发票。由于该建筑企业将部分业务进行了分包，本月支付分包含税金额1 200万元，取得分包商（采用一般计税方法）开具的增值税专用发票。

（2）桥梁建造业务为甲供工程，该建筑企业对此项目选择了简易计税方法。本月收到含税金额4 000万元并开具了增值税普通发票，该建筑企业将部分业务进行了分包，本月支付分包含税金额1 500万元，取得分包商开具的增值税普通发票。

（3）从国外进口一台机器设备，国外买价折合人民币80万元，运抵我国入关前支付的运费折合人民币4.2万元，保险费折合人民币3.8万元。入关后运抵企业所在地，取得的运输公司开具的增值税专用发票注明运费1万元、税额0.09万元，该进口设备既用于一般计税项目也用于简易计税项目，该企业未分开核算。

（4）购进一栋在建办公大楼，取得的增值税专用发票注明税额180万元。

（5）发生外地出差住宿费支出价税合计6.36万元，取得增值税一般纳税人开具的增值税专用发票；发生餐饮费支出价税合计3万元，取得增值税普通发票；购进国内旅客运输服务，取得注明旅客身份信息的航空运输电子客票行程单5张，每张注明票价4 500元，民航发展基金50元，燃油附加费120元。

其他相关资料：关税税率为10%，上述业务涉及的相关票据均已通过主管税务机关比对认证。

要求：根据上述资料，请计算下列问题：

（1）业务（1）在乙省应预缴的增值税。

（2）业务（1）的销项税额。

（3）业务（2）在乙省应预缴的增值税。

（4）业务（3）应纳的关税、增值税。

（5）业务（4）可抵扣的增值税进项税额。

（6）业务（5）可抵扣的增值税进项税额。

（7）当月的增值税应纳税额。

（8）应向总部机构所在地主管税务机关缴纳的增值税。

（9）应向总部机构所在地主管税务机关缴纳的城市维护建设税、教育费附加和地方教育附加。

2. 位于市区的某集团总部为增值税一般纳税人，拥有外贸进出口资格。2021年6月经营业务如下：

（1）内销一批服装，向客户开具的增值税发票分别注明价款300万元、折扣额30万元。

（2）取得统借统还利息收入50万元，保本理财产品利息收入10.6万元。

（3）转让其100%控股的一家非上市公司的股权，初始投资成本为2 000万元，转让价为5 000万元。

（4）在境内开展连锁经营，取得含税商标权使用费106万元。

（5）转让位于市区的一处仓库，取得含税金额1 040万元，该仓库2015年购入，购置价200万元，采用简易计税方法计征增值税。

（6）向小规模纳税人销售一台使用过的设备，当年采购该设备时按规定未抵扣进项税额，取得含税金额10.3万元，开具增值税普通发票。

（7）聘请境外公司来华提供商务咨询支付费用20万元，合同约定增值税由支付方式承担。

（8）进口3辆厢式货车，关税完税价格为40万元/辆，其中1辆用于本企业生产经营，其余2辆待售。发生其他无法准确划分用途的支出，取得的增值税专用发票注明税额22.6万元。

其他相关资料：销售货物的增值税税率为13%，进口厢式货车关税税率为15%，当月未取得代扣代缴税款的完税凭证，进口业务当月取得海关进口增值税专用缴款书，上述已申报抵扣。

要求：根据上述资料，请按照顺序回答问题（如有计算需计算出合计数）：

（1）计算业务（1）中的销项税额。

（2）判断业务（2）是否应缴纳增值税，如需缴纳请计算出结果。

（3）判断业务（3）是否应缴纳增值税并说明理由。

（4）计算业务（4）中的销项税额。

（5）计算业务（5）中应纳的增值税。

（6）计算业务（6）中应纳的增值税。

（7）计算业务（7）当期代扣代缴的增值税。

（8）计算业务（8）进口厢式货车时应纳的进口环节增值税。

（9）计算当期不可抵扣的进项税额。

（10）请问主管税务机关是否有权对企业按月计算的不可抵扣进项税额进行调整；如需调整，应如何进行调整，并计算当期应向主管税务机关缴纳的增值税。

3. 位于市区的某动漫软件公司为增值税一般纳税人，2021年7月经营业务如下：

（1）进口一台机器设备，国外买价折合人民币640 000元，运抵我国入关地前支付的运费折合人民币42 000元、保险费折合人民币38 000元；入关后运抵企业所在地，取得运输公司开具的增值税专用发票注明运费16 000元、税额1 440元。

（2）支付给境外某公司特许权使用费，扣缴相应税款并取得税收缴款凭证。合同约定的特许权使用费的金额为人民币1 000 000元（含按税法规定应由该动漫软件公司代扣代缴税款）。

（3）购进一辆小汽车自用，取得的税控机动车销售统一发票上注明车辆金额190 000元、装饰费10 000元，税额合计26 000元。

（4）支付公司员工工资300 000元；支付办公用矿泉水水费，取得的增值税专用发票注明金额5 000元、税额650元。

（5）将某业务单元的实物资产以及相关联的债权、负债和劳动力一并转出，收取转让款5 000 000元。

（6）销售自行开发的动漫软件，取得不含税销售额4 000 000元，销售额中有800 000元尚未开具发票。

其他相关资料：进口机器设备关税税率为12%，上述业务涉及的相关票据均已通过主管税务机关比对认证，期初留抵税额为0。

要求：根据上述资料，请计算下列问题：

（1）业务（1）应纳的进口关税。

（2）业务（1）应纳的进口环节增值税。

（3）业务（2）应代扣代缴的增值税。

（4）业务（2）应代扣代缴的城市维护建设税、教育费附加和地方教育附加。

（5）业务（2）应代扣代缴的预提所得税。

（6）当月的增值税进项税额。

（7）当月的增值税销项税额。

（8）享受“即征即退”政策后实际缴纳的增值税。

（9）应纳的城市维护建设税、教育费附加和地方教育附加（不含代扣代缴的税款）。

（10）应纳的车辆购置税。

第4章

消费税

学习目标

1. 了解消费税的产生、发展及变革方向。
2. 理解消费税的纳税人、征税范围、税目、税率。
3. 重点掌握消费税的计税依据、应纳税额的计算。
4. 熟悉消费税的征纳管理。
5. 掌握办理消费税相关事宜的基本技能。

案例导入

某酒厂为增值税一般纳税人，主要生产粮食白酒。2021年6月其“主营业务收入”账户反映销售粮食白酒50 000千克，取得不含税销售额210 000元；“其他业务收入”账户反映收取粮食白酒品牌使用费9 360元；“其他应付款”账户反映本月销售粮食白酒收取包装物押金18 720元。2021年年末该酒厂将销售粮食白酒的包装物押金中的7 020元返还给购买方，其余包装物押金不再返还。

请思考：该酒厂应纳的消费税税额为多少？粮食白酒消费税的计税依据是什么？粮食白酒的消费税是从价计征还是从量计征？粮食白酒的价外费用有哪些？粮食白酒的包装物押金是否计入消费税应税销售额？

4.1 消费税概述

4.1.1 消费税的概念

消费税是对我国境内从事生产、委托加工和进口应税消费品的单位和个人就其销售额或销售数量，在特定环节征收的一种税。简单地说，消费税就是对特定的消费品和消费行为征收的一种税。

消费税是在对货物普遍征收增值税的基础上，选择少数消费品再征收的一个税种，主要是为了调节产品结构，引导消费方向，保证国家财政收入。

消费税是世界各国广泛征收的税种。根据有关研究，在129个样本国家或地区中有119个国家或地区开征了消费税。消费税是货劳税的一个重要税种，发展中国家大多重视货劳税，因此消费税在其税收收入中一般占比较高。尽管在以所得税为主体的国家中消费税占其税收收入的比重有所下降，但仍受到各国的普遍重视。

4.1.2 消费税的产生和演变

消费税的历史源远流长。古罗马时期，随着手工业的发展和城市的兴起，相继开征盐税、酒税，实质上都是对货物征收的消费税。到资本主义发展初期，消费税已经成为世界发达国家政府财政收入的支柱。20世纪以后，随着累进所得税的推行，消费税的主体税种地位在西方发达资本主义国家逐渐削弱，为所得税所替代，但因消费税的独特调节作用，在这些国家的税制中，消费税仍然是一个不可缺少的辅助税种。

我国对消费税的征收历史也非常悠久。早在春秋战国时期，就开征过“关市之赋”“山泽之赋”，皆是对特定物品征收的消费税。公元前81年，汉昭帝为避免酒的专卖“与商人争市利”，改酒专卖为允许各地地主、商人自行酿酒卖酒，每升酒缴税四文。封建社会中后期，商品经济日渐发达，消费税的课征范围也随之扩大，酒税、烟税、茶税都属于消费税。国民政府时期，为取得财政收入，更是开征了专门的货物税。

中华人民共和国成立之后，1950年统一全国税制，建立新税制，新开征了特种行为消费税。20世纪50年代征收的商品流通税，1958—1973年征收的工商统一税，1973—1983年征收的工商税，1983—1993年征收的产品税，实际上相当或部分相当于消费税。我国在1983年开征的烧油特别税，1988年对彩色电视机和小轿车征收的特别消费税，更是一种选择性消费税。

我国消费税是1994年税制改革中新设置的一个税种，是在对商品生产、销售普遍征收增值税的基础上，选择少数消费品征收消费税，目的在于调节产业结构，引导消费方向，保证财政收入。消费税的特殊调节和增值税的普遍调节相配合，构成我国流转税的双层调节机制。1994年消费税的征税范围主要包括：烟、酒及酒精、化妆品、护肤护发品、贵重首饰及珠宝玉石、鞭炮及焰火、汽油、柴油、汽车轮胎、摩托车、小汽车11类产品。

2006年3月21日，《财政部 国家税务总局关于调整和完善消费税政策的通知》（财税〔2006〕33号）规定，从2006年4月1日起，消费税的税目从原来的11个增删到14个，新设高尔夫球及球具、高档手表、游艇、木制一次性筷子、实木地板等税目，以体现环境保护、引导消费结构、促进收入分配等目标。

2008年11月5日，国务院第34次常务会议修订通过《消费税暂行条例》，自2009年1月1日起执行。2009年，我国对卷烟产品的税率、征收环节进行了改革调整；2014年12月，我国又进一步提高了成品油消费税的税额，取消了酒精、汽车轮胎、小排量摩托车等消费税税目；经国务院批准，自2015年2月1日起，对涂料、电池（铅蓄电池除外）征收消费税；2016年9月30日，财政部和国家税务总局正式取消了普通化妆品消费税，只对高档化妆品征收消费税，其税率为15%。

从消费税的改革历程看，消费税随着我国产业政策、资源保护政策、居民消费水平等的变化不断进行调整。我国营改增改革完成后，中央和地方的税收管理体制又会面临新的调整，消费税也会进一步完善。

4.1.3 消费税的特点

1. 征税范围具有选择性

消费税并不是对所有的消费品和消费行为都征收，而是基于调节消费、引导生产、节约资源、保护环境等目的，选择对部分特定消费品和消费行为征税。

我国消费税的征税范围也是有选择的，对消费量大、需求弹性较大和税源普遍的消费品开征，主要涉及高档消费品、奢侈品和不可替代的资源性产品、高能耗消费品等。与国外相比，我国消费税的征税范围比较窄，未包括特殊消费行为。

2. 征税环节相对单一性

消费税主要采用一次课征制度，除少数商品（如金银首饰、钻石首饰在零售环节征税，卷烟在批发环节加征一道消费税）外，大部分商品主要在生产销售或者进口环节征税，其他环节一般不再征收消费税。用外购的已税消费品进行应税消费品的生产时，则通过扣除已纳消费税税额的办法避免重复课税。消费税选择在生产环节课征，其主要目的是节省征收成本，提高征收效率，防止税源流失。

3. 税负具有转嫁性

消费税是价内税，其税款是价格的组成部分。纳税人在生产（委托加工）环节、进口环节、批发环节、零售环节缴纳的消费税税款，都会以提高应税商品价格的方式转嫁给应税商品的消费者。也就是说，消费者才是消费税的最终负担者。为此，政府可以通过调节消费税的税率以调节消费结构和方向，实现调节经济的目标。

4. 征收方法具有灵活性

消费税根据每一个课税对象的不同特点，选择不同的征收方法。一般对价格差异较大且便于按价格核算的应税消费品采用从价定率征收；对价格差异小，品种、规格比较单一的大宗应税消费品采用从量定额征收；而对一些特殊商品（在我国主要是烟、酒），实行从价和从量复合计征。

5. 征收方法具有特殊性

消费税属于国家运用税收杠杆对某些消费品或消费行为进行特殊调节的税种。这一特殊性表现在两个方面：一是不同的征税项目税负差异较大，对需要限制或控制消费的消费品规定较高的税率，体现特殊的调节目的；二是消费税往往同有关税种配合实行加重或双重调节，通常采取增值税与消费税双重调节的办法，对某些需要特殊调节的消费品或消费行为在征收增值税的同时，再征收一道消费税，形成一种特殊的对消费品双层次调节的税收调节体系。

4.1.4 消费税的功能

消费税的立法集中体现了国家的产业政策和消费政策，也体现了消费税作为国家对经济进行宏观调控的手段。其功能具体表现在以下方面。

1. 体现消费政策，调整产业结构

比如，为抑制对人体健康不利或过度消费会对人体有害的消费品的生产，将烟、酒、鞭炮、焰火列入征税范围，达到“寓禁于征”的目的；为调节特殊消费，将摩托车、小汽车、贵重首饰、珠宝玉石、高档手表、高尔夫球及球具、游艇等列入征税范围；为节约一次性能源，限制过量消费，将汽油、柴油、实木地板、一次性筷子等列入征税范围。通过征收消费税，调整产业结构、保护资源和优化资源配置。

2. 正确引导消费，抑制超前消费

我国正处于社会主义初级阶段，总体财力还比较有限，人们的生活还不够宽裕，需要在政策上正确引导人们的消费方向。在消费税立法过程中，对人们日常消费的基本生活用品和企业正常生产所需的生产资料不征收消费税，只对属于奢侈品或超前消费的物品以及其他非基本生活品征收消费税，特别是对某些消费品如烟、酒、高档汽车等适用较高的税率，以加重调节，增加购买者（消费者）的负担，适当抑制高水平或超前消费。

3. 稳定税收来源，保障财政收入

消费税是价内税，其应税税目大都使用广泛，消费量较大，因此税源稳定可靠。消费税按照从价和从量计征，个别消费品的税率较高，以使税收收入与应税消费品的生产消费增长趋势相适应，保证税收收入增长。随着我国消费税改革，把高能耗、高污染的商品纳入征税范围，消费税的税收收入还会增长。

4. 调节支付能力，缓解分配不公

个人生活水平或贫富状况在很大程度上体现在支付能力上。要实现税收对收入分配的调节，实现社会公平，除征收个人所得税外，还需要其他税种的配合。消费税通过对某些奢侈品或特殊消费品征税，从个人支付能力的角度增加某些消费者的税收负担或增加消费支出的超额负担，降低高收入消费者的消费能力。而基本生活用品的消费者则不负担消费税，支付能力不受影响。所以，开征消费税有利于配合个人所得税及其他有关税种进行调节，缓解社会分配不公的矛盾。

4.1.5 消费税的征税原则

1. 征税范围确定的原则

确定消费税征税范围的总原则是：立足于我国经济发展水平、国家消费政策和产业政策，充分考虑人民的生活水平、消费水平和消费结构状况，注重保证国家财政收入的稳定增长，并适当借鉴国外征收消费税的成功经验和国际通行做法。具体表现在以下方面：

（1）对税制调整后税负下降较多的产品征收。从1994年税制改革以后实行了比较规范的增值税，导致卷烟、汽车等税收负担下降。为保障政府财政收入，我国利用征收消费税等税种把下降的税收收入补回来。

（2）对非生活必需品征收，调节收入水平。生活中有一些高档、奢侈类消费品，如贵重首饰及珠宝玉石、高档化妆品等，高收入者才具有该类产品的消费能力。通过对奢侈品等非生活必需品征收消费税，调节人民收入水平，促进社会公平。

（3）限制过度消费，实现保护目的。从保护身体健康、生态环境等方面的需要出发，对烟、酒、鞭炮、焰火、燃油等征收消费税，抑制过度消费或者限制消费。

（4）一些特殊的资源性消费品，如汽油、柴油等。对汽油、柴油征收消费税，并实行较高税率，除符合国际惯例外，主要原因在于它们是不可再生资源，需要限制无度消费，以及防止污染。

为此，在种类繁多的消费品中，一般选择四类商品征收消费税：

第一类：一些过度消费会对身心健康、社会秩序、生态环境等方面造成危害的特殊消费品，如烟、鞭炮、焰火等；

第二类：非生活必需品，如高档化妆品、贵重首饰及珠宝玉石等；

第三类：高能耗及高档消费品，如超豪华小汽车等；

第四类：不可再生和不可替代的稀缺资源消费品，如汽油、柴油等。

2. 税率确定的原则

（1）体现产业政策和消费政策。消费税的税率设计，一般会依据国家的产业政策和消费政策。对于限制生产又限制消费的应税消费品适用高税率，如卷烟、白酒等；对于限制消费不限制生产的应税消费品，适用低税率，如小排量摩托车。

（2）与消费者心理和货币支付能力相适应。消费税的税率设计要与人们的消费水平和消费能力相适应。过高的消费税税率会使消费者在心理上难以承受，生产和消费出现停滞；而过低的消费税税率又起不到调节生产和消费的作用，也不利于筹集国家财政收入。因此，消费税税率的设计，既要考虑消费者的经济收入状况，又要考虑人们的心理承受能力，还要考虑国家的财政收入需要。

（3）引导消费方向，抑制超前消费。消费税通过差别税率设计，可以与市场价格相配合，引导消费方向，缓解供求关系，促进经济实现良性运转。因此，对高档消费品和供给不足、供求矛盾较为紧张的应税消费品从高设计税率。

4.2 消费税的纳税人、税目和税率

4.2.1 消费税的纳税人

消费税的纳税人，是指在中华人民共和国境内生产、委托加工和进口《消费税暂行条例》规定的消费品（简称应税消费品）的单位和个人，以及国务院确定的销售应税消费品的其他单位和个人。中华人民共和国境内，是指生产、委托、加工和进口应税消费品的起运地或所在地在境内；单位是指各类企业、行政单位、事业单位、军事单位、社会团体及其他单位；个人是指个体工商户及其他个人。

4.2.2 消费税的税目

现行消费税税目共有 15 个，具体的征税范围如下：

1. 烟

烟是以烟叶为原料加工生产的特殊消费品。本税目下设卷烟（分生产环节和批发环节）、雪茄烟和烟丝三类。其中，卷烟是指将各种烟叶切成烟丝并按照一定的配方辅之以糖、酒、香料加工而成的产品。卷烟的征收范围包括各种规格型号的国产卷烟、进口卷烟、白包卷烟、手工卷烟和未经国务院批准纳入计划的企业及个人生产的卷烟；雪茄烟的征收范围包括各种规格型号的雪茄烟；烟丝的征收范围包括以烟叶为原料加工生产的不经卷制的散装烟，如斗烟、莫合烟、烟末、水烟、黄红烟丝等。

2. 酒

酒是指酒精度在1度以上的各种酒类饮料。本税目下设粮食白酒、薯类白酒、黄酒、啤酒、其他酒5个子目。

（1）白酒，是指以高粱、玉米、大米、糯米、大麦、小麦、青稞等各种粮食为原料，经过糖化、发酵后，采用蒸馏方法酿制的白酒。

（2）黄酒，是指以糯米、粳米、籼米、大米、黄米、玉米、小麦、薯类等为原料，经加温、糖化、发酵、压榨酿制的酒。由于工艺、配料和含糖量的不同，黄酒分为干黄酒、半干黄酒、半甜黄酒、甜黄酒4类。黄酒的征收范围包括各种原料酿制的黄酒和酒精度超过12度（含12度）的土甜酒。

（3）啤酒，是指以大麦或其他粮食为原料，加入啤酒花，经糖化、发酵、过滤酿制的含有二氧化碳的酒。啤酒按照杀菌方法的不同，可分为熟啤酒和生啤酒或鲜啤酒。啤酒的征收范围包括各种包装和散装的啤酒。无醇啤酒比照啤酒征税。对啤酒源、菠萝啤酒、果啤应按啤酒征收消费税。

果啤是一种口味介于啤酒和饮料之间的低度酒精饮料，主要成分为啤酒和果汁。根据《国家税务总局关于果啤征收消费税的批复》（国税函〔2005〕333号）的规定，果啤应征收消费税。对饮食业、商业、娱乐业举办的啤酒屋（啤酒坊）利用啤酒生产设备生产的啤酒，应当征收消费税。

（4）其他酒是指除白酒、黄酒、啤酒以外，酒精度在1度以上的各种酒，包括糠麸白酒、其他原料白酒、土甜酒、复制酒、果木酒、药酒等。《国家税务总局关于调味料酒征收消费税问题的通知》（国税函〔2008〕742号）规定，调味料酒不征收消费税。

《国家税务总局关于配制酒消费税适用税率问题的公告》（国家税务总局公告2011年第53号）规定，对以蒸馏酒或食用酒精为酒基，同时符合以下条件的配制酒，按消费税税率表“其他酒”适用税率征收消费税：1）具有国家相关部门批准的国食健字或卫食健字文号；2）酒精度低于38度（含）。以发酵酒为酒基，酒精度低于20度（含）的配制酒，按其他酒适用税率征收消费税。其他配制酒，按白酒税率征收消费税。

3. 高档化妆品

本税目的征税范围包括高档美容、修饰类化妆品，高档护肤类化妆品和成套化妆品。高档美容、修饰类化妆品和高档护肤类化妆品是指生产（进口）环节销售（完税）价格（不含增值税）在10元/毫升（克）或15元/片（张）及以上的美容、修饰类化妆品和护肤类化妆品。

从2016年10月1日起，取消对普通美容、修饰类化妆品征收消费税，将“化妆品”税目更名为“高档化妆品”。

美容、修饰类化妆品是指香水、香水精、香粉、口红、指甲油、胭脂、眉笔、唇笔、蓝眼油、眼睫毛以及成套化妆品。

舞台、戏剧、影视演员化妆用的上妆油、卸装油、油彩不属于本税目的征收范围。

高档护肤类化妆品的征收范围另行制定。

4. 贵重首饰及珠宝玉石

本税目的征税范围包括各种金银珠宝首饰和经采掘、打磨、加工的各种珠宝玉石。金银珠宝首饰包括凡以金、银、白金、宝石、珍珠、钻石、翡翠、珊瑚、玛瑙等高贵稀有物质以及其他金属、人造宝石等制作的各种纯金银首饰及镶嵌首饰（含人造金银、合成金银首饰等）。珠宝玉石包括钻石、珍珠、松石、青金石、欧泊石、橄榄石、长石、玉、石英、玉髓、石榴石、锆石、尖晶石、黄玉、碧玺、金绿玉、绿柱石、刚玉、琥珀、珊瑚、煤玉、龟甲、合成刚玉、合成宝石、双合石、玻璃仿制品。宝石坯是经采掘、打磨、初级加工的珠宝玉石半成品，因此，对宝石坯应按规定征收消费税。

5. 鞭炮、焰火

本税目的征税范围包括各种鞭炮、焰火。体育上用的发令纸、鞭炮引线不按本税目征税。鞭炮又称爆竹，是用多层纸密裹火药，接以药引线制成的一种爆炸品。焰火是指烟火剂，一般系包扎品，内装药剂，点燃后烟火喷射，呈各种颜色，有的还变幻成各种景象，分平地小焰火和空中大焰火两类。鞭炮、焰火通常分为13类，即喷花类、旋转类、旋转升空类、火箭类、吐珠类、线香类、小礼花类、烟雾类、造型玩具类、爆竹类、摩擦炮类、组合烟花类、礼花弹类。

6. 成品油

本税目包括汽油、柴油、石脑油、溶剂油、航空煤油、润滑油、燃料油7个子目。

（1）汽油，是指用原油或其他原料加工生产的辛烷值不小于66的可用作汽油发动机燃料的各种轻质油。汽油分为车用汽油和航空汽油。以汽油、汽油组分调和生产的甲醇汽油、乙醇汽油也属于本税目的征税范围。

（2）柴油，是指用原油或其他原料加工生产的倾点或凝点在−50号至30号的可用作柴油发动机燃料的各种轻质油和以柴油组分为主、经调和精制可用作柴油发动机燃料的非标油。以柴油、柴油组分调和生产的生物柴油也属于本税目的征税范围。

（3）石脑油，又叫化工轻油，是以原油或其他原料加工生产的用于化工原料的轻质油。石脑油的征收范围包括除汽油、柴油、航空煤油、溶剂油以外的各种轻质油。

非标汽油、重整生成油、拔头油、戊烷原料油、轻裂解料（减压柴油VGO和常压柴油AGO）、重裂解料、加氢裂化尾油、芳烃抽余油均属轻质油，属于石脑油的征收范围。

（4）溶剂油，是用原油或其他原料加工生产的用于涂料、油漆、食用油、印刷油墨、皮革、农药、橡胶、化妆品生产和机械清洗、胶黏行业的轻质油。橡胶填充油、溶剂油原料，属于溶剂油的征收范围。

（5）航空煤油，也称喷气燃料，是用原油或其他原料加工生产的用作喷气发动机和喷气推进系统燃料的各种轻质油。航空煤油的消费税暂缓征收。

（6）润滑油，是用原油或其他原料加工生产的用于内燃机、机械加工过程的润滑产品。润滑油分为矿物性润滑油、植物性润滑油、动物性润滑油和化工原料合成润滑油。

（7）燃料油，也称重油、渣油，是用原油或其他原料加工生产，主要用作电厂发电、锅炉用燃料、加热炉燃料、冶金和其他工业炉燃料。蜡油、船用重油、常压重油、减压重油、180CTS燃料油、7号燃料油、糠醛油、工业燃料油、4～6号燃料油等油品的主要用途是作为燃料燃烧，属于燃料油的征收范围。

根据财税《财政部 国家税务总局关于对成品油生产企业生产自用油免征消费税的通知》（财税〔2010〕98号）的规定，从2009年1月1日起，对成品油生产企业在生产成品油过程中，作为燃料、动力及原料消耗掉的自产成品油免征消费税；对用于其他用途或直接对外销售的成品油照章征收消费税。根据《国家税务总局关于催化料、焦化料征收消费税的公告》（国家税务总局公告2012年第46号）的规定，自2012年11月1日起，催化料、焦化料属于燃料油的征收范围，应当征收消费税。

7. 摩托车

摩托车包括轻便摩托车和摩托车两种。轻便摩托车是指最大设计车速不超过50千米/小时、发动机气缸总工作容量不超过250毫升的两轮机动车；摩托车是指最大设计车速超过50千米/小时、发动机气缸总工作容量超过250毫升、空车重量不超过400千克的两轮或者三轮机动车。其中，带驾驶室的正三轮车和特种车的空车重量不受此限制。

8. 小汽车

小汽车是指由动力驱动，具有4个或4个以上车轮的非轨道承载的车辆。小汽车税目下设乘用车、中轻型商务客车子税目。乘用车征收范围包括含驾驶员座位在内最多不超过9个座位（含）的、在设计和技术特性上用于载运乘客和货物的各类乘用车。中轻型商务车的征收范围包括含驾驶员座位在内的座位数在10～23座（含23座）的、在设计和技术特性上用于载运乘客和货物的各类中轻型商用客车。

根据《财政部 国家税务总局关于对超豪华小汽车加征消费税有关事项的通知》（财税〔2016〕129号）的规定，自2016年12月1日起，“小汽车”税目下增设“超豪华小汽车”子税目。征收范围为每辆零售价格130万元（不含增值税）及以上的乘用车和中轻型商用客车，即乘用车和中轻型商用客车子税目中的超豪华小汽车。

9. 高尔夫球及球具

高尔夫球及球具，是指从事高尔夫球运动所需的各种专用装备，包括高尔夫球、高尔夫球杆及高尔夫球包（袋）等。

10. 高档手表

高档手表，是指销售价格（不含增值税）每只在10 000元（含）以上的各类手表。

11. 游艇

游艇是指长度大于8米小于90米，船体由玻璃钢、钢、铝合金、塑料等多种材料制作，可以在水上移动的水上浮载体。按照动力划分，游艇分为无动力艇、帆艇和机动艇。本税目的征税范围包括艇身长度大于8米（含）小于90米（含）、内置发动机，可以在水上移动，一般为私人或者团体购置，主要用于水上运动健儿休闲娱乐等非谋利活动的各类机动艇。

12. 木制一次性筷子

木制一次性筷子，是指以木材为原料经过锯段、浸泡、旋切、刨切、烘干、筛选、打磨、倒角、包装等环节加工而成的各类一次性使用的筷子。未经打磨、倒角的木制一次性筷子属于本税目的征税范围。

13. 实木地板

实木地板是指以木材为原料，经锯割、干燥、刨光、截断、开榫、涂漆等工序加工而成的块状或条状的地面装饰材料。实木地板按生产工艺不同，可分为独板（块）实木地板、实木指接地板、实木复合地板三类。按表面处理状态不同，可分为未涂饰地板（白坯板、素板）和漆饰地板两类。本税目的征税范围包括各类规格的实木地板、实木指接地板、实木复合地板及用于装饰墙壁和天棚的侧端面为榫和槽的实木装饰板、未经涂饰的素板。

14. 电池

电池，是一种将化学能、光能等直接转换为电能的装置，一般由电极、电解质、容器、极端，通常还有隔离层组成的基本功能单元，以及用一个或多个基本功能单元装配成的电池组。电池的征税范围包括原电池、蓄电池、燃料电池、太阳能电池和其他电池。原电池是一次电池，是按照不可以充电设计的电池，包括锌原电池、锂电池和其他原电池；蓄电池是指按照可充电、重复使用设计的电池，包括酸性蓄电池、碱性蓄电池、氧化还原液电池和其他蓄电池；燃料电池是指通过电化学过程，将连续供应的反应物和氧化剂的化学能直接转换为电能的电化学发电装置；太阳能电池是指将太阳能、光能转化成电能的装置。

15. 涂料

涂料是指涂于物体表面能形成具有保护、装饰或特殊性能的固态涂膜的一类液体或固体材料的总称。涂料由主要成膜物质、次要成膜物质等构成。按主要成膜物质，涂料可分为油脂类、天然树脂类、酚醛树脂类、沥青类、醇酸树脂类、氨基树脂类、硝基类、过滤乙烯树脂类、烯类树脂类、丙烯酸酯类树脂类、聚酯树脂类、环氧树脂类、聚氨酯树脂类、元素有机类、橡胶类、纤维素类、其他成膜物类等。

自2015年2月1日起对涂料征收消费税。对施工状态下挥发性有机物（VOC）含量低于420克/升（含）的涂料免征消费税。

4.2.3 消费税的税率

消费税的税率有两种形式：比例税率和定额税率。我国消费税共设置了20多档不同的税率或者税额，大多采用比例税率，对于啤酒、黄酒、成品油等采用定额税率，对于白酒、卷烟等实行从价定率和从量定额复合计征。

1. 消费税适用税率

消费税税目税率表见表4-1。

表4-1 消费税税目税率表

税目		税率
一、烟		
1. 卷烟		
(1) 甲类卷烟（调拨价在70元/条（不含增值税）以上（含））		56%加0.003元/支（生产环节）
(2) 乙类卷烟（调拨价在70元/条（不含增值税）以下）		36%加0.003元/支（生产环节）
(3) 商业批发		11%加0.005元/支（批发环节）
2. 雪茄烟		36%（生产环节）
3. 烟丝		30%（生产环节）
二、酒		
1. 白酒	粮食白酒	20%加0.5元/斤（500克）或0.5元/500毫升
	薯类白酒	
2. 黄酒		240元/吨
3. 啤酒		
(1) 甲类啤酒（出厂价（含包装物和包装物押金）≥3 000元）		250元/吨
(2) 乙类啤酒（出厂价（含包装物和包装物押金）<3 000元）		220元/吨
4. 其他酒		10%
三、高档化妆品		15%
四、贵重首饰及珠宝玉石		
1. 金银首饰、铂金首饰和钻石及钻石饰品		5%
2. 其他贵重首饰和珠宝玉石		10%
五、鞭炮、焰火		15%
六、成品油		
1. 汽油		
(1) 含铅汽油		1.52元/升
(2) 无铅汽油		1.52元/升
2. 柴油		1.20元/升
3. 航空煤油		1.20元/升
4. 石脑油		1.52元/升
5. 溶剂油		1.52元/升
6. 润滑油		1.52元/升
7. 燃料油		1.20元/升
七、摩托车		
1. 气缸容量（排气量，下同）在250毫升（含250毫升）以下的		3%

续表

税目	税率
2. 气缸容量在250毫升以上的	10%
八、小汽车	
1. 乘用车	
(1) 气缸容量(排气量,下同)在1.0升(含1.0升)以下的	1%
(2) 气缸容量在1.0升以上至1.5升(含1.5升)的	3%
(3) 气缸容量在1.5升以上至2.0升(含2.0升)的	5%
(4) 气缸容量在2.0升以上至2.5升(含2.5升)的	9%
(5) 气缸容量在2.5升以上至3.0升(含3.0升)的	12%
(6) 气缸容量在3.0升以上至4.0升(含4.0升)的	25%
(7) 气缸容量在4.0升以上的	40%
2. 中轻型商用客车	5%
3. 超豪华小汽车(零售环节)	10%(在乘用车和中轻型商用客车基础上加征)
九、高尔夫球及球具	10%
十、高档手表	20%
十一、游艇	10%
十二、木制一次性筷子	5%
十三、实木地板	5%
十四、电池	4%
其中:无汞原电池、金属氢化物镍蓄电池、锂原电池、锂离子蓄电池、太阳能电池、燃料电池和全钒液流电池	免征
十五、涂料	4%
其中:施工状态下挥发性有机物(VOC)含量低于420克/升(含)	免征

注:根据《财政部 海关总署 税务总局关于对部分成品油征收进口环节消费税的公告》(财政部 海关总署 税务总局公告2021年第19号),自2021年6月12日起,对部分成品油视同石脑油或燃料油征收进口环节消费税。主要涉及三种成品油:一是归入税则号列27075000,且200摄氏度以下时蒸馏出的芳烃以体积计小于95%的进口产品,主要包括"混合芳烃";二是归入税则号列27079990、27101299的进口产品,主要包括"轻循环油";三是归入税则号列27150000,且440摄氏度以下时蒸馏出的矿物油以体积计大于5%的进口产品,主要包括"稀释沥青"。

2. 消费税适用税率的特殊规定

(1)最高税率的运用。消费税按照税目设置不同税率,征税界限清楚,一般不会发生错用税率的情况。但对于下列情况,要适用最高税率征税:1)纳税人兼营不同税率的应税消费品未分别核算的,按最高税率征税;2)纳税人将应税消费品与非应税消费品以及适用税率不同的应税消费品组成成套消费品销售的,应根据成套消费品的销售金额按应税消费品中适用最高税率的消费品税率征税。例如,某酒厂主要生产白酒和其他酒，现将白酒和药酒各1斤组装套装，白酒80元/斤，药酒100元/斤，组装套装每套不含税价格为200元，则应纳的消费税为200×20%+2×0.5=41元。

（2）适用税率的特殊规定。对白包卷烟、手工卷烟、自产自用没有同号牌规格调拨价的卷烟、委托加工没有同牌号规格调拨价的卷烟、未经国务院批准纳入计划的企业和个人生产的卷烟，除定额税率外，一律按照56%的比例税率征收消费税。

每条进口卷烟（200支）确定消费税适用比例税率按照价格确定。

价格=(关税完税价格+关税+消费税定额税率)÷(1−消费税税率)

适用比例税率的价格大于等于70元的，税率为56%；价格小于70元的，税率为36%。

3. 国内消费税免税政策

国家对消费税的特殊征税对象出台了一些优惠政策。

（1）废矿物油再生油品免征消费税。为进一步促进资源综合利用和环境保护，经国务院批准，《财政部 国家税务总局关于对废矿物油再生油品免征消费税的通知》（财税〔2013〕105号）实施期限延长5年，自2018年11月1日起至2023年10月31日止。

（2）跨境电子商务零售进口的消费税政策。自2019年1月1日起，跨境电商零售进口商品单次交易在5 000元内、年度交易在26 000元内的，免征进口环节消费税。完税价格超过5 000元单次交易限值但低于26 000元年度交易限值，且订单下仅一件商品时，可以自跨境电商零售渠道进口，按照货物税率全额征收关税和进口环节增值税、消费税，交易额计入年度交易总额。年度交易总额超过年度交易限值的，应按一般贸易管理。

（3）无偿捐赠应对疫情。自2020年1月1日至2021年3月31日，单位和个体工商户将自产、委托加工或购买的货物，通过公益性社会组织和县级以上人民政府及其部门等国家机关，或者直接向承担疫情防治任务的医院，无偿捐赠用于应对新型冠状病毒感染的肺炎疫情的，免征消费税。

（4）海南离岛免税店销售离岛免税商品可免征消费税。据《海南离岛免税店销售离岛免税商品免征增值税和消费税管理办法》规定，离岛免税店销售离岛免税商品，免征增值税和消费税，同时应开具增值税普通发票，不得开具增值税专用发票。除此外，销售非离岛免税商品，应按现行规定征收增值税和消费税。另外，离岛免税店兼营应征增值税、消费税项目的，应分别核算离岛免税商品和应税项目的销售额；未分别核算的，不得免税。

4.2.4 消费税的征税环节

我国消费税的征税环节相对单一，但具体到不同的应税消费品征税环节又有所不同。我国消费税主要在生产（委托加工）环节、进口环节、批发环节、零售环节征收。

1. 生产应税消费品

我国大部分应税消费品在生产环节征收消费税。对于大多数消费税商品而言，在生产环节征税以后，流通环节不再缴纳消费税。但卷烟在生产环节征税后，还需要在批发环节再征收消费税。

自产自用的应税消费品，如果用于应税消费品生产使用，不缴纳消费税；如果用于其他用途，于转移时缴纳消费税。

2. 委托加工应税消费品

委托加工应税消费品是指委托方提供原料和主要材料，受托方只收取加工费和代垫部分辅助材料加工的应税消费品。委托加工的应税消费品，由受托方向委托方交货时代收代缴税款。委托人委托个体经营者加工的，委托方收回后在委托方所在地缴纳消费税税款。委托加工的应税消费品收回后，再继续用于生产应税消费品销售且符合现行政策规定的，其加工环节缴纳的消费税税款可以扣除。

3. 进口应税消费品

单位和个人进口的属于消费税征税范围的货物，在进口环节要缴纳消费税。为了减少征税成本，进口环节缴纳的消费税由海关代征。

4. 卷烟批发环节

自 2009 年 5 月 1 日起，卷烟在批发环节加征一道从价税。自 2015 年 5 月 10 日起，卷烟批发环节从价税税率由 5%提高至 11%，并按 0.005 元/支加征从量税。纳税人兼营卷烟批发和零售业务的，应当分别核算批发和零售环节的销售额、销售数量；未分别核算批发和零售环节销售额、销售数量的，按照全部销售额、销售数量计征批发环节消费税。卷烟消费税在生产和批发两个环节征收后，批发企业在计算缴纳时不得扣除已含的生产环节的消费税税款。

5. 零售应税消费品

经国务院批准，自 1995 年 1 月 1 日起，金银首饰消费税由生产环节征收改为零售环节征收。改在零售环节征收消费税的金银首饰仅限于金基、银基合金首饰以及金、银和金基、银基合金的镶嵌首饰，进口环节暂不征收，零售环节适用税率为 5%，在纳税人销售金银首饰、钻石及钻石饰品时征收。其计税依据是不含增值税的销售额。

对既销售金银首饰又销售非金银首饰的生产、经营单位，应将两类商品划分清楚，分别核算销售额。凡划分不清楚或不能分别核算的，在生产环节销售的，一律从高适用税率征收消费税；在零售环节销售的，一律按金银首饰征收消费税。金银首饰与其他产品组成成套消费品销售的，应按销售额全额征收消费税。金银首饰连同包装物销售的，无论包装物是否单独计价，也无论会计上如何核算，均应并入金银首饰的销售额计征消费税。带料加工的金银首饰，应按受托方销售同类金银首饰的销售价格确定计税依据征收消费税；没有同类金银首饰的销售价格的，按照组成计税价格计算纳税。纳税人采用以旧换新（含翻新改制）方式销售的金银首饰，应按实际收取的不含增值税的全部价款确定计税依据征收消费税。

4.3　消费税应纳税额的计算

4.3.1　直接对外销售应税消费品应纳税额的计算

按照现行消费税的基本规定，消费税的计算主要分为从价计征、从量计征和从价从量复合计征三种方法。

1. 从价定率计征消费税应纳税额的计算

实行从价定率计征办法征收的应税消费品，计税依据是应税消费品的销售额。其计算公式为：

应纳消费税＝应税消费品的计税销售额×消费税比例税率

从价定率计征消费税的关键在于确定计税销售额和确定准确的适用比例税率。

（1）计税销售额的一般规定。应税消费品的销售额包括销售应税消费品从购买方收取的全部价款和价外费用。销售额不包括应向购买方收取的增值税。

由于消费税和增值税实行交叉征收，消费税是价内税，增值税是价外税，因此实行从价定率征收消费税的消费品的计税依据与增值税的计税依据是相同的，即都是以含有消费税不含增值税的销售额作为计税基数。有关全部价款和价外费用的相关规定，参考第3章增值税中销售额确定的相关内容。价外费用是指价外收取的基金、集资款、返还利润、补贴、违约金、延期付款利息、手续费、包装费、储备费、优质费、运输装卸费、品牌使用费、代收款项、代垫款项以及其他各种性质的价外收费。但是下列款项不属于价外费用：

1）同时符合以下条件的代垫运输费用：承运部门的运输费用发票开具给购买方的；纳税人将该项发票转交给购买方的。

2）同时符合以下条件代为收取的政府性基金或者行政事业性收费：①由国务院或者财政部批准设立的政府性基金，由国务院或者省级人民政府及其财政价格主管部门批准设立的行政事业性收费；②收取时开具省级以上财政部门印制的财政票据；③所收款项全额上缴财政。

除此之外，其他价外费用，无论是否属于纳税人的收入，均应并入销售额计算纳税。

（2）含增值税销售额的换算。应税消费品在缴纳消费税的同时还应缴纳增值税。按照《中华人民共和国消费税暂行条例实施细则》（简称《消费税暂行条例实施细则》）的规定，应税消费品的销售额，不包括应向购货方收取的增值税税款。如果纳税人应税消费品的销售额中未扣除增值税税额或者因不得开具增值税专用发票而发生价款和增值税税额合并收取的，在计算消费税时应当换算为不含增值税的销售额。其换算公式为：

应税消费品的销售额＝含增值税的销售额÷(1＋增值税税率或征收率)

例4-1

某化妆品生产公司为增值税一般纳税人。2021年6月向某商场销售高档化妆品一批，开具增值税专用发票，取得不含增值税销售额200万元，增值税税额为26万元；向某单位销售高档化妆品一批，开具的增值税专用发票注明价款为22.6万元。请计算该化妆品生产公司当月应纳的消费税（高档化妆品适用的消费税税率为15%）。

【解析】

应税销售额＝200＋22.6÷(1＋13%)＝220(万元)

应纳消费税＝220×15％＝33(万元)

(3) 关于包装物及押金的计税销售额。

1）应税消费品连同包装物销售的，无论包装物是否单独计价，也无论在会计上如何核算，均应计入应税消费品的销售额征收消费税。

2）如果包装物不作价随同产品销售而是收取押金，此项押金不应并入应税消费品的销售额中纳税。但对因逾期未收回的包装物不再退还的和已收取一年以上的押金，应并入应税消费品的销售额，按照应税消费品的适用税率缴纳消费税。

3）对既作价随同应税消费品销售又另外收取的包装物押金，凡纳税人在规定的期限内不予退还的，均应并入应税消费品的销售额，按照应税消费品的适用税率缴纳消费税。

4）对酒类产品生产企业销售酒类产品（从价定率办法征收）而收取的包装物押金，无论押金是否返还及会计上如何核算，均应并入酒类产品销售额中，依酒类产品的适用税率征收消费税，但以上规定不适用于实行从量定额征收消费税的啤酒和黄酒产品。

包装物押金消费税和增值税的相关规定比较如表4-2所示。

表4-2 包装物押金消费税和增值税的相关规定比较

押金种类	收取时未逾期	逾期时
一般应税消费品包装物押金	不缴纳增值税，不缴纳消费税	缴纳增值税，缴纳消费税（押金需要转换成不含税价格）
白酒、其他酒包装物押金	缴纳增值税，缴纳消费税（押金需要转换成不含税价格）	不缴纳增值税和消费税
啤酒、黄酒包装物押金	不缴纳增值税，不缴纳消费税	只缴纳增值税，不缴纳消费税（因为实行从量征收）

例4-2

某筷子生产企业为增值税一般纳税人。2021年6月取得不含税销售额如下：销售烫花木制筷子30万元；销售竹制筷子36万元；销售木制一次性筷子24万元。另外没收逾期未退还的木制一次性筷子包装物押金0.464万元，该押金于上年12月收取。请计算该企业6月应纳的消费税。

【解析】木制一次性筷子属于消费税征税范围，对应的逾期包装物押金也要计算消费税；烫花木制筷子和竹制筷子不属于消费税征税范围。

应纳消费税＝24×5％＋0.464÷(1＋13％)×5％＝1.22(万元)

(4) 卷烟消费税计税价格的特殊规定。卷烟的计税价格由国家税务总局核定。根据《卷烟消费税计税价格信息采集和核定管理办法》(国家税务总局令第26号）的规定，卷烟消费税最低计税价格核定范围为卷烟生产企业在生产环节销售的所有牌号、规格的卷烟。

卷烟消费税的计税价格由国家税务总局按照卷烟批发环节销售价格扣除卷烟批发环节批发毛利核定并发布。其计算公式为：

某牌号、规格卷烟计税价格＝批发环节销售价格×(1－适用批发毛利率)

实际销售价格高于核定计税价格的卷烟，按实际销售价格征收消费税；反之，按计税价格征收消费税。

（5）白酒消费税最低计税价格的核定。根据《国家税务总局关于加强白酒消费税征收管理办法的通知》（国税函〔2009〕380号）的规定，白酒生产企业销售给销售单位的白酒，生产企业消费税计税价格低于销售单位对外销售价格（不含增值税）70％的，税务机关应核定消费税最低计税价格。而对于生产企业消费税计税价格高于销售单位对外销售价格（不含增值税）70％以上的，税务机关暂不核定消费税最低计税价格。

销售单位，是指销售公司、购销公司以及委托境内其他单位或者个人包销本企业生产白酒的商业机构。销售公司、购销公司，是指专门购进并销售白酒生产企业生产的白酒，并与该白酒生产企业存在关联关系。包销，是指销售单位依据协定价格从白酒生产企业购进白酒，同时承担大部分包装材料等成本费用，并负责销售白酒。

白酒生产企业应将各种白酒的消费税计税价格和销售单位销售价格，按照规定的式样及要求，在主管税务机关规定的期限内填报。白酒消费税最低计税价格由白酒生产企业自行申报，税务机关核定。

白酒生产企业申报的销售给销售单位的计税价格低于销售单位对外销售价格（不含增值税）70％以下、年销售额1 000万元以上的各种白酒，要逐级上报给国家税务总局。国家税务总局选择其中部分白酒核定消费税最低计税价格，其他需要核定的消费税最低计税价格的白酒，消费税最低计税价格由各省、自治区、直辖市、计划单列市税务局核定。具体核定标准如下：

1）白酒消费税最低计税价格由税务机关根据生产规模、白酒品牌、利润水平等情况在销售单位对外销售价格50％～70％范围内自行核定。其中生产规模较大、利润水平较高的企业生产的需要核定消费税最低计税价格的白酒，税务机关核价幅度原则上应选择在销售单位对外销售价格的60％～70％。其中，国家税务总局选择核定消费税计税价格的白酒，核定比例统一确定为60％。纳税人应按下列公式计算白酒消费税计税价格：

当月该品牌、规格白酒消费税计税价格＝单位上月平均销售价格×核定比例

2）已核定最低计税价格的白酒，生产企业实际销售价格高于消费税最低计税价格的，按实际销售价格申报纳税；实际销售价格低于消费税最低计税价格的，按最低计税价格申报纳税。

3）已核定最低计税价格的白酒，销售单位对外销售价格持续上涨或下降时间达到3个月以上、累计上涨或下降幅度在20％（含）以上的白酒，税务机关重新核定最低计税价格。

4）白酒生产企业未按规定上报销售单位销售价格的，主管税务机关应按照销售单位销售价格征收消费税。

（6）其他计税依据的规定。

1）纳税人通过自设非独立核算门市部销售的自产应税消费品，应当按照门市部对

外销售额或者销售数量计算征收消费税。

2）纳税人用于以物易物（换取生产资料或消费资料）、投资入股、抵偿债务等方面的应税消费品，应当以纳税人同类应税消费品的最高销售价格为依据计算消费税。

3）当期投入生产的原材料可抵扣的已纳消费税大于当期应纳消费税不足抵扣的部分，可以在下期继续抵扣。

知识链接

酒类销售额的相关规定

（1）白酒生产企业向商业销售单位收取的品牌使用费是随着应税白酒的销售而向购买方收取的，属于应税白酒销售价款的组成部分。

（2）啤酒生产企业销售的啤酒，不得以向其关联企业的啤酒销售公司销售的价格作为确定消费税税额的标准，而应当以其关联企业的啤酒销售公司对外的销售价格（含包装物及包装物押金）作为确定消费税税额的标准，并依此确定该啤酒消费税单位税额。

例如，啤酒厂A与销售公司B之间存在关联关系，啤酒厂A销售给销售公司B的价格是2 800元/吨。销售公司B销售给无关联关系的C公司的价格是3 500元/吨。那么税务机关确定的该啤酒的消费税计税价格应该是3 500元/吨。

2. 从量定额计征消费税应纳税额的计算

实行从量定额计征消费税的计税依据，是应税消费品的销售数量、重量、容积等。应纳消费税税额的计算取决于应税消费品的销售数量和单位税额两个因素。其计算公式为：

应纳消费税＝应税消费品的计税销售量×单位税额

（1）销售数量的确定。销售数量是指纳税人生产、加工和进口消费品的销售数量。具体规定为：1）销售应税消费品的，为应税消费品的销售数量；2）自产自用应税消费品的，为应税消费品的移送使用数量；3）委托加工应税消费品的，为纳税人收回的应税消费品数量；4）进口应税消费品的，为海关核定的应税消费品进口征税数量。

（2）计量单位的换算标准。《消费税暂行条例》规定，黄酒、啤酒是以吨为税额单位；汽油、柴油是以升为税额单位。实际销售过程中，如果存在吨或升两个计量单位的混用，需要进行吨与升两个计量单位的换算。吨、升换算标准如表4-3所示。

表4-3 吨、升换算标准

序号	名称	计量单位的换算标准
1	黄酒	1吨＝962升
2	啤酒	1吨＝988升
3	汽油	1吨＝1 388升
4	柴油	1吨＝1 176升
5	航空煤油	1吨＝1 246升
6	石脑油	1吨＝1 385升

续表

序号	名称	计量单位的换算标准
7	溶剂油	1吨=1 282升
8	润滑油	1吨=1 126升
9	燃料油	1吨=1 015升

例4-3

某啤酒厂2021年6月销售乙类啤酒1 000吨，每吨出厂价格为2 600元。请计算该啤酒厂6月应纳的消费税。

【解析】 由于啤酒销售价格为2 600元/吨<3 000元/吨，所以该啤酒属于乙类啤酒，适用的消费税税率为220元/吨，则

应纳消费税=1 000×220=220 000(元)

3. 从价从量复合计征消费税应纳税额的计算

现行消费税的征税范围中，卷烟、粮食白酒、薯类白酒采用复合计征方法。其计税依据中既有销售额，也有应税消费品的销售数量。其中有关销售额和销售数量的确定参考上述从价计征和从量计征的相关计税依据确定。生产销售卷烟、粮食白酒、薯类白酒从量定额计税依据为实际销售数量；进口、委托加工、自产自用卷烟、粮食白酒、薯类白酒从量定额计税依据分别为海关核定的进口征税数量、委托方收回数量、移送使用数量。计算公式为：

应纳消费税=应税销售额×比例税率+应税销售数量×定额税率

例4-4

某白酒生产企业为增值税一般纳税人，2021年6月销售粮食白酒120吨，取得不含增值税销售额600万元。请计算该白酒生产企业6月应纳的消费税。

【解析】 生产白酒缴纳消费税，属于从价从量复合计征，则

应纳消费税=120×2 000×0.000 05+600×20%=132(万元)

4.3.2 自产自用应税消费品应纳税额的计算

1. 自产自用应税消费品的确定

自产自用应税消费品，是指纳税人生产应税消费品后，不是直接对外销售，而是用于自己连续生产应税消费品或用于其他方面。

根据《消费税暂行条例》的规定，纳税人自产自用的应税消费品，用于连续生产的应税消费品，不缴纳消费税；用于其他方面的，于移送时缴纳消费税。

（1）用于连续生产应税消费品，是指作为生产最终应税消费品的直接材料并构成最终产品实体的应税消费品。例如卷烟厂生产的烟丝，直接对外销售应缴纳消费税；用于本厂连续生产卷烟，只对生产销售的卷烟征收消费税，用于连续生产卷烟的烟丝不缴纳消费税。

（2）用于其他方面，是指纳税人用于生产非应税消费品、在建工程、管理部门、

非生产机构、提供劳务以及用于馈赠、赞助、集资、广告、样品、职工福利、奖励等方面。

2. 自产自用应税消费品消费税计税依据的确定

自产自用应税消费品消费税计税依据的确定遵从“先市场后行政”原则，即先根据同类消费品的销售价格确认，如无同类消费品销售价格的，再根据国家税务总局确定的该类消费品的全国平均利润率来计算组成计税价格。确定的顺序为：

（1）如果有同类消费品销售价格的，按照纳税人当月生产的同类消费品销售价格计算纳税。

（2）如果当月同类消费品各期销售价格不同，则按照销售数量加权平均计算。但无销售价格或者销售价格明显偏低且无正当理由的，其销售数量不能进入加权平均值。

（3）如果当月无销售额或者当月未完结，应按照同类上月或者最近月份的销售价格计算纳税。

（4）如果没有同类消费品销售价格，则按照组成计税价格计算纳税。

1）实行从价定率办法计算纳税的，组成计税价格的计算公式为：

$$组成计税价格=[成本\times(1+成本利润率)]\div(1-消费税比例税率)$$

2）实行复合计征办法计算纳税的，组成计税价格的计算公式为：

$$组成计税价格=[成本\times(1+成本利润率)+自产自用数量\times消费税定额税率]\div(1-消费税比例税率)$$

式中，成本是指应税消费品的生产成本；成本利润率是指国家税务总局确定的该类消费品的全国平均利润率，其具体规定如表 4-4 所示。

表 4-4　应税消费品平均利润率

货物名称	利润率	货物名称	利润率
1. 甲类卷烟	10%	11. 中轻型商用客车	5%
2. 乙类卷烟	5%	12. 乘用车	8%
3. 雪茄烟	5%	13. 摩托车	6%
4. 烟丝	5%	14. 高尔夫球及球具	10%
5. 粮食白酒	10%	15. 高档手表	20%
6. 薯类白酒	5%	16. 游艇	10%
7. 其他酒	5%	17. 木制一次性筷子	5%
8. 贵重首饰及珠宝玉石	6%	18. 实木地板	5%
9. 高档化妆品	5%	19. 电池	4%
10. 鞭炮、焰火	5%	20. 涂料	7%

3. 自产自用应税消费品应纳税额的计算

（1）从价定率计征的消费品应纳消费税的计算。

$$应纳消费税=\begin{matrix}自产自用同类应税消费品的\\销售额或者组成计税价格\end{matrix}\times\begin{matrix}消费税\\比例税率\end{matrix}$$

例4-5

某汽车厂为增值税一般纳税人，主要生产小汽车和商用小客车，小汽车不含税出厂价为12.5万元/辆，商用小客车不含税出厂价为6.8万元/辆。6月发生如下业务：销售小汽车8 600辆，并将本厂生产的2辆小汽车移送本厂研究所做破坏性碰撞实验，3辆小汽车作为广告样品；销售商用小客车576辆，并将本厂生产的10辆商用小客车移送改装分厂，将其改装为救护车。已知小汽车消费税税率为3%，商用小客车消费税税率为5%。请计算该汽车厂6月应纳的消费税。

【解析】3辆作为广告样品的小汽车以及10辆改装成救护车的商用小客车均需要缴纳消费税。

$$\begin{aligned}\text{应纳消费税} &= (8\,600+3)\times 12.5\times 3\%+(576+10)\times 6.8\times 5\% \\ &= 3\,425.37(\text{万元})\end{aligned}$$

例4-6

某汽车厂为增值税一般纳税人，6月特制高性能的B型小轿车6辆和电动汽车10辆，其中将2辆B型小轿车用于奖励给对汽车研发有突出贡献的科研人员，1辆B型小轿车用于汽车性能试验；本月销售电动汽车5辆，不含税售价为26万元/辆。B型小轿车生产成本为14万元/辆，成本利润率为8%，消费税税率为9%。请计算该汽车厂本月应纳的消费税。

【解析】用于奖励科研人员的B型小轿车按照视同销售处理，计税依据是按照组成计税价格确定的销售收入。

$$\text{应纳消费税}=14\times(1+8\%)\div(1-9\%)\times 2\times 9\%=2.99(\text{万元})$$

（2）从量定额计征的应税消费品应纳消费税的计算。

$$\text{应纳消费税}=\text{消费品移送使用数量}\times\text{单位税额}$$

例4-7

6月某啤酒厂自产啤酒40吨，赠送某啤酒节，每吨啤酒成本为1 000元，无同类产品售价。已知啤酒的消费税定额税率为220元/吨，成本利润率为10%。请计算该啤酒厂6月应纳的消费税及增值税。

【解析】

$$\text{应纳消费税}=40\times 220=8\,800(\text{元})$$

$$\text{应纳增值税}=[40\times 1\,000\times(1+10\%)+8\,800]\times 13\%=6\,864(\text{元})$$

（3）复合计征的应税消费品应纳消费税的计算。

$$\text{应纳消费税}=\frac{\text{自产自用同类应税消费品的}}{\text{销售额或者组成计税价格}}\times\frac{\text{比例}}{\text{税率}}+\frac{\text{消费品移送}}{\text{使用数量}}\times\frac{\text{单位}}{\text{税额}}$$

例4-8

某白酒生产企业本月举办展销会，将特制100斤新品白酒赠送给来宾。该批白酒成本为50 000元，无同类售价。已知该白酒的成本利润率为10%。请计算该批特制白酒应纳的消费税。

【解析】白酒消费税实行复合计征。赠送的白酒按照组成计税价格确定计税依据。

组成计税价格=[成本×(1+成本利润率)+自产自用数量×消费税定额税率]÷(1-消费税比例税率)

应纳消费税=组成计税价格×比例税率+消费品移送使用数量×单位税额
=[50 000×(1+10%)+100×0.5]÷(1-20%)×20%+100×0.5
=13 812.5(元)

4.3.3 委托加工环节应税消费品应纳消费税的计算

委托加工是生产应税消费品的一种形式，企业、单位或个人由于设备、技术、人力等方面的局限，或其他方面的原因，常常要委托其他单位加工应税消费品，然后将加工好的应税消费品收回直接销售或者自己使用。因此，委托加工应税消费品也应该缴纳消费税。

1. 委托加工应税消费品的确定

委托加工应税消费品是指委托方提供原料和主要材料，受托方只收取加工费和代垫部分辅助材料加工的应税消费品。作为委托加工的应税消费品必须具备两个条件：一是委托方提供原料和主要材料；二是受托方只收取加工费和代垫部分辅助材料。

无论是委托方还是受托方，凡是不符合上述两个基本条件的，不管纳税人在财务上如何处理，都不得作为委托加工应税消费品，而应按销售自制应税消费品缴纳消费税。下面三种情形都不是委托加工：

(1) 受托方以委托方的名义购进原材料进行生产的。

(2) 受托方直接向委托方提供主要材料或原材料的。

(3) 受托方直接把原材料卖给委托方的。

2. 代收代缴消费税税款

《消费税暂行条例》及其实施细则对委托加工应税消费品代收代缴消费税税款做了明确规定：受托方是法定的代收代缴义务人，由受托方向委托方交货时代收代缴消费税。如果受托方没有履行消费税的代收代缴义务，或者没有按照规定代收代缴消费税，要按照《税收征收管理法》的相关规定，承担补缴税款或者罚款的法律责任。但对于受托方是个人或者个体工商户的，委托加工应税消费品的消费税由委托方收回后在委托方所在地主管税务机关缴纳。

(1) 委托方补征消费税税款的处理。委托方补征消费税税款的依据是：1) 如果收回的应税消费品直接销售，按销售额计税补征；2) 如果收回的应税消费品尚未销售或用于连续生产等，按组成计税价格计税补征。

(2) 委托方收回应税消费品销售的处理。委托方收回应税消费品直接销售的，且受托方在交货时已经代收代缴消费税的，不再征收消费税。对于直接销售，《财政部 国家税务总局关于〈中华人民共和国消费税暂行条例实施细则〉有关条款解释的通知》(财法〔2012〕8号) 明确规定，委托方将收回的应税消费品，以不高于受托方的计税价格出售的，为直接出售，不再缴纳消费税；委托方以高于受托方的计税价格出售的，不属于直接出售，需按照规定申报缴纳消费税，在计税时准予扣除受托方已代收代缴的消费税。

（3）有关卷烟委托加工收回应税消费品销售的处理。对既有自产卷烟，同时又委托联营企业加工与自产卷烟牌号、规格相同卷烟的工业企业（简称回购企业），从联营企业购进后直接销售的卷烟，对外销售时不论是否加价，凡满足下列条件的不再征收消费税；不符合下列条件的，则征收消费税。

1）回购企业在委托联营企业加工卷烟时，除提供联营企业所需加工卷烟外，还须同时提供税务机关已经公示的消费税计税价格。联营企业必须按照已经公示的调拨价格申报缴纳消费税。

2）回购企业将联营企业加工卷烟回购后再出售的卷烟，其销售收入应与自产的卷烟的销售收入分开核算，以备税务机关检查。

3．委托加工应税消费品应纳消费税的计算

委托加工的应税消费品，按照受托方的同类消费品的销售价格计算缴纳消费税。同类消费品的销售价格是指受托方当月销售的同类消费品的销售价格。如果当月同类消费品各期销售价格高低不同，应按销售数量加权平均计算。有下列情况之一的，不得列入加权平均计算：

（1）销售价格明显偏低又无正当理由的。

（2）无销售价格的。

如果当月无销售或者当月未完结，应按照同类消费品上月或最近月份的销售价格计算缴纳消费税。没有同类价格的，按照组成计税价格计算缴纳消费税。

（1）有同类销售价格的应纳消费税的计算。

应纳消费税＝同类消费品销售单价×委托加工数量×适用税率

（2）没有同类销售价格按照组成计税价格计算。

1）实行从价定率办法计算纳税的组成计税价格，其计算公式为：

组成计税价格＝(材料成本＋加工费)÷(1－消费税比例税率)

应纳消费税＝组成计税价格×消费税比例税率

2）实行复合计税办法计算纳税的组成计税价格，其计算公式为：

组成计税价格＝(材料成本＋加工费＋委托加工数量×消费税定额税率)÷(1－消费税比例税率)

$$\text{应纳消费税}=\text{组成计税价格}\times\text{消费税比例税率}+\text{委托加工数量}\times\text{消费税定额税率}$$

式中，材料成本是指委托方所提供的加工材料的实际成本。委托加工应税消费品的纳税人，必须在委托加工合同上如实注明（或以其他方式提供）材料成本，凡未提供材料成本的，受托方所在地主管税务机关有权核定其材料成本。需要注意的是，如果委托加工提供的材料是免税农产品，则免税农产品的材料成本＝免税农产品的收购价×87%。加工费是指受托方加工应税消费品向委托方收取的全部费用，包括代垫辅助材料的成本，不包括增值税和代收代缴的消费税。

例 4－9

甲卷烟厂（增值税一般纳税人）接受乙卷烟厂（增值税一般纳税人）将烟叶加工成烟丝的业务。已知烟叶的成本为 50 000 元，加工费为 20 000 元，烟丝的消费税税率为 30%。甲卷烟厂没有同类产品的对外售价。乙卷烟厂将烟丝收回后直接以不高于受托方的价格对外销售，取得销售收入 120 000 元（不含增值税）。请计算加工完毕提货环节应纳的消费税及乙卷烟厂销售烟丝后应纳的消费税。

【解析】

$$\begin{aligned}\text{组成计税价格}&=(\text{材料成本}+\text{加工费})\div(1-\text{消费税税率})\\&=(50\,000+20\,000)\div(1-30\%)=100\,000(\text{元})\end{aligned}$$

$$\text{甲卷烟厂应代收代缴消费税}=100\,000\times30\%=30\,000(\text{元})$$

乙卷烟厂销售烟丝不再计算缴纳消费税。

4. 委托加工收回的应税消费品用于连续生产应税消费品的消费税处理

纳税人委托加工的应税消费品一般已经由受托方代收代缴消费税，如果委托方收回货物后用于连续生产应税消费品，其已缴纳的税款准予按照规定扣除。

（1）扣除范围：

1）以委托加工收回的已税烟丝为原料生产的卷烟。

2）以委托加工收回的已税高档化妆品为原料生产的高档化妆品。

3）以委托加工收回的已税珠宝玉石为原料生产的贵重首饰及珠宝玉石。

4）以委托加工收回的已税鞭炮、焰火为原料生产的鞭炮、焰火。

5）以委托加工收回的已税摩托车生产的摩托车。

6）以委托加工收回的已税杆头、杆身和握把为原料生产的高尔夫球杆。

7）以委托加工收回的已税木制一次性筷子为原料生产的木制一次性筷子。

8）以委托加工收回的已税实木地板为原料生产的实木地板。

9）以委托加工收回的已税汽油、柴油、石脑油、燃料油、润滑油用于连续生产应税成品油。

（2）扣税方法。

$$\begin{aligned}\begin{matrix}\text{当期准予扣除的委托加工}\\\text{应税消费品已纳消费税}\end{matrix}&=\begin{matrix}\text{期初库存的委托加工}\\\text{应税消费品已纳消费税}\end{matrix}+\begin{matrix}\text{当期收回的委托加工}\\\text{应税消费品已纳消费税}\end{matrix}\\&\quad-\begin{matrix}\text{期末库存的委托加工}\\\text{应税消费品已纳消费税}\end{matrix}\end{aligned}$$

式中，委托加工应税消费品已纳消费税为代扣代收消费税凭证注明的受托方代收代缴的消费税税额。

例 4－10

某化妆品厂（增值税一般纳税人）委托某日化厂加工高档香水、高档口红，收回后再继续加工成成套高档化妆品出售。已知 6 月高档香水、高档口红的月初库存为 70 000 元，已纳消费税为 30 000 元；本月收回委托加工的高档香水、高档口红金额为 280 000 元，收回时由委托方代收代缴消费税 120 000 元；月末库存高档香水、高档口红为56 000元；本月销售套装高档化妆品10 000套，每套不含增值税售价为200元。请计算该化妆品厂本月应纳的消费税。

【解析】

$$\text{本月准予扣除的委托加工应税消费品已纳消费税}=30\,000+120\,000-120\,000\times 56\,000\div 280\,000=126\,000(\text{元})$$

$$\text{应纳消费税}=200\times 10\,000\times 15\%-126\,000=174\,000(\text{元})$$

4.3.4 消费税征收的特殊规定

1. 金银首饰零售环节征收消费税的计税依据

我国金银首饰消费税的征收改在零售环节后，有关消费税的计税依据规定如下：

（1）计税依据是不含增值税的销售额。

$$\text{金银首饰的销售额}=\text{含增值税的销售额}\div(1+\text{增值税税率或者征收率})$$

（2）包装物计征消费税。金银首饰连同包装物销售，无论包装物是否单独计价，也无论会计上如何核算，都要并入销售额，计征消费税。

（3）带料加工的金银首饰的计税依据。带料加工的金银首饰，应按受托方销售的同类金银首饰的销售价格确定计税依据征收消费税。没有同类金银首饰销售价格的，按照组成计税价格计算缴纳消费税。

$$\text{组成计税价格}=\frac{\text{材料成本}+\text{加工费}}{1-\text{金银首饰消费税税率}}$$

（4）以旧换新（含翻新改制）方式销售的金银首饰的消费税。以旧换新（含翻新改制）方式销售的，应按实际收取的不含增值税的全部价款确定计税依据征收消费税。

（5）视同销售的消费税。生产、批发、零售单位用于馈赠、赞助、集资、广告、样品、职工福利、奖励等方面的金银首饰，应该按照纳税人销售同类金银首饰的销售价确定计税依据。没有同类的，按照组成计税价格确定计税依据。

$$\text{组成计税价格}=\frac{\text{购进原价}\times(1+\text{利润率})}{1-\text{金银首饰消费税税率}}$$

式中，购进原价是生产成本；利润率定为6%；消费税税率为5%。

需要注意的是，金银首饰改在零售环节缴纳消费税后，用已税珠宝生产的镶嵌首饰，在计税时一律不予扣除已纳的消费税税款。

2. 卷烟批发环节征收消费税的处理

从2009年起，为了增加财政收入，我国在卷烟批发环节加征一道消费税。我国境内从事卷烟批发业务的所有单位和个人，应就其批发销售的所有牌号、规格的卷烟，自2015年5月10日起，按照11%的比例税率、每支0.005元的定额税率双重计征消费税。

批发卷烟的计税依据是不含增值税的销售额。纳税人需将批发的香烟与其他商品的销售额分别核算，未分开核算的，一并征收消费税。卷烟批发企业之间销售的卷烟不缴纳消费税，只有将卷烟销售给零售商等其他单位和个人时才缴纳消费税。卷烟批发企业在计算卷烟消费税时不得扣除卷烟生产环节已经缴纳的消费税税额。有关卷烟核定的计税价格规定如下：

$$\text{某牌号、规格的卷烟计税价格}=\text{批发环节销售价格}\times(1-\text{适用批发毛利率})$$

$$\text{批发环节销售价格}=\frac{\sum \text{该牌号规格卷烟各采集点的销售额}}{\sum \text{该牌号规格卷烟各采集点的销售数量}}$$

如果实际售价比核定的计税价格高，则按照实际售价计税。

4.3.5 进口环节应税消费品应纳消费税的计算

1. 进口环节一般应税消费品应纳消费税的计算

纳税人进口应税消费品，按照组成计税价格和规定的消费税税率计算应纳消费税。其中，有关进口应税消费品的消费税税率由财政部、国家税务总局根据国内消费税制度和相应的消费政策等进行调整。

（1）实行从价定率计征消费税的计算。

$$\text{组成计税价格}=\frac{\text{关税完税价格}+\text{关税}}{1-\text{消费税比例税率}}$$

$$\text{应纳消费税}=\text{组成计税价格}\times\text{消费税比例税率}$$

式中，关税完税价格是海关核定的关税计税价格。

（2）实行从量定额计征消费税的计算。

$$\text{应纳消费税}=\text{应税消费品进口数量}\times\text{消费税定额税率}$$

（3）实行复合计税办法计征消费税的计算。

$$\text{组成计税价格}=\frac{\text{关税完税价格}+\text{关税}+\text{应税消费品进口数量}\times\text{消费税定额税率}}{1-\text{消费税比例税率}}$$

$$\text{应纳消费税}=\text{组成计税价格}\times\text{消费税比例税率}+\text{应税消费品进口数量}\times\text{消费税定额税率}$$

2. 跨境电商零售进口应税消费品应纳消费税的计算

根据《财政部 海关总署 国家税务总局关于跨境电子商务零售进口税收政策的通知》（财关税〔2016〕18号），我国自2016年4月8日起，对跨境电子商务零售进口商品按照货物征收关税和进口环节的增值税及消费税。购买跨境电子商务零售进口商品的个人作为纳税人，以实际成交价格（包括货物零售价格、运费和保险费）作为完税价格，电子商务企业、电子商务平台企业或者物流企业作为代收代缴义务人。

单次交易限值为5 000元，个人年度交易限值为26 000元。在交易限值以内进口的跨境电子商务零售商，关税税率暂设为零。但进口环节增值税、消费税取消免征税额，暂按法定应纳税额的70%征收。

如果单次超过限额、累计后超过限额，以及完税价格超过5 000元限值的单个不可分割的商品，按照一般贸易方式全额征税。

跨境电子商务零售进口商品自海关放行之日起30日内退货的，可申请退税，并相应调整个人年度交易总额。

跨境电子商务零售进口商品购买人（订购人）的身份信息应进行认证；未进行认证的，购买人（订购人）的身份信息应与付款人一致。

例4-11

某日化厂为增值税一般纳税人，10月的生产经营情况如下：

（1）进口业务：进口一批香水精，完税价格为23.07万元。

（2）销售业务：10月5日，以赊销方式销售给甲商场高档化妆品，不含增值税总价款为70万元，合同约定10月15日全额付款。15日该日化厂按照实际收到的货款开具增值税专用发票，注明金额40万元。

已知该日化厂进口香水精关税税率为20%，10月初库存外购香水精买价为2万元，10月末库存外购香水精买价为12万元，当前高档化妆品的消费税税率为15%。请计算10月该日化厂应纳的消费税。

【解析】（1）进口环节应缴纳的消费税按照组成计税价格计算。

组成计税价格＝(关税完税价格＋关税)÷(1－消费税比例税率)
＝(23.07＋23.07×20%)÷(1－15%)＝32.57(万元)

进口环节应纳消费税＝组成计税价格×消费税比例税率
＝32.57×15%＝4.89(万元)

（2）用外购的香水精生产高档化妆品已经缴纳的消费税税款按照领用数量进行扣除。

可以抵扣的香水精已经缴纳的消费税＝(12－2)×15%＝1.5(万元)

（3）10月销售的高档化妆品应纳消费税为：

应纳消费税＝销售额×消费税比例税率＝70×15%＝10.5(万元)

（4）实际应该缴纳的消费税为：

应纳消费税＝10.5＋4.89－1.5＝13.89(万元)

4.4 消费税出口退税

4.4.1 出口应税消费品的税收政策

纳税人出口应税消费品与已纳增值税出口货物一样，国家都会给予退（免）税优惠。出口应税消费品退（免）税在政策上分为以下三种情况：

1. 出口免税并退税

该政策的适用范围是：有出口经营权的外贸企业购进应税消费品直接出口，以及外贸企业受其他外贸企业委托代理出口应税消费品。

值得注意的是，外贸企业受其他企业（主要是非生产性商贸企业）委托，代理出口应税消费品不予办理退（免）税。该政策与出口货物退（免）增值税的政策规定一致。

2. 出口免税不退税

该政策的适用范围是：有进出口经营权的生产企业自营出口应税消费品、生产企业委托外贸企业代理出口自产的应税消费品，依据其实际出口数量免征消费税，但不予办理消费税退税。

免征消费税是指对生产性企业按照其实际出口数量免征生产环节的消费税。不予办理退还消费税，是因为已经免征了生产环节的消费税，该应税消费品出口时已经不含消费税，所以无须办理退还消费税。这与增值税的政策有所不同，主要原因在于消费税的征税环节相对单一，我国大部分应税消费品是在生产环节征收消费税，而增值税在多个环节征收。

3. 出口不免税也不退税

该政策的适用范围是：除生产企业、外贸企业外的其他企业（指一般商贸企业），委托外贸企业代理出口应税消费品，一律不予退（免）消费税。

4.4.2 出口应税消费品的退税率

出口应税消费品应退消费税的税率或者单位税额，依据《消费税暂行条例》所附的《消费税税目税率表》执行。也就是说，出口应税消费品的退税率（额）与征税时对应的消费税税率或者单位税额相同。

办理出口货物退（免）税的企业，应将不同税率的出口应税消费品分开核算和申报，凡是因未分开核算而划分不清适用消费税税率的，一律从低适用消费税税率计算退（免）税税额。

4.4.3 出口应税消费品退税额的计算

1. 从价定率征收计算退税额

属于从价定率方法计征消费税的应税消费品，应依照外贸企业从工厂购进货物时征收消费税的价格计算消费税应退税额。其计算公式为：

消费税应退税额＝出口货物工厂销售额×消费税税率

式中，出口货物工厂销售额不包含增值税。对含增值税的销售额应换算为不含增值税的销售额。

2. 从量定额征收计算退税额

属于从量定额方法计征消费税的应税消费品，应依照货物购进和报关出口的数量计算消费税应退税额。其计算公式为：

消费税应退税额＝出口数量×消费税单位税额

3. 从价从量复合计征计算退税额

属于从价从量复合计税方法计征消费税的应税消费品，应依照出口货物的工厂销售额和出口数量计算。其计算公式为：

消费税应退税额＝出口货物工厂销售额×消费税税率＋出口数量×消费税单位税额

知识链接

生产企业直接出口应税消费品或通过外贸企业出口应税消费品，按规定直接予以免税，可以不计算应缴纳的消费税，也无须进行消费税的会计处理。

4.5 消费税的征收管理

4.5.1 消费税的纳税义务的发生时间

纳税人生产的应税消费品应于销售时纳税，进口应税消费品应于报关进口环节纳税，金银首饰、钻石及钻石制品在零售环节纳税。消费税纳税义务发生时间以货款结算方式或销售行为发生的时间分别确定。具体规定如下：

（1）纳税人销售应税消费品的纳税义务发生时间。

1）采取分期销售或者赊销的，按书面合同约定的收取货款的当天。无书面合同或者合同没有约定收款日期的，为货物发出的当天。

2）采取预收款销售的，为货物发出的当天。

3）托收承付和委托银行收款的，为发出货物并办妥托收手续的当天。

4）采用其他方式销售的，为收讫销售款或者取得销售凭证的当天。

（2）纳税人自产自用应税消费品的，为移送使用的当天。

（3）纳税人委托加工应税消费品的，为纳税人提货的当天。

（4）纳税人进口应税消费品的，为报关进口的当天。

4.5.2 消费税的纳税期限

按照《消费税暂行条例》的规定，消费税纳税期限分别为1日、3日、5日、10日、15日、1个月或者1个季度。纳税人的具体纳税期限，由主管税务机关根据纳税人应纳税额的大小分别核定；不能按照固定期限纳税的，可以按次纳税。

纳税人以1个月或者1个季度为一期纳税的，自期满之日起15日内申报纳税；纳税人以1日、3日、5日、10日、15日为一期的，自期满之日起5日内预缴税款，于次月1日起15日内申报纳税并结清上月应纳税款。进口货物自海关填发税收专用缴款书之日起15日内纳税。

如果纳税人不能按照规定的纳税期限依法纳税，将按《税收征收管理法》的有关规定处理。

4.5.3 消费税的纳税地点

（1）纳税人销售的应税消费品，以及自产自用的应税消费品，除国务院另有规定外，应当向纳税人核算地主管税务机关申报纳税。

（2）委托加工的应税消费品，由受托方向所在地主管税务机关代收代缴消费税税款。委托个人加工的应税消费品，由委托方向其机构所在地或者居住地主管税务机关申报纳税。

（3）进口的应税消费品，由进口人或者其代理人向报关地海关申报纳税。

（4）纳税人到外县（市）销售或者委托外县（市）代销自产应税消费品的，于应税消费品销售后，回机构所在地或者居住地主管税务机关申报纳税。

纳税人的总机构与分支机构不在同一县（市）的，应当分别向各自机构所在地的主管税务机关申报纳税；经财政部、国家税务总局或者其授权的财政、税务机关批准，可以由总机构汇总向总机构所在地的主管税务机关申报纳税。卷烟批发企业的纳税地点比较特殊，应在卷烟批发企业的机构所在地申报纳税。

（5）纳税人销售的应税消费品，如因质量问题等原因由购买者退回时，经所在地主管税务机关审核批准后，可退还已征收的消费税税款，但不能自行直接抵减应纳消费税税款。

（6）纳税人直接出口的应税消费品办理免税后发生退关或国外退货，进口时已予以免税的，经所在地主管税务机关批准，可暂不办理补税，待其转为国内销售时，再向其主管税务机关申报补缴消费税。

4.6 消费税的纳税申报

为了进一步优化税收营商环境，提高办税效率，提升办税体验，国家税务总局在成功推行财产和行为税各税种合并申报的基础上，自2021年8月1日起，实行增值税、消费税分别与附加税费申报表整合。消费税的纳税人应按有关规定及时办理纳税申报，并如实填写《消费税及附加税费申报表》（见表4-5）。其中，新申报表将原分税目的消费税纳税申报表主表、附表进行了整合。系统根据纳税人登记的消费税征收品目信息，自动带出申报表主表中的“应税消费品名称”“适用税率”等内容以及该纳税人需要填报的附表，方便纳税人填报。成品油消费税纳税人、卷烟消费税纳税人需要填报的专用附表，其他纳税人不需填报，系统也不会带出。

若由扣缴义务代扣消费税，扣缴义务人代扣消费税税款后，应给委托方开具《中华人民共和国税收缴款书（代扣代收专用）》，委托方可凭该缴款书按规定申报抵扣消费税款。扣缴义务人向主管税务机关申报缴纳代扣的消费税时，不再填报《本期代收代缴税额计算表》，应填报通用《代扣代缴、代收代缴税款明细报告表》和《中华人民共和国税收缴款书（代扣代收专用）》附表，并根据系统自动生成的《代扣代缴、代收代缴税款明细报告表》“实代扣代缴、代收代缴税额”栏的合计数，缴纳代扣税款。

表4-5 消费税及附加税费申报表

税款所属期： 年 月 日至 年 月 日

纳税人识别号（统一社会信用代码）：□□□□□□□□□□□□□□□□

纳税人名称： 金额单位：元（列至角分）

项目 应税消费品名称	适用税率		计量单位	本期销售数量	本期销售额	本期应纳税额
	定额税率	比例税率				
	1	2	3	4	5	6=1×4+2×5
合计	—	—	—	—	—	

	栏次	本期税费额
本期减（免）税额	7	
期初留抵税额	8	
本期准予扣除税额	9	
本期应扣除税额	10=8+9	
本期实际扣除税额	11[10<(6-7)，则为10，否则6-7]	
期末留抵税额	12=10-11	
本期预缴税额	13	
本期应补（退）税额	14=6-7-11-13	
城市维护建设税本期应补（退）税额	15	
教育费附加本期应补（退）费额	16	
地方教育附加本期应补（退）费额	17	

声明：此纳税申报表是根据国家税收法律的规定填报的，本人（单位）对填报内容（及附带资料）的真实性、可靠性、完整性负责。

纳税人（签章）： 年 月 日

经办人： 经办人身份证号： 代理机构签章： 代理机构统一社会信用代码：	受理人： 受理税务机关（章）： 受理日期： 年 月 日

知识链接

本次消费税申报表变化如下：

(1) 将原分税目的8张消费税纳税申报表主表整合为1张主表，基本框架结构维持不变，包含销售情况、税款计算和税款缴纳三部分，增加了栏次和列次序号及表内勾稽关系，删除不参与消费税计算的“期初未缴税额”等3个项目，方便纳税人平稳过渡使用新申报表。

(2) 将原分税目的22张消费税纳税申报表附表整合为7张附表，其中4张为通用附表，1张成品油消费税纳税人填报的专用附表，2张卷烟消费税纳税人填报的专用附表。

4.7 消费税的改革方向

我国新一轮税制改革要求调整消费税的征收范围、征收环节和税率，以平衡多种政策目标。全面推开营改增后，地方主体税种缺失，如何建立地方新的主体税种弥补税收缺口成为税制改革中的重要考量，对消费税调整以适应新的税制结构也有不同的探索。

1. 建立绿色消费税体系

建立绿色消费税体系的首要任务就是进一步扩大消费税的征收范围，适当调整消费税税率，增强其环境保护效应。消费税的征收范围应该涵盖无法回收利用、在使用中会对环境造成严重污染的产品，然后根据课税对象的环境保护作用设定相应的税率，提高非生活必需品且污染严重的产品的税率。对具有环保作用的绿色产品如节能型的电子产品、充电电池、可降解塑料制品或包装物、生物肥料、以天然植物为主要原料制造的洗衣粉等消费品实行减税或免税，对以低污染清洁能源为动力的机动车船予以减征或给予财政补贴，适当降低如护肤护发品、摩托车、黄酒、啤酒等普通生活用品的税率。

2. 合理确定消费税征收范围

随着经济社会发展，人民生活水平不断提高，在现行消费税税目中，有很多当初定义的奢侈品和高档消费品已经成为大众生活的必需品，如果继续征收消费税就显得不合理。通过对近几年人们的消费行为和消费习惯进行分析，可以将一些高档服务类消费纳入消费税征收范围，比如一些高档娱乐业项目如歌舞厅、KTV、保龄球，以及一些特殊服务如桑拿、按摩等，还可以考虑将私人飞机、名贵裘皮、高档电子产品等纳入奢侈品征收范围。同时在消费税税目表中设立“一次性消费品”，对一次性塑料包装物、一次性杯子、一次性泡沫塑料饭盒、不可降解的塑料制品等商品征收消费税。

3. 将消费税由价内税改为价外税

我国现行的消费税采用价内税方式，这种方式有利于减少消费税征收阻力，但是不利于纳税人税收感知的实现。可以借鉴国际经验，将消费税的征税形式由价内税改为价外税，实现价税分离，提高征税的透明度，让消费者明晰国家的税收导向和消费政策，培养消费者的纳税意识。将消费税调至价外既可以缩小增值税的税基，又可以避免税上加税，为企业减轻税收负担。

4. 调整消费税的征收环节

我国现行消费税除金银首饰外都在生产环节征收，客观上为纳税人在流通环节进行避税创造了条件，导致消费税大量流失，削弱了调节功能。目前我国税收监管系统广泛采取的税控收款装置大大提高了税务部门在商品销售领域的征管能力，因此可以考虑将消费税的纳税环节向后推移到零售环节，以扩大税基，增加收入，增强消费税的调节功能。

5. 将消费税调整为中央地方共享税

营改增后，地方政府急需寻找可以替代的主体税种。如果将消费税的征税权划归地方，弥补地方财政收入，可能会产生较大的负面效应，比如地方政府为增加财政收入，会鼓励人们对烟酒进行消费等。而如果将消费税调整为中央地方共享税，并制定合适的比例使地方政府的财权与事权相匹配，既可以保证地方财政收入，又可以充分发挥地方政府征税的主动性，这在一定程度上可以弥补营改增后地方政府的财政缺口。

本章小结

1. 消费税是指对特定的消费品和消费行为按消费流转额征收的一种商品税。

2. 消费税以特定消费品为征收对象，税收随价格转嫁给消费者负担，消费者是间接的纳税人、实际的负税人。

3. 消费税的征收具有较强的选择性，目前对烟、酒、高档化妆品、贵重首饰及珠宝玉石、鞭炮和焰火、成品油、小汽车、摩托车、高尔夫球及球具、高档手表、游艇、木制一次性筷子、实木地板、电池、涂料15类产品征收消费税。

4. 现行消费税实行从价定率、从量定额和从价从量复合计税三种方法。黄酒、啤酒和成品油采用从量定额方法计征，粮食白酒、薯类白酒和卷烟采用从价从量复合计税方法计征，其余应税消费品采用从价定率方法计征。

5. 消费税征收环节分布于生产（委托加工）、进口、批发和零售环节。消费税征收环节单一，应税消费品在生产环节或进口环节征税后，除个别消费品的纳税环节为零售环节外，继续转销该消费品时不再征收消费税。

复习与思考

一、单项选择题

1. 依据消费税的有关规定，下列行为中应缴纳消费税的是（　　）。

A. 进口涂料　　　　B. 进口服装

C. 零售高档化妆品　　　　D. 批发白酒

2. 下列项目中，应征收消费税的是（　　）。

A. 啤酒屋销售的自制果啤

B. 零售商店出售的外购焰火、鞭炮

C. 汽车制造厂销售自产货运加长大卡车

D. 服装厂转让自己使用过的小汽车

3. 消费税的纳税人规定中的“在中华人民共和国境内”，是指生产、委托加工和进口属于应当征收消费税的消费品的（　　）。

A. 生产地　　B. 使用地

C. 起运地或所在地　　D. 销售地

4. 根据消费税的有关规定，下列情况应当征收消费税的是（　　）。

A. 汽车厂外购已税电池装配小汽车后销售

B. 商业企业外购已税珠宝玉石用于零售

C. 企业将外购的实木地板用于职工福利

D. 企业将委托加工收回的粮食白酒以不高于受托方的计税价格直接出售

5. 根据消费税的相关规定，下列移送环节应视同销售缴纳消费税的是（　　）。

A. 将外购已税消费品用于继续加工应税消费品

B. 将委托加工收回的应税消费品用于继续加工应税消费品

C. 自制应税消费品用于继续加工应税消费品

D. 自制应税消费品用于向外单位投资

6. 根据消费税的有关规定，下列纳税人自产自用的应税消费品不缴纳消费税的是（　　）。

A. 实木地板厂用于办公室装修的实木地板

B. 白酒厂用于抵偿债务的自产白酒

C. 日化厂用于交易会样品的自产高档化妆品

D. 卷烟厂用于连续生产卷烟的自产烟丝

7. 某酒厂为增值税一般纳税人，6月生产一种新型白酒，其中0.8吨用于奖励职工。已知该种白酒无同类产品出厂价，生产成本为40 000元/吨，成本利润率为10%，白酒消费税定额税率为0.5元/斤，消费税比例税率为20%。该酒厂当月应缴纳的消费税为（　　）元。

A. 8 600　　B. 8 800　　C. 9 600　　D. 9 800

8. 某酒厂为增值税一般纳税人，6月将5吨自产的白酒用于职工福利。该批白酒的生产成本为20 000元，无同类白酒市场销售价格。已知白酒的成本利润率为5%，适用的消费税定额税率为0.5元/斤，消费税比例税率为20%。该酒厂应缴纳的消费税为（　　）元。

A. 6 500　　B. 10 200　　C. 10 250　　D. 11 500

9. 某筷子生产企业为增值税一般纳税人，7月取得不含税销售收入如下：销售烫花木制筷子取得收入12万元；销售竹制筷子取得收入18万元；销售木制一次性筷子取得收入12万元。另没收逾期未退还的木制一次性筷子包装物押金0.23万元，该押金于2021年6月收取。已知木质一次性筷子适用的消费税税率为5%。该企业2021年7月应纳消费税为（　　）万元。

A. 0.61　　B. 0.59　　C. 1.36　　D. 2.26

10. 某商场为增值税一般纳税人，7月珠宝首饰部门发生如下业务：零售铂金首饰取得收入12.87万元；将金银首饰与镀金首饰组成配套首饰盒销售，取得收入21.06万元，其中金银首饰18.72万元，镀金首饰2.34万元。该商场当月应纳消费税为（ ）万元。

A. 0.55 B. 0.90 C. 1.45 D. 1.35

11. 8月某首饰厂从某商贸企业购进一批珠宝玉石，增值税专用发票注明价款50万元、税款6.5万元，打磨后再将其销售给首饰商城，收到不含税价款90万元。已知珠宝玉石消费税税率为10%，该首饰厂以上业务应纳消费税为（ ）万元。

A. 4 B. 5 C. 9 D. 14

12. 某卷烟厂从甲企业购进烟丝，取得增值税专用发票，注明价款50万元；该烟丝60%用于生产A牌卷烟（甲类卷烟）；本月销售A牌卷烟80箱（标准箱），取得不含税销售额400万元。甲类卷烟消费税税率为56%加150元/标准箱，烟丝消费税税率为30%。当月该卷烟厂应纳消费税为（ ）万元。

A. 210.20 B. 216.20 C. 224 D. 225.20

13. 企业生产销售的下列产品中，属于消费税征税范围的是（ ）。

A. 电动汽车

B. 体育用鞭炮药引线

C. 销售价格为9 000元的手表

D. 铅蓄电池

14. 下列行为涉及的货物，属于消费税征税范围的是（ ）。

A. 批发商批发销售的雪茄烟

B. 汽车修理厂修车时更换的轮胎

C. 鞭炮加工厂销售田径比赛用发令纸

D. 出国人员免税商店销售的金银首饰

15. 卷烟批发企业甲11月批发销售卷烟500箱，其中批发给另一个卷烟批发企业300箱、零售专卖店150箱、个体烟摊50箱。每箱不含税批发价格为13 000元。甲企业应纳消费税为（ ）元。

A. 130 000 B. 286 000 C. 336 000 D. 840 000

二、多项选择题

1. 下列环节既征收消费税又征收增值税的有（ ）。

A. 卷烟的批发环节

B. 金银首饰的生产环节

C. 金银首饰的零售环节

D. 超豪华小汽车的零售环节

2. 根据现行消费税政策，下列业务应缴纳消费税的有（ ）。

A. 将自产高档化妆品移送自设非独立核算门市部代售

B. 酒厂将自产的白酒以福利形式发放给职工

C. 将自产卷烟用于广告样品

D. 外购润滑油不经过加工只贴商标对外销售

3. 下列情形中，在计征消费税时可以扣除委托加工收回应税消费品已纳消费税的有（ ）。

A. 以委托加工收回的已税高档化妆品为原料生产的高档化妆品

B. 以委托加工收回的已税低纯度白酒为原料生产的白酒

C. 以委托加工收回的已税烟丝为原料生产的卷烟

D. 以委托加工收回的已税实木地板为原料生产的实木复合地板

4. 纳税人发生的下列行为中，应缴纳消费税的有（　　）。

A. 酒厂将自产的白酒赠送给客户

B. 烟厂将自产的烟丝用于连续生产卷烟

C. 汽车制造厂将自产的小汽车用于工厂内的行政部门

D. 原油加工厂将自产的柴油用于调和生产生物柴油

5. 下列应税消费品中，采用定额税率从量征收消费税的有（　　）。

A. 黄酒　　B. 葡萄酒　　C. 柴油　　D. 烟丝

6. 下列委托加工行为中，受让方（非个人）应代收代缴消费税的有（　　）。

A. 建筑公司委托加工一批涂料

B. 某企业提供外购汽车底盘及配件委托加工成小货车

C. 某企业委托加工一批高档化妆品

D. 某企业提供烟叶委托加工成烟丝

7. 下列纳税人连续生产应税消费品再销售的，可按生产领用量扣除外购应税消费品已纳消费税税款的有（　　）。

A. 外购已税烟丝生产的卷烟

B. 外购已税蒸馏酒生产的配制酒

C. 进口葡萄酒连续生产应税葡萄酒

D. 外购已税润滑油生产的润滑油

8. 下列关于消费税计税依据的说法中，正确的有（　　）。

A. 啤酒生产企业生产销售啤酒时收取的包装物押金应并入销售额计税

B. 白酒生产企业向商业销售单位收取的“品牌使用费”应并入白酒销售额计税

C. 纳税人自产应税消费品用于换取生产资料和消费资料、投资入股和抵偿债务等方面，应以纳税人同类应税消费品的最高销售价格计税

D. 纳税人通过自设非独立核算门市部销售的自产应税消费品，应当按照门市部对外销售额或者销售数量计税

9. 下列不可抵扣外购应税消费品的已纳消费税税额的有（　　）。

A. 为生产实木地板而领用的外购已税涂料

B. 为生产金银首饰而领用的外购已税翡翠首饰

C. 为生产实木地板而领用的外购已税实木地板

D. 领用外购已税白酒勾兑的白酒

10. 下列关于消费税的纳税地点的表述中，正确的有（　　）。

A. 委托加工的应税消费品，除受托方为个人外，由受托方向机构所在地或居住地主管税务机关解缴其代收代缴的消费税

B. 纳税人销售的应税消费品，以及自产自用的应税消费品，除另有规定外，应向纳税人机构所在地或居住地的主管税务机关申报纳税

C. 进口的应税消费品，由进口人或代理人向核算地海关申报纳税

D. 委托个人加工的应税消费品，由委托方向其机构所在地或居住地主管税务机关申报纳税

11. 下列单位中属于消费税纳税人的有（　　）。

A. 小汽车生产企业　　B. 委托加工烟丝的卷烟厂

C. 进口红酒的外贸公司　　D. 受托加工白酒的加工厂

12. 根据现行税法，下列消费品的生产经营环节，既征收增值税又征收消费税的有（　　）。

A. 批发环节销售的卷烟

B. 零售环节销售的金基合金首饰

C. 批发环节销售的白酒

D. 申报进口的高尔夫球具

13. 下列商品中属于消费税征收范围的有（　　）。

A. 变压器油　　B. 高尔夫车

C. 铅蓄电池　　D. 翡翠首饰

14. 企业生产销售白酒取得的下列款项中，应并入销售额计征消费税的有（　　）。

A. 优质费　　B. 包装物租金

C. 品牌使用费　　D. 包装物押金

15. 下列关于从量计征消费税计税依据确定方法的表述中，正确的有（　　）。

A. 销售应税消费品的，为应税消费品的销售数量

B. 进口应消费品的，为海关核定的应税消费品的数量

C. 以应税消费品投资入股的，为应税消费品的移送使用数量

D. 委托加工应税消费品的，为加工完成的应税消费品的数量

三、计算题

1. 某白酒厂国庆节期间，将新研制的粮食白酒1吨作为过节福利发放给员工饮用，该粮食白酒无同类产品市场销售价格。已知该批粮食白酒的生产成本为20 000元，成本利润率为5%，白酒消费税比例税率为20%，消费税定额税率为0.5元/斤。

要求：请计算该批粮食白酒应纳的消费税。

2. 某高尔夫球具厂为增值税一般纳税人，下设一非独立核算的门市部，6月该厂将生产的一批成本价为70万元的高尔夫球具移送至门市部，门市部将其中的80%对外销售，取得含税销售额77.22万元。高尔夫球具的消费税税率为10%，成本利润率为10%。

要求：请计算该项业务应纳的消费税。

3. 某汽车销售公司6月进口12辆乘用车，适用消费税税率为9%，每辆乘用车的关税完税价格为30万元，关税税率为80%；进口中轻型商用客车8辆，适用消费税税率为5%，每辆中轻型商用客车的关税完税价格为25万元，关税税率为30%。

要求：请计算该汽车销售公司6月进口环节应纳消费税的合计金额。

4. 某外贸公司（增值税一般纳税人，具有出口经营权）2021年6月从生产企业购进高档化妆品一批，取得的增值税专用发票注明价款25万元、增值税3.25万元，支

付购买高档化妆品的运输费用3万元，当月该批高档化妆品全部出口取得销售收入35万元。该批高档化妆品的增值税退税率为13%，消费税税率为15%。

要求：请计算该外贸公司出口高档化妆品应退的增值税和消费税合计金额。

5. 8月乙商场零售金银首饰取得含税销售额10.53万元，其中包括以旧换新业务中新首饰的含税销售额5.85万元。在以旧换新业务中，旧首饰作价的含税金额为3.51万元，乙商场实际收取的含税金额为2.34万元。

要求：请计算乙商场8月零售金银首饰应纳的消费税、增值税（不考虑进项税）。

6. 某企业将生产的食用酒精作为酒基，加入食品添加剂调制成配制酒，当月全部销售，开具的增值税专用发票注明金额18万元、税额2.34万元。

要求：请计算该企业应纳的消费税。

7. 某啤酒屋6月发生业务如下：店堂点餐消费收入100 000元，含销售瓶装啤酒2吨收入5 000元，用自有设备现酿啤酒0.4吨收入2 000元。设该啤酒屋为小规模纳税人。

要求：请计算该啤酒屋应纳的增值税、消费税。

8. 某酒厂12月销售粮食白酒12 000斤，不含税单价为5元/斤，随同销售的包装物价格为7 254元；本月销售礼品盒6 000套，不含税单价为300元/套，每套包括粮食白酒2斤、单价80元，干红酒2斤、单价70元。

要求：请计算该企业12月应纳的消费税。

9. 某实木地板生产企业为增值税一般纳税人，12月生产经营业务如下：

(1) 生产实木地板50万平方米，销售给消费者个人40万平方米，开具增值税普通发票，取得含税销售额6 400万元，收取包装费320万元。

(2) 生产实木复合地板70万平方米，销售给单位22万平方米，开具增值税普通发票。取得含税销售额1 540万元、送货收入76万元（运输业务不单独核算）。

要求：请分别计算应纳的消费税（消费税税率为5%）。

10. 某酒厂为增值税一般纳税人，主要生产粮食白酒和啤酒。8月发生以下业务：

(1) 销售粮食白酒60 000斤，取得不含税销售额105 000元；另外，收取粮食白酒品牌使用费4 680元；本月销售粮食白酒收取包装物押金9 360元。

(2) 销售啤酒150吨，每吨不含税售价2 400元。销售啤酒收取包装物押金1 170元。

要求：请计算该酒厂本月应纳的消费税（啤酒单位税额为220元/吨）。

11. 某白酒生产企业8月发生以下业务：

(1) 销售粮食白酒60吨给某专卖店，每吨销售价格为26 000元，共计应收取含税销售额1 809 600元；由于专卖店提前支付价款，企业给予专卖店3%的销售折扣，实际收款1 755 312元。

(2) 直接零售给消费者个人薯类白酒25吨，共计取得含税销售额829 400元。

要求：请计算该白酒生产企业当月应纳的消费税。

12. 某卷烟厂8月按60元/条的调拨价格（不含增值税）销售600标准箱（1箱=250条）M牌号卷烟给某卷烟批发公司。

要求：请计算该卷烟厂应纳的消费税。

13. 某汽车制造厂8月发生以下业务：

（1）将生产的1 100辆小汽车分两批出售，其中销售400辆小汽车取得的增值税专用发票注明金额4 500万元、税额585万元，销售700辆小汽车取得的增值税专用发票注明金额6 500万元、税额845万元。

（2）将生产的10辆小汽车奖励给劳动模范。

要求：请计算该汽车制造厂8月应纳的消费税与增值税（消费税税率为5%）。

14. 某化妆品公司8月将一批自产的高档化妆品用作职工福利，高档化妆品的成本为8 000元，该高档化妆品无同类产品市场销售价格，已知其成本利润率为5%，消费税税率为15%。

要求：请计算该化妆品公司应纳的消费税、增值税。

15. 9月某啤酒厂自产啤酒10吨，无偿提供给某啤酒节，已知每吨成本为1 000元，无同类产品市场销售价格。

要求：请计算该啤酒厂应纳的消费税、增值税（消费税单位税额为220元/吨）。

四、综合题

1. 某首饰商城为增值税一般纳税人，6月发生的经营业务如下：

（1）采取以旧换新方式销售玉石首饰，旧首饰作价18万元，实际收取含税金额30万元；采取以旧换新方式销售金银首饰，新首饰零售价为60万元，实际收取含税金额48万元。

（2）零售镀金项链和银手镯组成的套装礼盒，取得零售收入81.9万元，其中镀金项链收入35.1万元，银手镯收入46.8万元。

（3）外购一批铂金首饰，取得的增值税专用发票注明价款10万元、增值税1.3万元，商城将该批首饰作为福利发放给职工，没有同类铂金首饰的销售价格，成本利润率为6%。

（4）当月零售珍珠项链800条，取得零售收入28.08万元；零售黄金钻石戒指100个，取得零售收入140.4万元，其中含黄金钻石戒指的包装盒收入10.4万元；零售包金手镯300个，取得零售收入70.2万元。

要求：根据上述资料，请计算：

（1）该首饰商城采取以旧换新方式销售首饰应纳的消费税。

（2）该首饰商城销售套装礼盒应纳的消费税。

（3）该首饰商城将铂金首饰用于职工福利应纳的消费税。

（4）该首饰商城当月应纳的消费税合计金额。

2. 某卷烟厂为增值税一般纳税人，主要生产A牌卷烟（不含税调拨价为100元/标准条）及雪茄烟，6月发生如下业务：

（1）从烟农手中购进烟叶，支付买价110万元，并支付了买价10%的价外补贴，将其运往甲企业委托加工烟丝；向甲企业支付加工费，取得的增值税专用发票注明价款10万元、增值税1.3万元。该批烟丝已收回入库，但本月未领用。甲企业无同类烟丝市场销售价格。

（2）从乙企业购进烟丝，取得的增值税专用发票注明价款400万元、增值税52万元。

(3) 从小规模纳税人购进烟丝，取得税务机关代开的增值税专用发票，注明价款280万元。

(4) 进口一批烟丝，支付货价300万元、经纪费12万元，该批烟丝运抵我国输入地点起卸之后发生运费及保险费共计38万元，卷烟厂完税后，海关放行。

(5) 以外购成本为350万元的特制自产烟丝生产雪茄烟。

(6) 本月销售雪茄烟取得不含税收入600万元，并收取品牌专卖费9.36万元；领用外购烟丝生产A牌卷烟，销售A牌卷烟400标准箱。

(7) 本月外购烟丝发生霉烂，成本为20万元。

(8) 月初库存外购烟丝买价30万元，月末库存外购烟丝买价48万元。

其他相关资料：本月取得的相关凭证符合规定，并在本月认证抵扣；烟丝消费税税率为30%，烟丝关税税率为10%；卷烟生产环节消费税税率为56%、150元/标准箱，雪茄烟消费税税率为36%。

要求：根据上述资料，请计算：

(1) 当月甲企业应代收代缴的消费税。

(2) 当月该卷烟厂进口烟丝应纳的进口环节消费税。

(3) 当月该卷烟厂领用特制自产烟丝应纳的消费税。

(4) 当月准予扣除外购烟丝已纳的消费税。

(5) 当月该卷烟厂国内销售环节应纳的消费税（不包括被代收代缴的消费税）。

3. 9月甲企业从农户手中收购高粱，成本为42万元；所收购的高粱当月全部委托乙公司生产成白酒35 000千克，收回时乙公司开具的增值税专用发票注明价款5万元。

要求：根据上述资料，请计算：

(1) 乙公司应代收代缴的消费税。

(2) 乙公司应纳的增值税。

4. 甲企业为高尔夫球及球具生产厂家，是增值税一般纳税人，10月发生以下业务：

(1) 购进一批碳素材料、钛合金，取得的增值税专用发票注明价款150万元、税款19.5万元，委托丙企业将其加工成高尔夫球杆，支付加工费用30万元、增值税3.9万元。

(2) 经委托加工后收回的高尔夫球杆的80%当月已经销售，收取不含税价款300万元，尚有20%留存在仓库。

要求：根据上述资料，请回答下列问题：

(1) 计算丙企业代收代缴的消费税（消费税税率为10%）。

(2) 计算甲企业销售高尔夫球杆应纳的消费税。

(3) 假设丙企业未履行代收代缴消费税，计算留存在仓库的高尔夫球杆应纳的消费税。

第5章 关 税

学习目标

1. 掌握关税的基本知识，熟悉关税的概念、分类及作用。
2. 熟悉关税的相关优惠政策，明确关税的征税范围、纳税人和适用税率。
3. 掌握关税完税价格的确定方法，以及应纳关税税额的计算。
4. 掌握关税征收管理的相关规定和纳税申报流程。

案例导入

美国历史上重要的关税法事件

1930年6月，为了应对经济危机，美国颁布了《斯姆特-霍利关税法》，将2 000多种进口商品关税提升到历史最高水平。该法案通过后，包括英国、法国、德国等在内的许多国家对美国采取了报复性关税措施，美欧之间的贸易规模从1929年的历史高位急剧衰退到1932年的历史低位。1929—1934年，世界贸易规模萎缩了约66%。

2002年3月，美国以欧盟、日本等八国出口的钢铁产品损害了美国钢铁业为由，动用"201条款"（即美国《1974年贸易法》第201～204节），宣布对多种钢材加征为期3年的进口关税，税率总水平达30%。为报复美国提高进口钢材关税，同年6月，欧盟对美国部分商品征收100%的关税，墨西哥、日本、韩国等也纷纷提高关税或采取紧急保障措施。虽然WTO最终裁定美国违反WTO规则，但钢铁贸易摩擦给双方都带来了巨大的损失，据估计，单是欧盟2002年的损失就高达2.4亿美元。而美国在承受数亿美元损失的同时，更导致了7.4万钢铁工人失业，总体而言弊大于利。

2003年，因美国爆发疯牛病，韩国宣布禁止进口美国牛肉。2008年4月，为推动韩美签署自由贸易协定，韩美达成放宽进口美国牛肉的协议。这一协议在韩国国内遭到强烈抗议和抵制，同年6月10日，约100万韩国人在首尔街头集会，抗议政府进口美国牛肉。19日，时任韩国总统李明博向韩国国民道歉。分析人士认为，韩美"牛肉风波"是传统的经济民族主义与全球自由贸易发展趋势之间的一次强烈碰撞和较量。韩国经济研究院的分析报告显示，"牛肉风波"不仅给韩美两国带来了严重的政治危机，同时带来了高达25亿美元的经济损失。

根据上述材料，请思考：

（1）2002 年的“201 条款”为何会有如此大的政治经济影响？

（2）你认为一国或地区的关税政策具有经济调节作用吗？为什么？

5.1 关税概述

5.1.1 关税的起源和发展

关税是一个历史悠久的税种，早在古罗马、古希腊时期就已经开征关税。当时希腊在爱琴海、黑海沿岸一带有很多属地，对来往于这些属地的进出口货物，按照货值征收1%～5%的税收。古罗马也对通过其海港、桥梁的货物征收2.5%的税收，后来将税率提高到了12.5%。这些税收是货物通过一定地区时征收的，带有关税的性质。英国很早也有一种“例行的通行税”，在商人进入市场时缴纳给当地的领主，这种税后来被称为关税，沿用至今。

我国很早就有了关税的雏形。早在西周时期就出现了“关市之赋”和“关市之征”。关即要塞，也相当于关境、进出国境的关口，关市之赋则相当于关税。唐朝时对外贸易规模较大，关税也有了发展，政府还专门设立了征收关税的机构。如唐玄宗时就在广州设立了市舶司，规定凡南海以外诸蛮夷以船舶运货物入中国境内者，须在市舶司处登记，然后由市舶司课征关税。宋元时期仿效唐朝设立市舶司。元朝还颁布了《市舶抽分条例》，详细规定对出入货物的征税办法。到了明清时期，由于实行闭关政策，市舶制度走向衰落。鸦片战争后，由于《南京条约》等不平等条约的签订，我国丧失了关税税则的自主权。中华人民共和国成立后，彻底废除了一切不平等条约，海关行政管理权和自主权得以恢复，我国真正实现了关税自主。

关税的起源是以通行费、保护费等名义增加统治者或者领主的收入。后来，随着国际贸易的发展，关税逐渐发展成熟起来，也逐渐从内地关税演变成对进出国境的货物征收的一种税。

5.1.2 关税的概念

关税是世界各国普遍征收的一个税种，指国家海关机构依法对进出境的货物或者物品征收的一种税。关税作为一种税收，其征税主体也是政府或者国家。但与国内其他税种有所不同，关税一般由海关征收。

关税的征税对象是货物和物品，一般不对无形的商品征收关税。关税一般针对进出口关境的货物或者物品征收。进出境指的是进出我国关境，也就是我国《海关法》适用的区域。关境和国境是两个概念，既有区别也有联系。国境是一个主权国家行使行政权力的领域范围，关境是主权国家行使关税权力的范围。国境和关境的范围一般是一致的，但当一个国家设置自由港、自由贸易区、出口加工区、保税区时，关境范围小于国境。如果不同国家之间实行关税同盟，成员国之间相互取消关税，对外实行共同的关税税则，则关境的范围会大于国境。

我国现行关税制度的基本依据是2003年11月由国务院颁布的《进出口关税条例》和自2019年1月1日起实行的《进出口税则》。《进出口税则》是《进出口关税条例》的组成部分，包括根据国家关税政策以及有关国际协定确定的进出口关税税目、税率及归类规则，是海关计征关税的依据。《进出口税则》包括"使用说明""进口税则""出口税则"三个部分。"使用说明"主要对各种税率的适用范围、国别代码、计量单位等进行解释和说明。"进口税则"涉及8 549个税目，"出口税则"涉及102个税目。

5.1.3 关税的分类

1. 按进出关境的货物或者物品的流向分类

按照货物或者物品进出关境的流向不同，关税可以分为进口关税、出口关税和过境关税。

（1）进口关税，一般是指海关对进口货物或者物品征收的关税。进口关税在外国货物输入关境或国境时征收，或者外国货物从自由港、自由贸易区或保税仓库中提出运往国内市场销售办理通关手续时征收。进口关税是关税中最主要的一种，当今世界各国都以进口关税作为关税主体。进口关税征收的主要目的是保护本国市场和增加财政收入。

（2）出口关税，是海关在本国商品或者货物运离本国关境时征收的关税。征收出口关税会降低出口货物在国际市场上的竞争力，世界上大多数国家不征或者少征出口关税。但也有国家为保护国内市场供应和本国生产，防止国内资源的外流，增加财政收入，对部分出口产品征收出口关税。

（3）过境关税，又称通过税，是一国对他国货物经过本国运往第三国时征收的关税。征收过境关税的主要目的是增加国家的财政收入。过境关税的前身是使用费，在重商主义时期曾经盛行。过境货物在海关监管下进出境，不允许流入本国市场，对本国的生产没有影响。我国海关对过境货物运输有严格的要求：

1）对同我国签有过境货物协定的国家的过境货物，或属于同我国签有铁路联运协定的国家收发货的，按有关协定准予过境；对于未同我国签有上述协定国家的过境货物，应当经国家运输主管部门批准并向入境地海关备案后准予过境。

2）过境货物自进境起到出境止，属海关监管货物，应当接受海关监管。未经海关许可，任何单位和个人不得开拆、提取、交付、发运、调换、改装、抵押、转让或者更换标记。

3）装载过境货物的运输工具，应当具有海关认可的加封条件和装置。海关认为必要时，可以对过境货物及其运输车辆或运载设备加封。承运人和经营人，应当负责保护海关封志的完整，任何人不得擅自开启或损毁。

2. 按照计征关税的标准分类

按照计征关税的标准，关税可以分为从价关税、从量关税、复合关税和滑准关税。

（1）从价关税，是以进出口货物的完税价格为计税标准而计算征收的关税。这是一种最常用的关税标准，我国目前主要采用这一标准。计税时以完税价格乘以税则中规定的税率，即可得出应纳关税税额。

从价关税的优点是税负公平、明确。从价关税按照货物的完税价格计征，质优价高的商品征收较多的税额，质劣价低的商品征收较少的税额。关税的税额可以随着价格而变动，有助于实现税负公平。从价关税也便于实现不同国家之间的比较。

从价关税的缺点在于：一是完税价格的审定较难。由于难以获得商品的真实信息，完税价格的准确度较低。完税价格完全由海关审定，往往和实际价格有差异，造成纳税人的纳税义务和纳税能力不吻合。二是通关缓慢。海关运用多种手段防止纳税人低报、瞒报相关信息，征纳双方容易产生摩擦，延缓通关进程，增加稽查费用。

（2）从量关税，是以进出口货物的数量、重量、体积、容积等计量单位为计税标准而计算征收的一种关税。计税时以货物的计量单位乘以单位税额即可得出该货物的关税税额。

从量税的优点是征税手续简单，可以节省征收费用，货物通关迅速。当进口货物采用低价进行倾销时，从量关税因与进口货物的价格无关，可以征收高额的从量关税，起到保护国内产业的作用。其缺点在于税负不尽合理。从量关税的税负和价格变动无关，在进口货物价格上涨时，难以通过关税起到保护本国产业的作用，也难以获得足够的关税收入。

（3）复合关税，是对同一种进出口货物同时采用从价和从量两种标准计算征收的关税。随着完税价格和进出口数量变化，采用从价和从量两种税率合并计征。复合关税有较好的补偿作用，在商品价格变动时，可以实现关税收入的调整，同时也能对国内产业起到一定的保护作用。

（4）滑准关税，是根据货物的不同价格适用不同税率而征收的一种特殊的从价关税。它的税率随着进出口货物价格由高到低采用由低到高进行设置。即进出口货物的价格越高，关税的税率越低，反之则越高。实行滑准关税可以保持货物国内市场价格的相对稳定，不受国际市场价格波动的影响。

3. 按照区别对待原则分类

按照对进口货物输出国实行区别对待的原则，关税可以分为普通关税、优惠关税和差别关税等。

（1）普通关税，也称一般关税，是对与本国没有签署贸易或者经济互惠友好协定国家的原产地货物征收的非优惠关税。

（2）优惠关税，也称互惠关税，一般是对从签署互惠协定的国家进口的货物实行。优惠关税一般有普遍优惠关税、特定优惠关税、最惠国待遇等。

1）普遍优惠关税，也称普惠制，指发达国家从发展中国家或者地区输入的产品，特别是制成品和半制成品普遍给予优惠关税待遇的一种制度。发达国家在给发展中国家普惠待遇时，一般不要求发展中国家给予同等的待遇。实行普遍优惠关税的主要目的是促进发展中国家的工业化和经济发展，增加其财政收入。普惠制一般遵从普遍、非歧视、非互惠的原则。但在实际执行中，有些发达国家为了维护自身的经济利益和政治利益，在提供关税优惠待遇的同时规定一些限制措施，如对优惠国家和地区、优惠商品范围、优惠商品减税幅度、商品的原产地等方面的限制。

2）特定优惠关税，是指某国对另一国或者某些国家对另外一些国家的某些方面给予特定优惠的关税待遇，这是他国不得享受的一种关税制度。特定优惠关税产生于殖民时代，最早存在于宗主国和殖民地国、附属国之间的经济交往中，其税率一般比协定优惠关税税率低，且具有一定的排他性。比如，《欧洲经济共同体—非洲、加勒比和太平洋地区（国家）洛美协定》规定的国家之间的关税税率就是特定优惠关税税率。

3）最惠国待遇，是国际贸易协定中的一项重要内容。它规定缔约国相互之间现在和将来给予任何第三国的优惠待遇同样适用于对方。当前最惠国待遇已经涉及关税、配额、航运、港口使用、仓储、移民、投资、专利权等多个方面，其中关税仍是其主要内容。最惠国待遇分无条件和有条件两种。无条件的最惠国待遇是缔约国一方现在和将来给予任何第三国的一切优惠待遇，应立即无条件、无偿、自动适用于缔约国另一方。有条件最惠国待遇，则是当将第三方优惠条件给予缔约国的另一方时，缔约国另一方也必须提供同样的条件才能享受这些优惠待遇。国际上采用无条件最惠国待遇的国家较多，而采用有条件最惠国待遇的国家较少。最惠国待遇只是一种非歧视关税待遇，往往不是最优惠的关税待遇，在最惠国待遇之外还有更低的优惠税率。

（3）差别关税，是贸易保护主义的产物，是保护一国产业所采用的特别手段。一般意义上的差别关税主要有：加重关税、反补贴关税、反倾销关税、报复关税等。

1）加重关税，是为了达到特定的目的而征收的关税，如对某国货物或者某种货物的输入加重征收。

2）反补贴关税，是差别关税的主要形式，对接受补贴或者津贴的外国进口货物征收。商品输入国为保护国内产品，防止其他国家接受补贴的低价产品进入从而威胁本国的经济发展或者产业发展，对凡是接受政府、垄断财团补贴、津贴或奖金的他国输入产品，课征与补贴、津贴或奖金额相等的反补贴关税，以抵消外国商品因接受补贴所形成的竞争优势。

3）反倾销关税，是对外国的倾销商品，在征收正常进口关税的同时附加征收的一种关税。它是差别关税的又一重要形式。如果某国将产品以低于生产成本的价格向其他国家推销，就有可能构成倾销，进口国就可以对倾销产品征收数量不超过倾销差价的反倾销关税。反倾销关税是为了对付和抵制进行倾销的外国货物进口而征收的一种临时附加税。商品倾销这种低价销售行为会给进口国产业造成一定损害，实际上是一种不平等竞争行为，倾销的目的主要是扩大自身市场和产业规模，实行反倾销税具有报复倾销国和保护国内产业的目的。

4）报复关税，是一国为报复他国对本国以不友好、不平等、不公正态度对待本国输出的产品时，为维护本国利益，对该国输入本国的产品加重征收的关税。这些不公正的待遇通常表现为：对本国商品征收歧视性差别关税或采取贸易保护措施；给予第三国比给本国更优惠的待遇；对本国产品的知识产权没有提供足够的保护等。

4. 按照征收关税的目的分类

按照征收关税的目的，关税可以分为财政关税和保护关税。

（1）财政关税，又称收入关税，是以增加财政收入为主要目的而课征的关税，其税率一般较低。

（2）保护关税，是以保护本国经济发展为主要目的而课征的关税。保护关税一般是进口关税，税率一般较高。通过征收高额关税，提高进口货物的成本，削弱其在本国市场的竞争力，甚至阻碍其进口，以达到保护本国经济发展和产业发展的目的。

5.1.4 关税的特点和作用

1. 关税的特点

（1）征收的过关性和纳税的一次性。关税是以进出境货物或者物品为征税对象的一种流转税。贸易性商品或者个人进出境携带的物品或者以其他方式进口的个人自用的非贸易性商品都是关税的征收对象。这些商品或者物品在进出关境时，一次性予以征收关税。如果货物或者物品不进出关境则不征关税。

（2）实行复式税率，即对同一进口货物设置优惠税率和普通税率。优惠税率是一般、正常的税率，适用于签订税收协定和贸易互惠互利的国家或地区之间；普通税率一般适用于没有签订税收协定的国家或地区之间。复式税率体现了关税具有维护国家主权、平等贸易交往和经济技术合作的特点。

（3）征管具有权威性。关税由海关负责征收管理。海关是设置在关境上的国家行政管理机构，是贯彻执行本国有关进出口政策、法令和规则的重要部门。海关根据有关政策和法令、规章对进出口的货物、物品、货币、金银、运输工具等监督管理，并负责征收关税、查禁走私货物、临时保管通关货物、进出口统计等。

（4）调节进出口贸易。国家征收关税不仅可以满足筹集财政收入的需要，还可以利用关税执行统一的对外经济政策，实现对外贸易调节作用。在出口方面，国家通过抵税、免税、退税等政策鼓励商品出口；在进口方面，根据原产地和税收协定等采用不同的进口关税税率，实现保护本国产业、促进平等竞争的目的。

2. 关税的作用

（1）增加财政收入。关税是一个国家财政收入的重要来源。特别是对于工商业不发达的国家和资源出口型国家，关税是国家财政收入的重要来源之一。历史上，一些经济落后的国家非常重视关税对财政收入的筹集作用。我国中央财政收入中，关税也有较大的贡献。

（2）维护国家主权和利益。在国家之间存在贸易冲突进行谈判时，关税是谈判的重要内容。通过运用合理的关税条件，可迫使对方同等程度地降低和接受关税水平，提供相似或相同的贸易条件，限制或者阻碍对方对本国的商品倾销。一国也可以采用保护性关税和惩罚性关税等手段，实现对本国产业和经济利益的保护。采用适当的关税政策是一国政府保护本国幼稚工业的重要政策手段。

（3）调节经济运行。关税税率的高低，会直接影响进出口商品的成本，也影响商品的市场价格和销售量。因此，政府往往通过关税水平变化调节本国市场和对外贸易关系，起到实现市场供求平衡和贸易平衡的作用。通过对不同商品关税税率的调节，也可以调节进出口商品的结构，引导国内相关产品的生产和产业结构调整。

5.2 关税的税制要素

我国现行关税主要依据《海关法》《进出口关税条例》《进出口税则》等法律法规。我国准许进出口的货物、进境物品，除法律、行政法规另有规定外，海关依照《进出口税则》的规定征收进出口关税。

5.2.1 关税的纳税人

进口货物的收货人、出口货物的发货人、进境物品的所有人，是关税的纳税人。进口货物的收货人、出口货物的发货人是指依法取得对外贸易经营权并经营进口或者出口货物的法人或者其他社会团体。从事进口业务但没有自营进出口权的企业，必须委托专门的报关人员代理报关纳税。

进境物品的所有人包括物品的所有人和推定为所有人的人，具体指：

（1）对于携带进境的物品，推定其携带人为所有人；

（2）对分离运输的行李，推定相应的进出境旅客为所有人；

（3）对以邮寄方式进境的物品，推定其收件人为所有人；

（4）以邮寄或者其他运输方式入境的物品，推定其寄件人或者托运人为所有人。

5.2.2 关税的征税对象

关税的征税对象，是依照相关规定准许进出境的货物或者物品。货物，是指贸易性商品；物品具有“非贸易性”特征，主要包括入境旅客随身携带的行李物品、个人邮递物品、各种运输工具上服务人员携带进口的自用物品、馈赠物品以及其他方式进境的个人物品。

1. 进口货物的征税范围

国家准许进口的货物，除《进出口税则》列明的免税外，均应征收进口关税。我国进口的应税货物包括四大类：一是必需品，国内不能生产或者生产较少的货物；二是需要品，即非必需品但仍需要的货物；三是非必需品，即在国内已经大量生产或者非国计民生必需物品；四是限制进口类，主要是奢侈性货物。

2. 出口货物的征税范围

我国选择了一些需要限制出口的货物征收出口关税，这些货物主要是少数资源性产品、需要规范出口秩序的半制成品等。其他货物一般不征出口关税。我国目前对102个税目的货物计征出口关税，主要包括鳗鱼苗、部分有色金属矿砂及其精矿、部分合金、铜铝原材料、锑、山羊板皮等。《进出口税则》对出口货物征收关税的范围进行了详细列举。

3. 入境物品的征税范围

对入境旅客的行李物品和个人邮寄物品征收进口关税的范围为：一切入境旅客随身携带的行李和物品、各种运输工具上服务人员携带进口的自用物品、个人邮寄物品、馈赠物品以及以其他方式入境的个人物品。

5.2.3 关税的税率

关税的税率是整个关税制度的核心。我国关税的税率主要有进口货物税率和出口货物税率两大类。

1. 进口货物税率

进口关税设置最惠国税率、协定税率、特惠税率、普通税率、配额税率、暂定税率（含最惠国暂定税率、关税配额暂定税率）等。不同税率的运用以货物的原产地为标准。

(1) 最惠国税率。原产于共同适用最惠国待遇条款的世界贸易组织成员的进口货物，原产于与我国签订含有相互给予最惠国待遇条款的双边贸易协定的国家或者地区的进口货物，以及原产于我国境内的进口货物，适用最惠国税率。如果税率中间有“#”，则“#”前后分别为当年上半年和下半年适用税率。

(2) 协定税率。原产于与我国签订含有关税优惠条款的区域性贸易协定的国家或者地区的进口货物，适用协定税率。协定税率及其适用国别或者地区在《进出口税则》协定税率栏中标示。当最惠国税率低于或等于协定税率时，按相关协定的规定执行。

自2019年1月1日起，我国对新西兰、秘鲁、哥斯达黎加、瑞士、冰岛、韩国、澳大利亚、格鲁吉亚以及亚太贸易协定国家的协定税率进一步降低。

(3) 特惠税率。原产于与我国签订含有特殊关税优惠条款的贸易协定的国家或者地区的进口货物，适用特惠税率。特惠税率及其适用国别或者地区在特惠税率栏中标示。

(4) 普通税率。原产于上述国家或者地区以外的其他国家或者地区的进口货物，以及原产地不明的进口货物，适用普通税率。

(5) 配额税率。按照国家规定实行关税配额管理的进口货物，关税配额内的，适用关税配额税率；关税配额外的，按照所适用的有关税率执行。

(6) 暂定税率。根据《进出口关税条例》的规定，适用最惠国税率、协定税率、特惠税率、配额税率的货物在一定期限内可以实行暂定税率。适用最惠国税率的进口货物有暂定税率的，应当适用暂定税率；适用协定税率、特惠税率的进口货物有暂定税率的，应当从低适用税率；适用普通税率的进口货物，不适用暂定税率。

最惠国暂定税率在最惠国税率栏中以前置“Δ”标示。配额暂定税率在最惠国税率脚注中列明。自2019年1月1日起，我国对706项商品实施进口暂定税率。

2. 出口货物税率

出口关税设置出口税率。国家仅对少数资源性产品以及易于竞相杀价、盲目出口、需要规范出口秩序的半制成品征收出口关税。

出口货物税率一般不分普通税率和优惠税率。根据《进出口关税条例》的规定，对出口货物在一定时期内可以实行暂定税率。适用出口税率的货物有暂定税率的，应当适用暂定税率。例如，现行税则中对于鳗鱼苗的出口税率暂定为20%。

自2019年1月1日起继续对铬铁等108项出口商品征收出口关税或实行出口暂定

税率，税率维持不变，取消94项出口暂定税率；自2019年1月1日起，对化肥、磷灰石、铁矿砂、矿渣、煤焦油、木浆等94项商品不再征收出口关税。

5.2.4 原产地的规定

国际经济交往越来越复杂，一些国家出于政治和经济上的原因，需要对从一些国家进口的货物通过行政手段和经济手段加以控制，如实行进口配额、限额、许可证管理、禁止进口等行政措施，对危害经济利益的进口货物采取反倾销、反补贴等抵制措施。发达国家在承诺对发展中国家和地区输入的制成品和半制成品实行普惠制后，为了把享受优惠范围限制在发展中国家之中，也越来越重视货物的原产地。国际分工日益加深后，一个产品从原材料到成品可能需要几个国家合作才能完成，这导致确定货物原产地存在困难，因此需要明确原产地的判断标准。

我国采用两种原产地判断标准，对来自不同国家或者地区的货物适用不同的关税税率。

1. 全部产地生产标准

全部产地生产标准是指进口货物完全在一个国家内生产或者制造，那么货物的生产国或者制造国就是该进口货物的原产国。这些货物完全不使用国外的料、件，也没有在国外加工、生产。凡是含有国外的或者产地不明的料、件的进口货物，不适用本标准。

2. 实质性加工标准

实质性加工标准适用于有两个或者两个以上国家参与生产的产品。如果一个货物生产要经过多个国家加工制造，那么以最后一个对货物进行经济上可以视为实质性加工的国家为货物的原产国。所谓实质性加工，是指产品经过加工后，在《进出口税则》中四位税号的一级税则归类已经有了改变，或者加工的增值部分占新产品总值的比例超过30%。

对于机器、仪器、器材或者车辆所用的零部件、配件、备件以及工具，如与主件同时进口且数量合理的，其原产地按照主件的原产地确定，分别进口的按照各自的原产地确定。

我国为正确确定进口货物的原产地，有效实施各项贸易措施，促进对外贸易发展，制定了《中华人民共和国进出口货物原产地条例》。我国实施最惠国待遇、反倾销和反补贴、保障措施、原产地标记管理、国别数量限制、关税配额等非优惠性贸易措施，以及进行政府采购、贸易统计等活动对进出口货物的原产地的确定，都适用该条例的规定。根据该条例的规定，我国在原产地认定时，完全在一个国家（地区）获得的货物，以该国（地区）为原产地；两个以上国家（地区）参与生产的货物，以最后完成实质性改变的国家（地区）为原产地。

5.2.5 关税的优惠政策

关税的优惠政策主要体现在关税的减免方面。关税减免是对某些特定的纳税人和征税对象给予照顾和鼓励的一种关税调节手段。特定地区、特定企业或者特定用途的进出口货物减征或者免征关税的，以及其他依法减征或者免征关税的，按照国务院的有关规定执行。

1. 法定减免

法定减免是指根据《海关法》《进出口关税条例》《进出口税则》中所规定的给予进出口货物的减免。

（1）下列进出口货物，免征关税：

1）无商业价值的广告品和货样；

2）外国政府、国际组织无偿赠送的物资；

3）进出境运输工具装载的途中必需的燃料、物料和饮食用品；

4）关税税额在人民币 50 元以下的一票货物；

5）海关放行前损失的货物。

（2）我国缔结或者参加的国际条约规定减征、免征关税的货物、物品，海关按照规定减免关税。

（3）对下列进口货物，海关可酌情减税或免税：

1）在境外运输途中或者在起卸时，遭受损坏或损失的；

2）起卸后海关放行前因不可抗力而遭受损坏或损失的；

3）海关查验时已经破漏、损坏或者腐烂，经证明不是保管不慎造成的。

（4）对暂准进出口物品可以免税：暂准进出口物品，经海关核准，并在 6 个月内（海关可酌情延长）复运出境或复运进境的货样、展览品、施工机械、工程车辆、供安装用的仪器和工具、电视或电影摄制器械、盛装货物的容器、剧团服装道具，在物品收发货人向海关缴纳相当于税款的保证金或提供担保后，准予暂时免纳关税。

（5）对来料加工和进料加工而进口的料、件可以免税：为境外厂商加工、装配成品和为制造外销产品而进口的原材料、辅料、零部件、配套件和包装物料，海关按实际加工出口的成品数量免征进口关税；或对进口的料、件先征收进口关税，再按实际加工出口的成品数量予以退税。

2. 特定减免

特定减免，也称政策性减免，是指在法定减免外，国家按照国际通行规则和实际情况，制定发布的有关进出口货物减免关税的政策。主要包括的类别有：

（1）科教用品。为促进科研、教育事业发展，对科学研究和学校不以营利为目的、在合理数量范围内进口国内不能生产的科学研究和教学用品、直接用于科学研究和教学的，免征进口关税。

（2）残疾人专用品。对符合规定的残疾人个人专用品，免征进口关税和进口环节的增值税和消费税。对康复机构、福利机构、假肢厂和荣誉军人康复医院进口国内不能生产的、明确规定的残疾人专用品，免征进口关税和进口环节增值税。

（3）扶贫、慈善性捐赠物资。对境外自然人、法人或者其他组织等境外捐赠人捐赠的直接用于符合条件的扶贫、慈善事业的物资，免征进口关税和进口环节增值税。

（4）加工贸易产品。经海关批准，加工贸易项下进口材料实行保税监管的，待加工成品出口后，海关根据核定的实际数量予以核销。对按照规定进口时先征税款的，待加工成品出口后，根据核定复出口的数量退还已征收税款。

（5）边境贸易进口物资。为鼓励我国边境地区的发展以及与我国毗邻国家之间的边境贸易与经济合作，国家制定了有关扶持、鼓励边境贸易的政策。边境贸易有边民互市贸易和边境小额贸易两种形式。对于边民通过互市贸易进口的商品，每人每日价值在 8 000 元以下的，免征进口关税和进口环节增值税。

（6）保税区进出口货物。进口供保税区使用的机器、设备、基建物资、生产用车辆，为加工出口产品进口的原材料、零部件、元器件、包装物料，供储存的转口货物以及在保税区内加工运输出境的产品，免征进口关税和进口环节增值税。

（7）为满足患者对进口药品的需求，除安宫牛黄丸等我国特产药品、部分生物碱类药品等少数品种外，绝大多数进口药品，特别是有实际进口需求的抗癌药均将实现零关税。

（8）其他政策。

1）特定行业的减免税政策。为鼓励、支持部分行业或特定产品的发展，国家制定了部分特定行业和用途的减免税政策，这类政策一般对可以减免税的商品实行清单管理。如我国对海洋、陆上特定地区的石油开采，天然气作业的设备、仪器、零部件、专用工具，免征进口关税和进口环节增值税；对国内企业研制国家支持发展的重大技术装备而进口的关键零部件及原材料，免征关税和进口环节增值税。

2）特定地区的减免税政策。如我国大陆对台湾地区的 15 种进口鲜水果实施零关税。根据内地与香港、澳门地区签署的货物贸易协议，对原产于香港、澳门地区的进口货物将全面实施零关税。

3. 临时减免

临时减免是除法定减免和特定减免以外的其他减免。一般由国务院对某个单位、某类商品、某个项目或者某批货物的特殊情况，给予特别照顾，一案一批、专文下达的减免税政策。一般有单位、品种、期限、金额或者数量限制，不能比照执行。如为支持“一带一路”和自由贸易区建设，加快推进我国与相关国家的经济贸易合作，营造有利于经济长期健康稳定发展的外部条件，2019 年我国对原产于 23 个国家或地区①的部分商品实施协定税率。

5.3 关税应纳税额的计算

5.3.1 关税完税价格的确定

关税的完税价格是海关计征关税所使用的计税价格，海关以进出口货物的实际成交价格为基础予以审定。

1. 一般进口货物完税价格的确定

（1）以成交价格为基础的完税价格的确定。根据《海关法》的相关规定，进口货

① 主要依据是我国与新西兰、秘鲁、哥斯达黎加、瑞士、冰岛、澳大利亚、韩国、格鲁吉亚自贸协定以及亚太贸易协定。

物以海关审定的成交价格为基础的到岸价格为完税价格。到岸价格是指货价加上货物运抵我国境内输入地点起卸前的运费、包装费、保险费和其他劳务费。我国境内输入地点为入境海关地，包括内陆河、江口岸，一般为第一口岸。成交价格，是指买方为购买该货物，按有关规定调整后的实付或应付价格，即买方为购买进口货物直接或间接支付的总额。具体要注意以下几点：

1）下列费用或价值未包含在进口货物的成交价格中，应一并计入完税价格：①特许权使用费，但与进口货物无关或者不构成进口货物向境内销售条件的不计入完税价格。②除购货佣金以外的佣金和经纪费，如卖方佣金。购货佣金，指买方为购买进口货物向自己的采购代理人交付的劳务费用。经纪费指买方为购买进口货物向代表买卖双方利益的经纪人支付的劳务费用。③货物运抵我国关境内输入地点起卸前由买方支付的包装费、运费、保险费和其他劳务费用。④由买方负担的与进口货物视为一体的容器费用。⑤由买方负担的包装材料和包装劳务的费用。⑥卖方直接或间接从买方对该货物进口后转售（含处置和使用）所得中获得的收益。

2）下列费用，如在货物的成交价格中单独列明的，应从完税价格中扣除：①工业设施、机械设备类货物进口后发生的基建、安装、调试、技术指导等费用。②货物运抵境内输入地点起卸后的运输费用、保险费用和其他相关费用。③进口关税及其他国内税收。④为在境内复制进口货物而支付的费用。⑤境内外技术培训及境外考察费用。

3）进口货物完税价格中的运费和保险费按下列规定确定：①进口货物的运费，应当按照实际支付的费用计算。如果进口货物的运费无法确定，海关应当按照该货物的实际运输成本或者该货物进口同期运输行业公布的运费率（额）计算运费。运输工具作为进口货物，利用自身动力进境的，海关在审查确定完税价格时，不再另行计入运费。②进口货物的保险费，应当按照实际支付的费用计算。如果进口货物的保险费无法确定或者未实际发生，海关应当按照货价加运费的3%计算保险费。③邮运进口的货物，应当以邮费作为运输及其相关费用、保险费。④以境外边境口岸价格条件成交的铁路或者公路运输进口货物，海关应当按照境外边境口岸价格的1%计算运输及其相关费用、保险费。

（2）进口货物海关估价的方法。进口货物的成交价格不符合成交价格条件或者成交价格不能确定的，海关经了解有关情况，并与纳税人进行磋商后，依次以下列方法审查确定该货物的完税价格：

1）相同货物成交价格估价法，是指海关以与进口货物同时或者大约同时向我国境内销售相同货物的成交价格为基础，审查确定进口货物完税价格的估价方法。

2）类似货物成交价格估价法，是指海关以与进口货物同时或者大约同时向我国境内销售类似货物的成交价格为基础，审查确定进口货物完税价格的估价方法。

3）倒扣价格估价方法，是指海关以进口货物、相同或者类似进口货物在境内的销售价格为基础，扣除境内发生的关税和进口环节海关代征税及其他国内税、运费、保险费、利润等相关规定费用后，审查确定进口货物完税价格的估价方法。

4）计算价格估价方法，是指海关按照下列各项总和计算出完税价格，即生产该货物所使用的料件成本和加工费用、向境内销售同等级或者同种类货物通常的利润和一般费用、该货物运抵境内输入地点起卸前的运输及相关费用、保险费。

5）其他合理方法，是指海关以客观量化的数据资料为基础审查确定进口货物完税价格的估价方法。

2. 特殊进口货物完税价格的确定

（1）运往境外加工的货物。运往境外加工的货物，出境时已向海关报明，并在海关规定期限内复运进境的，应当以境外加工费和料件费以及该货物复运进境的运输及其相关费用、保险费为基础审查确定完税价格。

（2）运往境外修理的货物。运往境外修理的机械器具、运输工具或其他货物，出境时已向海关报明，并在海关规定期限内复运进境的，应当以境外修理费和料件费为基础审查确定完税价格。

（3）租赁方式进口的货物。租赁方式进口的货物，按照下列方法审查确定完税价格：

1）以租金方式对外支付的租赁货物，在租赁期间以海关审查确定的租金作为完税价格，利息应当予以计入。

2）留购的租赁货物以海关审查确定的留购价格作为完税价格。

3）纳税义务人申请一次性缴纳税款的，可以选择申请按照进口货物海关估价的方法确定完税价格，或者按照海关审查确定的租金总额作为完税价格。

（4）暂时进境货物。经海关批准的暂时进境的货物，应按照一般进口货物估价办法的规定，估定完税价格。

（5）留购的进口货样等货物。国内单位留购的进口货样、展览品及广告陈列品，以海关审定的留购价格为完税价格。

3. 出口货物完税价格的确定

（1）以成交价格为基础的完税价格。出口货物的完税价格由海关以该货物的成交价格为基础审查确定，并应当包括货物运至我国境内输出地点装载前的运输及相关费用、保险费，但不包括出口关税税额。出口货物的成交价格，是指该货物出口销售时，卖方为出口该货物应当向买方直接收取和间接收取的价款总额。但下列费用应予扣除：

1）成交价格中含有支付给国外的佣金，与货物成交价格分列的，应予扣除；未单独列明的，则不予扣除。

2）出口货物的销售价格如果包括离境口岸至境外口岸之间的运输及相关费用、保险费的，该费用应予扣除。

出口货物完税价格的计算公式为：

出口货物完税价格＝完税离岸价格÷（1＋出口关税税率）

（2）由海关估定的完税价格。出口货物的发货人或其代理人应如实向海关申报出口货物售予境外的价格，对出口货物的成交价格不能确定时，完税价格由海关依次按下列方法予以估定：

1）同时或大约同时向同一国家或地区销售出口的相同货物的成交价格。

2）同时或大约同时向同一国家或地区销售出口的类似货物的成交价格。

3）根据境内生产相同或类似货物的成本、利润和一般费用、境内发生的运输及相关费用、保险费计算所得的价格。

4）按照其他合理方法估定的价格。

5.3.2 关税应纳税额的计算

1. 进口货物应纳关税的计算

（1）从价计征的关税的计算，其计算公式为：

应纳关税＝应税进口货物数量×单位完税价格×关税税率

具体分以下几种情况：

1）以我国口岸到岸价格（CIF）成交的，或者与我国毗邻的国家以两国共同边境地点交货价格成交的进口货物，其成交价格为完税价格。其计算公式为：

应纳关税＝口岸到岸价格×关税税率

例5－1

某进出口公司6月从美国进口一批化工原料，到岸价格为800 000美元，另外在货物成交过程中，公司向卖方支付佣金40 000美元。已知当日外汇牌价为1美元＝6.60元人民币，该原料的进口关税税率为18%。请计算该公司进口该批货物应纳的关税。

【解析】该批原料的完税价格包括到岸价格和支付给卖方的佣金，则

完税价格＝(800 000＋40 000)×6.60＝5 544 000(元)

应纳关税＝5 544 000×18%＝997 920(元)

2）以国外口岸离岸价格（FOB）或国外口岸到岸价格成交的，应另加从发货口岸或国外交货口岸运到我国口岸以前的运杂费和保险费作为完税价格。其计算公式为：

应纳关税＝(国外口岸离岸价格＋运杂费＋保险费)×关税税率

在国外口岸成交情况下，完税价格中包括的运杂费、保险费，原则上应按实际支付的金额计算；若无法得到实际支付金额，也可以按外贸系统海运进口运杂费率或按协商规定的固定运杂费率计算运杂费，保险费按中国人民保险公司的保险费率计算。其计算公式为：

应纳关税＝(国外口岸离岸价格＋运杂费)×(1＋保险费率)×关税税率

例5－2

宏远公司委托天兴进出口贸易公司代理进口材料一批。该批材料实际支付离岸价480 000美元，海外运输费、包装费、保险费共计20 000美元（支付日外汇牌价为1美元＝6.65元人民币）。进口报关当日中国人民银行公布的市场汇价为1美元＝6.60元人民币，进口关税税率为20%。请计算该公司进口该批货物应纳的关税。

【解析】

应纳关税＝(480 000＋20 000)×6.60×20%＝660 000(元)

3）以国外口岸离岸价格加运费（CFR）成交的，应另加保险费作为完税价格。其计算公式为：

应纳关税=(国外口岸离岸价格加运费+保险费)×关税税率

=(国外口岸离岸价格+运费+保险费)×关税税率

例5-3

某企业从中国香港进口原产地为韩国的设备3台，该设备的总成交价格为180 000港元（CFR），保险费率为0.3%，设备进口关税税率为10%，当日外汇牌价为1港元=0.83元人民币，请计算应纳的关税。

【解析】

完税价格=180 000×0.83×(1+0.3%)=149 848.2(元)

应纳关税=149 848.2×10%=14 984.82(元)

4）特殊进口商品关税的计算。特殊进口货物种类繁多，需要在确定完税价格的基础上再计算应纳关税税额。其计算公式为：

应纳关税=特殊商品完税价格×进口商品数量×关税税率

（2）从量计征的关税的计算。其计算公式为：

应纳关税=应税进口货物数量×关税单位税额

（3）复合计征的关税的计算。我国目前实行复合计征的关税都是先从量计征再从价计征。

应纳关税=应税进口货物数量×关税单位税额+应税进口货物数量×单位完税价格×关税税率

（4）滑准关税应纳税额的计算。其计算公式为：

应纳关税=应税进口货物数量×单位完税价格×滑准税税率

现行关税税则《进出口商品从量税、复合税、滑准税税目税率表》中注明了滑准税税率的计算公式，该公式是一个与应税进口货物完税价格相关的取整函数。

2. 出口货物应纳关税的计算

（1）从价计征的关税的计算。其计算公式为：

应纳关税=应税出口货物数量×单位完税价格×关税税率

具体分以下几种情况：

1）以我国口岸离岸价格成交的，出口关税计算公式为：

应纳关税=口岸离岸价格÷(1+关税税率)×关税税率

2）以国外口岸到岸价格成交的，出口关税计算公式为：

应纳关税=(国外口岸到岸价格-保险费-运费)÷(1+关税税率)×关税税率

3）以国外口岸到岸价格加运费成交的，出口关税计算公式为：

应纳关税=(国外口岸到岸价格加运费-运费)÷(1+关税税率)×关税税率

例5-4

某进出口公司自营出口商品一批，我国口岸离岸价格折合人民币为720 000元，出口关税税率为20%，根据海关开出的专用缴款书，以银行转账支票付讫税款。请计算该公司出口该批商品应纳的出口关税。

【解析】

应纳关税=720 000÷(1+20%)×20%=120 000(元)

（2）从量计征的关税的计算。其计算公式为：

应纳关税=应税出口货物数量×关税单位税额

（3）复合计征的关税的计算。我国目前实行的复合税都是先计征从量税再计征从价税。其计算公式为：

出口关税=应税出口货物数量×关税单位税额+应税出口货物数量×单位完税价格×关税税率

例5-5

某公司进口2台日本产摄像机，CIF为13 000美元。已知当日外汇牌价为1美元=6.22元人民币，从量税单位税额为每台13 280元，从价税税率为3%。请计算该公司进口2台摄像机应纳的关税。

【解析】

应纳关税=2×13 280+13 000×6.22×3%=28 985.8(元)

（4）滑准关税的计算。其计算公式为：

应纳关税=应税进口货物数量×单位完税价格×滑准税税率

5.4 关税的征收管理

关税的征收管理有其特殊性。我国关税由海关负责征收，货物的进出口需要向海关申报，简称报关。报关时，需要填报海关进口货物报关单或出口货物报关单。关税的缴纳只是报关中的一个环节，凭海关填发的进（出）口关税专用缴款书向指定银行缴纳关税。当企业发生退还关税情况时，还需要办理税款的退还等工作。

5.4.1 关税的缴纳

1. 进出口货物报关时间

进口货物的纳税人应当自运输工具申报进境之日起14日内，向货物的进境地海关申报，如实填写海关进口货物报关单，并提交进口货物的发票、装箱清单、进口货物提货单或运单、关税免税或免予查验的证明文件等。

出口货物的发货人除海关特准外，应当在运抵海关监管区装货的24小时以前，填报出口货物报关单，交验出口许可证和其他证件，申报出口，由海关放行，否则货物不得离境出口。

2. 报关应提交的相关材料

进出口货物报关时应提交以下材料：

(1) 进出口货物报关单；

(2) 合同；

(3) 发票；

(4) 装箱清单（舱单）；

(5) 提（运）单；

(6) 载货清单；

(7) 代理报关授权委托协议；

(8) 海关要求的加工贸易手册（纸质或者电子数据的）以及其他进出口有关单证。

3. 缴纳凭证

海关在接受进出口货物通关手续申报后，逐票计算应征关税并向纳税人或其代理人填发海关进（出）口关税专用缴款书，纳税人或其代理人持海关进（出）口关税专用缴款书在规定期限内向银行办理税款交付手续。

进出口货物收货人或者其代理人缴纳税款后，应将盖有收讫章的海关进（出）口关税专用缴款书第一联送签发海关核验，海关凭相关凭证办理有关手续。

4. 关税的缴纳时间

进出口货物在海关报关时，由海关根据税则归类和完税价格计算应缴纳的关税和进口环节代征税，并填发税款缴款书。

纳税人应当自海关填发税款缴款书之日起15日内，向指定银行缴纳税款。如关税缴纳期限的最后一日是周末或法定节假日，则关税缴纳期限顺延至周末或法定节假日过后的第一个工作日。为方便纳税人，经申请且海关同意，进（出）口货物的纳税人可以在设有海关的指运地（起运地）办理海关申报、纳税手续。

关税的纳税人因不可抗力或者在国家税收政策调整的情形下，不能按期缴纳税款的，经海关总署批准，可以延期缴纳税款，但最长不得超过6个月。

为进一步适应区域经济发展的要求，简化海关手续，提高通关效率，海关总署决定于2006年9月1日起实施跨关区“属地申报，口岸验放”通关模式，即符合海关规定条件的企业进出口货物时，可自主选择向属地海关任一海关单位申报，在货物实际进出境地的口岸海关办理货物验放手续。

5. 缴纳地点

根据纳税人的申请及进出口货物的具体情况，关税可以在关境地缴纳，也可在主管地缴纳。关境地缴纳是指进出口货物在哪里通关，纳税人即在哪里缴纳关税，这是最常见的做法。主管地缴纳是指纳税人住址所在地海关监管其通关并征收关税，它只适用于集装箱运载的货物。

5.4.2 关税的强制执行

根据《海关法》的规定，纳税人或其代理人应当在海关规定的缴款期限内缴纳税款，逾期未缴的即构成关税滞纳。为保证海关决定的有效执行和国家财政收入的及时入库，《海关法》赋予海关对滞纳关税的纳税人强制执行的权力。强制措施主要有以下两类。

1. 征收滞纳金

滞纳金自关税缴纳期限届满滞纳之日起至纳税人缴纳关税之日止，按滞纳税款万分之五的比例按日征收，周末或法定节假日不予扣除。滞纳金的征收起点是50元。其计算公式为：

$$关税滞纳金=滞纳关税税额\times滞纳金征收比例(0.5‰)\times滞纳天数$$

2. 强制征收

纳税人自海关填发缴款书之日起（缴款期限届满之日起）3个月仍未缴纳税款的，经海关关长批准，海关可以采取强制措施扣缴。强制措施主要有强制扣缴和变价抵缴两种。强制扣缴和变价抵缴的税款含纳税人未缴纳的税款滞纳金。

（1）强制扣缴，是指海关依法自行或向人民法院申请采取从纳税人的开户银行或者其他金融机构的存款中将相当于纳税人应纳税款的款项强制划拨入国家金库的措施，即书面通知其开户银行或者其他金融机构从其存款中扣缴税款。

（2）变价抵缴，是指如果纳税人的银行账户中没有存款或存款不足以强制扣缴时，海关可以将未放行的应税货物依法变卖，以销售货物所得价款抵缴应缴税款。如果该货物已经放行，海关可以将该纳税人的其他价值相当于应纳税款的货物或其他财产依法变卖，以变卖所得价款抵缴应缴税款。

5.4.3 关税的退还

关税的退还是指关税纳税人缴纳税款后，因某种原因的出现，海关将实际征收多于应当征收的税款退还给原纳税人的一种行政行为。根据《海关法》的规定，海关多征的税款，海关发现后应当立即退还。

按照规定，有下列情形之一的，纳税人可以自缴纳税款之日起1年内，书面声明理由，连同原缴税凭证及相关资料向海关申请退还税款并加算银行同期活期存款利息，逾期不予受理。

（1）因海关误征多纳税款的。

（2）海关核准免验进口的货物，在完税后发现有短缺情况，经海关审查认可的。

（3）已征出口关税的货物，因故未装运出口，申报退关，经海关查明属实的。

对已征出口关税的出口货物和已征进口关税的进口货物，因货物品种或规格原因（非其他原因）原状复运进境或出境的，经海关查验属实的，也应退还已征关税。海关应当在受理退税申请之日起30日内做出书面答复并通知退税申请人。

5.4.4　关税的补征和追征

关税的补征和追征是海关在纳税人按海关规定缴纳关税后，发现实际征收税额少于应当征收的税款时，责令纳税人补缴所差税款的一种行政行为。

关税的补征是非因纳税人违反海关规定造成少征或漏征关税。根据《海关法》的规定，进出境货物或物品放行后，海关发现少征或漏征税款的，应当自缴纳税款或者货物、物品放行之日起1年内，向纳税人补征。

关税的追征是由于纳税人违反海关规定造成少征或漏征关税。因纳税人违反规定而造成的少征或者漏征的税款，自纳税人应缴纳税款之日起3年内可以追征并从缴纳税款之日起按日加收少征或者漏征税款万分之五的滞纳金。

5.4.5　关税的纳税争议

为保护纳税人合法权益，我国《海关法》和《进出口关税条例》都规定了纳税人对海关确定的进出口货物的征税、减税、补税或者退税等有异议时，有提出申诉的权利。在纳税人同海关发生纳税争议时，可以向海关申请复议，但同时应当在规定期限内按海关核定的税额缴纳关税，逾期则构成滞纳，海关有权按规定采取强制执行措施。

纳税争议的内容一般为进出境货物和物品的纳税人对海关在原产地认定，税则归类，税率或汇率适用，完税价格确定，关税减征、免征、追征、补征和退还等征税行为是否合法或适当，是否侵害了纳税人的合法权益，而对海关征收关税的行为表示异议。

纳税人可以自海关填发税款缴款书之日起30日内，向原征税海关的上一级海关书面申请复议。逾期申请复议的，海关不予受理。海关应当自收到复议申请之日起60日内做出复议决定，并以复议决定书的形式正式答复纳税人。纳税人对海关复议决定仍然不服的，可以自收到复议决定书之日起15日内，向人民法院提起诉讼。

5.4.6　海关企业分类管理

为鼓励企业守法自律，提高海关管理效能，依据《中华人民共和国海关企业分类管理办法》，我国海关对企业实行分类管理。

海关根据企业遵守法律、行政法规、海关规章、相关廉政规定和经营管理状况，以及海关监管、统计记录等，设置AA，A，B，C，D五个管理类别，对有关企业进行评估、分类，并对企业的管理类别予以公开。全国海关实行统一的企业分类标准、程序和管理措施。其中AA类和A类企业适用相应的通关便利措施，B类企业适用常规管理措施，C类和D类企业适用严密监管措施。

我国对各类企业适用的条件实行约束，各类别企业如果不符合相应的条件，注册地直属海关应该自发现之日起1个月内，做出调整其管理类别的决定。经直属海关决定调整或者不予调整企业管理类别的，由企业注册地海关在决定做出之日起10个工作日内将相关决定送达企业。自海关做出调整决定之日起，海关按照调整后的管理类别对企业实施相应的管理措施。

企业在海关做出调整或者不予调整企业管理类别之前撤回管理类别调整申请的，

海关终止管理类别调整的审核，并做出终止管理类别调整审核的决定。

AA 类或者 A 类企业涉嫌走私被立案侦查或者调查的，海关暂停其与管理类别相应的管理措施，暂停期内，按照 B 类企业的管理措施实施管理。

本章小结

1. 关税是世界各国普遍征收的一个税种，是国家海关机构依法对进出境的货物或者物品征收的一种税。关税作为一种税收，其征税的主体也是政府或者国家。但与国内其他税收有所不同，关税一般由海关征收。

2. 关税的分类：(1) 按进出关境的货物或者物品的流向，可以分为进口关税、出口关税和过境关税；(2) 按照计征关税的标准，可以分为从价关税、从量关税、复合关税和滑准关税；(3) 按照对进口货物输出国实行区别对待的原则，可以分为普通关税、优惠关税和差别关税等；(4) 按照征收关税的目的，可以分为财政关税和保护关税。

3. 关税的特点：(1) 征收的过关性和纳税的一次性；(2) 实行复式税率；(3) 征管具有权威性；(4) 调节进出口贸易。

4. 关税的作用：(1) 增加财政收入；(2) 维护国家主权和利益；(3) 调节经济运行。

5. 关税的税制要素：(1) 关税的征税对象；(2) 关税的纳税人；(3) 关税的税率；(4) 原产地规定；(5) 关税的优惠政策。

6. 出口货物应纳关税的计算，分为以我国口岸离岸价格、国外口岸到岸价格、国外口岸到岸价格加运费为基础。

7. 关税的完税价格是海关计征关税所使用的计税价格，海关以进出口货物的实际成交价格为基础予以审定。

8. 关税的征收管理有其特殊性。货物的进出口需要向海关申报，简称报关；报关时，需要填报海关进口货物报关单或出口货物报关单。关税的缴纳只是报关中的一个环节，凭海关填发的进（出）口关税专用缴款书向指定银行缴纳。

复习与思考

一、单项选择题

1. 关税税率随进口商品价格由高到低而由低到高设置，这种计征关税的方法称为（　　）。

A. 从价关税　　B. 从量关税
C. 复合关税　　D. 滑准关税

2. 适用特惠税率、协定税率的进口货物有暂定税率的，应当（　　）。

A. 适用特惠税率　　B. 适用协定税率

C. 适用暂定税率　　D. 从低适用税率

3. 下列关于我国关税税率运用的表述中，正确的是（　　）。

A. 对由于税则归类的改变需补税的货物，按税则归类改变当日实施的税率征税

B. 未经海关批准擅自转为内销的加工贸易进口材料，按原申报进口之日实施的税率补税

C. 分期支付租金的租赁进口设备，分期付税时，按纳税人首次支付税款之日实施的税率征税

D. 进口仪器到达前，经海关核准先行申报的，按装载此仪器的运输工具申报进境之日实施的税率征税

4. 以下关于关税税率运用的表述中，正确的是（　　）。

A. 查获的走私进口货物需补税时，按查获日期实施的税率征税

B. 对经批准缓税进口的货物以后缴税时，按缓税批准当日实施的税率征税

C. 对由于税则归类的改变而需补税的，按税则归类改变当日实施的税率征税

D. 货物由暂时进口转为正式进口需补税时，按其申报暂时进口之日实施的税率征税

5. 下列各项中，应计入出口货物完税价格的是（　　）。

A. 出口关税税额

B. 单独列明的支付给境外的佣金

C. 货物在我国境内输出地点装载后的运输费

D. 货物运至我国境内输出地点装载前的保险费

6. 某演出公司进口舞台设备一套，实付金额折合人民币 185 万元，其中包含单独列出的进口后设备安装费 10 万元、中介经纪费 5 万元；保险费无法确定，海关按同类货物同期同程运输费计算的运输费为 25 万元。假定关税税率为 20%，则该公司进口舞台设备应缴纳的关税为（　　）万元。

A. 34　　B. 40.12　　C. 40　　D. 35

7. 我国某公司 2020 年 6 月从国内甲港口出口一批锌锭到国外，货物成交价格为 170 万元（不含出口关税），其中包括货物运抵甲港口装载前的运输费 10 万元、单独列明支付给境外的佣金 12 万元。另支付甲港口到国外目的地港口之间的保险费 20 万元。锌锭出口关税税率为 20%，则该公司出口锌锭应缴纳的出口关税为（　　）万元。

A. 25.6　　B. 29.6　　C. 31.6　　D. 34

8. 某企业进口一批材料，货物价款为 95 万元，进口运输费和保险费为 5 万元，报关进口后发现其中的 10%有严重质量问题并将其退货。出口方为补偿该企业，发送价值 10 万元（含进口运输费和保险费 0.5 万元）的无代价抵偿物。进口关税税率为 20%，则该企业应缴纳的进口关税为（　　）万元。

A. 18　　B. 20　　C. 22　　D. 22

9. 某公司进口一批货物，海关于 2020 年 7 月 1 日填发税款缴款书，但公司迟至 7 月 27 日才缴纳 500 万元的关税。海关应征收的关税滞纳金为（　　）万元。

A. 2.75　　B. 3　　C. 6.5　　D. 6.75

10. 下列机构中，有权决定征收特别关税的货物、适用国别、税率、期限和征收办法的是（　　）。

A. 财政部　　B. 海关总署

C. 商务部　　D. 国务院关税税则委员会

二、多项选择题

1. 下列有关进口货物原产地的确定，符合我国关税相关规定的有（　　）。

A. 从俄罗斯船只上卸下的海洋捕捞物，其原产地为俄罗斯

B. 在澳大利亚开采并经新西兰转运的铁矿石，其原产地为澳大利亚

C. 由中国台湾提供棉纱，在越南加工成衣，经中国澳门包装转运的西服，其原产地为越南

D. 在南非开采并经中国香港加工的钻石，加工增值部分占该钻石总值比例为20%，其原产地为中国香港

2. 6月某外贸公司向法国出口山羊板皮，海关拟对其征收出口关税。下列有关山羊板皮关税完税价格的表述中，正确的有（　　）。

A. 完税价格应包括出口关税

B. 完税价格应包括货物运至出口海关的运输费和保险费

C. 完税价格应包括成交价格中单独列明的支付给境外的佣金

D. 完税价格由海关以货物向境外销售的成交价格为基础审查确定

3. 海关可以按在境内获得的数据资料为基础估定进口货物的完税价格，下列各项中不得使用的价格包括（　　）。

A. 境内生产的货物在境内的销售价格

B. 可供选择的相同或类似进口货物价格中最低的价格

C. 货物在出口地市场的销售价格

D. 最低限价或武断、虚构的价格

4. 采用倒扣价格方法估定进口货物关税完税价格时，下列各项应当予以扣除的有（　　）。

A. 进口关税

B. 该货物的同种类货物在境内销售时的利润和一般费用

C. 货物运抵境内输入地点之后的运输费

D. 境外生产该货物所使用的原材料价值

5. 下列各项中，属于关税法定纳税人的有（　　）。

A. 进口货物的收货人　　B. 进口货物的代理人

C. 出口货物的发货人　　D. 出口货物的代理人

6. 下列各项中，应当计入进口货物关税完税价格的有（　　）。

A. 由买方负担的购货佣金

B. 由买方负担的境外包装材料费用

C. 由买方负担的境外包装劳务费用

D. 由买方负担的与进口货物视为一体的容器费用

7. 下列各项税费中，应计入出口货物完税价格的有（　　）。

A. 货物运至我国境内输出地点装载前的保险费

B. 货物运至我国境内输出地点装载前的运输费

C. 货物出口关税

D. 货价中单独列明的货物运至我国境内输出地点装载后的运输费

8. 跨境电子商务零售进口商品按照货物征收关税，下列企业可以作为代收代缴义务人的有（　　）。

A. 物流企业　　B. 电子商务企业

C. 商品生产企业　　D. 电子商务交易平台企业

9. 下列措施中，属于《海关法》赋予海关可以采取的强制措施的有（　　）。

A. 补征税额　　B. 强制扣缴

C. 变价抵缴　　D. 征收关税滞纳金

三、简答题

1. 什么是关税？国家为什么要征收关税？

2. 简述关税的种类。

3. 简述关税的纳税方式。

4. 简述关税的纳税时间。

5. 简述征收关税的条件。

四、计算题

1. 有进出口经营权的某市化妆品生产企业，6月发生以下经营业务：

(1) 从境外进口香水精30千克，每千克货价为10万元；运抵我国海关前发生的运输费、保险费无法确定，经海关查实其他运输公司相关业务的运输费占货价的比例为2%。企业向海关缴纳了相关税款，并取得完税凭证。企业委托运输公司（增值税一般纳税人）将香水精从海关运回本单位，取得运输公司开具的货物运输业增值税专用发票，注明运输费5.73万元。

(2) 该企业将3千克香水精（不能构成最终消费品进入消费品市场）当月销售给其他化妆品厂，每千克取得不含增值税销售额18万元，公司领用15千克投入本公司生产车间连续加工高档化妆品。

(3) 当月销售高档化妆品取得不含税销售额500万元。

其他相关资料：已知高档化妆品关税税率为10%，增值税税率为13%，消费税税率为30%。

要求：根据上述材料，请计算：

(1) 该公司在进口环节应纳的关税。

(2) 该公司在进口环节应纳的消费税。

(3) 该公司在进口环节应纳的增值税。

(4) 该公司在国内销售环节应纳的消费税。

(5) 该公司在国内销售环节应纳的增值税。

2. 某公司从境外进口小轿车30辆，每辆小轿车价格为15万元，运抵我国海关前发生的运输费、保险费无法确定，经海关查实其他运输公司相同业务的运输费占货价的比例为2%。关税税率为60%，消费税税率为9%。

要求：请计算进口环节应纳的关税。

3. 20×5年6月20日，B国某运输公司一艘货轮驶入我国某港口，该货轮净吨位为30 000吨，货轮负责人已向我国该海关领取了吨税执照，在港口停留期为30天，B国已与我国签订有相互给予船舶税最惠国待遇条款，税率为3.3元/吨。

要求：请计算该货轮负责人应向我国海关缴纳的船舶吨税。

五、论述题

1. 论述关税与非关税壁垒的异同。
2. 论述关税的经济效应分析。

第 6 章 企业所得税

学习目标

1. 了解企业所得税的概念与特点。
2. 掌握企业所得税的纳税人、征税对象、税率、计税依据等课税要素。
3. 掌握企业所得税应纳税额的计算。
4. 熟悉资产的税务处理。
5. 熟悉企业所得税的税收优惠。
6. 熟悉特别纳税调整和征收管理。

案例导入

李某个人设立了一家美味食品有限责任公司，2020 年营业收入为 100 万元；天阳软件公司是由三位归国博士创建的，属于国家重点扶持的高新技术企业，2020 年该企业的营业收入为 7 000 万元；深港集团属于国有大型企业，其业务以工程承包、建设为主，2020 年该企业的营业收入为 60 000 万元。

根据上述材料，请思考：

（1）以上三家企业是否具有企业所得税纳税人资格？

（2）企业所得税的征税对象有哪些？

（3）以上三家企业各应当适用何种企业所得税税率？

（4）以上三家企业应纳企业所得税税额如何计算？

6.1 企业所得税概述

6.1.1 企业所得税的概念

企业所得税是对我国境内的企业和其他取得收入的组织的生产经营所得和其他所得征收的所得税。

企业所得税是国家参与企业利润分配并调节其收益水平的一个关键税种，体现国家与企业的分配关系，是现代市场经济国家普遍征收的重要税种。目前世界上已有 160 多个国家或地区开征了企业所得税（或公司所得税）。

知识链接

公司所得税是指以公司法人取得的生产经营所得和其他所得为征税对象而征收的一种所得税。世界上许多国家都将公司所得列为所得税的征税对象，并将这种所得税称为公司所得税。公司是依公司法规设立的，全部资本由股东出资，并以股份形式构成的，以盈利为目的的法人实体。而企业包括非法人企业（个人独资企业、合伙企业）和法人企业（公司）。我国实行的是企业所得税，征税范围比公司所得税大。

6.1.2　企业所得税的特点

1. 征税范围广

在中华人民共和国境内的企业，除个人独资企业、合伙企业不适用企业所得税外，其余企业和其他取得收入的组织，都要就其生产经营所得和其他所得缴纳企业所得税。

2. 纳税人包括居民企业和非居民企业两类，且分别具有不同的纳税义务

纳税人和实际负担人通常是一致的，因而可以直接调节纳税人的所得。

3. 以所得额为征税对象，区别于以流转额为征税对象的流转税

计税依据为应纳税所得额，应纳税所得额通常不等同于会计利润，一般需要在会计利润的基础上按照税法的规定进行纳税调整后计算得到。

4. 税负公平

企业所得税对企业，不分所有制、不分地区、不分行业，实行统一比例税率。企业所得税的负担水平和纳税人所得直接关联，即所得多的多征，所得少的少征，无所得的不征。因此，企业所得税是能够较好体现税负公平和税收中性的良性税种。

5. 征管复杂

企业所得税以应纳税所得额为计税依据，正确计算应纳税所得额需要核算企业的收入总额、不征税收入、免税收入、各项扣除和亏损弥补等多个项目，需要企业在会计利润的基础上进行复杂的纳税调整，这给企业所得税的征收管理带来了难度。

6.2　企业所得税的纳税人、征税对象与税率

6.2.1　企业所得税的纳税人

企业所得税的纳税人，是指在中华人民共和国境内的企业和其他取得收入的组织。

《企业所得税法》第一条规定，除个人独资企业、合伙企业不适用《企业所得税法》外，在我国境内，企业和其他取得收入的组织（以下统称企业）为企业所得税的纳税人，依照法律规定缴纳企业所得税。

企业所得税的纳税人分为居民企业和非居民企业，这是基于不同企业承担的纳税义务的不同所进行的分类。把企业分为居民企业和非居民企业，是为了更好地保障我国税收管辖权的有效行使和避免双重课税。税收管辖权是一国政府在征税方面的主权，是国家主权的重要组成部分。根据国际上的通行做法，我国选择了地域管辖权和居民管辖权的双重管辖权标准，最大限度地维护我国的税收利益。

1. 居民企业

居民企业是指依法在中国境内成立，或者依照外国（地区）法律成立但实际管理机构在中国境内的企业。实际管理机构，是指对企业的生产经营、人员、账务、财产等实施实质性全面管理和控制的机构。企业包括国有企业、集体企业、私营企业、联营企业、股份制企业、外商投资企业、外国企业以及有生产经营所得和其他所得的其他组织。有生产经营所得和其他所得的其他组织，是指经国家有关部门批准，依法注册、登记的事业单位、社会团体等组织。

2. 非居民企业

非居民企业是指依照外国（地区）法律成立且实际管理机构不在中国境内，但在中国境内设立机构、场所，或者在中国境内未设立机构、场所，但有来源于中国境内所得的企业。机构、场所，是指在中国境内从事生产经营活动的机构、场所，包括以下五种情况：（1）管理机构、营业机构、办事机构；（2）工厂、农场、开采自然资源的场所；（3）提供劳务的场所；（4）从事建筑、安装、装配、修理、勘探等工程作业的场所；（5）其他从事生产经营活动的机构、场所。此外，非居民企业委托营业代理人在中国境内从事生产经营活动的，包括委托单位或者个人经常代其签订合同，或者储存、交付货物等，该营业代理人被视为非居民企业在中国境内设立的机构、场所。

6.2.2 企业所得税的征税对象

企业所得税的征税对象是指企业取得的生产经营所得、其他所得和清算所得。

1. 居民企业的征税对象

居民企业应就来源于中国境内、境外的所得缴纳企业所得税。所得，包括销售货物所得、提供劳务所得、转让财产所得、股息红利等权益性投资所得、利息所得、租金所得、特许权使用费所得、接受捐赠所得和其他所得。

2. 非居民企业的征税对象

非居民企业在中国境内设立机构、场所的，应当就其所设机构、场所取得的来源于中国境内的所得，以及发生在中国境外但与其所设机构、场所有实际联系的所得，缴纳企业所得税。非居民企业在中国境内未设立机构、场所，或者虽设立机构、场所，但取得的所得与其所设机构、场所没有实际联系的，应当就其来源于中国境内的所得缴纳企业所得税。上述所称实际联系，是指非居民企业在中国境内设立的机构、场所拥有的据以取得所得的股权、债权，以及拥有、管理、控制据以取得所得的财产。

3. 所得来源地的确定

中国境内、境外所得的来源地，按照表6-1所列原则确定。

表6-1 所得来源地的确定

所得类型	所得来源地的确定
销售货物所得	按照交易活动发生地确定
提供劳务所得	按照劳务发生地确定
不动产转让所得	按照不动产所在地确定
动产转让所得	按照转让动产的企业或者机构、场所所在地确定
权益性投资资产转让所得	按照被投资企业所在地确定
股息、红利等权益性投资所得	按照分配所得的企业所在地确定
利息所得、租金所得、特许权使用费所得	按照负担、支付所得的企业或者机构、场所所在地确定，或者按照负担、支付所得的个人的住所地确定
其他所得	由国务院财政、税务主管部门确定

例6-1

下列关于所得来源地的确定的说法正确的有（　　）。

A. 销售货物所得按照交易活动发生地确定

B. 提供劳务所得按照报酬支付地确定

C. 权益性投资资产转让所得按照被投资企业所在地确定

D. 特许权使用费所得按负担、支付所得的企业所在地确定

E. 不动产转让所得按照转让不动产的企业或者机构、场所所在地确定

【答案】 ACD

【解析】 劳务所得按劳务发生地确定，不动产转让所得按不动产所在地确定。

6.2.3 企业所得税的税率

企业所得税税率是体现国家与企业分配关系的核心要素。税率设计的原则是兼顾国家、企业、员工个人三者利益，既要保证国家财政收入的稳定增长，又要使企业在发展生产、经营方面有一定的财力保证；既要考虑企业的实际情况和负担能力，又要维护税率的统一。

我国企业所得税实行比例税率。比例税率简便易行，透明度高，不会因征税而改变企业间的收入分配比例，有利于促进效率的提高。

1. 基本税率

企业所得税基本税率为25%。适用于居民企业和在中国境内设有机构、场所且所得与所设机构、场所有关联的非居民企业。

2. 低税率

企业所得税低税率为20%。适用于在中国境内未设立机构、场所，或者虽设立机

构、场所但取得的所得与其所设机构、场所没有实际联系的非居民企业。这类所得税一般称为“预提所得税”，实际征收时减按10%的税率。

知识链接

根据《国家税务总局关于扩大境外投资者以分配利润直接投资暂不征收预提所得税政策适用范围有关问题的公告》（国家税务总局公告2018年第53号）的规定，自2018年1月1日起，对境外投资者从中国境内居民企业分配的利润用于境内直接投资暂不征收预提所得税政策的适用范围，由外商投资鼓励类项目扩大至所有非禁止外商投资的项目和领域。

3. 优惠税率

（1）国家需要重点扶持的高新技术企业，减按15%的税率征收企业所得税。

（2）符合条件的小型微利企业减按20%的税率征收企业所得税。

对小型微利企业年应纳税所得额不超过100万元、100万元到300万元的部分，分别减按25%，50%计入应纳税所得额，使税负降至5%和10%。根据2021年3月31日召开的国务院常务会议提出，从2021年1月1日起至2022年12月31日，对小微企业和个体工商户年应纳税所得额不到100万元部分，在现行优惠政策基础上，再减半征收所得税。

知识链接

国务院总理李克强2019年1月9日主持召开国务院常务会议，决定再推出一批针对小微企业的普惠性减税措施。

会议指出，贯彻中央经济工作会议精神，保持本年经济运行在合理区间，努力实现一季度平稳开局十分重要。必须多管齐下，发展好小微企业关系到经济平稳运行和就业稳定。会议决定，对小微企业推出一批新的普惠性减税措施。

（1）大幅放宽可享受企业所得税优惠的小型微利企业标准，同时加大所得税优惠力度，对小型微利企业年应纳税所得额不超过100万元、100万元到300万元的部分，分别减按25%，50%计入应纳税所得额，使税负降至5%和10%。调整后优惠政策将覆盖95%以上的纳税企业，其中98%为民营企业。

（2）对主要包括小微企业、个体工商户和其他个人的小规模纳税人，将增值税起征点由月销售额3万元提高到10万元。

（3）允许各省（区、市）政府对增值税小规模纳税人，在50%幅度内减征资源税、城市维护建设税、印花税、城镇土地使用税、耕地占用税等地方税种及教育费附加、地方教育附加。

（4）扩展投资初创科技型企业享受优惠政策的范围，使投向这类企业的创投企业和天使投资个人有更多税收优惠。

（5）为弥补因大规模减税降费形成的地方财力缺口，中央财政将加大对地方一般性转移支付。

上述减税政策可追溯至2019年1月1日，实施期限暂定三年，预计每年可再为小微企业减负约2 000亿元。

6.3 企业所得税应纳税所得额的确定

应纳税所得额是企业所得税的计税依据。应纳税所得额为企业每一纳税年度的收入总额，减除不征税收入、免税收入、各项扣除以及允许弥补的以前年度亏损后的余额。基本公式为：

$$应纳税所得额=收入总额-不征税收入-免税收入-各项扣除-以前年度亏损$$

上述方法为按照《企业所得税法》的规定计算的方法，一般称为直接法。但在实际工作中多采用间接法，即在会计利润的基础上通过纳税调整得到应纳税所得额。基本公式为：

$$应纳税所得额=\begin{matrix}会计利润\\总额\end{matrix}+\begin{matrix}纳税调整\\增加额\end{matrix}-\begin{matrix}纳税调整\\减少额\end{matrix}-\begin{matrix}弥补以前\\年度亏损\end{matrix}$$

企业应纳税所得额的计算，除特殊规定外，以权责发生制为原则，即属于当期的收入和费用，不论款项是否收付，均作为当期的收入和费用；不属于当期的收入和费用，即使款项已经在当期收付，也不作为当期的收入和费用。

6.3.1 收入总额

企业的收入总额包括以货币形式和非货币形式从各种来源取得的收入，具体有销售货物收入，提供劳务收入，转让财产收入，股息、红利等权益性投资收益，利息收入，租金收入，特许权使用费收入，接受捐赠收入，其他收入。

企业取得收入的货币形式，包括现金、存款、应收账款、应收票据、准备持有至到期的债券投资以及债务的豁免等；纳税人以非货币形式取得的收入，包括固定资产、生物资产、无形资产、股权投资、存货、不准备持有至到期的债券投资、劳务以及有关权益等，这些非货币性资产应当按照公允价值确定收入额，公允价值是指按照市场价格确定的价值。

1. 一般收入

按照《企业所得税法》及其实施条例的规定，企业所得税的收入总额由一般销售收入和视同销售收入构成。其中，一般收入包括：销售货物收入，提供劳务收入，转让财产收入，股息、红利等权益性投资收益，利息收入，租金收入，特许权使用费收入，接受捐赠收入，其他收入等。一般收入的形式、含义及确认时间具体如表6-2所示。

表6-2 一般收入的形式、含义和确认时间

形式	含义	确认时间
销售货物收入	企业销售商品、产品、原材料、包装物、低值易耗品以及其他存货取得的收入	(1) 销售商品采用托收承付方式的，在办妥托收手续时确认收入。 (2) 销售商品采取预收款方式的，在发出商品时确认收入。 (3) 销售商品需要安装和检验的，在购买方接受商品以及安装和检验完毕时确认收入。如果安装程序比较简单，可在发出商品时确认收入。 (4) 销售商品采用支付手续费方式委托代销的，在收到代销清单时确认收入。 (5) 以分期收款方式销售货物的，按照合同约定的收款日期确认收入的实现。
提供劳务收入	企业从事建筑安装、修理修配、交通运输、仓储租赁、金融保险、邮电通信、咨询经纪、文化体育、科学研究、技术服务、教育培训、餐饮住宿、中介代理、卫生保健、社区服务、旅游、娱乐、加工以及其他劳务服务活动取得的收入	(1) 安装费。应根据安装完工进度确认收入。安装工作是商品销售附带条件的，安装费在确认商品销售实现时确认收入。 (2) 宣传媒介的收费。应在相关的广告或商业行为出现于公众面前时确认收入。广告的制作费，应根据制作广告的完工进度确认收入。 (3) 软件费。为特定客户开发软件的收费，应根据开发的完工进度确认收入。 (4) 服务费。包含在商品售价内可区分的服务费，在提供服务的期间分期确认收入。 (5) 艺术表演、招待宴会和其他特殊活动的收费。在相关活动发生时确认收入。收费涉及几项活动的，预收的款项应合理分配给每项活动，分别确认收入。 (6) 会员费。申请入会或加入会员，只允许取得会籍，所有其他服务或商品都要另行收费的，在取得该会员费时确认收入。申请入会或加入会员后，会员在会员期内不再付费就可得到各种服务或商品，或者以低于非会员的价格销售商品或提供服务的，该会员费应在整个受益期内分期确认收入。 (7) 特许权费。属于提供设备和其他有形资产的特许权费，在交付资产或转移资产所有权时确认收入；属于提供初始及后续服务的特许权费，在提供服务时确认收入。 (8) 劳务费。长期为客户提供重复的劳务收取的劳务费，在相关劳务活动发生时确认收入。
转让财产收入	企业转让固定资产、生物资产、无形资产、股权、债权等财产取得的收入	除另有规定外，均一次性确认收入。
股息、红利等权益性投资收益	企业因权益性投资从被投资方取得的收入	除国务院财政、税务主管部门另有规定外，应以被投资企业股东会或股东大会做出利润分配或转股决定的日期确认收入的实现。
利息收入	企业将资金提供他人使用但不构成权益性投资，或者因他人占用本企业资金取得的收入，包括存款利息、贷款利息、债券利息、欠款利息等收入	按照合同约定的债务人应付利息的日期确认收入的实现。

续表

形式	含义	确认时间
租金收入	企业提供固定资产、包装物或者其他有形资产的使用权取得的收入	按照合同约定的承租人应付租金的日期确认收入的实现。如果交易合同或协议中规定租赁期限跨年度，且租金提前一次性支付的，根据规定的收入与费用配比原则，出租人可对上述已确认的收入，在租赁期内，分期均匀计入相关年度收入。
特许权使用费收入	企业提供专利权、非专利技术、商标权、著作权以及其他特许权的使用权取得的收入	按照合同约定的特许权使用人应付特许权使用费的日期确认收入的实现。
接受捐赠收入	企业接受的来自其他企业、组织或者个人无偿给予的货币性资产、非货币性资产	按照实际收到捐赠资产的日期确认收入的实现。
其他收入	企业取得的除上述收入外的其他收入，包括企业资产溢余收入、逾期未退包装物押金收入、确实无法偿付的应付款项、已作坏账损失处理后又收回的应收款项、债务重组收入、补贴收入、违约金收入、汇兑收益等	除另有规定外，均一次性确认收入。

企业销售商品同时满足下列条件的，应确认收入的实现：

（1）商品销售合同已经签订，企业已将商品所有权相关的主要风险和报酬转移给购买方；

（2）企业对已售出的商品既没有保留通常与所有权相联系的继续管理权，也没有实施有效控制；

（3）收入的金额能够可靠地计量；

（4）已发生或将发生的销售方的成本能够可靠地核算。

企业在各个纳税期末，提供劳务交易的结果能够可靠估计的，应采用完工进度法（完工百分比法）确认提供劳务收入。提供劳务交易的结果能够可靠估计，是指同时满足下列条件：

（1）收入的金额能够可靠地计量；

（2）交易的完工进度能够可靠地确定；

（3）交易中已发生和将发生的成本能够可靠地核算。

企业提供劳务完工进度的确定，可选用下列方法：

（1）已完工作的测量；

（2）已提供劳务占劳务总量的比例；

（3）发生成本占总成本的比例。

企业应按照从接受劳务方已收或应收的合同或协议价款确定劳务收入总额，根据纳税期末提供劳务收入总额乘以完工进度扣除以前纳税年度累计已确认提供劳务收入后的金额，确认为当期劳务收入；同时，按照提供劳务估计总成本乘以完工进度扣除以前纳税期间累计已确认劳务成本后的金额，结转为当期劳务成本。

企业受托加工制造大型机械设备、船舶、飞机，以及从事建筑、安装、装配工程业务或者提供其他劳务等，持续时间超过12个月的，按照纳税年度内完工进度或者完成的工作量确认收入的实现。

采取产品分成方式取得收入的，按照企业分得产品的日期确认收入的实现。

例6-2

下列关于企业所得税特殊收入的确认，说法不正确的是（　　）。

A. 以分期收款方式销售货物的，按照合同约定的收款日期确认收入的实现

B. 企业受托加工制造大型机械设备，持续时间超过12个月的，按照纳税年度内完工进度或者完成的工作量确认收入的实现

C. 采取产品分成方式取得收入的，按照企业分得产品的日期确认收入的实现，其收入额按照产品的公允价值确定

D. 企业发生非货币性资产交换，以及将货物用于在建工程的，应当视同销售处理

【答案】 D

【解析】 将货物用于在建工程，属于内部移送范畴，不能确认为收入。

2. 视同销售收入

（1）企业发生非货币性资产交换，以及将货物、财产、劳务用于捐赠、偿债、赞助、集资、广告、样品、职工福利或者利润分配等用途的，应当视同销售货物、转让财产或者提供劳务，但国务院财政、税务主管部门另有规定的除外。

（2）企业将资产移送他人的下列情形，因资产所有权属已发生改变而不属于内部处置资产，应按规定视同销售确定收入：

1）用于市场推广或销售；

2）用于交际应酬；

3）用于职工奖励或福利；

4）用于股息分配；

5）用于对外捐赠；

6）其他改变资产所有权属的用途。

企业发生上述视同销售情形时，应按照资产的公允价值确认销售收入。企业以“买一赠一”等方式组合销售本企业商品的，不属于捐赠，应将总的销售金额按各项商品的公允价值的比例来分摊确认销售收入。

（3）企业发生下列情形的处置资产，除将资产转移至境外的以外，由于资产所有权属在形式和实质上均不发生改变，可作为内部处置资产，不视同销售确认收入，相

关资产的计税基础延续计算：

1）将资产用于生产、制造、加工另一产品；

2）改变资产形状、结构或性能；

3）改变资产用途（如自建商品房转为自用或经营）；

4）将资产在总机构及其分支机构之间转移；

5）上述两种或两种以上情形的混合；

6）其他不改变资产所有权属的用途。

例 6-3

根据企业所得税的相关规定，下列情况属于内部处置资产的有（　　）。

A. 将资产用于市场推广

B. 将资产用于对外赠送

C. 将资产用于职工奖励

D. 将自建商品房转为自用

E. 将资产用于生产、制造、加工另一商品

【答案】DE

例 6-4

6 月新鹏公司给职工发放自制饮料作为福利，饮料的成本为 40 万元，同期对外销售价格为 50 万元。根据企业所得税的相关规定，该公司发放上述福利应确认的收入是多少？

【解析】应确认的收入为 50 万元。

知识链接

总分机构之间调拨固定资产是否涉及企业所得税?

《企业所得税法》第五十条第二款规定，居民企业在中国境内设立不具有法人资格的营业机构的，应当汇总计算并缴纳企业所得税。

根据《国家税务总局关于企业处置资产所得税处理问题的通知》（国税函〔2008〕828 号）的规定，企业发生若干种情形的处置资产，除将资产转移至境外的以外，由于资产所有权属在形式和实质上均不发生改变，可作为内部处置资产，不视同销售确认收入，相关资产的计税基础延续计算。其中包括将资产在总机构及其分支机构之间转移的情形。

因此，总分支机构之间调拨固定资产属于企业内部处置资产，不涉及企业所得税。

6.3.2　不征税收入和免税收入

1. 不征税收入

（1）财政拨款，是指各级人民政府对纳入预算管理的事业单位、社会团体等组织拨付的财政资金，但国务院和国务院财政、税务主管部门另有规定的除外。

（2）依法收取并纳入财政管理的行政事业性收费、政府性基金。行政事业性收费，是指依照法律法规等有关规定，按照规定程序批准，在实施社会公共管理，以及在向公民、法人或者其他组织提供特定公共服务过程中，向特定对象收取并纳入财政管理的费用。政府性基金，是指企业依照法律、行政法规等有关规定，代政府收取的具有专项用途的财政资金。

（3）国务院规定的其他不征税收入，是指企业取得的，由国务院财政、税务主管部门规定专项用途并经国务院批准的财政性资金。

（4）企业从县级以上各级人民政府财政部门及其他部门取得的应计入收入总额的财政性资金，凡同时符合以下条件的，可以作为不征税收入，在计算应纳税所得额时从收入总额中扣除。

1）企业能够提供规定资金专项用途的资金拨付文件；

2）财政部门或其他拨付资金的政府部门对该资金有专门的资金管理办法或具体管理要求；

3）企业对该资金以及以该资金发生的支出单独进行核算。

企业将符合上述条件的财政性资金作不征税收入处理后，在5年（60个月）内未发生支出且未缴回财政部门或其他拨付资金的政府部门的部分，应计入取得该资金第6年的应税收入总额；计入应税收入总额的财政性资金发生的支出，允许在计算应纳税所得额时扣除。

需要注意的是，由于不征税收入从性质和根源上不属于应税收入，相应地，企业的不征税收入用于支出所形成的费用，不得在计算应纳税所得额时扣除；用于支出所形成的资产，其计算的折旧、摊销不得在计算应纳税所得额时扣除。

2. 免税收入

（1）国债利息收入。为鼓励企业积极购买国债、支援国家建设，税法规定企业因购买国债所得的利息收入，免征企业所得税。

（2）符合条件的居民企业之间的股息、红利等权益性收益，是指居民企业直接投资于其他居民企业取得的投资收益。

（3）在中国境内设立机构、场所的非居民企业从居民企业取得与所设机构、场所有实际联系的股息、红利等权益性投资收益。

（4）符合条件的非营利组织的收入。

例6-5

企业从县级以上各级人民政府财政部门及其他部门取得的应计入收入总额的财政性资金，作为不征税收入，应同时符合的条件有（　　）。

A. 企业能够提供规定资金专项用途的资金拨付文件

B. 资金使用的具体情况每年必须报上级主管部门备案

C. 企业对该资金以及以该资金发生的支出单独进行核算

D. 该资金不得用于资本性支出

E. 对该资金有专门的资金管理办法或具体管理要求

【答案】ACE

6.3.3 扣除原则和范围

1. 税前扣除项目的原则

（1）合法性原则，是指企业申报的扣除项目和金额要符合国家税法的规定，若其他法规规定与税法规定不一致，应以税法的规定为标准。

（2）真实性原则，是指企业申报的扣除项目和金额要真实，能提供有关支出确属已经发生的证明。

（3）合理性原则，是指企业申报的扣除项目和金额应符合生产经营活动常规，属于企业生产经营中必要的和正常的支出。

（4）相关性原则，是指企业申报扣除的项目从性质上和根源上必须与取得的应税收入直接相关。

（5）收益性支出和资本性支出原则。收益性支出在发生当期直接扣除；资本性支出应当分期扣除或者计入有关资产的成本，不得在发生当期直接扣除。

2. 扣除项目的范围

《企业所得税法》规定，企业实际发生的与取得收入有关的、合理的支出，包括成本、费用、税金及附加、损失和其他支出，准予在计算应纳税所得额时扣除。

（1）成本，是指企业在生产经营活动中发生的销售成本、销货成本、业务支出以及其他耗费，即企业销售商品（产品、材料、下脚料、废料、废旧物资等）、提供劳务、转让固定资产和无形资产（包括技术转让）的成本。

（2）费用，是指企业每一纳税年度为生产经营商品和提供劳务等所发生的销售（经营）费用、管理费用和财务费用。已经计入成本的有关费用除外。

（3）税金及附加，是指企业发生的除企业所得税和允许抵扣的增值税以外的企业缴纳的各项税金及附加，即企业按规定缴纳的消费税、城市维护建设税、关税、资源税、土地增值税、房产税、车船税、城镇土地使用税、印花税、教育费附加等。需要注意的是，企业实际缴纳的税金及附加，有些通过“税金及附加”直接扣除，比如消费税、房产税等；有些先计入资产价值，未来通过资产的折旧或摊销分期扣除，比如契税、车辆购置税等。

（4）损失，是指企业在生产经营活动中发生的固定资产和存货的盘亏、毁损、报废损失，转让财产损失，坏账损失，自然灾害等不可抗力因素造成的损失以及其他损失。

（5）其他支出，是指除成本、费用、税金及附加、损失外，企业在生产经营活动中发生的与生产经营活动有关的、合理的支出。

3. 扣除项目及其标准

在计算应纳税所得额时，下列项目可按照《企业所得税法》的相关规定扣除：

（1）工资、薪金支出。企业发生的合理的工资、薪金支出准予据实扣除。工资、薪金支出是企业每一纳税年度支付给本企业任职或与其有雇佣关系的员工的所有现金或非现金形式的劳动报酬，包括基本工资、奖金、津贴、补贴、年终加薪、加班工资，以及与任职或与受雇有关的其他支出。

工资、薪金支出合理性的判断标准如下：

1）企业制定了较为规范的工资薪金制度；

2）企业所制定的工资薪金制度符合行业及地区水平；

3）企业在一定时期所发放的工资、薪金是相对固定的，工资、薪金的调整是有序进行的；

4）企业对实际发放的工资、薪金，已依法履行了扣缴个人所得税义务；

5）有关工资、薪金的安排，不以减少或逃避税款为目的。

例6-6

税务机关对工资、薪金进行合理性确认应遵循的原则有（　　）。

A. 企业在一定时期工资、薪金的调整是有序进行的

B. 企业所制定的工资、薪金制度符合行业及地区水平

C. 企业在3年内所发放的工资、薪金是相对固定的

D. 有关工资、薪金的安排，不以减少或逃避税款为目的

E. 企业对实际发放的工资、薪金，已依法履行了个人所得税代扣代缴义务

【答案】ABDE

（2）职工福利费、工会经费、职工教育经费。企业发生的职工福利费、工会经费、职工教育经费按标准扣除，未超过标准的按实际数扣除；超过标准的只能按标准扣除，超出标准的部分不得扣除。

1）企业发生的职工福利费支出，不超过工资、薪金总额14%的部分准予扣除。

2）企业拨缴的工会经费，不超过工资、薪金总额2%的部分准予扣除。

3）除国务院财政、税务主管部门另有规定外，企业发生的职工教育经费支出，不超过工资薪金总额8%的部分准予扣除，超过部分准予结转以后纳税年度扣除。

软件生产企业发生的职工教育经费中的职工培训费用，可以全额在企业所得税前扣除。软件生产企业应准确划分职工教育经费中的职工培训费支出，对于不能准确划分以及准确划分后职工教育经费中扣除职工培训费用后的余额，一律按照工资、薪金总额8%的比例扣除。

知识链接

《企业所得税法实施条例》规定，除国务院财政、税务主管部门另有规定外，企业发生的职工教育经费支出，不超过工资薪金总额2.5%的部分，准予扣除；超过部分，准予在以后纳税年度结转扣除。《财政部 国家税务总局关于高新技术企业职工教育经费税前扣除政策的通知》（财税〔2015〕63号）规定，高新技术企业发生的职工教育经费支出，不超过工资薪金总额8%的部分，准予在计算企业所得税应纳税所得额时扣除；超过部分，准予在以后纳税年度结转扣除。

2018年5月10日，财政部、国家税务总局联合发布通知明确，企业发生的职工教育经费支出，不超过工资薪金总额8%的部分，准予在计算企业所得税应纳税所得额时扣除；超过部分，准予在以后纳税年度结转扣除。两部门对原有政策进行了调整，自2018年1月1日起，将所有企业职工教育经费税前扣除限额提高到8%，旨在鼓励企业加大职工教育投入。

改革开放以来，我国保持了持续较高的经济增长速度，经济规模和发展质量持续提升。随着我国进入社会主义新时代，供给侧结构性改革持续推进，企业转型升级更为迫切。提高职工教育经费税前扣除比例能够在一定程度上满足企业人员培养、人才及技术储备、研发及科技创新的需求，增强企业发展动力，助力企业改革升级。

例6-7

启航工业企业年初申报企业所得税，其信息如下：职工总数为340人；全年实际发放工资总额为400万元，已列支；企业实际支出职工福利费60万元。请计算该企业当期可以扣除的职工福利费。

【解析】

职工福利费扣除限额＝400×14%＝56(万元)

实际发生60万元，超支4万元，税前只可扣除56万元。

（3）保险费。

1）企业依照国务院有关主管部门或者省级人民政府规定的范围和标准为职工缴纳的“五险一金”，即基本养老保险费、基本医疗保险费、失业保险费、工伤保险费、生育保险费等基本社会保险费和住房公积金，准予扣除。

2）企业为在本企业任职或受雇的全体员工支付的补充养老保险费、补充医疗保险费，分别在不超过职工工资总额5%标准内的部分，准予扣除；超过部分，不得扣除。企业依照国家有关规定为特殊工种职工支付的人身安全保险费和符合国务院财政、税务主管部门规定可以扣除的商业保险费准予扣除。

3）企业参加财产保险，按照规定缴纳的保险费，准予扣除。企业为投资者或者职工支付的商业保险费，不得扣除。

4）自2018年度及以后年度企业所得税汇算清缴，企业参加雇主责任险、公众责任险等责任保险，按照规定缴纳的保险费，准予在企业所得税税前扣除。

例6-8

接例6-7，当年启航工业企业实际支出补充养老保险费24万元、补充医疗保险费16万元。请计算该企业当年可以扣除的补充养老保险费、补充医疗保险费。

【解析】

扣除标准限额＝400×5%＝20(万元)

补充养老保险费24万元，超支4万元，只可以扣除20万元；补充医疗保险费16万元，没有超支，可以据实扣除。

（4）借款费用。

1）企业在生产经营活动中发生的合理的不需要资本化的借款费用，准予扣除。

2）企业为购置、建造固定资产、无形资产和经过12个月以上的建造才能达到预定可销售状态的存货发生借款的，在有关资产购置、建造期间发生的合理的借款费用，应予以资本化，作为资本性支出计入有关资产的成本；有关资产交付使用后发生的借款利息，可在发生当期扣除。

3）企业通过发行债券、取得贷款、吸收保户储金等方式融资而发生的合理的费用支出，符合资本化条件的，应计入相关资产成本；不符合资本化条件的，应作为财务费用，准予在企业所得税税前据实扣除。

（5）利息支出。企业在生产经营活动中发生的利息支出，按下列规定扣除：

1）非金融企业向金融企业借款的利息支出、金融企业的各项存款利息支出和同业拆借利息支出、企业经批准发行债券的利息支出可据实扣除。

2）非金融企业向非金融企业借款的利息支出，不超过按照金融企业同期同类贷款利率计算的数额的部分可据实扣除，超过部分不允许扣除。

例6-9

天成机械制造企业1月1日向银行借款3 000万元，借期1年，年利率为12%，其中2 400万元用于一车间基建工程，该车间于10月1日交付使用；600万元用于采购原料从事生产经营。企业按权责发生制原则计提贷款利息支出360万元，全部记入“财务费用”科目借方，并在会计利润中扣除。请问该利息支出在企业所得税中应如何处理？

【解析】3 000万元的借款中有2 400万元借款发生的利息用于基建工程，在建造期间发生的利息需要资本化，计入在建工程，以后通过折旧的方式扣除。

资本化的利息支出＝2 400×12%×9÷12＝216(万元)

计入财务费用的利息支出＝600×12%＋2400×12%×3÷12＝144(万元)

因此，利息支出当年应调增应纳税所得额216万元。

例6-10

为实现规模发展，1月1日A机械制造企业向B银行借款3 000万元，借期1年，年利率为6%，年付利息180万元。请计算A企业当年在企业所得税税前可以扣除的利息。

【解析】向金融机构借款的利息费用可以在企业所得税税前全额扣除，即税前可以扣除利息为180万元。

（6）汇兑损失。企业在货币交易中，以及纳税年度终了时将人民币以外的货币性资产、负债按照期末即期人民币汇率中间价折算为人民币时产生的汇兑损失，除已经计入有关资产成本以及与向所有者进行利润分配相关的部分外，准予扣除。

（7）业务招待费。

1）企业发生的与生产经营活动有关的业务招待费支出，按照发生额的60%扣除，但最高不得超过当年销售收入的5‰。当年销售收入包括《企业所得税法实施条例》第二十五条规定的视同销售收入额。

2）对从事股权投资业务的企业（包括集团公司总部、创业投资企业等），其从被投资企业所分配的股息、红利以及股权转让收入，可以按规定的比例计算业务招待费扣除限额。

3）企业在筹建期间发生的与筹办活动有关的业务招待费支出，可按实际发生额的

60%计入企业筹办费，并按有关规定在税前扣除。

例6－11

永航集团年度发生业务招待费200万元，当年可作为业务招待费计算依据的销售收入为1 500万元。请计算该企业当年可以税前扣除的业务招待费。

【解析】 实际发生额的60%即200×60%＝120万元，当年销售收入的5‰即1 500×5‰＝7.5万元，两个标准中较小者为扣除标准，所以可以扣除7.5万元。

（8）广告费和业务宣传费。企业发生的符合条件的广告费和业务宣传费支出，除国务院财政、税务主管部门另有规定外，不超过当年销售收入15%的部分，准予扣除；超过部分，准予结转以后纳税年度扣除。

例6－12

乐美服装厂本年度的销售收入为2 000万元，实际发生的符合条件的广告费支出和业务宣传费支出为400万元，请问该企业可以税前扣除的广告费和业务宣传费是多少？

【解析】

扣除限额＝2 000×15%＝300(万元)

企业广告费和业务宣传费支出为400万元，而扣除限额为300万元，则超过的100万元可以结转以后纳税年度扣除。

（9）手续费及佣金支出。

1）企业发生的与生产经营有关的手续费及佣金支出，不超过以下规定计算限额的部分，准予扣除；超过部分，不得扣除。

①保险企业发生与其经营活动有关的手续费及佣金支出，不超过当年全部保费收入扣除退保金等后余额的18%（含本数）的部分，在计算应纳税所得额时准予在企业所得税税前扣除；超过部分，允许结转以后年度在企业所得税税前扣除。

②电信企业在发展客户、拓展业务等过程中，需向经纪人、代办商支付手续费及佣金的，其实际发生的相关手续费及佣金支出，不超过企业当年收入总额5%的部分，准予在企业所得税税前据实扣除。

③其他企业按与具有合法经营资格的中介服务企业或个人（不含交易双方及其雇员、代理人和代表人等）所签订服务协议或合同确认的收入金额的5%计算限额。

2）企业应与具有合法经营资格的中介服务企业或个人签订代办协议或合同，并按国家有关规定支付手续费及佣金。除委托个人代理外，企业以现金等非转账方式支付的手续费及佣金不得在税前扣除。企业为发行权益性证券支付给有关证券承销机构的手续费及佣金不得在税前扣除。

3）企业不得将手续费及佣金支出计入回扣、业务提成、返利、进场费等费用。

4）企业已计入固定资产、无形资产等相关资产的手续费及佣金支出，应当通过折旧、摊销等方式分期扣除，不得在发生当期直接扣除。

5）企业支付的手续费及佣金不得直接冲减服务协议或合同金额，并如实入账。

6）企业应当如实向当地主管税务机关提供当年手续费及佣金计算分配表和其他相关资料，并依法取得合法真实凭证。

知识链接

根据《国家税务总局关于发布〈企业所得税税前扣除凭证管理办法〉的公告》（国家税务总局公告2018年第28号）的规定，自2018年7月1日起，税前扣除凭证按照来源分为内部凭证和外部凭证。

内部凭证是指企业自制用于成本、费用、损失和其他支出核算的会计原始凭证。内部凭证的填制和使用应当符合国家会计法律、法规等相关规定。

外部凭证是指企业发生经营活动和其他事项时，从其他单位、个人取得的用于证明其支出发生的凭证，包括但不限于发票（包括纸质发票和电子发票）、财政票据、完税凭证、收款凭证、分割单等。

7）从事代理服务、主营业务收入为手续费和佣金的企业（如证券、期货、保险代理等企业），其为取得该类收入而实际发生的营业成本（包括手续费及佣金支出），准予在企业所得税税前据实扣除。

（10）租赁费。企业根据生产经营活动的需要租入固定资产支付的租赁费，按照以下方法扣除：

1）以经营租赁方式租入固定资产发生的租赁费支出，按照租赁期限均匀扣除。

2）以融资租赁方式租入固定资产发生的租赁费支出，按照规定构成融资租入固定资产价值的部分应当提取折旧费用，分期扣除。

（11）劳动保护支出。企业发生的合理的劳动保护支出，准予扣除。

（12）公益性捐赠支出。企业发生的公益性捐赠支出，不超过年度利润总额12%的部分，准予扣除；超过部分，准予结转以后3年内在计算应纳税所得额时扣除。企业在对公益性捐赠支出扣除时，应先扣除以前年度结转的捐赠支出，再扣除当年发生的捐赠支出。公益性捐赠，是指企业通过公益性社会团体或者县级以上人民政府及其部门，用于《中华人民共和国公益事业捐赠法》规定的公益事业的捐赠。年度利润总额，是指企业依照国家会计制度的规定计算的年度会计利润。

知识链接

根据《财政部 税务总局 关于公益性捐赠支出企业所得税税前结转扣除有关政策的通知》（财税〔2018〕15号）的规定，自2017年1月1日起，企业通过公益性社会组织或者县级（含县级）以上人民政府及其组成部门和直属机构，用于慈善活动、公益事业的捐赠支出，在年度利润总额12%以内的部分，准予在计算应纳税所得额时扣除；超过年度利润总额12%的部分，准予结转以后三年内在计算应纳税所得额时扣除。

根据《财政部 税务总局 国务院扶贫办关于企业扶贫捐赠所得税税前扣除政策的公告》（财政部 税务总局 国务院扶贫办公告2019年第49号）的规定，为支持脱贫攻坚，自2019年1月1日至2022年12月31日，企业通过公益性社会组织或者县级（含县级）以上人民政府及其组成部门和直属机构，用于目标脱贫地区的扶贫捐赠支出，准予在计算企业所得税应纳税所得额时据实扣除。在政策执行期限内，目标脱贫地区实现脱贫的，可继续适用上述政策。

"目标脱贫地区"包括832个国家扶贫开发工作重点县、集中连片特困地区县（新疆阿克苏地区6县1市享受片区政策）和建档立卡贫困村。

企业同时发生扶贫捐赠支出和其他公益性捐赠支出，在计算公益性捐赠支出年度扣除限额时，符合上述条件的扶贫捐赠支出不计算在内。

企业在2015年1月1日至2018年12月31日期间已发生的符合上述条件的扶贫捐赠支出，尚未在计算企业所得税应纳税所得额时扣除的部分，可执行上述企业所得税政策。

(13) 资产损失。资产是指企业拥有或者控制的、用于经营管理活动相关的资产，包括库存现金、银行存款、应收及预付款项（包括应收票据、各类垫款、企业之间往来款项）等货币性资产，存货、固定资产、无形资产、在建工程、生产性生物资产等非货币性资产，以及债权性投资和股权（权益）性投资。

准予在企业所得税税前扣除的资产损失，是指企业在实际处置、转让上述资产过程中发生的合理损失（以下简称实际资产损失），以及企业虽未实际处置、转让上述资产，但符合规定条件计算确认的损失（以下简称法定资产损失）。

企业实际资产损失，应当在其实际发生且会计上已作损失处理的年度申报扣除；法定资产损失，应当在企业向主管税务机关提供证据资料证明该项资产已符合法定资产损失确认条件，且会计上已作损失处理的年度申报扣除。

企业发生的资产损失，应按规定的程序和要求向主管税务机关申报后方能在税前扣除。未经申报的损失，不得在税前扣除。下列资产损失，应以清单申报的方式向税务机关申报扣除：

1) 企业在正常经营管理活动中，按照公允价格销售、转让、变卖非货币性资产的损失；

2) 企业各项存货发生的正常损耗；

3) 企业固定资产达到或超过使用年限而正常报废清理的损失；

4) 企业生产性生物资产达到或超过使用年限而正常死亡发生的资产损失；

5) 企业按照市场公平交易原则，通过各种交易场所、市场等买卖债券、股票、期货、基金以及金融衍生产品等发生的损失。

上述以外的资产损失，应以专项申报的方式向税务机关申报扣除。企业无法准确判别是否属于清单申报扣除的资产损失的，可以采取专项申报的形式申报扣除。

(14) 总机构分摊的费用。非居民企业在中国境内设立的机构、场所，就其中国境外总机构发生的与该机构、场所生产经营有关的费用，能够提供总机构出具的费用汇集范围、定额、分配依据和方法等证明文件，并合理分摊的，准予扣除。

(15) 环境保护专项资金。企业依照法律、行政法规有关规定提取的用于环境保护、生态恢复等方面的专项资金，准予扣除。上述专项资金提取后改变用途的，不得扣除。

(16) 依照有关法律、行政法规和国家有关税法规定准予扣除的其他项目，如会员费、合理的会议费、差旅费、违约金、诉讼费用等。

知识链接

汇总缴纳企业所得税的企业发生的资产损失，应如何进行申报扣除？

根据《跨地区经营汇总纳税企业所得税征收管理办法》，汇总纳税企业发生的资产损失，应按以下规定申报扣除：

（1）总机构及二级分支机构发生的资产损失，除应按专项申报和清单申报的有关规定各自向所在地主管税务机关申报外，二级分支机构还应同时上报总机构；三级及以下分支机构发生的资产损失不需向所在地主管税务机关申报，应并入二级分支机构，由二级分支机构统一申报。

（2）总机构对各分支机构上报的资产损失，除税务机关另有规定外，应以清单申报的形式向所在地主管税务机关申报。

（3）总机构将分支机构所属资产捆绑打包转让所发生的资产损失，由总机构向所在地主管税务机关专项申报。

二级分支机构所在地主管税务机关应对二级分支机构申报扣除的资产损失强化后续管理。

6.3.4 不得扣除的项目

在计算应纳税所得额时，下列支出不得扣除：

（1）向投资者支付的股息、红利等权益性投资收益款项。

（2）企业所得税税款。

（3）税收滞纳金，指纳税人违反税收法规，被税务机关处以的滞纳金。

（4）罚金、罚款和被没收财物的损失，指纳税人违反国家有关法律、法规规定，被有关部门处以的罚款，以及被司法机关处以的罚金和被没收的财物。

（5）不符合扣除条件的捐赠支出，具体包括非公益性捐赠支出、直接向受赠人捐赠的支出。

（6）赞助支出，指企业发生的与生产经营活动无关的各种非广告性质支出。

（7）未经核定的准备金支出，指不符合国务院财政、税务主管部门规定的各项资产减值准备、风险准备等准备金支出。

（8）企业之间支付的管理费、企业内营业机构之间支付的租金和特许权使用费，以及非银行企业内营业机构之间支付的利息。

（9）与取得收入无关的其他支出。

例6-13

朝阳集团因销售的货物在设计上存在一定缺陷，按合同约定需要支付给购买方罚款4.5万元。请问该罚款是否可以在企业所得税税前扣除？

【解析】可以在企业所得税税前扣除，因为该罚款是正常经济交往过程中支付的非行政性的罚款。

6.3.5 亏损弥补

亏损是指企业依照《企业所得税法》及其实施条例的规定，将每一纳税年度的收入总额减除不征税收入、免税收入和各项扣除后小于零的数额。

税法规定，企业某一纳税年度发生的亏损可以用下一年度的所得弥补；下一年度的所得不足以弥补的，可以逐年延续弥补，但最长不得超过 5 年（特殊资格企业除外）。企业在汇总计算缴纳企业所得税时，其境外营业机构的亏损不得抵减境内营业机构的盈利。

自 2018 年 1 月 1 日起，当年具备高新技术企业或科技型中小企业资格（以下简称资格）的企业，其具备资格年度之前 5 个年度发生的尚未弥补完的亏损，准予结转以后年度弥补，最长结转年限由 5 年延长至 10 年。

企业筹办期间不计算为亏损年度。企业从事生产经营之前进行筹办活动期间发生的筹办费用支出，不得计算为当期的亏损，企业可以在开始经营之日的当年一次性扣除，也可以按照税法有关长期待摊费用的处理规定处理，但一经选定，不得改变。

例 6 - 14

乐美公司为一家食品销售公司，2013—2019 年所得情况如表 6 - 3 所示。请问该公司的亏损应如何弥补？

表 6 - 3　乐美公司 2013—2019 年所得情况　　单位：万元

年度	2013	2014	2015	2016	2017	2018	2019
应纳税所得额	－520	－170	110	120	135	135	200

【解析】2013 年的亏损，可以用 2014—2018 年的所得进行弥补，因为 2014 年出现亏损，所以从 2015 年开始到 2018 年共能弥补 110＋120＋135＋135＝500 万元，剩下的 20 万元因为超过 5 年弥补期，所以不能再弥补。2014 年的亏损应该用 2015—2019 年的所得进行弥补，因为 2015—2018 年的所得已经全部弥补了 2013 年的亏损，所以 2014 年的亏损只可以用 2019 年的所得进行弥补，即 200－170＝30 万元，剩下的所得 30 万元按照规定缴纳企业所得税。

6.4　资产的税务处理

资产是指企业拥有或者控制的、预期会给企业带来经济利益流入的经济资源。在企业所得税中，企业的各项资产，包括固定资产、生物资产、无形资产、长期待摊费用、投资资产、存货等，原则上要求以历史成本为计税基础。历史成本是指企业取得该项资产时实际发生的支出。企业持有各项资产期间资产增值或者减值，除国务院财政、税务主管部门规定可以确认损益外，不得调整该资产的计税基础。

6.4.1　固定资产的税务处理

固定资产是指企业为生产产品、提供劳务、出租或者经营管理而持有的、使用时间超过 12 个月的非货币性资产，包括房屋、建筑物、机器、机械、运输工具以及其他与生产经营活动有关的设备、器具、工具等。

1. 固定资产的计税基础

（1）外购的固定资产，以购买价款和支付的相关税费以及直接归属于使该资产达到预定用途发生的其他支出为计税基础。

（2）自行建造的固定资产，以竣工结算前发生的支出为计税基础。

（3）融资租入的固定资产，以租赁合同约定的付款总额和承租人在签订租赁合同过程中发生的相关费用为计税基础；租赁合同未约定付款总额的，以该资产的公允价值和承租人在签订租赁合同过程中发生的相关费用为计税基础。

（4）盘盈的固定资产，以同类固定资产的重置完全价值为计税基础。

（5）通过捐赠、投资、非货币性资产交换、债务重组等方式取得的固定资产，以该资产的公允价值和支付的相关税费为计税基础。

（6）改建的固定资产，除已足额提取折旧的固定资产和租入的固定资产以外的其他固定资产，以改建过程中发生的改建支出增加为计税基础。

2. 固定资产折旧的范围

在计算应纳税所得额时，下列固定资产不得计算折旧扣除：

（1）房屋、建筑物以外未投入使用的固定资产；

（2）以经营租赁方式租入的固定资产；

（3）以融资租赁方式租出的固定资产；

（4）已足额提取折旧仍继续使用的固定资产；

（5）与经营活动无关的固定资产；

（6）单独估价作为固定资产入账的土地；

（7）其他不得计算折旧扣除的固定资产。

3. 固定资产折旧的计提方法

（1）企业应当自固定资产投入使用月份的次月起计算折旧；停止使用的固定资产，应当自停止使用月份的次月起停止计算折旧。

（2）企业应当根据固定资产的性质和使用情况，合理确定固定资产的预计净残值。固定资产的预计净残值一经确定，不得变更。

（3）固定资产按照直线法计算的折旧，准予扣除。

（4）企业对房屋、建筑物等固定资产在未足额提取折旧前进行改扩建的，如属于推倒重置，该资产原值减除提取折旧后的净值，应并入重置后的固定资产的计税成本，并在该固定资产投入使用后的次月起，按照税法规定的折旧年限，一并计提折旧；如属于提升功能、增加面积，该固定资产的改扩建支出应并入该固定资产的计税基础，并从改扩建完工投入使用后的次月起，重新按税法规定的该固定资产折旧年限计提折旧；如该改扩建后的固定资产尚可使用的年限低于税法规定的最低年限，可以按尚可使用的年限计提折旧。

4. 固定资产折旧的计提年限

除国务院财政、税务主管部门另有规定外，固定资产计算折旧的最低年限如下：

（1）房屋、建筑物，为20年；

（2）飞机、火车、轮船、机器、机械和其他生产设备，为10年；

（3）与生产经营活动有关的器具、工具、家具等，为5年；

（4）飞机、火车、轮船以外的运输工具，为4年；

（5）电子设备，为3年。

从事开采石油、天然气等矿产资源的企业，在开始商业性生产前发生的费用和有关固定资产的折耗、折旧方法，由国务院财政、税务主管部门另行规定。

企业在 2018 年 1 月 1 日至 2023 年 12 月 31 日期间新购进的设备、器具，单位价值不超过 500 万元的，允许一次性计入当期成本费用在计算应纳税所得额时扣除，不再分年度计算折旧；单位价值超过 500 万元的，仍按正常情况计提折旧。这里所称的设备、器具，是指除房屋、建筑物以外的固定资产。

例 6 - 15

某市工业企业的生产用房屋账面原值为 800 万元，折旧年限为 20 年，已经计提 13 年折旧，累计计提折旧 500 万元。该公司为增加该房屋的使用面积，花费 200 万元对该房屋进行改造。请计算该房屋的计税基础。

【解析】

计税基础＝800－500＋200＝500(万元)

为改造房屋花费的 200 万元应并入该固定资产的计税基础，并从改扩建完工投入使用后的次月起，重新按照符合税法规定的折旧年限计提折旧。

6.4.2 生物资产的税务处理

生物资产是指有生命的动物和植物。生物资产分为消耗性生物资产、生产性生物资产和公益性生物资产。消耗性生物资产，是指为出售而持有的，或在将来收获为农产品的生物资产，包括生长中的大田作物、蔬菜、用材林以及存栏待售的牲畜等。生产性生物资产，是指为产出农产品、提供劳务或出租等目的而持有的生物资产，包括经济林、薪炭林、产畜和役畜等。公益性生物资产，是指以防护、环境保护为主要目的的生物资产，包括防风固沙林、水土保持林和水源涵养林等。

1. 生物资产的计税基础

生产性生物资产按照以下方法确定计税基础：

（1）外购的生产性生物资产，以购买价款和支付的相关税费为计税基础；

（2）通过捐赠、投资、非货币性资产交换、债务重组等方式取得的生产性生物资产，以该资产的公允价值和支付的相关税费为计税基础。

2. 生物资产的折旧方法和折旧年限

生产性生物资产按照直线法计算的折旧，准予扣除。企业应当自生产性生物资产投入使用月份的次月起计算折旧；停止使用的生产性生物资产，应当自停止使用月份的次月起停止计算折旧。

企业应当根据生产性生物资产的性质和使用情况，合理确定生产性生物资产的预计净残值。生产性生物资产的预计净残值一经确定，不得变更。

生产性生物资产计算折旧的最低年限如下：

（1）林木类生产性生物资产，为 10 年；

（2）畜类生产性生物资产，为 3 年。

例 6 - 16

某农场外购奶牛支付价款 18 万元，依据企业所得税的相关规定，税前扣除方法为（　　）。

A. 一次性在税前扣除

B. 按奶牛寿命在税前分期扣除

C. 按直线法以不低于3年的折旧年限计算折旧税前扣除

D. 按直线法以不低于10年的折旧年限计算折旧税前扣除

【答案】 C

【解析】 选项A，奶牛属于生产性生物资产，应当分期扣除，不能一次性扣除；选项B，应该按照在满足税法规定的最低折旧年限的条件下分期扣除；选项D，畜类生产性生物资产计提折旧的最低折旧年限为3年。

6.4.3 无形资产的税务处理

无形资产是指企业长期使用但没有实物形态的资产，包括专利权、商标权、著作权、土地使用权、非专利技术、商誉等。

1. 无形资产的计税基础

无形资产按照以下方法确定计税基础：

（1）外购的无形资产，以购买价款和支付的相关税费以及直接归属于使该资产达到预定用途发生的其他支出为计税基础；

（2）自行开发的无形资产，以开发过程中该资产符合资本化条件后至达到预定用途前发生的支出为计税基础；

（3）通过捐赠、投资、非货币性资产交换、债务重组等方式取得的无形资产，以该资产的公允价值和支付的相关税费为计税基础。

2. 无形资产摊销的范围

在计算应纳税所得额时，企业按照规定计算的无形资产摊销费用，准予扣除。下列无形资产不得计算摊销费用扣除：

（1）自行开发的支出已在计算应纳税所得额时扣除的无形资产；

（2）自创商誉；

（3）与经营活动无关的无形资产；

（4）其他不得计算摊销费用扣除的无形资产。

3. 无形资产的摊销方法及年限

无形资产的摊销，采用直线法计算。无形资产的摊销年限不得低于10年。作为投资或者受让的无形资产，有关法律规定或者合同约定了使用年限的，可以按照规定或者约定的使用年限分期摊销。外购商誉的支出，在企业整体转让或者清算时，准予扣除。根据《财政部 国家税务总局关于进一步鼓励软件产业和集成电路产业发展企业所得税政策的通知》（财税〔2012〕27号）的规定，企业外购的软件，凡符合固定资产或无形资产确认条件的，可以按照固定资产或无形资产进行核算，其折旧或摊销年限可以适当缩短，最短可为2年（含）。

例6-17

6月某公司购进一套价值78万元的办公软件，符合无形资产确认条件，公司按照无形资产进行核算。根据企业所得税法的相关规定，该年度该公司计算应纳税所得额时摊销无形资产软件费用的最高金额是多少?

【解析】符合条件的软件，其摊销年限可以适当缩短，最短可为2年，所以该公司摊销无形资产软件费用的最高金额为78÷2=39万元。

6.4.4 长期待摊费用的税务处理

长期待摊费用是指企业发生的应在一个年度以上进行摊销的费用。在计算应纳税所得额时，企业发生的下列支出作为长期待摊费用，按照规定摊销的，准予扣除。

（1）已足额提取折旧的固定资产的改建支出；

（2）租入固定资产的改建支出；

（3）固定资产的大修理支出；

（4）其他应当作为长期待摊费用的支出。

固定资产的改建支出，是指改变房屋或者建筑物结构、延长使用年限等发生的支出。已足额提取折旧的固定资产的改建支出，按照固定资产预计尚可使用年限分期摊销；租入固定资产的改建支出，按照合同约定的剩余租赁期限分期摊销；改建的固定资产延长使用年限的，除已足额提取折旧的固定资产、租入固定资产的改建支出外，其他的固定资产发生改建支出，应当适当延长折旧年限。

固定资产的大修理支出，按照固定资产尚可使用年限分期摊销。税法所指固定资产的大修理支出，是指同时符合下列条件的支出：

（1）修理支出达到取得固定资产时的计税基础50%以上；

（2）修理后固定资产的使用年限延长2年以上。

其他应当作为长期待摊费用的支出，自支出发生月份的次月起，分期摊销，摊销年限不得低于3年。

例6-18

2018年海阳科技公司以经营租赁方式租入门面房，租期8年。2021年6月公司对门面房进行改建装潢，发生改建费用20万元。请问装潢费用应做怎样的税务处理?

【解析】租入固定资产的改建支出可以作为长期待摊费用，在合同约定的剩余租赁期限内分期摊销。

6.4.5 存货的税务处理

存货是指企业持有以备出售的产品或者商品、处在生产过程中的在产品、在生产或者提供劳务过程中耗用的材料和物料等。

1. 存货的计税基础

存货按照以下方法确定成本：

（1）通过支付现金方式取得的存货，以购买价款和支付的相关税费为成本；

（2）通过支付现金以外的方式取得的存货，以该存货的公允价值和支付的相关税费为成本；

（3）生产性生物资产收获的农产品，以产出或者采收过程中发生的材料费、人工费和分摊的间接费用等必要支出为成本。

2. 存货的成本计算方法

企业使用或者销售的存货的成本计算方法，可以在先进先出法、加权平均法、个别计价法中选用一种。计算方法一经选用，不得随意变更。

企业转让以上资产，在计算应纳税所得额时，资产的净值允许扣除。其中，资产的净值是指有关资产、财产的计税基础减除已经按照规定扣除的折旧、折耗、摊销、准备金等后的余额。

6.4.6 投资资产的税务处理

投资资产是指企业对外进行权益性投资和债权性投资而形成的资产。

1. 投资资产的成本

投资资产按以下方法确定投资成本：

（1）通过支付现金方式取得的投资资产，以购买价款为成本；

（2）通过支付现金以外的方式取得的投资资产，以该资产的公允价值和支付的相关税费为成本。

2. 投资资产成本的扣除方法

企业对外投资期间，投资资产的成本在计算应纳税所得额时不得扣除；企业在转让或者处置投资资产时，投资资产的成本准予扣除。

知识链接

税法规定与会计规定差异的处理①

税法规定与会计规定差异的处理是指在计算应纳税所得额时，企业财务、会计处理办法与税收法律、行政法规的规定不一致的，应当依照税收法律、行政法规的规定计算，即企业在平时进行会计核算时，可以按会计制度的有关规定进行账务处理，但在计算应纳税所得额和申报纳税时，对税法规定和会计制度规定有差异的，要按税法规定进行纳税调整。

6.5 企业所得税应纳税额的计算

6.5.1 居民企业查账征收应纳税额的计算

居民企业应缴纳企业所得税税额的计算公式为：

应纳企业所得税＝应纳税所得额×适用税率－减免税额－抵免税额

① 具体参见网址 http://www.leshui365.com/exam/zx16104011.html。

式中，应纳税所得额作为企业所得税的计税依据，是正确计算应纳企业所得税税额的关键因素。在实际过程中，应纳税所得额的计算一般有两种方法。

1. 直接计算法

在直接计算法下，企业每一纳税年度的收入总额减除不征税收入、免税收入、各项扣除以及允许弥补的以前年度亏损后的余额为应纳税所得额。其计算公式为：

应纳税所得额＝收入总额－不征税收入－免税收入－各项扣除金额－弥补亏损

2. 间接计算法

在间接计算法下，在会计利润总额的基础上加或减按照税法规定调整的项目金额后，即为应纳税所得额。现行企业所得税年度纳税申报表采取了该方法。其计算公式为：

应纳税所得额＝会计利润总额＋纳税调整增加金额－纳税调整减少金额－弥补以前年度亏损

纳税调整项目金额包括两方面的内容：一是企业财务会计制度规定的项目范围与税收法规规定的项目范围不一致应予以调整的金额，比如国债利息收入，会计上作为投资收益计入利润总额，在企业所得税中属于免税收入。因此，需要在会计利润总额的基础上纳税调整减少。二是企业财务会计制度规定的扣除标准与税法规定的扣除标准不一致应予以调整的金额，比如业务招待费支出，会计上按照实际发生数在利润之前扣除，企业所得税中最多允许扣除实际发生数的60%，且不得超过当期销售收入的5‰。因此，需要在会计利润总额的基础上纳税调整增加。

例 6-19

恒阳科技企业为居民企业，当年发生经营业务如下：

（1）取得产品销售收入3 000万元。

（2）发生产品销售成本1 500万元。

（3）发生销售费用650万元（其中广告费550万元），管理费用450万元（其中业务招待费22万元，新技术开发费用38万元），财务费用55万元。

（4）销售税金150万元（含增值税110万元）。

（5）营业外收入70万元，营业外支出50万元（含通过公益性社会团体向贫困山区捐款45万元，支付税收滞纳金2万元）。

（6）计入成本、费用中的实发工资总额150万元，拨缴职工工会经费4万元，发生职工福利费30万元，发生职工教育经费15万元。

请计算该企业当年实际应纳的企业所得税。

【解析】

会计利润总额＝3 000＋70－1 500－650－450－55－(150－110)－50＝325(万元)

广告费应调增所得额＝550－3 000×15%＝100(万元)

3 000×5‰＝15(万元)＞22×60%＝13.2(万元)

业务招待费应调增所得额＝22－22×60%＝8.8(万元)
新技术开发费用应调减所得额＝38×50%＝19(万元)
捐赠支出应调增所得额＝45－325×12%＝6(万元)
工会经费应调增所得额＝4－150×2%＝1(万元)
职工福利费应调增所得额＝30－150×14%＝9(万元)
职工教育经费应调增所得额＝15－150×8%＝3(万元)
应纳税所得额＝325＋100＋8.8－19＋6＋1＋9＋3＋2＝435.8(万元)
当年应纳企业所得税＝435.8×25%＝108.95(万元)

6.5.2 境外所得抵扣税额的计算

自2008年1月1日起，居民企业来源于中国境外的所得，以及非居民企业在中国境内设立的机构、场所取得发生在中国境外但与该机构、场所有实际联系的应税所得，已在境外缴纳的企业所得税税额，可以从其当期应纳企业所得税税额中抵免。抵免限额为该项所得依照《企业所得税法》规定计算的应纳税额；超过抵免限额的部分，可以在以后5个纳税年度内，用每年度抵免限额抵免当年应抵税额后的余额进行抵补。

抵免限额，是指企业来源于中国境外的所得，依照《企业所得税法》及其实施条例的规定计算的应纳税额。除国务院财政、税务主管部门另有规定外，该抵免限额应当分国（地区）不分项计算，其计算公式为：

$$\text{抵免限额}=\text{中国境内外所得依照《企业所得税法》及其实施条例规定计算的应纳税总额}\times\text{来源于某国(地区)的应纳税所得额}\div\text{中国境内外应纳税所得总额}$$

例6-20

制造企业国阳公司年度境内应纳税所得额为300万元，适用25%的企业所得税税率。另外，该公司分别在甲、乙两国设有分支机构（我国与甲、乙两国已经缔结避免双重征税协定），在甲国的分支机构的应纳税所得额为45万元，甲国企业所得税税率为20%；在乙国的分支机构的应纳税所得额为15万元，乙国企业所得税税率为30%。假设该公司在甲、乙两国的所得按我国税法计算的应纳税所得额和按甲、乙两国税法计算的应纳税所得额一致，两个分支机构在甲、乙两国分别缴纳了9万元和4.5万元的企业所得税。请计算该公司年度汇总时在我国应纳的企业所得税。

【解析】(1) 该公司按我国税法计算的境内外所得应纳的企业所得税税额为：

应纳企业所得税＝(300＋45＋15)×25%＝90(万元)

(2) 甲、乙两国的扣除限额：

甲国扣除限额＝90×[45÷(300＋45＋15)]＝11.25(万元)
乙国扣除限额＝90×[15÷(300＋45＋15)]＝3.75(万元)

在甲国缴纳的企业所得税为9万元，低于扣除限额11.25万元，可全额扣除。

在乙国缴纳的企业所得税为4.5万元，高于扣除限额3.75万元，其超过扣除限额的部分0.75万元当年不能扣除。

（3）汇总时在我国应缴纳的企业所得税：

应纳企业所得税=90−9−3.75=77.25(万元)

6.5.3 居民企业核定征收应纳税额的计算

为了加强企业所得税征收管理，规范核定征收企业所得税工作，保障国家税款及时足额入库，维护纳税人合法权益，根据《企业所得税法》及其实施条例、《税收征收管理法》及其实施细则的有关规定，居民企业核定征收企业所得税的有关规定如下。

1. 核定征收企业所得税的范围

居民企业纳税人具有下列情形之一的，核定征收企业所得税：

（1）依照法律、行政法规的规定可以不设置账簿的；

（2）依照法律、行政法规的规定应当设置但未设置账簿的；

（3）擅自销毁账簿或者拒不提供纳税资料的；

（4）虽设置账簿，但账目混乱或者成本资料、收入凭证、费用凭证残缺不全，难以查账的；

（5）发生纳税义务，未按照规定的期限办理纳税申报，经税务机关责令限期申报，逾期仍不申报的；

（6）申报的计税依据明显偏低，又无正当理由的。

特殊行业、特殊类型的纳税人和一定规模以上的纳税人不适用上述办法。依据《国家税务总局关于企业所得税核定征收若干问题的通知》（国税函〔2009〕377号），上述特定纳税人包括：

（1）享受《企业所得税法》及其实施条例和国务院规定的一项或几项企业所得税优惠政策的企业（不包括仅享受《企业所得税法》第二十六条规定免税收入优惠政策的企业、第二十八条规定的符合条件的小型微利企业）；

（2）汇总纳税企业；

（3）上市公司；

（4）银行、信用社、小额贷款公司、保险公司、证券公司、期货公司、信托投资公司、金融资产管理公司、融资租赁公司、担保公司、财务公司、典当公司等金融企业；

（5）会计、审计、资产评估、税务、房地产估价、土地估价、工程造价、律师、价格鉴证、公证机构、基层法律服务机构、专利代理、商标代理以及其他经济鉴证类社会中介机构；

（6）国家税务总局规定的其他企业。

2. 核定征收的办法

税务机关应根据纳税人的具体情况，对核定征收企业所得税的纳税人，核定应税所得率或者核定应纳所得税额。

（1）具有下列情形之一的，核定其应税所得率：

1）能正确核算（查实）收入总额，但不能正确核算（查实）成本费用总额的；

2）能正确核算（查实）成本费用总额，但不能正确核算（查实）收入总额的；

3）通过合理方法，能计算和推定纳税人收入总额或成本费用总额的。

纳税人不属于以上情形的，核定其应纳所得税额。

（2）税务机关采用下列方法核定征收企业所得税：

1）参照当地同类行业或者类似行业中经营规模和收入水平相近的纳税人的税负水平核定；

2）按照应税收入额或成本费用支出额定率核定；

3）按照耗用的原材料、燃料、动力等推算或测算核定；

4）按照其他合理方法核定。

采用上述所列一种方法不足以正确核定应纳税所得额或应纳税额的，可以同时采用两种以上的方法核定。采用两种以上方法测算的应纳所得税额不一致时，可按测算的应纳所得税额从高核定。

例6-21

帝成公司属于居民企业，当年向主管税务机关申报收入总额120万元，成本费用支出总额127.5万元，全年亏损7.5万元。经税务机关检查，成本费用支出核算准确，但收入总额不能确定。税务机关对该企业采取核定征税办法，应税所得率为25%。请计算当年帝成公司应纳的企业所得税。

【解析】

应纳企业所得税＝127.5÷(1－25%)×25%×25%＝10.63(万元)

6.5.4 非居民企业应纳税额的计算

对于在中国境内未设立机构、场所，或者虽设立机构、场所但取得的所得与其所设机构、场所没有实际联系的非居民企业的所得，按照下列方法计算应纳税所得额：

（1）股息、红利等权益性投资收益和利息、租金、特许权使用费所得，以收入全额为应纳税所得额。营改增试点的非居民企业，取得上述规定的相关所得，在计算缴纳企业所得税时，应以不含增值税的收入全额作为应纳税所得额。

（2）转让财产所得，以收入全额减除财产净值后的余额为应纳税所得额。财产净值是指财产的计税基础减除已经按照规定扣除的折旧、折耗、摊销、准备金等后的余额。

（3）其他所得，参照前两项规定的方法计算应纳税所得额。

扣缴义务人在每次向非居民企业支付或者到期应支付所得时，应从支付或者到期应支付的款项中扣缴企业所得税。到期应支付的款项，是指支付人按照权责发生制原则应当计入相关成本、费用的应付款项。

扣缴企业所得税应纳税额的计算公式如下：

扣缴企业所得税应纳税额＝应纳税所得额×实际征收率

应纳税所得额的计算，依上述第（1）（2）项的规定为标准；实际征收率是指《企业所得税法》及其实施条例等相关法律法规规定的税率，或者税收协定规定的更低的税率。

例6-22

6月，天力公司向一非居民企业（在中国境内未设立机构、场所）支付利息23万元、特许权使用费20万元、财产价款60万元（该财产的净值为25万元），假定上述数据均不包含增值税。请问该公司应扣缴多少企业所得税？

【解析】

该公司应扣缴企业所得税＝(23＋20＋60－25)×10％＝7.8(万元)

6.6　企业所得税的税收优惠

税收优惠指国家在税收法律、行政法规中规定对一部分特定企业和课税对象给予减轻或免除税收负担的一种措施。税法规定的企业所得税的税收优惠方式包括三类：

（1）税基式减免，如免税收入、减计收入、加计扣除、加速折旧等；

（2）税率式减免，如低税率；

（3）税额式减免，如免税、减税、税额抵免等。

6.6.1　税基式减免

1. 免税收入

企业的下列收入为免税收入：

（1）国债利息收入；

（2）符合条件的居民企业之间的股息、红利等权益性投资收益；

（3）在中国境内设立机构、场所的非居民企业从居民企业取得与该机构、场所有实际联系的股息、红利等权益性投资收益；

（4）符合条件的非营利组织的收入。

根据《财政部 国家税务总局关于非营利组织企业所得税免税收入问题的通知》（财税〔2009〕122号）的规定，非营利组织的下列收入为免税收入：

（1）接受其他单位或者个人捐赠的收入；

（2）除《企业所得税法》第七条规定的财政拨款以外的其他政府补助收入，但不包括因政府购买服务取得的收入；

（3）按照省级以上民政、财政部门规定收取的会费；

（4）不征税收入和免税收入孳生的银行存款利息收入；

（5）财政部、国家税务总局规定的其他收入。

2. 减计收入

（1）企业综合利用资源、生产符合国家产业政策规定的产品所取得的收入，可以在计算应纳税所得额时减计收入。

综合利用资源指企业以《资源综合利用企业所得税优惠目录》规定的资源作为主要原材料，生产国家非限制和禁止并符合国家和行业相关标准的产品取得的收入，减按90％计入收入总额。

（2）根据《财政部 税务总局 发展改革委 民政部 商务部 卫生健康委关于养老、托育、家政等社区家庭服务业税费优惠政策的公告》（财政部公告2019年第76号）的规定，提供社区养老、托育、家政服务取得的收入，在计算应纳税所得额时，减按90%计入收入总额。

3. 加计扣除

加计扣除优惠包括以下两项内容：

（1）研究开发费用。企业开展研发活动中实际发生的研发费用，未形成无形资产计入当期损益的，在按规定据实扣除的基础上，再按照实际发生额的75%在税前加计扣除；形成无形资产的，在上述期间按照无形资产成本的175%在税前摊销，其中，制造业企业加计扣除比例为100%，截至2023年12月31日。研发费用的具体范围包括：

1）人员人工费用，指直接从事研发活动人员的工资薪金、基本养老保险费、基本医疗保险费、失业保险费、工伤保险费、生育保险费和住房公积金，以及外聘研发人员的劳务费用。

2）直接投入费用，包括：①研发活动直接消耗的材料、燃料和动力费用。②用于中间试验和产品试制的模具、工艺装备开发及制造费，不构成固定资产的样品、样机及一般测试手段购置费，试制产品的检验费。③用于研发活动的仪器、设备的运行维护、调整、检验、维修等费用，以及通过经营租赁方式租入的用于研发活动的仪器、设备租赁费。

3）折旧费用，指用于研发活动的仪器、设备的折旧费。

4）无形资产摊销，指用于研发活动的软件、专利权、非专利技术（包括许可证、专有技术、设计和计算方法等）的摊销费用。

5）新产品设计费、新工艺规程制定费、新药研制的临床试验费、勘探开发技术的现场试验费。

6）其他相关费用。与研发活动直接相关的其他费用，如技术图书资料费，资料翻译费，专家咨询费，高新科技研发保险费，研发成果的检索、分析、评议、论证、鉴定、评审、评估、验收费用，知识产权的申请费、注册费、代理费，差旅费、会议费等。此项费用总额不得超过可加计扣除研发费用总额的10%。

7）财政部和国家税务总局规定的其他费用。

自2018年1月1日起，委托境外进行研发活动所发生的费用，按照费用实际发生额的80%计入委托方的委托境外研发费用。委托境外研发费用不超过境内符合条件的研发费用2/3的部分，可以按规定在企业所得税前加计扣除。委托外部研究开发费用实际发生额应按照独立交易原则确定。委托方与受托方存在关联关系的，受托方应向委托方提供研发项目费用支出明细情况。

企业共同合作开发的项目，由合作各方就自身实际承担的研发费用分别计算加计扣除。

企业集团根据生产经营和科技开发的实际情况，对技术要求高、投资数额大、需要集中研发的项目，其实际发生的研发费用，可以按照权利和义务相一致、费用支出和收益分享相配比的原则，合理确定研发费用的分摊方法，在受益成员企业间进行分摊，由相关成员企业分别计算加计扣除。

企业的研发费用加计扣除优惠在年度汇算清缴时享受，平时预缴时不享受。此外，企业在2021年10月预缴申报税款时，允许享受2021年上半年研发费用加计扣除优惠，并可多享受一个季度的研发费用加计扣除。

（2）企业安置残疾人员所支付的工资。企业安置残疾人员所支付工资费用的加计扣除，是指企业安置残疾人员的，在按照支付给残疾职工工资据实扣除的基础上，按照支付给残疾职工工资的100%加计扣除。残疾人员的范围适用《中华人民共和国残疾人保障法》的有关规定。

4. 加速折旧

企业的固定资产由于技术进步等原因，确需加速折旧的，可以缩短折旧年限或者采取加速折旧的方法。可采用以上折旧方法的固定资产是指：

（1）由于技术进步，产品更新换代较快的固定资产；

（2）常年处于强震动、高腐蚀状态的固定资产。

采取缩短折旧年限方法的，最低折旧年限不得低于规定折旧年限的60%；采取加速折旧方法的，可以采取双倍余额递减法或者年数总和法。

为贯彻落实国务院完善固定资产加速折旧政策精神，2014年后，财政部和国家税务总局陆续出台文件（《财政部 国家税务总局关于完善固定资产加速折旧企业所得税政策的通知》（财税〔2014〕75号）、《财政部 国家税务总局关于进一步完善固定资产加速折旧企业所得税政策的通知》（财税〔2015〕106号）、《财政部 税务总局关于设备 器具扣除有关企业所得税政策的通知》（财税〔2018〕54号）、《财政部 税务总局关于扩大固定资产加速折旧优惠政策适用范围的公告》（财政部 税务总局公告2019年第66号）等），扩大固定资产加速折旧的范围和力度（见表6-4）。

表6-4 2014年后加速折旧政策简表

行业	加速折旧政策	
	缩短折旧年限或加速折旧	一次性扣除
全行业	2014年1月1日后新购进的固定资产	企业持有的单位价值不超过5 000元的固定资产
	小型微利企业2014年1月1日后新购进单位价值超过100万元的研发和生产经营共用的仪器、设备	小型微利企业2014年1月1日后新购进单位价值不超过100万元的研发和生产经营共用的仪器、设备
	企业2015年1月1日后新购进的固定资产	企业持有的单位价值不超过5 000元的固定资产
	小型微利企业2015年1月1日后新购进的研发和生产经营共用的仪器、设备，单位价值超过100万元的	小型微利企业2015年1月1日后新购进的研发和生产经营共用的仪器、设备，单位价值不超过100万元的
	单位价值超过100万元的2014年1月1日后新购进的专门用于研发的仪器、设备	企业在2018年1月1日至2023年12月31日期间新购进的设备、器具，单位价值不超过500万元的，允许一次性计入当期成本费用在计算应纳税所得额时扣除，不再分年度计算折旧

5. 符合条件的技术转让所得可以享受免征和减半征收企业所得税的优惠

一个纳税年度内，居民企业转让符合条件的技术所有权取得的所得不超过500万元的部分，免征企业所得税；超过500万元的部分，减半征收企业所得税。自2015

年10月1日起，全国范围内的居民企业转让5年以上非独占许可使用权取得的技术转让所得，也纳入上述享受企业所得税优惠的技术转让所得范围。

例6-23

天力公司取得符合条件的技术转让所得300万元；国美公司取得符合条件的技术转让所得740万元。请计算上述企业技术转让所得应纳企业所得税。

【解析】 天力公司：300万元<500万元，应纳税额为0；

国美公司：740万元>500万元，则

应纳企业所得税=(740－500)×50%×25%=30(万元)

6. 公司制创业投资企业股权投资抵扣政策

自2018年1月1日起，公司制创业投资企业采取股权投资方式直接投资于种子期、初创期科技型企业（以下简称初创科技型企业）满2年（24个月，下同）的，可以按照投资额的70%在股权持有满2年的当年抵扣该公司制创业投资企业的应纳税所得额；当年不足抵扣的，可以在以后纳税年度结转抵扣。

7. 有限合伙制创业投资企业股权投资抵扣政策

有限合伙制创业投资企业（以下简称合伙创投企业）采取股权投资方式直接投资于初创科技型企业满2年的，该合伙创投企业的合伙人分别按以下方式处理：

（1）法人合伙人可以按照对初创科技型企业投资额的70%抵扣法人合伙人从合伙创投企业分得的所得；当年不足抵扣的，可以在以后纳税年度结转抵扣。

（2）个人合伙人可以按照对初创科技型企业投资额的70%抵扣个人合伙人从合伙创投企业分得的经营所得；当年不足抵扣的，可以在以后纳税年度结转抵扣。

例6-24

天河创业投资企业2019年1月1日向启力企业（未上市的中小高新技术企业）投资100万元，股权持有到2021年12月31日。请计算天河创业投资企业2021年度可抵扣的应纳税所得额。

【解析】 天河创业投资企业2021年度可抵扣的应纳税所得额为70万元（100×70%）。

8. 天使投资个人股权投资抵扣政策

天使投资个人采取股权投资方式直接投资于初创科技型企业满2年的，可以按照投资额的70%抵扣转让该初创科技型企业股权取得的应纳税所得额；当期不足抵扣的，可以在以后取得转让该初创科技型企业股权的应纳税所得额时结转抵扣。

天使投资个人投资多个初创科技型企业的，对其中办理注销清算的初创科技型企业，天使投资个人对其投资额的70%尚未抵扣完的，可自注销清算之日起36个月内抵扣天使投资个人转让其他初创科技型企业股权取得的应纳税所得额。

6.6.2 税率式减免

1. 国家需要重点扶持的高新技术企业减按15%的税率征收企业所得税

国家需要重点扶持的高新技术企业，是指拥有核心自主知识产权，并同时符合下列八个条件的企业：

（1）企业申请认定时须注册成立一年以上。

（2）企业通过自主研发、受让、受赠、并购等方式，获得对其主要产品（服务）在技术上发挥核心支持作用的知识产权的所有权。

（3）对企业主要产品（服务）发挥核心支持作用的技术属于《国家重点支持的高新技术领域》规定的范围。

（4）企业从事研发和相关技术创新活动的科技人员占企业当年职工总数的比例不低于10%。

（5）企业近三个会计年度（实际经营期不满3年的按实际经营时间计算，下同）的研究开发费用总额占同期销售收入总额的比例符合如下要求：

1）最近一年销售收入小于5 000万元（含）的企业，比例不低于5%；

2）最近一年销售收入在5 000万元至2亿元（含）的企业，比例不低于4%；

3）最近一年销售收入在2亿元以上的企业，比例不低于3%。

其中，企业在中国境内发生的研究开发费用总额占全部研究开发费用总额的比例不低于60%。

（6）近一年高新技术产品（服务）收入占企业同期总收入的比例不低于60%。

（7）企业创新能力评价应达到相应要求。

（8）企业申请认定前一年内未发生重大安全、重大质量事故或严重环境违法行为。

例6－25

国家需要重点扶持的高新技术企业，减按15%的税率征收企业所得税。高新技术企业除拥有核心自主知识产权外，还应同时符合的条件有（　　）。

A. 科技人员占企业职工总数的比例不低于规定比例

B. 研究开发费用占销售收入的比例不低于规定比例

C. 来源于境外的所得须占企业应纳税所得额的一定比例

D. 高新技术产品（服务）收入占企业总收入的比例不低于规定比例

E. 产品（服务）属于《国家重点支持的高新技术领域》规定的范围

【答案】ABDE

【解析】选项C，没有对来源于境内、境外的所得规定比例。

2. 符合条件的从事污染防治的第三方企业减按15%的税率征收企业所得税

对符合条件的从事污染防治的第三方企业（以下称第三方防治企业）减按15%的税率征收企业所得税。第三方防治企业是指受排污企业或政府委托，负责环境污染治理设施（包括自动连续监测设施，下同）运营维护的企业。第三方防治企业应当同时符合以下条件：

（1）在中国境内（不包括港、澳、台地区）依法注册的居民企业；

（2）具有1年以上连续从事环境污染治理设施运营实践，且能够保证设施正常运行；

（3）具有至少5名从事本领域工作且具有环保相关专业中级及以上技术职称的技术人员，或者至少2名从事本领域工作且具有环保相关专业高级及以上技术职称的技术人员；

（4）从事环境保护设施运营服务的年度营业收入占总收入的比例不低于60%；

（5）具备检验能力，拥有自有实验室，仪器配置可满足运行服务范围内常规污染物指标的检测需求；

（6）保证其运营的环境保护设施正常运行，使污染物排放指标能够连续稳定达到国家或者地方规定的排放标准要求；

（7）具有良好的纳税信用，近3年内纳税信用等级未被评定为C级或D级。

3. 横琴新区企业所得税优惠目录增列旅游产业项目减按15%的税率征收企业所得税

在横琴新区企业所得税优惠目录中增列有关旅游产业项目。横琴新区内享受减按15%的税率征收企业所得税优惠政策的鼓励类产业企业，统一按照《横琴新区企业所得税优惠目录（2019版）》执行。

4. 小型微利企业减按20%的税率征收企业所得税

小型微利企业的条件如下：

（1）从事国家非限制和禁止行业；

（2）年度应纳税所得额不超过300万元；

（3）从业人数不超过300人；

（4）资产总额不超过5 000万元。

对小型微利企业年应纳税所得额不超过100万元、100万元到300万元的部分，分别减按25%，50%计入应纳税所得额，按20%的税率缴纳企业所得税，使企业实际税负降至5%和10%。其中，不超过100万元部分，在对小微企业和个体工商户年应纳税所得额不到100万元的部分，在现行优惠政策基础上，再减半征收企业所得税。

例6－26

某小型微利企业经主管税务机关核定，2018年度亏损9万元，2019年度盈利5万元，2020年度盈利13万元。假设没有纳税调整事项，请计算该企业2020年度应纳的企业所得税（假设该企业其他年度没有亏损）。

【解析】

2020年应纳企业所得税＝[13－(9－5)]×25%×20%＝0.45(万元)

5. 非居民企业减按10%的税率征收企业所得税

这里的非居民企业是指在中国境内未设立机构、场所，或者虽设立机构、场所但取得的所得与其所设机构、场所没有实际联系的企业。

6.6.3 税额式减免

企业的下列所得项目，可以免征、减征企业所得税；企业如果从事国家限制和禁止发展的项目，不得享受企业所得税优惠。

1. 从事农、林、牧、渔业项目的所得

企业从事农、林、牧、渔业项目的所得，包括免征和减征两部分。

（1）企业从事下列项目的所得，免征企业所得税：

1）蔬菜、谷物、薯类、油料、豆类、棉花、麻类、糖料、水果、坚果的种植；

2）农作物新品种的选育；

3）中药材的种植；

4）林木的培育和种植；

5）牲畜、家禽的饲养；

6）林产品的采集；

7）灌溉、农产品初加工、兽医、农技推广、农机作业和维修等农、林、牧、渔服务业项目；

8）远洋捕捞。

（2）企业从事下列项目的所得，减半征收企业所得税：

1）花卉、茶以及其他饮料作物和香料作物的种植；

2）海水养殖、内陆养殖。

2. 从事国家重点扶持的公共基础设施项目投资经营的所得

企业从事国家重点扶持的公共基础设施项目投资经营的所得，自项目取得第一笔生产经营收入所属纳税年度起，第1～3年免征企业所得税，第4～6年减半征收企业所得税。所称国家重点扶持的公共基础设施项目，是指《公共基础设施项目企业所得税优惠目录》规定的港口码头、机场、铁路、公路、电力、水利等项目。

3. 从事符合条件的环境保护、节能节水项目的所得

企业从事环境保护、节能节水项目的所得，自项目取得第一笔生产经营收入所属纳税年度起，第1～3年免征企业所得税，第4～6年减半征收企业所得税。符合条件的环境保护、节能节水项目，包括公共污水处理、公共垃圾处理、沼气综合开发利用、节能减排技术改造、海水淡化等。项目的具体条件和范围见《财政部 国家税务总局 国家发展改革委关于公布环境保护节能节水项目企业所得税优惠目录（试行）的通知》（财税〔2009〕166号）。

4. 集成电路设计和软件产业企业经营所得

对于依法成立且符合条件的集成电路设计企业和软件企业，自2018年12月31日前自获利年度起计算优惠期，第1～2年免征企业所得税，第3～5年按照25%的法定税率减半征收企业所得税，并享受至期满为止。“符合条件”是指符合《财政部 国家税务总局关于进一步鼓励软件产业和集成电路产业发展企业所得税政策的通知》（财税〔2012〕27号）和《财政部 国家税务总局 发展改革委 工业和信息化部关于软件和集成电路产业企业所得税优惠政策有关问题的通知》（财税〔2016〕49号）规定的条件。

5. 永续债企业所得税

企业发行的永续债，可以适用股息、红利企业所得税政策，即投资方取得的永续债利息收入属于股息、红利性质，按照现行企业所得税政策相关规定进行处理，其中，发行方和投资方均为居民企业的，永续债利息收入可以适用企业所得税法规定的居民企业之间的股息、红利等权益性投资收益免征企业所得税规定；同时发行方支付的永续债利息支出不得在企业所得税税前扣除。

企业发行符合规定条件的永续债，也可以按照债券利息适用企业所得税政策，即发行方支付的永续债利息支出准予在其企业所得税税前扣除；投资方取得的永续债利息收入应当依法纳税。

此外，根据《财政部 税务总局关于铁路债券利息收入所得税政策的公告》（财政部 税务总局公告2019年第57号）的规定，对企业投资者持有2019—2023年发行的铁路债券取得的利息收入，减半征收企业所得税。

以上规定享受减免税优惠的项目，在减免税期限内转让的，受让方自受让之日起，可以在剩余期限内享受规定的减免税优惠；减免税期限届满后转让的，受让方不得就该项目重复享受减免税优惠。

6. 生产和装配伤残人员专门用品的企业免征企业所得税

自2021年1月1日至2023年12月31日期间，对符合下列条件的居民企业，免征企业所得税：

（1）生产和装配伤残人员专门用品，且在民政部发布的《中国伤残人员专门用品目录》范围之内。

（2）以销售本企业生产或者装配的伤残人员专门用品为主，其所取得的年度伤残人员专门用品销售收入（不含出口取得的收入）占企业收入总额60%以上。

（3）企业账证健全，能够准确、完整地向主管税务机关提供纳税资料，且本企业生产或者装配的伤残人员专门用品所取得的收入能够单独、准确核算。

（4）企业拥有假肢制作师、矫形器制作师资格证书的专业技术人员不得少于1人；其企业生产人员如超过20人，则其拥有假肢制作师、矫形器制作师资格证书的专业技术人员不得少于全部生产人员的1/6。

（5）具有与业务相适应的测量取型、模型加工、接受腔成型、打磨、对线组装、功能训练等生产装配专用设备和工具。

（6）具有独立的接待室、假肢或者矫形器（辅助器具）制作室和假肢功能训练室，使用面积不少于115平方米。

7. 税额抵免

税额抵免，是指企业购置并实际使用《环境保护专用设备企业所得税优惠目录》《节能节水专用设备企业所得税优惠目录》《安全生产专用设备企业所得税优惠目录》规定的环境保护、节能节水、安全生产等专用设备的，该专用设备的投资额的10%可以从企业当年的应纳税额中抵免；当年不足抵免的，可以在以后5个纳税年度结转抵免。

享受上述企业所得税优惠的企业，应当实际购置并自身实际投入使用优惠目录中规定的专用设备；企业购置上述专用设备在5年内转让、出租的，应当停止享受企业所得税优惠，并补缴已经抵免的企业所得税税款。转让的受让方可以按照该专用设备投资额的10%抵免当年企业所得税应纳税额；当年应纳税额不足抵免的，可以在以后5个纳税年度结转抵免。企业所得税优惠目录，由国务院财政、税务主管部门商国务院有关部门制定，报国务院批准后公布施行。

例6-27

A居民企业购买符合规定的安全生产专用设备用于生产经营，取得的增值税普通发票上注明价税合计金额10.5万元。已知该企业2017年亏损30万元，2018年盈利15万元。本年度经审核的未弥补亏损前应纳税所得额为45万元。请计算本年度A企业实际应纳的企业所得税。

【解析】企业购置并实际使用规定的安全生产专用设备的，该专用设备投资额的10%可以从企业当年企业所得税应纳税额中抵免。

当年应纳企业所得税=[45－(30－15)]×25%=7.5(万元)

实际缴纳企业所得税=7.5－10.5×10%=6.45(万元)

8. 民族自治地方的优惠

民族自治地方的自治机关对本民族自治地方的企业应缴纳的企业所得税中属于地方分享的部分，可以决定减征或者免征。自治州、自治县决定减征或者免征的，须报省、自治区、直辖市人民政府批准。

《企业所得税法》中所称的民族自治地方，是指依照《中华人民共和国民族区域自治法》的规定，实行民族区域自治的自治区、自治州、自治县。对民族自治地方内国家限制和禁止行业的企业，不得减征或者免征企业所得税。

9. 非居民企业的优惠

非居民企业取得下列所得免征企业所得税：

（1）外国政府向中国政府提供贷款取得的利息所得；

（2）国际金融组织向中国政府和居民企业提供优惠贷款取得的利息所得；

（3）经国务院批准的其他所得。

这里的非居民企业是指在中国境内未设立机构、场所，或者虽设立机构、场所但取得的所得与其所设机构、场所没有实际联系的企业。

6.7 关联企业特别纳税调整

6.7.1 特别纳税调整的概念

特别纳税调整是指企业与其关联方之间的业务往来，不符合独立交易原则而减少企业或其关联方应纳税收入或者所得额的，税务机关有权按照合理方法进行调整。

上述所称关联方是指与企业有下列关联关系之一的企业、其他组织或者个人：

（1）在资金、经营、购销等方面存在直接或者间接的控制关系；

（2）直接或者间接地同为第三者控制；

（3）在利益上具有相关联的其他关系。

上述所称独立交易原则，是指没有关联关系的交易各方，按照公平成交价格和营业常规进行业务往来遵循的原则。

6.7.2 关联交易的主要类型

关联交易主要包括：

（1）有形资产使用权或者所有权的转让。有形资产包括商品、产品、房屋建筑物、交通工具、机器设备、工具器具等。

（2）金融资产的转让。金融资产包括应收账款、应收票据、其他应收款项、股权投资、债权投资和衍生金融工具形成的资产等。

（3）无形资产使用权或者所有权的转让。无形资产包括专利权、非专利技术、商业秘密、商标权、品牌、客户名单、销售渠道、特许经营权、政府许可、著作权等。

（4）资金融通。资金包括各类长短期借贷资金（含集团资金池）、担保费、各类应计息预付款和延期收付款等。

（5）劳务交易。劳务包括市场调查、营销策划、代理、设计、咨询、行政管理、技术服务、合约研发、维修、法律服务、财务管理、审计、招聘、培训、集中采购等。

6.7.3 特别纳税调整管理的内容

特别纳税调整管理的内容包括税务机关对企业的转让定价、预约定价安排、成本分摊协议、受控外国企业、资本弱化以及一般反避税等特别纳税调整事项的管理。

（1）转让定价管理，是指税务机关按照《企业所得税法》第六章和《税收征收管理法》第三十六条的有关规定，对企业与其关联方之间的业务往来是否符合独立交易原则进行审核评估和调查调整等工作的总称。

（2）预约定价安排管理，是指税务机关按照《企业所得税法》第四十二条和《税收征收管理法实施细则》第五十三条的规定，对企业提出的未来年度关联交易的定价原则和计算方法进行审核评估，并与企业协商达成预约定价安排等工作的总称。

（3）成本分摊协议管理，是指税务机关按照《企业所得税法》第四十一条第二款的规定，对企业与其关联方签署的成本分摊协议是否符合独立交易原则进行审核评估和调查调整等工作的总称。

（4）受控外国企业管理，是指税务机关按照《企业所得税法》第四十五条的规定，对受控外国企业不做利润分配或减少分配进行审核评估和调查，并对归属于中国居民企业所得进行调整等工作的总称。

（5）资本弱化管理，是指税务机关按照《企业所得税法》第四十六条的规定，对企业接受关联方债权性投资与企业接受的权益性投资的比例是否符合规定比例或独立交易原则进行审核评估和调查调整等工作的总称。

（6）一般反避税管理，是指税务机关按照《企业所得税法》第四十七条的规定，对企业实施其他不具有合理商业目的的安排而减少其应纳税收入或所得额进行审核评估和调查调整等工作的总称。

6.7.4 转让定价管理

企业发生关联交易以及税务机关审核、评估关联交易均应遵循独立交易原则，选用合理的转让定价方法。《企业所得税法实施条例》第一百一十一条规定，转让定价方法包括可比非受控价格法、再销售价格法、成本加成法、交易净利润法、利润分割法和其他符合独立交易原则的方法。

1. 可比非受控价格法

可比非受控价格法是指以非关联方之间进行的与关联交易相同或类似业务活动所

收取的价格作为关联交易的公平成交价格。一般情况下，可比非受控价格法可以适用于所有类型的关联交易。

2. 再销售价格法

再销售价格法是指以关联方购进商品再销售给非关联方的价格减去可比非关联交易毛利后的金额，作为关联方购进商品的公平成交价格。再销售价格法通常适用于再销售者未对商品进行改变外形、性能、结构或更换商标等实质性增值加工的简单加工或单纯购销业务。

3. 成本加成法

成本加成法是指以关联交易发生的合理成本加上可比非关联交易毛利作为关联交易的公平成交价格。成本加成法通常适用于有形资产的购销、转让和使用，劳务提供或资金融通的关联交易。

4. 交易净利润法

交易净利润法是指以可比非关联交易的利润率指标确定关联交易的净利润。交易净利润法通常适用于有形资产的购销、转让和使用，无形资产的转让和使用以及劳务提供等关联交易。

5. 利润分割法

利润分割法是指根据企业与其关联方对关联交易合并利润的贡献计算各自应该分配的利润额。利润分割法通常适用于各参与方关联交易高度整合且难以单独评估各方交易结果的情况。

税务机关有权依据《税收征收管理法》及其实施细则有关税务检查的规定，确定调查企业，进行转让定价调查、调整。被调查企业必须据实报告其关联交易情况，并提供相关资料，不得拒绝或隐瞒。

6.7.5 预约定价安排管理

企业可以与税务机关就其未来年度关联交易的定价原则和计算方法达成预约定价安排。预约定价安排适用于主管税务机关向企业送达接收其谈签意向的税务事项通知书之日所属纳税年度起3～5个年度的关联交易。

预约定价安排包括单边、双边和多边三种类型。预约定价安排的谈签与执行经过预备会谈、谈签意向、分析评估、正式申请、协商签署和监控执行六个阶段。预约定价安排的谈签不影响税务机关对企业不适用预约定价安排的年度及关联交易的特别纳税调查调整和监控管理。

没有按照规定的权限和程序签署预约定价安排，或者税务机关发现企业隐瞒事实的，应当认定预约定价安排自始无效，并向企业送达税务事项通知书，说明原因；发现企业拒不执行预约定价安排或者存在违反预约定价安排的其他情况，可以视情况进行处理，直至终止预约定价安排。

税务机关与企业在预约定价安排谈签过程中取得的所有信息资料，双方均负有保密义务。除依法应当向有关部门提供信息的情况外，未经纳税人同意，税务机关不得以任何方式泄露预约定价安排的相关信息。

6.7.6 成本分摊协议管理

企业与其关联方签署成本分摊协议，共同开发、受让无形资产，或者共同提供、接受劳务，应符合独立交易原则。成本分摊协议的参与方对开发、受让的无形资产或参与的劳务活动享有受益权，并承担相应的活动成本；关联方承担的成本应与非关联方在可比条件下为获得上述受益权而支付的成本相一致。

企业与其关联方签署成本分摊协议，共同开发、受让无形资产，或者共同提供、接受劳务，应符合独立交易原则。对于符合独立交易原则的成本分摊协议，有关税务处理如下：

（1）企业按照协议分摊的成本，应在协议规定的各年度税前扣除；

（2）涉及补偿调整的，应在补偿调整的年度计入应纳税所得额；

（3）涉及无形资产的成本分摊协议，加入支付、退出补偿或终止协议时对协议成果分配的，应按资产购置或处置的有关规定处理。

6.7.7 受控外国企业管理

受控外国企业是指根据《企业所得税法》的规定，由居民企业，或者由居民企业和居民个人（以下统称中国居民股东，包括中国居民企业股东和中国居民个人股东）控制的设立在实际税负低于《企业所得税法》规定税率水平50%的国家（地区），并非出于合理经营需要对利润不做分配或减少分配的外国企业。

受控外国企业管理的主要方法有：

（1）中国居民企业股东应在年度企业所得税纳税申报时提供对外投资信息，附送对外投资情况表。

（2）税务机关应汇总、审核中国居民企业股东申报的对外投资信息，向受控外国企业的中国居民企业股东送达受控外国企业中国居民股东确认通知书。中国居民企业股东符合《企业所得税法》第四十五条征税条件的，按照有关规定征税。

（3）计入中国居民企业股东当期的视同受控外国企业股息分配的所得，应按以下公式计算：

$$\text{中国居民企业股东当期所得}=\text{视同股息分配额}\times\text{实际持股天数}\div\text{受控外国企业纳税年度天数}\times\text{股东持股比例}$$

中国居民企业股东多层间接持有股份的，股东持股比例按各层持股比例相乘计算。

（4）受控外国企业与中国居民企业股东纳税年度存在差异的，应将视同股息分配所得计入受控外国企业纳税年度终止日所属的中国居民企业股东的纳税年度。

（5）计入中国居民企业股东当期所得已在境外缴纳的企业所得税税款，可按照《企业所得税法》或税收协定的有关规定抵免。

（6）受控外国企业实际分配的利润已根据《企业所得税法》第四十五条规定征税的，不再计入中国居民企业股东的当期所得。

（7）中国居民企业股东能够提供资料证明其控制的外国企业满足以下条件之一的，可免于将外国企业不做分配或减少分配的利润视同股息分配额，计入中国居民企业股东的当期所得。

1）设立在国家税务总局指定的非低税率国家（地区）；

2）主要取得积极经营活动所得；

3）年度利润总额低于500万元人民币。

6.7.8 资本弱化管理

企业从其关联方接受的债权性投资与权益性投资的比例超过规定标准而发生的利息支出，不得在计算应纳税所得额时扣除。不得在计算应纳税所得额时扣除的利息支出应按以下公式计算：

$$\text{不得扣除的利息支出}=\begin{matrix}\text{年度实际支付的}\\\text{全部关联方利息}\end{matrix}\times\left(1-\frac{\text{标准比例}}{\text{关联债资比例}}\right)$$

式中，关联债资比例的具体计算方法如下：

$$\text{关联债资比例}=\frac{\text{年度各月平均关联债权投资之和}}{\text{年度各月平均权益投资之和}}$$

其中

$$\begin{matrix}\text{各月平均}\\\text{关联债权投资}\end{matrix}=\frac{\text{关联债权投资月初账面余额}+\text{关联债权投资月末账面余额}}{2}$$

$$\text{各月平均权益投资}=\frac{\text{权益投资月初账面余额}+\text{权益投资月末账面余额}}{2}$$

所称的利息支出包括直接或间接关联债权投资实际支付的利息、担保费、抵押费和其他具有利息性质的费用。

6.7.9 一般反避税管理

（1）税务机关可依据《企业所得税法》第四十七条及《企业所得税法实施条例》第一百二十条的规定对存在以下避税安排的企业，启动一般反避税调查：

1）滥用税收优惠；

2）滥用税收协定；

3）滥用公司组织形式；

4）利用避税港避税；

5）其他不具有合理商业目的的安排。

（2）税务机关应按照实质重于形式的原则审核企业是否存在避税安排，并综合考虑安排的以下内容：

1）安排的形式和实质；

2）安排订立的时间和执行期间；

3）安排实现的方式；

4）安排各个步骤或组成部分之间的联系；

5）安排涉及各方财务状况的变化；

6）安排的税收结果。

(3) 税务机关应按照经济实质对企业的避税安排重新定性，取消企业从避税安排获得的税收利益。对于没有经济实质的企业，特别是设在避税港并导致其关联方或非关联方避税的企业，可在税收上否定该企业的存在。

(4) 税务机关启动一般反避税调查时，应按照《税收征收管理法》及其实施细则的有关规定向企业送达税务检查通知书。企业应自收到通知书之日起60日内提供资料证明其安排具有合理的商业目的。企业未在规定期限内提供资料，或提供资料不能证明安排具有合理商业目的的，税务机关可根据已掌握的信息实施纳税调整，并向企业送达特别纳税调查调整通知书。

(5) 税务机关实施一般反避税调查，可按照《税收征收管理法》第五十七条的规定要求避税安排的筹划方如实提供有关资料及证明材料。

(6) 一般反避税调查及调整须报国家税务总局批准。

6.8 企业所得税的征收管理

6.8.1 纳税地点

除税收法律、行政法规另有规定外，居民企业以企业登记注册地为纳税地点；登记注册地在境外的，以实际管理机构所在地为纳税地点。企业登记注册地是指企业依照国家有关规定登记注册的住所地。

居民企业在中国境内设立不具有法人资格的营业机构的，应当汇总计算并缴纳企业所得税。企业汇总计算并缴纳企业所得税时，应当统一核算应纳税所得额，具体办法由国务院财政、税务主管部门另行制定。

非居民企业在中国境内设立机构、场所的，应当就其所设机构、场所取得的来源于中国境内的所得，以及发生在中国境外但与其所设机构、场所有实际联系的所得，以机构、场所所在地为纳税地点。非居民企业在中国境内设立两个或者两个以上机构、场所的，经税务机关审核批准，可以选择由其主要机构、场所汇总缴纳企业所得税。

非居民企业在中国境内未设立机构、场所，或者虽设立机构、场所但取得的所得与其所设机构、场所没有实际联系的，以扣缴义务人所在地为纳税地点。

除国务院另有规定外，企业之间不得合并缴纳企业所得税。

6.8.2 纳税申报时间和纳税期限

企业所得税按年计征，分月或者分季预缴，年终汇算清缴，多退少补。

企业所得税的纳税年度，自公历1月1日起至12月31日止。企业在一个纳税年度的中间开业，或者由于合并、关闭等原因终止经营活动，使该纳税年度的实际经营期不足12个月的，应当以其实际经营期为一个纳税年度。企业清算时，应当以清算期间作为一个纳税年度。

按月或按季预缴的，应当自月份或者季度终了之日起15日内，向税务机关报送预缴企业所得税纳税申报表，预缴税款。

在正常情况下，企业自年度终了之日起5个月内，向税务机关报送年度企业所得税纳税申报表，并汇算清缴，结清应缴应退税款。企业在年度中间终止经营活动的，应当自实际经营终止之日起60日内，向税务机关办理当期企业所得税汇算清缴。企业清算的，应当自清算结束之日起15日内，向主管税务机关报送企业所得税纳税申报表，并结清税款。企业在报送企业所得税纳税申报表时，应当按照规定附送财务会计报告和其他有关资料。

依照《企业所得税法》缴纳的企业所得税，以人民币计算。所得以人民币以外的货币计算的，应当折合成人民币计算并缴纳税款。

6.8.3　跨地区经营汇总缴纳企业所得税的征收管理办法

自2013年1月1日起，跨地区经营汇总缴纳企业所得税征收管理按以下规定执行。

1. 基本原则和适用范围

居民企业在中国境内跨地区（指跨省、自治区、直辖市和计划单列市，下同）设立不具有法人资格分支机构的，该居民企业为跨地区经营汇总纳税企业（以下简称汇总纳税企业），除另有规定外，其企业所得税征收管理适用以下规定：

（1）汇总纳税企业实行“统一计算、分级管理、就地预缴、汇总清算、财政调库”的企业所得税征收管理办法。统一计算，是指总机构统一计算包括汇总纳税企业所属各个不具有法人资格分支机构在内的全部应纳税所得额、应纳税额。分级管理，是指总机构、分支机构所在地的主管税务机关都有对当地机构进行企业所得税管理的责任，总机构和分支机构应分别接受机构所在地主管税务机关的管理。就地预缴，是指总机构、分支机构应按有关规定，分月或分季分别向所在地主管税务机关申报预缴企业所得税。汇总清算，是指在年度终了后，总机构统一计算汇总纳税企业的年度应纳税所得额、应纳税额，抵减总机构、分支机构当年已就地分期预缴的企业所得税税款后，多退少补。财政调库，是指财政部定期将缴入中央国库的汇总纳税企业所得税待分配收入，按照核定的系数调整至地方国库。

（2）总机构和具有主体生产经营职能的二级分支机构，就地分摊缴纳企业所得税。二级分支机构，是指汇总纳税企业依法设立并领取非法人营业执照，且总机构对其财务、业务、人员等直接进行统一核算和管理的分支机构。以下二级分支机构不就地分摊缴纳企业所得税：

1）不具有主体生产经营职能，且在当地不缴纳增值税的产品售后服务、内部研发、仓储等汇总纳税企业内部辅助性的二级分支机构。

2）上年度认定为小型微利企业的二级分支机构。

3）新设立的二级分支机构，设立当年不就地分摊缴纳企业所得税。

4）当年撤销的二级分支机构，自办理注销税务登记之日所属企业所得税预缴期间起，不就地分摊缴纳企业所得税。

5）汇总纳税企业在中国境外设立的不具有法人资格的二级分支机构。

2. 税款预缴和汇算清缴

（1）汇总纳税企业按照《企业所得税法》规定汇总计算的企业所得税，包括预缴税款和汇算清缴应缴应退税款，50%在各分支机构间分摊，各分支机构根据分摊税款就地办理缴库或退库；50%由总机构分摊缴纳，其中25%就地办理缴库或退库，25%就地全额缴入中央国库或退库。

（2）企业所得税分月或者分季预缴，由总机构所在地主管税务机关具体核定。汇总纳税企业应根据当期实际利润额，按照规定的预缴分摊方法计算总机构和分支机构的企业所得税预缴额，分别由总机构和分支机构就地预缴；在规定期限内按实际利润额预缴有困难的，也可以按照上年度应纳税所得额的1/12或1/4，按照规定的预缴分摊方法计算总机构和分支机构的企业所得税预缴额，分别由总机构和分支机构就地预缴。预缴方法一经确定，当年度不得变更。

（3）总机构应将本期企业应纳所得税额的50%部分，在每月或季度终了后15日内就地申报预缴。总机构应将本期企业应纳所得税额的另外50%部分，按照各分支机构应分摊的比例，在各分支机构之间进行分摊，并及时通知到各分支机构；各分支机构应在每月或季度终了之日起15日内，就其分摊的所得税税款就地申报预缴。分支机构未按税款分配数额预缴所得税造成少缴税款的，主管税务机关应按照《税收征收管理法》的有关规定对其处罚，并将处罚结果通知总机构所在地主管税务机关。

（4）汇总纳税企业应当自年度终了之日起5个月内，由总机构汇总计算企业年度应纳所得税额，扣除总机构和各分支机构已预缴的税款，计算出应缴应退税款，按照规定的税款分摊方法计算总机构和分支机构的企业所得税应缴应退税款，分别由总机构和分支机构就地办理税款缴库或退库。

3. 总分机构分摊税款的计算

（1）总机构按以下公式计算分摊税款：

总机构分摊税款＝汇总纳税企业当期应纳所得税额×50%

（2）分支机构按以下公式计算分摊税款：

所有分支机构分摊税款总额＝汇总纳税企业当期应纳所得税额×50%

某分支机构分摊税款＝所有分支机构分摊税款总额×该分支机构分摊比例

（3）总机构应按照上年度分支机构的营业收入、职工薪酬和资产总额三个因素计算各分支机构分摊所得税税款的比例；三级及以下分支机构，其营业收入、职工薪酬和资产总额统一计入二级分支机构；三因素的权重依次为0.35，0.35，0.30。其计算公式如下：

$$\text{某分支机构分摊比例}=\frac{\text{该分支机构营业收入}}{\text{各分支机构营业收入之和}}\times 0.35+\frac{\text{该分支机构职工薪酬}}{\text{各分支机构职工薪酬之和}}\times 0.35+\frac{\text{该分支机构资产总额}}{\text{各分支机构资产总额之和}}\times 0.30$$

4. 日常管理

（1）汇总纳税企业总机构和分支机构应依法办理税务登记，接受所在地主管税务机关的监督和管理。

（2）总机构应将其所有二级及以下分支机构信息报其所在地主管税务机关备案，

内容包括分支机构名称、层级、地址、邮编、纳税人识别号及企业所得税主管税务机关名称、地址和邮编。

分支机构应将其总机构、上级分支机构和下属分支机构信息报其所在地主管税务机关备案，内容包括总机构、上级机构和下属分支机构的名称、层级、地址、邮编、纳税人识别号及企业所得税主管税务机关的名称、地址和邮编。

（3）对于按照税收法律、法规和其他规定，由分支机构所在地主管税务机关管理的企业所得税优惠事项，分支机构所在地主管税务机关应加强审批（核）、备案管理，并通过评估、检查和台账管理等手段，加强后续管理。

（4）汇总纳税企业不得核定征收企业所得税。

6.9　企业所得税的纳税申报

6.9.1　企业所得税的预缴纳税申报

实行查账征收企业所得税的居民企业纳税人在月（季）度预缴企业所得税时，应当填报《中华人民共和国企业所得税月（季）度预缴纳税申报表（A 类）》以及附表；实行核定征收管理办法缴纳企业所得税的纳税人在月（季）度预缴企业所得税时，需要填报《中华人民共和国企业所得税月（季）度和年度纳税申报表（B 类）》。

6.9.2　企业所得税的年度汇算清缴纳税申报

实行查账征收企业所得税的居民企业纳税人在年度企业所得税汇算清缴时，应当填报《中华人民共和国企业所得税年度纳税申报表（A 类）》（见表 6－5）和《企业所得税年度纳税申报表附表》。

表 6－5　中华人民共和国企业所得税年度纳税申报表（A 类）

行次	类别	项目	金额
1	利润总额计算	一、营业收入（填写 A101010＼101020＼103000）	
2		减：营业成本（填写 A102010＼102020＼103000）	
3		减：税金及附加	
4		减：销售费用（填写 A104000）	
5		减：管理费用（填写 A104000）	
6		减：财务费用（填写 A104000）	
7		减：资产减值损失	
8		加：公允价值变动收益	
9		加：投资收益	
10		二、营业利润（1－2－3－4－5－6－7＋8＋9）	
11		加：营业外收入（填写 A101010＼101020＼103000）	
12		减：营业外支出（填写 A102010＼102020＼103000）	
13		三、利润总额（10＋11－12）	

续表

行次	类别	项目	金额
14	应纳税所得额计算	减：境外所得（填写 A108010）	
15		加：纳税调整增加额（填写 A105000）	
16		减：纳税调整减少额（填写 A105000）	
17		减：免税、减计收入及加计扣除（填写 A107010）	
18		加：境外应税所得抵减境内亏损（填写 A108000）	
19		四、纳税调整后所得（13－14＋15－16－17＋18）	
20		减：所得减免（填写 A107020）	
21		减：弥补以前年度亏损（填写 A106000）	
22		减：抵扣应纳税所得额（填写 A107030）	
23		五、应纳税所得额（19－20－21－22）	
24	应纳税额计算	税率（25%）	
25		六、应纳所得税额（23×24）	
26		减：减免所得税额（填写 A107040）	
27		减：抵免所得税额（填写 A107050）	
28		七、应纳税额（25－26－27）	
29		加：境外所得应纳所得税额（填写 A108000）	
30		减：境外所得抵免所得税额（填写 A108000）	
31		八、实际应纳所得税额（28＋29－30）	
32		减：本年累计实际已缴纳的所得税额	
33		九、本年应补（退）所得税额（31－32）	
34		其中：总机构分摊本年应补（退）所得税额（填写 A109000）	
35		财政集中分配本年应补（退）所得税额（填写 A109000）	
36		总机构主体生产经营部门分摊本年应补（退）所得税额（填写 A109000）	

6.10 企业所得税的改革方向

1. 改革企业所得税制度，提高我国的税制竞争力

在经济全球化背景下，国家与国家之间的经济联系越来越紧密。税收制度作为国际竞争力的重要方面，对于一国经济将产生重大影响。我国在未来的税制改革中，也必须正确认识和面对日益加大的国际税收竞争压力，从提高税制竞争力的角度出发，打造一个有利于国际竞争的税收制度。鉴于美国政府税改，降低了公司所得税的税率，以及 OECD 成员平均所得税税率的下降，中美贸易摩擦也极大影响了我国对外资的吸引力，因此我国也可采取适当降低企业所得税税率、增加扣除等减轻税收负担的措施，来提高我国企业的国际竞争力。同时与个人所得税改革相结合，适度降低企业向个人分配股息的税收负担，解决企业所得税与个人所得税之间的重复征税问题。

2. 建立所得税预警和纠错机制，提高管理水平

近年来，汇算清缴企业的数量不断增加，但税收管理人员较少、工作量繁重。此外，税收管理人员的业务水平存在差异，对申报表的审核质量参差不齐。在这种形势下，借助信息化手段，运用软件进行分析、预警和纠错，可以有效提高征管水平。

一方面要建立事前预警机制，加强预缴监管。运用企业所得税预缴审核软件，在日常管理中进行数据统计、查询、监控，同时能分析识别预缴数据中存在的风险信息。另一方面建立纠错机制，加强汇缴监管。通过运用汇缴审核软件这一信息化手段，不仅能够解决人工监控存在的人手和能力不足的问题，提高申报数据质量，而且能将大部分填报错误与涉税风险问题实时解决在汇缴期内，提升风险管理水平，最大限度地减少税收流失。

本章小结

1. 企业所得税是对我国境内的企业和其他取得收入的组织的生产经营所得和其他所得征收的一种税。

2. 居民企业是指依法在中国境内成立，或者依照外国（地区）法律成立但实际管理机构在中国境内的企业；非居民企业是指依照外国（地区）法律成立且实际管理机构不在中国境内，但在中国境内设立机构、场所的，或者在中国境内未设立机构、场所，但有来源于中国境内所得的外国企业。

3. 企业所得税的基本税率为 25%。低税率为 20%，适用于在中国境内未设立机构、场所，或者虽设立机构、场所但取得的所得与其所设机构、场所没有实际联系的非居民企业，实际征收时减按 10%的税率。

4. 优惠税率：一是国家需要重点扶持的高新技术企业，减按 15%的税率征收企业所得税；二是符合条件的小型微利企业减按 20%的税率征收企业所得税。

5. 应纳税所得额是企业所得税的计税依据。应纳税所得额为企业每个纳税年度的收入总额，减除不征税收入、免税收入、各项扣除以及允许弥补的以前年度亏损后的余额。

6. 扣除项目主要包括成本、费用、税金及附加、损失和其他支出。

7. 企业的各项资产，包括固定资产、生物资产、无形资产、长期待摊费用、投资资产、存货等，并且原则上要求以历史成本为计税基础。

8. 特别纳税调整是指企业与其关联方之间的业务往来，不符合独立交易原则而减少企业或者其关联方应纳税收入或者所得额的，税务机关有权按照合理方法进行调整。

复习与思考

一、单项选择题

1. 根据企业所得税的相关规定，下列各项属于居民企业的是（　　）。

A. 依照中国法律在中国境内成立的合伙企业

B. 依照中国法律在中国境内成立的有限责任公司

C. 依照外国法律成立且实际管理机构在中国境外的企业

D. 依照中国法律在中国境内成立的个人独资企业

2. A国某企业（实际管理机构也在A国）在上海设立分支机构，某年该分支机构在中国境内取得不含税咨询收入1 000万元；在北京为某公司培训技术人员，取得北京公司支付的不含税培训收入200万元；在美国洛杉矶取得与该分支机构无实际联系的所得300万元。该年度该企业应在我国缴纳企业所得税的应纳税收入总额为（　　）万元。

A. 500　　B. 1 000　　C. 1 200　　D. 150

3. 根据企业所得税的相关规定，企业取得的下列各项所得中，按照负担、支付所得的企业或者机构、场所所在地确定所得来源地的是（　　）。

A. 销售货物所得　　B. 动产转让所得

C. 权益性投资资产转让所得　　D. 特许权使用费所得

4. 下列关于收入确认时间的说法中，不正确的是（　　）。

A. 股息、红利等权益性投资收益，除另有规定外，按照被投资方做出利润分配决定的日期确认收入的实现

B. 利息收入，按照合同约定的债务人应付利息的日期确认收入的实现

C. 特许权使用费收入，按照收到特许权使用费的日期确认收入的实现

D. 接受捐赠收入，按照实际收到捐赠资产的日期确认收入的实现

5. 下列关于企业所得税收入确认的表述中，正确的是（　　）。

A. 采用售后回购方式销售商品的，企业所得税上不确认收入，收到的款项应确认为负债

B. 采用买一赠一方式销售商品的，赠送的商品应视同销售计入收入总额

C. 采用以旧换新方式销售商品的，按照销售的新货物和换入的旧货物的价格差额确认销售收入

D. 销售商品涉及商业折扣的，按扣除商业折扣后的金额确定销售商品收入金额

6. 下列关于企业所得税收入的确认，说法正确的是（　　）。

A. 以分期收款方式销售货物的，按实际收到货款的日期确认收入的实现

B. 销售商品涉及现金折扣的，应当按扣除现金折扣后的余额确定销售商品收入金额

C. 企业购买永续债取得的利息收入，应当按照合同约定的债务人应付利息的日期确认收入的实现

D. 企业转让股权收入，应于转让协议生效且完成股权变更手续时，确认收入的实现

7. 根据《企业所得税法》的相关规定，下列说法中不符合规定的是（　　）。

A. 居民企业以非货币性资产对外投资确认的非货币性资产转让所得，可在不超过5年期限内，分期均匀计入相关年度的应纳税所得额

B. 居民企业以非货币性资产对外投资，应对非货币性资产进行评估，并按照评估的公允价值扣除计税基础后的余额，计算确认非货币性资产的转让所得

C. 居民企业以非货币性资产对外投资，应于投资协议生效并办理股权登记手续

时，确认非货币性资产转让收入的实现

D. 非货币性资产投资分期纳税的政策的适用对象既可以是居民企业，也可以是非居民企业

8. 根据企业所得税的相关规定，企业外购资产用于下列情形的，应当视同销售确认收入的是（　　）。

A. 作为原材料投入生产

B. 作为门市房对外出租

C. 移送至境外分公司用于继续加工

D. 移送至境内分公司用于连续加工

9. 根据企业所得税的相关规定，下列各项应计入应纳税所得额的是（　　）。

A. 国债利息收入

B. 符合条件的居民企业之间的股息、红利等权益性投资收益

C. 某营利企业接受其他企业捐赠机器设备的收入

D. 符合条件的非营利组织的收入

10. 根据企业所得税的相关规定，企业缴纳的下列税金中，不得在计算企业所得税应纳税所得额时扣除的是（　　）。

A. 增值税　　B. 消费税　　C. 资源税　　D. 房产税

11. 根据企业所得税的相关规定，下列各项中不属于合理的工资薪金总额的是（　　）。

A. 生产车间季节工的工资

B. 销售部门临时工的工资

C. 职工食堂临时工的工资

D. 科研部门返聘退休员工的工资

12. 某企业某年度已计入成本费用的实际发放的合理工资、薪金总额为500万元，实际发生职工福利费72万元，拨缴工会经费14万元，已经取得工会拨缴收据，实际发生职工教育经费45万元。该企业在计算该年度应纳税所得额时，就上述业务应调整的应纳税所得额为（　　）万元。

A. 7　　B. 9　　C. 11　　D. 6

13. 根据企业所得税的相关规定，下列各项中不得在企业所得税税前扣除的是（　　）。

A. 企业缴纳的车船税

B. 企业向银行借款的利息支出

C. 企业发生的财产保险支出

D. 企业非广告性质的赞助支出

14. 某居民企业某年度取得产品销售收入5 000万元（不含增值税，下同），销售不需要的材料取得收入400万元，分回的投资收益为700万元，出租房屋取得租金收入60万元，发生管理费用280万元，其中包括业务招待费50万元。假设无其他需要纳税调整因素，该企业该年度企业所得税税前可以扣除的管理费用为（　　）万元。

A. 27.3　　B. 257.3　　C. 30　　D. 260

15. 某工业企业2021年4月1日向非金融企业借款300万元用于建造厂房，年利率为8%，借款期限为12个月。该厂房于2019年开始建造，2021年9月30日完工并办理竣工验收手续。已知银行同期同类贷款年利率为6%，则该企业在计算2021年企业所得税应纳税所得额时准予直接扣除的利息支出为（　　）万元。

A. 6　　B. 18　　C. 12　　D. 4.5

二、多项选择题

1. 根据企业所得税的规定，判断居民企业的标准有（　　）。

A. 登记注册地标准

B. 所得来源地标准

C. 经营行为实际发生地标准

D. 实际管理机构所在地标准

2. 根据企业所得税的有关规定，下列收入中属于不征税收入的有（　　）。

A. 财政拨款

B. 依法收取并纳入财政管理的行政事业性收费

C. 有专项用途符合管理条件的财政性资金

D. 非营利机构接受其他单位的捐赠收入

3. 下列企业中，适用15%企业所得税税率的有（　　）。

A. 经认定的技术先进型服务企业

B. 小型微利企业

C. 高新技术企业

D. 从事污染防治的第三方企业

4. 依据企业所得税的相关规定，下列表述正确的有（　　）。

A. 商业折扣按折扣前的金额确定商品销售收入

B. 现金折扣按折扣后的金额确定商品销售收入

C. 属于提供初始及后续服务的特许权费，在提供服务时确认收入

D. 申请入会或加入会员，只允许取得会籍，所有其他服务或商品都要另行收费的，在取得该会员费时确认收入

5. 企业提供劳务完工进度的确定，下列可选用的方法有（　　）。

A. 已完工作的测量

B. 已提供劳务占劳务总量的比例

C. 发生成本占总成本的比例

D. 取得的收入占总收入的比例

6. 下列各项关于企业接收政府和股东划入资产的企业所得税处理中，说法正确的有（　　）。

A. 县级以上人民政府将国有资产明确以股权投资方式投入企业，企业应作为国家资本金（包括资本公积）处理

B. 县级以上人民政府将国有资产无偿划入企业，凡指定专门用途并按相关规定进行管理的，企业可作为不征税收入进行企业所得税处理

C. 企业接收股东划入资产，凡合同、协议约定作为资本金（包括资本公积）且在

会计上已做实际处理的，不计入企业的收入总额，企业应按公允价值确定该项资产的计税基础

D. 企业接收股东划入资产，凡作为收入处理的，应按公允价值计入收入总额，计算缴纳企业所得税，同时按公允价值确定该项资产的计税基础

7. 根据企业所得税的相关规定，下列收入中不属于企业所得税免税收入的有（　　）。

A. 财政拨款

B. 国债利息收入

C. 物资及现金溢余

D. 企业投资者持有2020—2023年发行的铁路债券取得的利息收入

8. 企业缴纳的下列保险金可以在企业所得税税前直接扣除的有（　　）。

A. 按照国家规定的标准，为特殊工种的职工支付的人身安全保险费

B. 为没有工作的董事长家属缴纳的社会保险费用

C. 为投资者或者职工支付的商业保险费

D. 按照国家规定的标准为职工缴纳的五险一金

9. 下列企业中，发生的广告费和业务宣传费支出，以当年销售（营业）收入的30%为限额扣除的有（　　）。

A. 化妆品销售企业

B. 医药制造企业

C. 酒类制造企业

D. 烟草企业

10. 企业发生的下列项目，不得在企业所得税税前扣除的有（　　）。

A. 企业计提未经核准的坏账准备金

B. 企业按规定计提的用于环境保护和生态恢复的专项资金

C. 企业按规定缴纳的财产保险费

D. 烟草企业的烟草广告费和业务宣传费支出

三、简答题

1. 居民企业纳税人在具有哪些情形时应核定征收企业所得税？

2.《企业所得税法》规定的不得税前扣除的项目有哪些？

3.《企业所得税法》规定不得计提折旧在税前扣除的固定资产有哪些？

4.《企业所得税法》规定可以免征、减征企业所得税的所得有哪些？

5. 工资薪金合理性确认原则有哪些？

6. 特别纳税调整管理的内容有哪些？

四、论述题

1. 允许加计扣除的研究开发费用有哪些项目？

2. 企业应以清单申报的方式向税务机关申报扣除的损失有哪些项目？

五、案例分析题

1. 恒阳咨询公司某年度境内所得总额为500万元，另外从德国取得收入200万元，该项收入在德国实际缴纳的企业所得税为52万元。

要求：请问在计算应纳税额时该居民企业的抵免限额是多少？

2. 百丽公司3年前为一家向银行贷款的企业提供担保，该企业贷款到期后，因经

营不善无力偿还，百丽公司因此被法院裁决承担连带责任，向银行支付68万元。

要求：请问百丽公司这68万元担保费可否在企业所得税税前扣除？

3. 启航公司向银行借款用以采购一台大型机器设备，该设备需要安装调试，尚未完工，因而记入“在建工程”科目，企业将发生的90多万元借款利息直接计入财务费用。

要求：请问企业的税务处理是否正确？

六、综合题

1. 位于某市的恒阳公司属于居民企业，某年度核算的会计利润为2 000万元。税务师事务所在对恒阳公司进行纳税审查时发现下列涉税事项：

（1）营业外收入中有技术转让收入900万元，与技术转让有关的成本费用为200万元。

（2）投资收益中含从甲国取得税后收益折合人民币（下同）80万元，已按照甲国的相关规定缴纳企业所得税。另从乙国取得税后投资收益70万元，已在乙国缴纳企业所得税。已知恒阳公司适用的企业所得税税率为25%，甲国的企业所得税税率为20%，乙国的企业所得税税率为30%。

要求：根据上述资料，请回答下列问题：

（1）业务（1）中恒阳公司该年度技术转让收入应调减的企业所得税应纳税所得额为多少万元？

（2）业务（2）中恒阳公司该年度境外所得应在我国补缴的企业所得税为多少万元？

2. 南京溧水科技企业为居民企业，假定某年度经营情况如下：

（1）商品销售收入1 000万元，房屋租金收入10万元，国债利息收入39万元，接受捐赠所得420万元。

（2）取得房屋转让收入1 000万元，相关的转让成本及费用为480万元。

（3）产品销售成本为670.2万元，房屋出租成本为6万元。

（4）发生管理费用200万元，其中当期列支的业务招待费为50万元。

（5）发生销售费用240万元，其中广告和业务宣传费为80万元。

（6）发生财务费用44.8万元，其中有一年期银行贷款200万元，全部用于在建工程，一年内支付利息8万元。

（7）税金及附加为75万元，此外实际缴纳的增值税为30万元。

（8）营业外支出借方发生额为125万元，其中向中国农业银行的贷款到期无力偿还，被银行加收罚息3万元；税款滞纳金1万元；环保部门罚款1万元；公益性捐赠支出120万元。

（9）上年超过税前扣除标准的广告和业务宣传费有40万元。

要求：根据上述资料和税法的有关规定，假定不考虑摊销费用的扣除，回答下列问题：

（1）企业该年度准予税前扣除的管理费用为多少万元？

（2）企业该年度准予税前扣除的销售费用为多少万元？

（3）企业该年度准予税前扣除的营业外支出为多少万元？

（4）企业该年度应纳的企业所得税为多少万元？

第7章

个人所得税

学习目标

1. 理解个人所得税纳税人的规定。
2. 熟悉个人所得税改革后征税范围、税目、税率的变化。
3. 重点掌握个人所得税的计税依据、应纳税额的计算。
4. 熟悉个人所得税的纳税申报方式，能正确进行个人所得税的纳税申报。

案例导入

2021年东方公司销售部经理潘某取得的工资、薪金所得在扣除“三险一金”后为每月9 000元，另外2021年还取得劳务报酬所得24 000元，在A杂志发表文章获得稿酬所得1 200元。潘某每月需支付房屋租金4 000元，有1个孩子在上幼儿园，同时父母已经60多岁，潘某是独生子女。那么，根据《个人所得税法》，潘某2021年应缴纳多少个人所得税?

7.1 个人所得税概述

7.1.1 个人所得税的概念

个人所得税产生于1799年的英国。自个人所得税诞生后的200多年中，其以筹集财政收入和调节收入分配的独特功效而备受各国政府青睐，被西方经济学家誉为“现代最优税种”。目前，世界上已有140多个国家和地区开征个人所得税。在一些经济发达国家，个人所得税在税收总额中的比重甚至超过货劳税和企业所得税等，成为政府筹集财政收入的主体税。

个人所得税是以个人（自然人）取得的各项应税所得为征税对象所征收的一种税，是政府利用税收对个人收入进行调节的一种手段。作为课税对象的个人所得，有狭义和广义之分。狭义的个人所得，是指个人经常反复取得的所得。广义的个人所得，是指个人在一定时间内，通过各种来源或方式获得的一切利益，无论这种利益是偶然的还是临时的。所得的形式包括货币、有价证券、实物等。

目前，包括我国在内的世界各国所实行的个人所得税大多以广义个人所得税为基础。根据这种理解，可以将个人取得的各种所得分为毛所得和净所得、财产所得和劳务所得、经常所得和偶然所得、自由支配所得和非自由支配所得、交易所得和转移所得、应收所得和实现所得、名义所得和实际所得、积极所得和消极所得等。

7.1.2 个人所得税的类型

1. 分类所得税制

分类所得税制，也称个别所得税制，是对同一纳税人不同类别的所得按不同的税率分别征税。其基本特点是，只对税法上明确规定的所得分别课税，而不将个人的全部所得进行综合之后再合并课税。英国的所得税分类表制度是分类所得税制的典范，我国2018年年底之前的个人所得税法也属于此类。

2. 综合所得税制

综合所得税制，也称一般所得税制，是将个人在一定时期内取得的各种收入所得综合起来，扣除法定减免和个人经济开支、家庭负担等必要生计费用之后，就剩余额按累进税率征税。其主要特点是，对纳税人来源于各种渠道的全部所得予以加总，不分类别、统一扣除、累进征收。美国的个人所得税属于这一类型。

3. 分类综合所得税制

分类综合所得税制，也称混合所得税制，由分类所得税与综合所得税两种征税办法有机结合而成。一般来说，对于个人取得的各项应税收入，首先实行分类征税，源泉扣缴税款；其次在年度终了后，再综合个人全年的总所得额，按法定的累进税率表计算应纳的综合所得税或附加税。其主要特点是，对同一所得实行两次独立课税。瑞典、日本、韩国等国的个人所得税属于这种类型。

从世界各国个人所得税的发展历史来看，分类所得税制较早实行，然后在部分国家演进为综合所得税制，在部分国家演进为分类与综合相结合的所得税制。目前，采用纯粹分类所得税制的国家已经不多。个人所得税制的演进过程大体反映了经济发展水平的递进程度。一般来说，经济发展相对滞后、征管制度不很健全、税法遵从意识较低的国家，大多实行分类或分类综合所得税制；反之，经济发达、征管制度健全、税法遵从意识较强的国家，多实行综合所得税制。

7.1.3 个人所得税的征税方法

个人所得税的课征方法较多，大体可分为从源征收和申报清缴两大类。各国根据不同所得项目，多同时采用这两种课税方法。

1. 从源征收法

从源征收法是指在支付收入环节代扣代缴个人所得税。其通常做法是，在支付工资、薪金、利息或股息时，对所支付的收入项目按照税法规定扣缴应纳税款，然后由支付单位向税务机关汇总缴纳。

这种方法有以下优点：一是可以节省税务机关的人力、物力，简化征收管理手续；二是可以避免税款流失，及时组织税款入库；三是由于纳税人尚未取得应税收入之前就由支付单位代为扣税，有利于减轻纳税人的心理税收负担，而且纳税人的预算开支是以税后收入为基础的，也不易产生减少开支或储蓄的压力。

英国对个人所得广泛采用从源征收法，包括借款利息、国债利息、股息、工资和特许权使用费在内的多个收入项目。美国联邦个人所得税对于工资、薪金收入也采用从源征收法，要求雇主在支付环节预扣代缴，但在年终要由纳税人本人进行申报清算，多退少补。

2. 申报清缴法

申报清缴法是指将分期预缴和年终汇算相结合，由纳税人在纳税年度申报全年估算的总收入额，并按估算额分期预缴税款。年度终了时，再按实际收入额提交申报表，依据全年实际应纳所得税额，对已纳税额多退少补。这种方法的主要优点是，在税务管理上方便了税务机关和纳税人。

目前，一些国家除了对某些收入项目采用从源征收法之外，一般都采用申报清缴法。在美国，除了对工资、薪金收入实行从源征收和申报清缴相结合的课征方法之外，对纳税人工资、薪金所得以外的其他收入，采用按季自报缴纳、年终汇算清缴的办法。日本个人所得税的课征方法也大体相似，以纳税人自行申报为主，但对薪金、利息、股息、退职金、自由职业者及演员报酬等所得项目，采用从源征收法。

7.2 个人所得税的纳税人

1. 居民纳税人与非居民纳税人

由于我国对个人所得课税同时行使居民管辖权和所得来源地管辖权，因而，在纳税人的界定问题上，关键是要合理确定居民纳税人和非居民纳税人以及所得来源地。

凡在中国境内有住所，或者无住所而在一个纳税年度内在中国境内居住累计满 183 天的个人，为居民个人，负有全面纳税义务。其从中国境内和境外取得的所得，均应在中国缴纳个人所得税。以上所述在中国境内有住所的个人，是指因户籍、家庭、经济利益关系等原因而在中国境内习惯性居住的个人。

在中国境内无住所又不居住，或者无住所而一个纳税年度内在中国境内居住累计不满 183 天的个人，为非居民个人，负有有限纳税义务，只就其从中国境内取得的所得在中国缴纳个人所得税。

这里所称的居住满 183 天，《中华人民共和国个人所得税法实施条例》（简称《个人所得税法实施条例》）将其规定为在一个纳税年度内在中国境内居住满 183 天。中国个人所得税的纳税年度为公历纪年，即公历 1 月 1 日至 12 月 31 日。无住所个人一个纳税年度内在中国境内累计居住天数，按照个人在中国境内累计停留的天数计算。在中国境内停留的当天满 24 小时的，计入中国境内居住天数；在中国境内停留的当天不足 24 小时的，不计入中国境内居住天数。

综上所述，个人所得税的纳税人及纳税义务如表 7-1 所示，中国税收居民规则如图 7-1 所示。

表 7-1　个人所得税的纳税人及纳税义务

所得来源	境内所得	境外所得
居民纳税人	征	征
非居民纳税人	征	不征

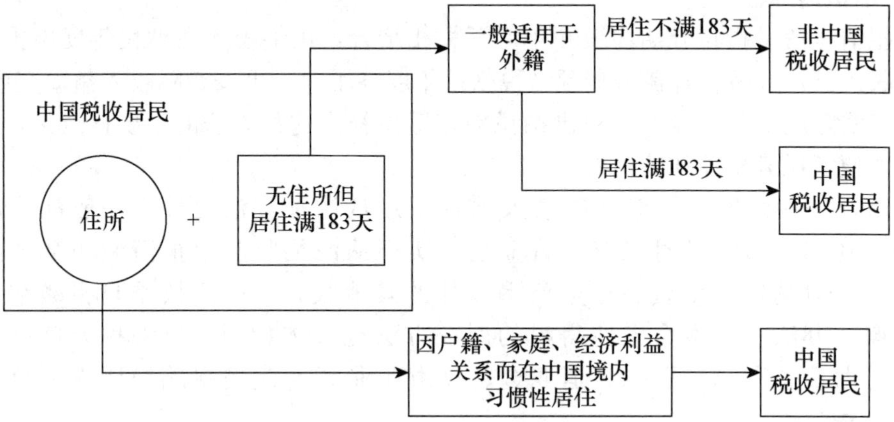

图 7-1　中国税收居民规则

例 7-1

李某为我国香港居民，在深圳工作，每周一早上来深圳上班，周五晚上回香港。请问李先生是否为我国居民个人?

【解析】李某在周一和周五当天在境内停留都不足 24 小时，因此不计入境内居住天数；再加上周六、周日 2 天也不计入，这样，每周可计入境内停留的天数仅为 3 天。按全年 52 周计算，李某全年在境内居住天数为 156 天，未超过 183 天，不构成居民个人。因此，李某取得的全部境外所得，免缴个人所得税。

2. 所得来源地的判定

由于中国个人所得税法对居民纳税人来源于全球的所得都征税，而只对非居民纳税人来源于中国境内的所得征税，另外，现行税法对居民纳税人来源于中国境外所得已在境外缴纳的个人所得税税款，允许其在中国纳税时，从该项境外所得依照中国税法规定计算出的应纳个人所得税税款中扣除。因此，准确划分境内、境外所得非常重要。

根据《个人所得税法实施条例》第三条的规定，除国务院财政、税务主管部门另有规定外，下列所得，不论支付地点是否在中国境内，均为来源于中国境内的所得：

（1）因任职、受雇、履约等在中国境内提供劳务取得的所得；

（2）将财产出租给承租人在中国境内使用而取得的所得；

（3）许可各种特许权在中国境内使用而取得的所得；

（4）转让中国境内的不动产等财产或者在中国境内转让其他财产取得的所得；

（5）从中国境内企业、事业单位、其他组织以及居民个人取得的利息、股息、红利所得。

3. 外籍人员纳税义务的特殊处理

为了保持税收政策的连续性，进一步促进对外经济合作和技术交流，鼓励外籍人才来华从事经济、技术工作，现行个人所得税法保留了修订前个人所得税法对外籍人员的部分税收优惠，对其纳税义务进行了特殊处理。

（1）外籍居民纳税人境外所得的纳税问题。在中国境内无住所的个人，在中国境内居住累计满 183 天的年度连续不满六年的，经向主管税务机关备案，其来源于中国境外且由境外单位或者个人支付的所得，免予缴纳个人所得税；在中国境内居住累计满 183 天的任一年度中有一次离境超过 30 天的，其在中国境内居住累计满 183 天的年度的连续年限重新起算。

根据《财政部 税务总局关于在中国境内无住所的个人居住时间判定标准的公告》（财政部 税务总局公告 2019 年第 34 号）的规定，所称“六年”，是指该纳税年度的前一年至前六年的连续六个年度，此前六年的起始年度自 2019 年（含）以后年度开始计算。即按照规定，在境内居住累计满 183 天的年度连续“满六年”的起点，是自 2019 年（含）以后年度开始计算，2019 年之前已经居住的年度一律“清零”，不计算在内。按此规定，2024 年（含）之前，所有无住所个人在境内居住年限都不满六年，其取得境外支付的境外所得都能享受免税优惠。此外，自 2019 年起任一年度如果有单次离境超过 30 天的情形，此前连续年限“清零”，重新计算。

例 7－2

张某为香港居民，2013 年 1 月 1 日来深圳工作，2026 年 8 月 30 日回到香港工作。在此期间，除 2025 年 2 月 1 日至 3 月 15 日临时回香港处理公务外，其余时间一直停留在深圳。请分析张某针对境内和境外所得应缴纳的个人所得税情况。

【解析】如果从 2013 年开始计算张某在境内居住累计满 183 天的年度，则截至 2019 年 1 月 1 日实际上已经满六年，但是由于 2019 年之前的年限一律“清零”，自 2019 年开始计算，因此，2019—2024 年，其取得的境外支付的境外所得就可以免缴个人所得税。

2025 年，由于张某在境内居住满 183 天，且从 2019 年开始计算他在境内居住累计满 183 天的年度已经连续满六年，没有单次离境超过 30 天的情形，因此，2025 年张某应就其在境内和境外取得的所得缴纳个人所得税。

2026 年，由于张某在 2025 年有单次离境超过 30 天的情形（2025 年 2 月 1 日至 3 月 15 日），所以其在境内居住累计满 183 天的连续年限清零，应重新起算。因此，2026 年张某取得的境外支付的境外所得，可以免缴个人所得税。

（2）外籍非居民纳税人境内所得的纳税问题。在中国境内无住所的个人，在一个纳税年度内在中国境内居住累计不超过90天的，其来源于中国境内的所得，由境外雇主支付并且不由该雇主在中国境内的机构、场所负担的部分，免予缴纳个人所得税。这是考虑到这些外籍人员在华提供劳务时间较短，且其报酬又是由境外雇主支付并负担，参考一些国家的通常做法，《个人所得税法实施条例》对此给予了适当优惠。

（3）担任中国境内企业董事或高层管理职务的特殊规定。在一个纳税年度内，在境内累计居住不超过90天的高管人员，其取得由境内雇主支付或者负担的工资薪金所得应当计算缴纳个人所得税；不是由境内雇主支付或者负担的工资、薪金所得，不缴纳个人所得税。当月工资、薪金收入额为当月境内支付或者负担的工资、薪金收入额。在一个纳税年度内，在境内居住累计超过90天但不满183天的高管人员，其取得的工资、薪金所得，除归属于境外工作期间且不是由境内雇主支付或者负担的部分外，应当计算缴纳个人所得税。境内外所得征收个人所得税一览表如表7-2所示。

表7-2 境内外所得征收个人所得税一览表

纳税人	居住时间	雇员职位	境内所得		境外所得	
			境内支付	境外支付	境内支付	境外支付
非居民纳税人	90日以内	一般雇员	√			
		高层管理人员	√		√	
	90日（含）到183天	一般雇员	√	√		
		高层管理人员	√	√	√	
居民纳税人	183天（含）到6年	所有人	√	√	√	
	6年及以上	所有人	√	√	√	√

4. 关于无住所个人相关征管的规定

（1）关于无住所个人预计境内居住时间的规定。无住所个人在一个纳税年度内首次申报时，应当根据合同约定等情况预计一个纳税年度内境内居住天数以及在税收协定规定的期间内境内停留天数，按照预计情况计算缴纳税款。实际情况与预计情况不符的，分别按照以下规定处理：

1）无住所个人预先判定为非居民个人，因延长居住天数达到居民个人条件的，一个纳税年度内税款扣缴方法保持不变，年度终了后按照居民个人有关规定办理汇算清缴，但该个人在当年离境且预计年度内不再入境的，可以选择在离境之前办理汇算清缴。

2）无住所个人预先判定为居民个人，因缩短居住天数不能达到居民个人条件的，在不能达到居民个人条件之日起至年度终了15天内，应当向主管税务机关报告，按照非居民个人重新计算应纳税额，申报补缴税款，不加收税收滞纳金。需要退税的，按照规定办理。

3）无住所个人预计一个纳税年度境内居住天数累计不超过90天，但实际累计居住天数超过90天的，或者对方税收居民个人预计在税收协定规定的期间内境内停留天数不超过183天，但实际停留天数超过183天的，待达到90天或者183天的月度终了后 15 天内，应当向主管税务机关报告，就以前月份的工资、薪金所得重新计算应纳税款，并补缴税款，不加收税收滞纳金。

（2）关于无住所个人境内雇主报告境外关联方支付工资、薪金所得的规定。无住所个人在境内任职、受雇取得来源于境内的工资、薪金所得，凡境内雇主与境外单位或者个人存在关联关系，将本应由境内雇主支付的工资、薪金所得，部分或者全部由境外关联方支付的，无住所个人可以自行申报缴纳税款，也可以委托境内雇主代为缴纳税款。无住所个人未委托境内雇主代为缴纳税款的，境内雇主应当在相关所得支付当月终了后 15 天内向主管税务机关报告相关信息，包括境内雇主与境外关联方对无住所个人的工作安排、境外支付情况以及无住所个人的联系方式等信息。

7.3　个人所得税的征税范围

根据《个人所得税法》，将居民个人取得的工资、薪金所得，劳务报酬所得，稿酬所得，特许权使用费所得合并，称为综合所得，按纳税年度合并计算个人所得税；个体工商户、个人独资企业和合伙企业的生产、经营所得，对企事业单位的承包、承租经营所得合称为经营所得。个人所得税的征税范围如图 7－2 所示。

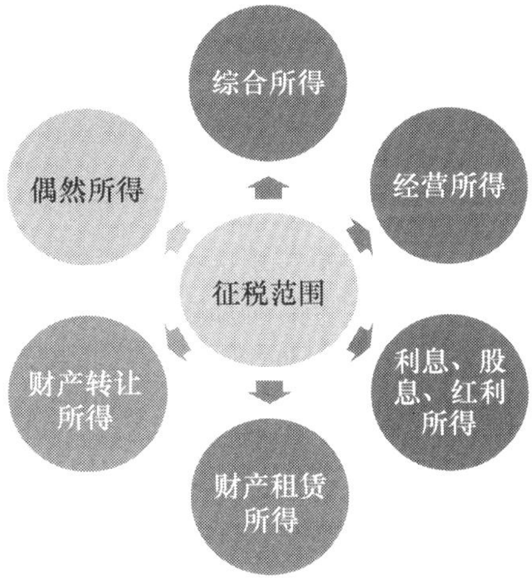

图 7－2　个人所得税的征税范围

7.3.1　综合所得

1. 工资、薪金所得

工资、薪金所得，是指个人因任职或者受雇而取得的工资、薪金、奖金、年终加薪、劳动分红、津贴、补贴以及与任职或者受雇有关的其他所得。

（1）工资、薪金所得属于非独立个人劳动所得。所谓非独立个人劳动，是指个人所从事的是由他人制定、安排并接受管理的劳动、工作，或服务于公司、工厂、行政事业单位（私营业主除外）。非独立劳动者从上述单位取得的劳动报酬，以工资、薪金的形式体现。在这类报酬中，工资和薪金的收入主体略有差异。通常情况下，把直接从事生产、经营或服务的劳动者（工人）的收入称为“工资”，即所谓“蓝领阶层”所得；而将从事社会公职或管理活动的劳动者（公职人员）的收入称为“薪金”，即所谓“白领阶层”所得。但在实际立法过程中，各国都从简易便行的角度，将“工资、薪金”合并为一个项目征收个人所得税。

除工资、薪金以外，平时奖金、劳动分红、津贴、补贴也被确定为工资、薪金范畴。其中，平时奖金、劳动分红不分种类和取得情况，一律按工资、薪金所得课税；津贴、补贴等则有例外。

（2）对于一些不属于工资、薪金性质的补贴、津贴或者不属于纳税人本人工资、薪金所得项目的收入，不予征税。这些项目包括：

1）独生子女补贴；

2）执行公务员工资制度未纳入基本工资总额的补贴、津贴差额和家属成员的副食品补贴；

3）托儿补助费；

4）差旅费津贴、误餐补助。

其中，误餐补助是指按照财政部门规定，个人因公在城区、郊区工作，不能在工作单位或返回就餐，根据实际误餐顿数，按规定的标准领取的误餐费。单位以误餐补助名义发给职工的补助、津贴不包括在内。

（3）退休人员再任职取得的收入，减除按税法规定的费用扣除标准后，按工资、薪金所得项目缴纳个人所得税。

（4）出租汽车经营单位对出租车驾驶员采取单车承包或承租方式运营，出租车驾驶员从事客货营运取得的收入，按工资、薪金所得项目征税。

（5）自2004年1月20日起，对商品营销活动中，企业和单位对营销业绩突出的雇员以培训班、研讨会、工作考察等名义组织旅游活动，通过免收差旅费、旅游费等对个人实行的营销业绩奖励（包括实物、有价证券等），应根据所发生的费用全额并入营销人员当期的工资、薪金所得，按照工资、薪金所得项目征收个人所得税，并由提供上述费用的企业和单位代扣代缴。

（6）居民个人取得全年一次性奖金，即年终奖金，在2021年12月31日前，可不并入当年综合所得，也可以选择并入当年综合所得计算纳税，此规定主要是照顾不同收入的纳税人最大限度地享受个税改革带来的政策红利。自2022年1月1日起，居民个人取得全年一次性奖金，应并入当年综合所得计算缴纳个人所得税。

例7-3

邹某是北京某风电公司刚入职不久的员工，月初到新疆出差，一个星期后回到北京公司领取差旅费津贴1 000元，误餐补助500元。该月底领取本月工资8 000元、奖金500元。请问邹某当月应当如何缴纳个人所得税？

【解析】差旅费津贴、误餐补助不属于工资、薪金性质的补贴、津贴或者不属于纳税人本人工资、薪金所得项目的收入，不征收个人所得税。因此，邹某获得的1 000元差旅费津贴和500元误餐补贴不属于工资、薪金所得，不用缴纳个人所得税，而8 000元工资和500元奖金属于工资、薪金所得，按照规定缴纳个人所得税。

2. 劳务报酬所得

劳务报酬所得是指独立性劳务所得，非雇佣关系所得，个人从事劳务取得的所得，包括从事设计、装潢、安装、制图、化验、测试、医疗、法律、会计、咨询、讲学、翻译、审稿、书画、雕刻、影视、录音、录像、演出、表演、广告、展览、技术服务、介绍服务、经纪服务、代办服务以及其他劳务取得的所得。

上述各项所得一般属于个人独立从事自由职业取得的所得或属于独立个人劳动所得。是否存在雇佣与被雇佣关系，是判断一种收入是属于劳务报酬所得，还是工资、薪金所得的重要标准。劳务报酬所得是个人独立从事某种技艺，独立提供某种劳务而取得的所得；工资、薪金所得则是个人从事非独立劳动，从所在单位领取的报酬。后者存在雇佣与被雇佣的关系，而前者则不存在这种关系。如果从事某项劳务活动取得的报酬是以工资、薪金形式体现的，如演员从剧团领取工资、教师从学校领取工资，就属于工资、薪金所得项目，而不属于劳务报酬所得范围。如果从事某项劳务活动取得的报酬不是来自聘用、雇佣或工作的单位，如教师受聘为各类学习班、培训班授课取得的课酬收入，就属于劳务报酬所得的范围。

例7-4

下列收入中，属于劳务报酬所得应合并到综合所得缴纳个人所得税的是（　　）。

A. 在其他单位兼职取得的收入

B. 退休后再受雇取得的收入

C. 在任职单位取得的董事费收入

D. 个人购买彩票取得的中奖收入

【答案】 A

【解析】 选项B，属于工资、薪金所得；选项C，属于工资、薪金所得，但要注意，在非任职单位取得的董事费收入属于劳务报酬所得；选项D，个人购买彩票取得的中奖收入属于偶然所得。

3. 稿酬所得

稿酬所得，是指个人因其作品以图书、报刊形式出版、发表而取得的所得。这里所说的作品，是指包括中外文字图片、乐谱，以及其他作品等能以图书、报刊方式出版、发表的作品；个人作品，包括本人的著作、翻译的作品等。作者去世后，财产继承人取得的遗作稿酬，也应征收个人所得税。

根据《国家税务总局关于个人所得税若干业务问题的批复》（国税函〔2002〕146号），对报纸、杂志、出版单位的职员在本单位的刊物上发表作品、出版图书取得所得征税的问题明确如下：

（1）任职、受雇于报刊等单位的记者、编辑等专业人员，因在本单位的报刊、杂志上发表作品取得的所得，属于因任职、受雇而取得的所得，应与其当月工资收入合并，按工资、薪金所得项目征收个人所得税。除上述专业人员以外，其他人员在本单位的报刊上发表取得的所得，应按稿酬所得项目征收个人所得税。

（2）出版社的专业作者撰写、编写或翻译的作品，由本社以图书形式出版而取得的稿费收入，应按稿酬所得项目计算缴纳个人所得税。

4. 特许权使用费所得

特许权使用费所得，是指个人提供专利权、商标权、著作权、非专利技术以及其他特许权的使用权取得的所得。提供著作权的使用权取得的所得，不包括稿酬所得。

特许权使用费主要涉及以下四种权利：

（1）专利权。专利权是指由国家专利主管机关依法授予专利申请人在一定时期内对某项发明创造享有的专有利用的权利，它是工业产权的一部分，具有专有性（独占性）、地域性、时间性。

（2）商标权。商标权是指商标注册人依法律规定而取得的对其注册商标在核定商品上的独占使用权。商标权也是一种工业产权，可以依法取得、转让、许可使用、继承、丧失、请求排除侵害。

（3）著作权。著作权即版权，是指作者对其创作的文学、公民科学和艺术作品依法享有的某些特殊权利。著作权是公民的一项民事权利，既具有民法中的人身权性质，也具有民法中的财产权性质，主要包括发表权、署名权、修改权、保护权、使用权和获得报酬权。

（4）非专利技术。非专利技术即专利技术以外的专有技术。这类技术大多尚处于保密状态，仅为特定人知晓并占有。

根据税法的规定，提供著作权的使用权取得的所得，不包括稿酬所得。对于作者将自己的文字作品手稿原件或复印件公开拍卖（竞价）取得的所得，属于提供著作权的使用所得，故应按特许权使用费所得项目征收个人所得税。

编剧从电视剧的制作单位取得的剧本使用费，不再区分剧本的使用方是否为其任职单位，统一按特许权使用费所得项目计征个人所得税。

个人取得特许权的经济赔偿收入，应按特许权使用费所得项目缴纳个人所得税。

知识链接

根据《个人所得税法》第二条的规定，居民个人取得的工资、薪金所得，劳务报酬所得，稿酬所得，特许权使用费所得，按纳税年度合并计算征收个人所得税。

《个人所得税法实施条例》第八条规定，个人所得的形式，包括现金、实物、有价证券和其他形式的经济利益；所得为实物的，应当按照取得的凭证上所注明的价格计算应纳税所得额，无凭证的实物或者凭证上所注明的价格明显偏低的，参照市场价格核定应纳税所得额；所得为有价证券的，根据票面价格和市场价格核定应纳税所得额；所得为其他形式的经济利益的，参照市场价格核定应纳税所得额。

7.3.2 经营所得

（1）个人通过在中国境内注册登记的个体工商户、个人独资企业、合伙企业从事生产、经营活动取得的所得包括：

1）个体工商户的生产、经营所得，仅限于生产、经营所得，不包括个体工商户的其他所得。

2）个人独资企业和合伙企业的生产、经营所得，比照个体工商户的生产、经营所得税目征税。

3）个人因从事彩票代销业务而取得的所得，按个体工商户的生产、经营所得征税。

4）个体工商户或个人专营种植业、养殖业、饲养业、捕捞业不征收个人所得税。其经营项目不属于原农业税、牧业税征税范围的，征收个人所得税。对进入各类市场销售自产农产品的农民的所得暂不征收个人所得税。

个体工商户或个人兼营种植业、养殖业、饲养业、捕捞业，而且各类所得单独核算的，比照上述原则办理；对于属于征收个人所得税的，应与其他行业的生产、经营所得合并计征个人所得税；对于所得不能单独核算的，应就其全部所得计征个人所得税。

5）个人独资企业、合伙企业的个人投资者以企业资金为本人、家庭成员及其相关人员支付与企业生产、经营无关的消费性支出及购买汽车、住房等财产性支出的，视为企业对个人投资者利润分配，并入投资者个人的生产、经营所得，依照个体工商户的生产、经营所得项目计征个人所得税。

知识链接

除个人独资企业、合伙企业以外的其他企业的个人投资者，以企业资金为本人、家庭成员及其相关人员支付与企业生产、经营无关的消费性支出及购买汽车、住房等财产性支出的，视为企业对个人投资者的红利分配，依照利息、股息、红利所得项目计征个人所得税。

所有企业的从业人员，用企业资金发生的财产性支出，按工资、薪金所得征税。兼职人员取得类似支出，属于劳务报酬所得。

（2）个人依法取得执照，从事办学、医疗、咨询以及其他有偿服务活动取得的所得。

（3）个人承包、承租、转包、转租取得的所得包括：

1）对企事业单位的承包、承租经营所得，是指个人承包经营、承租经营以及转包、转租取得的所得，包括个人按月或者按次取得的工资、薪金性质的所得。

2）承包承租后，工商登记改为个体工商户，按个体工商户的生产、经营所得缴纳个人所得税。

（4）个人从事其他生产、经营活动取得的所得。

7.3.3 利息、股息、红利所得

利息、股息、红利所得，是指个人拥有债权、股权而取得的利息、股息、红利所得。

个人取得的国债利息、国家发行的金融债券利息、教育储蓄存款利息、储蓄存款利息均免征个人所得税。国债利息，是指个人持有中华人民共和国财政部发行的债券而取得的利息；国家发行的金融债券利息，是指个人持有经国务院批准发行的金融债券而取得的利息。

职工个人取得的量化资产，分为两种情况征税：

（1）对职工个人以股份形式取得的仅作为分红依据，不拥有所有权的企业量化资产，不征收个人所得税。

（2）对职工个人以股份形式取得的企业量化资产参与企业分配而获得的股息、红利，应按利息、股息、红利所得项目征收个人所得税。

7.3.4 财产租赁所得

财产租赁所得，是指个人出租建筑物、土地使用权、机器设备、车船以及其他财产取得的所得。

房地产开发企业按优惠价格出售其开发的商店给购买者个人，但购买者个人在一定期限内必须将购买的商店无偿提供给房地产开发企业对外出租使用。对购买者个人少支出的购房价款，应视同个人财产租赁所得，按照财产租赁所得项目征收个人所得税。每次财产租赁所得的收入额，按照少支出的购房价款和协议规定的租赁月份数平均计算确定。

全部购房款＝实际付购房款＋少支出价款(实质租金)

个人取得的财产转租收入，属于财产租赁所得范围。在确定纳税人时，应以产权凭证为依据，对无产权凭证的，由主管税务机关根据实际情况确定；产权所有人死亡，在未办理产权继承手续期间，该财产出租而有租金收入的，以领取租金的个人为纳税人。

知识链接

个人取得的财产转租收入，其中最重要的是房屋的租赁。个人出租房屋涉及多个税种：城市维护建设税、教育费附加和地方教育附加、房产税、印花税、个人所得税等。

7.3.5 财产转让所得

财产转让所得，是指个人转让有价证券、股权、建筑物、土地使用权、机器设备、车船以及其他财产取得的所得。

1. 股票转让所得

境内股票转让所得，暂不征收个人所得税。但境外股票转让所得正常征收个人所得税。对股票转让所得征收个人所得税的办法，由国务院另行规定，并报全国人民代表大会常务委员会备案。

2. 量化资产股份转让

（1）集体所有制企业在改制为股份合作企业时，对职工个人以股份形式取得的拥有所有权的企业量化资产，暂缓征收个人所得税。

（2）个人将股份转让时，就其转让收入额，减除个人取得该股份时实际支付的费用支出和合理转让费用后的余额，按财产转让所得征税。

3. 个人转让房产所得

对个人转让自用5年以上并且是家庭唯一生活用房取得的所得免征个人所得税。该规定包括以下主要信息：主体是个人，不包括单位；自用超过5年；家庭唯一生活用房，不包括第二套房，不包括商用房。

4. 作者将自己的文字作品手稿原件或复印件拍卖取得的所得

作者将自己的文字作品手稿原件或复印件拍卖取得的所得，按照特许权使用费所得项目缴纳个人所得税。个人拍卖除文字作品原稿及复印件外的其他财产，应按财产转让所得项目缴纳个人所得税。

7.3.6 偶然所得

偶然所得，是指个人得奖、中奖、中彩以及其他偶然性质的所得。

企业对累积消费达到一定额度的顾客，给予额外抽奖机会，个人的获奖所得，按照偶然所得项目，全额适用20%的税率缴纳个人所得税。

购买社会福利有奖募捐一次中奖不超过1万元的，暂免征收个人所得税；超过1万元的全额征收个人所得税。

《财政部 税务总局关于个人取得有关收入适用个人所得税应税所得项目的公告》（财政部 税务总局公告2019年第74号）对偶然所得的补充规定如下：

（1）个人为单位或他人提供担保获得收入，按照偶然所得项目计算缴纳个人所得税。

（2）房屋产权所有人将房屋产权无偿赠与他人的，受赠人因无偿受赠房屋取得的受赠收入，按照偶然所得项目计算缴纳个人所得税。按照《财政部 国家税务总局关于个人无偿受赠房屋有关个人所得税问题的通知》（财税〔2009〕78号）第一条的规定，符合以下情形的，对当事双方不征收个人所得税：

1）房屋产权所有人将房屋产权无偿赠与配偶、父母、子女、祖父母、外祖父母、孙子女、外孙子女、兄弟姐妹。

2）房屋产权所有人将房屋产权无偿赠与对其承担直接抚养或者赡养义务的抚养人或者赡养人。

3）房屋产权所有人死亡，依法取得房屋产权的法定继承人、遗嘱继承人或者受遗赠人。

（3）企业在业务宣传、广告等活动中，随机向本单位以外的个人赠送礼品（包括网络红包），以及企业在年会、座谈会、庆典以及其他活动中向本单位以外的个人赠送礼品，个人取得的礼品收入，按照偶然所得项目计算缴纳个人所得税，但企业赠送的具有价格折扣或折让性质的消费券、代金券、抵用券、优惠券等礼品除外。

(4) 个人按照《财政部 税务总局 人力资源社会保障部 中国银行保险监督管理委员会 证监会关于开展个人税收递延型商业养老保险试点的通知》(财税〔2018〕22号)的规定，领取的税收递延型商业养老保险的养老金收入，其中25%部分予以免税，其余75%部分按照10%的比例税率计算缴纳个人所得税，税款计入工资、薪金所得项目，由保险机构代扣代缴后，在个人购买税收递延养老保险的机构所在地办理全员全额扣缴申报。

例7-5

元旦，白某所在单位为了提高员工的工作积极性，给每位员工发放了价值600元的元旦礼品。元旦假期，白某到西单逛街，恰逢大悦城在搞有奖销售的促销活动，白某在购买价值6 000元的苹果手机后按照工作人员的引导参与抽奖，结果抽得一台价值2 000元的平衡车。当白某去领奖时被告知，要先缴纳个人所得税，他对此非常不理解，认为获得实物是不应该缴纳个人所得税的，只有当买彩票中了500万元现金大奖时才应该纳税，元旦期间本单位发放的600元礼品就没有缴纳个人所得税。请问白某的理解正确吗？

【解析】根据现行《个人所得税法实施条例》第十条的规定，个人所得的形式，包括现金、实物、有价证券和其他形式的经济利益。所得为实物的，应当按照取得的凭证上所注明的价格计算应纳税所得额。无凭证的实物或者凭证上所注明的价格明显偏低的，参照市场价格核定应纳税所得额。

白某获得的600元礼品应该并入工资、薪金所得项目缴纳个人所得税，抽奖所得的平衡车属于偶然所得，需要缴纳个人所得税。

应纳个人所得税＝2 000×20%＝400(元)

7.4 个人所得税的税率

根据《个人所得税法》的规定，自2019年1月1日起，将劳务报酬、稿酬、特许权使用费等三项所得与工资、薪金所得合并起来计算纳税，并实行专项附加扣除政策。

7.4.1 综合所得适用税率

个人所得税分别为不同个人所得项目规定了超额累进税率和比例税率两种形式。居民个人取得的综合所得，按纳税年度合并计算个人所得税；非居民个人取得的工资、薪金，劳务报酬，稿酬，特许权使用费所得，按月或者按次分项计算个人所得税。

综合所得适用3%～45%的七级超额累进税率（见表7-3）。

表 7-3 综合所得个人所得税税率表（按年）

级数	全年应纳税所得额（含税级距）	全年应纳税所得额（不含税级距）	税率（%）	速算扣除数
1	不超过 36 000 元的	不超过 34 920 元的	3	0
2	超过 36 000 元至 144 000 元的部分	超过 34 920 元至 132 120 元的部分	10	2 520
3	超过 144 000 元至 300 000 元的部分	超过 132 120 元至 256 920 元的部分	20	16 920
4	超过 300 000 元至 420 000 元的部分	超过 256 920 元至 346 920 元的部分	25	31 920
5	超过 420 000 元至 660 000 元的部分	超过 346 920 元至 514 920 元的部分	30	52 920
6	超过 660 000 元至 960 000 元的部分	超过 514 920 元至 709 920 元的部分	35	85 920
7	超过 960 000 元的部分	超过 709 920 元的部分	45	181 920

表 7-3 中所称的全年应纳税所得额是指依照新《个人所得税法》第六条的规定，从 2019 年 1 月 1 日开始，居民个人取得综合所得以每一纳税年度收入额减除费用 6 万元以及专项扣除、专项附加扣除和依法确定的其他扣除后的余额。非居民个人取得工资、薪金所得，劳务报酬所得，稿酬所得和特许权使用费所得，依照表 7-3 按月换算后的形式（见表 7-4）计算应纳税额。

表 7-4 综合所得个人所得税税率表（按月）

级数	全月应纳税所得额	税率（%）	速算扣除数
1	不超过 3 000 元的	3	0
2	超过 3 000 元至 12 000 元的部分	10	210
3	超过 12 000 元至 25 000 元的部分	20	1 410
4	超过 25 000 元至 35 000 元的部分	25	2 660
5	超过 35 000 元至 55 000 元的部分	30	4 410
6	超过 55 000 元至 80 000 元的部分	35	7 160
7	超过 80 000 元的部分	45	15 160

7.4.2 经营所得适用税率

经营所得适用 5%～35%的五级超额累进税率。经营所得适用的个人所得税税率表如表 7-5 所示。

表 7-5 经营所得适用税率表

级数	全年应纳税所得额	税率（%）	速算扣除数
1	不超过 30 000 元的	5	0
2	超过 30 000 元至 90 000 元的部分	10	1 500
3	超过 90 000 元至 300 000 元的部分	20	10 500
4	超过 300 000 元至 500 000 元的部分	30	40 500
5	超过 500 000 元的部分	35	65 500

表 7-5 所称的全年应纳税所得额是指依照《个人所得税法》第六条的规定，以每一纳税年度的收入总额减除成本、费用以及损失后的余额。

7.4.3 其他所得适用税率

利息、股息、红利所得，财产租赁所得，财产转让所得和偶然所得，适用比例税率，税率为20%。

7.5 个人所得税应纳税额的计算

7.5.1 综合所得的计税方法

1. 应纳税所得额

应纳税所得额=每年收入−60 000−专项扣除−专项附加扣除−其他扣除

综合所得中有关纳税年度收入额包括工资、薪金所得，劳务报酬所得，稿酬所得，特许权使用费所得。其中，劳务报酬所得、稿酬所得、特许权使用费所得以收入减除20%的费用后的余额为收入额，稿酬所得的收入额减按70%计算。

综合所得费用扣除标准如下：

（1）生计费用：《个人所得税法》规定，个人所得税费用扣除标准为每年60 000元。

（2）专项扣除：具体包括居民个人按照国家规定的范围和标准缴纳的基本养老保险、基本医疗保险、失业保险等社会保险费和住房公积金等。

（3）专项附加扣除：包括子女教育、继续教育、大病医疗、住房贷款利息或者住房租金、赡养老人等支出，具体范围、标准和实施步骤由国务院确定，并报全国人民代表大会常务委员会备案。

个人所得税专项附加扣除应在纳税人本年度综合所得应纳税所得额中扣除，本年度扣除不完的，不得结转以后年度扣除。个人所得税专项附加扣除遵循公平合理、简便易行、切实减负、改善民生的原则。根据教育、住房、医疗等民生支出变化情况，适时调整专项附加扣除范围和标准。

1）子女教育专项附加扣除。纳税人的子女接受全日制学历教育的相关支出，按照每个子女每月1 000元的标准定额扣除。

学历教育包括义务教育（小学和初中教育）、高中阶段教育（普通高中、中等职业、技工教育）、高等教育（大学专科、大学本科、硕士研究生、博士研究生教育）。

年满3岁至小学入学前处于学前教育阶段的子女，也是按每个子女每月1 000元扣除，与子女学历教育的扣除标准一致。父母可以选择由其中一方按扣除标准的100%扣除，也可以选择由双方分别按扣除标准的50%扣除，具体扣除方式在一个纳税年度内不能变更。

2）继续教育专项附加扣除。纳税人在中国境内接受学历（学位）继续教育的支出，在学历（学位）教育期间按照每月400元定额扣除。同一学历（学位）继续教育的扣除期限不能超过48个月。纳税人接受技能人员职业资格继续教育、专业技术人员职业资格继续教育的支出，在取得相关证书的当年，按照3 600元定额扣除。

个人接受本科及以下学历（学位）继续教育，符合规定扣除条件的，可以选择由其父母扣除，也可以选择由本人扣除。

3）大病医疗专项附加扣除。在一个纳税年度内，纳税人发生的与基本医保相关的医药费用支出，扣除医保报销后个人负担（指医保目录范围内的自付部分）累计超过 15 000 元的部分，由纳税人在办理年度汇算清缴时，在 80 000 元限额内据实扣除。

纳税人发生的医药费用支出可以选择由本人或其配偶扣除，未成年子女发生的医药费用支出可以选择由其父母一方扣除。

4）住房贷款利息专项附加扣除。纳税人本人或配偶单独或者共同使用商业银行或住房公积金个人住房贷款为本人或其配偶购买中国境内住房，发生的首套住房贷款利息支出，在实际发生贷款利息的年度，按照每月 1 000 元的标准定额扣除，扣除期限最长不超过 240 个月。纳税人只能享受一次首套住房贷款的利息扣除。所称首套住房贷款是指购买住房享受首套住房贷款利率的住房贷款。

经夫妻双方约定，可以选择由其中一方扣除，具体扣除方式在一个纳税年度内不能变更。夫妻双方婚前分别购买住房发生的首套住房贷款，其贷款利息支出，婚后可以选择其中一套购买的住房，由购买方按扣除标准的 100%扣除，也可以由夫妻双方对各自购买的住房分别按扣除标准的 50%扣除，具体扣除方式在一个纳税年度内不能变更。

5）住房租金专项附加扣除。纳税人在主要工作城市没有自有住房而发生的住房租金支出，可以按照以下标准定额扣除：

①直辖市、省会（首府）城市、计划单列市以及国务院确定的其他城市，扣除标准为每月 1 500 元。

②除第①项所列城市以外，市辖区户籍人口超过 100 万的城市，扣除标准为每月 1 100 元；市辖区户籍人口不超过 100 万的城市，扣除标准为每月 800 元。

夫妻双方主要工作城市相同的，只能由一方扣除住房租金支出。纳税人的配偶在纳税人的主要工作城市有自有住房的，视同纳税人在主要工作城市有自有住房。

6）赡养老人专项附加扣除。

①纳税人为独生子女的，按照每月 2 000 元的标准定额扣除。

②纳税人为非独生子女的，由其与兄弟姐妹分摊每月 2 000 元的扣除额度，每人分摊的额度不能超过每月 1 000 元。可以由赡养人均摊或者约定分摊，也可以由被赡养人指定分摊。约定或者指定分摊的须签订书面分摊协议，指定分摊优先于约定分摊。具体分摊方式和额度在一个纳税年度内不能变更。

被赡养人是指年满 60 岁的父母，以及子女均已去世的年满 60 岁的祖父母、外祖父母。

专项附加扣除情况汇总如表 7－6 所示。

表 7－6　专项附加扣除汇总

扣除项目	每年	每月限额（元）	备注
子女教育	12 000 元定额扣除	1 000	父母分别扣除 50%，或者约定一方扣除 100%
继续教育	4 800 元定额扣除	400	技能人员职业资格、专业技术人员资格继续教育，每年 3 600 元定额扣除
大病医疗	80 000 元限额扣除		扣除医保报销后个人负担超过 15 000 元的医疗费用支出部分

续表

扣除项目	每年	每月限额（元）	备注
住房贷款利息	12 000元定额扣除	1 000	必须为首套住房贷款
住房租金	18 000元定额扣除	1 500	承租房位于直辖市、省会（首府）城市、计划单列市以及国务院确定的其他城市
	13 200元定额扣除	1 100	承租房位于其他城市，市辖区户籍人口超过100万的
	9 600元定额扣除	800	承租房位于其他城市，市辖区户籍人口不超过100万（含）
赡养老人	24 000元定额扣除	2 000	非独生子女分摊扣除额度，每个纳税人分摊额度不超过总体的50%

例7-6

已婚人士小言是独生子女，在北京上班，月收入为15 000元，“三险一金”专项扣除为每月2 000元，每月住房租金为4 000元，女儿正在上幼儿园，父母已经60多岁。

【解析】根据个人所得税新政策，小言每月可以享受住房租金1 500元、子女教育1 000元、赡养老人2 000元的专项附加扣除，所以

$$
\begin{aligned}
\text{小言应纳个人所得税} &= (15\,000\times12-60\,000-2\,000\times12-1\,500\\
&\quad \times12-1\,000\times12-2\,000\times12)\times10\%-2\,520\\
&= 1\,680(\text{元})
\end{aligned}
$$

延伸阅读

2019年个人所得税专项附加扣除的政策导向

《个人所得税专项附加扣除暂行办法》

2019年我国个人所得税增加“专项附加扣除”，是从公平合理、简便易行、改善民生的原则基础上出发的。六项专项附加扣除包括子女教育、继续教育、大病医疗、住房贷款利息、住房租金，以及赡养老人支出。这些与老百姓生活密切相关的支出可以在税前扣除，体现税制的公平合理性。

其中，将住房贷款利息的扣除范围限定为纳税人的首套住房，是为了与“分城施策”的房地产调控政策相衔接，兼顾调控效果，体现“房子是用来住的，不是用来炒的”政策精神，更好地保障基本居住需求。对于住房租金支出，承租住房在不同类型城市的，纳税人的定额扣除标准不同，这些扣除标准在较大程度上覆盖了全国平均租金支出水平，同时兼顾了各地租金水平的差异性。住房租金扣除标准总体上略高于房贷利息扣除标准，体现了对租房群体有所照顾的政策精神。对于赡养老人支出，将被赡养老人年龄规定为60岁（含）以上，与《中华人民共和国老年人权益保障法》的规定以及当前退休年龄一致，社会易于接受。对于子女教育支出，考虑到学生的流动性强，对不同区域、不同教育阶段实行统一定额标准，有利于简化税制、降低征纳成本、防范道德风险。对于大病

医疗支出，目前我国已基本建成覆盖城乡的医保体系，基本医保、大病保险等报销后，个人实际负担比例和数额较低。扣除限额定为 8 万元，能够覆盖大部分大病医疗支出，体现了国家对大病患者家庭的关怀。

实施专项附加扣除政策既是个人所得税改革的亮点，也是政策实施的难点。专项附加扣除标准并非一成不变，而是会随着教育、住房、医疗等民生支出变化情况进行适时调整。这有利于贯彻落实党的十九大会议精神，贯彻“坚持在发展中保障和改善民生”，进一步增强人民群众的获得感，使广大纳税人实实在在地享受到减税红利，这也是与国际惯例接轨。

（4）个人所得税的法定其他扣除包括：个人缴付符合国家规定的企业年金、职业年金，个人购买符合国家规定的商业健康保险、税收递延型商业养老保险的支出，以及国务院规定可以扣除的其他项目。

个人购买符合国家规定的商业健康保险是指自 2017 年 7 月 1 日起，个人自行购买符合规定的商业健康保险产品，可以按照 2 400 元/年（200 元/月）的标准在税前扣除。如果单位统一为员工购买的，则视同个人购买，按照单位为每位员工购买的保险金额分别计入其工资、薪金，并在 2 400 元/年（200 元/月）的标准内按月税前扣除。取得综合所得扣缴申报和按月自行申报时，月度保费大于 200 元的，填写 200 元；月度保费小于 200 元的，按月度保费填写。个体工商户业主、个人独资企业投资者、合伙企业个人合伙人和承包承租经营者申报时，年度保费金额大于 2 400 元的，填写 2 400 元；年度保费小于 2 400 元的，按实际年度保费填写。

2. 应纳税额的计算方法

（1）综合所得应纳个人所得税的计算。

应纳税额＝应纳税所得额×适用税率
＝(每年收入－60 000－专项扣除－专项附加扣除－其他扣除)×适用税率

（2）雇主为其雇员负担个人所得税的计算，具体分两种情况：

1）雇主全额为雇员负担税款。应将雇员取得的不含税收入换算成应纳税所得额后，计算单位或个人应当代扣代缴的税款。计算公式为：

应纳税所得额＝(不含税收入额－费用扣除标准－速算扣除数)÷(1－适用税率)
应纳税额＝应纳税所得额×适用税率－速算扣除数

需要注意的是，应纳税所得额计算公式中的适用税率和速算扣除数，是指不含税所得按不含税级距对应的税率和速算扣除数；应纳税额计算公式中的适用税率和速算扣除数，是指含税所得按含税级距对应的税率和速算扣除数（详见表 7－3 和表 7－4）。

例 7－7

某公司员工李某年工资为 81 600 元，税款由企业全额负担，请计算李某年应纳的个人所得税。

【解析】

不含税所得＝81 600－60 000＝21 600(元)

先查找不含税级距对应的税率和速算扣除数。

应纳税所得额＝21 600÷(1－3％)＝22 268.04(元)

再查找含税级距对应的税率和速算扣除数。

应纳税额＝22 268.04×3％＝668.04(元)

2）雇主为其雇员负担部分税款。

①雇主为其雇员定额负担部分税款，应将雇员取得的工资、薪金所得换算成应纳税所得额后，计算单位应当代扣代缴的税款。

应纳税所得额＝雇员所得的工资＋雇主代雇员负担的税款－费用扣除标准

应纳税额＝应纳税所得额×适用税率－速算扣除数

②雇主为其雇员定率负担部分税款，是指雇主为雇员负担一定比例的工资应纳的税款或负担一定比例的实际应纳税款。

$$\text{应纳税所得额}=\left(\text{未含雇主负担的税款的收入额}-\text{费用扣除标准}-\text{速算扣除数}\times\text{负担比例}\right)\div\left(1-\text{适用税率}\times\text{负担比例}\right)$$

应纳税额＝应纳税所得额×适用税率－速算扣除数

（3）全年一次性奖金应纳个人所得税的计算。根据《财政部 国家税务总局关于个人所得税法修改后有关优惠政策衔接问题的通知》（财税〔2018〕164号）的规定，居民个人取得全年一次性奖金，符合《国家税务总局关于调整个人取得全年一次性奖金等计算征收个人所得税方法问题的通知》（国税发〔2005〕9号）规定的，在2021年12月31日前，不并入当年综合所得，以全年一次性奖金收入除以12个月得到的数额，按照表7-4确定的适用税率和速算扣除数，单独计算纳税。

应纳税额＝全年一次性奖金收入×适用税率－速算扣除数

居民个人取得全年一次性奖金，也可以选择并入当年综合所得计算纳税。自2022年1月1日起，居民个人取得全年一次性奖金，应并入当年综合所得计算缴纳个人所得税。

例7-8

某公司业务人员张某2021年每月平均发放工资6 000元，允许扣除的社会保险等专项扣除费用为500元，每月专项附加扣除费用为3 000元；2021年2月取得2020年度全年一次性奖金36 000元；2021年没有劳务报酬等其他综合所得收入。请计算张某2021年应纳的个人所得税。

【解析】（1）如果张某选择将全年一次性奖金并入当年综合所得计算缴纳个人所得税，则2021综合所得个人所得税应税收入为：

2021年综合所得应税收入＝(6 000×12＋36 000)－5 000×12
－500×12－3 000×12＝6 000(元)

综合所得应纳个人所得税＝6 000×3%＝180(元)

(2) 如果张某选择将全年一次性奖金不并入当年综合所得，单独计算缴纳个人所得税，则张某 2021 综合所得个人所得税应税收入为：

2021 年综合所得应税收入＝6 000×12－5 000×12－500×12－3 000×12
＝－30 000(元)＜0

因此，综合所得不缴纳个人所得税。

对于全年一次性奖金单独缴纳个人所得税，则

36 000÷12＝3 000(元)

对应全年一次性奖金个人所得税税率为 3%，因此

应纳个人所得税＝3 6000×3%＝1 080(元)

两种计税方法相比，明显将全年一次性奖金计入当年综合所得计算缴纳个人所得税更合适。

例 7－9

某公司业务员李某 2021 年每月平均发放工资 30 000 元，允许扣除的社会保险等专项扣除费用为 1 500 元，每月专项附加扣除费用为 3 000 元；2021 年 2 月取得 2020 年度全年一次性奖金 360 000 元；没有劳务报酬等其他综合所得收入。请计算李某 2021 年应纳的个人所得税。

【解析】(1) 如果李某选择将全年一次性奖金并入当年综合所得计算缴纳个人所得税，则 2021 年综合所得个人所得税应税收入为：

2021 年综合所得应税收入＝(30 000×12＋360 000)－5 000×12
－1 500×12－3 000×12＝606 000(元)

其综合所得应纳个人所得税为：

综合所得应纳个人所得税＝606 000×30%－52 920＝128 880(元)

(2) 如果李某选择将全年一次性奖金不并入当年综合所得，而是单独计算缴纳个人所得税，则 2021 年综合所得个人所得税应税收入为：

2021 年综合所得应税收入＝30 000×12－5 000×12－1 500×12－3 000×12
＝246 000(元)

其综合所得应纳个人所得税为：

综合所得应纳个人所得税＝246 000×20%－16 920＝32 280(元)

其全年一次性奖金应纳个人所得税为：

360 000÷12＝30 000(元)

对应全年一次性奖金个人所得税税率为 25%，因此

全年一次性奖金应纳个人所得税＝360 000×25%－2 660＝87 340(元)

2021年应纳个人所得税合计＝32 280＋87 340＝119 620(元)

两种计税方法相比，明显将全年一次性奖金不并入当年综合所得计算缴纳个人所得税更合适。

通过例7-7和例7-8可以发现，对于低收入人群，将全年一次性奖金并入当年综合所得计算缴纳个人所得税更合适。对于中高收入人群，不将全年一次性奖金并入当年综合所得计算缴纳个人所得税，可能会少缴纳部分个人所得税，但个人所得税节省的额度不如想象中大。如果规划不好，反而会多缴纳税金。

知识链接

年终奖税收陷阱

根据按月换算后的综合所得税率表，会产生新的年终奖临界点，发生"年终奖多发一元，到手收入少千元的"现象，这种税收陷阱是值得注意的（见表7-7）。比如，36 000元就是一个临界点，如果发放36 000元年终奖，个人所得税需要缴纳1 080元（36 000×3%），税后收入为34 920元。如果多发1元，即发放36 001元年终奖，个人所得税需要缴纳3 390.10元（36 001×10%－210），税后收入为32 610.90元。相比之下，多发1元年终奖，税后收入反而少了2 309.10元。另外，14.4万元、30万元、42万元、66万元、96万元也是临界点。

表7-7 年终奖税收陷阱（2019.1.1—2021.12.31）

年终奖（元）	税率（%）	速算扣除数	应纳税额（元）	多发奖金数额（元）	增加税额（元）	税后数额（元）
36 000	3	0	1 080			34 920
36 001	10	210	3 390.10	1	2 310.10	32 610.90
38 566.67	10	210	3 646.67	2 566.67	2 566.67	34 920
144 000	10	210	14 190			129 810
144 001	20	1 410	27 390.20	1	13 200.20	116 610.80
160 500	20	1 410	30 690	16 500	16 500	129 810
300 000	20	1 410	58 590			241 410
300 001	25	2 660	72 340.25	1	13 750.25	227 660.75
318 333.30	25	2 660	76 923.33	18 333.30	18 333.33	241 410
420 000	25	2 660	102 340			317 660
420 001	30	4 410	121 590.30	1	19 250.30	298 410.70

（4）无住所外籍人士个人所得税的计算方法如下：

1）一个纳税年度内在境内连续或累计居住不超过90日或183日（税收协定）的个人。

$$应纳税额=\left(\begin{matrix}当年境外工资、\\薪金应纳税所得额\end{matrix}\times\begin{matrix}适用\\税率\end{matrix}-\begin{matrix}速算\\扣除数\end{matrix}\right)\times当年境内支付工资$$
$$\div当年境内外支付工资总额\times当年境内工作天数\div当年天数$$

2）一个纳税年度内在境内连续或累计居住超过 90 日或 183 日（税收协定），但不满 1 年的个人。

$$应纳税额=\left(\begin{matrix}当年境内外工资、\\薪金应纳税所得额\end{matrix}\times\begin{matrix}适用\\税率\end{matrix}-\begin{matrix}速算\\扣除数\end{matrix}\right)\times\begin{matrix}当年境内\\工作天数\end{matrix}\div\begin{matrix}当年\\天数\end{matrix}$$

例 7-10

美国居民罗伯特在中国境内无住所，2021 年 10—12 月都在中国境内居住，取得由中国境内外企业支付的月工资 20 000 元人民币，美国公司每月支付的工资折合人民币为 10 000 元。罗伯特曾于 11 月 10 日离境，11 月 20 日回中国继续工作。请计算罗伯特 2021 年 11 月应就其工资在中国缴纳的个人所得税。

【解析】

$$\begin{aligned}\begin{matrix}2021年11月\\应纳个人所得税\end{matrix}&=[(20\,000+10\,000-5\,000)\times20\%-1\,410]\times20\div30\\&=2\,393.33(元)\end{aligned}$$

3）在境内居住满 1 年但不超过 5 年的个人。

$$\begin{aligned}应纳税额=&\left(\begin{matrix}当年境内外工资、\\薪金应纳税所得额\end{matrix}\times\begin{matrix}适用\\税率\end{matrix}-\begin{matrix}速算\\扣除数\end{matrix}\right)\\&\times\left(1-\begin{matrix}当年境外\\支付工资\end{matrix}\div\begin{matrix}当年境内外\\支付工资总额\end{matrix}\times\begin{matrix}当年境外\\工作天数\end{matrix}\div\begin{matrix}当年\\天数\end{matrix}\right)\end{aligned}$$

4）在中国境内居住满 5 年的个人。从第 6 年起，以后的各年度中，凡在境内居住满 1 年的，就其来源于境内、境外的全部所得缴纳个人所得税。

$$应纳税额=当年境内外工资、薪金应纳税所得额\times适用税率-速算扣除数$$

（5）无住所个人综合所得应纳个人所得税的计算。

1）无住所个人工资、薪金所得收入额的计算。根据《财政部 税务总局关于非居民个人和无住所居民个人有关个人所得税政策的公告》（财政部 税务总局公告 2019 年第 35 号），现将无住所个人（区分非高管与高管）工资、薪金收入额计算进行归纳，如表 7-8、表 7-9 所示。

表 7-8 无住所个人（非高管）工资、薪金收入额计算归纳

居民类型	一个纳税年度内在中国境内累计居住时间	工资、薪金收入额计算口径
非居民个人	不超过 90 天	$\begin{matrix}当月工资、\\薪金收入额\end{matrix}=\begin{matrix}当月境内外工资、\\薪金总额\end{matrix}\times\frac{当月境内支付工资、薪金总额}{当月境内外工资、薪金总额}\times\frac{当月工资、薪金所属工作期间境内工作天数}{当月工资、薪金所属工作期间公历天数}$

续表

居民类型	一个纳税年度内在中国境内累计居住时间	工资、薪金收入额计算口径
非居民个人	超过90天不满183天	$当月工资、薪金收入额=当月境内外工资、薪金总额\times\frac{当月工资、薪金所属工作期间境内工作天数}{当月工资薪金所属工作期间公历天数}$
居民个人	满183天，但境内居住累计满183天的年度连续不满六年	$当月工资、薪金收入额=当月境内外工资、薪金总额\times\left(1-\frac{当月境外支付工资、薪金数额}{当月境内外工资、薪金总额}\times\frac{当月工资、薪金所属工作期间境外工作天数}{当月工资、薪金所属工作期间公历天数}\right)$
	满183天，且境内居住累计满183天的年度连续满六年	境内、境外取得的全部工资、薪金所得均应计算缴纳个人所得税

表7-9 无住所个人（高管）工资、薪金收入额计算归纳

居民类型	一个纳税年度内在中国境内累计居住时间	工资、薪金收入额计算口径
非居民个人	不超过90天	由境内雇主支付或者负担的工资、薪金所得
	超过90天不满183天	$当月工资、薪金收入额=当月境内外工资、薪金总额\times\left(1-\frac{当月境外支付工资、薪金数额}{当月境内外工资、薪金总额}\times\frac{当月工资、薪金所属工作期间境外工作天数}{当月工资、薪金所属工作期间公历天数}\right)$
居民个人	满183天，但境内居住累计满183天的年度连续不满六年	与无住所非高管个人相同
	满183天，且境内居住累计满183天的年度连续满六年	与无住所非高管个人相同

2）无住所个人应纳个人所得税的计算。

①关于无住所居民个人应纳个人所得税计算的规定。无住所居民个人取得综合所得，在年度终了后，应按年计算个人所得税；有扣缴义务人的，由扣缴义务人按月或者按次预扣预缴税款；需要办理汇算清缴的，按照规定办理汇算清缴，年度综合所得应纳税额计算公式如下：

$$\begin{aligned}\text{年度综合所得应纳税额}=&\Big(\text{年度工资、薪金收入额}+\text{年度劳务报酬收入额}+\text{年度稿酬收入额}+\text{年度特许权使用费收入额}\\&-\text{减除费用}-\text{专项扣除}-\text{专项附加扣除}-\text{依法确定的其他扣除}\Big)\times\text{适用税率}-\text{速算扣除数}\end{aligned}$$

无住所居民个人为外籍个人的，2022年1月1日前计算工资、薪金收入额时，已经按规定减除住房补贴、子女教育费、语言训练费等八项津补贴的，不能同时享受专项附加扣除。

年度工资、薪金，劳务报酬，稿酬，特许权使用费收入额分别按年度内每月工资、薪金以及每次劳务报酬、稿酬、特许权使用费收入额合计数额计算。

②关于非居民个人应纳个人所得税计算的规定。非居民个人当月取得工资、薪金所得，以按照规定计算的当月收入额，减去税法规定的减除费用后的余额，为个人所得税应纳税所得额，适用按月换算后的综合所得税率表（以下称月度税率表）计算应纳税额。

非居民个人一个月内取得数月奖金，单独按照规定计算当月收入额，不与当月其他工资、薪金合并，按6个月分摊计税，不减除费用，适用月度税率表计算应纳税额。在一个公历年度内，对每一个非居民个人，该计税办法只允许适用一次。计算公式如下：

$$\text{当月数月奖金应纳税额}=[(\text{数月奖金收入额}\div 6)\times\text{适用税率}-\text{速算扣除数}]\times 6$$

非居民个人一个月内取得股权激励所得，单独按照规定计算当月收入额，不与当月其他工资、薪金合并，按6个月分摊计税（一个公历年度内的股权激励所得应合并计算），不减除费用，适用月度税率表计算应纳税额，计算公式如下：

$$\begin{aligned}\text{当月股权激励所得应纳税额}=&[(\text{本公历年度内股权激励所得合计额}\div 6)\\&\times\text{适用税率}-\text{速算扣除数}]\times 6\\&-\text{本公历年度内股权激励所得已纳税额}\end{aligned}$$

非居民个人取得来源于境内的劳务报酬所得、稿酬所得、特许权使用费所得，以税法规定的每次收入额为应纳税所得额，适用月度税率表计算应纳税额。

7.5.2 经营所得的计税方法

1. 个体工商户、个人独资企业和合伙企业生产、经营所得的计税方法

（1）有关个体工商户生产、经营所得的征税规定。

$$\text{应纳税所得额}=\text{收入总额}-\Big(\text{成本}+\text{费用}+\text{损失}+\text{准予扣除的税金}\Big)-\text{规定的费用扣除}$$

式中，成本、费用，是指生产、经营活动中发生的各项直接支出和分配计入成本的间接费用以及销售费用、管理费用、财务费用；损失，是指生产、经营活动中发生的固定资产和存货的盘亏、毁损、报废损失，转让财产损失，坏账损失，自然灾害等不可抗力因素造成的损失以及其他损失。

取得经营所得的个人，没有综合所得的，计算其每一纳税年度的应纳税所得额时，应当减除费用6万元、专项扣除、专项附加扣除以及依法确定的其他扣除。专项附加扣除在办理汇算清缴时减除。从事生产、经营活动，未提供完整、准确的纳税资料，不能正确计算应纳税所得额的，由主管税务机关核定应纳税所得额或者应纳税额。

准予税前扣除的项目如下：

1）个体工商户实际支付给从业人员的合理的工资、薪金支出，准予扣除；个体工商户业主的工资在税前不允许扣除，业主费用扣除标准统一为5 000元/月、60 000元/年。

2）个体工商户分别核算生产经营费用、个人家庭费用难以分清的，40%的部分视为生产经营费用，准予个人所得税税前扣除。

3）为从业人员缴纳补充养老保险、补充医疗保险，分别在不超过从业人员工资总额5%标准内的部分据实扣除；超过部分，不得扣除。

4）个体工商户业主本人缴纳的补充养老保险、补充医疗保险，以当地（地级市）上年度社会平均工资的3倍为计算基数，分别在不超过该计算基数5%标准内的部分据实扣除；超过部分，不得扣除。

5）个体工商户业主本人向当地工会组织缴纳的工会经费、实际发生的职工福利费支出、职工教育经费支出，以当地（地级市）上年度社会平均工资的3倍为计算基数，分别在2%，14%，2.5%的比例内据实扣除；从业人员的三项经费支出的计算基数，同企业所得税的相关规定。

6）个体工商户代其从业人员或者他人负担的税款，不得税前扣除。

7）个体工商户的公益性捐赠，不超过其应纳税所得额30%的部分可以据实扣除（财政部、国家税务总局规定可以全额在税前扣除的捐赠支出项目除外）；个体工商户直接对受益人的捐赠不得扣除。

8）研发费用，以及为研发而购置单台价值在10万元以下的测试仪器、实验性装置的购置费可直接扣除；单台价值在10万元以上（含10万元）的测试仪器和试验性装置，按固定资产管理，不得在当期直接扣除。

9）其他关于租赁费、汇兑损益、广告及业务宣传费、业务招待费、亏损弥补等规定，均与企业所得税一致。

不得税前扣除的项目如下：

1）个人所得税税款；

2）税收滞纳金；

3）罚金、罚款和被没收财物的损失；

4）不符合扣除规定的捐赠支出；

5）赞助支出；

6）用于个人和家庭的支出；

7）其他项目（与经营无关的、国家税务总局规定的项目）。

（2）个人独资企业与合伙企业生产、经营所得的征税规定。个人独资企业与合伙企业生产、经营所得有两种计税办法，即查账征收与核定征收。

1）查账征收。个人独资企业和合伙企业投资者本人费用扣除标准统一确定为

5 000 元/月。其有关税前扣除项目的规定如下：

①投资者工资不得在税前扣除，投资者及其家庭发生的生活费用也不允许税前扣除。

②企业向其从业人员实际支付的合理的工资、薪金支出，允许在税前扣除。

③企业生产经营和投资者及其家庭生活共用的固定资产，难以划分的，由主管税务机关根据企业的生产经营类型、规模等具体情况，核定准予在税前扣除的折旧费用的数额或比例。

④企业拨缴的工会经费、发生的职工福利费、职工教育经费支出分别在工资、薪金总额 2%，14%，2.5%的标准内据实扣除。

⑤企业每一纳税年度发生的广告费和业务宣传费用不超过当年销售收入 15%的部分，可据实扣除；超过部分，准予在以后纳税年度结转扣除。

⑥企业每一纳税年度发生的与其生产、经营业务直接相关的业务招待费支出，按照发生额的 60%扣除，但最高不得超过当年销售收入的 5‰。

⑦企业计提的各种准备金不得扣除。

投资者兴办两个或两个以上企业，并且企业性质全部是独资的，年度终了后，汇算清缴时，应纳个人所得税税款的计算按以下方法进行（先合、再税、后分）：

$$\text{应纳税所得额}=\sum \text{各企业的经营所得}$$

$$\text{应纳个人所得税}=\text{应纳税所得额}\times\text{税率}-\text{速算扣除数}$$

$$\begin{matrix}\text{本企业应纳}\\\text{个人所得税}\end{matrix}=\begin{matrix}\text{应纳个人}\\\text{所得税}\end{matrix}\times\begin{matrix}\text{本企业的}\\\text{经营所得}\end{matrix}\div\sum\text{各企业的经营所得}$$

$$\text{本企业应补缴的个人所得税}=\text{本企业应纳税额}-\text{本企业预缴税额}$$

2）核定征收，其计算公式为：

$$\text{应纳个人所得税}=\text{应纳税所得额}\times\text{适用税率}-\text{速算扣除数}$$

$$\begin{aligned}\text{应纳税所得额}&=\text{收入总额}\times\text{应税所得率}\\&=\text{成本费用支出}\div(1-\text{应税所得率})\times\text{应税所得率}\end{aligned}$$

需要注意的是，实行核定征收的投资者，不能享受个人所得税的优惠政策；实行查账征收方式的个人独资企业和合伙企业改为核定征收方式后，在查账征收方式下认定的年度经营亏损未弥补完的部分，不得再继续弥补。

（3）其他规定。个体工商户、个人独资企业和合伙企业因在纳税年度中间开业、合并、注销及其他原因，导致该纳税年度的实际经营期不足 1 年的，对个体工商户业主、个人独资企业投资者和合伙企业自然人合伙人的生产、经营所得计算个人所得税时，以其实际经营期为一个纳税年度。投资者本人的费用扣除标准，应按照其实际经营月份数，以每月 5 000 元的减除标准确定。计算公式如下：

$$\text{应纳税所得额}=\begin{matrix}\text{该年度}\\\text{收入总额}\end{matrix}-\begin{matrix}\text{成本、费用}\\\text{及损失}\end{matrix}-\begin{matrix}\text{当年投资者本人的}\\\text{费用扣除额}\end{matrix}$$

$$\text{当年投资者本人的费用扣除额}=\text{月减除费用}(5\,000)\times\text{当年实际经营月份数}$$

$$\text{应纳个人所得税}=\text{应纳税所得额}\times\text{税率}-\text{速算扣除数}$$

例 7-11

徐某2021年承包某加工厂，根据协议变更登记为个体工商户。2021年加工厂取得收入总额70万元，准予扣除的成本、费用及相关支出合计63万元（含徐某每月从加工厂领取的工资5 700元）。请计算徐某2021年个人所得税的应纳税所得额。

【解析】个体工商户业主的工资不能在计算个体工商户生产、经营所得应纳税所得额时扣除，则

$$应纳税所得额=70-63+0.57\times12-0.5\times12=7.84(万元)$$

2. 对企事业单位承包、承租经营所得的计税方法

企事业单位承包、承租经营所得应纳税所得额的计算公式为：

$$应纳税所得额=\begin{matrix}个人承包、承租\\经营收入总额\end{matrix}+\begin{matrix}承包者\\个人的工资\end{matrix}-5\,000\times承包经营的月数$$

对实行承包、承租经营的纳税人，虽原则上要求其应以每一纳税年度取得的承包、承租经营所得计算缴纳个人所得税，但纳税人的承包、承租期在一个纳税年度内经营不足12个月的，以其实际承包、承租经营的期限作为一个纳税年度计算缴纳个人所得税。

例 7-12

2021年1月1日起，张某承包了一个招待所，合同规定张某每月取得工资10 000元，年终从企业所得税税后利润中上缴承包费200 000元，其余经营成果归张某所有。2021年该招待所税后利润为380 000元，请计算2021年张某应纳的个人所得税。

【解析】

$$纳税年度收入总额=10\,000\times12+(380\,000-200\,000)=300\,000(元)$$
$$年应纳税所得额=300\,000-5\,000\times12=240\,000(元)$$
$$应纳个人所得税=240\,000\times20\%-10\,500=37\,500(元)$$

7.5.3 利息、股息、红利所得的计税方法

利息、股息、红利作为应纳税所得，无任何费用扣除。储蓄存款利息收入暂免征收个人所得税；国债和国家发行的金融债券利息免征个人所得税。

股息、红利采取差别化个人所得税的规定如下：

(1) 个人从公开发行和转让市场取得的上市公司股票，持股期限在1个月以内（含1个月）的，其股息、红利所得全额计入应纳税所得额；持股期限在1个月以上至1年（含1年）的，暂减按50%计入应纳税所得额。上述所得统一适用20%的税率计征个人所得税。

对个人持股1年以内（含1年）的，上市公司暂不扣缴个人所得税；待个人转让股票时，证券登记结算公司根据其持股期限计算应纳个人所得税。持股期限是指个人从公开发行和转让市场取得上市公司股票之日至转让交割该股票之日前一日的持有时

间。个人转让股票时，按照先进先出的原则计算持股期限，即证券账户中先取得的股票视为先转让。

（2）自2015年9月8日起，个人从公开发行和转让市场取得的上市公司股票，持股期限超过1年的，股息、红利所得暂免征收个人所得税。

例7-13

潘某于2021年3月持有某上市公司的股票10 000股，2021年6月该上市公司股东大会做出决议每10股送2股，该股票的面值为每股1元。同期，潘某从另一上市公司取得股息6 000元，该股票于2019年1月购入。请计算潘某应纳的个人所得税。

【解析】

潘某股息、红利所得＝10 000÷10×2×1＝2 000(元)

应纳个人所得税＝2 000×20%×50%＝200(元)

个人从公开发行和转让市场取得的上市公司股票，持股期限超过1年的，股息、红利所得暂免征收个人所得税。所以，潘某从另一上市公司取得的股息应纳个人所得税为0。

例7-14

小白于2018年5月15日买入某上市公司股票7 000股，2020年4月3日又买入3 000股，2020年6月6日又买入6 000股，共持有该公司股票16 000股。2020年6月11日卖出其中的12 000股，按照先进先出的原则，视为依次卖出2018年5月15日买入的7 000股、2020年4月3日买入的3 000股和2020年6月6日买入的2 000股，其中7 000股的持股期限超过1年，3 000股的持股期限超过1个月不足1年，2 000股的持股期限不足1个月。

【解析】如果小白交易的股票属于全国中小企业股份转让系统挂牌公司的股票，则个人持股期限在1个月以内（含1个月）的，其股息、红利所得全额计入应纳税所得额；持股期限在1个月以上至1年（含1年）的，暂减按50%计入应纳税所得额；持股期限在1年以上的，不缴纳个人所得税。上述所得统一适用20%的税率计征个人所得税。

由此可见，小白需要缴纳个人所得税的股票数量为5 000股，其中持有在1个月以上不足1年的为3 000股，减按50%计入应纳税所得额。

知识链接

沪港股票市场交易互联互通机制试点有关税收政策

（1）对内地个人投资者通过沪港通投资香港联交所上市股票取得的转让差价所得，自2014年11月17日起至2017年11月16日止，暂免征收个人所得税；通过沪港通投资香港联交所上市的H股、非H股取得的股息、红利，按照20%的税率征收个人所得税；个人投资者在国外已缴纳的预提税，可持有效扣税凭证到中国结算的主管税务机关申请税收抵免。

（2）对香港市场投资者（包括企业和个人），投资上交所上市A股取得的转让差价所得，暂免征收个人所得税；对香港市场投资者（包括企业和个人），投资上交所上市A股取得的股息、红利所得，暂不执行按持股时间实行差别化征税政策，由上市公司按照10%的税率代扣个人所得税。

7.5.4 财产租赁所得的计税方法

1. 应纳税所得额的确定

（1）每次收入不超过4 000元的：

应纳税所得额＝每次收入额－800

（2）每次收入4 000元以上的：

应纳税所得额＝每次收入额×(1－20%)

2. 个人出租房产扣除的费用

个人出租房产扣除的费用主要包括：

（1）财产租赁过程中缴纳的税费（城市维护建设税、教育费附加、房产税）。

（2）向出租方支付的租金（转租）。

（3）由纳税人负担的该出租财产实际开支的修缮费用（每次以800元为限）。

（4）税法规定的费用扣除标准（800元或20%）。

计算公式为：

财产租赁收入的扣除＝税费＋转租租金＋修缮费＋法定扣除标准

关于财产租赁所得，必须注意以下问题：

（1）定额或定率扣除（每次净收入4 000元）。

（2）"次"的规定：财产租赁所得以一个月内取得的收入为一次。

（3）出租房产特殊扣除项目。

（4）出租住房，个人所得税税额减按10%征收。

（5）个人房屋租赁涉及的税种有增值税、个人所得税、城市维护建设税及教育费附加等。

例7-15

小李2021年1月将县城内一处住房出租给他人居住，租期3年，每月租金3 000元，房产原值80万元，当地政府规定损耗扣除比例为30%，可提供实际缴纳除出租环节增值税以外的完税凭证每月150元。10月发生漏雨，修缮费为1 200元（一般不是800的倍数）。请计算小李2021年出租房产应纳的个人所得税。

【解析】

1—9月租金应纳个人所得税＝(3 000－150－800)×10%×9＝1 845(元)

10月租金应纳个人所得税＝(3 000－150－800－800)×10%＝125(元)

11月租金应纳个人所得税＝(3 000－150－400－800)×10%＝165(元)

12 月租金应纳个人所得税＝(3 000－150－800)×10%＝205(元)

小李 2021 年出租房产应纳个人所得税＝1 845＋125＋165＋205＝2 340(元)

7.5.5 财产转让所得的计税方法

(1) 财产转让所得应纳个人所得税的计算公式为:

应纳税所得额＝每次收入额－财产原值－合理税费

应纳个人所得税＝应纳税所得额×适用税率

(2) 有价证券出售的计算公式为:

$$\begin{array}{c}\text{每次卖出债券}\\\text{应纳个人所得税}\end{array}=\left(\begin{array}{c}\text{该次卖出}\\\text{该类债券收入}\end{array}-\begin{array}{c}\text{该次卖出该类债券}\\\text{允许扣除的买价和费用}\end{array}\right)\times 20\%$$

例 7-16

李某本期购入债券 1 000 份，每份买入价为 10 元，支付买入债券的税费共计 150 元。本期内将买入的债券一次性卖出 600 份，每份卖出价为 12 元，支付卖出债券的税费共计 110 元。债券到期时，取得债券利息收入 2 500 元。请计算李某应纳的个人所得税。

【解析】

一次性卖出债券应扣除的买价及费用＝(10 000＋150)÷1 000×600＋110
＝6 200(元)

卖出债券应纳个人所得税＝(600×12－6 200)×20%＝200(元)

债券利息收入应纳个人所得税＝2 500×20%＝500(元)

(3) 个人取得“打包”债权，只处置部分的，其应纳税所得额按以下方式确定:

1) 以每次处置部分债权的所得，作为一次财产转让所得计征个人所得税。

2) 其应税收入按照个人取得的货币性资产和非货币性资产的评估价值或市场价值的合计数确定。

3) 所处置债权成本费用(即资产原值)按照以下公式计算:

$$\begin{array}{c}\text{当次处置}\\\text{债权成本费用}\end{array}=\begin{array}{c}\text{个人购置“打包”}\\\text{债权实际支出}\end{array}\times\begin{array}{c}\text{当次处置债权账面价值}\\\text{(或拍卖机构公布价值)}\end{array}\div\begin{array}{c}\text{“打包”债权账面价值}\\\text{(或拍卖机构公布价值)}\end{array}$$

4) 个人购买债权过程中发生的拍卖招标手续费、诉讼费、审计评估费以及缴纳的税金等合理税费，在计算个人所得税时允许扣除。

例 7-17

赵某 2021 年购买“打包”债权实际支出 80 万元，后处置该债权的 16%，处置收入 30 万元，在债权处置过程中发生评估费用 1 万元。请计算赵某处置“打包”债权应纳的个人所得税。

【解析】

赵某处置“打包”债权应纳个人所得税＝(30－80×16％－1)×20％＝3.24(万元)

(4) 处置房产。个人出售自有住房取得的所得，应按照财产转让所得项目征收个人所得税。对个人转让自用5年以上并且是家庭唯一生活用房取得的所得，免征个人所得税。纳税人须持房地产管理部门提供的有关证明，到主管税务机关办理个人所得税免征手续。

知识链接

财产转让所得按照一次转让财产的收入额减除财产原值和合理费用后的余额计算纳税。财产原值，按照下列方法确定：

(1) 有价证券，为买入价以及买入时按照规定缴纳的有关费用；

(2) 建筑物，为建造费或者购进价格以及其他有关费用；

(3) 土地使用权，为取得土地使用权所支付的金额、开发土地的费用以及其他有关费用；

(4) 机器设备、车船，为购进价格、运输费、安装费以及其他有关费用。

其他财产，参照以上规定的方法确定财产原值。

纳税人未提供完整、准确的财产原值凭证，不能按照以上规定的方法确定财产原值的，由主管税务机关核定财产原值。

所称的合理费用，是指卖出财产时按照规定支付的有关税费。

7.5.6 偶然所得的计税方法

偶然所得是指个人得奖、中奖、中彩以及其他偶然性质的所得。偶然所得以每次收入额为应纳税所得额，适用20％的税率。其计算公式为：

应纳个人所得税＝应纳税所得额×20％

例7-18

沈某参加电视台举办的有奖竞猜活动中奖，获得一台价值9 000元的电脑。请计算沈某应纳的个人所得税。

【解析】

沈某应纳个人所得税＝9 000×20％＝1 800(元)

需要注意的是，个人购买社会福利彩票、体育彩票中奖的个人所得税有部分优惠。个人购买社会福利彩票、体育彩票中奖获取的所得，一次中奖收入不超过10 000元的，不需要缴纳个人所得税；一次中奖收入超过10 000元的，应全额计算缴纳个人所得税。

例7-19

赵某购买体育彩票获得价值16 000元的摩托车一辆，同时购买福利彩票获得奖金3 000元。请计算赵某应纳的个人所得税。

【解析】由于购买福利彩票获得的奖金 3 000 元＜10 000 元，因此该奖金不需要缴纳个人所得税，则

赵某应纳个人所得税＝16 000×20%＝3 200(元)

7.5.7　特殊情形下个人所得税的计税方法

1. 扣除捐赠款的计税方法

一般捐赠额的扣除以不超过纳税人申报的应纳税所得额的 30%为限。计算公式为：

捐赠扣除限额＝申报的应纳税所得额×30%

例 7－20

潘某取得 2021 年年终奖 12 000 元，通过 S 区民政局将其中 5 000 元捐赠给公益事业，请计算潘某年终奖应纳的个人所得税。

【解析】

年终奖可扣除捐赠限额＝12 000×30%＝3 600(元)

年终奖应纳个人所得税＝(12 000－3 600)÷12×3%＝21(元)

知识链接

《个人所得税法实施条例》第十九条规定，《个人所得税法》第六条第三款所称个人将其所得对教育、扶贫、济困等公益慈善事业进行捐赠，是指个人将其所得通过中国境内的公益性社会组织、国家机关向教育、扶贫、济困等公益慈善事业的捐赠；所称应纳税所得额，是指计算扣除捐赠额之前的应纳税所得额。

2. 境外缴纳税额抵免的计税方法

纳税人从中国境外取得的所得，准予其在应纳税额中扣除已在境外缴纳的个人所得税，但扣除额不得超过该纳税人境外所得依我国税法规定计算的应纳税额。

(1) 个人所得税境外所得扣除限额的计算采用的是分国分项方法，不同于企业所得税的分国不分项。

(2) 境外个人所得税的抵免，采用分国不分项抵免。

我国个人所得税的抵免限额采用分国分项限额抵免法：

(1) 境外已纳税额＞抵免限额，不退国外多缴税款；

(2) 境外已纳税额＜抵免限额，补缴差额部分税额。

例 7－21

江某 2021 年取得新加坡一家公司支付的劳务报酬 10 000 元（折合成人民币），被扣缴个人所得税 1 000 元；在新加坡出版一部小说，获得稿酬 20 000 元，被扣缴个人所得税 2 000 元。当年还从美国取得利息收入 1 000 元，被扣缴个人所得税 300 元；提供咨询服务，获得报酬 20 000 元，被扣缴个人所得税 1 500 元。经核查，境外完税凭证无误。请计算江某的境外所得在我国境内应补缴的个人所得税。

【解析】(1) 新加坡的综合所得，计算限额应分国分项。

应纳个人所得税=(10 000+20 000−5 000)×20%−1 410=3 590(元)

(2) 美国的所得，计算限额应分国分项。

1) 来自美国的偶然所得按我国税法计算应纳个人所得税：

应纳个人所得税=20 000×20%=4 000(元)

2) 来自美国的利息收入按我国税法计算应纳个人所得税：

应纳个人所得税=1 000×20%=200(元)

由此，抵免限额的计算如表7-10所示。

表7-10 抵免限额计算表

单位：元

国别	所得项目	境外已纳税额	计算限额（分国分项）	抵免限额（分国不分项加总）
新加坡	综合所得：30 000	3 000	3 590	3 590
美国	利息：1 000	300	200	4 200
	偶然所得：20 000	1 500	4 000	

3. 从事建筑安装业个人取得所得的计税方法

(1) 凡建筑安装业各项工程作业实行承包经营，对承包人取得的所得，分两种情况处理：对经营成果归承包人个人所有的所得，或按合同（协议）规定，将一部分经营成果留归承包人个人的所得，按对企事业单位的承包、承租经营所得项目征税；对承包人以其他方式取得的所得，按照工资、薪金所得项目征税。

(2) 从事建筑安装业的个体工商户和未领取营业执照承揽建筑安装业工程作业的建筑安装队和个人，以及建筑安装企业实行个人承包后，工商登记改变为个体经济性质的，其从事建筑安装业取得的收入按照个体工商户的生产、经营所得项目计征个人所得税。

(3) 对从事建筑安装业工程作业的其他人员取得的所得，分别按照工资、薪金所得项目和劳务报酬所得项目计征个人所得税。

4. 从事广告业个人取得所得的计税方法

(1) 纳税人在广告设计、制作、发布过程中提供名义、形象而取得的所得（偶然的、临时性的），应按劳务报酬所得项目计征个人所得税。

(2) 纳税人在广告设计、制作、发布过程中提供其他劳务取得的所得，视其情况分别按照税法规定的劳务报酬所得、稿酬所得、特许权使用费所得等项目计征个人所得税。

(3) 扣缴义务人的本单位人员在广告设计、制作、发布过程中取得的由本单位支付的所得，按工资、薪金所得项目计征个人所得税。

5. 演出市场个人取得所得的计税方法

演职员参加非任职单位组织的演出取得的报酬，应按劳务报酬所得项目按次计征个人所得税；演职员参加任职单位组织的演出取得的报酬，应按工资、薪金所得项目按月计征个人所得税。

6. 股权转让所得的计税方法

按财产转让所得缴纳个人所得税，是以股权转让方为纳税人，以受让方为扣缴义务人，于股权转让相关协议签订后5个工作日内报主管税务机关。

应纳税所得额=股权转让收入-股权原值-合理费用

股权转让收入包括违约金、补偿金以及其他名目的款项、资产、权益等。纳税人按照合同约定，在满足约定条件后取得的后续收入，应当作为股权转让收入。

主管税务机关可以核定股权转让收入的情形有：

（1）申报的股权转让收入明显偏低且无正当理由的；

（2）未按照规定期限办理纳税申报，经税务机关责令限期申报，逾期仍不申报的；

（3）转让方无法提供或拒不提供股权转让收入的有关资料的；

（4）其他应核定股权转让收入的情形。

符合下列情形之一的，视为股权转让收入明显偏低：

（1）申报股权转让收入低于股权对应净资产份额的；

（2）申报的股权转让收入低于初始投资成本或低于取得该股权所支付的价款及相关税费的；

（3）申报的股权转让收入低于相同或类似条件下同一企业同一股东或其他股东股权转让收入的；

（4）申报的股权转让收入低于相同或类似条件下同类行业的企业股权转让收入的；

（5）不具合理性的无偿让渡股权或股份；

（6）主管税务机关认定的其他情形。

股权转让收入虽明显偏低，但视为有正当理由的情形有：

（1）能出具有效文件，证明被投资企业因国家政策调整，生产经营受到重大影响，导致低价转让股权；

（2）继承或将股权转让给其能提供具有法律效力身份关系证明的配偶、父母、子女、祖父母、外祖父母、孙子女、外孙子女、兄弟姐妹以及对转让人承担直接抚养或者赡养义务的抚养人或者赡养人；

（3）相关法律、政府文件或企业章程规定，并有相关资料充分证明转让价格合理且真实的本企业员工持有的不能对外转让股权的内部转让；

（4）股权转让双方能够提供有效证据证明其合理性的其他合理情形。

主管税务机关有权核定股权转让收入，具体方法有净资产核定法、类比法、其他合理方法。

被投资企业的土地使用权、房屋、房地产企业未销售房产、知识产权、探矿权、采矿权、股权等资产占企业总资产比例超过20%的，主管税务机关可参照纳税人提供的具有法定资质的中介机构出具的资产评估报告核定股权转让收入。

个人转让股权未提供完整、准确的股权原值凭证，不能正确计算股权原值的，由主管税务机关核定其股权原值。

对个人多次取得同一被投资企业股权的，转让部分股权时，采用加权平均法确定其股权原值。

7. 纳税人收回转让股权的计税方法

（1）股权转让合同履行完毕、股权已作变更登记，且所得已经实现的，转让人取得的股权转让收入应当依法缴纳个人所得税。转让行为结束后，当事人双方签订并执行解除原股权转让合同、退回股权的协议，是另一次股权转让行为，对前次转让行为征收的个人所得税款不予退回。

（2）股权转让合同未履行完毕，因执行仲裁委员会做出的解除股权转让合同及补充协议的裁决、停止执行原股权转让合同，并原价收回已转让股权的，由于其股权转让行为尚未完成、收入未完全实现，随着股权转让关系的解除，股权收益不复存在，纳税人不应缴纳个人所得税。

8. 个人转让限售股的计税方法

（1）自2010年1月1日起，个人转让限售股取得的所得，按照财产转让所得项目适用20%的比例税率征收个人所得税。其计算公式为：

应纳税所得额＝限售股转让收入－（限售股原值＋合理税费）

应纳个人所得税＝应纳税所得额×20%

（2）如果纳税人未能提供完整、真实的限售股原值凭证，不能准确计算限售股原值，主管税务机关一律按限售股转让收入的15%核定限售股原值及合理税费。

（3）纳税人同时持有限售股及该股流通股的，其股票转让所得，按照限售股优先原则，即转让股票视同为先转让限售股，按规定计算缴纳个人所得税。

9. 单位低价向职工售房的计税方法

单位按低于购置或建造成本价格出售住房给职工，职工因此而少支出的差价部分，不并入当年综合所得，以差价收入除以12个月得到的数额，按照综合所得个人所得税税率表（按月）确定适用税率和速算扣除数，单独计算纳税。其计算公式为：

应纳税额＝职工实际支付的购房价款低于该房屋的购置或建造成本价格的差额×适用税率－速算扣除数

例7-22

某房产企业巨头以10 000元/平方米的价格向内部员工朱某出售120平方米商品房一套，价格明显低于该地区的购置成本和该企业的构建成本20 000元/平方米。请问朱某应如何缴纳个人所得税？

【解析】

差额＝120×(20 000－10 000)＝1 200 000(元)

1 200 000÷12＝100 000(元)

根据月度个人所得税税率表，适用税率为45%，速算扣除数为15 160，则

应纳税额＝1 200 000×45%－15 160＝524 840(元)

10. 个人取得拍卖收入的计税方法

对个人财产拍卖所得征收个人所得税时，以该项财产最终拍卖成交价格为其转让

收入额（见表7-11）。个人财产拍卖所得适用财产转让所得项目计算应纳税所得额时，纳税人凭合法有效凭证（税务机关监制的正式发票、相关境外交易单据或海关报关单据、完税证明等），从其转让收入额中减除相应的财产原值、拍卖财产过程中缴纳的税金及有关合理费用。

表7-11 个人拍卖收入征收个人所得税政策

拍卖物品	适用税目	应纳税所得额	税率
作者将自己的文字作品手稿原件或复印件拍卖	特许权使用费所得	转让收入额减除800元或者20%后的余额	20%
作者将他人的文字作品手稿原件或复印件拍卖	财产转让所得	转让收入额减除财产原值和合理费用后的余额	20%
个人拍卖除文字作品原稿及复印件以外的其他财产	财产转让所得	转让收入额减除财产原值和合理费用后的余额	20%

纳税人如不能提供合法、完整、准确的财产原值凭证，不能正确计算财产原值的，按转让收入额的3%征收率计算缴纳个人所得税；拍卖品为经文物部门认定是海外回流文物的，按转让收入额的2%征收率计算缴纳个人所得税。

纳税人的财产原值凭证内容填写不规范，或者一份财产原值凭证包括多件拍卖品且无法确认每件拍卖品一一对应的原值的，不得将其作为扣除财产原值的计算依据，应视为不能提供合法、完整、准确的财产原值凭证，并按规定的征收率计算缴纳个人所得税。

纳税人虽然能够提供合法、完整、准确的财产原值凭证，但不能提供有关税费凭证的，不得按征收率计算个人所得税，应当就财产原值凭证上注明的金额据实扣除，并按照税法规定计算缴纳个人所得税。

个人财产拍卖所得应纳的个人所得税税款，应由拍卖单位负责代扣代缴，并按规定向拍卖单位所在地主管税务机关办理纳税申报。

例7-23

某市居民王某委托某拍卖行拍卖其以202 000元的价格从民间购买的一件瓷器，最终拍卖取得的收入是606 000元，王某无法提供购买瓷器的原值凭证。另外，王某从国外购回几件明朝时期藏品，经文物部门认定确定为海外回流文物。近日，他委托某拍卖行以1 001 100元的价格拍卖了其中一件，所提供财产原值凭证上的原值是几件拍卖品原值的合计数。

【解析】王某拍卖瓷器需要按转让收入额的3%缴纳个人所得税，则

$$应纳个人所得税=606\ 000\times 3\%=18\ 180(元)$$

王某从国外购回的明朝藏品，所获取的拍卖所得要按转让收入额的2%计算缴纳个人所得税，则

$$应纳个人所得税=1\ 001\ 100\times 2\%=20\ 022(元)$$

11. 个人无偿受赠房屋产权的计税方法

（1）以下情形的房屋产权无偿赠与，对当事双方不征收个人所得税：房屋产权所有人将房屋产权无偿赠与配偶、父母、子女、祖父母、外祖父母、孙子女、外孙子女、兄弟姐妹；房屋产权所有人将房屋产权无偿赠与对其承担直接抚养或者赡养义务的抚养人或者赡养人；房屋产权所有人死亡，依法取得房屋产权的法定继承人、遗嘱继承人或者受遗赠人。

除上述规定情形以外，房屋产权所有人将房屋产权无偿赠与他人的，受赠人因无偿受赠房屋取得的受赠所得，按照经国务院财政部门确定征税的其他所得项目计算缴纳个人所得税，税率为20%。

（2）对受赠人无偿受赠房屋计征个人所得税时，其应纳税所得额为房地产赠与合同上标明的赠与房屋价值减除赠与过程中受赠人支付的相关税费后的余额。赠与合同标明的房屋价值明显低于市场价格或房地产赠与合同未标明赠与房屋价值的，税务机关可依据受赠房屋的市场评估价格或采取其他合理方式确定受赠人的应纳税所得额。

（3）受赠人转让受赠房屋的，以其转让受赠房屋的收入减除原捐赠人取得该房屋的实际购置成本以及赠与和转让过程中受赠人支付的相关税费后的余额，为受赠人的应纳税所得额，依法计征个人所得税。受赠人转让受赠房屋价格明显偏低且无正当理由的，税务机关可以依据该房屋的市场评估价格或其他合理方式确定的价格核定其转让收入。

12. 个人转让离婚析产房屋的计税方法

（1）通过离婚析产的方式分割房屋产权是夫妻双方对共同共有财产的处置，个人因离婚办理房屋产权过户手续，不征收个人所得税。

（2）个人转让离婚析产房屋所取得的收入，允许扣除其相应的财产原值和合理费用后，余额按照规定的税率缴纳个人所得税；其相应的财产原值，为房屋初次购置全部原值和相关税费之和乘以转让者占房屋所有权的比例。

（3）个人转让离婚析产房屋所取得的收入，符合家庭生活自用5年以上唯一住房的，可以申请免征个人所得税。

13. 个人领取企业年金、职业年金的计税方法

年金征税模式如表7-12所示。

表7-12 年金征税模式

征税模式	情形	税务处理
缴费环节	单位按有关规定缴费部分	免征个人所得税
	个人缴费不超过本人缴费工资计税基数4%标准内的部分	暂从应纳税所得额中扣除
	超标年金单位缴费和个人缴费的部分	征收个人所得税
投资环节	年金基金投资运营收益分配计入个人账户时	个人暂不缴纳个人所得税
领取环节	领取年金时	缴纳个人所得税

知识链接

个人缴费工资计税基数是本人上一年度月平均工资。月平均工资超过职工工作地所在设区城市上一年度职工月平均工资300%以上部分，不计入个人缴费工资计税基数。职业年金是职工岗位工资和薪级工资之和。职工岗位工资和薪级工资之和超过职工工作地所在设区城市上一年度职工月平均工资300%以上部分，不计入个人缴费工资计税基数。

个人达到国家规定的退休年龄，领取的企业年金、职业年金，不并入综合所得，全额单独计算应纳税款。其中按月领取的，适用综合所得个人所得税税率表（按月）计算纳税；按季领取的，平均分摊计入各月，按每月领取额适用综合所得个人所得税税率表（按月）计算纳税；按年领取的，适用综合所得个人所得税税率表（按年）计算纳税。

个人因出境定居而一次性领取的年金个人账户资金，或个人死亡后其指定的受益人或法定继承人一次性领取的年金个人账户余额，适用综合所得个人所得税税率表（按年）计算纳税。对个人除上述特殊原因外一次性领取年金个人账户资金或余额的，适用综合所得个人所得税税率表（按月）计算纳税。

例7-24

某市2021年度在岗职工年平均工资为60 000元，年金个人缴费的税前扣除限额为600元（60 000÷12×3×4%），市税务局将根据市统计公报数据每年调整扣除限额标准。

【解析】（1）A先生2021年7月工资为10 000元，假设企业年金缴费工资计税基数为10 000元。若其按4%缴付年金400元，均可税前扣除；若按3%缴付年金300元，则只能扣除300元；若按5%缴付年金500元，则可扣除500元。

（2）B先生2021年9月工资为20 000元，若其按4%缴付800元年金，由于允许扣除金额最高为600元，超出的200元须并入综合所得缴税。

14. 律师事务所从业人员取得所得的计税方法

（1）律师个人出资兴办的独资和合伙性质的律师事务所的年度生产、经营所得，按照个体工商户的生产、经营所得缴纳个人所得税。出资律师本人的工资、薪金所得不得扣除。

（2）合伙制律师事务所应将年度经营所得全额作为基数，按出资比例或者事先约定的比例计算各合伙人应分配的所得，据以征收个人所得税。

（3）律师个人出资兴办的律师事务所，凡有《税收征收管理法》第三十五条所列情形之一的，主管税务机关有权核定出资律师个人的应纳税额。

（4）律师事务所（聘任律师）雇员所得，应按工资、薪金所得项目征收个人所得税。

（5）作为律师事务所雇员的律师与律师事务所按规定的比例对收入分成，律师事务所不负担律师办理案件支出的费用（如交通费、资料费、通信费及聘请人员等费用）

的，律师当月的分成收入按规定扣除办理案件支出的费用后，余额与律师事务所发给的工资合并，按工资、薪金所得项目计征个人所得税。

对作为律师事务所雇员的律师，其办案费用或其他个人费用在律师事务所报销的，在计算其收入时不得再扣除上述规定的其收入35%以内的办理案件支出费用。

(6) 兼职律师从律师事务所取得工资、薪金性质的所得，律师事务所在代扣代缴其个人所得税时，不再减除《个人所得税法》规定的费用扣除标准，以收入全额（取得分成收入的为扣除办理案件支出费用后的余额）直接确定适用税率，计算扣缴个人所得税。

(7) 律师以个人名义再聘请其他人员为其工作而支付的报酬，应由该律师按劳务报酬所得项目负责代扣代缴个人所得税。

(8) 律师从接受法律事务服务的当事人处取得的法律顾问费或其他酬金，应并入其从律师事务所取得的其他收入，按照规定计算缴纳个人所得税。

15. 个人投资者收购企业股权后，将企业原盈余积累转增股本的计税方法

(1) 新股东以不低于净资产价格收购股权的，企业原盈余积累已全部计入股权交易价格，新股东取得盈余积累转增股本的部分，不征收个人所得税。

例 7-25

A居民企业的所有者权益情况为：股本（实收资本）2 000万元，资本公积500万元（其中股本溢价300万元），盈余公积500万元，未分配利润600万元，总计3 600万元。张先生出资4 000万元购买A企业100%股权，然后以盈余积累转增股本。请问A企业原股东和张先生应如何缴纳个人所得税？

【解析】 A企业原股东：

$$股权转让应纳个人所得税=[4\,000-(2\,000+300)]\times 20\%=340(万元)$$

张先生取得股权后，转增资本，无须缴纳个人所得税。

(2) 新股东以低于净资产价格收购股权的，企业原盈余积累中，对于股权收购价格减去原股本的差额部分已经计入股权交易价格，新股东取得盈余积累转增股本的部分，不征收个人所得税；对于股权收购价格低于原所有者权益的差额部分未计入股权交易价格，新股东取得盈余积累转增股本的部分，应按照利息、股息、红利所得项目征收个人所得税。

需要注意的是，新股东以低于净资产价格收购企业股权后转增股本，应按照下列顺序进行：先转增应税的盈余积累部分，再转增免税的盈余积累部分。

例 7-26

A企业的所有者权益情况为：股本（实收资本）1 500万元，资本公积400万元（其中股本溢价200万元），盈余公积400万元，未分配利润500万元，总计2 800万元。张先生出资2 500万元购买A企业100%股权，然后以盈余公积转增股本。请问A企业原股东和张先生应如何缴纳个人所得税？

【解析】 A企业原股东：

$$股权转让应纳个人所得税=[2\,500-(1\,500+200)]\times 20\%=160(万元)$$

张先生取得股权后转增股本，按规定股权收购价格减去原股本的差额部分1 000万元（2 500−1 500），已经计入股权交易价格，新股东取得盈余积累转增股本的部分，不征收个人所得税；对于股权收购价格低于原所有者权益的差额部分−300万元（2 500−2 800），应征收个人所得税。因此，盈余积累1 300万元中有1 000万元是不缴纳个人所得税的，剩余的300万元需要缴纳个人所得税。

张先生应纳个人所得税＝300×20%＝60（万元）

16. 上市公司股权激励的计税方法

居民个人取得股票期权、股票增值权、限制性股票、股权奖励等股权激励（以下简称股权激励），在2021年12月31日前，不并入当年综合所得，全额单独适用综合所得个人所得税税率表（按年），计算纳税。其计算公式为：

应纳税额＝股权激励收入×适用税率−速算扣除数

居民个人一个纳税年度内取得两次以上（含两次）股权激励的，应合并按规定计算纳税。

2022年1月1日之后的股权激励政策另行明确。

17. 转增股本的计税方法

（1）非上市及未在全国中小企业股份转让系统挂牌的中小高新技术企业以未分配利润、盈余公积、资本公积向个人股东转增股本，并符合《财政部 国家税务总局关于将国家自主创新示范区有关税收试点政策推广到全国范围实施的通知》（财税〔2015〕116号）有关规定的，纳税人可分期缴纳个人所得税；非上市及未在全国中小企业股份转让系统挂牌的其他企业转增股本，应及时代扣代缴个人所得税。

（2）上市公司或在全国中小企业股份转让系统挂牌的企业转增股本（不含以股票发行溢价形成的资本公积转增股本），按现行有关股息、红利差别化政策执行。其计算公式为：

$$计税金额=\left(\begin{matrix}未分配利润\\转增金额\end{matrix}+\begin{matrix}盈余公积\\转增金额\end{matrix}+\begin{matrix}资本公积\\转增金额\end{matrix}\right)\times 持股比例$$

应纳个人所得税＝计税金额×20%

18. 个人非货币性资产投资的计税方法

非货币性资产，是指现金、银行存款等货币性资产以外的资产，包括股权、不动产、技术发明成果以及其他形式的非货币性资产。非货币性资产投资，包括以非货币性资产出资设立新的企业，以及以非货币性资产出资参与企业增资扩股、定向增发股票、股权置换、重组改制等投资行为。

自2015年4月1日起，对个人非货币性资产投资按以下规定计算缴纳个人所得税：对2015年4月1日之前发生的个人非货币性资产投资，尚未进行税收处理且自发生非货币性资产投资应税行为之日起期限未超过5年的，可在剩余的期限内分期缴纳其应纳税款。

个人以非货币性资产投资，属于个人转让非货币性资产和投资同时发生。对个人转让非货币性资产的所得，应按照财产转让所得项目依法计算缴纳个人所得税。

（1）个人以非货币性资产投资，应按评估后的公允价值确认非货币性资产转让收入。非货币性资产转让收入减除该资产原值及合理税费后的余额为应纳税所得额。

（2）个人以非货币性资产投资，应于非货币性资产转让、取得被投资企业股权时，确认非货币性资产转让收入的实现。

（3）个人应在发生非货币性资产投资应税行为的次月15日内向主管税务机关申报纳税。纳税人一次性缴税有困难的，可合理确定分期缴纳计划并报主管税务机关备案后，自发生非货币性资产投资应税行为之日起不超过5个公历年度内（含）分期缴纳个人所得税。

（4）个人以非货币性资产投资交易过程中取得现金补价的，现金部分应优先用于缴税；现金不足以缴纳的部分，可分期缴纳。

个人在分期缴税期间转让其持有的上述全部或部分股权，并取得现金收入的，该现金收入应优先用于缴纳尚未缴清的税款。

19. 中央企业负责人年度绩效薪金延期兑现收入和任期奖励的计税方法

中央企业负责人取得年度绩效薪金延期兑现收入和任期奖励，在2021年12月31日前，参照居民个人取得全年一次性奖金执行；2022年1月1日之后的政策另行明确。

例 7-27

某中央企业负责人刘某月工资为16 000元，2021年单位将发放一次性年终奖20 000元。请计算刘某年终奖应纳的个人所得税。

【解析】 首先，20 000元年终奖除以12为1 666.7元，根据综合所得个人所得税税率表（按月），适用税率为3%，速算扣除数为0，所以

刘某年终奖应纳个人所得税＝20 000×3%＝600(元)

20. 保险营销员、证券经纪人佣金收入的计税方法

保险营销员、证券经纪人取得的佣金收入，属于劳务报酬所得，以不含增值税的收入减除20%的费用后的余额为收入额，收入额减去展业成本以及附加税费后并入当年综合所得，计算缴纳个人所得税。保险营销员、证券经纪人展业成本按照收入额的25%计算。

扣缴义务人向保险营销员、证券经纪人支付佣金收入时，应按照累计预扣法计算预扣税款。

21. 解除劳动关系、提前退休、内部退养的一次性补偿收入的计税方法

个人与用人单位解除劳动关系取得一次性补偿收入（包括用人单位发放的经济补偿金、生活补助费和其他补助费），在当地上年职工平均工资3倍数额以内的部分，免征个人所得税；超过3倍数额的部分，不并入当年综合所得，单独适用综合所得个人所得税税率表（按年），计算纳税。

个人办理提前退休手续取得的一次性补贴收入，应按照办理提前退休手续至法定离退休年龄之间实际年度数平均分摊，确定适用税率和速算扣除数，单独适用综合所得个人所得税税率表（按年），计算纳税。其计算公式：

$$\text{应纳税额}=\left[\left(\frac{\text{一次性}}{\text{补贴收入}}\div\frac{\text{办理提前退休手续至法定}}{\text{退休年龄的实际年度数}}-\frac{\text{费用}}{\text{扣除标准}}\right)\times\frac{\text{适用}}{\text{税率}}-\frac{\text{速算}}{\text{扣除数}}\right]\times\frac{\text{办理提前退休手续至法定}}{\text{退休年龄的实际年度数}}$$

个人办理内部退养手续而取得的一次性补贴收入，应按办理内部退养手续后至法定离退休年龄之间的所属月份进行平均，并与领取当月的工资、薪金所得合并后计入综合所得，按适用税率计征个人所得税。

22. 外籍个人有关津补贴的计税方法

2019 年 1 月 1 日至 2021 年 12 月 31 日期间，外籍个人符合居民个人条件的，可以选择享受个人所得税专项附加扣除，也可以选择按照规定，享受住房补贴、语言训练费、子女教育费等津补贴免税优惠政策，但不得同时享受。外籍个人一经选择，在一个纳税年度内不得变更。

自 2022 年 1 月 1 日起，外籍个人不再享受住房补贴、语言训练费、子女教育费津补贴免税优惠政策，应按规定享受专项附加扣除。

7.6 个人所得税的税收优惠

7.6.1 免征项目

（1）省级人民政府、国务院部委和中国人民解放军军以上单位，以及外国组织、国际组织颁发的科学、教育、技术、文化、卫生、体育、环境保护等方面的奖金。

（2）国债和国家发行的金融债券利息。

（3）按照国家统一规定发给的补贴、津贴，是指按照国务院规定发给的政府特殊津贴、院士津贴、资深院士津贴和国务院规定免纳个人所得税的补贴、津贴。

知识链接

根据《个人所得税法实施条例》第十条的规定，《个人所得税法》第四条第一款第三项所称按照国家统一规定发给的补贴、津贴，是指按照国务院规定发给的政府特殊津贴、院士津贴，以及国务院规定免予缴纳个人所得税的其他补贴、津贴。

（4）福利费、抚恤金、救济金。

知识链接

根据《个人所得税法实施条例》第十一条的规定，《个人所得税法》第四条第一款第四项所称福利费，是指根据国家有关规定，从企业、事业单位、国家机关、社会组织提留的福利费或者工会经费中支付给个人的生活补助费；所称救济金，是指各级人民政府民政部门支付给个人的生活困难补助费。

（5）保险赔款。

（6）军人的转业安置费、复员费。

（7）按照国家统一规定发给干部、职工的安家费、退职费、退休工资、离休工资、离休生活补助费。

（8）依照国家有关法律规定应予免税的各国驻华使馆、领事馆的外交代表、领事官员和其他人员所得。

（9）中国政府参加的国际公约以及签订的协议中规定免税的所得。

（10）对乡、镇以上（含乡、镇）人民政府或经县以上（含县）人民政府主管部门批准成立的有机构、有章程的见义勇为基金或者类似性质组织，奖励见义勇为者的奖金或奖品，经主管税务机关核准，免征个人所得税。

（11）企业和个人按照省级以上人民政府规定的比例提取并缴付的住房公积金、医疗保险金、基本养老保险金、失业保险金，不计入个人当期的工资、薪金收入，免于征收个人所得税。

（12）对个人取得的教育储蓄存款利息所得以及国务院财政部门确定的其他专项储蓄存款或者储蓄性专项基金存款的利息所得。

（13）储蓄机构内从事代扣代缴工作的办税人员取得的扣缴利息税手续费所得。

（14）生育妇女按照县级以上人民政府根据国家有关规定制定的生育保险办法，取得的生育津贴、生育医疗费或者其他属于生育保险性质的津贴、补贴。

（15）对工伤职工及其近亲属按照《工伤保险条例》规定取得的工伤保险待遇。

（16）外籍个人以非现金形式或者实报实销形式取得的住房补贴、伙食补贴、搬迁费、洗衣费。外籍个人按合理标准取得的境内外出差补贴。

（17）个人举报、协查各种违法、犯罪行为而获得的奖金。

（18）个人办理代扣代缴税款手续，按规定取得的扣缴手续费。

（19）个人转让自用达5年以上并且是唯一的家庭居住用房取得的所得。

（20）对达到离休、退休年龄，但确因工作需要，适当延长离休、退休年龄的高级专家，其在延长离休、退休期间的工资、薪金所得，视同退休工资、离休工资，免征个人所得税。

（21）外籍个人从外商投资企业取得的股息、红利所得。

（22）股份分置改革中非流通股股东通过对价方式向流通股股东支付的股份、现金等收入，暂免征收流通股股东应缴纳的个人所得税。

（23）被拆迁人按照国家有关城镇房屋拆迁管理办法规定的标准取得的拆迁补偿款。

（24）保险营销员佣金中的展业成本。

（25）个人从公开发行和转让市场取得的上市公司股票，持股期限超过1年的，股息、红利所得暂免征收个人所得税。

（26）自2020年1月1日起，一是对参加疫情防治工作的医务人员和防疫工作者按照政府规定标准取得的临时性工作补助和奖金，免征个人所得税。政府规定标准包括各级政府规定的补助和奖金标准。对省级及省级以上人民政府规定的对参与疫情防控人员的临时性工作补助和奖金，比照执行。二是单位发给个人用于预防新型冠状病毒感染的肺炎的药品、医疗用品和防护用品等实物（不包括现金），不计入工资、薪金收入，免征个人所得税。截止日期另行决定。

（27）自2020年1月1日起至2024年12月31日止，对在海南自由贸易港工作的高端人才和紧缺人才，其个人所得税包括来源于海南自由贸易港的综合所得（包括工资、薪金，劳务报酬，稿酬，特许权使用费四项所得）、经营所得以及经海南省认定的人才补贴性所得，实际税负超过15%的部分，予以免征。

（28）为支持粤港澳大湾区建设，自2019年1月1日起至2023年12月31日止，广东省、深圳市按内地与香港个人所得税税负差额，对在大湾区工作的境外（含港澳台）高端人才和紧缺人才给予补贴，该补贴免征个人所得税。在大湾区工作的境外高端人才和紧缺人才的认定和补贴办法，按照广东省、深圳市的有关规定执行。（适用范围包括广东省广州市、深圳市、珠海市、佛山市、惠州市、东莞市、中山市、江门市和肇庆市等大湾区珠三角九市。）

7.6.2 减税项目

（1）残疾、孤老人员和烈士家属的所得。

（2）因严重自然灾害造成重大损失的。

（3）其他经国务院财政部门批准减税的。

7.7 个人所得税的纳税申报

7.7.1 预扣预缴

1. 居民个人预扣预缴方法

（1）扣缴义务人向居民个人支付工资、薪金所得时，应当按照累计预扣法计算预扣税款，并按月办理全员全额扣缴申报。具体计算公式如下：

$$\text{本期应预扣预缴税额}=\left(\text{累计预扣预缴应纳税所得额}\times\text{预扣率}-\text{速算扣除数}\right)-\text{累计减免税额}-\text{累计已预扣预缴税额}$$

$$\text{累计预扣预缴应纳税所得额}=\text{累计收入}-\text{累计免税收入}-\text{累计减除费用}-\text{累计专项扣除}-\text{累计专项附加扣除}-\text{累计依法确定的其他扣除}$$

式中，累计减除费用，按照5 000元/月乘以纳税人当年截至本月在本单位的任职受雇月份数计算。个人所得税预扣率表如表7-13所示。

表7-13 个人所得税预扣率表

（居民个人工资、薪金所得预扣预缴适用）

级数	累计预扣预缴应纳税所得额	预扣率（%）	速算扣除数
1	不超过36 000元的	3	0
2	超过36 000元至144 000元的部分	10	2 520
3	超过144 000元至300 000元的部分	20	16 920
4	超过300 000元至420 000元的部分	25	31 920
5	超过420 000元至660 000元的部分	30	52 920
6	超过660 000元至960 000元的部分	35	85 920
7	超过960 000元的部分	45	181 920

（2）扣缴义务人向居民个人支付劳务报酬所得、稿酬所得、特许权使用费所得，按次或者按月预扣预缴个人所得税。具体预扣预缴方法为：劳务报酬所得、稿酬所得、特许权使用费所得以收入减除费用后的余额为收入额。其中，稿酬所得的收入额减按70%计算。

减除费用规定如下：劳务报酬所得、稿酬所得、特许权使用费所得每次收入不超过4 000元的，减除费用按800元计算；每次收入4 000元以上的，减除费用按20%计算。

应纳税所得额的规定如下：劳务报酬所得、稿酬所得、特许权使用费所得，以每次收入额为预扣预缴应纳税所得额。劳务报酬所得适用20%～40%的超额累进预扣率（见表7-14），稿酬所得、特许权使用费所得适用20%的比例预扣率。

劳务报酬所得应预扣预缴税额＝预扣预缴应纳税所得额×预扣率－速算扣除数

稿酬所得、特许权使用费所得应预扣预缴税额＝预扣预缴应纳税所得额×20%

表7-14 个人所得税预扣率表

（居民个人劳务报酬所得预扣预缴适用）

级数	预扣预缴应纳税所得额	预扣率（%）	速算扣除数
1	不超过20 000元的	20	0
2	超过20 000元至50 000元的部分	30	2 000
3	超过50 000元的部分	40	7 000

例7-28

假如吴先生1—3月每月工资为10 000元，3月另发绩效奖金50 000元；4月生病请假，发放工资3 000元；5—12月每月工资为10 000元，7月取得劳务报酬35 000元；12月取得年终奖30 000元；每月社会保险费为1 000元，扣除赡养老人支出2 000元、子女教育支出1 000元、住房贷款利息支出500元，12月取得继续教育资格证书，扣除继续教育支出3 600元。请计算吴先生每月应预缴的个人所得税，以及次年汇算清缴的纳税情况。

【解析】

1月应预扣税额＝(10 000－1 000－5 000－2 000－1 000－500)×3%＝15(元)

2 月应预扣税额＝(10 000×2－1 000×2－5 000×2－2 000×2－1 000×2－500×2)×3%－15＝15(元)

3 月应预扣税额＝(10 000×3＋50 000－1 000×3－5 000×3－2 000×3－1 000×3－500×3)×10%－2 520－30＝2 600(元)

4 月应预扣税额＝(10 000×3＋50 000＋3 000－1 000×4－5 000×4－2 000×4－1 000×4－500×4)×10%－2 520－2 630＝－650(元)

4 月无须缴纳个人所得税。

5 月应预扣税额＝(10 000×3＋50 000＋3 000＋10 000－1 000×5－5 000×5－2 000×5－1 000×5－500×5)×10%－2 520－2 630＝－600(元)

5 月无须缴纳个人所得税。

6 月应预扣税额＝(10 000×3＋50 000＋3 000＋10 000×2－1 000×6－5 000×6－2 000×6－1 000×6－500×6)×10%－2 520－2 630＝－550(元)

6 月无须缴纳个人所得税。

7 月应预扣税额：

工资、薪金所得＝(10 000×3＋50 000＋3 000＋10 000×3－1 000×7－5 000×7－2 000×7－1 000×7－500×7)×10%－2 520＝2 130(元)

劳务报酬所得＝35 000×(1－20%)×30%－2 000＝6 400(元)

7 月应预扣税额＝2 130＋6 400－2 630＝5 900(元)

次年 3—6 月汇算清缴应纳税额：

工资、薪金所得＝10 000×3＋50 000＋3 000＋10 000×8－1 000×12－5 000×12－2 000×12－1 000×12－500×12－3 600＝45 400(元)

劳务报酬所得＝35 000(元)

综合所得＝45 400＋35 000×(1－20%)＝73 400(元)

综合所得应纳个人所得税＝73 400×10%－2 520＝4 820(元)

年终奖应纳个人所得税＝30 000×3%＝900(元)

预扣税额合计＝15＋15＋2 600＋5 900＝8 530(元)

汇算清缴时应纳个人所得税＝4 820＋900－8 530＝－2 810(元)

由此可知，次年汇算清缴应退个人所得税 2 810 元。

2. 非居民个人扣缴方法

扣缴义务人向非居民个人支付工资、薪金所得，劳务报酬所得，稿酬所得和特许权使用费所得时，应当按以下方法按月或者按次代扣代缴个人所得税：

（1）非居民个人的工资、薪金所得，以每月收入额减除费用5 000元后的余额为应纳税所得额。

（2）劳务报酬所得、稿酬所得、特许权使用费所得，以每次收入额为应纳税所得额，适用按月换算后的非居民个人月度税率表（见表7-15）计算应纳税额。其中，劳务报酬所得、稿酬所得、特许权使用费所得以收入减除20%的费用后的余额为收入额；稿酬所得的收入额减按70%计算。

非居民个人工资、薪金所得，劳务报酬所得，稿酬所得，特许权使用费所得应纳税额的计算公式如下：

应纳个人所得税＝应纳税所得额×税率－速算扣除数

表7-15 个人所得税税率表

（非居民个人工资、薪金所得，劳务报酬所得，稿酬所得，特许权使用费所得适用）

级数	应纳税所得额	税率（%）	速算扣除数
1	不超过3 000元的	3	0
2	超过3 000元至12 000元的部分	10	210
3	超过12 000元至25 000元的部分	20	1 410
4	超过25 000元至35 000元的部分	25	2 660
5	超过35 000元至55 000元的部分	30	4 410
6	超过55 000元至80 000元的部分	35	7 160
7	超过80 000元的部分	45	15 160

知识链接

预扣预缴方法的考虑

综合所得累计预扣法主要是通过各月累计收入减去对应扣除额，对照综合所得个人所得税税率表（按年）计算累计应纳税额，再减去已纳税额，确定本期应纳税额的一种方法。这种方法，一方面对于大部分只有一处工资、薪金所得的纳税人而言，纳税年度终了时预扣预缴的税款基本等于年度应纳税款，因此无须再自行办理纳税申报、汇算清缴；另一方面，对需要补退税的纳税人而言，预扣预缴的税款与年度应纳税款差额相对较小，不会占用纳税人过多资金。

居民个人劳务报酬所得、稿酬所得、特许权使用费所得个人所得税的预扣预缴方法，基本平移了现行税法的扣缴方法，特别是平移了对每次收入不超过4 000元、费用按800元计算的规定。这种预扣预缴方法对扣缴义务人和纳税人来讲既容易理解，也简便易行，方便扣缴义务人和纳税人操作。

7.7.2 取得综合所得需要办理汇算清缴的纳税申报

取得综合所得且符合下列情形之一的纳税人，应当依法办理汇算清缴：

（1）从两处以上取得综合所得，且综合所得年收入额减除专项扣除后的余额超过6万元；

(2) 取得劳务报酬所得、稿酬所得、特许权使用费所得中一项或者多项所得，且综合所得年收入额减除专项扣除的余额超过6万元；

(3) 纳税年度内预缴税额低于应纳税额；

(4) 纳税人申请退税。

需要办理汇算清缴的纳税人，应当在取得所得的次年3月1日至6月30日内，向任职、受雇单位所在地主管税务机关办理纳税申报，并报送《个人所得税年度自行纳税申报表》。纳税人有两处以上任职、受雇单位的，选择向其中一处任职、受雇单位所在地主管税务机关办理纳税申报；纳税人没有任职、受雇单位的，向户籍所在地或经常居住地主管税务机关办理纳税申报。

7.7.3 取得经营所得的纳税申报

个体工商户业主、个人独资企业投资者、合伙企业个人合伙人、承包承租经营者个人以及其他从事生产、经营活动的个人取得经营所得，包括以下情形：

(1) 个体工商户从事生产、经营活动取得的所得，个人独资企业投资人、合伙企业的个人合伙人来源于境内注册的个人独资企业和合伙企业生产、经营的所得；

(2) 个人依法从事办学、医疗、咨询以及其他有偿服务活动取得的所得；

(3) 个人对企业、事业单位承包、承租经营以及转包、转租取得的所得；

(4) 个人从事其他生产、经营活动取得的所得。

纳税人取得经营所得，按年计算个人所得税，由纳税人在月度或季度终了后15日内，向经营管理所在地主管税务机关办理预缴纳税申报，并报送《个人所得税经营所得纳税申报表（A表）》。在取得所得的次年3月31日前，向经营管理所在地主管税务机关办理汇算清缴，并报送《个人所得税经营所得纳税申报表（B表）》；从两处以上取得经营所得的，选择向其中一处经营管理所在地主管税务机关办理年度汇总申报，并报送《个人所得税经营所得纳税申报表（C表）》。

7.7.4 取得应税所得，扣缴义务人未扣缴税款的纳税申报

非居民个人取得工资、薪金所得，劳务报酬所得，稿酬所得，特许权使用费所得的，应当在取得所得的次年6月30日前，向扣缴义务人所在地主管税务机关办理纳税申报，并报送《个人所得税自行纳税申报表（A表）》。有两个以上扣缴义务人均未扣缴税款的，选择向其中一处扣缴义务人所在地主管税务机关办理纳税申报。

非居民个人在次年6月30日前离境（临时离境除外）的，应当在离境前办理纳税申报。

纳税人取得利息、股息、红利所得，财产租赁所得，财产转让所得和偶然所得的，应当在取得所得的次年6月30日前，按相关规定向主管税务机关办理纳税申报，并报送《个人所得税自行纳税申报表（A表）》。

7.7.5 取得境外所得的纳税申报

居民个人从中国境外取得所得的，应当在取得所得的次年3月1日至6月30日内，向中国境内任职、受雇单位所在地主管税务机关办理纳税申报；在中国境内没

有任职、受雇单位的，向户籍所在地或中国境内经常居住地主管税务机关办理纳税申报；户籍所在地与中国境内经常居住地不一致的，选择其中一地主管税务机关办理纳税申报；在中国境内没有户籍的，向中国境内经常居住地主管税务机关办理纳税申报。

7.7.6 因移居境外注销中国户籍的纳税申报

纳税人因移居境外注销中国户籍的，应当在申请注销中国户籍前，向户籍所在地主管税务机关办理纳税申报，进行税款清算。

（1）纳税人在注销户籍年度取得综合所得的，应当在注销户籍前，办理当年综合所得的汇算清缴，并报送《个人所得税年度自行纳税申报表》。尚未办理上一年度综合所得汇算清缴的，应当在办理注销户籍纳税申报时一并办理。

（2）纳税人在注销户籍年度取得经营所得的，应当在注销户籍前，办理当年经营所得的汇算清缴，并报送《个人所得税经营所得纳税申报表（B表）》。从两处以上取得经营所得的，还应当一并报送《个人所得税经营所得纳税申报表（C表）》。尚未办理上一年度经营所得汇算清缴的，应当在办理注销户籍纳税申报时一并办理。

（3）纳税人在注销户籍当年取得利息、股息、红利所得，财产租赁所得，财产转让所得和偶然所得的，应当在注销户籍前，申报当年上述所得的完税情况，并报送《个人所得税自行纳税申报表（A表）》。

（4）纳税人有未缴或者少缴税款的，应当在注销户籍前，结清欠缴或未缴的税款。纳税人存在分期缴税且未缴纳完毕的，应当在注销户籍前，结清尚未缴纳的税款。

（5）纳税人办理注销户籍纳税申报时，需要办理专项附加扣除、依法确定的其他扣除的，应当向税务机关报送《个人所得税专项附加扣除信息表》《商业健康保险税前扣除情况明细表》《个人税收递延型商业养老保险税前扣除情况明细表》等。

7.7.7 非居民个人在中国境内从两处以上取得工资、薪金所得的纳税申报

非居民个人在中国境内从两处以上取得工资、薪金所得的，应当在取得所得的次月15日内，向其中一处任职、受雇单位所在地主管税务机关办理纳税申报，并报送《个人所得税自行纳税申报表（A表）》。

知识链接

《国家税务总局关于自然人纳税人识别号有关事项的公告》（国家税务总局公告2018年第59号）规定：

（1）自然人纳税人识别号，是自然人纳税人办理各类涉税事项的唯一代码标识。

（2）有中国公民身份号码的，以其中国公民身份号码作为纳税人识别号；没有中国公民身份号码的，由税务机关赋予其纳税人识别号。

（3）纳税人首次办理涉税事项时，应当向税务机关或者扣缴义务人出示有效身份证件，并报送相关基础信息。

（4）税务机关应当在赋予自然人纳税人识别号后告知或者通过扣缴义务人告知纳税人其纳税人识别号，并为自然人纳税人查询本人纳税人识别号提供便利。

(5) 自然人纳税人办理纳税申报、税款缴纳、申请退税、开具完税凭证、纳税查询等涉税事项时应当向税务机关或扣缴义务人提供纳税人识别号。

(6) 本公告所称“有效身份证件”，是指：

1) 纳税人为中国公民且持有有效《中华人民共和国居民身份证》(简称居民身份证) 的，为居民身份证。

2) 纳税人为华侨且没有居民身份证的，为有效的《中华人民共和国护照》和华侨身份证明。

3) 纳税人为港澳居民的，为有效的《港澳居民来往内地通行证》或《中华人民共和国港澳居民居住证》。

4) 纳税人为台湾居民的，为有效的《台湾居民来往大陆通行证》或《中华人民共和国台湾居民居住证》。

5) 纳税人为持有有效《中华人民共和国外国人永久居留身份证》(简称永久居留证) 的外籍个人的，为永久居留证和外国护照；未持有永久居留证但持有有效《中华人民共和国外国人工作许可证》(简称工作许可证) 的，为工作许可证和外国护照；其他外籍个人，为有效的外国护照。

7.8 支持疫情防控和经济社会发展税费优惠政策

针对疫情防控和经济社会发展的要求，党中央、国务院陆续部署出台了一系列税费优惠政策，主要聚焦四个方面：一是聚焦支持疫情防控工作。既注重直接支持医疗救治工作，又注重支持相关保障物资的生产和运输，还注重调动各方面力量积极资助和支持疫情防控。二是聚焦减轻企业社保费负担。阶段性减免企业养老、失业、工伤保险单位缴费，阶段性减征基本医疗保险单位缴费，2020 年社会保险个人缴费基数下限可继续执行 2019 年个人缴费基数下限标准，以个人身份参加企业职工基本养老保险的个体工商户和各类灵活就业人员 2020 年可自愿暂缓缴费，降低企业用工成本、增强其复工复产信心。三是聚焦支持小微企业和个体工商户发展。对增值税小规模纳税人、个体工商户给予税费优惠，对小型微利企业和个体工商户延缓缴纳 2020 年所得税，延续实施普惠金融有关税收支持政策，增强其抗风险能力，助其渡过难关。四是聚焦稳外贸扩内需。提高除“两高一资”外出口产品的出口退税率，促进稳定外贸；对二手车经销企业销售旧车减征增值税，将新能源汽车免征车辆购置税政策延长 2 年，促进汽车消费。

确保国家支持新冠肺炎疫情防控、复工复产、稳定外贸、扩大内需的税费优惠政策落实到位，让纳税人缴费人实实在在享受到相关税费优惠，为纳税人缴费人提供高效便捷安全的办税缴费服务，是税务部门当前的重大任务。

针对个人所得税，为更好地发挥税收支持疫情防控和经济社会发展的职能作用，帮助纳税人缴费人准确掌握和及时适用各项税费优惠政策，国家税务总局对自疫情发生以来出台的支持疫情防控和经济社会发展的税费优惠政策进行了梳理和动态更新，本节主要介绍个人所得税的部分，主要包括以下内容：

1. 支持防护救治

（1）取得政府规定标准的疫情防治临时性工作补助和奖金免征个人所得税。

享受主体：参加疫情防治工作的医务人员和防疫工作者。

优惠内容：根据《财政部 税务总局关于支持新型冠状病毒感染的肺炎疫情防控有关个人所得税政策的公告》（财政部 税务总局公告 2020 年第 10 号）、《财政部 税务总局关于支持疫情防控保供等税费政策实施期限的公告》以及《财政部 税务总局关于延续实施应对疫情部分税费优惠政策的公告》的规定，自 2020 年 1 月 1 日至 2021 年 12 月 31 日，对参加疫情防治工作的医务人员和防疫工作者按照政府规定标准取得的临时性工作补助和奖金，免征个人所得税。政府规定标准包括各级政府规定的补助和奖金标准。对省级及省级以上人民政府规定的对参与疫情防控人员的临时性工作补助和奖金，比照执行。

（2）个人取得单位发放的预防新型冠状病毒感染肺炎的医药防护用品等免征个人所得税。

享受主体：取得单位发放的用于预防新型冠状病毒感染的肺炎的药品、医疗用品和防护用品等实物（不包括现金）的个人。

优惠内容：根据《财政部 税务总局关于支持新型冠状病毒感染的肺炎疫情防控有关个人所得税政策的公告》、《财政部 税务总局关于支持疫情防控保供等税费政策实施期限的公告》以及《财政部 税务总局关于延续实施应对疫情部分税费优惠政策的公告》的规定，自 2020 年 1 月 1 日至 2021 年 12 月 31 日，单位发给个人用于预防新型冠状病毒感染的肺炎的药品、医疗用品和防护用品等实物（不包括现金），不计入工资、薪金收入，免征个人所得税。

2. 鼓励公益捐赠

直接向承担疫情防治任务的医院捐赠应对疫情物品允许企业所得税或个人所得税税前全额扣除。

享受主体：直接向承担疫情防治任务的医院捐赠用于应对新型冠状病毒感染的肺炎疫情物品的企业和个人。

优惠内容：根据《财政部 税务总局关于支持新型冠状病毒感染的肺炎疫情防控有关捐赠税收政策的公告》（财政部 税务总局公告 2020 年第 9 号）、《国家税务总局关于支持新型冠状病毒感染的肺炎疫情防控有关税收征收管理事项的公告》、《财政部 税务总局关于支持疫情防控保供等税费政策实施期限的公告》以及《财政部 税务总局关于延续实施应对疫情部分税费优惠政策的公告》的规定，自 2020 年 1 月 1 日至 2021 年 3 月 31 日，企业和个人直接向承担疫情防治任务的医院捐赠用于应对新型冠状病毒感染的肺炎疫情的物品，允许在计算企业所得税或个人所得税应纳税所得额时全额扣除。捐赠人凭承担疫情防治任务的医院开具的捐赠接收函办理税前扣除事宜。

承担疫情防治任务的医院接受的捐赠，应专项用于应对新型冠状病毒感染的肺炎疫情工作，不得挪作他用。

企业享受规定的全额税前扣除政策的，采取“自行判别、申报享受、相关资料留存备查”的方式，并将捐赠全额扣除情况填入企业所得税纳税申报表相应行次。个人享受规定的全额税前扣除政策的，按照《财政部 税务总局关于公益慈善事业捐赠个人所得税政策的公告》（财政部 税务总局公告 2019 年第 99 号）有关规定执行；在办理个人所得税税前扣除、填写《个人所得税公益慈善事业捐赠扣除明细表》时，应当在备注栏注明“直接捐赠”。

企业和个人取得承担疫情防治任务的医院开具的捐赠接收函，作为税前扣除依据自行留存备查。

3. 支持复工复产

小型微利企业和个体工商户延缓缴纳 2020 年的所得税。

享受主体：小型微利企业和个体工商户。

优惠内容：根据《国家税务总局关于小型微利企业和个体工商户延缓缴纳 2020 年所得税有关事项的公告》（国家税务总局公告 2020 年第 10 号）的规定，2020 年 5 月 1 日至 2020 年 12 月 31 日，小型微利企业在 2020 年剩余申报期按规定办理预缴申报后，可以暂缓缴纳当期的企业所得税，延迟至 2021 年首个申报期内一并缴纳。小型微利企业是指符合《国家税务总局关于实施小型微利企业普惠性所得税减免政策有关问题的公告》（国家税务总局公告 2019 年第 2 号）规定条件的企业。在预缴申报时，小型微利企业通过填写预缴纳税申报表相关行次，即可享受小型微利企业所得税延缓缴纳政策。

2020 年 5 月 1 日至 2020 年 12 月 31 日，个体工商户在 2020 年剩余申报期按规定办理个人所得税经营所得纳税申报后，可以暂缓缴纳当期的个人所得税，延迟至 2021 年首个申报期内一并缴纳。其中，个体工商户实行简易申报的，2020 年 5 月 1 日至 2020 年 12 月 31 日期间暂不扣划个人所得税，延迟至 2021 年首个申报期内一并划缴。

7.9 个人所得税综合所得汇算清缴

7.9.1 年度汇算的内容

依据税法规定，年度终了后，居民个人需要汇总当年取得的工资、薪金，劳务报酬，稿酬，特许权使用费等四项所得的收入额，减除费用 6 万元以及专项扣除、专项附加扣除、依法确定的其他扣除和符合条件的公益慈善事业捐赠后，适用综合所得个人所得税税率并减去速算扣除数，计算本年度最终应纳税额，再减去当年已预缴税额，得出应退或应补税额，向税务机关申报并办理退税或补税。具体计算公式如下：

$$\begin{aligned}\text{应退或应补税额}=&\Big[\Big(\text{综合所得收入额}-60\,000-\text{“三险一金”等专项扣除}-\text{子女教育等专项附加扣除}-\text{依法确定的其他扣除}\\&-\text{捐赠}\Big)\times\text{适用税率}-\text{速算扣除数}\Big]-\text{2020 年已预缴税额}\end{aligned}$$

依据税法规定，年度汇算不涉及财产租赁等分类所得，以及纳税人按规定选择不并入综合所得计算纳税的全年一次性奖金等所得。

7.9.2 无须办理年度汇算的纳税人

经国务院批准，依据《财政部 税务总局关于个人所得税综合所得汇算清缴涉及有关政策问题的公告》（财政部 税务总局公告2019年第94号）有关规定，纳税人在当年已依法预缴个人所得税且符合下列情形之一的，无须办理年度汇算：

（1）年度汇算需补税但综合所得收入不超过12万元的；

（2）年度汇算需补税金额不超过400元的；

（3）已预缴税额与年度应纳税额一致或者不申请退税的。

7.9.3 需要办理年度汇算的纳税人

依据税法规定，符合下列情形之一的，纳税人需要办理年度汇算：

（1）已预缴税额大于年度应纳税额且申请退税的；

（2）综合所得收入全年超过12万元且需要补税金额超过400元的。

7.9.4 可享受的税前扣除

下列在当年发生的，且未申报扣除或未足额扣除的税前扣除项目，纳税人可在年度汇算期间办理扣除或补充扣除：

（1）纳税人及其配偶、未成年子女符合条件的大病医疗支出；

（2）纳税人符合条件的子女教育、继续教育、住房贷款利息、住房租金、赡养老人专项附加扣除，以及减除费用、专项扣除、依法确定的其他扣除；

（3）纳税人符合条件的捐赠支出。

7.9.5 办理时间

年度汇算时间为次年3月1日至6月30日。在中国境内无住所的纳税人在次年3月1日前离境的，可以在离境前办理年度汇算。

7.9.6 办理方式

纳税人可自主选择下列办理方式：

（1）自行办理年度汇算；

（2）通过任职受雇单位（含按累计预扣法预扣预缴其劳务报酬所得个人所得税的单位，简称单位）代为办理。

纳税人提出代办要求的，单位应当代为办理，或者培训、辅导纳税人通过网上税务局（包括手机个人所得税App，下同）完成年度汇算申报和退（补）税。

由单位代为办理的，纳税人应在次年4月30日前与单位以书面或者电子等方式进行确认，补充提供其当年在本单位以外取得的综合所得收入、相关扣除、享受税收优惠等信息资料，并对所提交信息的真实性、准确性、完整性负责。纳税人未与单位确认请其代为办理年度汇算的，单位不得代办。

（3）委托涉税专业服务机构或其他单位及个人（以下称受托人）办理，受托人需与纳税人签订授权书。

单位或受托人为纳税人办理年度汇算后，应当及时将办理情况告知纳税人。纳税人发现申报信息存在错误的，可以要求单位或受托人办理更正申报，也可自行办理更正申报。

7.9.7 办理渠道

为便利纳税人，税务机关为纳税人提供高效、快捷的网络办税渠道。纳税人可优先通过网上税务局办理年度汇算，税务机关将按规定为纳税人提供申报表预填服务；不方便通过上述方式办理的，也可以通过邮寄方式或到办税服务厅办理。

选择邮寄申报的，纳税人需将申报表寄送至按《2020年度个人所得税汇算清缴注意事项》第九条确定的主管税务机关所在省、自治区、直辖市和计划单列市税务机关公告的地址。

7.9.8 申报信息及资料留存

纳税人办理年度汇算的，适用《个人所得税年度自行纳税申报表》，如需修改本人相关基础信息，新增享受扣除或者税收优惠的，还应按规定一并填报相关信息。纳税人需仔细核对，确保所填信息真实、准确、完整。

纳税人、代办年度汇算的单位，需各自将年度汇算申报表以及纳税人综合所得收入、扣除、已缴税额或税收优惠等相关资料，自年度汇算期结束之日起留存5年。

7.10 个人所得税的征收管理

（1）纳税人向收款单位索取发票、财政票据、支出凭证，收款单位不得拒绝提供。

（2）纳税人首次享受专项附加扣除，应当将相关信息提交扣缴义务人或者税务机关，扣缴义务人应尽快将相关信息报送税务机关，纳税人对所提交信息的真实性负责。专项附加扣除信息发生变化的，应当及时向扣缴义务人或者税务机关提供相关信息。

上述所称专项附加扣除相关信息，包括纳税人本人、配偶、未成年子女、被赡养老人等个人身份信息，以及国务院税务主管部门规定的其他与专项附加扣除相关的信息。

（3）有关部门和单位应当向税务部门提供或协助核实以下与专项附加扣除有关的信息：

1）公安部门有关身份信息、户籍信息、出入境证件信息、出国留学人员信息、公民死亡标识等信息；

2）卫生健康部门有关出生医学证明信息、独生子女信息；

3）民政部门、外交部门、最高法院有关婚姻登记信息；

4）教育部门有关学生学籍信息（包括学历继续教育学生学籍信息）或者在相关部门备案的境外教育机构资质信息；

5）人力资源和社会保障等部门有关学历继续教育（职业技能教育）学生学籍信息、职业资格继续教育、技术资格继续教育信息；

6）财政部门有关继续教育收费财政票据信息；

7）住房和城乡建设部门有关房屋租赁信息、住房公积金管理机构有关住房公积金贷款还款支出信息；

8）自然资源部门有关不动产登记信息；

9）中国人民银行、金融监督管理部门有关住房商业贷款还款支出信息；

10）医疗保障部门有关个人负担的医药费用信息；

11）其他信息。

上述数据信息的格式、标准、共享方式，由国务院税务主管部门商有关部门确定。有关部门和单位拥有专项附加扣除涉税信息，但拒绝向税务部门提供的，由税务部门提请同级国家监察机关依法追究其主要负责人及相关人员的法律责任。

(4) 扣缴义务人应当按照纳税人提供的信息计算办理扣缴申报，不得擅自更改纳税人提供的相关信息。

扣缴义务人发现纳税人申报虚假信息的，应当提醒纳税人更正；纳税人拒不改正的，扣缴义务人应当告知税务机关。

(5) 税务机关核查专项附加扣除情况时，有关部门、企事业单位和个人应当协助核查。

核查时首次发现纳税人拒不提供或者提供虚假资料凭据的，应通报纳税人和扣缴义务人；5年内再次发现上述情形的，记入纳税人信用记录，会同有关部门实施联合惩戒。

延伸阅读

个人所得税改革引入反避税条款的原因

《个人所得税法实施条例》

2018年对个人所得税法的修订，增加了反避税条款，对个人不按独立交易原则而减少本人或者其关联方应纳税额且无正当理由、实施不具有合理商业目的的安排而获取不当税收利益等行为，税务机关有权按合理方法进行纳税调整。主要考虑如下：

(1) 维护国家税收权益的需要。在经济全球化背景下，纳税人利用国家间税收政策差异和信息的不对称进行避税安排，获取不当税收利益的情况越来越多，造成税收流失。美国、英国、德国、日本等国家都已经建立针对自然人的反避税规定，我国也应该加强立法，保障税收权益。

(2) 防范个人逃避税收行为的需要。目前，个人收入来源多元、隐蔽性强，个人运用各种手段逃避缴纳个人所得税的情况时有发生。对于个人以获取不当税收利益为目的，不遵循独立交易原则的避税行为和安排，税务机关可以按照规定程序和合理方法对其进行纳税调整，营造公平、透明、有序的税收环境。

(3) 构建涵盖企业与个人反避税制度的需要。2008年以来，我国完善了企业所得税的反避税规定，个人所得税法没有相应跟进。为防范自然人筹划避税，营造公平的税收竞争环境，此次修法针对自然人避税的特点，充分借鉴企业所得税反避税立法经验，增加相应的反避税条款，构建涵盖从企业到个人、体系完整的反避税防控制度体系。

本章小结

1. 个人所得税的类型分为：分类所得税制、综合所得税制、分类综合所得税制。

2. 个人所得税纳税人包括中国公民、个体工商户、个人独资企业、合伙企业以及在中国有所得的外籍人员和港澳台同胞，其中包括具有自然人性质的企业。

3. 个人所得税的征税范围包括：（1）综合所得，包括工资、薪金所得，劳务报酬所得，稿酬所得，特许权使用费所得；（2）经营所得，包括个体工商户、个人独资企业和合伙企业的生产、经营所得，对企事业单位的承包、承租经营所得；（3）利息、股息、红利所得；（4）财产租赁所得；（5）财产转让所得；（6）偶然所得。

4. 个人所得税适用超额累进税率和比例税率两种形式。

5. 个人所得税的纳税申报包括：（1）预扣预缴；（2）取得综合所得需要办理汇算清缴的纳税申报；（3）取得经营所得的纳税申报；（4）取得应税所得，扣缴义务人未扣缴税款的纳税申报；（5）取得境外所得的纳税申报；（6）因移居境外注销中国户籍的纳税申报；（7）非居民个人在中国境内从两处以上取得工资、薪金所得的纳税申报。

复习与思考

一、单项选择题

1. 琼斯为外籍个人，在中国境内无住所，同时在中国境内、境外机构担任职务。2021 年 3 月 6 日来华，当年 12 月 20 日离开。其间因工作原因，琼斯曾于 6 月 8 日离境，6 月 14 日返回。在计算个人所得税时，琼斯在中国境内的实际工作天数为（　　）天。

A. 282　　B. 283　　C. 284　　D. 285

2. 下列属于综合所得应税项目的是（　　）。

A. 工资、薪金所得　　B. 利息、股息、红利所得

C. 财产转让所得　　D. 偶然所得

3. 下列所得，不属于个人所得税工资、薪金所得应税项目的是（　　）。

A. 个人兼职取得的所得

B. 退休人员再任职取得的所得

C. 任职于杂志社的记者在本单位杂志上发表作品取得的所得

D. 个人在公司任职并兼任董事取得的董事费所得

4. 吴某为中方派遣单位派往外资企业的雇员，2021 年外资企业每月应向吴某支付工资 9 000 元。按照吴某与中方派遣单位签订的合同，外资企业每月将应付吴某工资的 10%上缴给中方派遣单位，并能提供有效凭证。此外吴某还在另一私营企业兼职，该私营企业每月向吴某支付报酬 2 000 元。吴某 2021 年每月应纳的个人所得税为（　　）元。

A. 625　　B. 325　　C. 485　　D. 785

5. 美国居民崔某受其供职的境外公司委派，来华从事设备安装调试工作，在华停留60天，取得境外公司支付的工资折合人民币40 000元，取得中国体育彩票中奖收入100 000元。崔某应在中国缴纳的个人所得税为（　　）元。

A. 20 000　　B. 15 590　　C. 23 180　　D. 28 000

6. 刘某2021年取得的工资在扣除“三险一金”后为每月19 000元，另外2021年还取得外出劳务费用24 000元，在A杂志上发表文章获得稿酬1 200元。刘某现每月需付房屋租金4 000元，有一个孩子在上幼儿园，同时父母已经60多岁，刘某是独生子女。刘某2021年应纳的个人所得税为（　　）元。

A. 13 920　　B. 11 400　　C. 12 880　　D. 12 910

7. 中国公民方某2021年取得税后工资154 600元，另外，其还为另一家公司提供设计服务，取得税后收入10 000元。该公司已代扣代缴个人所得税（　　）元。

A. 18 600.38　　B. 8 822.22　　C. 14 300.15　　D. 12 760.58

8. 2021年某月某律师事务所当月全部收入为30万元，其雇员律师李某每月按律师事务所收入的10%比例提成，同时李某每月还取得工资收入3 000元。李某和律师事务所约定，李某本人所有的办案费用和个人开销，均可以由律师事务所报销。李某应纳的个人所得税为（　　）元。

A. 1 040　　B. 840　　C. 5 980　　D. 6 870

9. 下列关于个体工商户的生产、经营所得的计税方法，正确的是（　　）。

A. 为业主缴纳的补充养老保险、补充医疗保险，分别在不超过其工资总额5%标准内的部分据实扣除

B. 生产经营费用、个人家庭费用难以分清的，60%视为生产经营费用准予扣除

C. 公益性捐赠，不超过其应纳税所得额12%的部分可以据实扣除

D. 个体工商户代其从业人员或者他人负担的税款，不得税前扣除

10. 张某为熟食加工个体户，当年取得生产经营收入20万元，生产经营成本为13万元（含子女的教育学费支出8万元），从业人员工资5万元；另取得个人文物拍卖收入30万元，不能提供原值凭证，该文物经文物部门认定确定为海外回流文物。下列关于张某2021年个人所得税纳税事项的表述中，正确的是（　　）。

A. 子女的教育学费支出可以在税前扣除

B. 生产、经营所得应纳个人所得税的计税依据为5.8万元

C. 文物拍卖所得按拍卖收入额的2%缴纳个人所得税

D. 文物拍卖所得应并入生产、经营所得一并缴纳个人所得税

11. 王某2021年将一套居住了2年的普通住房出售，原值12万元，售价30万元，售房过程中发生费用1万元，同时其拥有的另外一套用于出租的房产每月租金2 000元；另外，王某本月购买中国福利彩票中奖12 000元。王某本月应纳的个人所得税为（　　）元。

A. 31 200　　B. 34 400　　C. 36 520　　D. 68 700

二、多项选择题

1. 下列各项所得在计算应纳税所得额时不允许扣除任何费用的有（　　）。

A. 偶然所得　　B. 利息、股息、红利所得
C. 综合所得　　D. 经营所得

2. 下列个人应就其全部来自我国境内的所得缴纳个人所得税的有（　　）。
A. 境内无住所且居住满一年但不满五年的
B. 境内无住所但居住满五年的
C. 境内无住所且居住少于 90（183）天的
D. 在境内无住所且居住超过 90（183）天但不满一年的

3. 下列各项在计算缴纳个人所得税时，个人通过非营利性社会团体和国家机关进行的公益性捐赠，准予在其应纳税所得额中全额扣除的有（　　）。
A. 向农村义务教育捐赠　　B. 向红十字会捐赠
C. 向公益性青少年活动场所捐赠　　D. 向中国绿化基金会捐赠

4. 根据个人所得税的相关规定，在计算个体工商户、个人独资企业和合伙企业生产、经营所得的应纳税所得额时，下列允许据实扣除的支出有（　　）。
A. 向非金融企业的借款利息支出
B. 业务招待费支出
C. 与生产、经营活动有关的成本费用
D. 向其从业人员实际支付的合理的工资、薪金支出

5. 下列所得中，应按偶然所得征收个人所得税的有（　　）。
A. 个人因参加企业的有奖销售活动而取得的奖品所得
B. 个人处置打包债权取得的收入
C. 个人取得的不竞争款项
D. 个人因购买福利彩票而获得中奖收入 10 万元

6. 以下属于《个人所得税法》中的专项附加扣除的有（　　）。
A. 住房贷款利息或者住房租金支出　　B. 赡养老人的支出
C. 子女教育支出　　D. 个人报舞蹈班、瑜伽班的报名费

7. 个人所得税的类型主要有（　　）。
A. 分类所得税制　　B. 差别所得税制
C. 综合所得税制　　D. 分类综合所得税制

8. 下列属于个人所得税的免征项目的有（　　）。
A. 国债和国家发行的金融债券利息
B. 个人办理代扣代缴税款手续，按规定取得的扣缴手续费
C. 个人转让自用达 5 年以上的唯一家居房
D. 外籍个人从公开发行和转让市场取得的上市公司股票，持股期限超过 1 年的股息、红利所得

9. 下列情形中，需要纳税人自行申报缴纳个人所得税的有（　　）。
A. 年所得 10 万元以上的
B. 从中国境内两处或两处以上取得工资、薪金所得的
C. 从中国境外取得所得的
D. 取得应纳税所得，没有扣缴义务人的

10. 外籍个人查理在我国取得的下列收入中，可享受免税的有（　　）。

A. 探亲费收入

B. 实报实销的住房补贴收入

C. 从外商投资企业获得的红利收入

D. 探亲期间境外工资收入

三、综合题

1. 居民个人王某及配偶名下均无房，在某省会城市工作并租房居住，2020年9月开始攻读工商管理硕士。2021年王某取得收入和部分支出如下：

（1）每月从单位领取扣除社会保险费用和住房公积金后的工资8 000元，截至11月底累计已预扣预缴个人所得税363元。

（2）取得年终奖48 000元，选择单独计税。

（3）利用业余时间出版一部摄影集，取得稿酬20 000元。

（4）每月支付房租3 000元。

其他相关资料：以上专项附加扣除均由王某100%扣除。

要求：根据上述资料，请计算：

（1）2021年12月王某取得的工资应预扣预缴的个人所得税。

（2）王某取得的年终奖应纳的个人所得税。

（3）王某取得的稿酬所得应预扣预缴的个人所得税。

（4）王某取得的2021年综合所得应纳的个人所得税。

（5）计算王某就2021年综合所得向主管税务机关办理汇算清缴时，应补缴的税款或申请的退税额。

2. 某市遭遇百年一遇的全省性特大旱灾，干旱范围之广、时间之长、程度之深、损失之大，均为历史少有。面对这场百年一遇的旱灾，社会各界踊跃捐赠。2021年某歌星参加该市某单位举办的演唱会，取得出场费收入80 000元。该歌星亲眼见到了旱灾对当地群众生产和生活所带来的严重影响，决定将其中的30 000元通过当地民政部门捐赠给灾区。

该歌星也知道捐赠是一件重大的涉税事项，如果不能正确地申报纳税，就有可能出现献了爱心还要被处罚的后果。

要求：请为该歌星计算取得的出场费收入在捐赠后应纳的个人所得税。

3. 张某为我国居民个人，2021年发生以下经济行为：

（1）取得境外某企业支付的利息100 000元，该项收入境外纳税10 000元并取得境外税务机关开具的完税凭证，已知该国与我国之间尚未签订税收协定，张某当年无其他境外收入。

（2）以市场价2 000 000元转让2008年购入的家庭唯一普通商品住房，原值60 000元，转让过程中缴纳税费6 000元。

（3）拍卖自己的文字作品手稿原件，取得收入8 000元。

要求：根据上述资料，请回答下列问题：

（1）判断张某取得的利息在境外所纳税款是否能在本纳税年度足额抵扣并说明理由。

（2）计算张某从境外取得的利息在我国应补缴的个人所得税。

（3）判断张某转让住房是否应缴纳个人所得税并说明理由。

（4）说明张某取得的拍卖收入缴纳个人所得税时适用的所得项目和预扣率。

（5）计算张某取得的拍卖收入应预扣预缴的个人所得税。

4. 李某是我国甲企业的中层管理人员，2021 年发生以下经济行为：

（1）1 月初李某与甲企业解除劳动合同，取得企业给付的一次性补偿收入 96 000 元。

（2）2 月李某承包甲企业的招待所，按照合同规定，招待所的年经营利润全部归李某所有，但是本年应该上缴承包费 20 000 元。李某每月从经营收入中支取工资 4 000 元。当年招待所实现经营利润 85 000 元（不含李某工资）。

（3）3 月李某将承租的一套住房转租给他人居住。李某承租的住房租金为每月 2 000 元（有房屋租赁合同和合法支付凭据），其转租的租金收入为每月 3 000 元。

（4）4—12 月李某应邀为乙培训机构授课，按照合同规定，每月授课 4 次，每次课酬 6 000 元，培训机构已按规定支付课酬。

其他相关资料：当地上年职工的平均工资为 32 000 元。

要求：根据上述资料，请回答下列问题：

（1）判断李某取得的一次性补偿收入是否需要缴纳个人所得税并说明理由。

（2）计算李某经营招待所应纳的个人所得税。

（3）判断李某转租住房向房屋出租方支付的租金是否允许在税前扣除并说明具体规定。

（4）按次序写出转租收入应纳个人所得税的税前扣除项目。

（5）计算乙培训机构每月应预扣预缴李某的个人所得税以及汇算清缴时计入综合所得的劳务报酬收入额。

第8章

资源税

学习目标

1. 理解和掌握资源税的含义及历史渊源。
2. 熟悉资源税的基本要素，明确征税对象、征税范围，选择适用税率。
3. 掌握资源税的计税依据和应纳税额的计算。
4. 熟悉资源税的税收优惠政策。
5. 理解资源税的改革方向。

案例导入

广东某铁矿公司2021年7月将自采的铁原矿洗选加工成铁精矿后销售，销售量为400吨，每吨价格为1 500元，销售额为60万元。另外，该企业不存在运杂费、外购矿扣减情况，也没有减免税项目发生。请问该铁矿公司本月应纳的资源税是多少？

8.1 资源税概述

资源税是对在我国境内从事应税矿产品开采和生产盐的单位和个人课征的一种税，属于对自然资源占用课税的范畴。

我国资源税开征于1984年，对在我国境内从事原油、天然气、煤炭等矿产资源开采的单位和个人征收。1986年10月1日，《中华人民共和国矿产资源法》施行，该法第五条规定，国家实行探矿权、采矿权有偿取得的制度。开采矿产资源，必须按照国家有关规定缴纳资源税和资源补偿费。“税费并存”的制度从此以法律的形式确定下来。

1993年全国财税体制改革，对1984年第一代资源税法律制度做了重大修改，形成第二代资源税制度。1993年12月国务院发布的《中华人民共和国资源税暂行条例》（简称《资源税暂行条例》）及《中华人民共和国资源税暂行条例实施细则》（简称《资源税暂行条例实施细则》），把盐并到资源税中，将资源税征收范围扩大为原油、天然气、煤炭、其他非金属矿原矿、黑色金属矿原矿、有色金属矿原矿和盐七大类。1994 年 1 月 1 日起不再按照超额利润征税，而是按矿产品销售量征税，按照“普遍征收，级差调节”原则，就资源赋税情况、开采条件、资源等级、地理位置等客观条件的差异规定幅度税额，为每一个课税矿区规定了适用税率。这一规定考虑资源条件优劣的差别，对级差收益进行了有效调节。

2010 年 5 月 31 日，国务院正式批准出台资源税改革方案。2010 年 6 月 1 日，新疆地区率先施行原油、天然气的从价计征改革。2011 年国务院修订《资源税暂行条例》，增加了从价定率计征方式。自 2011 年 11 月 1 日起，在全国实施原油、天然气资源税从价计征改革。

从 2014 年开始，资源税改革步伐逐渐加快。2014 年 12 月 1 日和 2015 年 5 月 1 日起，分别实施了煤炭和稀土、钨、钼资源税从价计征改革，并全面清理相关收费基金。自 2016 年 7 月 1 日起我国全面推进资源税改革，对绝大部分应税产品实行从价计征方式，对经营分散、多为现金交易且难以管控的粘土、砂石，按照便利征管原则，仍实行从量定额计征。同时河北省率先开展水资源费改税试点工作，将地表水和地下水纳入征税范围，实行从量定额计征。2017 年 12 月 1 日起，水资源税改革试点进一步扩大到北京、天津、山西、内蒙古、山东、河南、四川、陕西、宁夏等 9 个省（自治区、直辖市）。

2017 年 11 月 20 日，财政部与国家税务总局公布《中华人民共和国资源税法（征求意见稿）》，资源税立法进程开始启动。2018 年 3 月 30 日，国家税务总局发布关于《资源税征收管理规程》的公告，进一步规范资源税征收管理，优化纳税服务，防范涉税风险。2017 年我国资源税收入达到 1 353 亿元，约占地方税收入的 2%，成为资源富集地区的重要税收来源。原油等 6 种矿产品资源税从价计征改革完成后，采用从价计征方式征收的资源税，已占资源税总量的 60%以上。2018 年 12 月 23 日，《中华人民共和国资源税法（草案）》首次提请第十三届全国人民代表大会常务委员会第七次会议审议。2019 年 8 月 26 日，第十三届全国人民代表大会常务委员会第十二次会议审议通过了《中华人民共和国资源税法》，并自 2020 年 9 月 1 日起施行。

征收资源税的作用主要有：

（1）促进企业之间开展平等竞争。我国的资源税属于比较典型的级差资源税，它根据应税产品的品种、质量、存在形式、开采方式以及企业所处地理位置和交通运输条件等客观因素的差异确定差别税率，条件优越者税负较高，反之则税负较低。这种税率设计使资源税能够比较有效地调节由于自然资源条件差异等客观因素给企业带来的级差收入，减少或排除资源条件差异对企业盈利水平的影响，为企业之间开展平等竞争创造有利的外部条件。

（2）促进对自然资源的合理开发利用。对开发利用应税资源的行为课征资源税，体现了国有自然资源有偿占用的原则，可以促使纳税人节约、合理地开发和利用自然资源，有利于我国经济可持续发展。

（3）为国家筹集财政资金。随着课征范围的逐渐扩展，资源税的收入规模及其在税收收入总额中所占的比重都相应增加，其财政意义也日渐明显，在为国家筹集财政资金方面发挥着不可忽视的作用。

8.2 资源税的纳税人、征税对象和税率

8.2.1 资源税的纳税人

资源税的纳税人是指在中华人民共和国领域及管辖海域开采应税资源的矿产品或者生产盐的单位和个人。单位是指国有企业、集体企业、私营企业、股份制企业、其他企业和行政单位、事业单位、军事单位、社会团体及其他单位；个人是指个体经营者和其他个人；其他单位和其他个人包括外商投资企业、外国企业及外籍人员。

《资源税暂行条例》规定，收购未税矿产品的单位为资源税的扣缴义务人。针对零星、分散、不定期开采的情况，为了加强管理，避免漏税，由扣缴义务人在收购矿产品时代扣代缴资源税。

收购未税矿产品的单位是指独立矿山、联合企业及其他单位。独立矿山是指只有采矿或只有采矿和选矿，独立核算、自负盈亏的单位，其生产的原矿和精矿主要用于对外销售。联合企业是指采矿、选矿、冶炼（或加工）连续生产的企业或采矿、冶炼（或加工）连续生产的企业，其采矿单位，一般是该企业的二级或二级以下核算单位。其他单位包括收购未税矿产品的个体户等。

自2017年12月1日起，水资源税改革试点从河北进一步扩大到北京、天津、山西、内蒙古、河南、山东、四川、陕西、宁夏9个省区市，由征收水资源费改为征收水资源税。除规定情形外，水资源税的纳税人为直接取用地表水、地下水的单位和个人，包括直接从江、河、湖泊（含水库）和地下取用水资源的单位和个人。

8.2.2 资源税的征税对象

资源税各税目的征税对象包括原矿、精矿（或原矿加工品，下同）、金锭、氯化钠初级产品，具体按照《资源税税目税率表》相关规定执行。对未列举名称的其他矿产品，省级人民政府可对本地区主要矿产品按矿种设定税目，对其余矿产品按类别设定税目，并按其销售的主要形态（如原矿、精矿）确定征税对象。

现行资源税的税目及子目主要是根据资源税应税产品和纳税人开采资源的行业特点设置的。

（1）原油，是指开采的天然原油，不包括人造石油。

（2）天然气，是指专门开采或者与原油同时开采的天然气。

（3）煤炭，包含原煤和以未税原煤加工的洗选煤。

（4）金属矿，包含铁矿、金矿、铜矿、铝土矿、铅锌矿、镍矿、锡矿、钨、钼、未列举名称的其他金属矿产品的原矿或精矿。

（5）其他非金属矿，包含石墨、硅藻土、高岭土、萤石、石灰石、硫铁矿、磷矿、氯化钾、硫酸钾、井矿盐、湖盐、提取地下卤水晒制的盐、煤成（层）气、海盐、稀土、未列举名称的其他非金属矿产品。

（6）开展水资源税试点省区市，采取水资源费改税方式，将地表水和地下水纳入

征税范围。

纳税人在开采主矿产品的过程中伴采的其他应税矿产品，未单独规定适用税额的，一律按主矿产品或视同主矿产品税目征收资源税。未列举名称的其他非金属矿原矿和其他有色金属矿原矿，由省、自治区、直辖市人民政府决定征收或暂缓征收资源税，并报财政部和国家税务总局备案。

纳税人以自采原矿（经过采矿过程采出后未进行选矿或者加工的矿石）直接销售，或者自用于应当缴纳资源税情形的，按照原矿计征资源税。

纳税人以自采原矿洗选加工为选矿产品（通过破碎、切割、洗选、筛分、磨矿、分级、提纯、脱水、干燥等过程形成的产品，包括富集的精矿和研磨成粉、粒级成型、切割成型的原矿加工品）销售，或者将选矿产品自用于应当缴纳资源税情形的，按照选矿产品计征资源税，在原矿移送环节不缴纳资源税。对于无法区分原生岩石矿种的粒级成型砂石颗粒，按照砂石税目征收资源税。

8.2.3 资源税的税率

资源税采取从价定率或者从量定额的办法计征，分别以应税产品的销售额乘以纳税人具体适用的比例税率或者以应税产品的销售数量乘以纳税人具体适用的定额税率计算，实施级差调节。资源税税目税率表如表 8-1 所示。

表 8-1 资源税税目税率表

税目			征税对象	税率
能源矿产	原油		原矿	6%
	天然气、页岩气、天然气水合物		原矿	6%
	煤		原矿或者选矿	2%～10%
	煤成（层）气		原矿	1%～2%
	铀、钍		原矿	4%
	油页岩、油砂、天然沥青、石煤		原矿或者选矿	1%～4%
	地热		原矿	1%～20%或者每立方米 1～30 元
金属矿产	黑色金属	铁、锰、铬、钒、钛	原矿或者选矿	1%～9%
	有色金属	铜、铅、锌、锡、镍、锑、镁、钴、铋、汞	原矿或者选矿	2%～10%
		铝土矿	原矿或者选矿	2%～9%
		钨	选矿	6.5%
		钼	选矿	8%
		金、银	原矿或者选矿	2%～6%
		铂、钯、钌、锇、铱、铑	原矿或者选矿	5%～10%
		轻稀土	选矿	7%～12%
		中重稀土	选矿	20%
		铍、锂、锆、锶、铷、铯、铌、钽、锗、镓、铟、铊、铪、铼、镉、硒、碲	原矿或者选矿	2%～10%

续表

税目			征税对象	税率
非金属矿产	矿物类	高岭土	原矿或者选矿	1%～6%
		石灰岩	原矿或者选矿	1%～6%或者每吨（或者每立方米）1～10元
		磷	原矿或者选矿	3%～8%
		石墨	原矿或者选矿	3%～12%
		萤石、硫铁矿、自然硫	原矿或者选矿	1%～8%
		天然石英砂、脉石英、粉石英、水晶、工业用金刚石、冰洲石、蓝晶石、硅线石（矽线石）、长石、滑石、刚玉、菱镁矿、颜料矿物、天然碱、芒硝、钠硝石、明矾石、砷、硼、碘、溴、膨润土、硅藻土、陶瓷土、耐火粘土、铁矾土、凹凸棒石粘土、海泡石粘土、伊利石粘土、累托石粘土	原矿或者选矿	1%～12%
		叶蜡石、硅灰石、透辉石、珍珠岩、云母、沸石、重晶石、毒重石、方解石、蛭石、透闪石、工业用电气石、白垩、石棉、蓝石棉、红柱石、石榴子石、石膏	原矿或者选矿	2%～12%
		其他粘土（铸型用粘土、砖瓦用粘土、陶粒用粘土、水泥配料用粘土、水泥配料用红土、水泥配料用黄土、水泥配料用泥岩、保温材料用粘土）	原矿或者选矿	1%～5%或者每吨（或者每立方米）0.1～5元
	岩石类	大理岩、花岗岩、白云岩、石英岩、砂岩、辉绿岩、安山岩、闪长岩、板岩、玄武岩、片麻岩、角闪岩、页岩、浮石、凝灰岩、黑曜岩、霞石正长岩、蛇纹岩、麦饭石、泥灰岩、含钾岩石、含钾砂页岩、天然油石、橄榄岩、松脂岩、粗面岩、辉长岩、辉石岩、正长岩、火山灰、火山渣、泥炭	原矿或者选矿	1%～10%
		砂石	原矿或者选矿	1%～5%或者每吨（或者每立方米）0.1～5元
	宝玉石类	宝石、玉石、宝石级金刚石、玛瑙、黄玉、碧玺	原矿或者选矿	4%～20%
水气矿产	二氧化碳气、硫化氢气、氦气、氡气		原矿	2%～5%
	矿泉水		原矿	1%～20%或者每立方米1～30元
盐	钠盐、钾盐、镁盐、锂盐		选矿	3%～15%
	天然卤水		原矿	3%～15%或者每吨（或者每立方米）1～10元
	海盐			2%～5%

资源税的具体适用税率，由省级人民政府在规定的税率幅度内提出税率建议，报财政部、国家税务总局备案。对未列举名称的其他金属和非金属矿产品，由省级人民政府根据实际情况确定具体税目和适用税率，报财政部、国家税务总局备案。

纳税人开采或生产不同税目应税产品的，应当分别核算不同税目应税产品的销售额或者销售数量；未分别核算或者不能准确提供不同税目应税产品的销售额或者销售数量的，从高适用税率。

纳税人开采或者生产同一税目下适用不同税率应税产品的，应当分别核算不同税率应税产品的销售额或者销售数量；未分别核算或者不能准确提供不同税率应税产品的销售额或者销售数量的，从高适用税率。

8.3 资源税的计税依据和应纳税额的计算

8.3.1 资源税的计税依据

资源税的计税依据为应税产品的销售额或销售数量。对《资源税税目税率表》中列举名称的资源品目和未列举名称的其他金属矿实行从价计征；对经营分散、多为现金交易且难以管控的粘土、砂石，按照便利征管原则，仍实行从量计征；对未列举名称的其他非金属矿产品，按照从价计征为主、从量计征为辅的原则，由省级人民政府确定计征方式。

1. 关于销售额的认定

实行从价定率征收的以销售额作为计税依据。销售额是指纳税人销售应税产品向购买方收取的全部价款和价外费用，不包括增值税销项税额和运杂费用。

（1）价外费用，包括价外向购买方收取的手续费、补贴、基金、集资费、返还利润、奖励费、违约金、滞纳金、延期付款利息、赔偿金、代收款项、代垫款项、包装费、包装物租金、储备费、优质费、运输装卸费以及其他各种性质的价外收费。但下列项目不包括在内：

1）同时符合以下条件的代垫运输费用：承运部门的运输费用发票开具给购买方的；纳税人将该项发票转交给购买方的。

2）同时符合以下条件代为收取的政府性基金或者行政事业性收费：由国务院或者财政部批准设立的政府性基金，由国务院或者省级人民政府及其财政、价格主管部门批准设立的行政事业性收费；收取时开具省级以上财政部门印制的财政票据；所收款项全额上缴财政。

（2）运杂费用，是指应税产品从坑口或洗选（加工）地到车站、码头或购买方指定地点的运输费用、建设基金以及随运销产生的装卸、仓储、港杂费用。运杂费用应与销售额分别核算，凡未取得相应凭据或不能与销售额分别核算的，应当一并计征资源税。

需要注意的是，纳税人开采应税矿产品由其关联单位对外销售的，按其关联单位的销售额征收资源税。纳税人既有对外销售应税产品，又有将应税产品用于除连续生产应税产品以外的其他方面的，则自用的这部分应税产品按纳税人对外销售应税产品的平均价格计算销售额征收资源税。

此外，纳税人以人民币以外的货币结算销售额的，应当折合成人民币计算。其销售额的人民币折合率可以选择销售额发生的当天或者当月1日的人民币汇率中间价。纳税人应事先确定折合率计算方法，确定后1年内不得变更。

（3）核定销售额。纳税人申报的应税产品销售额明显偏低且无正当理由的，或者有自用应税产品行为而无销售额的，主管税务机关可以按下列方法和顺序确定其应税产品销售额：

1）按纳税人最近时期同类产品的平均销售价格确定。

2）按其他纳税人最近时期同类产品的平均销售价格确定。

3）按后续加工非应税产品销售价格，减去后续加工环节的成本利润后确定。

4）按应税产品组成计税价格确定。

组成计税价格＝成本×(1＋成本利润率)÷(1－资源税税率)

上述公式中的成本利润率由省、自治区、直辖市税务机关确定。

2. 关于原矿销售额与精矿销售额的换算或折算

为公平原矿与精矿之间的税负，对同一种应税产品，征税对象为精矿的，纳税人销售原矿时，应将原矿销售额换算为精矿销售额缴纳资源税；征税对象为原矿的，纳税人销售自采原矿加工的精矿，应将精矿销售额折算为原矿销售额缴纳资源税。换算比或折算率原则上应通过原矿售价、精矿售价和选矿比计算，也可通过原矿销售额、加工环节平均成本和利润计算。

金矿以标准金锭为征税对象，纳税人销售金原矿、金精矿的，应比照上述规定将其销售额换算为金锭销售额缴纳资源税。

换算比或折算率应按简便可行、公平合理的原则，由省级财税部门确定，并报财政部、国家税务总局备案。

3. 从量定额征收的计税依据

粘土和砂石等出于征管便利的需要将继续采用从量计征方法；实行从量定额征收的，以销售数量为计税依据。销售数量的具体规定为：

（1）应税产品的销售数量，包括纳税人开采或者生产应税产品的实际销售数量和自用于应当缴纳资源税情形的应税产品数量。

（2）纳税人不能准确提供应税产品销售数量的，以应税产品的产量或者主管税务机关确定的折算比换算成的数量为计征资源税的销售数量。

（3）纳税人以自产的液体盐加工固体盐，按照固体盐应纳税额征税，已加工的固体盐数量为课税数量。纳税人以外购的液体盐加工固体盐，其加工固体盐所耗用液体盐的已纳税额准予扣除。

（4）纳税人外购应税产品与自采应税产品混合销售或者混合加工为应税产品销售的，在计算应税产品销售额或者销售数量时，准予扣减外购应税产品的购进金额或者购进数量；当期不足扣减的，可结转下期扣减。纳税人应当准确核算外购应税产品的购进金额或者购进数量，未准确核算的，一并计算缴纳资源税。

（5）纳税人开采或者生产同一应税产品，其中既有享受减免税政策的，又有不享受减免税政策的，按照免税、减税项目的产量占比等方法分别核算确定免税、减税项目的销售额或者销售数量。

8.3.2 资源税应纳税额的计算

资源税的应纳税额，按照从价定率或者从量定额的办法，分别以应税产品的销售额乘以纳税人具体适用的比例税率或者以应税产品的销售数量乘以纳税人具体适用的定额税率计算。

1. 应纳税额的两种计税模式

（1）实行从价定率征收的，根据应税产品的销售额和规定的适用税率计算应纳税额，具体计算公式为：

应纳资源税＝销售额×适用税率

例8-1

某省煤炭资源税税率为8%。该省某煤矿企业2021年8月销售自采原煤200万元（不含增值税）；用自采未税原煤连续加工洗选煤1 000吨，销售480吨，每吨售价为950元，同时移送洗选煤220吨用于集体宿舍取暖。已知计算资源税时洗选煤折算率为90%。请计算该煤矿企业当月应纳的资源税。

【解析】纳税人将其开采的原煤加工为洗选煤销售的，以洗选煤销售额乘以折算率作为应税煤炭销售额计算缴纳资源税；纳税人将其开采的原煤加工为洗选煤自用的，视同销售洗选煤，计算缴纳资源税。

应纳资源税＝200×8%＋(480＋220)×0.095×90%×8%
＝20.79(万元)

（2）实行从量定额征收的，根据应税产品的课税数量和规定的单位税额计算应纳税额，其计算公式为：

应纳资源税＝课税数量×单位税额
代扣代缴应纳资源税＝收购未税矿产品的数量×适用的单位税额

例8-2

某盐场2021年生产销售原盐10万吨，此外还用生产的原盐加工粉洗盐15万吨、粉精盐20万吨、精制盐20万吨。已知该盐场1吨原盐可加工0.8吨粉洗盐，或可加工0.75吨粉精盐，或可加工0.6吨精制盐，另外该盐场的单位资源税税额为25元/吨。请计算该盐场本年度应纳的资源税。

【解析】首先要把加工成的粉洗盐、粉精盐和精制盐数量换算成原盐的数量，然后把各项税额累计相加。

应纳资源税＝10×25＋15÷0.8×25＋20÷0.75×25＋20÷0.6×25
＝2 218.75(万元)

2. 资源税从价计征改革的相关规定

（1）为规范煤炭资源税从价计征管理，国家税务总局制定了《煤炭资源税征收管理办法（试行）》，自2015年8月1日起施行。煤炭应税产品包括原煤和以未税原煤加工的洗选煤。

1）纳税人开采原煤直接对外销售的，以原煤销售额作为应税煤炭销售额，计算缴纳资源税。其计算公式为：

原煤应纳资源税＝原煤销售额×适用税率

式中，原煤销售额是指纳税人销售原煤向购买方收取的全部价款和价外费用，不含收取的增值税销项税额以及从坑口到车站、码头或购买方指定地点的运输费用。

2）纳税人将其开采的原煤，自用于连续生产洗选煤的，在原煤移送使用环节不缴纳资源税；自用于其他方面的，视同销售原煤，依照《资源税暂行条例实施细则》第七条和有关规定确定销售额，计算缴纳资源税。

3）纳税人将其开采的原煤加工为洗选煤销售的，以洗选煤销售额乘以折算率作为应税煤炭销售额计算缴纳资源税。

洗选煤应纳资源税＝洗选煤销售额×折算率×适用税率

式中，洗选煤销售额是指纳税人销售洗选煤向购买方收取的全部价款和价外费用，包括洗选副产品的销售额，不包括收取的增值税销项税额以及洗选煤从洗选煤厂到车站、码头或购买方指定地点的运输费用；折算率可通过洗选煤销售额扣除洗选环节成本、利润计算，也可通过洗选煤市场价格与其所用同类原煤市场价格的差额及综合回收率计算，折算率由省、自治区、直辖市财税部门或其授权地市级财税部门确定。

4）纳税人将其开采的原煤加工为洗选煤自用的，视同销售洗选煤，依照有关规定确定销售额，计算缴纳资源税。

（2）为便于征管，对开采稠油、高凝油、高含硫天然气、低丰度油气资源及三次采油的陆上油气田企业，根据2014年以前年度符合减税规定的原油、天然气销售额占原油、天然气总销售额的比例，确定资源税综合减征率和实际征收率，计算资源税应纳税额。其计算公式为：

综合减征率＝$\sum$(减征项目销售额×减征幅度×6%)÷总销售额

实际征收率＝6%－综合减征率

应纳资源税＝总销售额×实际征收率

（3）自2015年5月1日起，稀土、钨、钼资源税由从量定额计征改为从价定率计征，其应税产品包括原矿和以自采原矿加工的精矿。稀土、钨、钼资源税应纳税额的计算公式为：

应纳资源税＝精矿销售额×适用税率

纳税人将其开采的原矿加工为精矿销售的，按精矿销售额（不含增值税）和适用税率计算缴纳资源税；纳税人开采并销售原矿的，将原矿销售额（不含增值税）换算为精矿销售额，计算缴纳资源税。

精矿销售额不包括从洗选厂到车站、码头或用户指定运达地点的运输费用，其计算公式为：

精矿销售额＝精矿销售量×单位价格

纳税人销售（或者视同销售）其自采原矿的，可采用成本法或市场法将原矿销售额换算为精矿销售额，计算缴纳资源税。原矿销售额不包括从矿区到车站、码头或用户指定运达地点的运输费用。

1）成本法的计算公式为：

精矿销售额＝原矿销售额＋原矿加工为精矿的成本×(1＋成本利润率)

2）市场法的计算公式为：

精矿销售额＝原矿销售额×换算比
换算比＝同类精矿单位价格÷(原矿单位价格×选矿比)
选矿比＝加工精矿耗用的原矿数量÷精矿数量

需要注意的是，纳税人将自采原矿加工为精矿自用或者进行投资、分配、抵债以及以物易物等情形的，视同销售精矿，依照有关规定计算缴纳资源税；纳税人将其开采的原矿连续生产非精矿产品的，视同销售原矿，依照有关规定计算缴纳资源税。纳税人同时以自采未税原矿和外购已税原矿加工精矿的，应当分别核算；未分别核算的，一律视同以未税原矿加工精矿，计算缴纳资源税。

例8-3

广东省某铁矿公司2021年7月将自采的铁原矿销售，销售额为30万元，销售量为1 000吨。另外，该公司不存在运杂费、外购矿扣减情况，也没有减免税项目发生。请计算该公司本月应纳的资源税。

【解析】根据《广东省资源税税目税率表》的规定，铁矿以精矿为征税对象。该纳税人销售原矿，则

应纳资源税＝原矿销售额×换算比×税率
　　　　　＝300 000×1.28×1.5%＝5 760(元)

例8-4

广东省某铁矿公司2021年7月将自采的铁原矿洗选加工成铁精矿后销售，销售额为60万元（销售量为400吨），还销售自采原矿30万元（销售量为1 000吨）。另外，不存在运杂费、外购矿扣减情况，也没有减免税项目发生。请计算该公司本月应纳的资源税。

【解析】根据《广东省资源税税目税率表》规定，铁矿以精矿为征税对象。该纳税人既销售精矿又销售原矿，则

应纳资源税＝(精矿部分销售额＋原矿部分销售额×换算比)×税率
　　　　　＝(600 000＋300 000×1.28)×1.5%
　　　　　＝14 760(元)

8.4 资源税的税收优惠和征收管理

8.4.1 资源税的税收优惠

1. 原油、天然气优惠政策

（1）开采原油过程中用于加热、修井的原油，免征资源税。

（2）对油田范围内运输稠油过程中用于加热的原油、天然气免征资源税。

（3）对稠油、高凝油和高含硫天然气资源税减征40%。稠油是指地层原油黏度大于或等于50毫帕/秒或原油密度大于或等于0.92克/立方厘米的原油；高凝油是指凝固点大于40℃的原油；高含硫天然气是指硫化氢含量大于或等于30克/立方米的天然气。

（4）对三次采油资源税减征30%。三次采油是指二次采油后继续以聚合物驱、复合驱、泡沫驱、气水交替驱、二氧化碳驱、微生物驱等方式进行采油。

（5）对低丰度油气田资源税暂减征20%。陆上低丰度油田是指每平方公里原油可采储量丰度在25万立方米（不含）以下的油田；陆上低丰度气田是指每平方公里天然气可采储量丰度在2.5亿立方米（不含）以下的气田。海上低丰度油田是指每平方公里原油可采储量丰度在60万立方米（不含）以下的油田；海上低丰度气田是指每平方公里天然气可采储量丰度在6亿立方米（不含）以下的气田。

（6）对深水油气田资源税减征30%。深水油气田是指水深超过300米（不含）的油气田。

（7）自2016年6月1日起，纳税人在新疆开采的原油、天然气，自用于连续生产原油、天然气的，不缴纳资源税；自用于其他方面的，视同销售，依照规定计算缴纳资源税。

符合上述减免税规定的原油、天然气划分不清的，一律不予减免资源税；同时符合上述两项及两项以上减税规定的，只能选择其中一项执行，不能叠加使用。财政部和国家税务总局根据国家有关规定及实际情况的变化适时对上述政策进行调整。

2. 矿产资源优惠政策

（1）铁矿石资源减按40%征收资源税。

（2）对利用低品位矿、废石、尾矿、废渣、废水、废气等提取矿产品，中央政府将资源税征管权力下放，省级政府有权决定是否给予此类活动减税或免税政策。

（3）从2017年1月1日起，对地面抽采煤层气暂不征收资源税。煤层气是指赋存于煤层及其围岩中与煤炭资源伴生的非常规天然气，也称煤矿瓦斯。

（4）对实际开采年限在15年以上的衰竭期煤矿开采的煤炭，资源税减征30%。衰竭期煤矿是指剩余可采储量下降到原设计可采储量的20%（含）以下或剩余服务年限不超过5年的煤矿。

（5）对充填开采置换出来的煤炭，资源税减征50%。

（6）开采符合条件的共伴生矿，共伴生矿与主矿产品销售额分开核算的，仍承继原先的优惠政策，暂不计征资源税；没有分开核算的，共伴生矿按主矿产品的税目和适用税率计征资源税。

纳税人开采或者生产应税产品过程中，因意外事故或者自然灾害等原因遭受重大损失的，由省、自治区、直辖市人民政府酌情决定减征或者免征资源税。

纳税人开采或者生产同一应税产品同时符合两项或者两项以上减征资源税优惠政策的，除另有规定外，只能选择其中一项执行。

纳税人享受资源税税收优惠政策，实行自行判别、申报享受、有关资料留存备查的办理方式，另有规定的除外。纳税人对资源税优惠事项留存资料的真实性和合法性承担法律责任。

8.4.2　出口应税产品不退（免）资源税的规定

资源税规定仅对在中国境内开采和生产应税产品的单位和个人征收，进口的矿产品和盐不征收资源税。对出口应税产品也不免征或退还已纳资源税。

8.4.3　资源税的纳税环节

资源税在应税产品的销售或自用环节计算缴纳。以自采原矿加工精矿产品的，在原矿移送使用时不缴纳资源税，在精矿销售或自用时缴纳资源税。

纳税人以自采原矿加工金锭的，在金锭销售或自用时缴纳资源税。纳税人销售自采原矿或者自采原矿加工的金精矿、粗金矿，在原矿或者金精矿、粗金矿销售时缴纳资源税，在移送使用时不缴纳资源税。

8.4.4　资源税的纳税义务发生时间

1. 纳税人销售应税产品的纳税义务发生时间

（1）纳税人采取分期收款结算方式的，其纳税义务发生时间为销售合同规定的收款日期的当天。

（2）纳税人采取预收货款结算方式的，其纳税义务发生时间为发出应税产品的当天。

（3）纳税人采取其他结算方式的，其纳税义务发生时间为收讫销售款或者取得索取销售款凭据的当天。

2. 纳税人自产自用应税产品的纳税义务发生时间

纳税人自产自用应税产品的纳税义务发生时间为移送使用应税产品的当天。

3. 扣缴义务人代扣代缴税款的纳税义务发生时间

扣缴义务人代扣代缴税款的纳税义务发生时间为支付首笔货款或首次开具支付货款凭据的当天。

8.4.5　资源税的纳税期限

资源税的纳税期限为 1 日、3 日、5 日、10 日、15 日或者 1 个月，纳税人的纳税期限由主管税务机关根据实际情况具体核定。不能按固定期限计算纳税的，可以按次计算纳税。

纳税人以 1 个月为一期纳税的，自期满之日起 10 日内申报纳税；以 1 日、3 日、5

日、10日、15日为一期纳税的，自期满之日起5日内预缴税款，于次月1日起10日内申报纳税并结清上月税款。

8.4.6 资源税的纳税地点

凡是缴纳资源税的纳税人，都应当向应税产品的开采地或者海盐的生产所在地主管税务机关缴纳税款。如果纳税人在本省、自治区、直辖市范围内开采或者生产应税产品，其纳税地点需要调整的，由所在地省、自治区、直辖市税务机关决定。

如果纳税人应纳的资源税属于跨省开采，其下属生产单位与核算单位不在同一省、自治区、直辖市的，对其开采或者生产的应税产品，一律在开采地或者生产地纳税。实行从量计征的应税产品，其应纳税款一律由独立核算的单位按照每个开采地或者生产地的销售量及适用税率计算划拨；实行从价计征的应税产品，其应纳税款一律由独立核算的单位按照每个开采地或者生产地的销售量、单位销售价格及适用税率计算划拨。

扣缴义务人代扣代缴的资源税，也应当向收购地主管税务机关缴纳。

海上开采的原油和天然气资源税由海洋石油税务管理机构征收管理。

8.4.7 资源税的纳税申报

自2021年6月1日起，纳税人申报缴纳城镇土地使用税、房产税、车船税、印花税、耕地占用税、资源税、土地增值税、契税、环境保护税、烟叶税中一个或多个税种时，使用《财产和行为税纳税申报表》，如表8-2所示。

表8-2 财产和行为税纳税申报表

纳税人识别号（统一社会信用代码）：□□□□□□□□□□□□□□□□□□□□□□

纳税人名称：　　　　　　　　　　　　　　　　　金额单位：人民币元（列至角分）

序号	税种	税目	税款所属期起	税款所属期止	计税依据	税率	应纳税额	减免税额	已缴税额	应补（退）税额
1										
2										
3										
4										
5										
6										
7										
8										
9										
10										
11	合计	—	—	—	—	—				

声明：此表是根据国家税收法律法规及相关规定填写的，本人（单位）对填报内容（及附带资料）的真实性、可靠性、完整性负责。

纳税人（签章）：　　　年　月　日

经办人： 经办人身份证号： 代理机构签章： 代理机构统一社会信用代码：	受理人： 受理税务机关（章）： 受理日期：　　年　月　日

填表说明：

（1）本表适用于申报城镇土地使用税、房产税、契税、耕地占用税、土地增值税、印花税、车船税、烟叶税、环境保护税、资源税。

（2）本表根据各税种税源明细表自动生成，申报前需填写税源明细表。

（3）本表包含一张附表《财产和行为税减免税明细申报附表》。

（4）纳税人识别号（统一社会信用代码）：填写税务机关核发的纳税人识别号或有关部门核发的统一社会信用代码。纳税人名称：填写营业执照、税务登记证等证件载明的纳税人名称。

（5）税种：税种名称，多个税种的，可增加行次。

（6）税目：税目名称，多个税目的，可增加行次。

（7）税款所属期起：纳税人申报相应税种所属期的起始时间，填写具体的年、月、日。

（8）税款所属期止：纳税人申报相应税种所属期的终止时间，填写具体的年、月、日。

（9）计税依据：计算税款的依据。

（10）税率：适用的税率。

（11）应纳税额：纳税人本期应当缴纳的税额。

（12）减免税额：纳税人本期享受的减免税金额，等于减免税附表中该税种的减免税额小计。

（13）已缴税额：纳税人本期应纳税额中已经缴纳的部分。

（14）应补（退）税额：纳税人本期实际需要缴纳的税额。应补（退）税额＝应纳税额－减免税额－已缴税额。

8.5　资源税的改革方向

我国自 2016 年 7 月 1 日起，资源税改革全面推开。资源税改革旨在通过清费立税、从价计征的全面实施，理顺资源税费关系，建立规范公平、调控合理、征管高效的资源税制度，有效发挥其组织收入、调控经济、促进资源节约集约利用和生态环境保护的作用。

从价计征的资源税计算方法建立了税收自动调节机制，相关的优惠政策也从另一角度促进了资源的节约利用；清费立税的改革措施在规范资源领域税费关系的同时保证了地方财政收入，实现了企业与地方政府和国家的共赢。

未来的资源税改革重点关注以下方面：

（1）充分尊重市场规律。资源税全面从价计征能够建立税收与资源价格直接挂钩的调节机制，在发挥市场配置资源决定性作用的同时，更好地体现税收的自动调节功能。当资源价格上涨、企业效益增加时，资源税随之增加，将有效抑制资源价格上涨过快和矿业经济可能出现的过热；当资源价格下降、市场低迷时，能够自动减少企业税收负担，保护企业发展活力，保障矿业经济持续健康运行。

（2）对资源节约集约利用有效引导。对资源赋存条件好、价格高的多征税，对条件差、价格低的资源少征税，对综合利用以及符合条件充填开采和衰竭期矿山的资源给予税收优惠政策支持，建立有效的资源开采约束和激励机制，引导矿业企业摒弃采富弃贫、“吃白菜心”的资源开采方式，提高资源利用效率。

（3）积极呼应人们对绿色发展的期盼。我国水资源严重短缺，其中超采最为严重的省份地下水位下降、地面沉降等问题突出，已经严重威胁到生态环境安全和可持续发展。河北等省区市开展的水资源费改税试点，将能够有效抑制地下水超采和不合理用水需求，引导人们杜绝用水浪费，养成节约用水的生态保护意识和习惯。

本章小结

1. 资源税是对在我国境内开采应税矿产品和生产盐的单位和个人，就其应税数量征收的一种税。

2. 在我国境内开采《资源税法》规定的矿产品或者生产盐的单位和个人，为资源税的纳税人。

3. 资源税的征税对象主要有能源矿产、金属矿产、非金属矿产、水气矿产、盐等。

4. 自2017年12月1日起，水资源税改革试点从河北省进一步扩大到北京、天津、山西、内蒙古、河南、山东、四川、陕西、宁夏9个省区市，除特殊情形外，规定利用取水工程或设施直接从河流、湖泊（含水库）和地下取用水资源的单位和个人，应缴纳水资源税。

5. 资源税征收方式有从价定率和从量定额两种方法，分别是以应税产品的销售额和应税产品的销售数量作为税基计算资源税的应纳税额。

复习与思考

一、单项选择题

1. 下列各项中，属于资源税纳税人的是（　　）。

A. 出口外购宝石的外贸企业

B. 销售自产原油的生产企业

C. 外购铁矿加价出售的商业企业

D. 进口天然气的外贸企业

2. 根据资源税法律制度的规定，下列各项中，应当征收资源税的是（　　）。

A. 人造石油

B. 某商贸企业零售的煤炭

C. 开采铁矿石同时开采的锰矿

D. 煤炭开采企业因安全生产需要抽采的煤层气

3. 某煤矿生产企业 2021 年 12 月开采原煤 6 000 吨，当月采用分期收款方式向某供热公司销售原煤 3 000 吨，约定销售总价款为 330 000 元（不含增值税），双方签订的销售合同规定，本月收取全部货款的 1/3，其余货款在下月一次性付清；销售已税原煤生产的洗选煤 200 000 吨，取得不含增值税的销售额 100 万元。已知原煤适用的资源税税率为 6%。该煤矿生产企业当月应纳的资源税为（　　）元。

A. 6 600　　B. 19 800　　C. 16 923　　D. 11 282

4. 华北某油气田企业 2021 年 12 月开采原油 9 000 吨，当月销售 8 000 吨，取得不含增值税销售额 96 万元；用于开采原油过程中加热的原油 500 吨；用于职工食堂和浴室的原油 10 吨；当月开采天然气 40 000 立方米，已全部销售，取得不含增值税销售额 12 万元，已知该原油和天然气适用的资源税税率均为 6%。该油气田企业 12 月应纳的资源税为（　　）万元。

A. 6.48　　B. 6.49　　C. 6.85　　D. 6.84

5. 某煤矿 2021 年 12 月开采原煤 20 万吨，当月将其中 4 万吨对外销售，取得不含增值税销售额 400 万元；3 万吨用于职工宿舍；5 万吨自用于连续生产洗选煤，生产出来的洗选煤当月全部销售，取得不含增值税销售额 900 万元（含矿区至车站的运费 100 万元，取得运输方开具的凭证）。已知煤炭资源税税率为 6%，当地省财税部门确定的洗选煤折算率为 70%，则该煤矿当月应纳的资源税为（　　）万元。

A. 120　　B. 88.9　　C. 79.8　　D. 75.6

6. 某油气开采企业为增值税一般纳税人，2021 年 12 月开采原油 6 万吨，当期对外销售 5 万吨，取得不含增值税销售额 5 000 万元；另外 1 万吨在开采原油过程中用于加热。开采天然气 100 万立方米，当期对外销售 80 万立方米，共取得不含增值税销售额 150 万元，另将剩余 20 万立方米用于换取一批机器设备，已知原油、天然气适用的资源税税率为 6%，则该油气开采企业 2021 年 12 月应纳的资源税为（　　）万元。

A. 311.25　　B. 371.25　　C. 309　　D. 369

7. 下列关于资源税的说法不正确的是（　　）。

A. 高凝油减征 40%资源税

B. 从衰竭期矿山开采的矿产品，减征 30%资源税

C. 对从深水油气田开采的原油、天然气资源税减按 30%征收

D. 对页岩气减征 30%资源税

8. 根据资源税的相关规定，下列说法中正确的是（　　）。

A. 油田范围内运输原油过程中用于加热的原油，减半征收资源税

B. 高含硫天然气减征 40%资源税

C. 纳税人开采应税产品过程中，因自然灾害遭受重大损失的，免征资源税

D. 从低丰度油气田开采的原油，减征 20%资源税

9. 某企业（增值税一般纳税人）2021 年 12 月将境内开采的原油 200 吨交由关联企业（增值税一般纳税人）对外销售，该企业原油平均每吨含增值税销售价格为 6 215 元，关联企业对外销售每吨含增值税价格为 6 328 元，当月全部销售。已知该企业开采原油适用的资源税税率为 6%，该企业就此业务应纳的资源税为（　　）元。

A. 0　　B. 66 000　　C. 66 600　　D. 67 200

10. 下列关于水资源税征收管理的表述中，不正确的是（　　）。

A. 在试点省份内取用水，其纳税地点需要调整的，由省级财政、税务部门决定

B. 水资源税的纳税义务发生时间为纳税人取用水资源的当日

C. 纳税人应当自纳税期满或者纳税义务发生之日起15日内申报缴纳水资源税

D. 水资源税按年征收

二、多项选择题

1. 下列单位和个人的生产经营行为应缴纳资源税的有（　　）。

A. 个人开采销售锡矿石

B. 商贸企业进口原煤

C. 商贸企业批发销售海盐

D. 工业企业开采销售页岩气

2. 根据资源税法律制度的规定，下列各项中属于资源税的征收范围的有（　　）。

A. 天然沥青　　B. 地热　　C. 花岗岩　　D. 矿泉水

3. 根据资源税的相关规定，下列关于资源税税率的表述中，正确的有（　　）。

A. 资源税实行从价、从量和复合计征三种计征方式

B. 实行幅度比例税率计征的应税资源，其具体适用税率由省级人民政府在规定范围内提出，报同级人大常委会决定并报全国人大常委会和国务院备案

C. 应税资源的征税对象为原矿或选矿的，应当分别确定具体适用税率

D. 纳税人开采不同税目的应税产品，未分别核算的，从高适用税率

4. 根据资源税的相关规定，下列应税产品中，仅采用从价定率方式计征资源税的有（　　）。

A. 原油　　B. 稀土　　C. 海盐　　D. 粘土

5. 同时符合（　　）的运杂费用，纳税人在计算应税产品计税销售额时，可予以扣减。

A. 包含在应税产品销售收入中

B. 属于纳税人销售应税产品环节发生的运杂费用，即指运送应税产品从坑口或者洗选（加工）地到车站、码头或者购买方指定地点的运杂费用

C. 取得相关运杂费用发票或者其他合法有效凭据

D. 将运杂费用与计税销售额分别进行核算

6. 下列各项中说法正确的有（　　）。

A. 应当征收资源税的视同销售的自产自用产品，包括用于非生产项目和生产非应税产品两类

B. 纳税人以自采原矿直接加工为非应税产品的，视同原矿销售

C. 纳税人以自采原矿洗选后的精矿连续生产非应税产品的，视同原矿销售

D. 以应税产品投资、分配、抵债、赠与、以物易物等，视同应税产品销售

7. 根据资源税的相关规定，下列表述中正确的有（　　）。

A. 资源税只对特定资源征收

B. 纳税人开采或者生产不同税目应税产品，未分别核算销售额或者销售数量的，

由财政部核定具体适用税率

C. 纳税人将自采原煤与外购原煤混合销售的，如果能准确核算，在确认计税依据时，准予扣减外购相应原煤的购进金额

D. 纳税人将其开采的原煤加工为洗选煤自用的，视同销售洗选煤，计算缴纳资源税

8. 下列关于资源税纳税环节的表述，符合税法规定的有（　　）。

A. 资源税在应税产品的销售或自用环节计算缴纳

B. 以应税产品投资、分配、抵债、赠与、以物易物等，在应税产品所有权转移时计算缴纳资源税

C. 纳税人以自采原矿加工金锭的，在金锭销售或自用时缴纳资源税

D. 纳税人销售自采原矿加工的金精矿、粗金，在移送加工时缴纳资源税

9. 下列关于资源税的纳税义务发生时间的表述中，正确的有（　　）。

A. 纳税人销售应税产品，其纳税义务发生时间为应税产品开采的当天

B. 纳税人采取分期收款结算方式销售应税产品的，其纳税义务发生时间为销售合同规定的收款日期的当天

C. 纳税人采取预收货款结算方式销售应税产品的，其纳税义务发生时间为发出应税产品的当天

D. 纳税人自产自用应税产品的，其纳税义务发生时间为应税产品移送使用的当天

10. 根据资源税的相关规定，下列关于资源税征收管理的表述中，正确的有（　　）。

A. 纳税人应当向应税产品开采地或生产地缴纳资源税

B. 税务机关与自然资源等相关部门应当建立工作配合机制，加强资源税征收管理

C. 纳税人选择按月申报纳税的，自月度终了之日起10日内申报纳税

D. 资源税只能选择按月缴纳或者按季缴纳

三、简答题

1. 资源税的概念是什么？

2. 简述资源税的主要作用。

3. 简述资源税的征税范围。

4. 从量定额征收的计税依据是什么？

四、计算题

1. 某省煤炭资源税税率为8%，该省某煤矿企业2021年8月销售自采原煤200万元（不含增值税，下同）；用自采未税原煤连续加工成洗选煤1 500吨，销售500吨，每吨售价为900元，移送洗选煤250吨用于集体宿舍取暖。已知计算资源税时洗选煤折算率为90%。

要求：请计算该煤矿企业当月应纳的资源税。

2. 某盐场2021年8月以自产液体盐200万吨和外购液体盐240万吨共加工成固体盐108万吨，生产的固体盐本月全部销售。该盐场液体盐和固体盐资源税单位税额分别为10元/吨和50元/吨，外购液体盐资源税单位税额为8元/吨。

要求：请计算该盐场9月应纳的资源税。

第9章

土地增值税

学习目标

1. 了解土地增值税的概念及作用。
2. 掌握土地增值税的税制要素及应纳税额的计算。
3. 掌握土地增值税的税收优惠和征收管理办法。
4. 掌握土地增值税的清算。
5. 了解全面营改增后土地增值税的新政策及改革方向。

案例导入

2021年6月，王某因改善居住条件，经主管税务机关申报核准转让其已居住两年的非普通住宅一套，取得转让房价款48万元。经评估，该住房的重置成本为40万元，成新度折扣率为70%。住房转让时，王某已按国家统一规定缴纳手续费0.36万元，评估费1万元，增值税、城市维护建设税、教育费附加及地方教育附加2.514万元。

根据上述材料，请思考：

(1) 王某转让房产应缴纳多少土地增值税?

(2) 若拥有该非普通住宅的不是王某，而是一家食品加工厂（法人公司，且为增值税一般纳税人），那么该食品加工厂转让该非普通住宅，需要缴纳多少土地增值税?

9.1 土地增值税概述

9.1.1 土地增值税的概念

土地增值税是对有偿转让国有土地使用权及地上建筑物和其他附着物产权取得增值收入的单位和个人征收的一种税。征收土地增值税增强了政府对房地产开发和交易市场的调控力度，有利于抑制炒买炒卖土地获取暴利的行为，也增加了国家财政收入。

9.1.2　土地增值税的特点

1. 以转让房地产的增值额为计税依据

我国的土地增值税是“土地转移增值税”的类型，将土地、房屋的转让收入合并征收。作为征税对象的增值额，是纳税人转让房产的收入减除税法规定准予扣除项目金额后的余额。

2. 征税范围比较广

凡在我国境内转让房地产并取得收入的单位和个人，除税法规定免税的外，均应依照《土地增值税暂行条例》的规定缴纳土地增值税。换言之，凡发生应税行为的单位和个人，不论其经济性质，也不论内外资企业或中外籍人员，专营或兼营房地产业务，均有缴纳土地增值税的义务。

3. 实行超率累进税率

土地增值税的税率以转让房地产增值率的高低为依据来确认，按照累进原则设计，实行分级计税。增值率高的，税率高，多纳税；增值率低的，税率低，少纳税。

4. 实行按次征收，纳税时间、缴纳方法根据房地产转让情况而定

土地增值税在房地产发生转让的环节，实行按次征收，每发生一次转让行为，就应根据每次取得的增值额征一次税。其纳税时间和缴纳方法根据房地产转让情况而定。

5. 采用扣除法和评估法计算增值额

土地增值税在计算方法上考虑我国实际情况，以纳税人转让房地产取得的收入减除法定扣除项目金额后的余额作为计税依据。对旧房及建筑物的转让，以及对纳税人转让房地产申报不实、成交价格偏低的，采用评估法确定增值额，计征土地增值税。

9.1.3　土地增值税的作用

1. 增强国家对房地产开发和房地产交易市场的调控

开征土地增值税，利用税收杠杆对房地产业的开发、经营和房地产市场进行适当调控，以保持房地产业和房地产市场的健康发展，控制投资规模，促进土地资源的合理利用，调节单位和个人通过炒买炒卖房地产取得的高额收入。

2. 有利于抑制土地炒作行为

土地资源属国家所有，国家应参与土地增值收益分配，并抑制土地炒作行为。统一对土地增值收益征税，有利于减少国家土地资源增值收益的流失，遏制投机者牟取暴利的行为，保护房地产正当开发者的合法权益，维护国家整体利益。

9.2　土地增值税的纳税人、征税范围和税率

9.2.1　土地增值税的纳税人

土地增值税的纳税人为转让国有土地使用权及地上建筑物和其他附着物产权并取

得收入的单位和个人。单位包括各类企业、事业单位、国家机关和社会团体及其他组织；个人包括个体经营者。

9.2.2 土地增值税的征税范围

土地增值税的征税范围包括有偿转让国有土地使用权及地上建筑物和其他附着物产权所取得的增值额。

1. 征税范围的一般规定

土地增值税是对转让国有土地使用权及其他地上建筑物和附着物的行为征税，不包括国有土地使用权出让所取得的收入。

国有土地使用权出让，是指国家以土地所有者的身份将土地使用权在一定年限内让与土地使用者，并由土地使用者向国家支付土地使用权出让金的行为，属于土地买卖的一级市场。土地使用权出让方是国家，国家凭借土地所有权向土地使用者收取土地的租金。出让的目的是实行国有土地有偿使用制度，合理开发、利用、经营土地，因此，土地使用权的出让不属于土地增值税的征税范围。

国有土地使用权的转让是指土地使用者通过出让等形式取得土地使用权后，将土地使用权再转让的行为，包括出售、交换和赠与，它属于土地买卖的二级市场。土地使用权转让，其地上的建筑物、其他附着物的所有权随之转让。土地使用权的转让，属于土地增值税的征税范围。

土地增值税的征税范围不包括未转让土地使用权、房产产权的行为，是否发生转让行为主要以房地产权属（指土地使用权和房产产权）的变更为标准。凡土地使用权、房产产权未转让的（如房地产的出租），不征收土地增值税。土地增值税的基本范围包括：

（1）转让国有土地使用权。国有土地，是指按国家法律规定属于国家所有的土地。出售国有土地使用权是指土地使用者通过出让方式，向政府缴纳了土地出让金，有偿受让土地使用权后，仅对土地进行通水、通电、通路和平整地面等土地开发，不进行房产开发，即所谓的“将生地变熟地”，然后直接将空地出售出去。

（2）地上的建筑物及其附着物连同国有土地使用权一并转让。地上的建筑物，是指建于土地上的一切建筑物，包括地上地下的各种附属设施；附着物，是指附着于土地上的不能移动或一经移动即遭损坏的物品。纳税人取得国有土地使用权后进行房屋开发建造然后出售的，即房地产开发。虽然这种行为通常称作卖房，但按照国家有关房地产法律和法规的规定，卖房的同时，土地使用权也随之发生转让。由于这种情况既发生了产权的转让又取得了收入，所以应纳入土地增值税的征税范围。

（3）存量房地产的买卖。存量房地产是指已经建成并已投入使用的房地产，其房屋所有人将房屋产权和土地使用权一并转让给其他单位和个人。这种行为按照国家有关的房地产法律和法规，应当到有关部门办理房产产权和土地使用权的转移变更手续；原土地使用权属于无偿划拨的，还应到土地管理部门补缴土地出让金。

2. 征税范围的特殊规定

（1）以继承、赠与方式转让房地产。

1）房地产继承，是指房产原产权所有人、依照法律规定取得土地使用权的土地使用人死亡以后，由其继承人依法继承死者房产产权和土地使用权的民事法律行为。这种行为虽然发生了房地产的权属变更，但作为房产产权、土地使用权的原所有人（即被继承人）并没有因为权属的转让而取得任何收入。因此，房地产继承不属于土地增值税的征税范围。

2）房地产赠与，是指房地产所有人、土地使用权所有人将自己所拥有的房地产无偿交给他人的民事法律行为。以下两种赠与行为不属于土地增值税的征税范围：

①房产所有人、土地使用权所有人将房屋产权、土地使用权赠与直系亲属或承担直接赡养义务人的。

②房产所有人、土地使用权所有人通过中国境内非营利的社会团体、国家机关将房屋产权、土地使用权赠与教育、民政和其他社会福利、公益事业的。其中，社会团体是指中国青少年发展基金会、希望工程基金会、宋庆龄基金会、国家减灾委员会、中国红十字会、中国残疾人联合会、全国老年基金会、老区建设促进会以及经民政部门批准成立的其他非营利性、公益性组织。

（2）房地产出租，是指房产的产权所有人、依法取得土地使用权的土地使用人，将房产、土地使用权租赁给承租人使用，由承租人向出租人支付租金的行为。房地产的出租，出租人虽然取得了收入，但没有发生房产产权、土地使用权的转让，因此不属于土地增值税的征税范围。

（3）房地产抵押，是指房地产的产权所有人、依法取得土地使用权的土地使用人作为债务人或第三方向债权人提供不动产作为清偿债务的担保而不转移权属的法律行为。由于房产的产权、土地使用权在抵押期间并没有发生权属的变更，房产的产权所有人、土地使用权人仍能对房地产行使占有、使用、收益等权利，房产的产权所有人、土地使用权人虽然在抵押期间取得了一定的抵押贷款，但实际上这些贷款在抵押期满后是要连本带利偿还给债权人的。因此，对房地产的抵押，在抵押期间不征收土地增值税。待抵押期满后，视该房地产是否转移占有而确定是否征收土地增值税。对于以房地产抵债而发生房地产权属转让的，应该列入土地增值税的征税范围。

（4）房地产交换，是指一方以房地产与另一方的房地产进行交换的行为。由于这种行为既发生了房产产权、土地使用权的转移，交换双方又取得了实物形态的收入，按《土地增值税暂行条例》的规定，属于土地增值税的征税范围。但是对于个人之间互换自有居住用房地产的，经当地税务机关核实，可以免征土地增值税。

（5）合作建房。对于一方出地，一方出资金，双方合作建房，建成后按比例分房自用的，暂免征收土地增值税；建成后转让的，应征收土地增值税。

（6）房地产的代建房行为，是指房地产开发公司代客户进行房地产的开发，开发完成后向客户收取代建收入的行为。对于房地产开发公司而言，虽然取得了收入，但是并没有发生房地产的权属转移，其收入属于劳务收入，故不属于土地增值税的征税范围。

（7）房地产的重新评估，是指国有企业在清产核资时对房地产进行重新评估而使其升值的情况。这种情况下，房地产虽然有增值，但其既没有发生房地产权属的转移，房产产权、土地使用权人也未取得收入，所以不属于土地增值税的征税范围。

9.2.3 土地增值税的税率

由于征收土地增值税的主要目的在于抑制房地产的投机、炒卖活动，限制滥占耕地的行为，并适当调节纳税人的收入分配，保障国家权益，因此，税率设计的基本原则是：增值多的多征，增值少的少征，无增值的不征。按照这个原则，土地增值税采用四级超率累进税率（见表9-1），其中，最低税率为30%，最高税率为60%，税收负担高于企业所得税。实行这样的税率结构和税负水平，一方面可以对正常的房地产开发经营，通过较低税率体现优惠政策；另一方面对取得过高收入，尤其是对炒买炒卖房地产获取暴利的单位和个人，能发挥一定的调节作用。

表9-1 土地增值税税率表

级数	增值额与扣除项目金额的比率	税率（%）	速算扣除系数（%）
1	不超过50%的	30	0
2	超过50%～100%的部分	40	5
3	超过100%～200%的部分	50	15
4	超过200%的部分	60	35

9.3 土地增值税的计税依据和应纳税额的计算

9.3.1 土地增值税的计税依据

1. 应纳收入的确定

根据《土地增值税暂行条例》及其实施细则的规定，纳税人转让房地产取得的应税收入，应包括转让房地产的全部价款及有关的经济收益。从收入的形式来看，包括货币收入、实物收入和其他收入。

(1) 货币收入，是指纳税人转让房地产而取得的现金、银行存款、支票、银行本票、汇票等各种信用票据和国库券、金融债券、企业债券、股票等有价证券。这些类型的收入其实质都是转让方因转让土地使用权、房屋产权而向取得方收取的价款。货币收入一般比较容易确定。

(2) 实物收入，一般指纳税人转让应税房地产取得的各种实物形态的收入，如钢材、水泥等建材，房屋、土地等不动产。实物收入的价值一般不太容易确定，要通过评估来确定。

(3) 其他收入，是指纳税人转让应税房地产取得的无形资产收入或其他具有财产价值的权利，如专利权、商标权、商誉权、专有技术使用权、著作权、土地使用权等。其价值要通过专门的评估来确定。

2. 扣除项目的确定

计算土地增值税应纳税额，并不是直接对转让房地产所取得的收入进行征税，而是对收入额减除国家规定的扣除项目金额后的余额计算缴纳土地增值税（这个余额就是纳税人在转让房地产中获取的增值额）。因此，要计算增值额，首先要确定扣除项目金额。税法准予纳税人从转让收入额中减除的扣除项目主要包括以下几种：

（1）取得土地使用权所支付的金额，包括两方面的内容：

1）纳税人为取得土地使用权所支付的地价款。如果是以协议、招标、拍卖等出让方式取得土地使用权的，地价款为纳税人所支付的土地出让金；如果是以行政划拨方式取得土地使用权的，地价款为按照国家有关规定补缴的土地出让金；如果是以转让方式取得土地使用权的，地价款为向原土地使用权人实际支付的地价款。

2）纳税人在取得土地使用权时，按照国家统一规定缴纳的有关费用，是指纳税人在取得土地使用权过程中为办理有关手续，按国家统一规定缴纳的有关登记、过户手续费。

（2）房地产开发成本，是指纳税人在房地产开发项目中实际发生的成本，包括土地的征用及拆迁补偿费、前期工程费、建筑安装工程费、基础设施费、公共配套设施费、开发间接费用等。

1）土地征用及拆迁补偿费，包括土地征用费、耕地占用税、劳动力安置费及有关地上地下附着物拆迁补偿的净支出、安置动迁用房支出等。

2）前期工程费，包括规划、设计、项目可行性研究和水文、地质、勘察、测绘、“三通一平”等支出。

3）建筑安装工程费，指以出包方式支付给承包单位的建筑安装工程费和以自营方式发生的建筑安装工程费。营改增后，土地增值税纳税人接受建筑安装服务取得的增值税发票，税务机关规定，在发票的“备注”栏应注明建筑服务发生地县（市、区）名称及项目名称，否则不得计入土地增值税扣除项目金额。

4）基础设施费，指以开发小区内道路、供水、供电、供气、排污、排洪、通信、照明、环卫、绿化等工程发生的支出。

5）公共配套设施费，包括不能有偿转让的开发小区内公共配套设施发生的支出。

6）开发间接费用，指直接组织、管理开发项目发生的费用，包括工资、职工福利费、折旧费、修理费、办公费、水电费、劳动保护费、周转房摊销等。

（3）房地产开发费用，是指与房地产开发项目有关的销售费用、管理费用和财务费用。根据企业会计准则的规定，这三项费用作为期间费用，直接计入当期损益，不按成本核算对象进行分摊。故作为土地增值税扣除项目的房地产开发费用，不按纳税人房地产开发项目实际发生的费用进行扣除，而是按《中华人民共和国土地增值税暂行条例实施细则》（简称《土地增值税暂行条例实施细则》）的标准进行扣除。

《土地增值税暂行条例实施细则》规定，财务费用中的利息支出，凡能够按转让房地产项目计算分摊并提供金融机构证明的，允许据实扣除，但最高不能超过按商业银行同类同期贷款利率计算的金额。其他房地产开发费用，按《土地增值税暂行条例实施细则》第七条第（一）（二）项规定（即取得土地使用权所支付的金额和房地产开发成本）计算的金额之和的5%以内计算扣除。凡不能按转让房地产项目计算分摊利息支出或不能提供金融机构证明的，房地产开发费用按《土地增值税暂行条例实施细则》第七条第（一）（二）项规定的计算金额之和的10%以内计算扣除。计算扣除的具体比例，由各省、自治区、直辖市人民政府规定。

上述规定的具体含义是：

1）纳税人能够按转让房地产项目计算分摊利息支出，并能提供金融机构的贷款证明的，其允许扣除的房地产开发费用为：利息+(取得土地使用权所支付的金额+房地产开发成本)×5%以内（利息最高不能超过按商业银行同类同期贷款利率计算的金额）。

2）纳税人不能按转让房地产项目计算分摊利息支出或不能提供金融机构贷款证明的，其允许扣除的房地产开发费用为：(取得土地使用权所支付的金额+房地产开发成本)×10%以内。

全部使用自有资金，没有利息支出的，按照以上方法扣除。上述具体适用的比例按省级人民政府此前规定的比例执行。

3）房地产开发企业既向金融机构借款，又有其他借款的，其房地产开发费用计算扣除时不能同时适用上述第1）、2）项所述方法。

4）土地增值税清算时，已经计入房地产开发成本的利息支出，应调整至财务费用中计算扣除。

此外，财政部、国家税务总局还对扣除项目金额中利息支出的计算问题做了专门规定：一是利息的上浮幅度按国家的有关规定执行，超过上浮幅度的部分不允许扣除；二是对超过贷款期限的利息部分和加罚的利息不允许扣除。

(4) 与转让房地产有关的税金，是指在转让房地产时缴纳的城市维护建设税、印花税。因转让房地产缴纳的教育费附加，也可视同税金予以扣除。需要注意的是，房地产开发企业按照《施工、房地产开发企业财务制度》有关规定，其在转让时缴纳的印花税因列入管理费用中，故在此不允许单独再扣除。其他纳税人缴纳的印花税（按产权转移书据所载金额的0.5‰贴花）允许在此扣除。

(5) 其他扣除项目。对从事房地产开发的纳税人可按《土地增值税暂行条例实施细则》第七条第（一）（二）项规定计算的金额之和加计20%扣除。应特别指出的是，此条优惠只适用于从事房地产开发的纳税人，其他纳税人不适用。此项规定的目的是抑制炒买炒卖房地产的投机行为，保护正常开发投资者的积极性。其他扣除项目的计算公式为：

其他扣除项目=(取得土地使用权支付的金额+房地产开发成本)×20%

此外，在计算土地增值税计税依据时，还要注意以下两点：

(1) 对房地产开发企业代收费用的处理原则如下：

1）对于代收费用作为转让收入计税的，在计算扣除项目金额时，可予以扣除，但不允许作为加计20%扣除的基数。

2）对于代收费用未作为转让房地产的收入计税的，在计算增值额时不允许扣除代收费用。

(2) 旧房及建筑物的评估价格。纳税人转让旧房的，应按房屋及建筑物的评估价格、取得土地使用权所支付的地价款或出让金、按国家统一规定缴纳的有关费用和转让环节缴纳的税金作为扣除项目金额计征土地增值税。对取得土地使用权时未支付地价款或不能提供已支付的地价款凭据的，在计征土地增值税时不允许扣除。

旧房及建筑物的评估价格是指在转让已使用的房屋及建筑物时，由政府批准设立的房地产评估机构评定的重置成本价乘以成新度折扣率后的价格。评估价格须经当地税务机关确定。重置成本价，是指对旧房及建筑物，按转让时的建材价格及人工费用计算建造同样面积、同样层次、同样结构、同样建设标准的新房及建筑物所需花费的成本费用。成新度折扣率，是指按旧房的新旧程度作一定比例的折扣。例如，一栋房屋已使用近 10 年，建造时的造价为 1 000 万元，按转让时的建材及人工费用计算建同样的新房需要花费 5 000 万元。假定该房有 6 成新，则该房的评估价格为：5 000×60%=3 000 万元。

纳税人转让旧房及建筑物，凡不能取得评估价格，但能提供购房发票的，经当地税务部门确认，根据《土地增值税暂行条例》第六条第（一）（三）项规定扣除项目的金额（即取得土地使用权所支付的金额，新建房及配套设施的成本、费用，或者旧房及建筑物的评估价格），可按发票所载金额并从购买年度起至转让年度止每年加计 5%计算扣除。计算扣除项目时“每年”按购房发票所载日期至售房发票开具之日止，每满 12 个月计 1 年；超过 1 年，未满 12 个月但超过 6 个月的，可以视为 1 年。

对纳税人购房时缴纳的契税，凡能够提供契税完税凭证的，准予作为与转让房地产有关的税金予以扣除，但不作为加计 5%的基数。

对于转让旧房及建筑物，既没有评估价格又不能提供购房发票的，税务机关可以根据《税收征收管理法》第三十五条的规定，实行核定征收。

9.3.2　土地增值税应纳税额的计算

1. 增值额的确定

土地增值税纳税人转让房地产所取得的收入减除规定的扣除项目金额后的余额，为增值额。准确核算增值额，需要有准确的房地产转让收入额和扣除项目金额。在实际房地产交易活动中，有些纳税人由于不能准确提供房地产转让价格或扣除项目金额，致使增值额不准确，直接影响应纳税额的计算和缴纳。因此，《土地增值税暂行条例》第九条规定，纳税人有以下情形之一的，按照房地产评估价格计算征收。

（1）隐瞒、虚报房地产成交价格，是指纳税人不报或者有意低报转让土地使用权、地上建筑物以及附着物价款的行为。隐瞒、虚报房地产成交价格，应由评估机构参照同类房地产的市场交易价格进行评估。税务机关根据评估价格确定转让房地产的收入。

（2）提供扣除项目金额不实，是指纳税人在纳税申报时未据实提供扣除项目金额的行为。提供扣除项目金额不实的，应由评估机构按照房屋重置成本价乘以成新度折扣率计算的房屋成本价和取得土地使用权时的基准地价进行评估。税务机关根据评估价格确定项目扣除金额。

（3）转让房地产的成交价格低于房地产评估价格，又无正当理由的，是指纳税人申报转让房地产实际成交价低于房地产评估机构评定的交易价，纳税人又不能提供凭据或无正当理由的行为。转让房地产的成交价格低于房地产评估价格，又无正当理由的，由税务机关参照房地产评估价格确定转让房地产的收入。

上述所说的房地产评估价格是由政府批准设立的房地产评估机构根据相同地段、同类房地产进行综合评定的价格。

2. **应纳税额的计算**

土地增值税按照纳税人转让房地产所取得的增值额和规定的税率计算征收。其计算公式为：

$$\text{应纳土地增值税}=\sum(\text{每级距的土地增值额}\times\text{适用税率})$$

在实际工作中，分步计算比较烦琐，一般采用速算扣除法计算，即按增值额乘以适用税率减去扣除项目金额乘以速算扣除系数的简便方法计算。

$$\text{应纳土地增值税}=\text{增值额}\times\text{适用税率}-\text{扣除项目金额}\times\text{速算扣除系数}$$

（1）增值额未超过扣除项目金额50%的，则

$$\text{应纳土地增值税}=\text{增值额}\times 30\%$$

（2）增值额超过扣除项目金额50%，未超过100%的，则

$$\text{应纳土地增值税}=\text{增值额}\times 40\%-\text{扣除项目金额}\times 5\%$$

（3）增值额超过扣除项目金额100%，未超过200%的，则

$$\text{应纳土地增值税}=\text{增值额}\times 50\%-\text{扣除项目金额}\times 15\%$$

（4）增值额超过扣除项目金额200%的，则

$$\text{应纳土地增值税}=\text{增值额}\times 60\%-\text{扣除项目金额}\times 35\%$$

上述公式中的5%，15%，35%分别为二、三、四级的速算扣除数。

计算时注意分步骤进行：第一步，确定应税收入；第二步，确定扣除项目；第三步，计算土地增值额；第四步，计算增值额占扣除项目金额的百分比，以确定适用税率和速算扣除系数；第五步，计算应纳土地增值税税额。

知识链接

特殊售房方式下应纳土地增值税的计算

纳税人成片受让土地使用权后，分期分批开发、转让房地产的，对允许扣除项目的金额可按转让土地使用权的面积占总面积的比例计算分摊。若按此办法难以计算或明显不合理，也可按建筑面积或税务机关确认的其他方式计算分摊。

按转让土地使用权的面积占总面积的比例计算分摊扣除项目金额的计算公式为：

$$\begin{matrix}\text{扣除项目}\\\text{金额}\end{matrix}=\begin{matrix}\text{扣除项目}\\\text{总金额}\end{matrix}\times\left(\begin{matrix}\text{转让土地使用权的}\\\text{面积或建筑面积}\end{matrix}\div\begin{matrix}\text{受让土地}\\\text{使用权的总面积}\end{matrix}\right)$$

例9-1

某市一家房地产开发公司在2021年10月开发房地产项目取得不含增值税收入64 000万元。该项目的成本费用情况如下：

（1）受让土地费用：土地出让金2 800万元，过户费等费用5万元。

（2）房地产开发成本：土地拆迁补偿费用200万元，水文地质勘探费用80万元，

建筑安装工程费用19 050万元，基础设施费3 000万元，公共设施配套费用2 200万元，开发间接费用200万元，合计24 730万元。

（3）房地产开发费用：分摊480万元，销售费用200万元，财务费用600万元（利息支出不能按转让房地产项目计算分摊）。规定的开发费用扣除比例为10%。

请计算该业务应纳的土地增值税。

【解析】首先，确定扣除项目。

土地支付金额＝2 800＋5＝2 805(万元)

房地产开发成本＝24 730(万元)

房地产开发费用＝(2 805＋24 730)×10%＝2 753.5(万元)

应纳增值税＝64 000×9%＝5 760(万元)

应纳城市维护建设税、教育费附加和地方教育附加＝5 760×(7%＋3%＋2%)

＝691.2(万元)

印花税＝64 000×0.5‰＝32(万元)

加计扣除项目＝(2 805＋24 730)×20%＝5 507(万元)

扣除项目合计＝2 805＋24 730＋2 753.5＋691.2＋32＋5 507＝36 518.7(万元)

其次，计算增值率。

增值额＝64 000－36 518.7＝27 481.3(万元)

增值率＝27 481.3÷36 518.7×100%＝75.25%

再次，依据增值率确定适用税率和速算扣除系数。增值额超过扣除项目金额的50%，未超过100%，适用税率为40%。

最后，依据适用税率计算应纳土地增值税。

应纳土地增值税＝27 481.3×40%－36 518.7×5%＝9 166.59(万元)

9.4 土地增值税的税收优惠和征收管理

9.4.1 土地增值税的税收优惠

1. 建造普通标准住宅的税收优惠

普通标准住宅，是指按所在地一般民用住宅标准建造的居住用住宅。高级公寓、别墅、度假村等不属于普通标准住宅。普通标准住宅应同时满足：住宅小区建筑容积率在1.0以上；单套建筑面积在120平方米以下；实际成交价格低于同级别土地上住房平均交易价格1.2倍以下。各省、自治区、直辖市对普通住房的具体标准可以适当上浮，但不得超过上述标准的20%。纳税人建造普通标准住宅出售，其增值额未超过扣除项目金额20%的，免征增值税；增值额超过扣除项目金额20%的，应就其全部增值额按规定计税。

对于纳税人既建普通标准住宅又做其他房地产开发的，应分别核算增值额。不分别核算增值额或不能准确核算增值额的，其建造的普通标准住宅不能适用这一免税规定。

2. 国家依法征用、收回房地产的税收优惠

因国家建设需要依法征用、收回的房地产，免征土地增值税。因国家建设需要依法征用、收回的房地产，是指因城市实施规划、国家建设的需要而被政府批准征用的房产或收回的土地使用权。

3. 因城市规划、国家建设需要而搬迁，由纳税人自行转让原房地产的税收优惠

因城市实施规划、国家建设的需要而搬迁，由纳税人自行转让原房地产的，免征土地增值税。

因城市实施规划而搬迁，是指因旧城改造或因企业污染、扰民（指产生过量废气、废水、废渣和噪声，使城市居民生活受到一定危害），而由政府或政府有关主管部门根据已审批通过的城市规划确定进行搬迁的情况。因国家建设的需要而搬迁，是指因实施国务院、省级人民政府、国务院有关部委批准的建设项目而进行搬迁的情况。

4. 对企事业单位、社会团体以及其他组织转让旧房作为公共租赁住房房源的税收优惠

对企事业单位、社会团体以及其他组织转让旧房作为公共租赁住房房源，且增值额未超过扣除项目金额20%的，免征土地增值税。享受上述税收优惠政策的公共租赁住房是指纳入省、自治区、直辖市、计划单列市人民政府及新疆生产建设兵团批准的公共租赁住房发展规划和年度计划，并按照《关于加快发展公共租赁住房的指导意见》（建保〔2010〕87号）和市、县人民政府制定的具体管理办法进行管理的公共租赁住房。

9.4.2 土地增值税的特殊减免税规定

企业改制重组土地增值税政策如下：

（1）按照《中华人民共和国公司法》的规定，非公司制企业整体改制为有限责任公司或者股份有限公司，有限责任公司（股份有限公司）整体改制为股份有限公司（有限责任公司），对改制前的企业将国有土地使用权、地上的建筑物及其附着物（统称房地产）转移、变更到改制后的企业，暂不征收土地增值税。整体改制是指不改变原企业的投资主体，并承继原企业权利、义务的行为。

（2）按照法律规定或者合同约定，两个或两个以上企业合并为一个企业，且原企业投资主体存续的，对原企业将房地产转移、变更到合并后的企业，暂不征收土地增值税。投资主体存续，是指原企业出资人必须存在于改制重组后的企业，出资人的出资比例可以发生变动。

（3）按照法律规定或者合同约定，企业分设为两个或两个以上与原企业投资主体相同的企业，对原企业将房地产转移、变更到分立后的企业，暂不征收土地增值税。

（4）单位、个人在改制重组时以房地产作价入股进行投资，对其将房地产转移、变更到被投资的企业，暂不征收土地增值税。

上述改制重组有关土地增值税政策不适用于房地产转移任意一方为房地产开发企

业的情形。

（5）企业改制重组后再转让国有土地使用权并申报缴纳土地增值税时，应以改制前取得该宗国有土地使用权所支付的地价款和按国家统一规定缴纳的有关费用，作为该企业取得土地使用权所支付的金额扣除。企业在重组改制过程中经省级以上（含省级）国土管理部门批准，国家以国有土地使用权作价出资入股的，在转让该宗国有土地使用权并申报缴纳土地增值税时，应以该宗土地作价入股时省级以上（含省级）国土管理部门批准的评估价格，作为该企业取得土地使用权所支付的金额扣除。办理纳税申报时，企业应提供该宗土地作价入股时省级以上（含省级）国土管理部门的批准文件和批准的评估价格，不能提供批准文件和批准的评估价格的，不得扣除。

企业在申请享受上述土地增值税优惠政策时，应向主管税务机关提交房地产转移双方营业执照、改制重组协议或等效文件，相关房地产权属和价值证明、转让方改制重组前取得土地使用权所支付地价款的凭据（复印件）等书面材料。

9.4.3 土地增值税的纳税申报

自 2021 年 6 月 1 日起，纳税人申报缴纳土地增值税使用《财产和行为税纳税申报表》，如表 8－2 所示。

土地增值税的纳税人应在转让房地产合同签订后的 7 天内，到房地产所在地主管税务机关办理纳税申报，并向税务机关提交房屋及建筑物产权、土地使用权证书，土地转让、房产买卖合同，房地产评估报告及其他与转让房地产有关的资料。

纳税人因经常发生房地产转让而难以在每次转让后申报的，经税务机关审核同意后，可以定期进行纳税申报，具体期限由税务机关根据情况确定。纳税人因经常发生房地产转让而难以在每次转让后申报，是指房地产开发企业开发建造的房地产，因分次转让而频繁发生纳税义务，难以在每次转让后申报纳税的情况，土地增值税可按月或按各省、自治区、直辖市和计划单列市税务局规定的期限申报缴纳。纳税人选择定期申报方式的，应向纳税所在地的税务机关备案。定期申报方式确定后，一年之内不得变更。

对纳税人在项目全部竣工结算前转让房地产取得收入，由于涉及成本确定或其他原因而无法据以计算土地增值税的，可以预征土地增值税，待该项目全部竣工、办理结算后再进行清算，多退少补，具体办法由各省、自治区、直辖市税务局根据当地情况制定。

9.4.4 土地增值税的纳税地点

土地增值税的纳税人应向房地产所在地主管税务机关办理纳税申报，并在税务机关核定的期限内缴纳土地增值税。纳税人转让的房地产坐落在两个或两个以上地区的，应按房地产所在地分别申报纳税。在实际工作中，纳税地点的确定又可以分为以下两种情况：

（1）纳税人是法人的。当转让的房地产坐落地与其机构所在地或经营地一致时，在办理税务登记的原管辖税务机关申报纳税即可；如果转让的房地产坐落地与其机构所在地或经营所在地不一致，则应在房地产坐落地所管辖的税务机关申报纳税。

（2）纳税人是自然人的。当转让的房地产坐落地与其居住所在地一致时，在住所所在地税务机关申报纳税；当转让的房地产坐落地与其居住所在地不一致时，则在办理过户手续所在地的税务机关申报纳税。

9.4.5 房地产开发企业土地增值税清算

自2007年2月1日起，各省税务机关可按以下规定对房地产开发企业土地增值税进行清算。各省税务机关可依据以下规定并结合当地实际情况制定具体清算管理办法。

1. 土地增值税的清算单位

土地增值税以国家有关部门审批的房地产开发项目为单位进行清算，对于分期开发的项目，以分期项目为单位清算。开发项目中同时包含普通住宅和非普通住宅的，应分别核算增值额。

知识链接

土地增值税清算中税务机关和纳税人的责任认定

土地增值税清算中税务机关的责任包括：应为纳税人提供优质纳税服务，加强土地增值税政策的宣传辅导工作；应及时对纳税人清算申报的收入、扣除项目金额、增值额、增值率以及税款计算等情况进行审核，依法征收土地增值税。

土地增值税清算中纳税人的责任是：应如实申报应缴纳的土地增值税税额，保证清算申报的真实性、准确性和完整性。

在实践中，清算单位是影响土地增值税税负的关键因素。如果将增值额较大的清算单位和增值额较小的清算单位进行合并清算，则可以降低税负；如果分开清算，则增值额较大的清算单位纳税多，总税负会增加。需要注意的是，普通标准住宅增值率不超过20%的，可以享受免税优惠，但要求分开核算，否则不能免税。此外，未经政府部门批准，企业自行分期开发的项目，本着实质重于形式的原则分期确定清算单位。

2. 土地增值税的清算条件

（1）符合下列情形之一的，纳税人应进行土地增值税的清算（简称“必须清算”情形）：

1）房地产开发项目全部竣工、完成销售的；

2）整体转让未竣工决算房地产开发项目的；

3）直接转让土地使用权的。

（2）符合下列情形之一的，主管税务机关可要求纳税人进行土地增值税清算（简称“可以要求清算”情形）：

1）已竣工验收的房地产开发项目，已转让的房地产建筑面积占整个项目可售建筑面积的比例在85%以上，或该比例虽未超过85%，但剩余的可售建筑面积已经出租或自用的；

2）取得销售（预售）许可证满三年仍未销售完毕的；

3）纳税人申请注销税务登记但未办理土地增值税清算手续的；

4）省税务机关规定的其他情况。

3. 非直接销售和自用房地产的收入确定

纳税人将开发产品用于职工福利、奖励、对外投资、分配给股东或投资人、抵偿债务、换取其他单位和个人的非货币性资产等，发生所有权转移时应视同销售房地产，其收入应按照《国家税务总局关于房地产开发企业土地增值税清算管理有关问题的通知》（国税发〔2006〕187 号）第三条的规定执行。其收入按下列方法和顺序确认：

（1）按本企业在同一地区、同一年度销售的同类房地产的平均价格确定。

（2）由主管税务机关参照当年、同类房地产的市场价格或评估价值确定。

房地产开发企业将开发的部分房地产转为企业自用或用于出租等商业用途时，如果产权未发生转移，不征收土地增值税；在税款清算时不列收入，不扣除相应的成本和费用。

土地增值税清算时，以全额开具商品房销售发票的，按照发票所载金额确认收入；未开具发票或未全额开具发票的，以交易双方签订的销售合同所载的售房金额及其他收益确认收入。销售合同所载商品房面积与有关部门实际测量面积不一致，在清算前已发生补、退房款的，应在计算土地增值税时予以调整。

4. 土地增值税的扣除项目

房地产开发企业办理土地增值税清算时计算与清算项目有关的扣除项目金额，应根据《土地增值税暂行条例》第六条及其实施细则第七条的规定执行。除另有规定外，扣除取得土地使用权所支付的金额、房地产开发成本、费用及与转让房地产有关的税金，须提供合法有效凭证；不能提供合法有效凭证的，不予扣除。

房地产开发企业办理土地增值税清算所附送的前期工程费、建筑安装工程费、基础设施费、开发间接费用的凭证或资料不符合清算要求或不实的，税务机关可参照当地建设工程造价管理部门公布的建安造价定额资料，结合房屋结构、用途、区位等因素，核定上述四项开发成本的单位面积金额标准，并据以计算扣除。具体核定方法由省税务机关确定。

房地产开发企业开发建造的与清算项目配套的居委会和派出所用房、会所、停车场（库）、物业管理场所、变电站、热力站、水厂、文体场馆、学校、幼儿园、托儿所、医院、邮电通信等公共设施，按以下原则处理：

（1）建成后产权属于全体业主所有的，其成本、费用可以扣除。

（2）建成后无偿移交给政府、公用事业单位用于非营利性社会公共事业的，其成本费用可以扣除。

（3）建成后有偿转让的，应计算收入，并准予扣除成本、费用。

房地产开发企业销售已装修的房屋，其装修费用可以计入房地产开发成本。房地产开发企业的预提费用，除另有规定外，不得扣除。

属于多个房地产项目共同的成本费用，应按清算项目可售建筑面积占多个项目可售总建筑面积的比例或其他合理的方法，计算确定清算项目的扣除金额。

房地产开发企业在工程竣工验收后，根据合同约定，扣留建筑安装施工企业一定比例的工程款，作为开发项目的质量保证金。在计算土地增值税时，建筑安装施工企业就质量保证金对房地产开发企业开具发票的，按发票所载金额予以扣除；未开具发票的，扣留的质量保证金不得计算扣除。

房地产开发企业逾期开发缴纳的土地闲置费不得扣除。

房地产开发企业为取得土地使用权所支付的契税，应视同按国家统一规定缴纳的有关费用，计入取得土地使用权所支付的金额中扣除。

拆迁安置费的扣除，按以下规定处理：

（1）房地产开发企业用建造的该项目房地产安置回迁户的，安置用房视同销售处理，按《国家税务总局关于房地产开发企业土地增值税清算管理有关问题的通知》（国税发〔2006〕187号）第三条第（一）款的规定确认收入（即按本企业在同一地区、同一年度销售的同类房地产的平均价格确定，或由主管税务机关参照当地当年同类房地产的市场价格或评估价值确定），同时将此确认为房地产开发项目的拆迁补偿。房地产开发企业支付给回迁户的补差价款，计入拆迁补偿费；回迁户支付给房地产开发企业的补差价款，应抵减本项目拆迁补偿费。

（2）房地产开发企业采取异地安置，异地安置的房屋属于自行开发建造的，房屋价值按《国家税务总局关于房地产开发企业土地增值税清算管理有关问题的通知》（国税发〔2006〕187号）第三条第（一）款的规定计算，计入本项目的拆迁补偿费；异地安置的房屋属于购入的，以实际支付的购房支出计入拆迁补偿费。

（3）货币安置拆迁的，房地产开发企业凭合法有效凭据计入拆迁补偿费。

例9-2

某房地产公司的客户在2021年12月10日签订购房合同，合同总额为100万元，首付款为30万元，2021年12月10日交付；按揭70万元，2022年1月20日由银行发放。请问以2021年12月31日为截止时间进行土地增值税清算（已达到销售的85%的清算条件）时，清算收入金额是30万元还是100万元？

【解析】根据《国家税务总局关于土地增值税清算有关问题的通知》（国税函〔2010〕220号）对土地增值税清算收入确认的问题的规定，房地产公司采取银行按揭方式销售开发产品的，已全额开具商品销售发票的，按照发票所载金额确认土地增值税的清算收入；未开具发票或未全额开具发票的，应按销售合同或协议约定的价款确定土地增值税的清算收入。因此，清算收入金额是100万元。

5. 土地增值税清算应报送的资料

符合“必须清算”情形的纳税人，须在满足清算条件之日起90天内到主管税务机关办理清算手续；符合“可以要求清算”情形的纳税人，须在主管税务机关限定的期限内办理清算手续。

纳税人办理土地增值税清算应报送以下资料：

（1）房地产开发企业清算土地增值税书面申请、《财产和行为税纳税申报表》（见表8-2）。

（2）项目竣工决算报表、取得土地使用权所支付的地价款凭证、国有土地使用权出让合同、银行贷款利息结算通知单、项目工程合同结算单、商品房购销合同统计表等与转让房地产的收入、成本和费用有关的证明资料。

(3) 主管税务机关要求报送的其他与土地增值税清算有关的证明资料等。

(4) 纳税人委托税务中介机构审核鉴证的清算项目，还应报送中介机构出具的土地增值税清算鉴证报告。

6. 土地增值税清算项目的审核鉴证

税务中介机构受托对清算项目审核鉴证时，应按税务机关规定的格式对审核鉴证情况出具鉴证报告。对符合要求的鉴证报告，税务机关可以采信。

税务机关要对从事土地增值税清算鉴证工作的税务中介机构在准入条件、工作程序、鉴证内容、法律责任等方面提出明确要求，并做好必要的指导和管理工作。

7. 土地增值税的核定征收

房地产开发企业有下列情形之一的，税务机关可以参照与其开发规模和收入水平相近的当地企业的土地增值税税负情况，按不低于预征率的征收率核定征收土地增值税。

(1) 依照法律、行政法规的规定应当设置但未设置账簿的；

(2) 擅自销毁账簿或者拒不提供纳税资料的；

(3) 虽设置账簿，但账目混乱或者成本资料、收入凭证、费用凭证残缺不全，难以确定转让收入或扣除项目金额的；

(4) 符合土地增值税清算条件，未按照规定的期限办理清算手续，经税务机关责令限期清算，逾期仍不清算的；

(5) 申报的计税依据明显偏低，又无正当理由的。

核定征收必须严格依照税收法律法规规定的条件进行，任何单位和个人不得擅自扩大核定征收范围，严禁在清算中出现“以核定为主、一核了之”“求快图省”的做法。凡擅自将核定征收作为本地区土地增值税清算主要方式的，必须立即纠正。对确需核定征收的，要严格按照税收法律法规的要求，从严、从高确定核定征收率。为了规范核定工作，核定征收率原则上不得低于5%，各省级税务机关要结合本地实际，区分不同房地产类型制定核定征收率。

8. 土地增值税清算后再转让房地产的处理

在土地增值税清算时未转让的房地产，清算后销售或有偿转让的，纳税人应按规定进行土地增值税的纳税申报，扣除项目金额按清算时的单位建筑面积成本费用乘以销售或转让面积计算。

单位建筑面积成本费用=清算时的扣除项目总金额÷清算的总建筑面积

9. 土地增值税清算后应补缴的土地增值税加收滞纳金问题

纳税人按规定预缴土地增值税后，清算补缴的土地增值税，在主管税务机关规定的期限内补缴的，不加收滞纳金。

例9-3

2021年8月，某市税务机关拟对辖区内某房地产开发公司开发的房地产项目进行土地增值税清算。该房地产开发公司提供的该房地产开发项目资料如下：

(1) 2019年3月以8 000万元拍得用于该房地产开发项目的一宗土地，并缴纳契税；因闲置1年，支付土地闲置税400万元。

(2) 2020年5月开始动工建设，发生开发成本5 000万元，银行贷款凭证显示利息支出1 000万元。

(3) 2021年6月项目已销售可售面积的80%，共计取得不含增值税收入20 000万元；可售建筑面积的20%投资入股某酒店，约定共担风险、共享收益。

(4) 公司已按照3%的预征率预缴土地增值税600万元，并聘请了税务中介机构对该项目土地增值税进行审核鉴证。税务中介机构提供了鉴证报告。

其他相关资料：已知当地适用的契税税率为5%，省级政府规定其他开发费用的扣除比例为5%。

请根据以上资料，回答下列问题：

(1) 简要说明税务机关要求该公司进行土地增值税清算的理由。

(2) 计算该公司清算土地增值税时允许扣除的土地使用权支付金额。

(3) 计算该公司清算土地增值税时允许扣除的相关税费。

(4) 计算该公司清算土地增值税时应补缴的土地增值税。

(5) 请问税务机关能否对清算补缴的土地增值税征收滞纳金？并说明理由。

(6) 请问税务机关对税务中介机构出具的鉴证报告，在什么条件下能采信？

【解析】

(1) 房地产开发企业将开发产品用于对外投资的，应视同销售房地产。本题中房地产开发项目全部竣工、完成销售（80%已对外销售，20%发生视同销售），符合土地增值税清算条件，房地产公司应进行土地增值税清算。

(2) 该公司清算土地增值税时允许扣除的土地使用权支付金额为：

允许扣除的土地使用权支付金额＝8 000＋8 000×5%＝8 400(万元)

(3) 计算土地增值税应税收入是不包含增值税的。房地产应税收入为20 000万元，允许扣除的相关税费为：

允许扣除的城市维护建设税、教育费附加及地方教育附加＝20 000×9%×(7%＋3%＋2%)
＝216(万元)

允许扣除的印花税＝20 000×0.5‰＝10(万元)

允许扣除的相关税费合计＝216＋10＝226(万元)

(4) 首先，计算扣除项目金额：

扣除项目金额＝8 400＋(5 000－1 000)＋[1 000＋(8 400＋4 000)×5%]
＋216＋(8 400＋4 000)×20%＝16 716(万元)

其次，计算增值额和增值率：

增值额＝20 000÷80%－16 716＝8 284(万元)

增值率＝8 284÷16 716×100%＝49.56%

由增值率可以得出，土地增值税的适用税率是30%。

最后，计算应纳土地增值税和应补缴土地增值税：

应纳土地增值税=8 284×30%=2 485.2(万元)

应补缴土地增值税=2 485.2−600=1 885.2(万元)

(5) 税务机关不能对清算补缴的土地增值税征收滞纳金。根据规定，纳税人按规定预缴土地增值税后，清算补缴的土地增值税，在主管税务机关规定的期限内补缴的，不加收滞纳金。

(6) 税务中介机构受托对清算项目审核鉴证时，应按税务机关规定的格式对审核鉴证情况出具鉴证报告。对符合要求的鉴证报告，税务机关可以采信。

9.5 土地增值税的改革方向

土地增值税的改革方向是继续保持土地增值税的征收，不断完善土地增值税有关法律政策。保持土地增值税清算的稳定性是房地产市场平稳发展的镇静剂，有利于社会经济的稳定发展。

一些学者认为应该废除土地增值税，其实不然。土地增值税是企业所得税之外对房地产业高额利润的再分配。有研究表明，房地产企业会通过提高后期开发的房地产价格来转移税负。但从长远来看，土地增值税对房地产行业高额利润的再分配作用会限制资金的盲目投入，对房地产市场有着积极和正面的作用。

投资者出于房地产市场高利润的考虑，会将大量的资金投入房地产市场从而掀起新一轮房地产投资潮，而供需的同时上涨很可能会导致新一轮的涨价潮。所以，保持土地增值税清算政策的长期性和稳定性是减少房地产市场非正常波动、保持房地产市场稳定发展的一剂良药。

土地增值税清算如果没有一个长期的稳定政策，就会出现权力寻租、滋生腐败。守法的企业配合清算缴纳了高额的土地增值税，而不配合清算的企业可能会一直拖延。实现土地增值税清算制度化，避免土地增值税成为随意性较大的税种，落实土地增值税清算制度，才能实现税负公平，促进房地产经济的健康发展。

本章小结

1. 土地增值税是指转让国有土地使用权、地上的建筑物及其附着物产权并取得收入的单位和个人，以转让所取得的收入包括货币收入、实物收入和其他收入减除法定扣除项目金额后的增值额为计税依据向国家缴纳的一种税，不包括以继承、赠与方式无偿转让房地产的行为。

2. 土地增值税有以下特点：以转让房地产的增值额为计税依据；征税范围比较广；实行超率累进税率；实行按次征收等。

3. 土地增值税有两大作用：一是增强国家对房地产开发和房地产交易市场的调控；二是有利于国家抑制土地炒作行为。

4. 土地增值税的征税范围是有偿转让国有土地使用权及地上建筑物和其他附着物产权所取得的增值额。

5. 土地增值税的应税收入是指纳税人转让房地产取得的应税收入，包括转让房地产的全部价款及有关的经济收益，从收入的形式来看有货币收入、实物收入和其他收入。

6. 土地增值税扣除项目有以下几种：一是取得土地使用权所支付的金额；二是房地产开发成本；三是房地产开发费用；四是与转让房地产有关的税金；五是其他扣除项目。

7. 土地增值税实行四级超率累进税率。

8. 土地增值税的纳税地点是房地产所在地主管税务机关，纳税申报期是转让房地产合同签订后的7日内。

复习与思考

一、单项选择题

1. 位于县城的某商贸公司（增值税一般纳税人）2021年12月销售一栋旧办公楼，取得含增值税收入1 000万元，缴纳印花税0.5万元（不含增值税）。因无法取得评估价格，公司提供了购房发票，该办公楼购于2015年1月，购买价格为600万元，缴纳契税18万元（能提供契税完税凭证）。已知该公司选择简易计税办法计算增值税，则可扣除项目金额的合计数为（　　）万元。

A. 639.6　　B. 640.1　　C. 740.4　　D. 763.7

2. 下列房地产交易行为中，应当缴纳土地增值税的是（　　）。

A. 房地产公司出租别墅

B. 非营利基金会将合作建造的房屋转让

C. 房地产公司通过国家机关将其拥有的房屋赠与学校

D. 城市居民之间互换自有居住用房且经核实

3. 按照土地增值税的有关规定，纳税人提供扣除项目金额不实的，在计算土地增值税时，应按照（　　）。

A. 税务部门估定的价格扣除

B. 税务部门与房地产主管部门协商的价格扣除

C. 房地产评估价格扣除

D. 房地产原值减除30%后的余值扣除

4. 房地产开发企业进行土地增值税清算时，下列各项中，允许在计算增值额时扣除的是（　　）。

A. 加罚的利息

B. 已售精装修房屋的装修费用

C. 逾期开发土地缴纳的土地闲置费

D. 未取得建筑安装施工企业开具发票的扣留质量保证金

5. 出售旧房及建筑物计算土地增值税的增值额时，其扣除项目金额中的旧房及建筑物的评估价格应按（　　）计算。

A. 账载余额

B. 重置成本

C. 账载原值乘以成新度折扣率

D. 重置成本价乘以成新度折扣率

二、多项选择题

1. 以下项目中，转让新建房产和旧房产，计算土地增值税增值额时均能扣除的项目有（　　）。

A. 取得土地使用权所支付的金额

B. 房地产开发成本

C. 与转让房地产有关的税金

D. 旧房及建筑物的评估价格

2. 土地增值税清算时，房地产开发企业开发建造的与清算项目配套的会所等公共设施，其成本费用可以扣除的情形有（　　）。

A. 建成后开发企业转为自用的

B. 建成后开发企业用于出租的

C. 建成后有偿转让的

D. 建成后产权属于全体业主所有的

3. 下列行为中，免征土地增值税的有（　　）。

A. 企业转让职工宿舍作为公共租赁住房房源，且增值额未超过扣除项目金额的 20%

B. 企业以分期收款方式转让房产

C. 房地产开发企业销售其开发的普通标准住宅，其增值额未超过扣除项目金额的 20%

D. 王某转让一套居住 6 年的别墅

E. 个人之间互换自有居住用房产

4. 下列情形中，不属于土地增值税征税范围的有（　　）。

A. 房产所有人将房屋产权用于贷款抵押的

B. 企业之间等价交换自有房地产的

C. 房地产开发企业以建设的商品房对外投资的

D. 房地产开发企业以建设的商品房对外出租的

E. 双方合作建房后转让的

三、计算题

1. 2021 年某企业转让一栋六成新的旧仓库，取得不含增值税转让收入 2 000 万元，可扣除的相关税费共计 120 万元。该仓库原造价为 1 000 万元，重置成本价为 1 500 万元。

要求： 请计算该企业转让仓库应纳的土地增值税。

2. 某房地产开发公司注册地在甲市，2021 年 3 月对其在乙市开发的一房地产项目进行土地增值税清算，相关资料如下：

（1）2019 年 1 月，公司经“招、拍、挂”以 10 000 万元取得一处占地面积为 20 000 平方米的土地使用权，并缴纳了契税。

（2）自 2020 年 1 月起，公司对受让土地进行项目开发建设，由于逾期开发缴纳土地闲置费 100 万元。发生开发成本 15 000 万元，根据合同约定，扣留建筑安装施工企业 10%的工程款，作为开发项目的质量保证金，对方按实际收取的工程款开具发票；发生与该项目相关的利息支出 3 000 万元，并能提供金融机构的贷款证明。

（3）2021 年 3 月，项目实现全部销售，共取得不含增值税收入 80 000 万元，允许扣除的有关税金及附加为 880 万元，已预缴土地增值税 900 万元。

其他相关资料：当地适用的契税税率为 5%，省级政府规定其他开发费用的扣除比例为 5%。

要求：根据上述资料，按照顺序回答问题（如有计算需计算出合计数）：

（1）说明该公司办理土地增值税申报纳税的地点。

（2）计算该公司清算土地增值税时允许扣除的土地使用权支付金额。

（3）计算该公司清算土地增值税时允许扣除项目金额的合计数。

（4）计算该公司清算土地增值税时应补缴的土地增值税。

第10章

城镇土地使用税、耕地占用税

学习目标

1. 熟悉城镇土地使用税、耕地占用税的纳税人与征税范围。
2. 掌握城镇土地使用税、耕地占用税应纳税额的计算方法。
3. 熟悉城镇土地使用税、耕地占用税的税收优惠。
4. 了解城镇土地使用税、耕地占用税的改革方向。

案例导入

某开发公司作为政府融资平台，从事成片土地开发、基础设施开发建设等业务。2021年10月，税务部门检查发现该企业于2018年10月购得郊区40万平方米的土地，土地出让合同约定2018年11月底前交付给企业。但企业取得该地块后一直到2021年3月尚未进行任何实质性开发。

企业认为土地没有投入使用也就不需要缴纳城镇土地使用税。根据现行税法的规定，请问该企业究竟需不需要缴纳城镇土地使用税?

10.1 城镇土地使用税

10.1.1 城镇土地使用税的纳税人

在城市、县城、建制镇、工矿区范围内使用土地的单位和个人为城镇土地使用税的纳税人。具体规定如下：

（1）拥有土地使用权的单位和个人，为纳税人；

（2）拥有土地使用权的单位和个人不在土地所在地的，其土地的实际使用人和代管人为纳税人；

（3）土地使用权未确定或权属纠纷未解决的，其实际使用人为纳税人；

（4）土地使用权共有的，共有各方都是纳税人，由共有各方分别纳税。

10.1.2 城镇土地使用税的征税范围

城镇土地使用税的征税范围，包括在城市、县城、建制镇和工矿区内的国家所有和集体所有的土地。对建立在城市、县城、建制镇和工矿区以外的工矿企业则不需要缴纳城镇土地使用税。

10.1.3 城镇土地使用税的计税依据

城镇土地使用税以纳税人实际占用的土地面积为计税依据，按照规定税额计算征收。纳税人实际占用的土地面积，按下列方法确定：

（1）凡是由省、自治区、直辖市人民政府确定的单位组织测定土地面积的，以测定的面积为准。

（2）尚未组织测量，但纳税人持有政府部门核发的土地使用证书的，以证书确认的土地面积为准。

（3）尚未核发土地使用证书的，由纳税人申报土地面积并据以纳税，等核发土地使用证后再作调整。

（4）对在城镇土地使用税征税范围内单独建造的地下建筑用地，按规定征收城镇土地使用税。其中，已取得地下土地使用权证的，按土地使用权证确认的土地面积计算应征税款；未取得地下土地使用权证或地下土地使用权证上未标明土地面积的，按地下建筑垂直投影面积计算应征税款。对地下建筑用地暂按应征税款的50%征收城镇土地使用税。

10.1.4 城镇土地使用税的税率及应纳税额的计算

1. 城镇土地使用税的税率

城镇土地使用税采用定额税率，一般规定每平方米的年税额为：

（1）大城市1.5～30元；

（2）中等城市1.2～24元；

（3）小城市0.9～18元；

（4）县城、建制镇、工矿区0.6～12元。

省、自治区、直辖市人民政府，应当在税法规定的税额幅度内，根据市政建设状况、经济繁荣程度等条件，确定所辖地区的适用税额幅度。

市、县人民政府应当根据实际情况，将本地区土地划分为若干等级，在省、自治区、直辖市人民政府确定的税额幅度内，制定相应的适用税额标准，报省、自治区、直辖市人民政府批准执行。

经省、自治区、直辖市人民政府批准，经济落后地区城镇土地使用税的适用税额标准可以适当降低，但降低额不得超过规定最低税额的30%。经济发达地区城镇土地使用税的适用税额标准可以适当提高，但须报财政部批准。

2. 城镇土地使用税应纳税额的计算

城镇土地使用税根据实际使用的土地面积，按税法规定的单位税额缴纳。其计算公式为：

应纳城镇土地使用税＝应税土地的实际占用面积×适用单位税额

单独建造的地下建筑物的税额的计算公式为：

$$应纳城镇土地使用税=\frac{证书确认应税土地面积}{或地下建筑物垂直投影面积}\times\frac{适用}{税额}\times 50\%$$

例 10－1

甲企业位于某经济落后地区，2019 年 12 月取得一宗土地的使用权（未取得土地使用证书），2021 年 1 月已按 1 500 平方米申报缴纳全年的城镇土地使用税。2021 年 4 月该企业取得政府部门核发的土地使用证书，上面注明的土地面积为 2 000 平方米。已知该地区适用每平方米 0.9～18 元的固定税额，当地政府规定的固定税额为每平方米 0.9 元，并另按照国家规定的最高比例降低税额标准。请计算该企业 2021 年应补缴的城镇土地使用税。

【解析】尚未核发土地使用证书的，应由纳税人申报土地面积并据以缴纳土地增值税，等到核发土地使用证以后再作调整。经济落后地区，城镇土地使用税的适用税额标准可适当降低，但降低额不得超过规定最低税额标准的 30％。

当地年固定税额＝0.9×(1－30％)＝0.63(元/平方米)

应补缴城镇土地使用税＝(2 000－1 500)×0.63＝315(元)

10.1.5　城镇土地使用税的减免税规定

（1）税法条例中明确规定的法定税收优惠。

1）国家机关、人民团体、军队自用的土地，免征城镇土地使用税；

2）由国家财政部门拨付事业经费的单位自用的土地，免征城镇土地使用税；

3）宗教寺庙、公园、名胜古迹自用的土地，免征城镇土地使用税；

4）市政街道、广场、绿化地等公共用地，免征城镇土地使用税；

5）直接用于农、林、牧、渔业的生产用地，免征城镇土地使用税；

6）经批准开山填海整治的土地和改造的废弃土地，从使用的月份起免征城镇土地使用税 5～10 年；

7）由财政部另行规定免税的能源交通、水利设施用地和其他用地；

8）新征用的耕地自批准征用之日起 1 年内免征城镇土地使用税。

（2）纳税人缴纳土地使用税确有困难需要定期减免的，由省税务局审批。

（3）对免税单位使用纳税单位土地，免征城镇土地使用税。

（4）在城镇土地使用税征收范围内经营采摘、观光农业的单位和个人，其直接用于采摘、观光的种植、养殖、饲养的土地，免征城镇土地使用税。

（5）煤炭企业的下列用地，免征城镇土地使用税。

1）矸石山、排土场用地、防排水沟用地；

2）矿区办公、生活区以外的公路、铁路专用线及轻便道和输变电线路用地；

3）火炸药库库房及安全区用地；

4）向社会开放的公园及公共绿化带用地。

（6）对矿山企业的采矿场、排土场、尾矿库、炸药库的安全区、采区运矿及运岩公路、尾矿输送管道及回水系统用地，免征城镇土地使用税。

（7）对电力行业中火电厂厂区围墙外的灰场、输灰管、输油（气）管、铁路专用线用地，以及厂区外的水源用地和热电厂供热管道用地；水电站除发电厂厂房用地及生产、办公、生活用地外的其他用地；供电部门的输电线路用地、变电站用地，免征城镇土地使用税。

（8）对水利设施及其管护用地（如水库库区、大坝、堤防、灌渠、泵站等用地），免征城镇土地使用税；对兼有发电的水利设施用地免征城镇土地使用税问题，比照电力行业免征城镇土地使用税的有关规定办理。

（9）铁路总公司所属铁路运输企业自用的土地，免征城镇土地使用税。

（10）对邮政部门坐落在城市、县城、建制镇、工矿区范围以外，尚在县邮政局内核算的房产、土地，在单位财务账中划分清楚的，从2001年1月1日起免征房产税、城镇土地使用税。

（11）对行使国家行政管理职能的中国人民银行总行（含国家外汇管理局）所属分支机构自用的房产、土地，免征房产税、城镇土地使用税。

（12）对被撤销金融机构清算期间自有的或从债务方接收的房地产，免征城镇土地使用税。

（13）对廉租住房、经济适用住房建设用地以及廉租住房经营管理单位按照政府规定价格、向规定保障对象出租的廉租住房用地，免征城镇土地使用税。

（14）非营利性科研机构自用的土地，免征城镇土地使用税。

（15）对血站自用的房产、土地，免征房产税、城镇土地使用税。

（16）对非营利性医疗机构自用的房产、土地，免征房产税、城镇土地使用税；对营利性医疗机构自用的房产、土地，自其取得执业登记之日起，3年内对其自用的房产、土地，免征房产税、城镇土地使用税；对疾病控制机构和妇幼保健机构等卫生机构自用的房产、土地，免征房产税、城镇土地使用税。

（17）对政府部门和企事业单位、社会团体以及个人等社会力量投资兴办的福利性、非营利性的老年服务机构自用的房产、土地，暂免征收房产税、城镇土地使用税。

（18）对由主管工会拨付或差额补贴工会经费的全额预算或差额预算单位，可以比照财政部门拨付事业经费的单位办理，即对这些单位自用的房产、土地，免征房产税、城镇土地使用税。

（19）对少年犯管教所的用地和由国家财政部门拨付事业经费的劳教单位自用的土地，免征城镇土地使用税。

（20）对石油天然气生产建设中用于地质勘探、钻井、井下作业、油气田地面工程等施工临时用地，暂免征收城镇土地使用税。

（21）自2018年10月1日起至2020年12月31日止，对按照去产能和调结构政策要求停产停业、关闭的企业，自停产停业次月起，免征房产税、城镇土地使用税。企业享受免税政策的期限累计不得超过两年。

（22）自2020年1月1日起至2022年12月31日止，对物流企业自有（包括自用和出租）或承租的大宗商品仓储设施用地，减按所属土地等级适用税额标准的 50%计征城镇土地使用税。

（23）自 2019 年 1 月 1 日至 2021 年 12 月 31 日，对国家级、省级科技企业孵化器、大学科技园和国家备案众创空间自用以及无偿或通过出租等方式提供给在孵对象使用的土地，免征城镇土地使用税。

（24）自 2019 年 1 月 1 日至 2023 年供暖期结束，对向居民供热收取采暖费的供热企业，为居民供热所使用的厂房及土地免征房产税、城镇土地使用税；对供热企业其他厂房及土地，应当按照规定征收房产税、城镇土地使用税。

（25）各省、自治区、直辖市税务局确定减免的优惠：

1）房产管理部门经租的居民住房用地；

2）免税单位职工家属宿舍用地；

3）民政部门举办的安置残疾人员占生产人员总数 35%以上的福利工厂用地；

4）集体和个人办的学校、医院、托儿所、幼儿园用地；

5）个人所有的居住房屋及院落用地。

10.1.6　城镇土地使用税的纳税义务发生时间

（1）纳税人购置新建商品房，自房屋交付使用次月起，缴纳城镇土地使用税。

（2）纳税人购置存量房，自办理房屋权属转移、变更登记手续，房地产权属登记机关签发房屋权属证书之次月起，缴纳城镇土地使用税。

（3）纳税人出租、出借房产，自交付出租、出借房产次月起，缴纳城镇土地使用税。

（4）以出让或者转让方式有偿取得土地使用权的，应由受让方从合同约定交付土地时间的次月起缴纳城镇土地使用税；合同未约定交付土地时间的，由受让方从合同签订的次月起缴纳城镇土地使用税。

（5）纳税人新征用的耕地，自批准征用之日起满 1 年时，缴纳城镇土地使用税。

（6）纳税人新征用的非耕地，自批准征用次月起，缴纳城镇土地使用税。

10.1.7　城镇土地使用税的纳税地点

城镇土地使用税的纳税地点为土地所在地，由土地所在地税务机关负责征收。纳税人使用的土地不属于同一省（自治区、直辖市）管辖范围的，应由纳税人分别向土地所在地的税务机关缴纳城镇土地使用税。在同一省（自治区、直辖市）管辖范围内，纳税人跨地区使用的土地，其纳税地点由各省、自治区、直辖市税务机关确定。

10.1.8　城镇土地使用税的纳税期限

城镇土地使用税按年计算，分期缴纳。具体纳税期限由各省、自治区和直辖市人民政府根据当地的实际情况确定。目前各地一般规定为每季度缴纳一次或者每半年缴纳一次，每次征期为 15 天或者 1 个月。

10.1.9 城镇土地使用税的纳税申报

自2021年6月1日起，纳税人申报缴纳城镇土地使用税使用《财产和行为税纳税申报表》，如表8-2所示。

10.1.10 城镇土地使用税的改革方向

城镇土地使用税的征收目的：一是促进合理使用土地；二是促进节约使用土地。

我国正在起草《房地产税法》草案，考虑将现有的房产税和城镇土地使用税予以合并，统称为“房地产税”。所以，未来城镇土地使用税将予以取消。

开征房地产税的目的在于实现房地产保有环节征税，精简税制，构建公平税制体系。

10.2 耕地占用税

10.2.1 耕地占用税的纳税人

耕地占用税的纳税人是在我国境内占用耕地建设建筑物、构筑物或者从事非农业建设的单位和个人。

经批准占用耕地的，纳税人为农用地转用审批文件中标明的建设用地人；农用地转用审批文件中未标明建设用地人的，纳税人为用地申请人，其中用地申请人为各级人民政府的，由同级土地储备中心、自然资源主管部门或政府委托的其他部门、单位履行耕地占用税申报纳税义务。

未经批准占用耕地的，纳税人为实际用地人。

10.2.2 耕地占用税的征税范围

耕地占用税的征税范围包括用于建房或从事其他非农业建设征（占）用的国家和集体所有的耕地。耕地包括从事农业种植的土地，也包括菜地、花圃、苗圃、茶园、果园、桑园等园地和其他种植经济林木的土地、鱼塘。

对于占用已从事种植、养殖的滩涂、草场、水面和林地从事非农业建设的，由省、自治区、直辖市确定是否征收耕地占用税。

建设直接为农业生产服务的生产设施占用林地、牧草地等其他农用地的，不征收耕地占用税。

10.2.3 耕地占用税的计税依据

耕地占用税以纳税人实际占用的属于耕地占用税征税范围的土地（简称应税土地）面积为计税依据，按应税土地当地适用税额计税，实行一次性征收。

10.2.4 耕地占用税的税率及税额计算

耕地占用税实行地区差别幅度定额税率。人均耕地面积越少，单位税额越高。以县（市、区）为单位，耕地占用税的税额规定如下：

（1）人均耕地不超过 1 亩的地区，每平方米为 10～50 元；

（2）人均耕地超过 1 亩但不超过 2 亩的地区，每平方米为 8～40 元；

（3）人均耕地超过 2 亩但不超过 3 亩的地区，每平方米为 6～30 元；

（4）人均耕地超过 3 亩的地区，每平方米为 5～25 元。

经济特区、经济技术开发区和经济发达、人均耕地特别少的地区，耕地占用税适用税额可以适当提高，但最多不得超过上述规定税额的 50%。占用基本农田的，应当按照《中华人民共和国耕地占用税法》（简称《耕地占用税法》）确定的当地适用税额加按 150%征收。

耕地占用税以纳税人实际占用的耕地面积为计税依据，按照规定的适用税额标准计算应纳税额，实行一次性征收。

应纳耕地占用税＝纳税人实际占用的耕地面积(平方米)×适用税额

10.2.5　耕地占用税的减免税规定

（1）军事设施、学校、幼儿园、社会福利机构、医疗机构占用耕地，免征耕地占用税。

（2）铁路线路、公路线路、飞机场跑道、停机坪、港口、航道、水利工程占用耕地，减按每平方米 2 元的税额征收耕地占用税。

（3）农村居民占用耕地新建住宅，按照当地适用税额减半征收耕地占用税；农村居民经批准搬迁，新建自用住宅占用耕地不超过原宅基地面积的部分，免征耕地占用税。

（4）农村烈士遗属、因公牺牲军人遗属、残疾军人以及符合农村最低生活保障条件的农村居民，在规定用地标准以内新建自用住宅，免征耕地占用税。

（5）根据国民经济和社会发展的需要，国务院可以规定免征或者减征耕地占用税的其他情形，报全国人民代表大会常务委员会备案。

（6）依法免征或者减征耕地占用税后，纳税人改变原占地用途，不再属于免征或者减征耕地占用税情形的，应当按照当地适用税额补缴耕地占用税。

10.2.6　耕地占用税的纳税义务发生时间

经批准占用耕地的，为纳税人收到自然资源主管部门办理占用农用地手续通知的当天；未经批准占用耕地的，耕地占用税纳税义务发生时间为自然资源主管部门认定的纳税人实际占用耕地的当日。

因挖损、采矿塌陷、压占、污染等损毁耕地的纳税义务发生时间为自然资源、农业农村等相关部门认定损毁耕地的当日。

10.2.7　耕地占用税的纳税地点

耕地占用税的纳税地点为纳税人占用的耕地或其他农用地所在地的税务机关。

10.2.8 耕地占用税的纳税环节

耕地占用税的纳税环节，是在自然资源主管部门通知单位和个人办理占用耕地手续后，自然资源主管部门发放建设用地批准书之前。自然资源主管部门在通知纳税人时，应同时通知耕地所在地同级税务机关，纳税人应当在规定的时间内到指定地点缴纳税款或办理免税手续，自然资源主管部门凭耕地占用税完税收据或免税凭证发放建设用地批准书。

纳税人因建设项目施工或者地质勘查临时占用耕地，应当依法缴纳耕地占用税。纳税人在批准临时占用耕地期满之日起1年之内依法复垦，恢复种植条件的，全额退还已经缴纳的耕地占用税。临时占用耕地，是指经自然资源主管部门批准，在一般不超过2年内临时使用耕地并且没有修建永久性建筑物的行为。

因挖损、采矿塌陷、压占、污染等损毁耕地属于税法所称的非农业建设，应依照税法规定缴纳耕地占用税；自自然资源、农业农村等相关部门认定损毁耕地之日起3年内依法复垦或修复，恢复种植条件的，比照《耕地占用税法》第十一条规定办理退税。

10.2.9 耕地占用税的纳税期限

耕地占用税的纳税期限为30天，即纳税人应当在收到自然资源管理部门的通知之日起30日内到税务机关缴纳耕地占用税。

10.2.10 耕地占用税的纳税申报

自2021年6月1日起，纳税人申报缴纳耕地占用税使用《财产和行为税纳税申报表》，如表8-2所示。

10.2.11 耕地占用税的改革方向

目前，耕地占用税在用地成本中的比例越来越低，弱化了耕地占用税保护耕地、调节占地行为的功能。耕地占用是我国工业化、城镇化发展中的一种必然现象，构建以税节地、以管促征，既能够保证工业化、城镇化建设中用地的需要，又能保证地方财政收入积极稳妥地增长。

1. 按耕地占用的类别来确定不同的适用税额

我国现行的耕地占用税是依据县级行政区域人均耕地确定幅度税率的，只考虑了耕地占用所处的地区，而没有考虑耕地占用的类别。为了有效控制耕地的占用，实现“以税节地”的目的，可以考虑在规定的适用税额幅度内，区别不同类别确定不同的适用税额。例如，城市土地用于商业或者经营性质的（如工业园区建设）为每平方米45元，用于机关单位和事业单位建设的为每平方米30元；村镇占用的为每平方米25元；居民占用的为每平方米20元。

2. 加入耕地“占而不用”的限制性条款

随着工业化、城镇化建设的加快，内陆地区又开始了新一轮开发区、工业园区的建设，从发达地区引进大量的项目。在这些项目中，有的很快建成投产，形成生产力，成为当地新的经济增长点，促进了当地经济的发展；有的批占土地长期闲置不用，形成了除农村劳动力外出务工以外的另一种新土地的抛荒。因此，为了有效控制和使用耕地，建议在《耕地占用税法》中增加“占而不用”的限制性条款。如占用耕地 2 年未用的，从第 3 年开始，不再受耕地占用税一次性征收的限制，每年征收一次耕地占用税，直到开始进行实质性使用为止。

3. 完善和调整税额标准

我国耕地占用税总体税负依然偏低，耕地占用税每亩平均基准税额在 2 万元以上的省份仅有京津沪三地，1 万元以下的还有 6 个省区。现行耕地占用税按人均耕地面积来确定税额，人均耕地越少，税额越高，这样做有一定的道理，但不利于人均耕地较多的粮食大省保护耕地。因此，今后应按耕地等级来征收，征收标准可与新增建设用地有偿使用费保持一致，基本农田上浮 50%，属于限制开发区的再上浮 50%。林地、园地、草地、湿地等比照征收。耕地占用税至少应达到用地成本的 5%以上。

本章小结

1. 城镇土地使用税的纳税人是在城市、县城、建制镇、工矿区范围内（不包括农村）使用土地的单位和个人。

2. 城镇土地使用税采用定额税率，一般规定每平方米的年税额。

3. 城镇土地使用税的纳税地点为土地所在地，由土地所在地税务机关负责征收。城镇土地使用税按年计算，分期缴纳，一般规定为每个季度或者每半年缴纳一次。

4. 耕地占用税的纳税人是在我国境内占用耕地建设建筑物、构筑物或者从事非农业建设的单位或个人。

5. 耕地占用税的征税范围包括用于建房或从事其他非农业建设征（占）用的国家和集体所有的耕地。

6. 耕地占用税实行地区差别幅度定额税率。人均耕地面积越少，单位税额越高。

7. 耕地占用税的纳税地点为纳税人占用的耕地或其他农用地所在地的税务机关。耕地占用税的纳税环节是在自然资源主管部门通知单位和个人办理占用耕地手续后，自然资源主管部门发放建设用地批准书之前。纳税人应当在收到自然资源主管部门的通知之日起 30 日内到税务机关缴纳耕地占用税。

复习与思考

一、单项选择题

1. 根据城镇土地使用税的相关规定，下列不属于城镇土地使用税征税范围的是（　　）。

A. 某省级税务机关办公用地

B. 工矿区内某工矿企业的生产用地

C. 某村的小超市房产用地

D. 市区内某企业仓库用地

2. 2021年甲企业生产经营用地分布于某市的A，B两个区域，A区域土地使用权属于甲企业，占地面积10 000平方米，其中企业办医院占地2 000平方米，厂区内绿化占地3 000平方米；B区域的土地使用权属于甲企业与乙企业共同拥有，占地面积共8 000平方米，实际使用面积各50%。已知两个区域城镇土地使用税的年税额均为每平方米5元，则甲企业全年应纳的城镇土地使用税为（　　）元。

A. 60 000　　B. 75 000　　C. 90 000　　D. 100 000

3. 2020年某企业占用某市二等地段土地6 000平方米，三等地段土地12 000平方米（其中1 000平方米为该企业办的幼儿园用地，200平方米无偿供派出所使用）；2020年4月1日该企业在城郊征用耕地4 000平方米，该耕地当年已经缴纳耕地占用税；同年8月底经批准征用非耕地6 000平方米。该企业2020年和2021年应纳的城镇土地使用税共计（　　）元。（城镇土地使用税年税额：二等地段7元/平方米，三等地段4元/平方米，城郊征用的耕地和非耕地1.2元/平方米。）

A. 180 000　　B. 183 600　　C. 186 800　　D. 18 8000

4. 2021年2月20日，甲企业购入一栋位于市区的单独建造的地下建筑物用于地下商场经营（合同约定当月交付使用），甲企业取得的地下土地使用权证上并未标明土地面积，该地下建筑垂直投影面积为1 000平方米。已知当地城镇土地使用税单位年税额为每平方米12元。则该企业2021年应纳的城镇土地使用税为（　　）元。

A. 5 000　　B. 6 000　　C. 10 000　　D. 12 000

5. 下列各项中，应计算缴纳城镇土地使用税的是（　　）。

A. 盐场的盐滩用地

B. 盐矿的矿井用地

C. 企业厂区以外的公共绿化用地

D. 企业厂区以内的铁路专用线用地

6. 某市肉制品加工企业2021年占地60 000平方米，其中办公用地占地5 000平方米，生猪养殖基地占地28 000平方米，肉制品加工车间占地16 000平方米，企业内部道路及绿化占地11 000平方米。企业所在地城镇土地使用税单位年税额为每平方米0.8元。该企业全年应纳的城镇土地使用税为（　　）元。

A. 16 800　　B. 25 600　　C. 39 200　　D. 48 000

7. 某外商投资企业2021年初实际占地面积为50 000平方米，其中，企业自办幼儿园占地2 000平方米，职工医院占地2 000平方米，企业厂区内绿化占地5 000平方米，无偿向某部队提供训练用地1 000平方米。2021年4月底该企业为扩大生产，根据有关部门的批准，新征用非耕地8 000平方米。该企业所处地段城镇土地使用税年税额为3元/平方米。该企业2021年应纳的城镇土地使用税为（　　）万元。

A. 15.3　　B. 15.1　　C. 13.8　　D. 13.3

8. 下列项目中，应缴纳城镇土地使用税的是（　　）。

A. 建立在城市、县城、建制镇和工矿区以外的工矿企业用地

B. 公园、名胜古迹内附设的影剧院用地
C. 对企业的铁路专用线、公路等用地，在厂区以外、与社会公用地段未加隔离的
D. 免税单位无偿使用纳税单位的土地

二、计算题

某物流企业拥有大宗商品仓储设施用地 8 000 平方米，2021 年发生如下业务：

（1）自 5 月 1 日起，将自有的 500 平方米大宗商品仓储设施用地出租给乙企业。

（2）2 月经批准新占用一处耕地 6 000 平方米用于委托施工企业丙建造仓库。

（3）3 月经批准新占用一处非耕地 3 000 平方米用于委托施工企业丁建造办公楼。

其他相关资料：城镇土地使用税每平方米年税额为 5 元。

要求：根据上述资料，请计算该企业 2021 年应纳的城镇土地使用税。

第 11 章

房产税

学习目标

1. 了解房产税的基本特点。
2. 掌握房产税应纳税额的计算。
3. 熟悉房产税的税收优惠。
4. 了解房产税的改革方向。

案例导入

2017 年 3 月 4 日，第十二届全国人民代表大会常务委员会第五次会议在人民大会堂举行新闻发布会，大会发言人傅莹就房地产税这一热点问题答记者问。傅莹表示，加快房地产税立法并适时推进改革，是党的十八届三中全会提出的改革任务，但由于房地产税法涉及面广、牵扯的利益较多，所以 2017 年没有把房地产税草案提请全国人民代表大会常务委员会审议的安排。这也意味着房地产税的立法还有一段时日。

根据上述材料，请思考：

(1) 房地产税与我国现行的房产税有何区别？

(2) 未来房地产税的征收对居民将产生什么影响？

11.1 房产税概述

11.1.1 房产税的概念

现行房产税是根据《中华人民共和国房产税暂行条例》(简称《房产税暂行条例》)的规定，于 1986 年开征的一个税种。

从征税对象看，房产税是财产税中的个别财产税；从征税环节看，房产税在房屋保有环节课征；从税款征收方式看，房产税属于直接税，直接面向产权所有人征税，纳税人与负税人一致；从税权归属看，房产税则属于地方税，当前房产税税款收入全部归属地方财政收入，房产税的征收施行细则由省、自治区、直辖市人民政府制定，抄送财政部备案。

11.1.2　房产税的特点

1. 税基稳定

不动产的特征使得房产税税基难以转移，且通常不会有太大变化。

2. 税源广泛

只要有房屋的地方，往往就会伴随着房产税。

3. 不易转嫁

房产税的纳税人为房屋产权所有人，属于直接税，通常情况下纳税人即负税人，税款不易转嫁。

4. 税制单一

房产税只有两种计税模式，按房屋余值和租金计征，应纳税额计算简便。

11.1.3　房产税的作用

房产税对我国经济运行起到了积极作用。一方面，作为地方政府的财政收入来源之一，为地方建设提供了稳定的保障；另一方面，房产税作为政府调节市场的手段之一，作为政策工具对房地产市场起到了一定的调节和导向作用。

11.2　房产税的纳税人和征税范围

11.2.1　房产税的纳税人

房产税由产权所有人缴纳。产权属于全民所有的，由其经营管理单位缴纳；产权出典的，由承典人缴纳；产权所有人、承典人不在房产所在地的，或者产权未确定及租典纠纷未解决的，由房产代管人或者使用人缴纳。

无租使用其他单位房产的应税单位和个人，以使用人为纳税人依照房产余值代缴房产税。上面所说的产权所有人、经营管理单位、承典人、房产代管人或者使用人，统称为房产税的纳税人。

例 11-1

下列各项中，不符合房产税相关规定的是（　　）。

A. 将房屋产权出典的，承典人为纳税人

B. 将房屋产权出典的，产权所有人为纳税人

C. 房屋产权未确定的，房产代管人或使用人为纳税人

D. 产权所有人不在房产所在地的，房产代管人或使用人为纳税人

【答案】 B

【解析】 将房屋产权出典的，以承典人为纳税人。

11.2.2 房产税的征税范围

房产税以房产为征税对象。房产是指有屋面和围护结构，能够遮风避雨，可供人们在其中生产、学习、工作、娱乐、居住或储藏物资的场所。

房产税只面向位于城市、县城、建制镇和工矿区征收，不包括农村。工矿区是指工商业比较发达，人口比较集中，符合国务院规定的建制镇标准，但尚未设立建制镇的大中型工矿企业所在地。开征房产税的工矿区须经省、自治区、直辖市人民政府批准。

例 11-2

以下需要缴纳房产税的是（　　）。

A. 加油站罩棚　　B. 地下人防建筑　　C. 露天泳池　　D. 露天室外足球场

【答案】B

【解析】根据《财政部 国家税务总局关于具备房屋功能的地下建筑征收房产税的通知》（财税〔2005〕181号）的规定，凡在房产税征收范围内的具备房屋功能的地下建筑，包括与地上房屋相连的地下建筑以及完全建在地面以下的建筑、地下人防设施等，均应当依照有关规定征收房产税。加油站罩棚、露天游泳池、露天室外足球场等不符合房产的定义，不属于房产税的征税范围。

11.3 房产税的税率、计税依据和应纳税额的计算

11.3.1 房产税的税率与计税依据

我国现行房产税采用的是比例税率，有两种计税形式：从价计征和从租计征。

1. 从价计征

从价计征，以房产余值为计税依据。适用于企业生产、经营自用的房产，按房产原值一次减除10%～30%后的余值计征，税率为1.2%。具体减除幅度由省、自治区、直辖市人民政府规定。

（1）房产原值。对依照房产原值计税的房产，不论是否记载在会计账簿固定资产科目中，均应按照房屋原价计算缴纳房产税。房屋原价应根据国家有关会计制度规定进行核算。对纳税人未按国家会计制度规定核算并记载的，应按规定予以调整或重新评估。

无论会计上如何核算，房产原值均应包含地价，包括为取得土地使用权支付的价款、开发土地发生的成本费用等。宗地容积率低于0.5的，按房产建筑面积的2倍计算土地面积并据此确定计入房产原值的地价。

房产原值应包括与房屋不可分割的各种附属设备或一般不单独计算价值的配套设施。纳税人对原有房屋进行改建、扩建的，要相应增加房屋的原值；对原有房屋进行设备维修更新的，应当相应调整房产原值。

（2）地下建筑。自用的地下建筑，按以下方式计税：

1）工业用途房产，以房屋原价的50%～60%作为应税房产原值。

2）商业和其他用途房产，以房屋原价的70%～80%作为应税房产原值。

房屋原价折算为应税房产原值的具体比例，由各省、自治区、直辖市和计划单列市财政和税务部门在上述幅度内自行确定。

需要注意的是，对于与地上房屋相连的地下建筑，如房屋的地下室、地下停车场、商场的地下部分等，应将地下部分与地上房屋视为一个整体，按照地上房屋建筑的有关规定计算征收房产税。

2. 从租计征

从租计征，以租金收入为计税依据。适用于出租取得租金收入的房产，按房产出租的租金收入计征，税率为12%。从2008年3月1日起，为促进繁荣房地产二级市场，降低租赁市场税收负担，对个人出租住房，不区分实际用途，均按4%的税率征收房产税。对企事业单位、社会团体以及其他组织按市场价格出租用于居住的住房，减按4%的税率征收房产税。

根据《财政部 国家税务总局关于营改增后契税 房产税 土地增值税 个人所得税计税依据问题的通知》（财税〔2016〕43号）的规定，房产出租的，计征房产税的租金收入不含增值税。

3. 特殊行为

以下几种情况需要在实际征收中根据具体情形来确定房产税的计征方式：

（1）对投资联营的房产，在计征房产税时应予以区别对待。对于以房产投资联营，投资者参与投资利润分红，共担风险的，按房产余值作为计税依据计征房产税；对以房产投资，收取固定收入，不承担联营风险的，实际是以联营名义取得房产租金，应由出租方按租金收入计征房产税。

（2）融资租赁房屋的情况，在计征房产税时应以房产余值计算征收。

（3）对房屋附属设备和配套设施计征房产税按以下规定执行：

1）凡以房屋为载体，不可随意移动的附属设备和配套设施，无论在会计核算中是否单独记账与核算，都应计入房产原值，计征房产税。

2）对于更换房屋附属设备和配套设施的，在将其价值计入房产原值时，可扣减原来相应设备和设施的价值；对附属设备和配套设施中易损坏、需要经常更换的零配件，更新后不再计入房产原值。

（4）对居民住宅区内业主共有的经营性房产，由实际经营的代管人或使用人缴纳房产税。

例11-3

根据房产税的有关规定，以下说法正确的是（　　）。

A. 对于更换房屋附属设备和配套设施中易损坏、需要经常更换的零配件，更新后不再计入房产原值，原配件的原值可以扣除

B. 对于与地上房屋相连的地下建筑，应将地下部分单独按照地下建筑的有关规定征收房产税

C. 工业用途地下建筑，以房产原价的70%～80%作为应税房产原值

D. 对于更换房屋附属设备和配套设施中不易损坏、不经常更换的部分，在将其价值计入房产原值时，可扣减原来相应设备和设施的价值

【答案】D

11.3.2 房产税应纳税额的计算

根据房产税计税依据的不同，房产税应纳税额的计算分为两种：一是从价计征的计算；二是从租计征的计算。

1. 从价计征

从价计征是按房产的原值减除一定比例后的余值计征。

（1）地上建筑、地上地下连体建筑的计算公式为：

应纳房产税＝应税房产原值×(1－扣除比例)×1.2%

（2）独立地下建筑的计算公式为：

应纳房产税＝应税房产原值×原价折算率×(1－扣除比例)×1.2%

例 11－4

甲企业拥有一幢办公楼，原值1 000万元。3月，乙企业购买了与该办公楼相连的地下停车场和另一个独立的地下生产车间，停车场原值100万元，地下生产车间原价200万元。乙企业所在省财政和税务部门确定的地下建筑物的房产原价折算比例为50%，房产原值减除比例为30%，则乙企业当年应缴纳多少房产税？

【解析】

办公楼应纳房产税＝1 000×(1－30%)×1.2%＝8.4(万元)

纳税人购置的房产，自房产交付使用的次月起计算缴纳房产税。

地下停车场是非独立地下建筑，则

地下停车场应纳房产税＝100×(1－30%)×1.2%×9÷12＝0.63(万元)

独立地下生产车间允许扣除50%的折算率，则

地下生产车间应纳房产税＝200×(1－30%)×(1－50%)×1.2%×9÷12
＝0.63(万元)

乙企业当年应纳房产税合计＝8.4＋0.63＋0.63＝9.66(万元)

2. 从租计征

从租计征是按房产的租金收入计征，其计算公式为：

应纳房产税＝不含增值税租金收入×12%(或4%)

例 11－5

甲企业拥有一幢办公楼，原值1 000万元。7月1日将该办公楼出租，约定含税年租金为21.8万元。已知甲企业所在省政府规定房产原值减除比例为30%，则甲

企业当年应为该办公楼缴纳多少房产税?

【解析】当年 1—6 月办公楼从价计征房产税，则

$$应纳房产税=1\,000\times(1-30\%)\times1.2\%\times6\div12=4.2(万元)$$

7 月后从租计征，则

$$应纳房产税=21.8\div(1+9\%)\times12\%\times6\div12=1.2(万元)$$

需要注意的是，出租的房产计算房产税时要剔除增值税。

11.4 房产税的税收优惠

1. 免税项目

（1）国家机关、人民团体、军队自用的房产。

（2）由国家财政部门拨付事业经费的单位自用的房产。

（3）宗教寺庙、公园、名胜古迹自用的房产。

（4）个人所有非营业用的房产。

（5）非营利性科研机构自用的房产。

（6）对非营利性医疗机构、疾病控制机构和妇幼保健机构等卫生机构自用的房产。

（7）老年服务机构自用的房产。

（8）铁路总公司所属铁路运输企业自用的房产。

（9）对国家拨付事业经费和企业办的各类学校、托儿所、幼儿园自用的房产。

（10）国家机关、军队、人民团体、财政补助事业单位、居民委员会、村民委员会拥有的体育场馆，符合条件的用于体育活动的房产，免征房产税；经费自理事业单位、体育社会团体、体育基金会、体育类民办非企业单位拥有并运营管理的体育场馆，符合条件的用于体育活动的房产，免征房产税。

（11）对股改铁路运输企业及合资铁路运输公司自用的房产。

（12）纳税人毁损不堪居住的房屋和危险房屋，在停止使用后，可免征房产税。

（13）因房屋大修导致连续停用半年以上的，在房屋大修期间免征房产税。

（14）军队空余房产租赁收入。

（15）2011 年 1 月 1 日至 2020 年 12 月 31 日，对长江上游、黄河中上游地区，东北、内蒙古等国有林区天然林二期工程实施企业和单位专门用于天然林保护工程的房产，免征房产税；对由于实施天然林二期工程造成森工企业房产闲置一年以上不用的，暂免征收房产税。

（16）自 2019 年 1 月 1 日至 2021 年 12 月 31 日，对国家级、省级科技企业孵化器、大学科技园和国家备案众创空间自用以及无偿或通过出租等方式提供给在孵对象使用的房产，免征房产税。

（17）自 2018 年 10 月 1 日至 2020 年 12 月 31 日，对按照去产能和调结构政策要求停产停业、关闭的企业，自停产停业次月起，免征房产税、城镇土地使用税。企业享

受免税政策的期限累计不得超过两年。

2. 其他减免规定

（1）纳税人纳税确有困难的，可由省、自治区、直辖市人民政府确定，定期减征或者免征房产税。

（2）企业拥有并运营管理的大型体育场馆，其用于体育活动的房产，减半征收房产税。

例 11-6

以下需要缴纳房产税的是（　　）。

A. 某地方国有企业拥有并运营管理的足球场

B. 某地方妇联办公楼

C. 某企业自办幼儿园

D. 某养老院自用房产

【答案】 A

【解析】 国有企业拥有并运营管理的大型体育场馆，其用于体育活动的房产，减半征收房产税。

11.5 房产税的征收管理

1. 房产税的纳税义务发生时间

（1）纳税人将原有房产用于生产、经营，从生产、经营当月起缴纳房产税。

（2）纳税人自行新建房屋用于生产、经营，从建成的次月起缴纳房产税。

（3）纳税人委托施工企业建设的房屋，从办理验收手续的次月起缴纳房产税。

（4）纳税人购置新建商品房，自房屋交付使用的次月起缴纳房产税。

（5）纳税人购置存量房，自办理房屋权属转移、变更登记手续，房地产权属登记机关签发房屋权属证书的次月起缴纳房产税。

（6）纳税人出租、出借房产，自交付出租、出借房产的次月起缴纳房产税。

（7）房地产开发企业自用、出租、出借本企业建造的商品房，自房屋使用或交付的次月起缴纳房产税。

（8）自2009年1月1日起，纳税人因房产的实物或权利状态发生变化而依法终止房产税纳税义务的，其应纳税款的计算应截止到房产的实物或权利状态发生变化的当月末。

2. 房产税的纳税期限

房产税实行按年计算、分期缴纳的征收方法，具体纳税期限由省、自治区、直辖市人民政府确定。

3. 房产税的纳税地点

房产税在房产所在地缴纳。房产不在同一地方的纳税人，应按房产的坐落地点分别向房产所在地的税务机关纳税。

4. 房产税的纳税申报

自 2021 年 6 月 1 日起，纳税人申报缴纳房产税使用《财产和行为税纳税申报表》，如表 8－2 所示。

11.6 房产税的改革方向

11.6.1 房产税试点情况

1. 上海房产税的规定

（1）征收对象。

1）上海市居民家庭在上海市新购且属于该居民家庭第二套及以上的住房（包括新购的二手存量住房和新建商品住房）。

2）非上海市居民家庭在上海市新购的住房。

（2）纳税人。纳税人为应税住房产权所有人。产权所有人为未成年人的，由其法定监护人代为纳税。

（3）计税依据。参照应税住房的房地产市场价格确定评估值，评估值按规定周期进行重估。试点初期，暂以应税住房的市场交易价格作为计税依据。

（5）税率。房产税按应税住房市场交易价格的 70%计算缴纳，适用税率为 0.6%。对住房每平方米市场交易价格低于当地上年度新建商品住房平均销售价格 2 倍（含）的，税率暂减为 0.4%。

（6）应纳税额的计算。

1）免税面积的计算。本市居民家庭在本市新购且属于该居民家庭第二套及以上住房的，该居民家庭中有无住房的成年子女或其他亲属共同居住且其常住户口在该居民家庭拥有住房内的，可并入该居民家庭按每人 60 平方米计算免税住房面积。

2）个人住房房产税的计算。

$$\begin{matrix}\text{应纳}\\\text{房产税}\end{matrix}=\begin{matrix}\text{新购住房应征税}\\\text{面积(建筑面积)}\end{matrix}\times\begin{matrix}\text{新购住房单价}\\\text{(或核定的计税价格)}\end{matrix}\times 70\%\times\text{税率}$$

2. 重庆房产税的规定

（1）试点区域：主城九区。

（2）征收对象。

1）个人拥有的独栋商品住宅，是指独立、单栋且与相邻房屋无共墙、无连接的成套住宅。

2）个人新购的高档住房，是指建筑面积交易单价达到上两年主城九区新建商品住房成交建筑面积均价 2 倍（含）以上的住房。

3）在重庆市同时无户籍、无企业、无工作的个人新购的首套及以上的普通住房。

（3）纳税人。纳税人为应税住房产权所有人。产权人为未成年人的，由其法定监护人纳税。产权出典的，由承典人纳税。产权所有人、监护人、承典人不在房产所在地的，或者产权未确定及租典纠纷未解决的，由代管人或使用人纳税。应税住房产权共有的，共有人应主动约定纳税人；未约定的，由税务机关指定纳税人。

（4）计税依据。应税住房的计税依据为房产交易价。条件成熟时，以房产评估值作为计税依据。

（5）税率。

1）独栋商品住宅和高档住房建筑面积交易单价在上两年主城九区新建商品住房成交建筑面积均价3倍以下的住房，税率为0.5%；3倍（含）至4倍的，税率为1%；4倍（含）以上的税率为1.2%。

2）在重庆市同时无户籍、无企业、无工作的个人新购首套及以上普通住房的，税率为0.5%。

（6）应纳税额的计算。

1）免税面积的计算。扣除免税面积以家庭为单位，一个家庭只能对一套应税住房扣除免税面积。纳税人已经拥有的独栋商品住宅，免税面积为180平方米；新购的独栋商品住宅、高档住房，免税面积为100平方米。在重庆市同时无户籍、无企业、无工作的个人的应税住房均不扣除免税面积。

2）个人住房房产税的计算。

$$应纳房产税=应税建筑面积\times建筑面积交易单价\times税率$$

式中，应税建筑面积是指纳税人应税住房的建筑面积扣除免税面积后的面积。

3. 试点效果

综合来看，上海、重庆两地个人住房房产税试点有明显的积极作用。

（1）通过对不同征税对象、计税依据、税率设计的讨论，探索了未来房地产税立法的可能模式，对房地产税立法具有借鉴意义。

（2）由于房地产税涉及个人住房，是向普通民众征收的直接税，居民税收痛感较强，选择两个城市试点，为面向全国推广提供了缓冲时间。

两地均对本市户籍人口和外市户籍人口做出了区分，对本市户籍个人的首套住房免征；都规定了一定的免征点；都采用购房价格而非评估价格；等等。这些共同点预示了房地产税立法的可能政策走向。

（3）试点税制设计的缺陷。

1）税基过窄。如上海只对增量房产征税，对存量房产不征税；重庆只对个人独栋商品房或高档住房征税，对普通住房不征税。

2）税率较低。相较于西方发达国家普通住房1%的税率，试点城市税率水平并不突出。

税基过窄和税率较低直接导致利用房产税组织财政收入没能发挥出预期效果，调节作用微小。

知识链接

美国各州的房产税政策

伊利诺伊州房产税税率的中位数在美国所有州中是最高的，达到 2.67%。纽约州排第二，为 2.53%，之后是新罕布什尔州和新泽西州，房产税税率中位数分别为 2.4%和 2.37%。

美国房产税税率最低的州是夏威夷州，该州房产税税率的中位数为 0.31%。南达科他州房产税税率中位数为 0.38%，亚拉巴马州房产税税率中位数为 0.54%。对于一位购买了价格为 200 万美元的房主来说，这意味着他在伊利诺伊州缴纳的房产税要比在夏威夷州缴纳的房产税多 47 200 美元。

美国各州的房产税税率各不相同，房产税包括上缴给社区不同机构的各种税费。例如在纽约州，房主既要给镇上的机构缴纳房产税，又要给学区的机构缴纳房产税。而佛罗里达州的房主只需要给镇上的机构缴纳房产税。

由于美国的房产税纷繁复杂，整体来看，房产税税率的中位数为 1.31%。这意味着一座价值 200 万美元的房子平均每年要缴纳的房产税为 26 200 美元。美国大约有 16 个州的房产税税率中位数低于 1%，28 个州的房产税税率中位数在 1%～2%，7 个州的房产税税率中位数在 2%以上。

资料来源：http://finance.qq.com/a/20160428/055530.htm.

11.6.2　房产税的改革方向

（1）合并房产税与城镇土地使用税，统一称为房地产税。企业和个人名下的房产或土地均需缴纳房地产税。

（2）建立健全不动产评估信息系统，待条件成熟后，对房屋按照评估价征收房产税。

（3）按照低税率、宽税基的征管思路，完善房地产税税制设计，并允许居民享有一定的免征额度。

本章小结

1. 房产税的纳税人为房屋产权所有人，其征税对象为城市、县城、建制镇和工矿区的房屋。

2. 房产税分为从价征收和从租征收两种征税方式，税率分别为 1.2%和 12%或 4%。

3. 房地产税立法是热点问题，未来居住用房必然纳入征税范围。

复习与思考

一、单项选择题

1. 下列各项中，符合房产税纳税人规定的是（　　）。

A. 房屋产权出典的由出典人纳税

B. 房屋产权未确定的暂不缴纳房产税

C. 房屋产权属于国家所有的，不需要缴纳房产税

D. 产权所有人不在房屋所在地的，由房产代管人或使用人纳税

2. 下列房屋及建筑物中，属于房产税征税范围的是（　　）。

A. 农村的小超市

B. 建在室外的露天游泳池

C. 个人在市区拥有的商铺

D. 房地产开发企业尚未使用或出租而待售的商品房

3. 某企业拥有一栋原值2 000万元的办公楼，2021年1月1日将办公楼的1/3出租，每月取得不含税租金20万元，其余部分自用。已知该企业所在地省人民政府规定计算房产余值的减除比例为30%，该企业2021年应纳的房产税为（　　）万元。

A. 16.8　　B. 40　　C. 45.6　　D. 86.4

4. 某公司拥有一处原值3 000万元的高档会所，2021年4月对其进行改建，更换楼内电梯，将原值50万元的电梯更换为100万元的新电梯，支出200万元在后院新建一个露天泳池，拆除100万元的照明设施，再支出150万元安装智能照明，会所于2021年8月底改建完毕并对外营业。当地省政府规定计算房产余值的扣除比例为30%，2021年该公司就此会所应纳的房产税为（　　）万元。

A. 25.2　　B. 25.48　　C. 28.98　　D. 26.04

5. 某企业2020年购置一宗面积4 000平方米的土地委托建造厂房，支付土地使用权价款1 500万元，厂房建筑面积1 800平方米，固定资产科目账面记录房产造价2 500万元（不含地价），2020年12月办理验收手续。当地省政府规定计算房产余值的减除比例为20%，则该企业2021年应纳的房产税为（　　）万元。

A. 24　　B. 30.48　　C. 36.96　　D. 38.4

6. 2021年初，李某有两套住房，其中一套原值为150万元的住房用于自己居住，另一套原值为100万元的住房，于当年4月20日按照市场价格出租交付给李某，租期一年，每月租金4 000元。已知当地省政府规定计算房产余值的减除比例为30%，则李某当年应纳的房产税为（　　）元。

A. 0　　B. 1 280　　C. 1 920　　D. 5 760

7. 2021年初甲企业拥有一处独立的地下建筑物，该地下建筑物系商业用途房产，原价120万元。已知该企业所在省人民政府规定房产税按照房产原值减除30%后的余额计算缴纳，商业用途地下建筑以原价的75%作为应税房产原值。2021年该企业的地下建筑物应纳的房产税为（　　）元。

A. 10 800　　B. 7 560　　C. 10 80　　D. 14 400

二、多项选择题

1. 根据房产税法律制度的规定，下列有关房产税纳税人的表述中，正确的有（　　）。

A. 房屋出租的由承租人纳税

B. 产权属于集体所有的房屋，该集体单位为纳税人

C. 产权属于个人所有的营业用的房屋，该个人为纳税人

D. 无租使用房产管理部门的房产由使用人代为缴纳房产税

2. 下列关于房产税的相关政策中，表述不正确的有（　　）。

A. 对居民住宅区内业主共有的经营性房产，由业主共同缴纳房产税

B. 以劳务或其他形式为报酬抵付房租收入的，按当地同类房产租金水平确定租金额

C. 免收租金期间由产权所有人按照房产余值缴纳房产税

D. 融资租赁的房产，按收取的租金从租计征房产税

3. 纳税人从租计征房产税时，适用的税率有（　　）。

A. 1.2%　　B. 4%　　C. 10%　　D. 12%

4. 甲企业共有两处房产 A 和 B，房产原值共计 1 800 万元，2021 年初，将两处房产用于投资联营，将原值为 800 万元的 A 房产投资于乙企业，甲企业参与投资利润分红，共担风险，当年取得分红 40 万元；将原值为 1 000 万元的 B 房产投资丙企业，不承担联营风险，当年取得不含增值税固定利润分红 60 万元。已知当地省人民政府规定的房产原值扣除比例为 30%。则下列关于上述两处房产的房产税缴纳情况，说法正确的有（　　）。

A. 甲企业应就 A 房产缴纳房产税 4.8 万元

B. 乙企业应就 A 房产缴纳房产税 6.72 万元

C. 甲企业应就 B 房产缴纳房产税 7.2 万元

D. 甲企业应就 B 房产缴纳房产税 8.4 万元

5. 根据房产税的相关规定，下列说法正确的有（　　）。

A. 凡以房屋为载体，不可随意移动的附属设备和配套设施，无论在会计核算中是否单独记账与核算，都应计入房产原值，计征房产税

B. 对附属设备和配套设施中易损坏、需要经常更换的零配件，更新后不再计入房产原值，原零配件的原值也不扣除

C. 融资租赁的房产，合同约定开始日的，由承租人自融资租赁合同约定开始日的当月起依照房产余值缴纳房产税

D. 融资租赁的房产，合同未约定开始日的，由承租人自合同签订的次月起依照房产余值缴纳房产税

6. 下列项目中，免征或暂免征收房产税的有（　　）。

A. 国家备案众创空间出租给在孵对象使用的房产

B. 企业按政府规定价格向职工出租的单位自有住房

C. 自收自支事业单位按政府规定价格向职工出租的单位自有住房

D. 高校学生公寓

7. 下列各项中，符合房产税纳税义务发生时间规定的有（　　）。

A. 将原有房产用于生产经营，从生产经营之次月起缴纳房产税

B. 纳税人自行新建房屋用于生产经营，从建成之次月起缴纳房产税

C. 房地产开发企业自用本企业建造的商品房，自房屋使用之次月起缴纳房产税

D. 购置新建商品房，自权属登记机关签发房屋权属证书之次月起缴纳房产税

第 12 章

车船税、船舶吨税

学习目标

1. 了解车船税、船舶吨税的历史沿革。
2. 掌握车船税、船舶吨税的税率与应纳税额的计算。
3. 熟悉车船税、船舶吨税的税收优惠。
4. 了解车船税、船舶吨税的改革方向。

案例导入

截至 2018 年底，我国机动车保有量为 3.27 亿辆，比 2017 年底增长 5.5%。其中，私人机动车增长迅速，保有量达 1.89 亿辆，占机动车总量的 57.80%。由于车辆、船舶是自然人、法人的重要财产，车船税的征收直接关系老百姓的切身利益，每一次车船税的变化均会引起社会公众的高度关注。

近年来我国北方地区出现重度雾霾天气，有权威报告认为这与机动车尾气排放存在一定的关联性。请分析如何通过车船税改革来缓解机动车尾气排放对环境的污染。

12.1 车船税

12.1.1 车船税的概念

车船税是以在中华人民共和国境内的车辆、船舶为征税对象，向车船的所有人或者管理人按照《车船税法》征收的一种税。

12.1.2 车船税的纳税人、征税范围与税率

1. 车船税的纳税人

车船税的纳税人是在中华人民共和国境内的车辆、船舶的所有人或管理人。

2. 车船税的征税范围

车船税的征税范围是依法应当在车船管理部门登记的机动车辆和船舶，以及依法不需要在车船登记管理部门登记的在单位内部场所行驶或者作业的机动车辆和船舶。其中，车辆为机动车辆；船舶为机动船舶和非机动驳船。

3. 车船税的税率

车船税采用定额税率，即对征税范围内的车船规定单位固定税额。车辆的具体适用税额由省、自治区、直辖市人民政府依照《车船税法》中的车船税税目税额表（见表12－1）规定的税额幅度和国务院的规定确定；船舶的具体适用税额由国务院在车船税税目税额表中规定的税额幅度内确定。

表12－1　车船税税目税率表

税目		计税单位	年基准税额（元）	备注
乘用车（按发动机汽缸容量（排气量）分档）	1.0升（含）以下的	每辆	60～360	核定载客人数9人（含）以下
	1.0升以上至1.6升（含）的		300～540	
	1.6升以上至2.0升（含）的		360～660	
	2.0升以上至2.5升（含）的		660～1 200	
	2.5升以上至3.0升（含）的		1 200～2 400	
	3.0升以上至4.0升（含）的		2 400～3 600	
	4.0升以上的		3 600～5 400	
商用车	客车	每辆	480～1 440	核定载客人数9人（含）以上
	货车	整备质量每吨	16～120	包括半挂牵引车、三轮汽车和低速载货汽车等
挂车		整备质量每吨	8～60	按货车税额的50%
其他车辆	专用作业车	整备质量每吨	16～120	不包括拖拉机
	轮式专用机械车			
摩托车		每辆	36～180	
船舶	机动船舶	净吨位每吨	3～6	拖船、非机动船舶按机动船舶税额的50%计算；拖船按发动机功率每1千瓦折合净吨位0.67吨计算
	游艇	艇身长度每米	600～2 000	

注：①该表根据《车船税法》整理。

②各税目涉及的排气量、核定载客人数、整备质量、净吨位、功率（千瓦或马力）、艇身长度，以车船登记管理部门核发的车船登记证书或者行驶证相应项目所载数据为准。依法不需要办理登记的车船和依法应当登记而未办理登记或者不能提供车船登记证书、行驶证的车船，以车船出厂合格证明或者进口凭证标注的技术参数、数据为准；不能提供车船出厂合格证明或者进口凭证的，由主管税务机关参照国家相关标准核定，没有国家相关标准的参照同类车船核定。

12.1.3　车船税应纳税额的计算

1. 购置新车船

购置的新车船，购置当年的应纳税额自纳税义务发生的当月起按月计算。其计算公式为：

$$应纳车船税=\frac{年应纳税额}{12}\times 应纳税月份数$$

$$应纳税月份数=12-取得月份+1$$

例 12-1

四川省张某 2021 年 2 月 5 日购买奥迪 A6L 轿车一辆，排气量为 1 789cm^3。四川省规定该排量乘用车每辆适用的车船税年税额为 360 元，请计算张某应纳的车船税。

【解析】

$$应纳税月份数=12-2+1=11(月)$$

$$应纳车船税=\frac{360}{12}\times 11=330(元)$$

2. 被盗抢、报废、灭失的车船

在一个纳税年度内，已完税的车船被盗抢、报废、灭失的，纳税人可以凭有关管理机关出具的证明和完税凭证，向纳税所在地的主管税务机关申请退还自被盗抢、报废、灭失月份起至该纳税年度终了期间的税款。

已办理退税的被盗抢车船失而复得的，纳税人应当从公安机关出具相关证明的当月起计算缴纳车船税。

例 12-2

天津市王某 2021 年 3 月 14 日购买大众轿车一辆，排气量为 1 600cm^3，当月将全年应纳车船税缴纳完毕。该车于当年 6 月 1 日被盗，经公安机关确认后，遂向税务机关申请退税。在办理退税手续后，该车又于当年 9 月 2 日被追回并在当月取得公安机关证明。天津市规定该排量乘用车每辆适用的车船税年税额为 390 元，请计算王某 2021 年实际应纳的车船税。

【解析】 3 月购买汽车后：

$$应纳车船税=\frac{390}{12}\times(12-3+1)=325(元)$$

6 月被盗后：

$$申请退还车船税=325\times\frac{7}{10}=227.5(元)$$

9 月追回汽车后：

$$应纳车船税=\frac{390}{12}\times(12-9+1)=130(元)$$

王先生2021年就该车实际应纳的车船税为：

$$实际应纳车船税=325-227.5+130=227.5(元)$$

3. 转让已完税的车船

已缴纳车船税的车船在同一纳税年度内办理转让过户的，不另纳车船税，也不退还车船税。

12.1.4 车船税的税收优惠

1. 法定减免车船税

（1）捕捞、养殖渔船，免征车船税。

（2）警用车船，免征车船税。

（3）依照法律规定应当予以免征车船税的外国驻华使领馆、国际组织驻华代表机构及其有关人员的车船。

（4）对节能汽车，减半征收车船税；工业和信息化部、国家税务总局不定期联合发布《享受车船税减免优惠的节约能源使用新能源汽车车型目录》予以公告符合条件的节能、新能源汽车，免征车船税。

（5）按规定缴纳船舶吨税的机动船舶，自《车船税法》实施之日起5年内免征车船税。

（6）依法不需要在车船登记管理部门登记的机场、港口、铁路站场内部行驶或者作业的车船，自《车船税法》实施之日起5年内免征车船税。

（7）对受严重自然灾害影响纳税困难以及有其他特殊原因确需减税、免税的，可以减征或者免征车船税。具体办法由国务院规定，并报全国人民代表大会常务委员会备案。

（8）省、自治区、直辖市人民政府根据当地实际情况，可以对公共交通车船，农村居民拥有并主要在农村地区使用的摩托车、三轮汽车和低速载货汽车，定期减征或者免征车船税。

2. 特定减免车船税

经批准临时入境的外国车船和我国香港、澳门、台湾地区的车船，不征收车船税。

12.1.5 车船税的征收管理

1. 车船税的纳税义务发生时间

车船税的纳税义务发生时间为取得车船所有权或者管理权的当月，应当以购买车船的发票或者其他证明文件所载日期的当月为准。

2. 车船税的纳税地点

车船税的纳税地点为车船的登记地或者车船税扣缴义务人所在地。依法不需要办理登记的车船，车船税的纳税地点为车船的所有人或者管理人所在地。

3. 车船税的纳税申报

车船税按年申报，分月计算，一次性缴纳。纳税年度为公历 1 月 1 日至 12 月 31 日。自 2021 年 6 月 1 日起，纳税人申报缴纳车船税使用《财产和行为税纳税申报表》，如表 8－2 所示。

4. 车船税的征收机关

车船税由税务机关负责征收。税务机关可以在车船登记管理部门、车船检验机构的办公场所集中办理车船税征收事宜。

5. 车船税的代收代缴

从事机动车第三者责任强制保险业务的保险机构为机动车车船税的扣缴义务人，应当在收取保险费时依法代收车船税，并出具代收税款凭证。保险机构作为车船税扣缴义务人，在代收车船税并开具增值税发票时，应在增值税发票“备注”栏中注明代收车船税税款信息，具体包括：保险单号、税款所属期（详细至月）、代收车船税金额、滞纳金金额、金额合计等。该增值税发票可作为纳税人缴纳车船税及滞纳金的会计核算原始凭证。

12.1.6　车船税的改革方向

1. 车船税的现存问题

车船税税源零星分散，车辆流动性强，纳税人多为自然人，必须加强管理，防止出现征纳双方争议。车船税目前存在以下问题：

（1）《车船税税目税率表》中对车辆采取的是“小排量低税收”的政策，其初衷是引导汽车的消费结构，达到“抑大扬小”的效果。但是，小排量并不等于节能环保，因为排气量相同的乘用车由于品牌不同、类型不同，其排放的二氧化碳、一氧化碳、二氧化硫等含量不尽相同，造成环境污染程度也不尽相同。在涡轮增压、混合动力等新技术支持下，能耗与汽车排量之间的关联性大大降低，小排量汽车的能耗不一定小于大排量汽车。因此，完全以排气量来归档的乘用车的车船税达不到显著节能减排的效果。

（2）9 座以下的乘用车并未区分汽油车和柴油车，仅以排气量来归档计征车船税有失公允。同排量的汽油车和柴油车，在功率和扭矩上差别较大。近年来电控直喷、共轨、涡轮增压、中冷等一批先进技术在小型柴油发动机上应用，先进的小型高速柴油发动机已经达到欧洲Ⅲ号排放标准。因此，现行车船税的划分标准，9 座以下的乘用车税负按发动机的排量分档，只参考排量一个参数确定税率不尽合理；未对柴油车和汽油车进行区分，有失公允。

2. 车船税的改革措施

（1）柴油车按排量折合汽油车税额计征。在节能环保、减排低碳的大趋势下，由于柴油车低排（比汽油低 45%）、高效、低噪、高扭矩、动力好、耐用性强，能体现节能减排的政策导向，建议对在油耗上比汽油车具有更大优势、未列入节约能源车船目录的柴油车，可按照一定比例折合汽油车排气量计征车船税。

(2) 综合考虑机动车的计税标准。鉴于以排量来归档计征的局限性，应当综合考虑排放量和燃油效率等标准，适当提高超长期使用车辆和排放量超标准车辆的附征比率。

12.2 船舶吨税

12.2.1 船舶吨税的历史沿革

船舶吨税是一个非常古老的税种。清朝康熙年间就准许当时的闽海关开征沿海帆船梁头税，也就是现代船舶吨税的雏形。

1952年9月29日，中国海关总署发布《中华人民共和国海关船舶吨税暂行办法》（简称《船舶吨税暂行办法》），开始征收船舶吨税。1990年、1991年和1994年，由于人民币汇率的调整，交通部三次发文对税级税率表进行修订，将船舶吨税的税率分别提高了25%，10%和50%左右。2001年，根据《关于将船舶吨税纳入预算管理的通知》，将船舶吨税纳入中央预算管理。2011年11月23日，国务院第182次常务会议通过并公布《中华人民共和国船舶吨税暂行条例》（简称《船舶吨税暂行条例》），自2012年1月1日起施行，同时废止《船舶吨税暂行办法》。

2017年12月27日，第十二届全国人民代表大会常务委员会第三十一次会议通过了《中华人民共和国船舶吨税法》（简称《船舶吨税法》），该法自2018年7月1日起施行，《船舶吨税暂行条例》同时废止。

12.2.2 船舶吨税的税制要素

船舶吨税简称吨税，是海关对自境外港口进入中华人民共和国境内港口的船舶征收的用于航道设施建设和维护的一种使用税。

1. 船舶吨税的征税范围

船舶吨税的征税范围是自中华人民共和国境外港口进入境内港口的船舶（以下简称应税船舶）。

2. 船舶吨税的税目与税率

船舶吨税采用定额税率（见表12-2），设置有优惠税率和普通税率。适用优惠税率的包括中国国籍的应税船舶、船籍国（地区）与中华人民共和国签订含有相互给予船舶税费最惠国待遇条款的条约或者协定的应税船舶。其他应税船舶，适用普通税率。

3. 船舶吨税应纳税额的计算

船舶吨税应纳税额按照船舶净吨位乘以适用税率计算。净吨位，是指由船籍国（地区）政府授权签发的船舶吨位证明书上标明的净吨位。

表 12－2　吨税税目税率表

税目（按船舶净吨位划分）	税率（元/净吨）						备注
	普通税率（按执照期限划分）			优惠税率（按执照期限划分）			
	1 年	90 日	30 日	1 年	90 日	30 日	
不超过 2 000 净吨	12.6	4.2	2.1	9.0	3.0	1.5	（1）拖船按照发动机功率每千瓦折合净吨位 0.68 吨。（2）无法提供净吨位证明文件的游艇，按照发动机功率每千瓦折合净吨位 0.05 吨。（3）拖船和非机动驳船分别按相同净吨位船舶税率的 50%计征税款。
超过 2 000 净吨，但不超过 10 000 净吨	24.0	8.0	4.0	17.4	5.8	2.9	
超过 10 000 净吨，但不超过 50 000 净吨	27.6	9.2	4.6	19.8	6.6	3.3	
超过 50 000 净吨	31.8	10.6	5.3	22.8	7.0	3.8	

应税船舶在进入港口办理入境手续时，应当向海关申报纳税领取吨税执照，或者交验吨税执照（或申请核验吨税执照电子信息）。应税船舶在离开港口办理出境手续时，应当交验吨税执照（或申请核验吨税执照电子信息）。应税船舶负责人申领吨税执照时，应当向海关提供以下文件：

（1）船舶国籍证书或者海事部门签发的船舶国籍证书收存证明。

（2）船舶吨位证明。

应税船舶因不可抗力在未设立海关地点停泊的，船舶负责人应当立即向附近海关报告，并在不可抗力原因消除后，依照《船舶吨税法》的规定向海关申报纳税。

应税船舶在离开港口办理出境手续时，应当交验吨税执照。应税船舶在吨税执照期限内，因税目税率调整或者船籍改变而导致适用税率变化的，吨税执照继续有效。

例 12－3

2021 年 6 月 20 日，A 国某运输公司一般货轮驶入我国某港口，该货轮净吨位为 40 000 吨，货轮负责人已向我国海关领取了吨税执照，在港口停留期限为 30 天，A 国已与我国签订有互相给予船舶税费最惠国待遇条款的条约。请计算该货轮应纳的船舶吨税。

【解析】按《吨税税目税率表》该货轮享受优惠税率，每净吨位为 3.3 元。

应纳船舶吨税＝40 000×3.3＝132 000(元)

12.2.3　船舶吨税的税收优惠

1. 直接优惠

下列船舶免征船舶吨税：

（1）应纳税额在人民币 50 元以下的船舶。

（2）自境外以购买、受赠、继承等方式取得船舶所有权的初次进口到港的空载船舶。

(3) 吨税执照期满后24小时内不上下客货的船舶。

(4) 非机动船舶（不包括非机动驳船）。

(5) 捕捞、养殖渔船。

(6) 避难、防疫隔离、修理、终止运营或者拆解，并不上下客货的船舶。

(7) 军队、武装警察部队专用或者征用的船舶。

(8) 警用船舶。

(9) 依照法律规定应当予以免税的外国驻华使领馆、国际组织驻华代表机构及其有关人员的船舶。

(10) 国务院规定的其他船舶。该项免税的规定，由国务院报全国人民代表大会常务委员会备案。

其中第(5)～(9)项规定的船舶享有优惠政策，应当提供海事、渔业船舶管理或者出入境检验检疫等部门、机构出具的具有法律效力的证明文件或者使用关系证明文件，申明免税依据和理由。

2. 延期优惠

在吨税执照期限内，应税船舶发生下列情形之一的，海关按照实际发生的天数批注延长吨税执照期限：

(1) 避难、防疫隔离、修理，并不上下客货。

(2) 军队、武装警察部队征用。

延长申请吨税执照期限，应当提供海事、渔业船舶管理或者出入境检验检疫等部门、机构出具的具有法律效力的证明文件或者使用关系证明文件，申明延长期限的理由。

12.2.4 船舶吨税的征收管理

1. 船舶吨税的纳税义务发生时间

船舶吨税的纳税义务发生时间为应税船舶进入港口的当日。海关征收船舶吨税应当填发吨税缴库凭证。

应税船舶负责人应在应税船舶抵港申报纳税时，如实填写《船舶吨税执照申请书》，同时应当交验如下证明文件：

(1) 船舶国籍证书或者海事部门签发的船舶国籍证书收存证明。

(2) 船舶吨位证明。

应税船舶为拖船或无法提供净吨位证明文件的游艇的，应税船舶负责人还应提供发动机功率（千瓦）等相关材料。

2. 船舶吨税的纳税期限

船舶吨税分1年期、90天期与30天期缴纳三种。缴纳期限由应税船舶负责人自行选择。

应税船舶负责人应当自海关填发吨税缴库凭证之日起15日内向指定银行缴清税款。应税船舶在吨税执照期满后尚未离开港口的，应当申领新的吨税执照，自上一次执照期满的次日起续缴吨税。

3. 船舶吨税的征收

船舶吨税由海关负责征收。对于海关少征或者多征税款的，要依法进行如下处理：

（1）少征和漏征税款的处理。海关发现少征或者漏征税款的，应当自应税船舶应当缴纳税款之日起 1 年内补征税款。但因应税船舶违反规定造成少征或者漏征税款的，海关可以自应当缴纳税款之日起 3 年内追征税款，并自应当缴纳税款之日起按日加征少征或者漏征税款万分之五的税款滞纳金。

（2）多征税款的处理。海关发现多征税款的，应当在 24 小时内通知应税船舶办理退还手续，并加算银行同期活期存款利息。应税船舶发现多缴税款的，可以自缴纳税款之日起 3 年内以书面形式要求海关退还多缴的税款并加算银行同期活期存款利息；海关应当自受理退税申请之日起 30 日内查实并通知应税船舶办理退还手续。应税船舶应当自海关通知之日起 3 个月内办理有关退还手续。

4. 船舶吨税的纳税担保

应税船舶到达港口前，经海关核准先行申报并办结出入境手续的，应税船舶负责人应当向海关提供与其依法履行吨税缴纳义务相适应的担保；应税船舶到达港口后，依照规定向海关申报纳税。船舶吨税担保期限一般不超过 6 个月，特殊情况需要延期的，应当经主管海关核准。应税船舶负责人应当在海关核准的船舶吨税担保期限内履行纳税义务。

5. 领取吨税执照后船舶变化的处理

应税船舶在吨税执照期限内，因修理导致净吨税变化的，吨税执照继续有效。应税船舶办理出入境手续时，应当提供船舶经过修理的证明文件。因船籍改变导致适用税率变化的，应税船舶在办理出入境手续时，应当提供船籍改变的证明文件。

6. 吨税执照毁损或遗失

吨税执照在期满前毁损或遗失的，应当向原发照海关书面申请合法吨税执照副本，不再补税。

7. 少缴或者不缴税款的惩罚

纳税人应依法履行纳税义务，对于应税船舶有下列行为之一的，由海关责令限期改正，处 2 000 元以上 30 000 元以下罚款；不缴或者少缴应纳税款的，处不缴或者少缴税款 50%以上 5 倍以下罚款，但罚款不得低于 2 000 元：

（1）未按照规定申报纳税、领取吨税执照。

（2）未按照规定交验吨税执照（或申请核验吨税执照电子信息）以及提供其他证明文件。

12.2.5　船舶吨税的改革方向

1. 以船舶吨税代替企业所得税

采用国际通行的船舶吨税制，需要改变当前实行的财产税性质的吨税制，改为以净吨位为基准征收的利润税，代替企业所得税。

2. 完善其他配套优惠税制设计

（1）对航运企业免征税金及附加。

（2）借鉴新加坡、中国香港等地做法，对海员实行基本工资纳税、海上津贴免税的政策，或大幅提高海员税前扣除额标准。

（3）对中资船舶特案免税政策进行改进并使之常态化，免征船舶及进口配套设备、物料、备件进口环节关税和增值税。

（4）改善融资环境，降低企业融资成本，借鉴德国经验，吸引民间资本进入航运业并投入造船或航运产业基金。

（5）加大船舶折旧的速度与力度，允许企业根据自身条件与财务状况，自由选择有利于船舶更新换代的折旧方法。

本章小结

1. 车船税是以在中华人民共和国境内的车辆、船舶为征税对象，向车船的所有人或者管理人按照《车船税法》征收的一种税。

2. 车船税的纳税人是在中华人民共和国境内的车辆、船舶的所有人或管理人。

3. 车船税的征税范围是依法应当在车船管理部门登记的机动车辆和船舶，以及依法不需要在车船登记管理部门登记的在单位内部场所行驶或者作业的机动车辆和船舶。

4. 船舶吨税是海关对自境外港口进入中华人民共和国境内港口的船舶征收的用于航道设施建设和维护的一种使用税。

5. 船舶吨税的征税范围是自中华人民共和国境外港口进入境内港口的船舶。

6. 船舶吨税采用定额税率，设置有优惠税率和普通税率。适用优惠税率的包括中国国籍的应税船舶、船籍国（地区）与中华人民共和国签订含有相互给予船舶税费最惠国待遇条款的条约或者协定的应税船舶。其他应税船舶，适用普通税率。

复习与思考

一、单项选择题

1. 某法国籍净吨位为2 500吨的非机动驳船，停靠在我国某港口装卸货物。驳船负责人已向我国海关领取了吨税执照，在港口停留期为30天，法国已与我国签订相互给予船舶税费最惠国待遇条款。超过2 000净吨但不超过10 000净吨的船舶，30天期的普通税率为4.0元/净吨，优惠税率为2.9元/净吨，其应纳的船舶吨税为（　　）元。

A. 10 025　　B. 7 250　　C. 3 625　　D. 5 012.5

2. 根据船舶吨税的有关规定，下列各项说法中不正确的是（　　）。

A. 船舶吨税是对自境外港口进入境内港口的船舶征收的一种税

B. 无法提供净吨位证明文件的游艇按照发动机功率每千瓦折合净吨位0.67吨计

算船舶吨税

C. 船舶吨税的纳税义务发生时间为应税船舶进入港口的当日

D. 应税船舶负责人应当自海关填发吨税缴款凭证之日起15日内缴清税款

二、多项选择题

1. 在吨税执照期限内，应税船舶发生下列情形的，海关按照实际发生的天数批注延长吨税执照期限的有（　　）。

A. 避难，并不上下客货

B. 防疫隔离，并不上下客货

C. 军队征用

D. 修理，并不上下客货

2. 根据船舶吨税的有关规定，下列各项免征船舶吨税的有（　　）。

A. 警用船舶

B. 自境外以受赠方式取得船舶所有权的初次进口到港的空载船舶

C. 非机动驳船

D. 吨税执照期满后48小时内不上下客货的船舶

3. 根据跨境电子商务零售进口税收政策，下列说法正确的有（　　）。

A. 跨境电子商务零售进口商品购买人（订购人）的身份信息应进行认证；未进行认证的，购买人（订购人）身份信息应与付款人一致

B. 在限值以内进口的跨境电子商务零售进口商品，进口环节的增值税、消费税暂按法定应纳税额的70%征收

C. 超过单次交易限值的，按照一般贸易方式全额征税

D. 跨境电子商务零售进口商品自海关放行之日起60日内退货的，可申请退税，并相应调整个人年度交易总额

4. 下列关于船舶吨税的征收管理表述中，正确的有（　　）。

A. 应税船舶在吨税执照期限内，因修理、改造导致净吨位变化的，吨税执照继续有效

B. 应税船舶在吨税执照期限内，因税目税率调整或者船籍改变导致适用税率变化的，吨税执照无效

C. 海关发现多征税款的，应当在24小时内通知应税船舶办理退还手续，并加算银行同期活期存款利息

D. 应税船舶发现多缴税款的，可以自缴纳税款之日起1年内以书面形式要求海关退还多缴的税款

三、论述题

1. 论述车船税的历史沿革。

2. 论述车船税的改革方向。

3. 比较新旧船舶吨税中关于征税范围定义的差别。

4. 结合我国实际，谈谈船舶吨税的改革方向。

四、案例分析题

2021年2月A保险中介机构联系车主刘女士上保险，由于前几年的车险都是交由

A保险中介机构代理在B人寿保险公司完成的，优惠幅度还算令人满意，所以今年也不例外，仍由A保险中介机构来办理。交完钱出保单时，B人寿保险公司的客服人员联系刘女士告知其车船税重复缴纳需要办理退税。

刘女士首先想到的是让B人寿保险公司代为办理退税，但是她的车险保单属于中介业务，与B人寿保险公司并没有直接联系，所以让B人寿保险公司代为办理退税有些勉强。刘女士又转头找到A保险中介机构代办退税，但中介机构的答复是让刘女士自己去办理退税，刘女士只好亲自处理退税一事。

由于刘女士之前都是由A保险中介机构代办，因此不知晓办理车船税退税需要的材料。刘女士首先在北京市海淀区税务局官网查询，但没有找到相关介绍，登录北京市税务局官网也无果。刘女士来到北京市海淀区温泉税务所，工作人员告知，办理车船税退税材料需要：(1) 车主身份证原件和复印件；(2) 机动车登记证原件和复印件；(3) 行驶证原件和复印件；(4) 车船税重复缴纳的完税证明或交强险保单原件和复印件；(5) 车主工商银行活期存折原件和复印件。

准备好完备的材料后，办理人员在税务所系统里查询，意外发现刘女士的车架号与税务系统上查询的车架号不一致。针对这一问题，办理人员只能将材料和情况上报，请上级来商议处理。

要求： 请说明刘女士保单上的车架号为什么与税务系统上查询的车架号不一致。

第13章 契　税

学习目标

1. 了解契税的概念。
2. 熟悉契税的纳税人与征税范围。
3. 掌握契税的计税依据、税率与应纳税额的计算。
4. 熟悉契税的征收管理。

案例导入

孙某在深圳市永和花园购买了一套144平方米的住房，这是其拥有的唯一住房，请问是否适用契税的优惠政策？如果这是其第二套改善性住房，是否还能适用契税的优惠政策？在购房过程中，孙某采用分期付款的方式支付款项，首期支付总价款的五成，那么应按总价款还是按首期支付的款项计算缴纳契税？同时，孙某在该小区购买了车库，其购房发票中的购房金额已包含车库价格，那么车库和房屋是否应当分开缴纳契税？

13.1 契税概述

13.1.1 契税的概念

契税，是中华人民共和国境内的土地、房屋权属转移时，向产权承受人征收的一种财产转移税。契税体现出鲜明的产权保护的特点，有利于保护合法产权，避免产权纠纷。

知识链接

契税的历史

契税在我国具有悠久的历史。东晋时期的“估税”是现代契税的雏形。“估税”是对买卖行为征收的税，对于牛马、田宅、奴婢等买卖，凡是立有契约者，每一万钱抽取400文作为税款，买方出100文，卖方出300文，凡是未立契者，值百抽四。北宋时期开始征收契钱（名为“钱”，实质为“税”），此时税款不再由买卖双方分摊，而是由买方单方面缴纳。此后历朝对田宅等产权变动都征收契税，习惯称为“税契”，只是征税范围和税率不尽相同。

中华人民共和国成立后，为保障人民不动产的合法所有权，1950年4月政务院颁布《契税暂行条例》，并沿用40余年；为适应经济社会的发展，1997年7月7日，国务院重新制定《中华人民共和国契税暂行条例》，同年10月28日财政部发布《中华人民共和国契税暂行条例细则》。

2020年8月11日，第十三届全国人民代表大会常务委员会第二十一次会议通过了《中华人民共和国契税法》，定于2021年9月1日起施行，1997年7月7日国务院发布的《中华人民共和国契税暂行条例》同时废止。

在征收契税的同时往往涉及其他税种，如土地增值税、印花税等。契税与土地增值税和印花税的关系分析如下：

（1）契税与土地增值税的关系：契税通常可作为计算土地增值税时可扣除的因素。转让土地时，契税作为取得土地使用权所支付的金额的组成部分，可以在计算土地增值税时扣除；转让存量房产时，如果不能取得评估价格，但能够提供购房发票和契税完税凭证，则契税也可以在计算土地增值税时扣除。

（2）契税与印花税的关系：契税和印花税都涉及对合同契约征税，但是契税的征收范围远小于印花税；另外，印花税在一般情况下由交易双方缴纳（证券交易印花税由卖方承担），但契税仅由产权承受方承担。

13.1.2 契税的特点

1. 契税的本质为财产转移税

从征收对象看，契税对发生转移的土地、房屋征税，故契税具有财产税的性质；从应税行为看，只有当不动产产权发生转移时，才产生契税的应税义务，而产权未转移时，不必缴纳契税，故契税具有行为税的性质。因此，契税的本质为财产转移税。

2. 契税的纳税人为产权承受方

大多数税种，如土地增值税、增值税等，以销售方或转让方为纳税人即卖方缴税（卖方可能将税负转嫁给买方），但契税由产权承受方即买方缴税。一方面，契税作为财产税，对产权承受方的财富可以进行适当调节；另一方面，契税以法律形式承认产权转移行为，保护产权承受方的合法权益。

3. 契税属于地方税

契税所得收入归地方政府所有，是地方政府税收收入的重要来源之一。

4. 契税采用一次课征制

征收契税的主要目的在于保障产权人的合法权益，减少产权纠纷。因此，只在土地、房屋转移环节一次性课征契税，持有环节不再征收契税。若产权再次发生转移，则再次征收契税。

5. 契税采用幅度比例税率

契税实行3%～5%的幅度比例税率，具体税率由省、自治区、直辖市人民政府根据实际情况确定。幅度税率的设计顾及我国地区经济发展不均衡的实际国情。

13.1.3 课征契税的作用

1. 保护合法产权

契税最重要的作用在于保护合法产权，避免产权纠纷。不动产的所有权和使用权的转移涉及产权转让方和承受方双方的利益，且产权转移手段和形式日益多元化。契税以法律形式承认不动产转移行为有效，承受方缴纳契税后，便能够拥有不动产的所有权或使用权，其权益能够得到法律保护。

2. 增加地方财政收入

契税的征收，可以广辟税源，增加地方政府的财政收入，为地方经济建设积累资金。首先，契税的征税范围广泛，只要发生土地、房屋权属转移行为，就对应契税的发生。其次，契税具有收入上的及时性，避免纳税人拖欠税款，有利于地方财政正常组织收入。最后，由于我国房地产业发展迅速，契税具有税基增长的稳定性。从某种意义上看，契税已经成为地方财政收入的重要来源，成为地方（特别是市县级）财政的生命线。

3. 对楼市进行调节

契税是房地产市场交易涉及的重要税种之一，可作为国家对房地产市场调控的杠杆。调节契税有利于调控房地产市场，规范市场交易行为；同时，通过对契税优惠政策的调整，能够在一定程度上抑制投资性和投机性房地产，保护保障性房地产和改善性房地产的消费。契税是我国目前房地产税收中唯一从需求方向调节的税种，能够直接影响房地产的市场需求，有利于优化资源配置。强化契税征管是房地产税收征管完善的有力推手。

13.2 契税的纳税人与征税范围

13.2.1 契税的纳税人

在中华人民共和国境内转移土地和房屋权属时，承受的单位和个人为契税的纳税人。其中，土地和房屋权属指土地使用权和房屋所有权。单位指企业单位、事业单位、国家机关、军事单位、社会团体以及其他组织。个人指个体工商户和其他个人，包括中国公民和外籍人员。

例13-1

甲房地产开发企业将一套自建房产卖给乙公司的董事长张某，房屋已过户至张某名下。请问在该交易中谁是契税的纳税人？

【解析】在这一房屋权属转移过程中，张某作为房屋所有权转移的承受方，是契税的纳税人。

13.2.2 契税的征税范围

契税本质上是对财产转移过程征收的一种行为税，征税对象为发生土地使用权和房屋所有权权属转移的土地和房屋。

具体征税范围包括：土地使用权出让；土地使用权转让，包括出售、赠与、互换；房屋买卖、赠与、互换。另外，以作价投资（入股）、偿还债务、划转、奖励等方式转移土地、房屋权属的，应当依照规定征收契税。

下列情形发生土地、房屋权属转移的，承受方应当依法缴纳契税：

（1）因共有不动产份额变化的；

（2）因共有人增加或者减少的；

（3）因人民法院、仲裁委员会的生效法律文书或者监察机关出具的监察文书等因素，发生土地、房屋权属转移的。

1. 土地使用权出让

土地使用权出让是指土地使用者向国家交付土地使用权出让费用，国家以土地所有者的身份将土地使用权在一定年限内让渡给土地使用者的行为。其本质是土地使用权由国家向单位和个人的初次转移。国有土地使用权出让可采取协议、招标、拍卖等方式。土地使用权的受让方为契税的纳税人。

受让者以向国家缴纳的土地出让金为依据缴纳契税，不得因减免土地出让金而减免契税。

2. 土地使用权转让

土地使用权转让是指土地使用者以出售、赠与、互换等方式将土地使用权转移给其他单位和个人的行为。其本质是土地使用权在单位和个人之间的再转移。

需要注意的是，土地使用权转让指国有土地使用权转让，不包括土地承包经营权和土地经营权的转移。

3. 房屋转让

房屋转让是指合法拥有土地使用权及地上建筑物、附（引）着物所有权的自然人、法人和其他组织，通过买卖、交换、赠与将房地产转移给他人的法律行为。

（1）房屋买卖，指购买方向出售方支付货币并取得房屋所有权的交易行为。购买方作为契税的纳税人。对已缴纳契税的购房单位和个人，在未办理房屋权属变更登记前退房的，退还已缴纳的契税；在办理房屋权属变更登记后退房的，不予退还已缴纳的契税。

需要注意的是，以下几种特殊情况也视同房屋买卖：

1）房产抵债。经相关部门批准，以房产抵债视同房屋买卖，由产权承受方（即债权人）按房屋现值缴纳契税。

例 13－2

长江公司无力偿还黄河公司的货款，决定以其一栋办公楼折价抵偿。经双方同意，有关部门批准后，黄河公司取得办公楼的产权，并办理产权过户手续。

【解析】黄河公司作为房屋产权承受方，是契税的纳税人，应按照房屋现值即房产折价款缴纳契税。

2）实物交换房产。用实物交换房产视同房屋买卖，取得房屋的一方作为契税的纳税人，按照房屋现值缴纳契税。

例 13－3

甲、乙公司具有关联关系。甲公司以其一间自有仓库作为对价，换取乙公司的一批货物。仓库现值为 200 万元，货物的公允价值为 250 万元。该交换行为已经相关部门批准，并办理了产权过户手续。

【解析】乙公司作为房产的产权承受方，是契税的纳税人，应当按照房屋现值 200 万元，根据当地契税税率缴纳契税。

3）以房产投资入股或作股权转让，本质属于房屋产权转移。根据国家房地产管理的相关规定，办理房屋产权交易和产权变更登记手续，视同房屋买卖，由产权承受方按照投资房产的价值或房产的买价缴纳契税。

但是，以自有房产作股投入本人独资经营的企业，免缴契税。这是因为在该情况下，产权所有人和使用权使用人均未发生变化，不涉及产权变更问题，不必办理房产变更手续，也不必缴纳契税。

4）买“房”。拆料或翻建新房。无论基于何种目的购买房屋，只要房屋产权发生变更，均需缴纳契税。换句话说，即使买房的目的不是用于使用、投资或转让，而是用于取得该房产的建筑材料或是翻建新房，实际上也构成了房屋买卖。产权承受方应首先办理房屋产权变更手续，并按照购买价格缴纳契税。

（2）房屋赠与，是指房屋产权所有人（包括自然人和法人）无偿将房屋转让给他人（包括其他自然人和法人）的行为。房屋赠与的前提是赠与人和受赠人双方自愿，且赠与的房屋无产权纠纷。

房屋作为不动产具有较大价值，因此法律要求赠与房屋应立有书面合同或契约，并到房地产管理机关或农村基层政权机关办理登记过户手续，赠与行为才能生效。如果房屋赠与行为涉及涉外关系，还需公证处证明和外事部门认证，赠与才能有效。房屋的受赠人作为产权承受方，应当按照规定缴纳契税。

以获奖方式取得房屋的，其实质是接受赠与房产，应按照规定缴纳契税。

以继承方式取得房屋的，其实质是接受赠与房产，其中法定继承不必缴纳契税；其他情况下，承受土地、房屋产权的一方应按照规定缴纳契税。

例 13－4

张某名下拥有两套房产。张某离世后，根据其遗嘱，一套房产 A 给予儿子；另一套房产 B 作为感谢，赠与其病重期间照料他的护工王某，二人无亲属关系。请问两套房产的产权变更是否涉及契税？

【解析】 张某的儿子作为继承人，根据遗嘱继承其父房产，属于法定继承，因此房产A的产权变更不涉及契税；按照《中华人民共和国继承法》，王某作为非法定继承人，根据遗嘱承受张某生前的房产B，属于赠与行为，应当征收契税。

（3）房屋交换，是指房屋所有者或使用者基于某种目的，相互交换房屋权属（所有权或使用权）的行为。房屋交换的行为主体涵盖自然人和法人，既包括公民和企业，也包括事业单位、机关团体和房地产管理机关等。

房屋产权交换时，交换双方应当订立交换契约，办理房屋产权变更登记手续和契税手续。房屋产权相互交换，双方交换价值相等时，免缴契税，但是要办理免征契税手续；双方交换房屋价值不相等时，由支付差价的一方按照房屋价格差缴纳契税。实际上，这仍然体现了相对承受产权的一方缴纳契税的原则。

另外，经过相关部门批准的房屋产权与土地使用权的交换、土地使用权与土地使用权的相互交换，参照房屋交换的原则。

（4）房屋附属设施有关契税政策。

1）对于承受与房屋相关的附属设施（包括停车位、汽车库、自行车库、顶层阁楼以及储藏室，下同）所有权或土地使用权的行为，按照契税法律、法规的规定征收契税；对于不涉及土地使用权和房屋所有权转移变动的，不征收契税。

2）采取分期付款方式购买房屋附属设施土地使用权、房屋所有权的，应按合同规定的总价款计征契税。

3）承受的房屋附属设施权属如为单独计价的，按照当地确定的适用税率征收契税；与房屋统一计价的，适用与房屋相同的契税税率。

4）对承受国有土地使用权应支付的土地出让金，要征收契税。不得因减免出让金而减免契税。

5）土地使用者将土地使用权及所附建筑物、构筑物等（包括在建的房屋、其他建筑物、构筑物和附着物）转让给他人的，应按照转让的总价款计征契税。

知识链接

契税与土地增值税征税范围的比较，如表13－1所示。

表13－1 契税与土地增值税征税范围的比较

具体情况	是否为契税征税范围	是否为土地增值税征税范围
1. 国有土地使用权出让	是	否
2. 土地使用权转让	是	是
3. 房屋买卖	是	是
4. 房屋赠与（含获奖、继承方式）	法定继承不是契税征收范围，除此之外均是	赠与直系亲属、承担直接赡养义务人以及公益性赠与、继承不是土地增值税征税范围，其他情况均是
5. 房屋交换	是（等价交换免税）	是（个人交换居住用房，经核实可免税）

13.3 契税的计税依据、税率与应纳税额的计算

13.3.1 契税的计税依据

1. 按成交价格计算

成交价格指交易双方商定后形成的土地、房屋产权转移合同确定的价格，包括承受方应交付的货币、实物、无形资产或其他经济利益。营改增后，计征契税的成交价格不含增值税。买卖装修的房屋，装修费用包括在成交价格中。

税务机关可以以成交价格为依据，直接计征契税。这种方式最为简单、便捷，但是要求成交价格必须能够反映市场公允价值。这种方式主要适用于国有土地使用权出让、土地所有权出售、房屋买卖等情况。

2. 按评估价格计算

土地、房屋权属的成交价格明显低于市场价格且无正当理由的，或者所交换的土地使用权、房屋的价格的差额明显不合理且无正当理由的，计税依据由征收机关参照市场价格核定。

市场价格指土地、房屋权属发生转移时的公允市场价值，具有时效性。土地、房屋价格并非一成不变，例如与20年前相比，房价已飙升许多倍，将20年前取得的房产赠与他人，则契税的计税依据并非房产原值，而是当前的市场价格。这种方式主要适用于成交价格不公允或没有成交价格的情况，如土地使用权赠与、房屋赠与等情况。

3. 按交换的土地、房屋差价计算

土地使用权、房屋产权之间的交换，计税依据为所交换的土地使用权、房屋的价格差额。也就是说，交换的土地或房屋价格相等时，免征契税；价格不相等时，由支付差额的一方按照差价缴纳契税。

例13-5

王先生将自己的一套价值120万元的住房与孙先生交换，孙先生住房价值为100万元。双方约定，由孙先生向王先生支付20万元差价，则该房产交换行为中，谁应当作为契税的纳税人？计税依据为多少？

【解析】孙先生作为支付差价的一方，是契税的纳税人，应以20万元差价作为计税依据缴纳契税；王先生不必缴纳契税。

4. 按土地收益计算

这种情况通常只适用于转让划拨得到的土地。先以划拨方式取得土地使用权，后经批准改为以出让方式取得该土地使用权的，应依法缴纳契税，其计税依据为应补缴的土地出让金和其他出让费用。而将取得方式由划拨改为出让的主要目的，是能够合法转让土地。因此，计税依据事实上是土地收益。

例 13-6

2011年，甲公司以划拨方式取得一块土地使用权。2013年，经过正式批准，该土地使用权取得方式改为出让，甲公司补缴500万元的土地出让金和90万元的“拨改让”费用。2021年，经相关部门批准，甲公司作价1 000万元，将该土地使用权转让给乙公司。请问上述事项是否应当缴纳契税？分析契税的纳税人和计税依据。

【解析】 2011年，甲公司以划拨方式取得土地使用权，不是契税的征税范围，不必缴纳契税；2013年，土地使用权取得方式由划拨改为出让，甲公司是契税的纳税人，应当以补缴的土地出让金和其他出让费用为计税依据，共计590万元；2021年，土地使用权转让，乙公司作为产权承受方，是契税的纳税人，应当以成交价格1 000万元作为契税的计税依据。

5. 按全额计算

个人无偿赠与不动产行为（法定继承人除外），应对受赠人全额征收契税。

由此，可以将各种具体情形的契税计税依据归纳成如表 13-2 所示。

表 13-2　具体情形的契税计税依据

征税对象		计税依据
国有土地使用权出让	以协议方式出让	成交价格，包括土地出让金、土地补偿费、安置补偿费、地上附着物和青苗补偿费、拆迁补偿费、市政建设配套费等。
	以竞价方式出让	成交价格，包括土地出让金、市政建设配套费以及各种补偿费用。
	先以划拨方式取得，后经批准改为出让方式	应补缴的土地出让金和其他出让费用。
	先以划拨方式取得，后经批准转让房地产，划拨土地性质改为出让方式	补缴的土地出让金和房地产权属转移合同确定的成交价格。
	先以划拨方式取得，后经批准转让房地产，划拨土地性质未发生改变	房地产权属转移合同确定的成交价格。
	通过“招、拍、挂”程序承受国有土地使用权	土地成交总价款，其中土地前期开发成本不得扣除。
土地使用权转让		成交价格。
房屋买卖		成交价格；买卖装修的房屋，装修费用应包括在内。
土地使用权赠与、房屋赠与		征收机关参照市场价格核定；法定继承不必缴纳契税。
土地使用权交换、房屋交换		等价交换免征契税；不等价交换，由支付差价的一方按照交换价格差额缴纳契税。

续表

征税对象	计税依据
房屋附属设施	(1) 对于承受与房屋相关的附属设施(包括停车位、汽车库、自行车库、顶层阁楼以及储藏室)所有权或土地使用权的行为，按照契税法律、法规的规定征收契税；对于不涉及土地使用权和房屋所有权转移变动的，不征收契税。 (2) 采取分期付款方式购买房屋附属设施土地使用权、房屋所有权的，应按合同规定的总价款计征契税。 (3) 承受的房屋附属设施权属如为单独计价的，按照当地确定的适用税率征收契税；与房屋统一计价的，适用与房屋相同的契税税率。

例 13-7

甲购买一套商品房，房屋价格为 80 万元，车库价格为 20 万元，购房发票所标购房金额中既包含住房价格也包含车库价格，请问是否要分开缴纳契税?

【解析】承受的房屋附属设施如为单独计价的，按照各自适用的税率缴纳契税；与房屋统一计价的，适用与房屋相同的契税税率。因此，甲不必分开缴纳契税，车库应适用与房屋相同的契税税率，一并缴纳契税。

13.3.2　契税的税率

由于我国经济发展不均衡，各地经济差别较大，契税作为地方税种，实行 3%～5% 的比例税率征收。契税的具体适用税率，由省、自治区、直辖市人民政府在前款规定的税率幅度内提出，报同级人民代表大会常务委员会决定，并报全国人民代表大会常务委员会和国务院备案。

13.3.3　契税应纳税额的计算

契税应纳税额的计算公式为：

应纳契税=计税依据×税率

契税的应纳税额应以人民币计算。转移土地、房屋权属以外汇结算的，应按照纳税义务发生之日中国人民银行公布的人民币市场汇率中间价折合成人民币计算。

例 13-8

A 公司将一套闲置的办公楼作价 5 000 万元，转让给其子公司 B。税务机关认定，成交价格明显低于市场价格且无正当理由，参照市场价格核定该办公楼价值为 8 000 万元。另外，经过相关部门批准，A 公司将一间市场价格为 6 000 万元的仓库与 C 公司的一幢市场价格为 5 500 万元的职工公寓楼交换，C 公司另向 A 公司提供公允价值为 500 万元的货物补足房屋差价。A，B，C 三家公司位于同一省份，当地政府规定的契税税率为 5%，请计算三家公司分别应纳的契税。

【解析】A公司将办公楼转让给B公司，由于成交价格明显低于市场价格且无正当理由，应当以核定价格作为计税依据。

B公司作为产权承受方，则

应纳契税＝8 000×5%＝400(万元)

A公司和C公司房产交换中，C公司作为支付差价的一方，承担契税的纳税义务，则

应纳契税＝500×5%＝25(万元)

因此，A公司不必缴纳契税，B公司应缴纳契税400万元，C公司应缴纳契税25万元。

13.4 契税的税收优惠和征收管理

13.4.1 契税的税收优惠

1. 契税减免的基本规定

（1）国家机关、事业单位、社会团体、军事单位承受土地、房屋权属用于办公、教学、医疗、科研、军事设施，免征契税。

例13-9

某军队退休干部王某在某市购买一套价值200万元的普通住房（假设该住房为王某购买的第三套住房），当地契税税率为4%，则王某的购房行为是否应当缴纳契税？

【解析】根据契税现行规定，军队离退休人员购买经济适用住房，也应依法缴纳契税。所以王某的购房行为应当缴纳契税，则

应纳契税＝200×4%＝8(万元)

（2）非营利性的学校、医疗机构、社会福利机构承受土地、房屋权属用于办公、教学、医疗、科研、养老、救助，免征契税。

享受契税免税优惠的非营利性的学校、医疗机构、社会福利机构，限于上述三类单位中依法登记为事业单位、社会团体、基金会、社会服务机构等的非营利法人和非营利组织。其中：

1）学校的具体范围为经县级以上人民政府或者其教育行政部门批准成立的大学、中学、小学、幼儿园，实施学历教育的职业教育学校、特殊教育学校、专门学校，以及经省级人民政府或者其人力资源社会保障行政部门批准成立的技工院校。

2）医疗机构的具体范围为经县级以上人民政府卫生健康行政部门批准或者备案设立的医疗机构。

3）社会福利机构的具体范围为依法登记的养老服务机构、残疾人服务机构、儿童

福利机构、救助管理机构、未成年人救助保护机构。

(3) 享受契税免税优惠的土地、房屋用途具体如下:

1) 用于办公的,限于办公室(楼)以及其他直接用于办公的土地、房屋;

2) 用于教学的,限于教室(教学楼)以及其他直接用于教学的土地、房屋;

3) 用于医疗的,限于门诊部以及其他直接用于医疗的土地、房屋;

4) 用于科研的,限于科学试验的场所以及其他直接用于科研的土地、房屋;

5) 用于军事设施的,限于直接用于《中华人民共和国军事设施保护法》规定的军事设施的土地、房屋;

6) 用于养老的,限于直接用于为老年人提供养护、康复、托管等服务的土地、房屋;

7) 用于救助的,限于直接为残疾人、未成年人、生活无着的流浪乞讨人员提供养护、康复、托管等服务的土地、房屋。

(4) 承受荒山、荒地、荒滩土地使用权用于农、林、牧、渔业生产,免征契税。

(5) 婚姻关系存续期间夫妻之间变更土地、房屋权属,免征契税。

(6) 法定继承人通过继承承受土地、房屋权属,免征契税。

(7) 依照法律规定应当予以免税的外国驻华使馆、领事馆和国际组织驻华代表机构承受土地、房屋权属,免征契税。

(8) 根据国民经济和社会发展的需要,国务院对居民住房需求保障、企业改制重组、灾后重建等情形可以规定免征或者减征契税,报全国人民代表大会常务委员会备案。

(9) 因土地、房屋被县级以上人民政府征收、征用,重新承受土地、房屋权属,免征或者减征契税。

(10) 因不可抗力灭失住房,重新承受住房权属,免征或者减征契税。

上述规定的免征或者减征契税的具体办法,由省、自治区、直辖市人民政府提出,报同级人民代表大会常务委员会决定,并报全国人民代表大会常务委员会和国务院备案。

纳税人改变有关土地、房屋的用途,或者有其他不再属于以上规定的免征、减征契税情形的,应当缴纳已经免征、减征的税款。

2. 契税减免的特殊规定

(1) 个人购买住房的契税优惠相关规定(见图13-1)。对个人购买家庭唯一住房(家庭成员范围包括购房人、配偶以及未成年子女),面积为90平方米及以下的,减按1%的税率征收契税;面积为90平方米以上的,减按1.5%的税率征收契税。

除北京、上海、广州、深圳外,对个人购买家庭第二套改善型住房,面积为90平方米及以下的,减按1%的税率征收契税;面积为90平方米以上的,减按2%的税率征收契税。家庭第二套改善型住房是指已拥有一套住房的家庭,购买的家庭第二套住房。

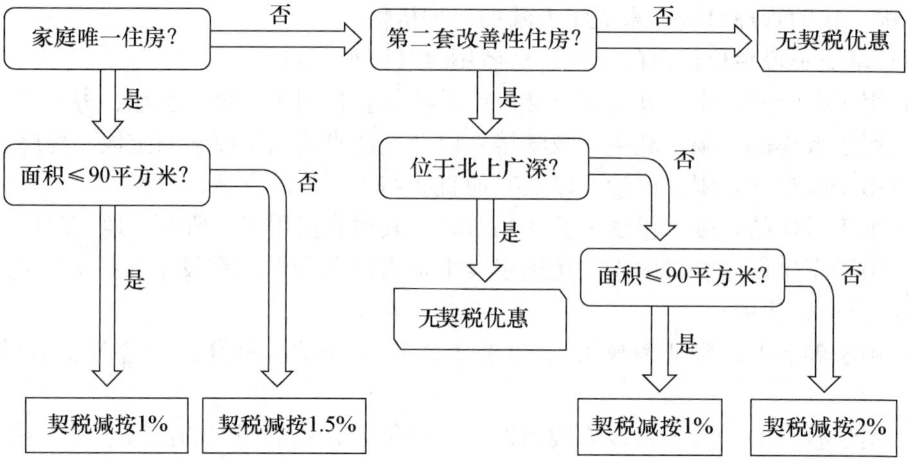

图 13-1　个人购买住房契税优惠政策

知识链接

个人购买住房的契税政策

2016年，我国修改了房地产交易环节的契税优惠政策。对于个人购买保障性住房和改善型住房，不再以容积率、交易单价等区分普通住房和非普通住房，凡是住房面积符合规定的均可享受相关规定。

对于首套住房和第二套改善型住房，不再划分144平方米界限，简化原有契税征税标准。这对于首套购买144平方米以上大户型的人群和二线城市的第二套房购买人群提供了实质性的税费减免。

整体而言，该政策满足了一二线城市市场的大户型改善、换房需求，以及二线城市第二套房的购买需求；同时，有利于盘活城市存量房市场，降低交易成本，达到去库存的目的。

（2）支持企事业单位改制重组的契税优惠。

1）企事业单位改制。企业按照《中华人民共和国公司法》的有关规定进行整体改制，包括非公司制企业改制为有限责任公司或股份有限公司、有限责任公司变更为股份有限公司、股份有限公司变更为有限责任公司，原企业投资主体存续并在改制（变更）后的公司中所持股权（股份）比例超过75%，且改制（变更）后公司承继原企业权利、义务的，对改制（变更）后公司承受原企业土地、房屋权属，免征契税。事业单位按照国家有关规定改制为企业，原投资主体存续并在改制后企业中出资（股权、股份）比例超过50%的，对改制后企业承受原事业单位土地、房屋权属，免征契税。

2）公司合并与分立。两个或两个以上的公司，依照法律规定、合同约定，合并为一个公司，且原投资主体存续的，对合并后公司承受原合并各方土地、房屋权属的，免征契税。

公司依照法律规定、合同约定分立为两个或两个以上与原公司投资主体相同的公司，对分立后公司承受原公司土地、房屋权属的，免征契税。

3）企业破产。企业依照有关法律法规规定实施破产，债权人（包括破产企业职工）承受破产企业抵偿债务的土地、房屋权属的，免征契税；对非债权人承受破产企业土地、房屋权属，凡按照《中华人民共和国劳动法》等国家有关法律法规政策妥善安置原企业全部职工，与原企业全部职工签订服务年限不少于3年的劳动用工合同的，对其承受所购企业土地、房屋权属，免征契税；与原企业超过30%的职工签订服务年限不少于3年的劳动用工合同的，减半征收契税。

如果破产企业的土地属于划拨土地的，破产清算时由国家收回，承受土地就以出让方式获得，受让方是债权人也要缴纳契税。

4）资产划转。对承受县级以上人民政府或国有资产管理部门按规定进行行政性调整，划转国有土地、房屋权属的单位，免征契税。同一投资主体内部所属企业之间土地、房屋权属的划转，包括母公司与其全资子公司之间，同一公司所属全资子公司之间，同一自然人与其设立的个人独资企业、一人有限公司之间土地、房屋权属的划转，免征契税。母公司以土地、房屋权属向其全资子公司增资，视同划转，免征契税。

5）债权转股权。经国务院批准实施债权转股权的企业，对债权转股权后新设立的公司承受原企业的土地、房屋权属的，免征契税。

6）划拨用地出让或作价出资。以出让方式或国家作价出资（入股）方式承受原改制重组企业、事业单位划拨用地的，不属于上述规定的免税范围，对承受方应按规定征收契税。

7）公司股权（股份）转让。在股权（股份）转让中，单位、个人承受公司股权（股份），公司土地、房屋权属不发生转移的，不征收契税。

根据《关于继续执行企业事业单位改制重组有关契税政策的公告》（财政部 税务总局公告2021年第17号）的规定，以上内容自2021年1月1日起至2023年12月31日执行。自执行之日起，企业、事业单位在改制重组过程中，符合公告规定但已缴纳契税的，可申请退税；涉及的契税尚未处理且符合本公告规定的，可按本公告执行。

(3）夫妻之间房地产权属变更的契税优惠。在婚姻关系存续期间，房屋、土地权属原归夫妻一方所有，变更为夫妻双方共有或另一方所有的，或者房屋、土地权属原归夫妻双方共有，变更为其中一方所有的，或者房屋、土地权属原归夫妻双方共有，双方约定变更共有份额的，免征契税。

(4）售后回租及房屋拆迁等相关事项的契税政策如表13-3所示。

表13-3 售后回租及房屋拆迁等相关事项的契税政策

特殊行为	具体情况	契税政策
金融租赁公司售后回租业务	对金融租赁公司开展售后回租业务，承受承租人房屋、土地权属的。	征收契税
	对售后回租合同期满，承租人回购原房屋、土地权属的。	免征契税

续表

<table>
<tr><th>特殊行为</th><th>具体情况</th><th>契税政策</th></tr>
<tr><td rowspan="2">房屋被征收的居民重置住房</td><td>(1) 居民因个人房屋被征收而选择用货币补偿以重新购置房屋，并且购房成交价格不超过货币补偿的；
(2) 居民因个人房屋被征收而选择房屋产权调换，并且不缴纳房屋产权调换差价的。</td><td>免征契税</td></tr>
<tr><td>(1) 选择货币补偿用以重新购置房屋，购房成交价格超过货币补偿的差价部分的；
(2) 选择房屋产权调换，缴纳房屋产权调换差价的。</td><td>征收契税</td></tr>
<tr><td rowspan="2">无实质性权属转移的房地产交易</td><td>单位、个人以房屋、土地以外的资产增资，相应扩大其在被投资公司的股权持有比例，无论被投资公司是否变更工商登记，其房屋、土地权属均不发生转移。</td><td>不征契税</td></tr>
<tr><td>(1) 个体工商户的经营者将其个人名下的房屋、土地权属转移至个体工商户名下，或个体工商户将其名下的房屋、土地权属转回原经营者个人名下；
(2) 合伙企业的合伙人将其名下的房屋、土地权属转移至合伙企业名下，或合伙企业将其名下的房屋、土地权属转回原合伙人名下。</td><td>免征契税</td></tr>
<tr><td colspan="3">以“招、拍、挂”方式出让国有土地使用权的，纳税人为最终与土地管理部门签订出让合同的土地使用权承受人。
企业承受土地使用权用于房地产开发，并在该土地上代政府建设保障性住房的，计税价格为取得全部土地使用权的成交价格。</td></tr>
</table>

例 13-10

张某在绿城花园二期购买了一套房产，房屋类型为高层，建筑面积为148.33平方米，成交价格为2 259 960元。当地契税税率为3%。假设张某该购房行为不享受其他契税优惠政策。请问张某应纳的契税为多少元？若张某是因拆迁而重新购置该住房，根据拆迁补偿协议其拆迁补偿款为1 000 000元，则张某应纳的契税为多少元？

【解析】 如果张某是普通购买住房且不享受契税优惠政策，则

应纳契税＝2 259 960×3%＝67 798.8(元)

若张某因拆迁重新购置住房，按照政策可只对超出部分征收契税，则

应纳契税＝(2 259 960－1 000 000)×3%＝37 798.8(元)

(5) 继承房屋、土地权属的契税政策。对于《中华人民共和国继承法》规定的法定继承人（包括配偶、子女、父母、兄弟姐妹、祖父母、外祖父母）继承土地、房屋权属，不征契税。非法定继承人根据遗嘱承受死者生前的土地、房屋权属，属于赠与行为，应征收契税。

(6) 灾后重建相关事项的契税优惠政策。因地震灾害灭失住房而重新购买住房的，准予免征或者减征契税，具体减免办法由受灾地区省级人民政府制定。

(7) 对社会保险费（基本养老保险、基本医疗保险、失业保险）征收机构承受用

以抵缴社会保险费的土地、房屋权属，免征契税。

（8）财政部、国家税务总局等相关部门制定的其他契税优惠政策。

13.4.2 契税的征收管理

1. 契税的纳税义务发生时间

契税在发生纳税义务时一次性征收。

契税的纳税义务发生时间是纳税人签订土地、房屋权属转移合同的当天或者纳税人取得其他具有土地、房屋权属转移合同性质凭证的当天。

纳税人因改变土地、房屋用途应当补缴已经减征、免征契税的，其纳税义务发生时间为改变有关土地、房屋用途的当天。

纳税人因人民法院、仲裁委员会的生效法律文书或者监察机关出具的监察文书等发生土地、房屋权属转移的，纳税义务发生时间为法律文书等生效的当天。

纳税人因改变土地性质、容积率等土地使用条件需补缴土地出让价款，应当缴纳契税的，纳税义务发生时间为改变土地使用条件的当天。

发生上述情形，按规定不再需要办理土地、房屋权属登记的，纳税人应自纳税义务发生之日起90日内申报缴纳契税。

纳税人符合减征或者免征契税规定的，应当在签订土地、房屋权属转移合同后10日内，向土地、房屋所在地的契税征收管理机关办理减征或者免征契税手续。

2. 契税的纳税期限

纳税人应当自纳税义务发生之日起10日内，向土地、房屋所在地的契税征收机关办理纳税申报，并在契税征收机关核定的期限内缴纳税款。

3. 契税的纳税地点

契税的纳税地点是缴纳契税的土地、房屋所在地。契税的征收机关为土地、房屋所在地的财政机关或者税务机关。具体征收机关由省、自治区、直辖市人民政府确定。

4. 契税的征收管理

纳税人办理契税纳税事宜后，征收机关应向纳税人开具契税完税凭证。纳税人持契税完税凭证和其他规定的文件资料，依法向房地产管理部门办理有关土地、房屋的权属变更登记手续。房地产管理部门应向契税征收机关提供有关资料，并协助契税征收机关依法征收契税。纳税人未出具契税完税凭证的，土地管理部门、房地产管理部门不予办理有关土地、房屋的权属变更登记手续。

为加强税收管理，掌握税源变化情况，国家税务总局规定由各级契税征收机关直接征收契税。

关于纳税凭证、纳税信息和退税的有关规定：

（1）具有土地、房屋权属转移合同性质的凭证包括契约、协议、合约、单据、确认书以及其他凭证。

（2）不动产登记机构在办理土地、房屋权属登记时，应当依法查验土地、房屋的契税完税、减免税、不征税等涉税凭证或者有关信息。

（3）税务机关应当与相关部门建立契税涉税信息共享和工作配合机制。具体转移土地、房屋权属有关的信息包括：自然资源部门的土地出让、转让、征收补偿、不动产权属登记等信息，住房城乡建设部门的房屋交易等信息，民政部门的婚姻登记、社会组织登记等信息，公安部门的户籍人口基本信息。

（4）纳税人缴纳契税后发生下列情形，可依照有关法律法规申请退税：

1）因人民法院判决或者仲裁委员会裁决导致土地、房屋权属转移行为无效、被撤销或者被解除，且土地、房屋权属变更至原权利人的；

2）在出让土地使用权交付时，因容积率调整或实际交付面积小于合同约定面积需退还土地出让价款的；

3）在新建商品房交付时，因实际交付面积小于合同约定面积需返还房价款的。

5．契税的纳税申报

在中华人民共和国境内转移土地、房屋权属，承受的单位和个人，应向土地、房屋所在地税务机关办理契税申报。报送的资料有：《财产和行为税纳税申报表》（见表8-2）、身份证明原件及复印件、不动产权属转移合同、发票原件及复印件；享受契税优惠的，还应当报送减免契税证明材料及复印件。纳税人可以通过办税服务厅（场所）、电子税务局、移动终端、自助办税终端等进行办理，具体渠道由省税务机关确认。

纳税人应当在依法办理土地、房屋权属登记手续前申报缴纳契税。在依法办理土地、房屋权属登记前，权属转移合同、权属转移合同性质凭证不生效、无效、被撤销或者被解除的，纳税人可以向税务机关申请退还已缴纳的税款，税务机关应当依法办理。

需要注意的是，纳税人对报送材料的真实性和合法性承担责任；纳税人享受减税、免税待遇的，在减税、免税期间应当按照规定办理纳税申报；根据人民法院、仲裁委员会的生效法律文书发生土地、房屋权属转移，纳税人不能取得销售不动产发票的，可持人民法院执行裁定书原件及相关材料办理契税纳税申报；购买新建商品房的纳税人，因销售新建商品房的房地产开发企业已办理注销税务登记或者被税务机关列为非正常户等原因不能取得销售不动产发票的，可在税务机关核实有关情况后办理契税纳税申报；办税服务厅地址、电子税务局网址，可在省税务机关门户网站或拨打12366纳税服务热线查询。

13.5 契税的改革方向

1．完善契税政策

（1）应对实质构成权属转移的长期租赁行为课征契税。采取长期租赁方式占用土地或者房屋的使用权的，有些租赁合同甚至长达几十年，这种方式虽然以“租赁”为名，但已经构成实质性的权属转移。

（2）将小产权房交易纳入契税征税范围。这相当于从某种程度上承认小产权房的权益，可以成为我国产权改革的催化剂。从长远发展看，应当改革产权制度，赋予小产权房完善的产权保护，促进小产权房“转正”。

（3）补充完善期房预售的契税政策，将期房预售的纳税义务发生时间延迟至期房完工并交付之时。目前，房地产公司在取得房屋销售许可证时，便能与购房者签订《商品房买卖合同》，但事实上，此时期房尚未完工，购房者并未实际取得房屋的所有权，这与契税对产权转移课税的法理相悖。再者，预售房的实际面积与预售面积很可能存在差异，使得房屋价款与合同金额不一致，从而造成契税征收依据与实际房屋价值不符。

2. 实行差别化契税政策，强化房地产投资调控作用

（1）适当提高投资性房地产和高档房地产的契税税率。对于购买多套房产的炒房行为，可以规定纳税人在购买一定数量的房产后，对超出部分的房产加成征收契税，抑制房地产市场的投资行为和投机行为。

（2）衔接契税政策与增值税政策。契税作为买方承担的税收，能够直接刺激消费需求，将契税政策与增值税政策衔接，对于2年以内及以上的住宅同样按照差别税率征收契税，能够进一步鼓励居民改善型住房和保障性住房的消费，遏制住房投资投机行为，推进房地产市场的健康发展。

（3）统一下调对低收入者购房及改造安置住房等保障性住房的契税税率。国家应采取以个人收入额为标准，对于低收入者购买商品房或经济适用房减免征收契税。然而，以收入为区分度适用不同税率意味着会增加税收机关的税收征管难度。

3. 利用互联网大数据信息，加强契税征管

（1）建立合理的不动产价格评估体系。加快全国房地产信息网上登记管理，定期发布各地房地产价格指数，在全国范围内建设由土地、房屋、契税管理部门共同组建的契税征管信息网，为契税征管提供坚实的基础。建立科学合理的房屋计税价格信息平台，会同房管局、物价局在调查、测算的基础上联合公布各住宅小区二手房平均交易价格，以此作为计税价格核定的基本依据，按照一定的浮动幅度和楼层系数核定某小区的最低计税价格，凡低于最低计税价格的一律按核定的最低计税价格纳税，堵塞二手房交易的税收漏洞。同时，进一步落实综合治税，加强契税政策宣传与辅导，对征收范围、征收标准以及欠税情况进行公告，积极引导社会各界参与协税护税工作。

（2）落实相关部门协作机制。契税征收处于房地产管理的中间环节，要实现源头控税，落实"以证控税""先税后证"的程序，必须与土地、房屋管理部门及房地产企业保持紧密合作。通过立法明确房屋、土地等部门在契税管理中的义务与责任，加强第三方数据管理平台建设，保证土地、房屋等基础数据质量，深化第三方信息数据的应用。加强税务部门间的协作，定期组织契税征管联席会议，深入分析契税征管工作中的问题及风险，共同研究解决措施。

本章小结

1. 契税是中华人民共和国境内的土地、房屋权属转移时，向产权承受人征收的一种财产转移税。

2. 契税的主要特点是：以土地、房屋为征税对象，本质是财产转移税；对财产受让人征税，纳税人是产权承受方；属于地方税；采用一次课征制；采用幅度比例税率。

3. 契税的纳税人是在中华人民共和国境内转移土地、房屋权属的承受单位和个人。

4. 契税的征税对象是在中华人民共和国境内转移权属的土地、房屋。

复习与思考

一、单项选择题

1. 发生下列行为的单位和个人，应缴纳契税的是（　　）。

A. 张先生购买古朴小屋用于拆料

B. 某企业将房屋赠与养老院

C. 李先生将自有房产投资于本人的独资经营企业

D. 韩先生将房屋用于抵偿债务

2. 周某向谢某借款80万元，后因谢某急需资金，周某以一套价值90万元的房产抵偿所欠谢某的债务，谢某取得该房产产权的同时支付周某差价款10万元。已知契税税率为3%。根据契税法律制度的规定，关于此次房屋交易缴纳契税的下列表述中，正确的是（　　）。

A. 周某应缴纳契税3万元　　B. 周某应缴纳契税2.4万元

C. 谢某应缴纳契税2.7万元　　D. 谢某应缴纳契税0.3万元

3. 某大型国有企业2021年承受国有土地使用权，国家给予其照顾，允许其减按应支付土地出让金的80%缴纳出让金，该企业实际支付不含税出让金200万元，当地省政府规定的契税税率为3%，该企业应纳的契税为（　　）万元。

A. 6　　B. 4.8　　C. 7　　D. 7.5

4. 由于工作调动，张某将价值100万元的房屋与李某价值95万元的房屋进行交换，差价部分由李某以现金补偿。已知契税适用税率为3%，下列说法正确的是（　　）。（上述金额均不含增值税。）

A. 李某应缴纳契税0.15万元　　B. 张某应缴纳契税0.15万元

C. 李某应缴纳契税3万元　　D. 张某应缴纳契税2.85万元

5. 某企业破产清算时，其房地产评估价值为5 000万元，以其中价值2 500万元的房地产抵偿债务，将价值1 500万元的房地产进行拍卖，取得拍卖收入1 800万元。债权人获得房地产后，与他人进行房屋交换，取得额外补偿款600万元。上述行为当事人各方合计应纳的契税为（　　）万元。（契税适用税率3%，上述金额均不含增值税。）

A. 18　　B. 54　　C. 72　　D. 147

6. 依据契税的相关规定，下列土地或房屋应征收契税的是（　　）。

A. 母公司以土地、房屋权属向其全资子公司增资

B. 个人购买家庭唯一住房，面积为 90 平方米及以下的
C. 城镇职工按规定第一次购买公有住房
D. 承受荒山用于农业生产的

7. 关于契税的计税依据，下列说法正确的是（　　）。
A. 土地使用权赠与、房屋赠与，由征收机关参照土地使用权出售、房屋买卖的市场价格核定计税依据
B. 土地使用权交换的，以交换出去的土地使用权的价格作为计税依据
C. 采用分期付款方式购买房屋附属设施土地使用权、房屋所有权的，应以合同确定的当期支付价款为计税依据
D. 以划拨方式取得土地使用权的，经批准转让房地产，由房地产转让方补缴契税，计税依据为转让房地产的成交价格

8. 吴某 2021 年 6 月初购买一幢 120 平方米的商品房，支付价款 130 万元，并以 20 万元购买单独计价的储藏室，双方约定采用分期付款方式，分 20 年支付，假定 2021 年支付 4 万元，根据省政府规定，商品房的契税税率为 4%，储藏室的契税税率为 3%，吴某 2021 年应纳的契税为（　　）万元。（上述金额均不含增值税。）
A. 4.5　　B. 6　　C. 5.5　　D. 5.8

二、多项选择题

1. 依据契税相关规定，下列行为属于契税征税范围的有（　　）。
A. 房屋出租　　B. 房屋等价交换
C. 国有土地使用权出让　　D. 获奖方式取得房屋

2. 下列各项中，属于契税纳税人的有（　　）。
A. 以翻建新房为目的取得房屋权属的张某
B. 出让土地使用权的国土资源管理局
C. 以土地作价入股的投资方
D. 以预付集资建房款方式承受房屋的王某

3. 下列关于契税计税依据的说法正确的有（　　）。
A. 农村集体土地承包经营权的转移，不征收契税
B. 以划拨方式取得土地使用权的，经批准转让房地产时，计税依据为补缴的土地使用权出让费用或者土地收益
C. 减免承受国有土地使用权应支付的土地出让金，契税也相应减免
D. 个人购买家庭第二套改善性住房，面积为 90 平方米及以下的（不含北京、上海、广州、深圳的住房），减按 1%的税率征收契税

4. 根据契税的相关规定，下列关于契税的退还，说法正确的有（　　）。
A. 对已缴纳契税的购房单位和个人，在办理房屋权属变更登记后退房的，退还已纳契税
B. 对已缴纳契税的购房单位和个人，在未办理房屋权属变更登记前退房的，退还已纳契税
C. 对已缴纳契税的购房单位和个人，在办理房屋权属变更登记后退房的，不退还已纳契税

D. 对已缴纳契税的购房单位和个人，在未办理房屋权属变更登记前退房的，不退还已纳契税

5. 依据契税的有关规定，下列项目中可以免征契税的有（　　）。

A. 经国务院批准实施债权转股权的企业，对债权转股权后新设立的公司承受原企业土地、房屋权属的

B. 公司依照规定分立为两个或两个以上与原公司投资主体相同的公司，对分立后的公司承受原公司土地权属的

C. 单位承受县级以上人民政府按规定进行行政性调整、划转国有土地、房屋权属的

D. 企业依照有关法律法规实施破产，债权人承受破产企业抵偿债务的土地、房屋权属的

三、计算题

甲公司以 4 000 万元的价格购买一套高档房屋，又以支付给长江公司 50 万元的代价，将其原来一套估价为 100 万元的房屋与长江公司估价为 150 万元的房屋进行交换。假设当地房屋买卖和交换适用的契税税率均为 4%。

要求：请计算甲公司应纳的契税。

四、论述题

1. 契税一般由承受方缴纳，但为什么会出现由房地产转让者缴纳契税的情况？

2. 王先生将自己名下一套房产过户给儿子（即仅作房产证更名），是否需要缴纳契税？如果王先生过世后，根据其遗嘱，儿子继承王先生的房产，是否需要缴纳契税？

3. 孙某在购房过程中发现，其购房发票的购房金额里既包含住房价格也包含车库价格，是否要分开缴纳契税？

4. 某大型企业计划在某地兴建厂房，当地政府为鼓励企业投资，给予该企业减免土地出让金的优惠政策，以零地价方式将部分国有土地使用权出让给该企业。请问对于此种以零地价方式取得国有土地使用权的行为是否需要缴纳契税？

5. 张某婚前购买一套住房，房产证上只有张某的名字。与王某结婚后，王某要求将自己的名字添加到房产证上，即获得一半房屋产权，那么房产更名是否需要缴纳契税？

五、案例分析题

2018 年 12 月至 2019 年 4 月间，某县房地产开发公司 A 分别与曾某等 12 户商品房买主签订了商品房购销合同书。合同中约定了购房位置、销售价格、建筑标准、结算、付款、验收方法、税费负担、违约责任以及房屋售后管理等。合同第二条第二项约定："商品房价格以建筑面积每平方米造价为计算单位，内容包括：勘测设计、土地征用青苗补偿、劳动力安置以及房屋建安工程费用、给排水电等配套设施费用。"第六条第二项约定："甲方（公司）负责办理房屋交易和产权手续，并领取房权证，待乙方（买主）将全部款额交足甲方后，由甲方连同购销房屋一并移交给乙方，所需经费按有关规定执行。其余有关税费均包括在商品房的单位造价内，不再另行收取。"合同签订后，12 户买主分别向 A 公司缴纳了购房定金。2018 年底前，12 户买主缴清全部购房款后，开发公司按合同约定陆续将房屋移交给 12 户买主，并于 2019 年 3 月将其房屋所

有权证移交完毕。2019 年 4 月，A 公司所在地镇财政所欲征收除钟某、周某以外其他 10 户房屋买主即本案原告的契税 19 986.53 元，以及刘某、王某因迟缴契税的滞纳金 1 034 元。该 10 户买主以契税不应由自己承担为理由，向县人民法院提起诉讼。

原告诉称：根据合同规定，房产契税应由被告 A 公司承担。现要求被告承担契税和刘某、王某两户买主应缴付的滞纳金。被告 A 公司辩称：合同第六条规定的不另收取的税费是指房产售前的税费，如耕地占用税、增值税等。契税是房产售后买方应缴纳的，不包括在单位造价之内。原告的诉讼请求没有法律依据，应当驳回其起诉。

要求：根据上述资料，请回答下列问题：

（1）请思考：契税的纳税人是谁？

（2）契税是否可被代征？

（3）契税的纳税义务发生时间是什么时候？

（4）应当从何时起加征契税的滞纳金？

第 14 章

印花税

学习目标

1. 了解印花税的概念、特点与作用。
2. 掌握印花税的税制要素。
3. 掌握印花税的计算。
4. 熟悉证券交易印花税的发展情况。
5. 熟悉证券交易印花税的改革方向。

案例导入

2021 年 7 月，某服装厂会计小李在工作中犯了难：该市某中学委托该服装厂加工校服，加工合同约定：布料由服装厂提供，价值为 50 万元，学校另行支付服装厂加工费 10 万元。那么服装厂该如何对该项业务进行计税贴花？依据的法律条文又是什么？

为此，他特意致电当地税务部门，接听电话的税务工作人员仔细分析该项业务后，向他做出答复：对由受托方提供原材料的加工定做合同，该合同中分别记载加工费金额与原材料金额的，应就加工费金额和原材料金额分别按加工承揽合同和购销合同计税贴花，两项税额相加数，即为合同应贴印花税票。上述业务，该服装厂应缴纳购销合同印花税 150 元，加工承揽合同印花税 50 元，合计 200 元。

需要注意的是，加工承揽合同印花税的应税合同包括加工、定做、修缮、修理、印刷广告、测绘、测试合同。对于不同主体提供主要材料的不同情况，印花税的适用税目和计税方法是不同的。

14.1 印花税

14.1.1 印花税概述

印花税是世界各国普遍征收的一种税，是一个比较古老的税种。1624 年创始于荷兰，后为许多国家所采用，现在已有 100 多个国家和地区开征印花税。印花税是中国效仿西方国家税制的第一个税种，从光绪十五年（1889 年）开始，清政府就多次打算开征印花税。我国印花税开征于 1912 年北洋军阀时期，后历经多次改革变化，1988 年 8 月 6 日国务院发布并于同年 10 月 1 日实施《中华人民共和国印花税暂行条例》（简称《印花税暂行条例》）。

2018 年 11 月财政部发布了《关于〈中华人民共和国印花税法（征求意见稿）〉公开征求意见的通知》，向社会公开征求意见。2021 年 1 月 4 日，国务院常务会议通过了《中华人民共和国印花税法（草案）》，同年 6 月 10 日，第十三届全国人民代表大会常务委员会正式通过《中华人民共和国印花税法》（简称《印花税法》），自 2022 年 7 月 1 日起施行，1988 年 8 月 5 日国务院发布的《印花税暂行条例》同时废止。

1. 印花税的概念

印花税是以在经济活动和经济交往中书立、领受具有法律效力应税凭证的行为为征税对象而征收的一种税。因采用在应税凭证上粘贴印花税票作为完税标志而得名。

2. 印花税的特点

（1）兼有凭证税和行为税性质。印花税是对单位和个人书立、领受的应税凭证征收的一种税，具有凭证税性质。另外，任何一种应税经济凭证反映的都是某种特定的经济行为，因此，对凭证征税实质上是对经济行为课税。

（2）征税面广。印花税的征税范围广泛，凡税法列举的合同或具有合同性质的凭证、产权转移书据及营业账簿等，都必须依法纳税。根据《印花税法》，我国印花税的应税凭证共有 4 大类 17 个税目。随着市场经济的发展和经济法制的逐步健全，依法书立经济凭证的现象会愈来愈普遍，涉及经济活动的各个方面。

（3）税率低，税负轻。根据《印花税法》，目前我国印花税税率最高为 1‰，与其他税种相比，印花税税率确实要低得多，其税负也轻得多，具有“广集资金，积少成多”的财政效应。税负轻是印花税的一大优点，易为纳税人接受，也因此得以在世界各国广泛推行。

（4）轻税重罚。印花税虽然税率较低，但是纳税人一旦违反税法，将会被处以不缴或少缴税款 50%以上 5 倍以下的罚款；构成犯罪的，依法追究刑事责任。以较重的罚则来保证纳税人依法纳税。

知识链接

印花税的起源

印花税是一个很古老的税种，起源于公元 1624 年的荷兰。当时荷兰政府发生经济危机，财政困难。荷兰的统治阶级就采用公开招标办法，以重赏来寻求新税设计方案，谋求敛财妙策。印花税就是从众多应征者设计的方案中精选出来的“杰作”。可见，印花税的产生较之其他税种，更具有传奇色彩。

印花税的设计者可谓独具匠心。他观察到人们在日常生活中使用契约、借贷凭证之类的单据很多，连绵不断，所以一旦征税，税源将很多；而且，人们还有一个心理，认为凭证单据上由政府盖印，就成为合法凭证，在诉讼时可以有法律保障，因而对缴纳印花税也乐于接受。正因如此，印花税被资产阶级经济学家誉为税负轻微、税源畅旺、手续简便、成本低廉的“良税”。英国的哥尔柏（Kolebe）说过：“税收这种技术，就是拔最多的鹅毛，听最少的鹅叫。”印花税就是这种具有“听最少的鹅叫”特点的税种。

1624年首次在荷兰出现印花税后，由于印花税取微用宏、简便易行，欧美各国竞相效仿。丹麦在1660年、法国在1665年、部分北美地区在1671年、奥地利在1686年、英国在1694年先后开征印花税。印花税在不长的时间内，就成为世界各国普遍征收的一个税种，在国际上盛行。

14.1.2 印花税的纳税人

印花税的纳税人是指在中华人民共和国境内书立应税凭证、进行证券交易的单位和个人。单位和个人是指各类企业、事业、机关、团体、部队以及中外合资企业、合作企业、外资企业、外国公司和其他经济组织及其在华机构等单位和个人。

上述单位和个人，按照书立、使用、领受应税凭证的不同，可以分别确定为立合同人、立据人、立账簿人、使用人和各类电子应税凭证的签订人。

1. 立合同人

立合同人是指合同的当事人。当事人是指对凭证有直接权利与义务关系的单位和个人，但不包括合同的担保人、证人、鉴定人。当事人的代理人有代理纳税的义务，他与纳税人负有同等的税收法律义务和责任。

2. 立据人

产权转移书据的纳税人是立据人，指土地、房屋权属转移过程中买卖双方的当事人。产权转移书据由立据人贴足印花税票，如未贴或者少贴印花，书据的持有人应负责补贴印花。所立书据以合同方式签订的，应由持有书据的各方分别按全额贴花。

3. 立账簿人

营业账簿的纳税人是立账簿人。所谓立账簿人是指设立并使用营业账簿的单位和个人。例如，企业单位因生产、经营需要设立了营业账簿，该企业就是纳税人。

4. 使用人

在国外书立、领受但在国内使用的应税凭证，其纳税人是使用人。

5. 各类电子应税凭证的签订人

各类电子应税凭证的签订人，是指以电子形式签订的各类应税凭证的当事人。

需要注意的是，对于应税凭证，凡由两方或者两方以上当事人共同书立的，其当事人各方都是印花税的纳税人，应各就其所持凭证的计税金额履行纳税义务。

例 14-1

A，B两家公司因业务需要签订咨询服务合同，由B公司向A公司提供业务咨询服务。在项目完成后，A公司的经办人员将咨询费用送到B公司，在取发票时看到 B 公司持有的合同已做了贴花，便认为已缴清了印花税，回到 A 公司也就没再提缴税的事情。不久之后，税务机关上门进行日常税务检查，在查阅账簿、合同、发票等资料时，发现该咨询服务合同未依法缴纳印花税，于是对 A 公司做出了补税和罚款的处理。请问该处罚是否合理？

【解析】 根据《印花税法》第十条的规定，同一应税凭证由两方以上当事人书立的，按照各自涉及的金额分别计算应纳税额。也就是说，对合同有直接权利义务关系的双方当事人均有纳税义务，均应按照各自合同涉及的金额贴足印花。由此可知税务机关对 A 公司的处罚是合理的。

14.1.3　印花税的税目与税率

1. 印花税的税目

印花税的税目，是指《印花税法》中明确规定的应当纳税的项目，目前共有 4 大类 17 个税目。

（1）买卖合同。指动产买卖合同。

（2）借款合同。指银行业金融机构和借款人（不包括银行同业拆借）订立的借款合同。

（3）融资租赁合同。

（4）租赁合同。

（5）承揽合同。包括加工、定做、修缮、修理、印刷广告、测绘、测试等合同。

（6）建设工程合同。

（7）运输合同。指货运合同和多式联运合同（不包括管道运输合同）。

（8）技术合同。包括技术开发、转让、咨询、服务等合同，以及作为合同使用的单据。

技术转让合同，包括专利申请权转让和非专利技术转让。

技术咨询合同，是当事人就有关项目的分析、论证、预测和调查订立的技术合同。但一般的法律、会计、审计等方面的咨询不属于技术咨询，其所立合同不贴印花。

技术服务合同，是当事人一方委托另一方就解决有关特定技术问题，如为改进产品结构、改良工艺流程、提高产品质量、降低产品成本、保护资源环境、实现安全操作、提高经济效益等提出实施方案所订立的技术合同，包括技术服务合同、技术培训合同和技术中介合同。但不包括以常规手段或者为生产经营目的进行一般加工、修理、修缮、广告、印刷、测绘、标准化测试以及勘察、设计等所书立的合同。

（9）保管合同。

（10）仓储合同。

（11）财产保险合同。不包括再保险合同。

（12）土地使用权出让书据。

（13）土地使用权、房屋等建筑物和构筑物所有权转让书据（不包括土地承包经营权和土地经营权转移）。

（14）股权转让书据（不包括应缴纳证券交易印花税的）。

（15）商标专用权、著作权、专利权、专有技术使用权转让书据。

（16）营业账簿。

（17）证券交易。指在依法设立的证券交易所上市交易或者在国务院批准的其他证券交易场所转让公司股票和以股票为基础发行的存托凭证。

2. 印花税的税率

印花税的税率遵循税负从轻、共同负担的原则，税率比较低。在印花税税目中，各类合同以及具有合同性质的凭证（含以电子形式签订的各类应税凭证）、产权转移书据、营业账簿中记载资金的账簿，都适用比例税率。

印花税的比例税率分为5个档次，分别是0.05‰，0.3‰，0.25‰，0.5‰，1‰。其中，适用0.05‰税率的为融资租赁合同和借款合同；适用0.3‰税率的为买卖合同、建设工程合同、承揽合同、运输合同、技术合同和商标专用权、著作权、专利权、专有技术使用权转让书据；适用0.25‰税率的为营业账簿；适用0.5‰税率的为土地使用权出让书据、土地使用权、房屋等建筑和构筑物所有权转让书据（不包括土地承包经营权和土地经营权转移）和股权转转让书据（不包括应缴纳证券交易印花税的）；适用1‰税率的为证券交易、租赁合同、仓储合同、保管合同和财产保险合同。

印花税税目税率表如表14－1所示。

表14－1 印花税税目税率表

税目		范围	税率	说明
合同（指书面合同）	买卖合同	指动产买卖合同，包括供应、预购、采购、购销结合及协作、调剂、补偿、易货等合同	支付价款的0.3‰	不包括个人书立的动产买卖合同
	承揽合同	包括加工、定做、修缮、修理、印刷广告、测绘、测试等合同	支付报酬的0.3‰	
	建设工程合同	包括建筑、安装工程、勘察、设计合同	支付价款的0.3‰	
	租赁合同	包括租赁房屋、船舶、飞机、机动车辆、机械、器具、设备等合同	租金的1‰	
	融资租赁合同		租金的0.05‰	
	运输合同	包括民用航空运输、铁路运输、海上运输、内河运输、公路运输和联运合同	运输费用的0.3‰	不包括管道运输合同
	仓储合同		仓储费用的1‰	
	保管合同		保管费用的1‰	
	借款合同	银行业金融机构、经国务院银行业监督管理机构批准设立的其他金融机构与借款人（不包括银行同业拆借）的借款合同	按借款金额的0.05‰	
	财产保险合同	包括财产、责任、保证、信用等保险合同	保险费的1‰	不包括再保险合同
	技术合同	包括技术开发、转让、咨询、服务等合同	支付价款、报酬或者使用费的0.3‰	不包括专利权、专有技术使用权转让书据

续表

<table>
<tr><th colspan="2">税目</th><th>范围</th><th>税率</th><th>说明</th></tr>
<tr><td rowspan="4">产权转移书据</td><td>土地使用权出让书据</td><td></td><td>支付价款的 0.5‰</td><td rowspan="4">转让包括买卖（出售）、继承、赠与、互换、分割</td></tr>
<tr><td>土地使用权、房屋等建筑物和构筑物所有权转让书据（不包括土地承包经营权和土地经营权转移）</td><td></td><td>支付价款的 0.5‰</td></tr>
<tr><td>股权转让书据（不包括应缴纳证券交易印花税的）</td><td></td><td>支付价款的 0.5‰</td></tr>
<tr><td>商标专用权、著作权、专利权、专有技术使用权转让书据</td><td></td><td>支付价款的 0.3‰</td></tr>
<tr><td colspan="2">营业账簿</td><td>生产、经营用账册</td><td>实收资本（股本）、资本公积合计金额的 0.25‰</td><td></td></tr>
<tr><td colspan="2">证券交易</td><td></td><td>成交金额的 1‰</td><td>对证券交易的出让方征收，不对证券交易的受让方征收</td></tr>
</table>

知识链接

按照 0.25‰的税率计税贴花的资金账簿不是指记载货币资金的账簿，而是指记载实收资本和资本公积数额增减变化的账簿。

例 14-2

某公司 2020 年设立时注册资本为 1 000 万元，资本公积为 200 万元。公司 2021 年新启用设置账簿 20 本，其中包括实收资本、资本公积账簿各 1 本，实收资本和资本公积的金额与设立时相比无变动。请问该公司 2021 年应缴纳的印花税为多少？

【解析】该公司在 2020 年无须缴纳印花税。记载资金的账本，按实收资本和资本公积合计的 0.25‰计税贴花；本年度注册资本、资本公积未增加的，不缴纳印花税。企业更换新营业账簿，自 2018 年 5 月 1 之后新启用的其他营业账簿免征印花税。其他营业账簿是反映除资金资产以外的其他生产经营活动内容的账簿。

14.1.4 印花税的计税依据

1. 从价计税情况下的计税依据

（1）应税合同的计税依据，为合同所列的金额，不包括列明的增值税税款。

（2）应税产权转移书据的计税依据，为产权转移书据所列的金额，不包括列明的增值税税款。

（3）营业账簿税目中记载资金的账簿的计税依据为实收资本与资本公积两项的合计金额。

（4）证券交易的计税依据为成交金额。

例 14-3

甲企业与中科院签订技术开发合同，合同注明研究开发经费 20 万元、技术开发报酬 30 万元，则该合同印花税的计税依据为多少？

【解析】为了鼓励技术研究开发，对技术开发合同，只就合同所记载的报酬金额计税贴花，研究开发经费不作为计税依据，故该合同印花税的计税依据为 30 万元。

2. 计税依据的特殊规定

（1）应税合同、产权转移书据未列明金额的，印花税的计税依据按照实际结算的金额确定。计税依据按照前款规定仍不能确定的，按照书立合同、产权转移书据时的市场价格确定；依法应当执行政府定价或者政府指导价的，按照国家有关规定确定。

（2）同一应税凭证载有两个以上税目事项并分别列明金额的，按照各自适用的税目税率分别计算应纳税额；未分别列明金额的，从高适用税率。

（3）证券交易无转让价格的，按照办理过户登记手续时该证券前一个交易日收盘价计算确定计税依据；无收盘价的，按照证券面值计算确定计税依据。

（4）同一应税凭证由两方以上当事人书立的，按照各自涉及的金额分别计算应纳税额。

（5）已缴纳印花税的营业账簿，以后年度记载的实收资本（股本）、资本公积合计金额比已缴纳印花税的实收资本（股本）、资本公积合计金额增加的，按照增加部分计算应纳税额。

14.1.5 印花税应纳税额的计算

印花税的应纳税额根据应纳税凭证的性质，分别按比例税率计算。印花税应纳税额的计算可分为两类：

（1）合同和具有合同性质的凭证以及产权转移书据。其计算公式为：

应纳印花税＝应税凭证计税金额×适用税率

式中，应税凭证计税金额为应税凭证所载金额，如购销合同中的购销金额。

（2）资金账簿。其计算公式为：

应纳印花税＝(实收资本＋资本公积)×适用税率

例 14－4

某建筑安装工程公司与某大厦筹建处签订了一份总承包金额为 8 000 万元的工程承包合同，然后又将其中的 3 000 万元工程分包给某市一建筑公司，并签订了正式分包合同。请问该建筑安装工程公司应纳的印花税为多少？

【解析】该建筑安装工程公司签订的 8 000 万元的工程承包合同，合同双方都应按 0.3‰计算缴纳印花税；签订工程分包合同又带来新的纳税义务，签订分包合同的双方仍应按 0.3‰的税率计算缴纳印花税。

应纳印花税＝8 000×0.3‰＋3 000×0.3‰＝3.3(万元)

例 14－5

某企业于 2021 年成立，领取营业执照、房产证、土地使用证、商标注册证各一件，资金账簿记载实收资本 1 350 万元，新启用其他营业账簿 8 本，发生的经济业务如下：

(1) 4 月初将一间门面房租给某商户，签订财产租赁合同，租期一年，合同记载年租金 12 万元，本年内取得租金收入 9 万元。

(2) 出租闲置设备，签订租赁合同，月租金为 500 元，但未确定具体租赁期限。

(3) 10 月以一栋房产作抵押，取得银行抵押贷款 40 万元，并签订抵押贷款合同，年底由于资金周转困难，按合同约定将价值 50 万元的房产产权转移给银行，并依法签订产权转移书据。

(4) 8 月与某公司签订货物运输保管合同，记载运费 9 万元、装卸费 1 万元、仓储保管费 8 万元。

根据上述资料，请计算下列问题：

(1) 该企业领用的证照与设置的营业账簿应纳的印花税；

(2) 该企业签订租赁合同应纳的印花税；

(3) 该企业以房产抵押贷款业务应纳的印花税；

(4) 该企业签订货物运输保管合同应纳的印花税。

【解析】(1) 营业执照不是印花税的征税对象，因此，不用缴纳印花税。

设立营业账簿应纳印花税＝13 500 000×0.25‰＝3 375(元)

(2) 租赁合同按照合同中注明的租赁金额计税贴花。

签订租赁合同应纳印花税＝120 000×1‰＝120(元)

(3) 抵押贷款合同按照借款合同贴花，抵押房产产权转移时签订的书据按照产权转移书据贴花。

以房产抵押贷款业务应纳印花税＝400 000×0.05‰＋500 000×0.5‰
＝270(元)

(4) 装卸费不贴花，则

签订货物运输、保管合同应纳印花税＝90 000×0.3‰＋80 000×1‰＝107(元)

14.1.6 印花税的税收优惠

1. 公益及保障类税收优惠

（1）对与高校学生签订的高校学生公寓租赁合同，免征印花税。高校学生公寓，是指高校为学生提供住宿服务，按照国家规定的收费标准收取住宿费的学生公寓。

（2）对公租房经营管理单位建造、管理公租房涉及的印花税予以免征。对公租房经营管理单位购买住房作为公租房的，免征印花税；对公租房租赁双方签订租赁协议涉及的印花税予以免征。在其他住房项目中配套建设公租房，依据政府提供的相关材料，可按公租房建筑面积占总建筑面积的比例免征建造、管理公租房涉及的印花税。

（3）对财产所有人将财产赠给政府、社会福利单位、学校所立的书据免征印花税。社会福利单位，是指抚养孤老伤残的社会福利单位。

（4）对外国政府或者国际金融组织向我国政府及国家金融机构提供优惠贷款所书立的合同免征印花税。

（5）军事物资运输凭证免征印花税，该凭证是指附有军事运输命令或使用专用的军事物资运费结算凭证。

（6）抢险救灾物资运输凭证免征印花税，该凭证是指附有县级以上（含县级）人民政府抢险救灾物资运输证明文件的运费结算凭证。

（7）新建铁路的工程临管线运输凭证免征印花税，该凭证是指新建铁路运输施工所需物料使用工程临管线专用的运费结算凭证。

（8）军队、武警部队订立、领受的应税凭证，免征印花税。

（9）易地扶贫搬迁实施主体取得安置住房土地免征印花税；易地扶贫搬迁安置住房建设和分配过程中免征印花税；易地扶贫搬迁实施主体安置住房房源免征印花税。

（10）对廉租住房、经济适用住房经营管理单位与廉租住房、经济适用住房相关的印花税以及廉租住房承租人、经济适用住房购买人涉及的印花税予以免征。

（11）保障性住房免征印花税。

（12）对开发商建造廉租房和经济适用住房有关印花税予以免征。

（13）资金账簿减半征收印花税，其他账簿免征印花税。

（14）社保基金会、社保基金投资管理人、管理机构管理的社保基金、养老基金转让非上市公司股权，免征印花税。

（15）饮水工程运营管理单位为建设饮水工程取得土地使用权签订的产权转移书据，以及与施工单位签订的建设工程承包合同免征印花税。

2. 个人及农村类税收优惠

（1）对房地产管理部门与个人签订的用于生活居住的租赁合同免征印花税。

（2）为了贯彻落实《国务院关于加快棚户区改造工作意见》，对改造安置住房经营管理单位、开发商与改造安置住房相关的印花税以及购买安置住房的个人涉及的印花税自2013年7月4日起予以免征。

（3）对农牧业保险合同免征印花税。

（4）国家指定的收购部门与村民居委会、农民个人签订的农副产品收购合同，减免征收印花税。由于我国地域广阔、情况复杂，随着经济的发展，国家指定的收购部门也会有所变化。因此，《印花税法》授权省、自治区、直辖市主管税务机关根据当地实际情况，划定本地区收购部门和农副产品的具体范围。

3. 融资类税收优惠

（1）对无息、贴息贷款合同免征印花税。无息、贴息贷款合同，是指我国的各专业银行按照国家金融政策发放的无息贷款，以及由各专业银行发放并按有关规定由财政部门或中国人民银行给予贴息的贷款项目所签订的贷款合同。

（2）截至 2023 年 12 月 31 日，对金融机构与小型企业、微型企业签订的借款合同免征印花税。

（3）对保险公司进行风险处置和破产救助过程中签订的产权转移书据免征印花税。

4. 企业改制改组类税收优惠

（1）资金账簿的印花税。

1）实行公司制改造的企业在改制过程中成立的新企业（重新办理法人登记的），其新启用的资金账簿记载的资金或因企业建立资本纽带关系而增加的资金，凡原已贴花的部分可不再贴花，未贴花的部分和以后新增加的资金按规定贴花。

2）以合并或分立方式成立的新企业，其新启用的资金账簿记载的资金，凡原已贴花的部分可不再贴花，未贴花的部分和以后新增加的资金按规定贴花。

3）企业债权转股权新增加的资金按规定贴花。

4）企业改制中经评估增加的资金按规定贴花。

5）企业其他会计科目记载的资金转为实收资本或资本公积的资金按规定贴花。

（2）各类应税合同的印花税。企业改制前签订但尚未履行完的各类应税合同，改制后需要变更执行主体的，对仅改变执行主体、其余条款未做变动且改制前贴花的，不再贴花。

（3）产权转移书据的印花税。企业因改制签订的产权转移书据免予贴花。

（4）股权分置试点改革转让的印花税。股权分置改革过程中因非流通股股东向流通股股东支付对价而发生的股权转让，暂免征收印花税。

（5）增值税小规模纳税人减征印花税。

（6）青藏铁路公司及其所属单位营业账簿免征印花税。

5. 其他类税收优惠

对已缴纳印花税凭证的副本或者抄本免征印花税。由于这种副本或抄本属于备查性质，不是正式文本，对外不产生法律效力，所以对其不应再征收印花税。但副本或抄本作为正本使用的，应另行贴花。

经财政部批准的免征印花税的其他凭证：

（1）铁路、公路、航运、水路承运快件行李、包裹开具的托运单据免征印花税。

（2）商品储备管理公司及其直属库资金账簿免征印花税。

例 14-6

某开发商开发的一个项目中有 20% 为配套的公租房，与建筑公司签订的建筑合同总金额为5 000万元，则该开发商应纳的印花税为多少？

【解析】 在其他住房项目中配套建设公租房，依据政府提供的相关材料，可按公租房建筑面积占总建筑面积的比例免征建造、管理公租房涉及的印花税。

$$开发商应纳印花税=5\,000\times0.3‰\times(1-20\%)=1.2(万元)$$

14.1.7 印花税的征收管理

1. 印花税的纳税方法

印花税可以采用粘贴印花税票或者由税务机关依法开具其他完税凭证的方式缴纳。印花税票粘贴在应税凭证上的，由纳税人在每枚税票的骑缝处盖戳注销或者画销。印花税票由国务院税务主管部门监制。

2. 印花税的纳税环节

印花税的纳税义务发生时间为纳税人书立应税凭证或者完成证券交易的当日。证券交易印花税的扣缴义务发生时间为证券交易完成的当日。

印花税按季、按年或者按次计征。实行按季、按年计征的，纳税人应当自季度、年度终了之日起15日内申报缴纳税款；实行按次计征的，纳税人应当自纳税义务发生之日起15日内申报缴纳税款。

证券交易印花税按周解缴。证券交易印花税扣缴义务人应当自每周终了之日起5日内申报解缴税款以及银行结算的利息。

3. 印花税的纳税地点

（1）纳税人为单位的，应当向其机构所在地的主管税务机关申报缴纳印花税；纳税人为个人的，应当向应税凭证书立地或者纳税人居住地的主管税务机关申报缴纳印花税。

不动产产权发生转移的，纳税人应当向不动产所在地的主管税务机关申报缴纳印花税。

（2）纳税人为境外单位或者个人，在境内有代理人的，以其境内代理人为扣缴义务人；在境内没有代理人的，由纳税人自行申报缴纳印花税，具体办法由国务院税务主管部门规定。

（3）证券登记结算机构为证券交易印花税的扣缴义务人，应当向其机构所在地的主管税务机关申报解缴税款以及银行结算的利息。

4. 印花税的纳税申报

自2021年6月1日起，纳税人申报缴纳印花税使用《财产和行为税纳税申报表》，如表8-2所示。

5. 印花税的违章与处罚

印花税的纳税人有下列行为之一的，由税务机关根据情节轻重予以处罚：

（1）在应税凭证上未贴或者少贴印花税票或者已粘贴在应税凭证上的印花税票未注销或者未画销的，由税务机关追缴其不缴或者少缴的税款、滞纳金，并处不缴或少缴的税款50%以上5倍以下的罚款。

（2）已贴用的印花税票揭下重用造成未缴或少缴印花税的，由税务机关追缴其不缴或者少缴的税款、滞纳金，并处不缴或少缴的税款50%以上5倍以下的罚款；构成犯罪的，依法追究刑事责任。

（3）伪造印花税票的，由税务机关责令改正，处以2 000元以上1万元以下的罚款；情节严重的，处以1万元以上5万元以下的罚款；构成犯罪的，依法追究刑事责任。

（4）按期汇总缴纳印花税的纳税人，超过税务机关核定的纳税期限，由税务机关追缴其不缴或者少缴的税款、滞纳金，并处不缴或少缴的税款50%以上5倍以下的罚款；情节严重的，同时撤销其汇缴许可证；构成犯罪的，依法追究刑事责任。

（5）纳税人违反以下规定的，由税务机关责令限期改正，可处以2 000元以下的罚款；情节严重的，处以2 000元以上1万元以下的罚款。

1）凡汇总缴纳印花税的凭证，应加注税务机关指定的汇缴戳记，在编号并装订成册后，将已贴印花或者缴款书的一联粘附册后，盖章注销，保存备查。

2）纳税人对纳税凭证应妥善保存。对于纳税凭证的保存期限，凡国家有明确规定的，按规定执行；没有明确规定的，均应在履行完毕后保存1年。

（6）代售户对取得的税款逾期不缴或者挪作他用，或者违反合同将所领印花税票转托他人代售或转至其他地区销售，或者未按规定详细提供领、售印花税票情况的，税务机关可视其情节轻重给予警告或者取消其代售资格的处罚。

例14-7

2021年某房地产企业在对外分包建筑安装工程时，有几份过百万元金额的安装合同没有按规定贴花。财务人员解释是因为承包方最终未能按期履行，于是便认为没有履行的合同是不用贴花的。请问财务人员的说法正确吗？

【解析】财务人员的说法是违反相关规定的。根据印花税的相关规定，应纳税凭证应当于书立或者领受时贴花。故合同签订时就应当贴花，履行完税手续。无论合同是否按期履行，一律按照规定贴花。

14.2 证券交易印花税

14.2.1 证券交易印花税概述

证券交易印花税，是从普通印花税中发展而来的，属于行为税类，根据一笔股票交易成交金额向成交双方分别收取印花税，A股基本税率为1‰且单向征收，基金和债券不征收印花税。证券交易在电子交易手段实现之前，买卖都需要填写书面的委托交易单据，这个单据被视为股权转让书据而征收印花税。在电子交易手段实现之后，证券交易已无纸质的应税凭证，可以理解为对纳税人的行为征收印花税。我国的证券交易印花税在征税范围、纳税人和计税依据等方面与国外的证券交易税一致，实质上就是证券交易税。

1. 我国证券交易印花税的历史沿革

我国对股票交易征收印花税始于深圳市。在深圳股市运行初期，为了平抑暴涨的股价，深圳市政府于1990年6月28日颁布了《关于对股权转让和个人持有股票收益征税的暂行规定》，首先开征股票交易印花税，规定由卖出股票者按成交金额的6‰缴纳；同年11月23日，又将纳税人扩大为买卖双方。1991年10月，鉴于股市持续低迷，深圳市政府将印花税税率下调至3‰。

1992年6月，国家税务总局和国家体改委联合发文，明确规定了股份制试点企业向社会发行的股票，因买卖、继承、赠与所书立的股权转让书据，均依书立时证券市场当日实际成交价格计算的金额，由立据双方当事人分别按3‰的税率缴纳印花税。自此，股票交易印花税作为印花税的一个特别税目得以确立，其税率逐渐成为监管层传递政策意图，对股市进行宏观调控的重要手段。在市场萎靡时下调税率降低交易成本以刺激交易、提高成交量，在股市泡沫时调高税率增加交易成本抑制过度投机，从而稳定股市。随着股市行情的大幅波动，印花税先后进行过10次调整（见表14-2）。

表14-2 我国证券交易印花税的调整历程

序号	时间	调整	调整目的
1	1997-05-12	税率上调至5‰	打击证券市场过度投机
2	1998-06-12	税率下调至4‰	推进证券市场持续稳定发展
3	1999-06-01	B股交易税率下调至3‰	活跃B股市场
4	2001-11-16	税率下调至2‰	提高市场流动性，繁荣证券市场
5	2006-01-23	税率下调至1‰	进一步促进证券市场健康发展
6	2007-05-30	税率上调至3‰	进一步促进证券市场健康发展
7	2008-04-23	税率下调至1‰	消除市场恐慌情绪，给疲弱股市注入信心
8	2008-09-18	改为仅对卖方征收	刺激股市，遏制金融危机影响
9	2014-05-27	全国股转系统交易由出让方按1‰缴纳	推动新三板市场的发展
10	2021-06-10	保持仅对出让方征收，税率维持1‰不变。 证券交易无转让价格的，按照办理过户登记手续时该证券前一个交易日收盘价计算确定计税依据；无收盘价的，按照证券面值计算确定计税依据	明确计税依据，政策清晰，易于操作

知识链接

证券交易印花税的起源

为证券交易印花税调控提供理论支持的代表人物是美国1981年诺贝尔经济学奖获得者詹姆士·托宾（James Tobin）。20世纪70年代凯恩斯亲手构建的第二次世界大战后世界经济框架“布雷顿森林体系”崩溃，世界经济陷入滞胀，凯恩斯的国家干预理论遭到了全面挑战和怀疑。作为凯恩斯主义的维护者，托宾于1974年提出可以用交易税来抑制国际金融市场的过度投机活动，他形象地称之为“在过度高效的国际金融市场的车轮下塞入沙子"。从此以后，金融市场的交易税在经济学界又被称为"托宾税"（Tobin tax）。

托宾税的支持者认为，对证券交易征印花税可以降低投机资金的流量，因为理论上每一次交易都要被征税，摩擦性税收成本足以让频繁炒卖的人望而却步；证券交易印花税可以遏制专业股民、"噪声交易者"、套利者以及大户操盘手纯粹的短期投机行为，又不至于影响长期投资者。

2. 证券交易印花税的作用

（1）增加财政收入。证券交易印花税是组织财政收入的途径之一。我国证券市场进入快速发展时期的同时，证券市场参与者的数量也急剧增长，证券交易印花税总额出现明显大幅提升。1993 年我国证券交易印花税开始在全国范围内征收时，总额只有 22 亿元左右，到 2018 年全国证券交易印花税收入已达 977 亿元。

（2）引导资金走向，抑制投机。通过开征证券交易印花税可以借税率的调整影响交易成本，进而影响投资者的交易决策和行为。印花税增加了投资者的成本，这使其自然而然地成为政府调控市场的工具，可以在一定程度上稳定股票价格并抑制短期投机活动。

（3）优化资源配置。对于证券市场的长期健康发展而言，资源的优化配置是必不可少的基本条件。高效率的资源配置必然要求客观上可获得的所有信息能在证券价格中得以充分体现，避免虚假信号传递给市场参与者。在我国，制定证券交易印花税的目的也是激励长期投资，抑制短期投机交易。

14.2.2　证券交易印花税的现行税制

我国目前的证券交易印花税实行单边征收（卖出时征收），税率为 1‰。单边征收旨在降低交易成本，鼓励长期投资。

在上交所、深交所、全国中小企业股份转让系统买卖、继承、赠与优先股所书立的股权转让书据，均依书立时实际成交金额，由出让方按 1‰的税率计算缴纳证券（股票）交易印花税。

香港市场投资者通过沪港通买卖、继承、赠与上交所上市 A 股，按照内地现行税制规定缴纳证券（股票）交易印花税。内地投资者通过沪港通买卖、继承、赠与香港联交所上市股票，按照香港特别行政区现行税法规定缴纳印花税。自 2021 年 8 月 1 日起，香港市场的股票交易印花税由按成交金额的 0.1%双向收取，上调为按成交金额的 0.13%双向收取（取整到元，不足 1 元按 1 元计）。

14.3　印花税的改革方向

14.3.1　印花税的改革方向

1. 基本税制改革

（1）按照公平原则完善现有税目、扩大征收范围，并适应时代变化，覆盖新的合同凭证形式、交易方式。

（2）简化税率结构，适当提高税率水平，增加地方政府的财政收入。

（3）提高印花税的灵活性，可以通过幅度税率、减免税优惠等形式，加强印花税对经济活动的调控作用。

2. 征管制度改革

（1）赋予省级地方一定的税制和征管的自由裁量权，因地制宜加强税收征管。

（2）加大税收宣传和税收咨询服务，提高纳税人纳税意识和税收遵从度。

（3）增加纳税方式，拓宽纳税渠道，简化纳税手续，便利纳税人纳税。

（4）加强印花税的纳税检查，实行源泉监控和信息共享，同时加大违法处罚力度，保障税款的征收。

（5）强化代缴责任。为促进应税凭证管理规范化，需要强化部门间联合协作，凡具有合同性质的凭证分别由其相关主管行政机关制定示范文本，实行编号管控，加盖监制公章。

14.3.2 证券交易印花税的改革方向

1. 扩大征税范围

扩大证券交易印花税的征收范围，不能将征税范围仅限定在二级市场上的A，B股转让，而应当覆盖所有有价证券，也要覆盖到国内外市场和国内外交易者，以体现税收公平原则，更好地发挥证券交易印花税的调控作用。

2. 实行差别税率

适当实行差别税率，以更大限度制止非理性的投机行为，引导理性投资。税率的确定一方面可以根据证券持有时间的长短；另一方面还应考虑投资主体类型、交易品种、交易金额等因素。

3. 明确证券交易印花税的功能

正确认识证券交易印花税的功能，充分发挥其在证券市场的调控作用。政府可以通过证券交易印花税影响交易成本进而影响投资者的投资行为。

4. 加强监管，完善信息披露制度

一方面，监管部门要本着公平公正的原则不断完善和执行上市公司的信息披露制度，严厉打击内幕交易等行为；另一方面，要充分发挥证券交易所和行业自律组织应有的作用，健全交易制度。

5. 保持证券交易税制的政策稳定性

处于不同发展阶段的证券市场，对税负的承载能力存在差别，所要求的证券交易税制对证券市场发展的导向也存在差异。因此，不可能有一成不变的证券交易税制。保持证券交易税制的政策稳定性不是拒绝证券交易税制的变革，而是体现在证券市场发展方向的稳定性上。

本章小结

1. 印花税是以在经济活动和经济交往中书立、领受具有法律效力应税凭证的行为为征税对象而征收的一种税。

2. 印花税的纳税人是指在中华人民共和国境内书立、使用、领受《印花税法》所列举的凭证并应依法履行纳税义务的单位和个人，分为立合同人、立据人、立账簿人、使用人和各类电子应税凭证的签订人。

3. 现行印花税采用比例税率。

4. 印花税实行从价计税的凭证，以凭证所载金额为计税依据。

5. 印花税实行由纳税人根据规定自行计算应纳税额，自行购买印花税票，自行一次贴足印花税票并加以注销或画销的缴纳办法。

复习与思考

一、单项选择题

下列关于印花税纳税义务发生时间的说法，错误的是（　　）。

A. 营业账簿在启用时贴花　　B. 房屋产权证在领受时贴花

C. 购销合同在国外签订时贴花　　D. 产权转移书据在国内立据时贴花

二、多项选择题

1. 下列合同中，按产权转移书据计征印花税的有（　　）。

A. 专利实施许可合同　　B. 专利申请转让合同

C. 商品房销售合同　　D. 土地使用权出让合同

E. 土地使用权转让合同

2. 根据印花税相关规定，下列关于印花税的减免税政策，说法正确的有（　　）。

A. 贴息贷款合同，免征印花税

B. 经县级以上人民政府及企业主管部门批准改制的企业因改制签订的产权转移书据，需要缴纳印花税

C. 对公共租赁住房经营管理单位购买住房作为公共租赁住房的，免征印花税

D. 对与高校学生签订的高校学生公寓租赁合同，免征印花税

E. 军事货物运输、抢险救灾物资运输等特殊货运凭证，免征印花税

三、论述题

1. 什么是印花税“三自”的纳税办法？

2. 借款合同中，印花税的计税依据包括利息吗？

3. 合同在签订时无法确定计税金额的该如何贴花？

四、案例分析题

1. 某税务师事务所审核 A 企业印花税缴纳情况时，抽查到如下合同凭证：

（1）A企业当年签订一份租房合同，租入一间仓库用于储存货物，年租金为55万元，租期为3年，该合同上贴花550元。

（2）A企业签订了一份以货易货合同，合同规定用100万元的自产货物换取B企业95万元的产品。由于易货不等值，B企业另支付给A企业5万元货币资金，A企业在该合同上贴花300元。

（3）A企业接受C企业委托加工定做一批产品，由C企业自购100万元主要材料送至A企业进行加工，A企业收取10万元加工费和2万元代垫辅料费，A企业在该合同上贴花50元。

（4）A企业与运输公司签订一份货物运输合同，注明运输及保管费为20万元，A企业在该合同上贴花100元。

要求：根据上述资料，分析说明A企业各个合同的印花税是否存在问题并计算A企业共应补缴的印花税。

2. 2014年5月初，神木县地税局（国税与地税未合并）在对行业企业涉税数据进行案头分析时发现，辖区某煤炭运销企业印花税申报数据异常。从相关数据看，近年来，虽然该企业印花税申报税额较大，但其印花税税额仅与主营业务收入（销售合同）应缴纳的印花税数额相符，而其煤炭产品购进环节（采购合同）的印花税并未进行纳税申报。

为查清疑点，该局安排税收管理员到企业了解具体情况。税务人员了解到，该企业是一家国有企业，是为其母公司旗下所有煤炭生产企业的煤产品做统一销售的销售公司。因该企业与煤炭生产企业签有框架性购销合同，采取吨煤收取3～5元服务费进行统一销售，但在实际操作中双方通过开具增值税专用发票进行煤炭价款结算，在账目处理时，双方均按照产品销售和商品购进处理。经过调查，税务人员初步认为，该企业存在对原煤购进合同未申报缴纳印花税的嫌疑，遂将其确定为专业纳税评估对象。

针对案头分析发现的疑点，神木县地税局高度重视，责成纳税评估所对该企业发起并实施专业纳税评估。纳税评估所通过案头分析、数据比对、外围调查、约谈举证、实地核查等，对该企业2011—2013年度印花税纳税情况开展了专业纳税评估。

在约谈该企业相关人员时，企业人员认为其经营行为不属于购销行为，而属于代母公司行使统一销售煤产品的代销行为，因而原煤购进环节未申报缴纳印花税，只就原煤销售环节申报缴纳了印花税，从而造成在2011—2013年度少申报缴纳购销合同印花税1 599.73万元。

据此，该局又责令该企业对其设立以来（2009年）至2010年印花税纳税情况进行全面自查。经查，该企业少申报购销合同印花税511万元。2009—2014年5年间累计少申报购销合同印花税2 110.73万元。

由于涉案税额较大，征纳双方在税收政策理解上存在偏差。为稳妥起见，神木县地税局向榆林市地税局做了专题汇报，榆林市地税局专门就此案情况向陕西省地税局进行请示，陕西省地税局财产行为税处经过慎重研究后明确："该企业的经营行为是购销行为而非代销行为，因为有增值税专用发票的流转，同时还有资金的流转，完全符合购销合同的成立要件。根据《印花税暂行条例》和《经济合同法》相关规定，以及

《关于企业集团内部使用的有关凭证征收印花税问题的通知》(国税函〔2009〕9 号) 文件精神，该企业购入原煤应征收印花税。”

神木县地税局稽查局依据《税收征收管理法》《印花税暂行条例》《行政处罚法》等相关法律法规，对该企业做出了补缴税款、加收滞纳金的税务处理决定，并向该企业下达了《税务处理决定书》和《税务行政处罚事项告知书》。

该企业收到税务机关的处罚决定后，向其母公司如实汇报，但其母公司仍以各种理由拖延不予该企业审批补缴税款的资金，致使该企业无法按期补缴税款及滞纳金。为此，神木县地税局依法对该煤炭运销企业采取了税收保全和强制执行措施，于 2014 年 12 月 8 日从企业开户银行中扣缴应缴未缴印花税 2 110.73 万元，滞纳金 950.6 万元。

要求：根据上述资料，请回答下列问题：

(1) 代销行为和销售行为有何不同？代销行为是否需要缴纳印花税？

(2) 从税务机关角度分析，你认为应如何加强印花税的征收管理？

3. W 公司是一家未上市的股份有限公司，公司股东张某是原始股东之一，公司成立时以 5 000 万元出资持有公司 25%的股份。2021 年 6 月张某出国发展，将名下 W 公司 25%的股份以 1.2 亿元的价格悉数转让给黄某。W 公司的专项检查中，就该转让业务检查纳税情况，发现公司留存文档中有张某已缴纳 6 万元印花税的依据，却没有黄某缴纳印花税的凭证。经询问发现，黄某未缴纳该笔印花税。税务机关据此责成黄某补缴印花税并处以罚款。

要求：根据上述资料，请回答下列问题：

(1) 请问黄某是否应该缴纳该笔印花税？

(2) 税务机关的处罚正确吗？

第 15 章

车辆购置税

学习目标

1. 了解车辆购置税的概念与特点。
2. 熟悉车辆购置税的纳税人、应税行为与征税范围。
3. 掌握车辆购置税应纳税额的计算。
4. 熟悉车辆购置税的税收管理。

案例导入

随着居民生活水平的提高，汽车已经走入千家万户，成为家庭生活必备的代步工具。李某是一名普通教师，2021 年 1 月计划从汽车 4S 店购买一辆排气量为 1.8 升的上海通用牌轿车。经过市场调查，李某发现该车型的不含增值税价款为 12 万元，另需支付工具件和零配件含增值税价款 5 000 元；支付控购费 21 000 元，能够取得控购部门的收据。汽车 4S 店提供系列服务，代办各种手续并收取费用，代收保险费 5 000 元，并开具汽车 4S 店发票。

根据上述材料，请思考：

（1）李某应如何缴纳车辆购置税？

（2）如果李某更改购车计划，购买一辆排气量为 1.6 升的同等价位的轿车，应当缴纳多少车辆购置税？

（3）如果汽车 4S 店代收保险费，由保险公司开具发票，则李某应当缴纳的车辆购置税是否会发生变化？

15.1 车辆购置税概述

15.1.1 车辆购置税的概念

车辆购置税是以在中华人民共和国境内购置的规定车辆为课税对象，在特定环节向车辆购置者征收的一种税。

知识链接

车辆购置税的前身是车辆购置附加费，是我国“费改税”的重要成果。1985 年，经国务院批准，在全国范围内普遍强制征收车辆购置附加费，专项用于国家公路建设的政府性基金，是国家交通基础设施建设的重要资金来源。但随着时间的推移，该项费用暴露出不少问题。2000 年 10 月 22 日，国务院颁布《中华人民共和国车辆购置税暂行条例》（简称《车辆购置税暂行条例》），将原收取的车辆购置附加费改为车辆购置税，并从 2001 年 1 月 1 日起在全国施行。2018 年 12 月 29 日，第十三届全国人民代表大会常务委员会第七次会议通过《中华人民共和国车辆购置税法》（简称《车辆购置税法》），自 2019 年 7 月 1 日起施行，《车辆购置税暂行条例》同时废止。

15.1.2 车辆购置税的特点

1. 征税范围单一

作为财产税的车辆购置税，是以购置的特定车辆为课税对象，而不是对所有的财产或消费财产征税，征税范围相对比较狭窄，是一种特定财产税。

2. 特定环节征收

车辆购置税实行一次课征制，它不是在生产、经营和销售的每一个环节征收，只是在退出流通进入消费领域的特定环节征收。

3. 设置固定税率

车辆购置税只确定一个统一比例税率，税率具有不随课税对象数额变动的特点，计征简便、负担稳定，有利于依法治税。

4. 单一从价计征

车辆购置税根据纳税人购置应税车辆的计税价格实行从价计征，以价格为计税标准，课税与价格直接发生关系，价格高者多缴税，价格低者少缴税。

5. 税款用于特定用途

车辆购置税具有特定用途，专门用于交通建设，由中央财政根据国家交通建设投资计划，统筹安排。这种特定目的的税收，可以保证国家财政支出的需要，既有利于统筹合理地安排资金，又有利于保证特定事业和建设支出的需要。

6. 直接税范畴，价外征税

车辆购置税的计税依据中不包含车辆购置税税额，车辆购置税税额是附加在价格之外的，且纳税人即为负税人，税负不发生转嫁。

15.2 车辆购置税的纳税人与征税范围

15.2.1 车辆购置税的纳税人

车辆购置税的纳税人，是指在中华人民共和国境内购置应税车辆的单位和个人。

确定车辆购置税的纳税人，要符合以下三个条件：

（1）发生应税行为，即发生购置车辆的行为；

（2）征税区域符合规定，即该行为发生在中华人民共和国境内；

（3）所购车辆属于规定征税的车辆。

只有同时符合以上三个条件的单位和个人，才构成车辆购置税的纳税人。换言之，凡是在我国境内购置应税车辆的国有企业、集体企业、私营企业、股份制企业、外商投资企业、外国企业以及其他事业单位、社会团体、国家机关、部队以及个体工商户和其他个人，均需缴纳车辆购置税。

例 15-1

美国公民甲在我国境内购置一辆从美国进口的小轿车；我国跨国公司 A 在德国境内购入一辆生产用大客车，并在境外由子公司使用；乙和丙均为我国公民，丙从我国境内汽车公司购入一辆小轿车，几个月后转让给乙。请问公民甲、乙、丙和公司 A，哪个属于我国车辆购置税的纳税人？

【解析】甲虽不是我国公民，但其购置行为发生在我国境内，因此是我国车辆购置税的纳税人；A 公司虽是我国居民企业，但其购置行为和使用行为均发生在境外，因此，并非我国车辆购置税的纳税人；丙的行为符合相关条件，属于我国车辆购置税的纳税人；车辆购置税属于一次课征税，丙在购置时已承担车辆购置税，因此在转卖时，乙和丙均不需缴纳车辆购置税。

15.2.2 车辆购置税的应税行为

车辆购置税的应税行为是从各种渠道取得并使用应税车辆的行为，其行为标志是“使用”。车辆购置税的具体应税行为如表 15-1 所示。

表 15-1 车辆购置税的具体应税行为

应税行为	具体解释
购买使用	包括购买使用国产应税车辆和购买使用进口应税车辆。当纳税人购置应税车辆自用时，就发生了应税行为，需要依法纳税
进口使用	直接从境外进口或委托代理进口使用应税车辆的行为
受赠使用	接受他人馈赠并使用应税车辆的行为，作为受赠人在接受使用（包括接受免税车辆）后，就发生了应税行为
自产自用	纳税人将自己生产的应税车辆作为最终消费品用于自己消费使用
获奖使用	包括从各种奖励形式中取得并使用应税车辆的行为
其他使用行为	除上述以外其他方式取得并使用应税车辆的行为，如以拍卖、抵债、走私、罚没等方式取得并使用应税车辆的行为

例 15-2

A 公司是一家汽车生产商，甲向 A 公司预订一辆高档小轿车，已支付货款，但尚未提货。后来，为向乙偿还借款，甲将该小轿车抵偿给乙，乙计划将该小轿车自用，且由乙提货并登记办理汽车牌照等事项。那么在这一系列事项中，哪方应作为车辆购置税的纳税人？

【解析】虽然甲是小轿车的购买方，但事实上甲未获得轿车所有权就将该轿车以抵债的方式转让给乙，乙是实际上获得轿车并使用的一方。因此，乙是车辆购置税的纳税人。

知识链接

车辆购置税、增值税与消费税应税行为的区别如表 15－2 所示。

表 15－2　车辆购置税、增值税与消费税应税行为辨析

行为	车辆购置税	增值税	消费税
自产、进口小汽车（含中轻型商务车）用于销售、捐赠、投资、抵债	×	√	√
自产、进口大卡车、大货车用于销售、捐赠、投资、抵债	×	√	×
自产、进口小汽车（含中轻型商务车）自用	√	√	√
自产、进口卡车、货车、电车、挂车、农用运输车（农用三轮运输车除外）自用	√	√	×
购置、受赠、获奖、接受投资小汽车、卡车、货车、电车、挂车、农用运输车（农用三轮运输车除外）等车辆自用	√	×	×

注：√表示缴纳该税，×表示不缴纳该税。

15.2.3　车辆购置税的征税范围

车辆购置税的征税范围包括汽车、摩托车、电车、挂车、农用运输车，具体征税范围如表 15－3 所示。

表 15－3　车辆购置税征收范围明细表

车辆类型	具体说明
汽车	包括各类汽车
摩托车	轻便摩托车：最高设计时速不大于 50km/h，发动机气缸总排量不大于 $50cm^3$ 的两个或者三个车轮的机动车
	二轮摩托车：最高设计时速大于 50km/h，发动机气缸总排量大于 $50cm^3$ 的两个车轮的机动车
	三轮摩托车：最高设计时速大于 50km/h，发动机气缸总排量大于 $50cm^3$ 的三个车轮的机动车
电车	有轨电车：以电能为动力，在轨道上行驶的公共车辆
	无轨电车：以电能为动力，由专用输电电缆供电的轮式公共车辆
挂车	全挂车：无动力设备，独立承载，由牵引车辆牵引行驶的车辆
	半挂车：无动力设备，与牵引车辆共同承载，由牵引车辆牵引行驶的车辆
农用运输车	三轮农用运输车：柴油发动机，功率不大于 7.4kW，载重量不大于 500kg，最高车速不大于 40km/h 的三个车轮的机动车
	四轮农用运输车：柴油发动机，功率不大于 28kW，载重量不大于 1 500kg，最高车速不大于 50km/h 的四个车轮的机动车

车辆购置税征收范围的调整，由国务院决定并公布。其他任何部门、单位和个人只能认真执行政策规定，无权擅自扩大或缩小车辆购置税的征税范围。

例 15－3

我国公民张某2021年发生以下行为：2021年7月，委托代理公司从境外购买一辆全新的小轿车，用于日常生活；2021年8月，购入一辆三轮农用运输车和一辆四轮农用运输车，用于其公司的农业运输；2021年9月，参与商场的抽奖活动，获得一辆电动车，用于日常生活。请问张某的上述行为是否均应缴纳车辆购置税?

【解析】（1）直接从境外进口或委托代理进口使用应税车辆的行为，属于车辆购置税的应税行为。张某委托公司从境外购买小轿车，应当缴纳车辆购置税。

（2）2004年10月1日起，对三轮农用运输车免征车辆购置税，因此张某购入三轮农用运输车的行为免缴车辆购置税，但其购买的四轮农用运输车，应当按照规定缴纳车辆购置税。

（3）电动车不属于车辆购置税的征税范围，因此张某获奖得到电动车的行为不必缴纳车辆购置税。

15.3 车辆购置税的税率与计税依据

15.3.1 车辆购置税的税率

我国车辆购置税实行统一比例税率，税率为10%。车辆购置税税率的调整由国务院决定并公布。

15.3.2 车辆购置税的计税依据

车辆购置税以应税车辆为征税对象，应税车辆的价格（不含增值税）即计税价格就成为车辆购置税的计税依据。但由于应税车辆购置的来源不同，应税行为的发生不同，计税价格的组成也就不一样。

1. 购买自用应税车辆

纳税人购买自用的应税车辆，计税价格为纳税人购买应税车辆而支付给销售者的全部价款和价外费用，不包含增值税。价外费用是指销售方价外向购买方收取的基金、集资费、违约金、延期付款利息、手续费、包装费、储存费、优质费、运输装卸费、保管费以及其他各种性质的价外收费，但不包括销售方代办保险等而向购买方收取的保险费，以及向购买方收取的代购买方缴纳的车辆购置税、车辆牌照费。

在确定车辆购置税计税依据时，应将含增值税的销售价格换算为不含增值税的销售价格。其换算公式为：

计税价格＝(含增值税的销售价格＋价外费用)÷(1＋增值税税率或征收率)

例 15－4

李某于 2021 年 3 月从某汽车有限公司（增值税一般纳税人）购买一辆排气量为 2.0 升的轿车，支付全部价款合计为 9.07 万元（含增值税），另支付代收临时牌照费 300 元、购买工具件及零部件（含增值税）价款 1 800 元，所支付的款项均由该汽车有限公司开具机动车销售统一发票和有关票据。请问李某应税车辆的计税价格为多少？

【解析】纳税人购买自用的应税车辆，计税价格为纳税人购买应税车辆而支付给销售者的全部价款和价外费用，不包含增值税税款。

计税价格＝(90 700＋300＋1 800)÷(1＋13%)＝82 123.89(元)

2. 进口自用应税车辆

纳税人进口自用的应税车辆以组成计税价格为计税依据。进口自用应税车辆计征车辆购置税的计税依据，与进口方计算进口环节增值税的计税依据一致。计税价格的计算公式为：

组成计税价格＝关税完税价格＋关税＋消费税
＝(关税完税价格＋关税)÷(1－消费税税率)

如果进口车辆是不属于消费税征税范围的大卡车、大客车，则组成计税价格公式简化为：

组成计税价格＝关税完税价格＋关税

例 15－5

某汽车 4S 店 2021 年 8 月进口 9 辆商务车，海关核定的关税计税价格为 40 万元/辆，当月销售 4 辆，2 辆作为样车放置在展厅待售，1 辆公司自用。假设关税税率为 25%，消费税税率为 12%。请问该汽车 4S 店应税车辆的组成计税价格为多少？

【解析】进口销售、待售的车辆不缴纳车辆购置税，进口自用的车辆需要缴纳车辆购置税。

应税车辆的组成计税价格＝40×(1＋25%)÷(1－12%)＝56.82(万元)

3. 其他自用应税车辆

(1) 其他自用应税车辆计税依据的一般规定，如表 15－4 所示。

表 15－4 其他自用车辆车辆购置税的计税依据

其他自用车辆类型	计税依据
纳税人自产、受赠、获奖和以其他方式取得并自用的应税车辆	由主管税务机关参照国家税务总局规定的最低计税价格核定。最低计税价格是指国家税务总局依据机动车生产企业或者经销商提供的车辆价格信息，参照市场平均交易价格核定的车辆购置税计税价格。最低计税价格不含增值税价格

续表

其他自用车辆类型	计税依据
国家税务总局未核定最低计税价格的车辆	计税依据为纳税人提供的有效价格证明注明的价格。有效价格证明注明的价格明显偏低的，主管税务机关有权核定应税车辆的计税价格
进口旧车	凡纳税人能出具有效价格证明的，计税价格为纳税人提供的有效价格证明注明的价格。纳税人无法提供车辆有效价格证明的，主管税务机关有权核定应税车辆的计税价格
因不可抗力因素导致受损的车辆	
库存年限超过3年的车辆	
行驶里程在8万公里以上的试验车辆	
国家税务总局规定的其他车辆	
免税条件消失的车辆	自初次办理纳税申报之日起，使用年限未满10年的，计税价格以免税车辆初次办理纳税申报时确定的计税价格为基准，每满1年扣减10%；未满1年的，计税价格为免税车辆的原计税价格；使用年限10年（含）以上的，计税价格为0

注：最低计税价格的使用是有条件的，纳税人购买或进口自用的应税车辆，首先应分别按上述计税价格、组成计税价格来确定计税依据。当申报的计税价格偏低，又无正当理由的，应当以最低计税价格作为计税依据。

例15-6

某汽车制造厂将排量为2.0升的4辆自产X型轿车转为本厂固定资产。X型轿车不含增值税售价为180 000元/辆，国家税务总局规定的计税价格为190 000元/辆。请问该厂自产自用X型轿车行为的车辆购置税的计税依据为多少？

【解析】纳税人自产自用应税车辆由主管税务机关参照国家税务总局规定的最低计税价格核定。

车辆购置税的计税价格＝190 000×4＝760 000(元)

（2）其他自用应税车辆计税依据的特殊规定。纳税人购买自用或者进口自用应税车辆，申报的计税价格低于同类型应税车辆的最低计税价格，又无正当理由的，计税价格为国家税务总局核定的最低计税价格。申报的计税价格低于同类型应税车辆的最低计税价格，又无正当理由的，是指纳税人申报的车辆计税价格低于出厂价格或进口自用车辆的计税价格。两种特殊情形应税车辆的计税价格规定如表15-5所示。

表15-5 特殊情况下应税车辆的计税价格

特殊情形的应税车辆	计税价格
底盘发生更换的车辆	计税价格为最新核发的同类型车辆最低计税价格的70%。但是，此政策只适用于已缴过车辆购置税并办理了登记注册手续的已税车辆底盘发生更换的情况
非贸易渠道进口车辆	同类型新车最低计税价格

知识链接

已使用未完税车辆计税价格的确定

（1）对于已使用未完税的车辆，主管税务机关应按照《车辆购置税法》第六条的规定确定计税价格。

（2）对于已使用未完税的免税车辆，免税条件消失后，纳税人依照规定，重新办理纳税申报时，其提供的机动车行驶证上标注的车辆登记日期视同初次办理纳税申报日期。主管税务机关据此确定车辆使用年限和计税价格。

（3）对于国家授权的执法部门没收的走私车辆、被司法机关和行政执法部门依法没收并拍卖的车辆，其库存（或使用）年限超过 3 年或行驶里程超过 8 万公里的，主管税务机关依据纳税人提供的机动车销售统一发票或有效证明注明的价格确定计税价格。

15.4 车辆购置税应纳税额的计算

车辆购置税应纳税额的计算公式为：

应纳车辆购置税＝计税价格×税率

15.4.1 购买自用应税车辆应纳税额的计算

纳税人购买自用的应税车辆，其计税价格由纳税人支付给销售者的全部价款（不含增值税）和价外费用组成（见表 15－6）。

表 15－6 购买自用车辆的车辆购置税的计税依据

计税依据包含的项目	计税依据不包含的项目
（1）购买车辆支付的工具件和零部件价款； （2）支付的车辆装饰费； （3）销售单位开展优质销售活动所开票收取的有关费用（各项费用在一张发票上难以划分）	（1）支付的控购费； （2）增值税

需要注意的是，代收款项应区别征税：

（1）凡是使用代售单位（受托方）票据收取的款项，应视作代收单位价外收费，并入计税价格中征税；

（2）凡使用委托方票据收取，受托方只履行代收义务和收取代收手续费的款项，应按其他税收政策规定征税。

例 15－7

2021 年 10 月 1 日，张某从上海大众汽车有限公司购买一辆排气量为 2.0 升的轿车自用，支付含增值税价款 113 000 元，另支付代收临时牌照费 200 元、代收保险费 352 元，支付购买工具件和零配件价款 3 050 元、车辆装饰费 500 元。支付的各款项均由上海大众汽车有限公司开具机动车销售统一发票和有关票据。已知所开票据的增值税税率为 13%，请计算车辆购置税的应纳税额。

【解析】（1）购买者随购买车辆支付的工具件和零部件价款 3 050 元应作为购车价款的一部分，并入计税价格中征收车辆购置税。

（2）支付的车辆装饰费500元，应作为价外费用并入计税价格中计税。

（3）代收临时牌照费200元、代收保险费352元，也应并入计税价格。

车辆购置税税额计算如下：

计税价格＝(113 000＋200＋352＋3 050＋500)÷(1＋13％)＝103 630.09(元)

应纳车辆购置税＝103 630.09×10％＝10 363.01(元)

例15-8

2021年10月1日，王某从汽车4S店购买一辆排气量为1.6升的轿车自用，支付含增值税价款226 000元并取得机动车销售统一发票；支付代收保险费5 000元，并取得保险公司开具的票据；支付购买工具价款1 130元（含增值税），并取得汽车4S店开具的增值税发票。已知所开票据的增值税税率均为13％，请计算王某应纳的车辆购置税。

【解析】（1）支付的购买工具价款1 130元（含增值税）应并入计税价格。

（2）保险费使用保险公司开具的票据，汽车4S店只是履行代收义务，因此保险费不并入计税价格。

（3）对购置1.6升及以下排量的乘用车减按7.5％的税率征收车辆购置税。

计税价格＝(226 000＋1 130)÷(1＋13％)＝201 000(元)

应纳车辆购置税＝201 000×7.5％＝15 075(元)

例15-9

2021年8月1日，A公司从汽车贸易中心（增值税一般纳税人）购买日本丰田公司生产的一辆高档轿车，该车排气量为2 451毫升。A公司按照汽车贸易中心开具的机动车销售统一发票金额支付价款339 000元（含增值税），支付控购部门控购费50 000元，并取得收据。汽车贸易中心代理A公司办理车辆上牌等事宜，并向A公司开票收取新车登记费、上牌办证费、代办手续费、仓储保管费、送车费等共计33 900元（含增值税）。已知增值税税率为13％，请计算A公司应纳的车辆购置税。

【解析】支付的控购费50 000元，是政府部门的行政性收费，不属于价外费用，不并入计税价格；A公司支付的新车登记费、上牌办证费、代办手续费、仓储保管费、送车费等共计33 900元，取得代收单位的票据，应并入计税价格。

应纳车辆购置税＝(339 000＋33 900)÷(1＋13％)×10％＝33 000(元)

15.4.2 进口自用应税车辆应纳税额的计算

在计算进口自用应税车辆的车辆购置税时，需要注意：纳税人应如实提供有关报关和完税证明资料，主管税务机关应按海关审查确认的有关进口车辆的完税证明资料组成计税价格计算应纳税额。

纳税人进口应税车辆自用的，由进口自用方纳税；如果进口车辆用于销售、抵债、以物易物等方面，不属于进口自用应税车辆的行为，不征收车辆购置税。

例15-10

某汽车贸易公司于2021年7月进口17辆小轿车，海关审定的关税完税价格为 30 万元/辆。当月销售 10 辆，取得含增值税销售额 300 万元；4 辆供公司自用；3 辆用于抵偿债务，合同约定的含增值税价格为 100 万元。假定小轿车关税税率为 28%，消费税税率为 9%，请计算该汽车贸易公司应纳的车辆购置税。

【解析】 虽然该汽车贸易公司进口 17 辆小轿车，但是只对其自用的 4 辆征收车辆购置税。当月销售和抵债的小轿车由使用小轿车的一方纳税，并非由汽车贸易公司缴纳车辆购置税。

应纳车辆购置税＝4×(30＋30×28%)÷(1－9%)×10%＝16.88(万元)

15.4.3　其他自用应税车辆应纳税额的计算

1. 一般规定下应纳税额的计算

纳税人自产、受赠、获奖和以其他方式取得并自用的应税车辆，由主管税务机关参照国家税务总局规定的最低计税价格核定。最低计税价格是指国家税务总局依据机动车生产企业或者经销商提供的车辆价格信息，参照市场平均交易价格核定的车辆购置税计税价格。最低计税价格是不含增值税的价格。

例 15－11

2021 年 9 月，甲企业从某拍卖公司通过拍卖购进两辆汽车，其中一辆是未上牌照的新车，不含增值税成交价为 80 000 元，国家税务总局核定同类型车辆的最低计税价格为 118 000 元；另一辆是已经使用 5 年的轿车，不含增值税成交价为 60 000 元。请计算甲企业本月应纳的车辆购置税。

【解析】 通过拍卖取得自用的新车应缴纳车辆购置税；由于车辆购置税采用一次课征制，购置已经缴纳过车辆购置税的使用过的小汽车自用不再缴纳车辆购置税。通过拍卖公司拍卖的车辆，价格一般都比较低，成交价只能作为参考，不能作为计税依据，应当以国家税务总局核定的最低计税价格作为计税依据计算车辆购置税。因此

甲企业应纳车辆购置税＝118 000×10%＝11 800(元)

2. 特殊规定下应纳税额的计算

(1) 底盘发生更换的已税车辆。底盘发生更换的车辆，计税依据为最新核发的同类型车辆最低计税价格的 70%。但是，此政策只适用于已缴过车辆购置税并办理了登记注册手续的已税车辆底盘发生更换的情况。

例 15－12

2021 年 8 月，某汽车制造厂将 4 辆排气量为 2.0 升的自产 A 型小汽车转为固定资产，8 辆赠送给客户。A 型小汽车的市场售价为 180 000 元/辆，国家税务总局核定的最低计税价格为 190 000 元/辆。另外，一辆已缴纳车辆购置税的小汽车，因交通事故更换了底盘，国家税务总局核定的同型号新车最低计税价格为 260 000 元。请计算该汽车制造厂当月应纳的车辆购置税。

【解析】 自产自用的车辆需要按照国家税务总局核定的最低计税价格缴纳车辆购置税；赠送给客户的 8 辆小轿车应由接受并使用的一方缴纳车辆购置税；底盘发生更换

的车辆需要再次缴纳车辆购置税，其计税依据为最新核发的同类型车辆最低计税价格的70%。

该汽车制造厂应纳车辆购置税＝190 000×4×10%＋260 000×70%×10%
＝94 200(元)

(2) 免税条件消失的车辆。对免税条件消失的车辆，纳税人应按照现行规定，在办理车辆过户手续前或者办理变更车辆登记注册手续前向税务机关缴纳车辆购置税。

免税条件消失的车辆，自初次办理纳税申报之日起，使用年限未满10年的，计税价格以免税车辆初次办理纳税申报时确定的计税价格为基准，每满1年扣减10%；未满1年的，计税价格为免税车辆的原计税价格；使用年限在10年（含）以上的，计税价格为0。由此，其计算公式为：

应纳车辆购置税＝初次申报时计税价格×(1－已使用年限×10%)×税率

例15-13

回国服务的留学人员孙某于2018年7月用现汇购买一辆个人自用国产小汽车，排气量为1.8升，按照规定使用年限为10年。2021年8月，孙某将该车转让给王某，转让价格为138 000元，并于8月15日办理车辆过户手续。已知该小汽车初次办理纳税申报时确定的计税价格为180 000元。请计算王某应纳的车辆购置税。

【解析】回国服务的留学人员用现汇购买一辆个人自用国产小汽车免征车辆购置税。2年后转让，免税条件消失，计税价格以免税车辆初次办理纳税申报时确定的计税价格为基准，每满1年扣减10%。

王某应纳车辆购置税＝180 000×(1－2×10%)×10%＝14 400(元)

例15-14

某防汛部门2017年8月1日购买5辆用于免税用途的车辆，2021年8月1日起其中一辆改变其免税用途，成为应税车辆，同类型新车最低计税价格是200 000元。请计算应纳的车辆购置税。

【解析】

计税价格＝200 000×(1－3×10%)＝140 000(元)

应纳车辆购置税＝140 000×10%＝14 000(元)

例15-15

某单位于2019年8月1日购买了一辆设有固定装置的非运输车辆，该车规定使用期限为10年，购买发票注明不含增值税金额为235 900元。2021年8月1日，该单位拆除固定装置，将该车辆改为运输用途，并于8月10日办理相关手续。国家税务总局最新核定该类车辆的车辆购置税最低计税价格为180 000元。请计算该单位2021年8月应纳的车辆购置税。

【解析】设有固定装置的非运输车辆免征车辆购置税；拆除固定设置并改为运输用途，免税条件消失，则应当按照免税车辆初次办理纳税申报时确定的计税价格为基准，每满 1 年扣减 10%。

该单位应纳车辆购置税＝235 800×(1－2×10%)×10%＝18 864(元)

(3) 未按规定纳税的车辆应补税额的计算。纳税人未按照规定纳税的，应按现行政策规定的计税价格，区分情况分别确定征税。不能提供购车发票和有关购车证明资料的，检查地税务机关应按同类型应税车辆的最低计税价格征税；如果纳税人回落籍地后提供的购车发票金额与支付的价外费用之和高于核定的最低计税价格的，落籍地主管税务机关应当对其差额计算补税。检查地税务机关补征车辆购置税的计算公式为：

应纳车辆购置税＝最低计税价格×税率

例 15－16

1 月，某市税务机关在与公安机关联合上路检查时拦截一辆挂有异地临时牌照的小轿车，该车为日本丰田公司生产，气缸容量为 2 200 毫升。经检查发现，该车为另一个城市某单位的公用车辆，临时牌照已超过限定日期，车主没有提供购车发票和有关资料。国家税务总局对这种进口轿车核定的最低计税价格为 485 000 元。请计算该车应纳的车辆购置税。

【解析】检查地税务机关对未按规定缴税车辆补征税款后，应向纳税人开具完税凭证；落籍地主管税务机关凭纳税人提供的完税凭证核发完税证明，并建立车辆购置税档案。检查地税务机关补征的车辆购置税为：

应纳车辆购置税＝最低计税价格×税率＝485 000×10%＝48 500(元)

15.5 车辆购置税的税收优惠和征收管理

15.5.1 车辆购置税的税收优惠

车辆购置税的税收优惠政策如表 15－7 所示。

表 15－7　车辆购置税的税收优惠

税收优惠	具体规定
法定减免	1. 外国驻华使馆、领事馆和国际组织驻华机构及其外交人员自用车辆免征车辆购置税。 2. 中国人民解放军和中国人民武装警察部队列入军队武器装备订货的车辆免征车辆购置税。 3. 设有固定装置的非运输车辆免征车辆购置税。 4. 国务院规定予以免税的其他情形： (1) 防汛部门和森林消防部门用于指挥、检查、调度、报汛（警）、联络的设有规定装置的指定型号的车辆； (2) 回国服务的留学人员用现汇购买 1 辆个人自用国产小汽车；

续表

税收优惠	具体规定
法定减免	(3) 长期来华定居专家进口自用的1辆小汽车。 5. 2004年10月1日起，对三轮农用运输车免征车辆购置税。 6. 2014年9月1日至2022年12月31日，对购置的新能源汽车免征车辆购置税。 7. 自2016年1月1日起，对城市公交企业购置的公共汽电车辆免征车辆购置税。 8. 自2018年7月1日至2023年12月31日，对购置挂车减半征收车辆购置税。 9. 中国妇女发展基金会“母亲健康快车”项目的流动医疗车免征车辆购置税。 10. 北京2022年冬奥会和冬残奥会组织委员会新购置车辆免征车辆购置税。 11. 原公安现役部队和原武警黄金、森林、水电部队改制后换发地方机动车牌证的车辆（公安消防、武警森林部队执行灭火救援任务的车辆除外），一次性免征车辆购置税。 12. 悬挂应急救援专用号牌的国家综合性消防救援车辆免征车辆购置税。
退税	已缴纳车辆购置税的车辆，发生下列情形之一的，准予纳税人申请退税： (1) 车辆退回生产企业或者经销商的； (2) 符合免税条件的设有固定装置的非运输车辆但已征税的； (3) 其他依据法律法规规定应予退税的情形。

例 15-17

张某于2019年7月购买一辆小轿车自用，当月缴纳了车辆购置税2万元。2021年8月，因该车存在严重质量问题，张某与厂家协商退货，并向税务机关申请车辆购置税的退税。请计算张某可得到的车辆购置税退税额。

【解析】车辆退回生产企业或者经销商的，纳税人申请退税时，主管税务机关自纳税人办理纳税申报之日起，按已缴纳税款每满1年扣减10%计算退税额；未满1年的按已缴纳税款全额退税。张某购买该车满1年不满2年，因此

可得到的退税额＝2×(1－10%)＝1.8(万元)

15.5.2 车辆购置税的征收管理

1. 车辆购置税的纳税申报

车辆购置税实行一车一申报制度。纳税人办理纳税申报时应如实填写《车辆购置税纳税申报表》（见表15-8），同时提供以下资料：

(1) 纳税人身份证明；

(2) 车辆价格证明；

(3) 车辆合格证明；

(4) 税务机关要求提供的其他资料。

2. 车辆购置税的纳税环节

车辆购置税是对应税车辆的购置行为课征，征收环节单一，实行一次课征制度。征收环节在购置环节，即最终消费环节。具体而言，车辆购置税是在应税车辆上牌登记注册前征收。

购置已纳车辆购置税的车辆，应向原车主索要车辆购置税完税证明，不再征收车辆购置税。但减税、免税条件消失的车辆，即减税、免税车辆因转让、改制后改变了

原减免税的前提条件，就不再属于减免税范围，应按规定缴纳车辆购置税。购买已办理免税手续的二手车，应重新办理申报缴税或免税手续。

表 15－8　车辆购置税纳税申报表

填表日期：　　年　月　日　　　　　　　　　　　　　　　　金额单位：元

<table>
<tr><td>纳税人名称</td><td colspan="2"></td><td>申报类型</td><td colspan="2">□征税□免税□减税</td></tr>
<tr><td>证件名称</td><td colspan="2"></td><td>证件号码</td><td colspan="2"></td></tr>
<tr><td>联系电话</td><td colspan="2"></td><td>地址</td><td colspan="2"></td></tr>
<tr><td>合格证编号（货物进口证明书号）</td><td colspan="2"></td><td>车辆识别代号/车架号</td><td colspan="2"></td></tr>
<tr><td>厂牌型号</td><td colspan="5"></td></tr>
<tr><td>排量（cc）</td><td colspan="2"></td><td>机动车销售统一发票代码</td><td colspan="2"></td></tr>
<tr><td>机动车销售统一发票号码</td><td colspan="2"></td><td>不含税价</td><td colspan="2"></td></tr>
<tr><td colspan="4">海关进口关税专用缴款书（进出口货物征免税证明）号码</td><td colspan="2"></td></tr>
<tr><td>关税完税价格</td><td></td><td>关税</td><td></td><td>消费税</td><td></td></tr>
<tr><td>其他有效凭证名称</td><td></td><td>其他有效凭证号码</td><td></td><td>其他有效凭证价格</td><td></td></tr>
<tr><td>购置日期</td><td></td><td>申报计税价格</td><td></td><td>申报免（减）税条件或者代码</td><td></td></tr>
<tr><td>是否办理车辆登记</td><td></td><td>车辆拟登记地点</td><td colspan="3"></td></tr>
<tr><td colspan="6">纳税人声明：
本纳税申报表是根据国家税收法律法规及相关规定填报的，我确定它是真实的、可靠的、完整的。

纳税人（签名或盖章）：</td></tr>
<tr><td colspan="6">委托声明：
现委托（姓名）____（证件号码）__________________办理车辆购置税涉税事宜，提供的凭证、资料是真实、可靠、完整的。任何与本申报表有关的往来文件，都可交予此人。

委托人（签名或盖章）：　　　　　　　　　　被委托人（签名或盖章）：</td></tr>
<tr><td colspan="6">以 下 由 税 务 机 关 填 写</td></tr>
<tr><td colspan="2">免（减）税条件代码</td><td colspan="4"></td></tr>
<tr><td>计税价格</td><td>税率</td><td>应纳税额</td><td>免（减）税额</td><td>实纳税额</td><td>滞纳金金额</td></tr>
<tr><td></td><td></td><td></td><td></td><td></td><td></td></tr>
<tr><td colspan="2">受理人：

年　月　日</td><td colspan="2">复核人（适用于免、减税申报）：

年　月　日</td><td colspan="2">主管税务机关（章）</td></tr>
</table>

主管税务机关在为纳税人办理纳税申报手续时，对设有固定装置的非运输车辆应当实地验车。纳税人应当在向公安机关交通管理部门办理车辆注册登记前，缴纳车辆购置税。公安机关交通管理部门办理车辆注册登记，应当根据税务机关提供的应税车辆完税或者免税电子信息对纳税人申请登记的车辆信息进行核对，核对无误后依法办理车辆注册登记。

3. 车辆购置税的纳税地点

纳税人应到下列地点办理车辆购置税纳税申报：

（1）需要办理车辆登记注册手续的纳税人，向车辆登记注册地的主管税务机关办理纳税申报。

（2）不需要办理车辆登记注册手续的纳税人，向纳税人所在地的主管税务机关办理纳税申报。

车辆登记注册地指的是车辆的上牌落籍地或落户地。

4. 车辆购置税的纳税期限

（1）纳税人购买自用应税车辆的，应自购买之日起60日内申报纳税；进口自用应税车辆的，应自进口之日起60日内申报纳税；自产、受赠、获奖或者以其他方式取得并自用应税车辆的，应自取得之日起60日内申报纳税。购买之日是指纳税人购车发票上注明的销售日期；进口之日是指纳税人报关进口的当天。

（2）免税车辆因转让、改变用途等原因，其免税条件消失的，纳税人应在免税条件消失之日起60日内到主管税务机关重新申报纳税。免税车辆发生转让，但仍属于免税范围的，受让方应当自购买或取得车辆之日起60日内到主管税务机关重新申报免税。

5. 车辆购置税的税收管理

车辆购置税缴纳税款的方法主要有：

（1）自报核缴。

（2）集中征收缴纳。

（3）代征、代扣、代收。

15.6 车辆购置税的改革方向

1. 整体降低车辆购置环节税负

我国在汽车购置环节税负偏重，而使用环节税负较轻，不利于消费者在汽车使用环节加强对节能环保的重视。目前，我国车辆购置税税率为10%，消费者在购买汽车时还需承担增值税、消费税、城市维护建设税及教育费附加和地方教育附加，总体税负较重。未来，车辆购置税应当朝整体降低税负的方向改革，同时，可以适当增加车辆使用阶段的燃油税，以鼓励小排量、新能源车辆的使用。

2. 根据汽车排气量设置累进税率

车辆购置税应对不同排量的车型设置累进税率。对小排量的车型适用低税率，大排量的车型适用高税率。

3. 调整车辆购置税的分配归属

车辆购置税作为一种特定目的税，主要用于交通基础设施的建设和维护，但税收收入归属于中央政府，而交通设施（包括道路）的维护和修缮基本都是由地方政府负责管理，由此车辆购置税存在明显的财权和事权不匹配问题。为帮助地方政府更好地开展交通基础设施建设和维护工作，维护社会公平和谐，未来改革方向应当是重新划分车辆购置税收入，中央政府和地方政府按照一定比例共享收入。

4. 完善车辆购置税征管工作

车辆购置税征管改革的重点应放在加强源头控税、建设大数据交换平台、加强纳税评估和日常检查等方面。

本章小结

1. 车辆购置税是对在中华人民共和国境内购置应税车辆的行为征收的一种行为税。

2. 车辆购置税的主要特点是：以车辆为征收对象，征税范围单一；实行一次课征制，只在退出流通进入消费领域的特定环节征收；设置统一比例税率；单一从价计征；税款用于特定用途；直接税范畴，价外征税。

3. 车辆购置税的纳税人是在中华人民共和国境内购置应税车辆的单位和个人。

复习与思考

一、单项选择题

1. 关于车辆购置税，下列说法正确的是（　　）。

A. 车辆购置税的征税环节为车辆的出厂环节

B. 底盘发生更换的车辆，计税依据为最新核发的同类型车辆最低计税价格

C. 已使用未完税车辆纳税人提供的有效证明注明的时间超过 3 年（含）的或无法提供任何有效证明的，主管税务机关按照提供有效证明记载之日起计算应缴纳的滞纳金

D. 纳税人购买自用的车辆，自购买之日起 60 日内申报纳税

2. 下列行为中，不属于车辆购置税应税行为的是（　　）。

A. 进口使用应税车辆　　B. 购买使用应税车辆

C. 自产自用应税车辆　　D. 销售应税车辆

3. 甲公司购买一辆北京现代小轿车，支付含增值税价款 175 500 元，另支付订车费用 5 000 元、车辆装饰费 4 000 元，支付销售公司代收保险费等 5 000 元，支付的各项款项均由汽车销售公司统一开具发票。甲公司应纳的车辆购置税为（　　）元。

A. 16 000　　B. 16 100　　C. 16 186.25　　D. 16 196.58

二、多项选择题

1. 根据现行车辆购置税规定，下列说法错误的有（　　）。

A. 购买自用摩托车的计税依据是支付的全部价款和价外费用（不含增值税）

B. 进口自用轿车的计税依据是不含关税的组成计税价格

C. 受赠大客车的计税依据是最高计税价格

D. 购买者支付的控购费应作为车辆购置税的计税依据

2. 根据现行车辆购置税规定，下列按照应税车辆最低计税价格征收车辆购置税的有（　　）。

A. 企业从国外进口自用的卡车

B. 减税、免税条件消失的宝马小汽车

C. 受赠、获奖方式下取得已确认购置价格的家庭小轿车

D. 非贸易渠道进口的车辆

3. 下列关于车辆购置税的陈述，不正确的有（　　）。

A. 征收单位包括国有企业、集体企业、私营企业、股份制企业，也含外商投资企业、外国企业和党政机关等

B. 纳税人购买自用应税车辆的，应当自上牌照之日起60日内申报纳税

C. 车辆购置税以列举的车辆作为征税对象，未列举的车辆不征税

D. 个人包括个体工商户及其他个人，包括中国公民但不包括外国公民

三、计算题

1. 甲公司6月在一家汽车经销公司购买一辆排气量为2.0升的小轿车，支付含增值税价款339 000元、手续费等价外费用3 570元、随车工具件和零配件4 000元、车辆装饰费5 000元，以上费用均由汽车经销公司开具发票。

要求：请计算甲公司应纳的车辆购置税。

2. A企业于2月购入3辆小轿车自用，其中2辆是未上牌照的新车，每辆含增值税成交价为127 000元，排气量为1.6升，国家税务总局核定同类型车辆的最低计税价格为100 000元；另一辆是从B企业购入已经使用3年的小轿车（从原车主取得完税证明），含增值税成交价为102 000元。

要求：请计算A企业应纳的车辆购置税。

3. 某国驻我国的某外交官2018年7月购买我国企业生产的排气量为2.0升的小轿车自用，支付含增值税价款240 000元、保险费800元、购买工具件和零部件价款3 000元、车辆装饰费5 000元；2021年8月外交官将该小轿车转让给我国公民张某使用，成交价为150 000元。

要求：请计算该外交官购买小轿车时应纳的车辆购置税以及转让时我国公民张某应纳的车辆购置税。

4. 1月，某外贸进出口公司接受A汽车制造厂赠送的一辆全新小轿车并自用，国家税务总局核定同车型应税车辆的最低计税价格为100 000元，小轿车的成本为70 000元，成本利润率为8%。同时，接受工业企业B使用过的旧轿车一辆，冲抵B企业拖欠该外贸进出口公司的保管费60 000元（可取得完税证明），外贸进出口公司将该轿车用

于管理部门。

要求：请计算当月该外贸进出口公司应纳的车辆购置税。

四、论述题

1. 原享受减免税的购置车辆，减免税条件消失时，应如何计征车辆购置税？
2. 谈谈对车辆购置税具体征收范围的理解。
3. 车辆购置税可以在计算应纳企业所得税时扣除吗？

五、案例分析题

1. 2009 年 12 月 29 日，遵义市国税局（国税与地税未合并）稽查局收到公安部门转来的一封转办函，记载遵义市王某涉嫌逃避缴纳车辆购置税。转办材料反映，王某 2006 年从贵州某汽车销售公司先后购买了 3 辆客车，未履行车辆购置税纳税义务，并同时提供了由该汽车销售公司开出的 6 份发票复印件。稽查局立即组织人员对案头资料进行分析，发现这 3 辆由该汽车销售公司售出的汽车，其机动车销售发票上所注购买方均为遵义市某客车运输公司。同时，该汽车销售公司还在同日另行开具了货物销售发票给该客车运输公司。

王某和该客车运输公司有何关联？为何发票是开具给该客车运输公司的？该客车运输公司是否存在违法行为？带着种种疑问，遵义市国税局稽查局派出检查人员对该客车运输公司进行了暗中调查。经调查了解到，王某系挂靠该客车运输公司从事客运业务的一名个体营运者，该客车运输公司负责以公司的名义给所有挂靠经营的车辆办理相关手续、证照，并缴纳车辆购置税。据此，检查人员初步判断，该客车运输公司可能存在涉税违法行为，并决定对该客车运输公司进行立案检查。

为了不打草惊蛇，检查组决定先行绕过对该客车运输公司的正面检查，转而到转办材料中所涉及的某汽车销售公司开展外围调查。通过核实汽车销售公司的账簿资料，发现其确实于 2006 年向该客车运输公司销售了 3 辆金龙客车，并开具了 3 份机动车销售发票，每份开具金额为 44.5 万元。而在每份机动车销售发票开具当日，汽车销售公司又向该客车运输公司同时开具了一份货物销售发票，票面金额为 12.8 万元，所注货物名称为配套费。据该汽车销售公司财务人员称，这部分配套费是为每辆车所配备的工具和内部装饰等设施。一辆 40 多万元的车竟需要近 13 万元的配套设施？这两份发票中肯定藏有玄机。检查人员顿时产生怀疑。

为了摸清这两份发票的真相，检查组随即对该汽车销售公司的负责人及销售经理依法进行了询问。经过详细耐心地税法宣传，该汽车销售公司负责人坦白所谓的配套费实属车价的一部分，并供述 2006 年王某以该客车运输公司的名义前来购车时，向汽车销售公司提出了对每辆车分别开具两份发票的要求，而每份发票开具多少金额则是王某以不低于最低计税价格为原则提供的数字。

掌握了销售方的事实证据后，检查组决定立即对该客车运输公司开展检查。在认真查阅了账簿资料后，检查组发现该客车运输公司已按每辆 44.5 万元的价格计算缴纳了 3 辆金龙客车的车辆购置税，然而，每辆 12.8 万元的配套设施费既未在账簿资料中反映，也不见其资金支付记录。针对这一情况，检查人员对该客车运输公司负责人进行了询问，但该负责人拒不承认人为分解车价的行为，甚至以遗失为由拒绝提供与汽车销售公司之间的业务合同。检查组人员随即向该负责人出示了在汽车销售公司所获取的证据，在事实与证据面前，该负责人终于承认未按真实购置价格计算缴纳上述3辆金龙客车的车辆购置税。

至此，检查组对纳税人的逃税手段已了然于胸。种种分析表明，该客车运输公司正是利用汽车销售公司对一辆车分别开具不同发票的行为，人为分解车价侵蚀税基。检查组决定对该客车运输公司开展纳税年度的延伸检查。检查结果不出所料，该公司在2006—2009年，先后从省内外多家汽车销售商购进上百辆汽车，其中大部分采用一车开具两票的方式，即一份机动车销售发票和一份货物销售发票，另有部分车辆尽管只有一份机动车销售发票，但车价明显偏低。对所有车辆，该公司都仅按机动车销售发票进行了纳税申报。

检查人员意识到，核实车价是破案的关键。然而，由于时间跨度较大，所涉及的销售单位分散，车辆品牌型号较多，汽车销售商所开具的发票上并无对应车辆，究竟每辆车的车价中有多少被人为分解，一时难以确定。为此，检查组决定分头展开调查工作，一方面继续对该客车运输公司的固定资产账目及银行往来账目进行比对，审查每辆车的资金支付情况；另一方面到每家汽车销售商对每一辆车的购车合同、款项支付、发票开具情况进行逐一核对，确保查实每一辆车的准确购置价格。经过几个月的努力，检查组最终掌握了完整的证据链，证实该客车运输公司在2006—2009年，利用汽车销售商一车分别开具机动车销售发票和货物销售发票两类发票的行为，或者要求汽车经销商按低于实际车价的金额开具机动车销售发票，人为降低车辆购置税计税依据，少缴车辆购置税共计18.9万元，案件终于成功告破。

由于车辆购置税由购车者缴纳或实际承担，因而汽车销售商和购车者之间极易达成协议，即汽车销售商通过低价开具机动车销售发票，降低计税依据，而真实的车价与票面车价的差额部分则开具增值税普通发票甚至不开发票，这样一来不仅购车者可以少缴车辆购置税，销售方也可达到少缴增值税的目的，正所谓双方都受益，而最终受损的就是国家的税收。遵义市国税局稽查局已对该案中的客车运输公司做出补税处理和处罚决定，并向税源管理部门提出加强管理的建议。

要求：根据上述案例，回答下列问题：

（1）该车辆购置税逃税案被破获的关键点是什么？

（2）你认为税务机关应通过哪些方法和手段加大对纳税人逃避缴纳税款行为的打击力度？

2. 张三购买一辆新车，缴纳了车辆购置税。在到公安车辆管理机关注册上牌前，将车退还给汽车经销商，汽车经销商开具了负字退车发票。该车在第二天卖给了李四，李四在缴纳车辆购置税后到车辆管理部门进行了车辆注册登记。

张三向税务局提出了退税申请，税务局以该车两次缴纳税款为由，依据《税收征收管理法》第五十一条批准予以退还税款。

要求：请说明税务局的处理是否正确。

第 16 章

烟叶税

学习目标

1. 了解烟叶税的基本特点。
2. 掌握烟叶税应纳税额的计算。
3. 熟悉烟叶税的税收优惠。
4. 了解烟叶税的纳税期限与纳税地点。

案例导入

小王是税收学专业大学一年级的学生，他和几位同学一起参加税收实践活动，在云南一家卷烟厂实习。该卷烟厂为了调查烟叶的产量和烟叶税的纳税情况，委托小王和几位同学一起开展烟叶税调查活动，小王和几位同学设计了烟叶税的调查问卷。

他们设计的烟叶税调查问卷包括以下信息：（1）拟向种植烟叶的单位或个人询问烟叶税纳税情况；（2）拟向当地税务机关询问烟叶税的实际入库金额；（3）烟叶税的纳税义务时间为收购烟叶的当天；（4）烟叶税的计算公式为：烟叶税＝烟叶收购价格×烟叶税税率。

请问小王和他的几位同学设计的烟叶税调查问卷存在哪些问题？为什么？

16.1 烟叶税概述

16.1.1 烟叶税的概念

烟叶税是对在中华人民共和国境内收购烟叶的单位，就其收购金额的一定比例征收的一种税。

我国对烟叶这种特殊的产品一直实行专卖政策，对烟叶进行严格的管理。1994 年之前对烟叶征收产品税和工商统一税。1994 年，国务院颁布《关于对农业特产收入征收农业税的规定》，其中规定对烟叶征收农业特产税。2004 年 6 月，取消除烟叶以外的农业特产品税收，只对烟叶征税。2005年12月29日，第十届全国人民代表大会常务委员会第十九次会议决定废止《中华人民共和国农业税条例》；2006年2月17日，国务院废止了《关于对农业特产收入征收农业税的规定》，对烟叶征收的税收随之失去法律依据。

2006年4月28日，国务院颁布了《中华人民共和国烟叶税暂行条例》（简称《烟叶税暂行条例》），开征烟叶税代替原来的烟叶农业特产税。依据税收法定原则，在整体税制框架不变的情况下，将《烟叶税暂行条例》上升为国家法律。2017年12月27日第十二届全国人民代表大会常务委员会第三十一次会议通过了《中华人民共和国烟叶税法》（简称《烟叶税法》），该法自2018年7月1日起实施。

政府之所以开征烟叶税，主要基于以下原因：（1）保护地方利益，缓解县乡财政困难；（2）促进烟草行业的持续、健康发展；（3）调节农业生产者的收入水平；（4）保持烟草税制度的连续性、稳定性。

16.1.2 烟叶税的特点

1. 寓禁于征，调节烟草消费

烟叶税是对烟叶收购单位征收的一种税，该税最终会转嫁给卷烟消费者，变成卷烟消费者的税收负担。因此，烟叶税有着调节烟草消费行为的作用。

2. 税收季节性强

烟叶的种植和生产具有明显的季节性，这种特征使得在收购环节征收的烟叶税也具有季节性特征。在烟叶集中收购时期，可以征收到绝大部分的烟叶税。

3. 税源集中

烟叶的生产地区比较固定，能征收烟叶税的地区也比较集中。南方烟区（云贵地区，川内凉山、甘孜、阿坝地区）约占80%，黄淮烟区（湖南、湖北、浙江）约占14%，北方烟区约占6%。

4. 征收管理成本低

首先，烟叶税的纳税人相对较少，纳税人为有权收购烟叶的烟草公司或者其委托收购烟叶的单位，而不是分散在多处的众小烟农。其次，纳税人控制管理严格，中国的烟草实行专卖制度，烟草公司设立规范、资质完善。最后，纳税人一般有着健全的会计核算体系，便于税款的监督和计算。

16.2 烟叶税的纳税人、征税对象和税率

1. 烟叶税的纳税人

在中华人民共和国境内收购烟叶的单位为烟叶税的纳税人。收购烟叶的单位是指依照《中华人民共和国烟草专卖法》（简称《烟草专卖法》）的规定有权收购烟叶的烟草公司或者受其委托收购烟叶的单位。

依照《烟草专卖法》查处没收的违法收购的烟叶，由收购罚没烟叶的单位按照购买金额计算缴纳烟叶税。

2. 烟叶税的征税对象

烟叶税的征税对象为烟叶，包括晾晒烟叶、烤烟叶。晾晒烟叶，包括列入各晾晒烟名录的晾晒烟叶和未列入各晾晒烟名录的其他晾晒烟叶。

3. 烟叶税的税率

烟叶税实行比例税率。按照《烟叶税法》的规定，烟叶税的税率为20%。

16.3 烟叶税的计税依据和应纳税额的计算

1. 烟叶税的计税依据

烟叶税的计税依据为纳税人收购烟叶实际支付的价款总额。实际支付的价款总额包括纳税人支付给烟叶生产销售单位和个人的收购价款和价外补贴。按照简化手续、方便征收的原则，对价外补贴暂按烟叶收购价款的10%计入收购金额征税。收购金额的计算公式为：

烟叶收购金额＝收购价款×(1＋10%)

2. 烟叶税应纳税额的计算

烟叶税的应纳税额按照纳税人收购烟叶实际支付的价款总额乘以税率计算，其计算公式为：

应纳烟叶税＝烟叶收购实际支付金额×税率

例16-1

某烟草公司（增值税一般纳税人）收购烟叶，支付烟叶生产者收购价款80万元，另外对烟农支付了价外补贴，请计算其应纳的烟叶税。

【解析】烟草公司收购烟叶，按照支付烟叶生产者的收购价款及价外补贴计算烟叶税，对价外补贴统一暂按烟叶收购价款的10%计入收购金额征税，则

应纳烟叶税＝80×(1＋10%)×20%＝17.6(万元)

16.4 烟叶税的征收管理

1. 烟叶税的征收机关

烟叶税由税务机关依照《烟叶税法》和《税收征收管理法》的有关规定征收管理。

2. 烟叶税的纳税义务发生时间

烟叶税的纳税义务发生时间为纳税人收购烟叶的当天。收购烟叶的当天是指纳税

人向烟叶销售者付讫收购烟叶款项或者开具收购烟叶凭据的当天。

3. 烟叶税的纳税期限

烟叶税按月计征，纳税人应当于纳税义务发生月终了之日起15日内申报并缴纳税款。

4. 烟叶税的纳税地点

纳税人收购烟叶，应当向烟叶收购地的主管税务机关申报纳税。

5. 烟叶税的纳税申报

自2021年6月1日起，纳税人申报缴纳烟叶税使用《财产和行为税纳税申报表》，如表8-2所示。

本章小结

1. 烟叶税是对在中华人民共和国境内收购烟叶的单位，就其收购金额的一定比例征收的一种税。

2. 烟叶税的征收对象为烟叶，税率为20%，计税依据为烟叶的收购金额。

复习与思考

一、单项选择题

1. 甲烟草公司12月向烟农收购一批晾晒烟叶，支付的收购价款为117万元，实际支付的价外补贴是11.7万元。则甲烟草公司应纳的烟叶税为（　　）万元。

A. 25.74　　B. 25.74　　C. 11.7　　D. 23.4

2. 根据烟叶税的有关规定，下列说法正确的是（　　）。

A. 收购烟叶的单位和个人为烟叶税的纳税人

B. 烟叶税的纳税人应当于纳税义务发生月终了之日起10日内申报缴纳税款

C. 烟叶税实行比例税率，税率为20%

D. 烟叶税应向收购单位的机构所在地缴纳

二、多项选择题

1. 下列关于烟叶税征收管理的说法中，正确的有（　　）。

A. 烟叶税的纳税义务发生时间为纳税人向烟叶销售者付讫收购烟叶款项或者开具收购烟叶凭据的当日

B. 纳税人应当向烟叶收购地的主管税务机关申报缴纳烟叶税

C. 烟叶税的纳税义务发生时间为烟叶发出的当日

D. 纳税人应当向纳税人机构所在地的主管税务机关申报缴纳烟叶税

2. 下列各项中，表述不正确的有（　　）。

A. 在中国境内收购生烟叶的烟草公司是烟叶税的纳税人

B. 在中国境内收购晾晒烟叶的钱某为烟叶税的纳税人

C. 烟叶税按次计征

D. 烟叶税纳税人应当于纳税义务发生月终了之日起 15 日内申报并缴纳税款

三、计算题

1. 某烟厂收购烟叶，支付给烟叶销售者价款 600 万元，开具烟叶收购发票。

要求：请计算该烟厂应纳的烟叶税。

2. 某烟草公司（增值税一般纳税人）收购烟叶，支付烟叶生产者收购价款 20 000 元，另支付烟叶种植者一定数量的价外补贴，货款全部付清。

要求：请计算该烟草公司该笔业务应纳的烟叶税。

3. 甲县某烟草公司 3 月 9 日来到乙县收购烟叶，当天烟农把烟叶交付给烟草公司；3 月 10 日烟草公司支付 80 万元的收购价款，另对烟农支付 8 万元的价外补贴。

要求：根据上述情况，请回答下列问题：

（1）烟草公司的纳税义务发生时间是哪天？

（2）烟草公司应于哪天前申报纳税？

（3）烟叶税的计税依据为多少？

（4）烟叶税的应纳税额为多少？

（5）烟草公司应向何处的税务机关申报纳税？

四、论述题

1. 我国为何开征烟叶税？

2. 烟叶税有什么特点？

第 17 章

环境保护税

学习目标

1. 了解环境保护税的基本特点。
2. 了解环境保护税的理论依据。
3. 掌握环境保护税应纳税额的计算。
4. 熟悉环境保护税的税收优惠。

案例导入

我国的排污收费制度设立于 1982 年，以排放对环境造成污染的单位和个人为收费对象，收费的依据是排放物种类和污染程度，目的是筹集环境治理所必需的资金。2015 年 6 月，我国发布了《中华人民共和国环境保护税法（征求意见稿）》，拟在排污费的基础上，对大气污染物、水污染物及固体废弃污染物等排放征税。2016 年 12 月 25 日在第十二届全国人民代表大会常务委员会第二十五次会议上《环境保护税法》获表决通过，于 2018 年 1 月 1 日起实施。

根据上述材料，请思考：

（1）环境保护税的功能和内容包括哪些？

（2）政府开征环境保护税与征收排污费有何差异？

（3）是否开征了环境保护税就能解决我国的环境问题？

17.1　环境保护税概述

17.1.1　环境保护税的概念

环境是人类赖以生存和发展的基础，广义上的环境一词，既包括人文环境，也包括自然环境。《环境保护法》第二条指出，环境是指影响人类生存和发展的各种天然的和经过人工改造的自然因素的总体，包括大气、水、海洋、土地、矿藏、森林、草原、湿地、野生生物、自然遗迹、人文遗迹、自然保护区、风景名胜区、城市和乡村等。因此，我们通常运用税收手段进行保护的是狭义的环境，也就是自然环境。

自然环境为人类的生活和生产提供生态服务，大致可分为两种：第一种是为人类提供自然禀赋，提供非人类自身产出的自然资源；第二种是承接人类排放于大自然的废弃物，通过承载能力消解污染。相应地，保护环境也分为两个方面：一方面是对自然资源的保护，防止自然资源的过度消耗，促进生态平衡；另一方面是控制污染排放，防止污染超过环境承载能力，维护可持续发展。

关于环境保护税的概念，大致分为三个层次：第一，广义的环境保护税，不单指专门用于环境保护的税种，还包括其他与环境保护相关的税种和其他税种中有利于促进环境保护的部分，是一系列的税种体系。第二，中义的环境保护税，是指对一切利用自然资源和向环境排放污染的单位和个人征收的一种税，它可以实现对上述两种环境进行保护的目的。第三，狭义的环境保护税，是指对向环境排放污染物的单位和个人征收的一种税，它主要是为了实现保护环境的第二个目的，即控制污染。我国现阶段的环境保护税是一种狭义的环境保护税。

17.1.2　环境保护税的产生

我国环境保护方面调控手段的建立，是先由排污费的设立到完善，再到排污费改为环境保护税，大致经历了以下四个阶段：

(1) 试点阶段（1978—1981 年）。1978 年《环境保护工作汇报要点》中首次提出“排放污染物收费制度”。1979 年《中华人民共和国环境保护法（试行）》规定，超过国家规定的标准排放污染物，要按照排放污染物的数量和浓度，根据规定收取排污费。这为我国排污制度的建立提供了法律依据。

(2) 建立和完善阶段（1982—2000 年）。1982 年开始实施排污收费制度，并颁布《征收排污费暂行办法》；1988 年颁布《污染源治理专项基金有偿使用暂行办法》，这两个文件的颁布标志着我国排污费制度基本建立。1991 年发布《关于调整超标污水和统一超标噪声排污费征收标准的通知》，调整污水超标收费，并制定噪声收费的标准。1992 年发布《关于开展征收工业燃煤二氧化硫排污费试点工作的通知》，1993 年发布《关于征收污水排污费的通知》，开展二氧化硫排污费的试点工作，并对所有向水体排放污水的企事业单位、个体经营者征收排污费。此后，1995 年实施的《中华人民共和国固体废物污染环境防治法》、1996 年实施的《中华人民共和国环境噪声污染防治法》、2000 年实施的《中华人民共和国大气污染防治法》都对排污收费制度做出了相应调整，促进了排污收费制度的完善。

(3) 改革发展阶段（2000—2015 年）。2002 年颁布《排污费征收使用管理条例》，确立排污费的总量收费标准制度，进一步完善了征收范围和征管方式。2007 年颁布《排污费征收工作稽查办法》，对排污费的征收管理模式、程序、手段做出了明确规定。至此，我国排污收费制度已经比较完善，拥有了坚实的法律体系支撑和明确的法律条文依据。

(4) “费改税”阶段（2015 年至今）。2015 年 6 月，国务院发布《中华人民共和国环境保护税法（征求意见稿）》，形成初步的“费改税”方案。2016 年 12 月 25 日，第十二届全国人民代表大会常务委员会第二十五次会议通过《环境保护税法》，并规定于2018年1月1日实施。2017年12月25日，国务院发布《中华人民共和国环境保护税法实施条例》（简称《环境保护税法实施条例》），自2018年1月1日起实施。

17.2 环境保护税的纳税人、征税对象和税额

17.2.1 环境保护税的纳税人

环境保护税的纳税人是指在中华人民共和国领域和中华人民共和国管辖的其他海域，直接向环境排放应税污染物的企事业单位和其他生产经营者。

17.2.2 环境保护税的征税对象

环境保护税的征税对象是应税污染物，包括大气污染物、水污染物、固体废物和噪声四类。

（1）大气污染物，包括颗粒物、硫氧化物、碳氧化物、氮氧化物、碳氢化合物等。

（2）水污染物包括第一类水污染物，第二类水污染物，pH值、色度、大肠菌群数、余氯量污染，禽畜养殖业、小型企业和第三产业污染。

（3）固体废物包括煤矸石，尾矿，危险废物，冶炼渣、粉煤灰、炉渣、其他固体废物（含半固态、液态废物）。

（4）噪声为工业噪声。

有下列情形之一的，不属于直接向环境排放污染物，不缴纳相应污染物的环境保护税：

（1）企事业单位和其他生产经营者向依法设立的污水集中处理、生活垃圾集中处理场所排放应税污染物的。

（2）企事业单位和其他生产经营者在符合国家和地方环境保护标准的设施、场所贮存或者处置固体废物的。

（3）达到省级人民政府确定的规模标准并且有污染物排放口的畜禽养殖场，应当依法缴纳环境保护税；但依法对畜禽养殖废弃物进行综合利用和无害化处理的，不属于直接向环境排放污染物，不缴纳环境保护税。

17.2.3 环境保护税的税额

环境保护税税目税额表如表17-1所示。

表17-1 环境保护税税目税额表

税目	计税单位	税额	备注
大气污染物	每污染当量	1.2～12元	
水污染物	每污染当量	1.4～14元	

续表

<table>
<tr><th colspan="2">税目</th><th>计税单位</th><th>税额</th><th>备注</th></tr>
<tr><td rowspan="4">固体废物</td><td>煤矸石</td><td>每吨</td><td>5 元</td><td></td></tr>
<tr><td>尾矿</td><td>每吨</td><td>15 元</td><td></td></tr>
<tr><td>危险废物</td><td>每吨</td><td>1 000 元</td><td></td></tr>
<tr><td>冶炼渣、粉煤灰、炉渣、其他固体废物（含半固态、液态废物）</td><td>每吨</td><td>25 元</td><td></td></tr>
<tr><td rowspan="6">噪声</td><td rowspan="6">工业噪声</td><td>超标 1～3 分贝</td><td>每月 350 元</td><td rowspan="6">（1）一个单位边界上有多处噪声超标，根据最高一处超标声级计算应纳税额；当沿边界长度超过 100 米有两处以上噪声超标，按照两个单位计算应纳税额。
（2）一个单位有不同地点作业场所的，应当分别计算应纳税额，合并计征。
（3）昼、夜均超标的环境噪声，昼、夜分别计算应纳税额，累计计征。
（4）声源一个月内超标不足 15 天的，减半计算应纳税额。
（5）夜间频繁突发和夜间偶然突发厂界超标噪声，按等效声级和峰值噪声两种指标中超标分贝值高的一项计算应纳税额。</td></tr>
<tr><td>超标 4～6 分贝</td><td>每月 700 元</td></tr>
<tr><td>超标 7～9 分贝</td><td>每月 1 400 元</td></tr>
<tr><td>超标 10～12 分贝</td><td>每月 2 800 元</td></tr>
<tr><td>超标 13～15 分贝</td><td>每月 5 600 元</td></tr>
<tr><td>超标 16 分贝以上</td><td>每月 11 200 元</td></tr>
</table>

17.3　环境保护税的计税依据和应纳税额的计算

17.3.1　环境保护税的计税依据

1. 应税污染物计税依据的确定

应税污染物的计税依据，按照下列方法确定：

（1）应税大气污染物、水污染物的计税依据，按照污染物排放量折合的污染当量数确定。纳税人有下列情形之一的，以其当期应税大气污染物、水污染物的产生量作为污染物的排放量：

1）未依法安装使用污染物自动监测设备或者未将污染物自动监测设备与环境保护主管部门的监控设备联网；

2）损毁或者擅自移动、改变污染物自动监测设备；

3）篡改、伪造污染物监测数据；

4）通过暗管、渗井、渗坑、灌注或者稀释排放以及不正常运行防治污染设施等方式违法排放应税污染物；

5）进行虚假纳税申报。

（2）应税固体废物的计税依据，按照固体废物的排放量确定。固体废物的排放量为当期应税固体废物的产生量减去当期应税固体废物的贮存量、处置量、综合利用量的余额。其中：固体废物的贮存量、处置量，是指在符合国家和地方环境保护标准的设施、场所贮存或者处置的固体废物数量；固体废物的综合利用量，是指按照国务院发展改革、工业和信息化主管部门关于资源综合利用要求以及国家和地方环境保护标准进行综合利用的固体废物数量。

纳税人有下列情形之一的，以其当期应税固体废物的产生量作为固体废物的排放量：一是非法倾倒应税固体废物；二是进行虚假纳税申报。

（3）应税噪声按照超过国家规定标准的分贝数确定。按照《环境保护税法实施条例》第八条的规定，从两个以上排放口排放应税污染物的，对每一排放口排放的应税污染物分别计算征收环境保护税；纳税人持有排污许可证的，其污染物排放口按照排污许可证载明的污染物排放口确定。

2. 应税大气污染物、水污染物、固体废物排放量和噪声分贝数的确定

应税大气污染物、水污染物、固体废物的排放量和噪声的分贝数，按照下列方法和顺序计算：

（1）纳税人安装使用符合国家规定和监测规范的污染物自动监测设备的，按照污染物自动监测数据计算。

（2）纳税人未安装使用污染物自动监测设备的，按照监测机构出具的符合国家有关规定和监测规范的监测数据计算。根据《环境保护税法实施条例》第九条的解释，纳税人虽未安装使用污染物自动监测设备，其自行对污染物进行监测所获取的监测数据，符合国家有关规定和监测规范的，自行监测的数据视同监测机构出具的监测数据。

（3）因排放污染物种类多等原因不具备监测条件的，按照国务院环境保护主管部门规定的排污系数、物料衡算方法计算。

（4）不能按照上述第（1）至第（3）项规定的方法计算的，按照省、自治区、直辖市人民政府环境保护主管部门规定的抽样测算的方法核定计算。

17.3.2 环境保护税应纳税额的计算

环境保护税应纳税额按照下列方法计算：

应税大气污染物的应纳税额＝污染当量数×具体适用税额

应税水污染物的应纳税额＝污染当量数×具体适用税额

应税固体废物的应纳税额＝固体废物排放量×具体适用税额

应税噪声的应纳税额＝超过国家规定标准的分贝数对应的具体适用税额

17.4　环境保护税的税收优惠

1. 暂免征税项目

（1）农业生产（不包括规模化养殖）排放应税污染物的。

（2）机动车、铁路机车、非道路移动机械、船舶和航空器等流动污染源排放应税污染物的。

（3）依法设立的生活垃圾焚烧发电厂、生活垃圾填埋场、生活垃圾堆肥厂，属于生活垃圾集中处理场所，其排放应税污染物不超过国家和地方规定的排放标准的。

（4）纳税人综合利用的固体废物，符合国家和地方环境保护标准的。

（5）国务院批准免税的其他情形，由国务院报全国人民代表大会常务委员会备案。

2. 减征税额项目

（1）纳税人排放应税大气污染物或者水污染物的浓度值低于国家和地方规定的污染物排放标准30%的，减按75%征收环境保护税。

（2）纳税人排放应税大气污染物或者水污染物的浓度值低于国家和地方规定的污染物排放标准50%的，减按50%征收环境保护税。

根据《环境保护税法实施条例》的解释，应税大气污染物或者水污染物的浓度值，是指纳税人安装使用的污染物自动监测设备当月自动监测的应税大气污染物浓度值的小时平均值再平均所得数值，又或者应税水污染物浓度值的日平均值再平均所得数值，或者监测机构当月监测的应税大气污染物、水污染物浓度值的平均值。

对纳税人的大气污染物和水污染物减征环境保护税的，其应税大气污染物浓度值的小时平均值或者应税水污染物浓度值的日平均值，以及监测机构当月每次监测的应税大气污染物、水污染物的浓度值，均不得超过国家和地方规定的污染物排放标准。

规定减征环境保护税的，应当对每一排放口排放的不同应税污染物分别计算。

17.5　环境保护税的征收管理

17.5.1　环境保护税的征收管理机关

环境保护税的征管采用“税务征收、环保协作”的方式。税务机关依法履行环境保护税纳税申报受理、涉税信息比对、组织税款入库等职责。环境保护主管部门依法负责应税污染物监测管理，制定和完善污染物监测规范。国务院税务、环境保护主管部门制定涉税信息共享平台技术标准以及数据采集、存储、传输、查询和使用规范。

（1）税务机关应当通过涉税信息共享平台向环境保护主管部门交送下列环境保护税涉税信息：

1）纳税人基本信息；

2）纳税申报信息；

3）税款入库、减免税额、欠缴税款以及风险疑点等信息；

4）纳税人涉税违法和受行政处罚情况；

5）纳税人的纳税申报数据资料异常或者纳税人未按照规定期限办理纳税申报的信息；

6）与环境保护主管部门商定交送的其他信息。

税务机关应当依据环境保护主管部门交送的排污单位信息进行纳税人识别。在环境保护主管部门交送的排污单位信息中没有对应信息的纳税人，由税务机关在纳税人首次办理环境保护税纳税申报时进行纳税人识别，并将相关信息交送环境保护主管部门。

税务机关应当将纳税人的纳税申报数据资料与环境保护主管部门交送的相关数据资料进行比对。税务机关发现纳税人的纳税申报数据资料异常或者纳税人未按照规定期限办理纳税申报的，可以提请环境保护主管部门进行复核。环境保护主管部门应当自收到税务机关的数据资料之日起15日内向税务机关出具复核意见；税务机关应当按照环境保护主管部门复核的数据资料调整纳税人的应纳税额。

（2）环境保护主管部门应当通过涉税信息共享平台向税务机关交送在环境保护监督管理中获取的下列信息：

1）排污单位的名称、统一社会信用代码以及污染物排放口、排放污染物种类等基本信息；

2）排污单位的污染物排放数据（包括污染物排放量以及大气污染物、水污染物的浓度值等数据）；

3）排污单位环境违法和受行政处罚情况；

4）对税务机关提请复核的纳税人的纳税申报数据资料异常或者纳税人未按照规定期限办理纳税申报的复核意见；

5）与税务机关商定交送的其他信息。

环境保护主管部门发现纳税人申报的应税污染物排放信息或者适用的排污系数、物料衡算方法有误的，应当通知税务机关处理。

根据《环境保护税法实施条例》的规定，纳税人的纳税申报数据资料异常包括但不限于：

1）纳税人当期申报的应税污染物排放量与上年同期相比明显偏低，且无正当理由；

2）纳税人单位产品污染物排放量与同类型纳税人相比明显偏低，且无正当理由。

（3）规定核定计算污染物排放量的，由税务机关会同环境保护主管部门核定污染物排放种类、数量和应纳税额。纳税人申报的污染物排放数据与环境保护主管部门交送的相关数据不一致的，按照环境保护主管部门交送的数据确定应税污染物的计税依据。

17.5.2 环境保护税的纳税义务发生时间

环境保护税的纳税义务发生时间为纳税人排放应税污染物的当日。

17.5.3 环境保护税的纳税地点

纳税人应当向应税污染物排放地的税务机关申报缴纳环境保护税。

17.5.4　环境保护税的纳税期限

环境保护税按月计算，按季申报缴纳。不能按固定期限计算缴纳的，可以按次申报缴纳。

17.5.5　环境保护税的纳税申报

纳税人按季申报缴纳的，应当自季度终了之日起 15 日内，向税务机关办理纳税申报并缴纳税款。纳税人按次申报缴纳的，应当自纳税义务发生之日起 15 日内，向税务机关办理纳税申报并缴纳税款。

纳税人应当依法如实办理纳税申报，对申报的真实性和完整性承担责任。纳税人申报缴纳时，应当向税务机关报送所排放应税污染物的种类、数量，大气污染物、水污染物的浓度值，以及税务机关根据实际需要要求纳税人报送的其他纳税资料。

自 2021 年 6 月 1 日起，纳税人申报缴纳环境保护税使用《财产和行为税纳税申报表》，如表 8－2 所示。

本章小结

1. 环境保护税是我国最新的税制改革成果，其前身是排污费。

2. 环境保护税的纳税人是直接向环境排放应税污染物的企事业单位和其他生产经营者；征税对象为大气污染、水污染、固体废物、噪声四类；采取从量定额征收的方式，大气污染和水污染的计税依据为污染当量值，固体废物污染的计税依据为固体废物排放量，噪声的计税依据为超过规定标准的分贝数。

3. 环境保护税的征收管理是由税务机关负责税款征收，由环境保护主管部门负责污染物的监测与管理。

复习与思考

一、单项选择题

1. 下列关于环境保护税计税依据的表述中，不正确的是（　　）。

A. 应税固体废物按照固体废物的排放量确定

B. 应税大气污染物按照污染物排放量折合的污染当量数确定

C. 应税水污染物按照污染物排放量折合的污染当量数确定

D. 应税噪声按照噪声的分贝数确定

2. 下列各项中，应计算缴纳环境保护税的是（　　）。

A. 企业向依法设立的污水集中处理场所排放应税水污染物

B. 企业在符合国家环境保护标准的场所贮存固体废物

C. 医院直接向环境排放应税水污染物

D. 机动车排放应税污染物

3. 某养殖场，12月平均养鸡存栏量为6 000羽，污染当量值为30羽，假设当地水污染物适用税额为每污染当量3.2元，当月应纳的环境保护税为（　　）元。

A. 0　　B. 640　　C. 19 200　　D. 576 000

二、多项选择题

1. 以下符合环境保护税特点的有（　　）。

A. 属于调节型税种

B. 其前身是排污收费制度

C. 属于间接排放税

D. 收入纳入一般预算收入，全部划归地方

2. 下列关于对应税噪声征收环境保护税的表述中，正确的有（　　）。

A. 昼、夜均超标的环境噪声，昼、夜分别计算应纳税额，累计计征

B. 声源一个月内超标不足15天的，减半计算应纳税额

C. 一个单位有不同地点作业场所的，应分别计算应纳税额，合并计征

D. 应税噪声的应纳税额为超标分贝数乘以具体适用税额

3. 下列关于环境保护税征收管理的表述中，正确的有（　　）。

A. 环境保护税的纳税义务发生时间为纳税人排放应税污染物的当日

B. 环境保护税按月计算，按年申报缴纳

C. 纳税人应当向应税污染物排放地的税务机关申报缴纳环境保护税

D. 纳税人按次申报缴纳的，应当自纳税义务发生之日起30日内，向税务机关办理纳税申报并缴纳税款

三、计算题

1. 某冶炼企业当月向某空地堆放固体废物，其中煤矸石20吨、尾矿30吨、冶炼渣10吨。

要求：请计算该企业当月应纳的环境保护税。

2. 某工厂4月生产产品，其排气筒每小时排气量为25 000立方米，本月共生产30天，每天20小时，实测所排废气中烟尘浓度为150毫克/立方米，二氧化硫平均浓度为800毫克/立方米，粉尘浓度为300毫克/立方米，氮氧化物平均浓度为400毫克/立方米。

要求：请计算该工厂4月应纳的环境保护税。

3. 某工业企业只有一个生产场所，只在昼间生产，边界处声环境功能区类型为1类，生产时产生的噪声为60分贝。《工业企业厂界环境噪声排放标准》规定，1类功能区昼间的噪声排放限值为55分贝，当月超标天数为18天。

要求：请计算该企业当月噪声污染应纳的环境保护税。

4. 某企业3月产生尾矿1 000吨，其中综合利用的尾矿300吨（符合国家相关规定），在符合国家和地方环境保护标准的设施中贮存300吨。

要求：请计算该企业当月尾矿应纳的环境保护税。

四、案例分析题

某外国全资企业在中国设立机构，2月的业务如下：

业务一为 A 市城乡污水集中处理业务，该月排放污水 50 000 吨，其中含生化需氧量 20 毫克/升，未超过规定的排放标准。

业务二为设在 B 市的分支机构负责的生产化肥业务，该分支机构在 C 市设立工厂，企业有一排放口，其废水排放量为 100 000 吨，监测的悬浮物、化学需氧量、生化需氧量、氨氮、总砷监测浓度分别为 100 毫克/升、90 毫克/升、80 毫克/升、35 毫克/升、0.1 毫克/升。已知该企业所在省份的水污染每当量的计费标准为 4 元。

要求：请计算该企业当月应纳的环境保护税，并说明企业应于何时何地申报纳税。

第 18 章

城市维护建设税、教育费附加和地方教育附加

学习目标

1. 了解城市维护建设税的概念与历史沿革。
2. 熟悉城市维护建设税的基本特点。
3. 掌握城市维护建设税的纳税人、税率、计税依据及应纳税额的计算。
4. 掌握教育费附加及地方教育附加的计算。

案例导入

位于某市的甲地板厂在 8 月购入一批木材，取得的增值税专用发票注明价格 800 000 元；当月委托位于县城的乙工厂加工成实木地板，支付不含增值税加工费 150 000 元。乙工厂于当年 11 月交付 50%的实木地板，12 月完工交付剩余部分。已知实木地板的消费税税率为 5%，请计算乙工厂 12 月应代收代缴的城市维护建设税。

18.1 城市维护建设税

18.1.1 城市维护建设税概述

1. 城市维护建设税的概念

城市维护建设税是对中华人民共和国境内缴纳增值税、消费税（以下简称“两税”）的单位和个人，按其依法实际缴纳的“两税”税额的一定比例征收，专门用于城市维护建设的一种税。

例 18-1

单位或个人的下列行为中，在缴纳相关税种的同时，还应缴纳城市维护建设税的是（　　）。

A. 私营企业销售货物

B. 博物馆举办文化活动的门票收入

C. 企业购置车辆自用

D. 个人取得的董事费收入

【答案】A

【解析】博物馆举办文化活动的门票收入免征增值税，同时免征城市维护建设税。企业购置车辆自用需要缴纳车辆购置税，个人取得的董事费收入需要缴纳个人所得税，这两种税都不需要针对税额附征城市维护建设税。

2. 城市维护建设税的历史沿革

城市维护建设税是我国 1984 年工商税制全面改革过程中新设置的税种，依据现在的法律法规的规定，城市维护建设税是一种附加税，同时也是一种目的税。20 世纪 80 年代初，在改革的主旋律推动下，我国城市建设发展很快，与此同时也遇到了城市建设资金上的困难。很长一段时期，市政、公用设施落后、陈旧，维护经费难以得到妥善解决。为此，国家允许部分地区按上年的工商利润计提 5%，以及按工商税计提 1% 的地方附加费，并允许各地立项加收一些杂费，该措施虽在一定程度上弥补了维护经费的漏洞，但城市建设资金的供求矛盾仍未得到解决。为加强城市建设资金的管理，经国务院批准，自 1985 年起，在全国范围内开征城市维护建设税。城市维护建设税对改善城市基础设施，缓解城市市政、公用设施的资金紧张状况方面发挥了重要作用。

1985 年 2 月，国务院颁发《中华人民共和国城市维护建设税暂行条例》（简称《城市维护建设税暂行条例》）规定在全国范围开始征收城市维护建设税。立法的宗旨是加强城市的维护建设，扩大和稳定城市维护建设的资金来源。自 1994 年分税制改革以来，城市维护建设税作为地方税收的来源之一，原来由各地的地税部门进行征收和管理（国地税合并以前）。

2020 年 8 月 11 日第十三届全国人民代表大会常务委员会第二十一次会议通过《中华人民共和国城市维护建设税法》（简称《城市维护建设税法》），自 2021 年 9 月 1 日起施行，1985 年 2 月 8 日国务院发布的《城市维护建设税暂行条例》同时废止。

3. 城市维护建设税的特点

（1）税款专款专用，具有受益税性质。按照我国财政的一般性要求，税收以及其他政府收入应当纳入国家预算，根据需要统一安排其用途，并不规定各个税种具体的使用范围与方向。但是也有个别税种事先明确使用范围与方向，税款的缴纳和受益更直接地联系起来，这种税通常被称为受益税。城市维护建设税所征税款要求保证用于城市公用事业和公共设施的维护和建设，这种专款专用的税种就具有受益税的性质。

（2）属于附加税。征税对象决定着各个不同税种的性质和特点，它是一种税区别于另一种税的主要标志。而城市维护建设税是以纳税人实际缴纳的增值税、消费税税额为计税依据，随“两税”同时征收，没有独立的征税对象或税基，其征管方法也完全比照“两税”的有关情况办理，本质上属于附加税。

（3）根据城镇规模设计不同的比例税率。城市维护建设税的负担水平，根据纳税人所在城镇的规模及其资金需要设计税率。一般而言，城镇规模越大，所需要的建设与维护资金越多，城市维护建设税的税率就越高。这种根据城镇规模不同，差别设置税率的办法，较好地照顾了城市建设的不同需要。

（4）征税范围较广。城市维护建设税是增值税和消费税的附加税，原则上讲，缴纳增值税和消费税中任一税种的纳税人都要缴纳城市维护建设税，而增值税和消费税又是我国现行税制中的主体税种，拥有广阔的税基。这意味着除了减免税等特殊情况以外，任何从事生产经营活动的单位和个人都需要缴纳城市维护建设税。

18.1.2 城市维护建设税的作用

1. 补充城市维护建设资金的不足

1985年开征城市维护建设税后，由于城市维护建设税以“两税”（2016年全面营改增前为“三税”）的税额为计税依据，与“两税”同时征收，这样不但扩大了征收范围，而且可以保证城市维护建设税税收收入随“两税”的增长而增长，从而使城市维护建设有了一个比较稳定可靠的资金来源，有效地补充了城市维护建设资金的不足。

2. 调动地方政府进行城市维护和建设的积极性

城市维护建设税作为专款专用性质的税种，将城市维护建设税的税收收入与当地城市建设直接挂钩，税收收入越多，城市建设资金越充裕，城市建设发展就越快，充分调动了地方政府加强城市维护建设税征收管理的积极性。除中国铁路总公司、各银行总行、各保险总公司集中缴纳的部分归中央政府收入外，其余的城市维护建设税都归地方政府所有。城市维护建设税的征收，在一定程度上扩大了地方财政收入的规模。

3. 限制对企业的乱摊派

长期以来，城市建设资金的严重不足是一个客观事实，有些地区以此为借口，随意向企业摊派物资和资金，加重了企业负担，影响了企业的正常生产经营，败坏了政府形象，甚至给个别人的违法乱纪提供了空间。为此，城市维护建设税的相关法律规定，开征城市维护建设税后，任何地区和部门都不得再向纳税人摊派资金或物资。遇到摊派情况，纳税人有权拒绝执行。这就为限制对企业的乱摊派提供了一项法律保证。

18.1.3 城市维护建设税的纳税人和税率

1. 城市维护建设税的征税范围

城市维护建设税的征税范围具体包括市区、县城、建制镇，以及税法规定的征收“两税”的其他地区。市区、县城、建制镇的范围，应以行政区划为标准，不能随意扩大或缩小各自行政区域的管辖范围。

2. 城市维护建设税的纳税人

城市维护建设税的纳税人是指负有缴纳增值税、消费税义务的单位和个人，包括国有企业、集体企业、私营企业、股份制企业、其他企业、行政单位、事业单位、军事单位、社会团体、其他单位，以及个体工商户及其他个人。

自 2010 年 12 月 1 日起，对外商投资企业、外国企业及外籍个人征收城市维护建设税。

3. 城市维护建设税的税率

城市维护建设税的税率，是指纳税人应缴纳的城市维护建设税税额与纳税人实际缴纳的“两税”税额之间的比率。城市维护建设税实行地区差别税率，根据纳税人所在地的不同，设置了三档地区差别比例税率：

1）纳税人所在地在市区的，税率为 7%；

2）纳税人所在地在县城、镇的，税率为 5%；

3）纳税人所在地不在市区、县城或者镇的，税率为 1%。

纳税人所在地，是指纳税人住所地或者与纳税人生产经营活动相关的其他地点，具体地点由省、自治区、直辖市确定。

需要注意的是，《国家税务总局关于撤县建市城市维护建设税适用税率问题的批复》（税总函〔2015〕511 号）规定，撤县建市后，城市维护建设税的适用税率为 7%。

城市维护建设税税率的特殊规定如表 18－1 所示。

表 18－1　城市维护建设税税率的特殊规定

具体情况	适用税率相关规定
由受托方代收代扣城市维护建设税	按受托方所在地适用税率执行
流动经营等无固定纳税地点	在经营地缴纳“两税”的，按经营地适用税率执行
跨地区提供建筑服务、销售和出租不动产	按预缴所在地适用税率执行

例 18－2

流动经营等无固定纳税地点的单位和个人，在经营地缴纳“两税”的，其城市维护建设税税率按（　　）执行。

A. 经营地适用税率　　B. 居住地适用税率

C. 7%税率　　D. 1%税率

【答案】 A

18.1.4　城市维护建设税的计税依据和应纳税额的计算

1. 城市维护建设税的计税依据

城市维护建设税的计税依据，是指纳税人实际缴纳的增值税、消费税税额，不包括加收的滞纳金和罚款（见表 18－2）。原因在于，纳税人违反“两税”有关规定而加收的滞纳金和罚款，是税务机关对纳税人违法行为的经济制裁，不应作为城市维护建设税的计税依据。但纳税人在被查补“两税”和被处以罚款时，应同时对其偷漏的城市维护建设税进行补税，缴纳滞纳金和罚款。

表 18－2　城市维护建设税的计税依据

应作为计税依据	不应作为计税依据
(1) 纳税人向税务机关实际缴纳的增值税、消费税； (2) 纳税人被税务机关查补的增值税、消费税； (3) 纳税人出口货物免抵的增值税。	(1) 纳税人进口环节被海关代征的增值税、消费税； (2) 除“两税”以外的其他税； (3) 非税款项（包括滞纳金和罚款）。

城市维护建设税以“两税”税额为计税依据并同时征收，如果要免征或者减征“两税”，就要同时免征或者减征城市维护建设税。但是对出口产品退还增值税、消费税的，不退还已缴纳的城市维护建设税。

自 2005 年 1 月 1 日起，经国家税务总局正式审核批准的当期免、抵的增值税税额应纳入城市维护建设税和教育费附加的计征范围，分别按规定的税（费）率征收城市维护建设税和教育费附加。2005 年 1 月 1 日前，已按免、抵的增值税税额征收的城市维护建设税和教育费附加不再退还，未征的不再补征。

例 18－3

下列各项中，应计入城市维护建设税计税依据的有（　　）。

A. 偷逃增值税而被查补的税款

B. 偷逃消费税而被加收的滞纳金

C. 出口货物免抵的增值税税额

D. 出口产品征收的消费税税额

【答案】 ACD

2. 城市维护建设税应纳税额的计算

城市维护建设税应纳税额的大小是由纳税人实际缴纳的“两税”税额决定的，其计算公式为：

应纳城市维护建设税＝纳税人实际缴纳的增值税、消费税税额之和×适用税率

例 18－4

某市区一家企业 3 月实际缴纳增值税 400 000 元、消费税 500 000 元。请计算该企业应纳的城市维护建设税。

【解析】

应纳城市维护建设税＝(实际缴纳的增值税＋实际缴纳的消费税)×适用税率
＝(400 000＋500 000)×7%＝63 000(元)

例 18－5

位于市区的某企业为增值税一般纳税人，该企业 3 月共缴纳增值税、消费税和关税 562 万元，其中关税 102 万元，进口缴纳的增值税和消费税 260 万元。请问该企业 3 月应纳的城市维护建设税为多少？

【解析】 城市维护建设税以纳税人实际缴纳的增值税、消费税为计税依据；城市维

护建设税具有进口不征、出口不退的规则，关税以及进口环节海关代征的增值税和消费税不计入城市维护建设税的计税依据；纳税人所在地为市区的，税率为7%。因此

应纳城市维护建设税=(562−102−260)×7%=14(万元)

18.1.5 城市维护建设税的税收优惠和征收管理

1. 城市维护建设税的税收优惠

城市维护建设税原则上不单独减免，但因城市维护建设税具有附加税的性质，当主税发生减免时，城市维护建设税相应发生税收减免。城市维护建设税的税收减免有下列几种情况：

（1）城市维护建设税按减免后实际缴纳的“两税”税额计征，即随“两税”的减免而减免。

（2）对于因减免税而需进行“两税”退库的，城市维护建设税也可同时退库。但对出口产品退还“两税”的，不退换已缴纳的城市维护建设税。

（3）对进口货物或者境外单位和个人向境内销售劳务、服务、无形资产缴纳的增值税、消费税税额，不征收城市维护建设税。

（4）对“两税”实行先征后返、先征后退、即征即退办法的，除另有规定外，对随“两税”附征的城市维护建设税和教育费附加，一律不退（返）还。

（5）为支持国家重大水利工程建设，对国家重大水利工程建设基金免征城市维护建设税。

（6）2019 年 1 月 1 日至 2021 年 12 月 31 日，为进一步支持和促进重点群体创业就业，建档立卡贫困人口的人员，从事个体经营的，自办理个体工商户登记当月起，在 3 年（36 个月）内按每户每年 12 000 元为限额依次扣减其当年实际应缴纳的增值税、城市维护建设税、教育费附加、地方教育附加和个人所得税。限额标准最高可上浮 20%；企业招用建档立卡贫困人口的人员，与其签订 1 年以上期限劳动合同并依法缴纳社会保险费的，自签订劳动合同并缴纳社会保险当月起，在 3 年内按实际招用人数予以定额依次扣减增值税、城市维护建设税、教育费附加、地方教育附加和企业所得税优惠。定额标准为每人每年 6 000 元，最高可上浮 30%。

（7）2019 年 1 月 1 日至 2021 年 12 月 31 日，自主就业退役士兵从事个体经营的，自办理个体工商户登记当月起，在 3 年（36 个月）内按每户每年 12 000 元为限额依次扣减其当年实际应缴纳的增值税、城市维护建设税、教育费附加、地方教育附加和个人所得税。限额标准最高可上浮 20%；企业招用自主就业退役士兵，与其签订 1 年以上期限劳动合同并依法缴纳社会保险费的，自签订劳动合同并缴纳社会保险当月起，在 3 年内按实际招用人数予以定额依次扣减增值税、城市维护建设税、教育费附加、地方教育附加和企业所得税优惠。定额标准为每人每年 6 000 元，最高可上浮 50%。

（8）对实行增值税期末留抵退税的纳税人，允许其从城市维护建设税的计税（征）依据中扣除退还的增值税税额。

（9）自 2019 年 1 月 1 日至 2021 年 12 月 31 日，由省、自治区、直辖市人民政府根据本地区实际情况，以及宏观调控需要，对增值税小规模纳税人可以在 50%的税额幅

度内减征城市维护建设税。

（10）自2020年1月1日起至2021年3月31日，为支持新型冠状病毒感染的肺炎疫情防控工作，单位和个体工商户将自产、委托加工或购买的货物，通过公益性社会组织和县级以上人民政府及其部门等国家机关，或者直接向承担疫情防治任务的医院，无偿捐赠用于应对新型冠状病毒感染的肺炎疫情的，免征城市维护建设税。

例 18-6

下列关于城市维护建设税计税依据的表述中，正确的有（　　）。

A. 免征“两税”时应同时免征城市维护建设税

B. 对出口产品退还增值税的，不退还已缴纳的城市维护建设税

C. 纳税人被查补“两税”时应同时对查补的“两税”补缴城市维护建设税

D. 纳税人违反“两税”有关规定而被加收的滞纳金不应计入城市维护建设税的计税依据

【答案】ABCD

2. 城市维护建设税的征收管理

（1）城市维护建设税的纳税环节。城市维护建设税的纳税环节，是指《城市维护建设税法》规定的纳税人应当缴纳城市维护建设税的环节。

城市维护建设税的纳税环节，实际就是纳税人缴纳“两税”的环节。纳税人只要发生“两税”的纳税义务，就要在同样的环节分别计算缴纳城市维护建设税。

（2）城市维护建设税的纳税地点。城市维护建设税以纳税人实际缴纳的增值税、消费税税额为计税依据，分别与“两税”同时缴纳。所以，纳税人缴纳“两税”的地点就是该纳税人缴纳城市维护建设税的地点。但下列情况除外：

1）代扣代缴、代收代缴“两税”的单位和个人，同时也是城市维护建设税的代扣代缴、代收代缴义务人，其城市维护建设税的纳税地点在代扣代收地。

2）跨省开采的油田，下属生产单位与核算单位不在同一省内的，其生产的原油在油井所在地缴纳增值税，其应纳税款由核算单位按照各油井的产量和规定税率计算，再汇拨各油井缴纳。所以，各油井应纳的城市维护建设税应由核算单位计算，随同增值税一并汇拨油井所在地，由油井所属单位在缴纳增值税时一并缴纳城市维护建设税。

3）对管道局输油部分的收入，由取得收入的各管道局于所在地缴纳增值税。所以，其应纳的城市维护建设税也应由取得收入的各管道局于所在地缴纳增值税时一并缴纳。

4）对流动经营等无固定纳税地点的单位和个人，应随同“两税”在经营地按适用税率缴纳。

3. 城市维护建设税的纳税期限

由于城市维护建设税是由纳税人在缴纳“两税”时同时缴纳的，所以其纳税期限与“两税”的纳税期限一致。

（1）根据增值税、消费税纳税期限的相关规定，城市维护建设税的纳税期限为1日、3日、10日、15日或者1个月。

（2）纳税人的具体纳税期限，由主管税务机关根据纳税人应纳税额的大小核定。

（3）不能按照固定期限纳税的，可以按次纳税。

4. 城市维护建设税的纳税申报

自 2021 年 8 月 1 日起，增值税、消费税分别与城市维护建设税、教育费附加、地方教育附加申报表整合，纳税人对城市维护建设税进行纳税申报时，应根据具体情况填报《增值税及附加税费申报表（一般纳税人适用）》（见表 3-4）、《增值税及附加税费申报表（小规模纳税人适用）》（见表 3-6）、《增值税及附加税费预缴费》及其附列资料和《消费税及附加税费申报表》（见表 4-5）。

18.2　教育费附加和地方教育附加

18.2.1　教育费附加和地方教育附加概述

1. 教育费附加和地方教育附加的概念

作为我国财政性教育经费的两大来源，教育费附加和地方教育附加是对缴纳增值税、消费税的单位和个人，就其实际缴纳的税额为计算依据征收的一种附加费，而非一种税。

2. 教育费附加和地方教育附加的历史沿革

教育费附加是在 1986 年公布的《国务院关于征收教育费附加的暂行规定》（国发〔1986〕50 号）中首次提出的，后于 1994 年发布的《国务院关于教育费附加征收问题的紧急通知》（国发明电〔1994〕2 号）规定教育费附加率为 3%。

为进一步规范和拓宽财政性教育经费筹措渠道，支持地方教育事业发展，国务院于 2010 年 10 月公布了《国务院关于统一内外资企业和个人城市维护建设税和教育费附加制度的通知》（国发〔2010〕35 号），财政部于同年 11 月公布了该文件的实施要求：尚未开征地方教育附加的省份，省级财政部门应尽快研究制定开征地方教育附加的方案，由省级政府于 2010 年 12 月 31 日前报财政部审批。地方教育附加征收标准统一为单位和个人实际缴纳的增值税和消费税税额的 2%。已经财政部审批且征收标准低于 2%的省份，应将地方教育附加的征收标准调整为 2%。

18.2.2　教育费附加和地方教育附加的征收范围及计征依据

教育费附加和地方教育附加的征收范围和计征依据与城市维护建设税相同，都是对缴纳增值税、消费税的单位和个人征收，以其缴纳的增值税、消费税为计征依据，分别与增值税、消费税同时缴纳。

自 2010 年 12 月 1 日起，对外资企业征收教育费附加和地方教育附加。

18.2.3　教育费附加和地方教育附加的计征比率

根据《国务院关于教育费附加征收问题的紧急通知》的规定，现行教育费附加的征收比率为 3%，地方教育附加的征收率自 2010 年起统一为 2%。

18.2.4 教育费附加和地方教育附加的计算

教育费附加和地方教育附加的计算公式为：

应纳教育费附加=实际缴纳的增值税、消费税之和×征收比率(3%)

应纳地方教育附加=实际缴纳的增值税、消费税之和×征收比率(2%)

18.2.5 教育费附加和地方教育附加的减免规定

（1）对于海关进口的产品征收的增值税、消费税，不征收教育费附加和地方教育附加。

（2）对由于减免增值税、消费税而发生退税的，可同时退还已征收的教育费附加和地方教育附加。但对出口产品退还增值税、消费税的，不退还已征的教育费附加和地方教育附加。

（3）对国家重大水利工程建设基金免征教育费附加和地方教育附加。

（4）对实行增值税期末留抵退税的纳税人，允许其从教育费附加和地方教育附加的计征依据中扣除退还的增值税税额。

（5）自2019年1月1日起，纳入产教融合型企业建设培育范围的试点企业，兴办职业教育的投资符合相关规定的，可按投资额的30%比例，抵免该企业当年应缴教育费附加和地方教育附加。试点企业属于集团企业的，其下属成员单位（包括全资子公司、控股子公司）对职业教育有实际投入的，可按相关规定抵免教育费附加和地方教育附加。

（6）按月纳税的月销售额或营业额不超过15万元（按季度纳税的季度销售额或营业额不超过45万元）的缴纳义务人免征教育费附加和地方教育附加。

需要注意的是，教育费附加和地方教育附加可以在企业所得税税前扣除。由于教育费附加和地方教育附加都不属于税，因此不适用《税收征收管理法》。

例18-7

根据现行规定，下列关于教育费附加的说法中正确的有（　　）。

A. 海关对进口产品代征消费税的，不代征教育费附加

B. 对于减免增值税、消费税而发生退税的，可以同时退还已征收的教育费附加

C. 出口产品退还增值税、消费税的，同时退还已征收的教育费附加

D. 某企业总机构在甲地，在乙地缴纳增值税，在甲地缴纳教育费附加

E. 流动经营无固定纳税地点的单位和个人，不缴纳教育费附加

【答案】AB

18.2.6 教育费附加和地方教育附加的申报

纳税人对教育费附加和地方教育附加进行申报时，应根据具体情况填报《增值税及附加税费申报表（一般纳税人适用）》（见表3-4）、《增值税及附加税费申报表（小规模纳税人适用）》（见表3-6）、《增值税及附加税费预缴表》及其附列资料和《消费税及附加税费申报表》（见表4-5）。

18.3　城市维护建设税的改革方向

城市维护建设税作为目的税，应当从流转税中分离出来，彻底改变目前名为独立税种、实质属于附征形式的流转税的现状。按照“改变计税依据，合理界定税率，下放管理权限”的原则，将其改革成为一个名副其实、收入稳定、征管便捷的独立税种。这将对城市维护建设资金的筹集、公用事业和公共设施的建设与维护、社会经济的发展起到积极的促进作用。

（1）开征地方附加税。引入地方附加税的税收概念，培养征纳双方的地方附加税意识。为了减少改革的阻力，可以直接将城市维护建设税、教育费附加及地方教育附加三者的税制要素合并平移，即地方附加税的纳税人为缴纳增值税和消费税的单位和个人，计税基础为实际缴纳的增值税和消费税税额之和。在税率的确定上，可以选择城市维护建设税的折中税率以及教育费附加和地方教育附加征收率之和为地方附加税税率，即 7%。

（2）自主决定地方附加税的税率。在征纳双方普遍接受地方附加税制度的基础上，可以赋予地方政府根据区域经济发展的实际资金需求，在中央确定的税率上限和下限范围内，自主决定地方附加税税率的权力。地方政府拥有税率选择权是地方政府拥有独立税权迈出的关键性一步。

（3）自主决定地方附加税的税基。考虑到逐步提高直接税比重是未来税制改革的基本方向，以流转税税额为计税基础的地方附加税收入规模成长潜力有限，而且各地区经济发展差异较大，资源优势、区位优势不一，“一刀切”的税基形式不适应地区的实际发展情况。因此，地方附加税的终极模式为地方政府自主决定地方附加税的税率和税基，但是权力的控制与协调也至关重要，中央政府对地方附加税具有最终的裁判权。

改革后的城市维护建设税可以赋予地方政府一定的减免税权限，对农业、林业、牧业的经营收入应当给予减免税，对于一些进行技术改造后明显减少对资源耗费、明显减轻对环境损害的纳税人可予以先征后退的激励政策。

本章小结

1. 城市维护建设税是对缴纳增值税、消费税的单位和个人，按其实际缴纳的“两税”税额的一定比例征收，专门用于城市维护建设的一种税。

2. 作为我国财政性教育经费的两大来源，教育费附加和地方教育附加是对缴纳增值税、消费税的单位和个人，就其实际缴纳的税额为计算依据征收的一种附加费，而非一种税。

3. 我国城市维护建设税收入增长缓慢，而城市维护建设资金支出需求增长较快，使得该税已失去其原本功能，重构城市维护建设税显得非常必要。城市维护建设税应以税收法定原则为前提，保持现在专款专用的特性，改变计税依据，统一税率，提高税负，为城市和乡镇公用基础设施维护和建设筹集所需的资金。

复习与思考

一、单项选择题

1. 下列各项中，不属于城市维护建设税的纳税人的是（　　）。

A. 仅缴纳进口环节增值税的甲公司

B. 在中国境内缴纳增值税的个人

C. 在中国境内缴纳消费税的外商投资企业

D. 在中国境内缴纳增值税的外国企业

2. 甲生产企业地处市区，2月缴纳增值税30万元，缴纳企业所得税20万元。当月委托位于县城的乙企业加工应税消费品，乙企业代收代缴消费税15万元。甲企业当月应缴纳（含被代收代缴的部分）的城市维护建设税为（　　）万元。

A. 2.45　　B. 2.1　　C. 4.25　　D. 2.85

3. 位于市区的某生产企业为增值税一般纳税人，经营内销与出口业务。1月应缴纳增值税50万元，实际向税务机关缴纳增值税32万元，当期出口货物免抵税额8万元，取得增值税出口退税款6万元。该企业1月应缴纳城市维护建设税、教育费附加和地方教育附加合计（　　）万元。

A. 10.8　　B. 7.68　　C. 6.96　　D. 4.8

4. 代扣代缴、代收代缴增值税和消费税的单位和个人，其代扣代缴、代收代缴的城市维护建设税的纳税地点为（　　）。

A. 委托方所在地　　B. 代扣代收地

C. 双方协商确定的地点　　D. 经营地

二、多项选择题

1. 下列关于城市维护建设税的说法中，表述正确的有（　　）。

A. 张某销售自己使用过的电视机，不需要缴纳城市维护建设税

B. 李某买卖股票，需要缴纳城市维护建设税

C. 外贸企业进口应税消费品需计算缴纳关税、消费税、增值税，并同时将其作为城市维护建设税的计税依据

D. 城市维护建设税是一种附加税，其本身没有特定的课税对象

2. 下列各项中，不属于城市维护建设税计税依据的有（　　）。

A. 进口产品由海关代征的增值税、消费税税额

B. 纳税人因违反增值税、消费税的有关规定而被加收的滞纳金

C. 纳税人因违反增值税、消费税的有关规定而被加收的罚款

D. 纳税人因逃避缴纳增值税、消费税而被查补的税款

3. 位于县城的甲实木地板厂为增值税一般纳税人，12月向农民收购原木30吨，收购凭证上注明收购价款42万元，直接将其运往位于市区的乙企业，委托加工成未上漆的素板，支付不含税运费2万元，取得运输公司开具的增值税专用发票，另支付给乙企业不含税加工费9万元，取得乙企业开具的增值税专用发票。当月乙企业加工完毕，甲实木地板厂收回后领用60%继续生产高级实木地板，当月生产高级实木地板

1 800 箱，销售 1 400 箱，取得不含税销售额 400 万元，另将剩余的 400 箱用于本厂职工食堂的装修。已知乙企业无同类素板的销售价格，实木地板的消费税税率为 5%，则关于上述业务的税务处理，下列说法正确的有（　　）。

A. 乙企业应代收代缴甲实木地板厂的消费税为 2.57 万元

B. 甲实木地板厂当月应缴纳增值税 61.31 万元

C. 甲实木地板厂当月应缴纳（不含被代收代缴的）消费税 24.17 万元

D. 甲实木地板厂当月应缴纳（不含被代收代缴的）城市维护建设税、教育费附加及地方教育附加合计 8.55 万元

三、简答题

1. 城市维护建设税的税基是如何确定的?

2. 退还增值税、消费税时，对于城市维护建设税通常是如何处理的?

3. 教育费附加及地方教育附加是否适用《税收征收管理法》? 请阐述理由。

四、计算题

1. 某市一卷烟厂委托某县城一烟丝加工厂加工一批烟丝，委托方提供的烟叶成本为 60 000 元，支付加工费 8 000 元（不含增值税），受托方无同类烟丝的市场销售价格。已知烟丝消费税税率为 30%。

要求： 请计算受托方应代收代缴的城市维护建设税。

2. 位于县城的某公司为增值税一般纳税人，8 月转让闲置厂房一幢（该厂房是 6 月购置的，购置原价为 2 200 万元），取得转让收入 3 500 万元。

要求： 请计算该公司 8 月应纳的城市维护建设税、教育费附加和地方教育附加。

3. 某市大型商贸公司为增值税一般纳税人，兼营商品加工、批发、零售和进出口业务，12 月相关经营业务如下：

（1）进口高档化妆品一批，支付买价 220 万元、国外的采购代理人佣金 6 万元、国外的经纪费 4 万元；支付运抵我国海关前的运输费用 20 万元、装卸费用和保险费用 11 万元；支付海关地再运往商贸公司的相关费用，增值税专用发票上注明运费 8 万元、装卸费用和保险费用 3 万元。

（2）受托加工高档化妆品一批，委托方提供的原材料不含增值税金额为 86 万元；加工结束向委托方开具增值税普通发票，收取加工费和添加辅助材料的含增值税金额共计 46.8 万元；该商贸公司当地无同类产品市场价格。

（3）收购免税农产品一批，支付收购价款 70 万元；支付运输单位运输费用，增值税专用发票上注明运费 10 万元。当月将购回免税农产品的 30%用于公司餐饮部。

（4）购进其他商品，取得的增值税专用发票注明价款 200 万元、增值税 26 万元；支付运输单位运输费用，增值税专用发票上注明运费 20 万元。待货物验收入库时发现短缺商品金额 10 万元（占支付金额的 5%），经查实应由运输单位赔偿。

（5）将进口的高档化妆品重新加工制作成套装高档化妆品，当月销售给其他商场并开具增值税专用发票，取得不含增值税销售额 650 万元；直接销售给消费者个人，开具增值税普通发票，取得含增值税销售额 70.2 万元。

（6）销售除高档化妆品以外的其他商品（增值税税率为 13%），开具增值税专用发票，应收不含增值税销售额 300 万元。由于月末前可将全部货款取回，给所有购货方

的销售折扣比例为5%，实际收到金额285万元。

（7）取得高档化妆品的逾期包装物押金收入14.04万元。

其他相关资料：已知关税税率为20%，高档化妆品消费税税率为15%；高档化妆品无期初期末余额；当月购销环节所涉及的票据符合税法规定，并经税务机关认证。

要求：根据上述情况，请回答下列问题：

（1）分别计算该公司进口环节应缴纳的关税、消费税、增值税。

（2）计算该公司加工环节应代扣代缴的消费税、城市维护建设税、教育费附加和地方教育附加总和。

（3）计算该公司应纳的消费税总和。

（4）计算该公司实现的销项税额总和。

（5）计算该公司准予抵扣的进项税额总和。

（6）计算该公司应纳的增值税。

图书在版编目（CIP）数据

税法/蔡昌主编. --3版. --北京：中国人民大学出版社，2021.10
高等学校经济管理类主干课程教材. 会计与财务系列
ISBN 978-7-300-29972-3

Ⅰ.①税… Ⅱ.①蔡… Ⅲ.①税法-中国-高等学校-教材 Ⅳ.①D922.22

中国版本图书馆CIP数据核字（2021）第207108号

高等学校经济管理类主干课程教材·会计与财务系列
税法（第3版）
主　编　蔡　昌
副主编　张　源　李梦娟　张秀莲
Shuifa

出版发行	中国人民大学出版社		
社　　址	北京中关村大街31号	**邮政编码**	100080
电　　话	010－62511242（总编室）		010－62511770（质管部）
	010－82501766（邮购部）		010－62514148（门市部）
	010－62515195（发行公司）		010－62515275（盗版举报）
网　　址	http://www.crup.com.cn		
经　　销	新华书店		
印　　刷	北京昌联印刷有限公司	**版　　次**	2017年9月第1版
规　　格	185 mm×260 mm　16开本		2021年10月第3版
印　　张	29　插页1	**印　　次**	2022年11月第3次印刷
字　　数	658 000	**定　　价**	65.00元

教师教学服务说明

中国人民大学出版社财会出版分社以出版经典、高品质的会计、财务管理、审计等领域各层次教材为宗旨。

为了更好地为一线教师服务，近年来财会出版分社着力建设了一批数字化、立体化的网络教学资源。教师可以通过以下方式获得免费下载教学资源的权限：

在中国人民大学出版社网站 www. crup. com. cn 进行注册，注册后进入“会员中心”，在左侧点击“我的教师认证”，填写相关信息，提交后等待审核。我们将在一个工作日内为您开通相关资源的下载权限。

如您急需教学资源或需要其他帮助，请在工作时间与我们联络：

中国人民大学出版社　财会出版分社

联系电话：010-62515987，62511076

电子邮箱：ckcbfs@ crup. com. cn

通讯地址：北京市海淀区中关村大街甲 59 号文化大厦 1501 室（100872）

人大社财会